D1692254

Internationale Politik und Sicherheit

herausgegeben von der
Stiftung Wissenschaft und Politik, Berlin
Redaktion: Dr. Albrecht Zunker

Band 55

Eckart Conze / Ulrich Schlie / Harald Seubert (Hg.)

# Geschichte zwischen Wissenschaft und Politik

Festschrift für Michael Stürmer zum 65. Geburtstag

◆ Nomos Verlagsgesellschaft
Baden-Baden

Bibliografische Information Der Deutschen Bibliothek

Die Deutsche Bibliothek verzeichnet diese Publikation in
der Deutschen Nationalbibliografie; detaillierte bibliografische
Daten sind im Internet über http://dnb.ddb.de abrufbar.

ISBN 3-8329-0363-1

1. Auflage 2003
© Nomos Verlagsgesellschaft, Baden-Baden 2003. Printed in Germany. Alle Rechte,
auch die des Nachdrucks von Auszügen, der photomechanischen Wiedergabe und der
Übersetzung, vorbehalten. Gedruckt auf alterungsbeständigem Papier.

# Inhalt

**Vorwort** .................................................................. IX
*Eckart Conze, Ulrich Schlie, Harald Seubert*

**I. Das Gespräch der Lebenden mit den Toten:
Historia magistra vitae** ........................................... 1

1. Die Unvorhersehbarkeit der Geschichte. Über den
   Methodenstreit der Historiker und die Kunst der Biographie .......... 3
   *Joachim Fest*

2. Theorie und Praxis. Erinnerung an eine Geschichtsphilosophie,
   die Geschichte gemacht hat ........................................ 16
   *Hermann Lübbe*

3. Die so genannte kollektive Erinnerung ............................. 22
   *Alfred Grosser*

4. Aus der Geschichte lernen?
   Über politisches Handeln und historisches Bewusstsein ............. 28
   *Ulrich Schlie*

5. Laterna Magica: 68 und 89 ........................................ 41
   *Brigitte Seebacher-Brandt*

6. Der Historiker als Politikberater.
   Leopold von Rankes politische Denkschriften 1848 bis 1851 ......... 52
   *Eckart Conze*

7. Hans Rothfels und die Nationalitätenfrage
   in Ostmitteleuropa 1926–1934 ...................................... 71
   *Klaus Hornung*

8. Öffentliche Meinung und Zeitgeist.
   Was die Demoskopie zur Geschichtsschreibung beitragen kann ........ 96
   *Elisabeth Noelle*

9. Universitas vitae magistra? ..................................... 105
   *Gotthard Jasper*

## II. Altes Handwerk und höfische Kultur: Erinnerung an alteuropäische Lebensformen ... 117

1. Die verschränkte Zeit ... 119
   *Hubertus von Pilgrim*

2. Abfallnutzung und Recycling im Alten Handwerk.
   Skizzen zu einer Kulturgeschichte des Mülls ... 128
   *Thomas Brachert*

3. Das Gartenreich des Franz von Anhalt-Dessau –
   Ein Monolog für den Fürsten ... 145
   *Thomas Weiss*

4. Das Schaetzlerpalais in Augsburg: Fragen – Überlegungen ... 157
   *Björn R. Kommer*

## III. Vom „Ruhelosen Reich" zur „Belagerten Civitas": Deutschland und Europa 1871–1933 ... 189

1. „Exstirpation des deutschen Geistes" –
   Nietzsches Kampf gegen das Bismarckreich ... 191
   *Manfred Riedel*

2. Die eigentlich metaphysische Tätigkeit.
   Das Ende des bürgerlichen Zeitalters zwischen Wagner und Nietzsche ... 206
   *Harald Seubert*

3. Fremder wider Willen – Max von Oppenheim
   in der wilhelminischen Epoche ... 231
   *Gabriele Teichmann*

4. Militär, Politik und Öffentlichkeit im Deutschen Reich
   nach dem Beginn des Ersten Weltkriegs ... 249
   *Anselm Doering-Manteuffel*

5. Jugendmythos und Gemeinschaftskult. Bündische Leitbilder und
   Rituale in der Jugendbewegung der Weimarer Republik ... 268
   *Hans-Ulrich Thamer*

## IV. „Eine Episode, die Geschichte gemacht hat": Internationale Politik und Strategie im 20. Jahrhundert ........ 287

1. Außenpolitik in der parlamentarischen Demokratie ........ 289
   *Horst Möller*

2. The German Problem Reborn? ........ 299
   *David P. Calleo*

3. Die USA als *balancer* im Europa der zwanziger Jahre ........ 312
   *Werner Link*

4. La France et le concept d'équilibre européen au XX$^e$ siècle: entre géopolitique, concert de l'Europe et construction européenne ........ 320
   *Georges-Henri Soutou*

5. « Souverainetés incertaines ... » ........ 343
   *Francis Rosenstiel*

6. Europagedanke und europäische Wirklichkeit ........ 349
   *Manfred Hanisch*

7. NATO – einst, jetzt und morgen. Eine deutsche Sicht ........ 362
   *Hermann Freiherr von Richthofen*

## V. Neue Welt-Unordnung und Kunst des Gleichgewichts ........ 385

1. Die Rolle Europas im 21. Jahrhundert ........ 387
   *Wolfgang Schäuble*

2. Globale Chancen, globale Probleme: Konfliktfelder des 21. Jahrhunderts ........ 397
   *Edmund Stoiber*

3. Traum und Alptraum – Überlegungen zu Politik und Wirtschaft in Deutschland ........ 408
   *Kurt F. Viermetz*

4. Globalisierung und Wohlstand ........ 415
   *Roland Berger*

5. Die Erosion des Staates und die Zukunft des Krieges ................................... 422
   *Hans-Peter Schwarz*

6. Der Westen lebt – und muss weiterleben ...................................... 443
   *Christoph Bertram*

7. Neues Gleichgewicht oder reziproke Selbstbeschränkungen:
   Zur Struktur der Weltpolitik im 21. Jahrhundert ............................ 457
   *Uwe Nerlich*

8. Der 11. September 2001: Wendepunkt in der nationalen wie
   internationalen Sicherheitspolitik ................................................ 469
   *Rupert Scholz*

9. Coping with New Security Challenges:
   From Defence Reform to Security Sector Reform ......................... 482
   *Theodor H. Winkler*

10. Migration und Integration – Probleme und Perspektiven ............................. 489
    *Klaus J. Bade*

11. Wie weit reicht die Macht des Wissens? ...................................... 507
    *Gertrud Höhler*

**Anhang** ........................................................................................... 517

Ausgewählte Veröffentlichungen von Michael Stürmer ....................... 519

Von Michael Stürmer betreute Dissertationen und Habilitationsschriften ............ 523

Verzeichnis der Autoren ................................................................. 525

# Vorwort

Wissenschaft und Politik – zehn Jahre stand Michael Stürmer dem Forschungsinstitut der Stiftung Wissenschaft und Politik vor. Es waren bewegte Zeiten zwischen 1988 und 1998, eine Dekade mit einem Übermaß an Geschichte: Untergang der DDR, Ende des Kalten Krieges, Zerfall der Sowjetunion, Wiedervereinigung Deutschlands und Europas. Und alle Ankündigungen vom Ende der Geschichte erwiesen sich als verfrüht und – wie es nicht anders sein kann – als verfehlt. Es war ein Jahrzehnt, wie es zu Leben und Werk Michael Stürmers nicht besser hätte passen können. Denn zwischen Wissenschaft und Politik ist – verbindend, nach Ausgleich strebend, zuweilen balancierend, nie Distanzen leugnend – das Oeuvre des Historikers Stürmer angesiedelt; in diesem Spannungsfeld ist sein Verständnis von Geschichte im Fokus zu erkennen. Medienwirksam und mit beträchtlicher öffentlicher Resonanz hatte sich Michael Stürmer zu Beginn der achtziger Jahre der „Geschichte in geschichtsloser Zeit" angenommen. War die Wiederkehr der Geschichte am Ende des Jahrzehnts folgerichtig, ja unausweichlich? Den Historiker Stürmer hat sie nicht überrascht. Keinen Anfang und kein Ende kenne die Geschichte, hat er gelegentlich bemerkt. Das macht jeden Rückblick willkürlich und auch den Versuch, ein – längst nicht abgeschlossenes – Werk und ein – noch lange nicht an sein Ende gelangtes Wirken – retrospektiv zu ordnen.

Michael Stürmers Oeuvre ragt in so unterschiedliche Bereiche wie das alteuropäische Kunsthandwerk im Ausgang seiner Epoche, die Geschichte des deutschen Nationalstaats in den 75 Jahren seines Bestehens und die Strategie im Zeitalter des Kalten Krieges und der Welt der Gegenwart hinein. Es behandelt meisterhaft klassische Themen des Historikers der letzten drei Jahrhunderte, führt indes weit über diese hinaus und spitzt sich in Leitartikel und Kolumne auf das Tagesgeschehen zu. Auf einen einfachen Nenner jedenfalls lässt es sich nicht bringen. Für „Dauer im Wandel" sorgt allein der Fluss der Geschichte. Michael Stürmer ist ein Mann gleichermaßen des geschriebenen und des gesprochenen Wortes: passionierter Hochschullehrer, gefragter Redner bei Festvorträgen, nimmermüder Kommentator des Weltgeschehens. Nicht die schnellen Antworten sind seine Sache, sondern die bohrenden, die Unruhe stiftenden Fragen, die zu stellen er auch seine Schüler an der Hochschule und anderswo gelehrt hat. Zwar stand ihm, dem Forscher und Lehrer, die Universität im Humboldtschen Sinne der Einheit von Forschung und Lehre stets im Mittelpunkt. Doch genug war sie ihm zu keinem Zeitpunkt. Klio war einst eine

Muse. Geschichtsschreibung ist nie nur Wissenschaft, sie grenzt an die Kunst, und Michael Stürmer ist souveräner Grenzgänger. Der Begriff der *Universitas* in seiner ursprünglichen Bedeutung, im umfassenden Ergreifen ganz unterschiedlicher Bereiche, aber auch in der Verknüpfung von Wissenschaft und Politik, beschreibt Michael Stürmers vielstimmigen Ansatz. Man mag das als Ruhelosigkeit bezeichnen. Mit dem „Ruhelosen Reich" hat Michael Stürmer vor Jahren dem kaiserlichen Deutschland ein treffendes Attribut verliehen, das nicht nur aus der Geschichtswissenschaft nicht mehr wegzudenken ist, sondern das auch, wohl verstanden, zu ihm selbst gehört. Wie überhaupt die Titel seiner Werke – „Dissonanzen des Fortschritts", „Scherben des Glücks", „Grenzen der Macht", „Kunst des Gleichgewichts" – immer auch mit dem Menschen Michael Stürmer zu tun haben. Bei ihm gilt mehr als bei anderen: Le style c'est l'homme. Leben und Werk bilden eine Einheit: im engagierten, auch emotional getönten Blick auf die europäische Welt im Abendlicht, in der prägnanten Diagnose der Gegenwart und in der scharfsinnigen Reflexion einer offenen Zukunft. Von dieser Einheit in der Vielfalt und von den unterschiedlichen Gebieten, die Stürmer anzuregen wusste, zeugen auch die hier versammelten Beiträge. Freunde, Weggefährten und Schüler Michael Stürmers kommen dabei zu Wort und vermitteln einen Eindruck ungebrochener Strahlkraft und einer anhaltenden Fähigkeit, Grenzen zu überschreiten. Der 65. Geburtstag ist nur äußerer Anlass. Es ergibt sich dabei sowohl aus der willkürlichen Zahlensetzung dieser Zäsur, wie es auch der Persönlichkeit Michael Stürmers entspricht, dass kein abgeschlossenes Ganzes präsentiert werden kann: die Geschichte bleibt offen.

Wir danken Alfred Baron von Oppenheim (Köln), Herrn Kurt F. Viermetz (München), der Hanns Martin Schleyer-Stiftung (Köln), der Stadt Nürnberg, dem Universitätsbund Erlangen-Nürnberg und weiteren Personen und Institutionen, die ungenannt bleiben wollen, für die großzügige finanzielle Unterstützung dieser Festschrift. Dank gilt auch Frau Antje Robrecht, Frau Katja Seidel und Herrn Jan Ole Wiechmann vom Lehrstuhl für Neuere und Neueste Geschichte der Universität Marburg und Herrn Christian Waedt vom Lehrstuhl für Mittlere und Neuere Geschichte der Universität Erlangen für die redaktionelle Bearbeitung des Bandes. Zu danken ist schließlich Herrn Dr. Albrecht Zunker (Berlin) für die Aufnahme der Festschrift in die Reihe „Internationale Politik und Sicherheit" der Stiftung Wissenschaft und Politik.

Berlin, Marburg, Nürnberg, im August 2003
Die Herausgeber

I.
Das Gespräch der Lebenden mit den Toten:
Historia magistra vitae

## 1. Die Unvorhersehbarkeit der Geschichte.
## Über den Methodenstreit der Historiker und die Kunst der Biographie
*Joachim Fest*

Nicht nur Bücher haben ihre Schicksale, sondern die Buchgattungen auch. Es gibt eine lange Geschichte der biographischen Darstellungsformen, eine Biographie der Biographie sozusagen. Sie fängt bei den Griechen an, mit denen buchstäblich alles anfängt, setzt sich über die Römer, Plutarch, Sueton und manche vergessene Namen fort bis zu Einhards Leben „Karls des Großen" und reicht über die Renaissance mit Vasari oder Machiavells „Leben des Castruccio Castracani" bis in die Gegenwart. Hochzeiten des Genres wechseln dabei immer wieder ab mit ausgedehnten Phasen des biographischen Desinteresses, und der holländische Historiker Jan Romein hat in einer bald nach dem Krieg erschienenen Schrift sogar eine Art Regel dafür ausfindig gemacht: durchweg in Krisenzeiten, wenn ein Weltbild mitsamt den Halt schaffenden Autoritäten ins Wanken geriet, habe die Biographie eine Blüte erlebt – als suche man im Sturz des Bestehenden, sich aus gelebtem Leben halbwegs festen Grund oder doch Ermutigungen für die eigene Lage zu holen.[1]

Nichts anderes ist vermutlich das Motiv für den moralischen Unterton aller Biographik bis ins 19. Jahrhundert: zur Darstellung eignete sich insonderheit, wer ein Beispiel unbeirrter, in Glück wie Unglück nie erschütterter Lebensführung abgab. Das musste zwar keineswegs die in jedem sittlichen Betracht herausgehobene, selbst im Privaten vorbildliche Person sein. Schon 1683 hatte John Dryden in der Einführung zu seiner Übersetzung Plutarchs notiert: Die „Prunkschau" sei vorüber, das gegenwärtige Bewusstsein sehe „das arme, vernunftbegabte Tier" nackt, wie die Natur es geschaffen in – seinen Leidenschaften und Lastern; und im Halbgott von einst erkenne man wieder, was „bloß ein Mensch" ist. Einen weiteren Anstoß zur entmythisierten, auf breiteren Wirklichkeitsgrund gestellten Biographie hatte die britische Zitierlegende Doktor Samuel Johnson gegeben, als er Mitte des 18. Jahrhunderts bemerkte, keine Lebensbeschreibung dürfe die Herkunft der dargestellten Person, die sozialen Verhältnisse, in denen sie sich bewegt habe, sowie den politischen Hintergrund unberücksichtigt lassen. Doch die Gegenseite hielt noch geraume Zeit am parabolischen Charakter der Biographik fest und daran, dass sie der moralischen Wirkung, die sie erstrebe, eine gewisse „feierliche Unbestimmtheit" schulde.

---

1 Jan *Romein*, Die Biographie. Einführung in ihre Geschichte und ihre Problematik, Bern 1946, S. 17.

So jedenfalls schrieb Thomas Sprat, der Biograph des englischen Dichters Abraham Cowley, und so hielt es die Tradition der französischen *oraisons funèbres*.[2]

Doch vor dem kälteren Blick der Aufklärung haben sich solche Abwehrstrategien auf Dauer nicht behaupten können. Im Säurebad der anhebenden Epoche löste sich die pädagogisierende Frömmigkeit der älteren Lebensbeschreibung auf oder verweltlichte sich zu, wenn man so sagen kann, „Bürgerspiegeln" vom „richtigen" oder „gelungenen" Leben. Schon der neue Typus, der in die Porträtgalerien Einzug hielt, deutete den Wandel des Menschenbildes an. Es waren nun nicht mehr heiligmäßige Dynasten, gebieterische Minister oder Feldherrn, die als Gegenstand biographischer Darstellung vorab in Betracht kamen. Vielmehr gewannen zusehends Gelehrte, Kaufleute oder erfolgreiche Kunsthandwerker das allgemeine Interesse. Ihr Lebensweg zeichnete dem Bürgertum auf der Suche nach sich selbst die Normen vor, deren Befolgung es sowohl vom Adel wie von den Unterschichten absetzte.

Damit ist einer der Gründe benannt, auf den der ungemeine Aufschwung zurückzuführen ist, den die Biographie in der Zeit der Aufklärung erlebte. Michael Maurer hat für diese Epoche allein im deutschsprachigen Raum über tausend zeitgenössische Lebensbeschreibungen ausfindig gemacht.[3] Mehr oder minder gemeinsam war ihnen allen die Absicht, der sich bildenden bürgerlichen Gesellschaft rund um die Zentralbegriffe Religiosität, Tugend und Arbeit einen Fundus von Grundüberzeugungen und Lebensregeln zu vermitteln, dies alles gruppiert um die Maxime von der „Pflicht, ein Ich zu werden".

Postulate wie dieses haben dem Bürgertum, wenn auch mit Unterschieden von Region zu Region, einen Gutteil jenes Selbstbewusstseins verschafft, das seinen Aufstieg ermöglichte. Die Gewissheit, zur gesellschaftlich und bald auch politisch tonangebenden Schicht zu werden, kam ihm nicht zuletzt aus der Überzeugung, dass die Werte, die es reklamierte, universelle Geltung besaßen. Bürgerliche Leitvorstellungen, hieß das, gewannen ihre unbestreitbare Legitimität insbesondere dadurch, dass sie mit menschheitlichen Positionen zusammenfielen.

An alledem hat die Biographik der Epoche einen kaum zu überschätzenden Anteil. Ihr lehrhafter Ton allerdings ist mit der Wende zum 19. Jahrhundert zunehmend in die Literatur übergegangen, in Deutschland vor allem durch den verbreiteten Typus des Bildungsromans. Dieser Wechsel hatte zur Folge, dass damit gleichsam das Terrain für die Geschichtsschreibung frei wurde, die sich seither von jeder Verpflichtung zu auch nur verdeckt ins Spiel gebrachten Erbaulichkeiten entbunden sah. Mit dem Beginn der kritischen Altertumsforschung der Niebuhr und Boeckh, die den Anfang machten, und dann mehr und mehr in die neuere Zeit ausgreifend,

---

2 Ebd., S. 36.
3 Michael *Maurer*, Die Biographie des Bürgers. Lebensformen und Denkweisen in der formativen Phase des deutschen Bürgertums 1680 bis 1815, Göttingen 1996.

widmete sie sich stattdessen, zumal seit Ranke, der Beantwortung der Frage, „wie es eigentlich gewesen".

Ich kann hier nicht die wechselvolle Bedeutung der Biographie innerhalb der Geschichtsschreibung darstellen, so reizvoll das wäre, zumal das Thema – warum eigentlich? – weitgehend unerörtert ist. Einen Höhepunkt hat die mit wachsender Leidenschaft geführte Auseinandersetzung 1928 erlebt, als die *Historische Zeitschrift* unter dem Titel „Historische Belletristik" eine Sammlung kritisch polemischer Stellungnahmen zur biographischen Methodik veröffentlichte.

Der Streit ist in den fünfziger Jahren ohne viel Aufhebens erledigt worden. Zwar flammte er um 1970 in einer Auseinandersetzung zwischen Germanisten und Historikern über die Grenzen zwischen Literatur und Geschichte noch einmal kurz auf. Aber das war nur ein letztes, von gleichsam bengalischen Lichtern erhelltes Rückzugsgefecht. In der Sache war alles längst entschieden, der Ausgang besiegelte, wie man weiß, die nahezu vollständige Niederlage des biographischen Ansatzes. Ganz im Sinne des programmatischen Titels der *Historischen Zeitschrift* wird die Biographie unterdessen weithin als Form der historischen U-Literatur betrachtet und ins Feld verkürzender, geradezu Erkenntnis behindernder Geschichtsbemühung verwiesen: eine Art Spielwiese von Laienhistorikern für Laienleser. Aber Heinrich Ritter von Srbiks „Metternich", Gerhard Ritters „Stein" sowie, fünfundzwanzig Jahre später, sein Buch über „Carl Goerdeler", Carl Jacob Burckhardts „Richelieu" zumindest in den ersten zwei Bänden, auch Golo Manns „Wallenstein" oder, aus jüngerer Zeit, Ulrich Herberts „Best" und manches andere sind Beispiele großer, auch fachlich unanfechtbarer Biographik, die aller Zunftkritik mühelos standhalten.

Dennoch ist es in den vergangenen rund fünfzig Jahren bei dem Verdikt über das Genre geblieben. Der vorherrschenden Richtung gilt es als altmodisch und dem Blick auf die „großen Männer" noch immer auf eine Weise verhaftet, die es blind mache gegenüber den materiellen Schubkräften, die den Gang der Ereignisse tatsächlich bestimmen. Im Einzelfall mag manches davon zutreffen. Aber ein prinzipieller Einwand folgt daraus nicht. Und schon gar nicht ist damit bewiesen, dass der Zugang der Sozialhistoriker, die sich als Hauptgegner der Biographik hervorgetan haben, in jedem Fall den Vorzug verdiene. Seine Anwälte tun sich mit einem abwägenden, die Gewichte wie die Gegengewichte gerecht bemessenden Urteil auffallend schwer. In einer breiten, wie stets unterscheidungsstarken Abhandlung von Hans-Ulrich Wehler heißt es dazu nur: „Die moderne Geschichtswissenschaft, welche die Wechselwirkung von Sozialstruktur und Wirtschaftsentwicklung, Herrschaft und Kultur zu erhellen bemüht ist, schenkt individuellen Motiven und Einflüssen nicht mehr ihr vorrangiges Interesse. Ohne die gelegentlich nachweisbare Bedeutung der Entscheidungen einzelner prinzipiell zu leugnen, stehen doch viel eher die restriktiven Bedingungen des Handelns im Vordergrund: Klassen, Machteliten, Herrschaftspraxis, kulturelle Traditionen, stereotype Perzeptionen von ‚Wirklichkeit', Wirtschaftsverhältnisse (und) Verfassungsinstitutionen."[4]

Eine Begründung für die historiographische Überlegenheit der Sozialgeschichte, die damit erbracht werden soll, ist das nicht. Vielmehr hängt die Behauptung des „vorrangigen Interesses" einzig an dem Wort „modern", als verdiene der Begriff als solcher bereits den Vorzug vor jeder anderen Annäherungsweise. Die eigentliche Frage lautet aber doch, wie ein genaueres und umfassenderes Verständnis der stets komplexen historischen Vorgänge zu erreichen ist. Und da erscheint die Sozial- und Wirtschaftsgeschichte, verdichtet zur Strukturanalyse, nur als ein, wenn auch unentbehrlicher Aspekt. Die Auffassung, die Historiker hätten sich allzu lange der bis ins Kultische reichenden Darstellung der „großen Männer" ergeben, trifft zudem gerade für die deutsche Geschichtswissenschaft nicht zu oder allenfalls für die Treitschke-Schule und die so genannten Bismarckianer, wobei ironischerweise anzumerken wäre, dass Bismarck selber in dieser Sache ein schlechter Eideshelfer ist und gewiss nicht als Bismarckianer in Anspruch genommen werden kann. Im Reichstag versicherte er einmal, sein Einfluss auf die Ereignisse werde „wesentlich überschätzt", keiner sollte ihm zuschreiben, Geschichte zu machen. Und dann wörtlich: „Das, meine Herren, könnte ich selbst in Gemeinschaft mit Ihnen nicht [...] Die Geschichte können wir nicht machen, sondern nur abwarten, dass sie sich vollzieht." Das berühmte Bild vom „Mantel der Geschichte" deutet bekanntlich in die gleiche Richtung. Aber diese skeptische Auffassung von der Rolle der Persönlichkeit im historischen Prozess bedarf doch einer gewissen Korrektur. Das zurückliegende Jahrhundert hat jedermann darüber belehrt, dass die Eingriffe Einzelner in das Geschehen allezeit möglich und die „restriktiven Bedingungen" zuzeiten überaus schwach sind, wenn ein Mann und bestimmte Umstände zusammentreffen.

Mitunter drängt sich denn auch der Eindruck auf, die sich „modern" nennende Geschichtswissenschaft setze die nun wirklich traditionell deutsche Neigung von der Vorherrschaft der Theorien und Systeme gegenüber dem Individuum in lediglich zeitgemäßer Aufmachung fort. Sie knüpft an die Auffassung an, wonach der Einzelne nichts anderes als Material im historischen Prozess ist, nur dass statt der „großen Männer" nun große Gruppen stehen: deutsche Ideologie das eine wie das andere. Dem Einzelnen jedenfalls steht keine Rolle zu und kein Bewegungsraum, er bleibt immer Objekt der Vorgänge und trägt folglich auch keine Verantwortung. Wer vermag zu sagen, wie viel Zuspruch die politische Apathie von solchen Auffassungen erhält?

---

4 Hans-Ulrich *Wehler*, Geschichtswissenschaft und Geschichtstheorie, in: Innsbrucker historische Studien, 1978, S. 201ff.

Verschärft wird diese Tendenz noch durch den Ausschließlichkeitsanspruch, den die strukturwissenschaftliche Methodik erhebt. Nicht selten vermeint man auch hier der alten *rabies theologorum* zu begegnen, die jede Meinungsverschiedenheit zur Glaubens-, wenn nicht zur Heilssache erklärt. Zugleich erzeugt die Ausblendung sowohl des Biographischen wie der politischen Geschichte ein einseitiges oder jedenfalls unvollständiges Bild der Abläufe. Trotz aller Vielfalt der Szenarien wie der Aufschlüsse, die der sozialgeschichtlichen Schule gutzuschreiben sind, kommt am Ende nur eine erweiterte Abart eben jener monokausalen Deutung historischer Vorgänge zustande, gegen die sich deren Vertreter beim Blick auf die herkömmliche Geschichtsschreibung mit so vielen guten Gründen wenden.

Jede bedeutende Biographie erschöpft sich niemals nur in der Beschreibung der Person, die sie zu ihrem Gegenstand gemacht hat. Vielmehr wird sie durchweg das Panorama der Zeit, ihre treibenden oder aufhaltenden Kräfte, ihre offen zutage liegenden Veranstaltungen wie ihre verschwiegenen Sehnsüchte einbeziehen und, kurz gesagt, umso biographischer sein, je umfassender sie auf eine Gesamtdarstellung hinausläuft. Sie muss stets mehr sein als die Summe einzelner, wie wichtig auch immer bewerteter Gesichtspunkte, weil im Gang des Geschehenden alles in bewegtem Zusammenhang mit allem steht. Auch darf sie niemals den Eindruck erwecken, als folge der Mensch durchweg einem definierbaren Interesse. Oft erkennt er dieses Interesse nicht oder verhält sich geradezu in erkennbarem Widerspruch dazu: aus gekränktem Stolz, aus Ressentiment, Blindheit, Gier, Leichtsinn, Selbstüberschätzung und was sonst noch allem, auch verführt von irgendwelchen Ausgeburten der Phantasie. Überhaupt ist es ein Grundirrtum zu glauben, die Dinge gingen in quantifizierbaren Verhältnissen auf, immer bleibt ein mehr oder minder großer Rest an Willkür und Widerspruch, der jeder Vorhersage Hohn spricht.

Hinzufügen muss man überdies, dass in aller Regel niemals ein einzelnes Motiv dem Tun und Treiben der Menschen zugrunde liegt. Fast durchweg hat man es mit einem für den Betrachter kaum entwirrbaren Knäuel von Absichten zu tun, die aufeinander wirken, sich verbinden, entzweien und, kaum dass man sich's versieht, neuartige Konstellationen eingehen. Weil das so ist und immer sein wird, gibt es auch keine konsequenten, aus einer einzigen, übermächtigen Triebkraft herstammenden historischen Abläufe. Alle scheinbare Folgerichtigkeit sollte den Historiker nicht beirren oder gar zum Komplizen einer vorgeblichen Geschichtslogik machen, sondern ihn besser an eine seiner Haupttugenden erinnern, das Misstrauen gegenüber jedem Augenschein. Nie darf er zudem die Offenheit ignorieren, die alle Geschichte für den Zeitgenossen besitzt, das ewig unentschiedene Drama unwissender, irrender oder versagender Kräfte. Dieser störrische, oftmals konfus anmutende Charakter der Vorgänge verleiht der Geschichte erst ihre grandiose Unberechenbarkeit.

Bereits diese Andeutungen machen erkennbar, dass dem blinden, tumultuösen und im Ganzen regellosen Geschehen unter allen Darstellungsformen am ehesten die Biographie gerecht wird. Denn sie spiegelt anschaulicher als jedes Diagramm nicht nur das Widerspruchswesen, das den Menschen ausmacht. Vielmehr zwingt sie den historiographischen Betrachter auch Mal um Mal zur Korrektur soeben erst gewonnener Einsichten. Wer zu dieser permanenten Richtigstellung seiner Urteile nicht bereit ist, hat, wie ich glaube, den Beruf zum Historiker verfehlt.

Damit hängt auch der Hauptmangel der gegenwärtig vorherrschenden Geschichtsschreibung zusammen: Sie gibt Kenntnisse vor, die kein Mitlebender besitzen konnte, und gefällt sich in einer kausalen Bravour, die jene hypothetische Unwissenheit vermissen lässt, die der Weg zum geschichtlichen Verstehen verlangt. Die Dominanz von Tabellen und Zahlenkolonnen kann, mit welchen abmildernden Begleittönen auch immer, niemals ganz den Ehrgeiz verbergen, aus der Geschichte so etwas wie ein Rechenwerk zu machen und in alles Geschehen zunächst eine gewisse Gesetzmäßigkeit hineinzulegen, um sie anschließend daraus abzulesen. Sie hat sich bei alledem einem positivistischen Grundvertrauen anheim gegeben, das jene Unberechenbarkeit, von der die Rede war, zumindest zu verringern versucht. Aber das Diktum Johann Gustav Droysens behält seine Gültigkeit, wonach „das wahre Faktum nicht in den Quellen" steht und die Richtigkeiten, die sich Schwarz auf Weiß darstellen, „stets prekär" sind.[5] Womit sich der Historiker den Materialhaufen, die sich vor ihm auftürmen, nicht nähern sollte, ist eine vorgegebene Theorie. Was er stattdessen vor allem hinzutun muss, sind Einfühlungsvermögen, Phantasie und Zusammenhang. Daraus folgt erst das Urteil.

Es gibt zwei schlagende, auf die Willensmacht jeweils einer Person zurückführende Beispiele aus der jüngeren Geschichte, die nahezu alle Vorbehalte gegen den vermeintlich interessengeleiteten, von den gesellschaftlichen Kräften entscheidend bestimmten Kern des historischen Geschehens verdeutlichen. Das eine ist die Figur Hitlers, die seit je wie ein Stein des Anstoßes vor dem Gruppenbild der Geschichte lag. Zwar ist unstreitig, dass die Rolle des Einzelnen im historischen Prozess zusehends schwächer wird. Aber von Hitler ist zu sagen, dass er eben doch, zeitfremd, wie er in so vielen Hinsichten war, mit stärkerem Gewicht auf den Gang der Geschehnisse eingewirkt hat, als es womöglich der geschichtlichen Stunde entsprach.

Vertretbar und reich zu belegen ist zweifellos, dass alle Entscheidungen des Diktators im Verlauf der Eroberung und Befestigung der Macht sowie noch einige Zeit darüber hinaus einer zielgerichteten, von keinem Bedenken beirrten Logik folgten. Aber dann nimmt Hitlers Politik einen sich steigernden Vabanque-Charakter an, der ein ums andere Mal die letzte, nicht nur waghalsige, sondern erkennbar selbstzerstö-

---

5 Zitiert nach: Gustav *Droysen*, Johann Gustav Droysen, I. Teil, Leipzig/Berlin 1910, S. 169.

rerische Karte ausspielt. Alan Bullock hat diesen auffälligen Bruch auf den Anschluss Österreichs, die Zeit der so genannten Blumenkriege sowie der bittstellerisch missdeuteten Aufwartungen der Staatsmänner aus West und Ost zurückgeführt. Damals, so der britische Historiker, habe Hitler sich aufgrund der Serie seiner unausgesetzten Triumphe verführt gefühlt, dem selbstverfertigten Mythos der eigenen Unbezwingbarkeit mehr und mehr Glauben zu schenken. Und zwei oder drei Jahre später, nach dem Scheitern des als Blitzkrieg geplanten Feldzugs gegen die Sowjetunion, im November 1941, fallen die ersten Äußerungen, die auf einen weiteren, ebenso unvorhersehbaren und wiederum ausschließlich psychologisch zu deutenden Bruch verweisen: Nun war Hitler nicht mehr auf Eroberung und Machterweiterung aus, sondern, erfüllt von wagnerianischen Weltenbrandstimmungen, auf den Untergang, den eigenen durchaus eingeschlossen. Am Ende tritt dieser Katastrophenwille als alles beherrschender, immer radikaler betriebener Vorsatz ans Licht. Niemand hat ihn Hitler eingeredet, keiner ihn dem Diktator aufgedrängt. Nicht anders als alle seine Entschlüsse kam auch dieser aus einer Art Nichts, das allenfalls biographisch entschlüsselbar ist und selbst dabei noch Rätsel über Rätsel aufgibt. Mit welcher Ratio, welchem Interesse oder gar welcher Gruppenmacht will man dergleichen auf den Grund kommen?

Man hat sich alles Mögliche einfallen lassen, um die gleichsam naturwidrige, in den seelischen Verwachsungen Hitlers begründete Selbstmörderverfassung mit irgendwelchen einwirkenden Kräften zusammenzureimen. Den lautesten Widerhall hat Hans Mommsens These von Hitler als „schwachem Diktator" gefunden, der wie eine Art historischer Zauberlehrling Energien entfesselt habe, die er mit fortschreitender Zeit nicht mehr beherrschte. Noch einen Schritt weiter ist Martin Broszat gegangen, indem er Hitler als „Opfer des ihm von der Propaganda und seinem Volk angedichteten Führer-Mythos" beschrieb, während Ian Kershaw in der unlängst veröffentlichten Hitlerbiographie behutsamer zu Werke gegangen ist. Die in einem eher beiläufigen Text aus jenen Jahren von einem eher beiläufigen Gefolgsmann gefundene Formel, wonach jedermann dem Führer „entgegenarbeiten" müsse, hat er in den Rang eines Schlüsselbegriffs erhoben und durch diesen Philologeneinfall Hitlers Bedeutung herabzumindern versucht. Aber Hitler war niemandes Spielball, wie schon die konservativen Helfershelfer des Jahres 1933 erkennen mussten, und selbst die „kuchenverschlingende Ruine" im Bunker unter der Reichskanzlei hat noch eine Autorität entfaltet, der keiner aus seiner Umgebung entkam. Der unvoreingenommenen oder jedenfalls von theoretischen Vorverständnissen freien Darstellung gilt es inzwischen als erwiesen, dass, vom Österreich-Unternehmen abgesehen, alle gewichtigeren außenpolitischen Schritte des Regimes auf sozusagen einsame Entschlüsse Hitlers zurückgehen. Zu jener Zeit folgte er einzig seinen oftmals unvermittelten Eingebungen und war „nur jenen Zwängen ausgesetzt, die er sich mit der nationalsozialistischen Programmatik und mit seiner Fixierung auf diese Programmatik selbst geschaffen hatte".[6]

Wie ausschlaggebend Hitlers Wille war, geht beispielhaft auch aus den Begleitumständen eines der großen Verbrechen des Regimes, dem Massenmord an den Juden, hervor. Die Tatsache, dass für diesen Entschluss kein eindeutiges Beweisstück vorliegt, hat zu einem jahrzehntelangen, unsinnigen Streit darüber geführt, ob Hitler den Anstoß dazu gegeben oder, noch absurder, überhaupt von den Vernichtungspraktiken gewusst habe. Doch gerade die fehlende Quelle weist auf seine Urheberschaft hin, weil niemand sonst, auch keine Gruppe und kein Machtapparat, in der Lage waren, eine Entscheidung von so weitreichender Bedeutung ohne eine Vielzahl begründender Memoranden und ausgedehnter Debatten herbeizuführen. Ein Berg von Materialien müsste dafür vorliegen, den es nicht gibt. Niemand als der Diktator selber konnte aber auch ein Verbrechen wie dieses so weitgehend in der Mördergrube des Herzens verschließen.

Verschiedentlich ist darüber hinaus vermerkt worden, dass nicht einmal das nackteste Überlebensinteresse einen Grund dafür hergab, warum in der Schlussphase des Krieges, als die überall brechenden Fronten dringend nach Transportmitteln für Truppen, Waffen und Nachschub verlangten, die Züge noch immer in die Vernichtungsfabriken fuhren. Einmal mehr hat sich in diesen Vorgängen nicht nur die bis zum Widersinn reichende Unberechenbarkeit alles Geschehens offenbart, sondern weit mehr noch die Psychopathologie eines von einer Art Urhass getriebenen Gewalthabers. Zwar können die systemgeschichtlichen Gesichtspunkte etwa der eifernden Willfährigkeit, der Indoktrination und des pseudomoralisch verklärten Gebots zur Grausamkeit bei der Ausführung des Mordgeschäfts nicht unberücksichtigt bleiben: sie liefern Erkenntnis fördernde Teilansichten, die für das Gesamtbild unerlässlich sind. Aber am Ende geht alles, was geschah, auf Bewandtnisse zurück, denen ohne biographische Auskunft nicht auf den Grund zu kommen ist.

Das andere Beispiel ist Michail Gorbatschow. Keine politische Ordnung konnte je strukturell als so gefestigt gelten und auf den Machterhalt der herrschenden Schicht hin organisiert wie das Sowjetimperium. Die konsequente Aufhebung der Gewaltenteilung durch den Führungsanspruch der Partei, das bis in die äußersten Verästelungen ausgebaute System der Überwachung und Bespitzelung, die politische Justiz und vieles andere dienten durchweg dem einen Ziel der Sicherung des Bestehenden. Zwar gab es die Überdehnung der imperialen Kräfte, wirtschaftliche Notlagen, die mit der Aufblähung der Militäretats auf bis zu 25 Prozent des Bruttoinlandsprodukts zu tun hatten, Missernten, sozialistischen Schlendrian und anderes mehr, so dass Gorbatschow und Schewardnadse Ende 1984, in einer Bestands-

---

6 Karl Dietrich *Bracher*, Geschichte als Erfahrung. Betrachtungen zum 20. Jahrhundert, Stuttgart/München 2001, S. 54.

aufnahme kurz vor ihrem Machtantritt zu der Einsicht kamen, alles sei „durch und durch verrottet". Aber kein ernsthafter Zweifel kann darüber bestehen, dass das Riesenreich in der Lage war, die Härten, die es seinen Untertanen jahrzehntelang zugemutet hatte, noch geraume Zeit weiter abzunötigen. Nichts anderes als der von Anfang an umstrittene, nicht zuletzt von den so genannten „Germanisten" im Kreml bekämpfte Entschluss Gorbatschows zur Wende hat die mühsam errichteten Strukturen der Machterhaltung beseitigt, und wie „einsam" seine Entscheidung war, geht nicht zuletzt aus der Nachgeschichte hervor, in deren Verlauf er, beginnend mit dem Aufstand der Gegenmächte, Amt und Führung verlor.

Was die alte Bundesrepublik anging, hatte fast alle Welt die von Margaret Thatcher im Sommer 1989 ausgegebene Parole nachgeredet, dass die deutsche Frage „nicht auf der Tagesordnung der Weltpolitik" stehe. Nun stand sie seit dem verweigerten Schießbefehl Gorbatschows vom 9. Oktober unversehens doch darauf. Man erinnert sich gewiss noch der Verlegenheit, mit der die Ereignisse seit dem Mauerfall nicht nur in den politischen Zirkeln, sondern bis weit hinein in das intellektuelle Milieu zur Kenntnis genommen wurden. Zwar war man der Herrschaftspraxis des sozialistischen Lagers nicht ohne Reserve begegnet. Aber im Ganzen hatte es, wie Professoren, ZEIT-Redakteure, Kirchenleute, Schriftsteller sowie der progressive Zeitgeist überhaupt versicherten, einen fortgeschrittenen gesellschaftlichen Zustand verkörpert und dem uralten Menschheitsverlangen nach einer versöhnten Welt mindestens umrisshaft, wenn auch begleitet von unvermeidlichen Geburtswehen, Ausdruck gegeben.

Ich denke, so oft die Rede auf diese Vorgänge kommt, an eine Historikertagung vom Frühjahr 1990 zurück, als die Gespräche am Rande wieder und wieder auf die Turbulenzen der vergangenen Wochen zurückkamen. Unvergessen bleibt, wie gerade die anwesenden Vertreter des „modernen" Geschichtsverständnisses sich aus ihrer Bestürzung mit der Beschwörung zu retten versuchten, um des Weltfriedens willen keine Triumphgefühle zu zeigen. Aber ein wenig, schien mir damals bereits, spielte dabei auch die Überlegung mit, dass aller Triumph über das Ende des Sowjetreichs auch als Triumph über die so offenkundig desavouierte Theorie von der steuernden Übermacht der Strukturen verstanden werden könnte: Von einem Tag zum anderen war die ganze schöne „Praxisrelevanz" des „modernen", aufgeklärten Geschichtsverständnisses dahin. Jedenfalls hatte Michail Gorbatschow, gleichsam im Nebenhinein, die lange überwunden geglaubte Auffassung von der verlaufsbestimmenden Macht entschlossener Einzelner wiederbelebt. Für das sozialhistorische Verständnis war der Gebieter im Kreml nichts anderes als eine theoriewidrige Erscheinung.

Mit dem Gesagten soll nicht der ausschlaggebenden Wirkungsmacht Einzelner oder gar der Auffassung Emersons das Wort geredet werden, wonach die Geschichte nichts weiter sei als eine einzige Abfolge großer oder kleiner Biographien. Was immer der Anreicherung des Bildes vom Vergangenen dient, trägt seine Rechtfertigung in sich, die individualhistorischen, auf motivierende Komplexe, Ängste oder Begehrlichkeiten der Einzelnen gerichteten Lebensbeschreibungen ebenso wie die gesellschaftsanalytischen Darstellungen, deren Hauptaugenmerk den Gruppen, Strukturen und Prozessen gilt. Worauf nach so vielen Jahren des fruchtlosen Streits zurückzufinden wäre, ist ein Empfinden für die prinzipielle Gleichwertigkeit aller Ansätze. Wenn es so etwas wie einen Königsweg zur Geschichte gibt, bestünde er in der sinnvoll proportionierten Verbindung von allem mit allem.

Das setzt freilich die Besinnung auf einige weithin in Vergessenheit geratene Maximen der Geschichtsschreibung voraus. Der Biographik ist wieder und wieder entgegengehalten worden, sie stütze sich auf einen unangemessen hohen Anteil intuitiver und sogar fiktiver Bauelemente. Demgegenüber bleibt stets zu bedenken, dass alle Geschichte einer Generalfiktion unterliegt und Erfindung ihr Wesen ist. Wer je mit der Darstellung geschichtlicher Abläufe, Ereignisse oder Personen zu tun hatte, ist sich irgendwann der Aporie bewusst geworden, dass immer nur ein lückenhafter Umriss der Dinge vermittelt werden kann, niemals die Dinge selbst. Keith Michael Baker hat denn auch seinem Werk über die Französische Revolution den Titel gegeben „The Invention of the French Revolution", andere haben es ihm vor- oder nachgemacht: von der „Erfindung der Antike" (Egon Friedell) über die des Mittelalters (Norman Cantor) bis zur „Invention of the Americas" (Enrique Dussel). Erfindung ist der Begriff, der unausgesprochen über jeder historischen Arbeit steht. Die Wirklichkeit selber steht in keinem Buch, nicht einmal eine halbwegs getreue Kopie davon. Gemacht und erdacht ist alles.

Das hat mit den Stoffmassen zu tun, die das Geschehene vor den Betrachter hinschüttet, alles chaotisch, konturlos, nicht selten bizarr und, sobald einige Ordnung hineingebracht ist, oftmals auch widersprüchlich in sich. Jedenfalls enthält das Material keine versteckten Richtungsweiser, wie viele glauben. Sie sind nur stummer, indolenter, immer wieder auf Irrwege führender Bestand, der erst zum Sprechen gebracht werden muss. Was ihn zum Reden bringt, sind das Wissen und die Intuition des Historikers, sein Blick für Zusammenhänge sowie seine Vergegenwärtigungskunst, kurzum: seine Phantasie. Von Friedrich Nietzsche, der kein Historiker im strengeren Sinne war, aber doch wie kaum ein anderer tote Buchkenntnisse aus ihrer Starre zu wecken und zur Anschauung bringen konnte, stammt der Satz: „Die Dinge rühren unsere Saiten an, wir aber machen die Melodie daraus."[7]

Das ins Artefaktische verweisende Bild ist keineswegs als beliebige Metapher zu verstehen. Mehr als die Zunft es wahrhaben will, ist die Geschichtsschreibung eine Kunst, und weniger, als sie eingestehen mag, eine exakte Wissenschaft. „Die

---

7 Friedrich *Nietzsche*, Die Unschuld des Werdens. Der Nachlass, Bd. 83, Leipzig 1931, S. 10.

Geschichtsschreibung ist ein wesentlicher Teil der Literatur überhaupt", lautet der programmatische Eröffnungssatz in Friedrich Gundolfs nachgelassenem Fragment über die deutsche Historiographie zwischen Herder und Burckhardt.[8] Das heißt und meint, auch in der Darstellung des Vergangenen steht am Anfang das Wort. Durchlebtes und abgelebtes Leben muss in Sprache verwandelt werden, wenn es als Geschichte ins Bewusstsein eingehen und Bestand haben soll.

Nicht nur in Sprache. Weil alles Material nichts als rohe, widersetzliche Masse ist, bedarf der Verfasser geschichtlicher Darstellungen auch einer hohen dramaturgischen Fertigkeit, man kann auch sagen: eines umsichtig disponierenden Kunstverstandes. Das verlangt nach einer kalkulierten Mischung der Perspektiven wie der Tonlagen, der analysierenden Ausgriffe, der Charakterstudien und reflektierenden Einschübe – das eine wie das andere geleitet und stetig weiter getrieben von jener humanen Neugier, die den Historiker mit dem Schriftsteller verbindet. Seltsamerweise hat aber gerade der unterdessen wie kleinlaut auch immer vorgetragene Kunstanspruch der Geschichtsschreiber das Vorurteil befördert, er ruiniere die Wissenschaft. Doch anders als die Hüter der strengen Lehre glauben machen wollen, geht die literarische Anstrengung keineswegs auf die leeren Selbstbefriedigungen eines bloßen Glasperlenspiels. Sie ist auch nicht bildungsbürgerliche Zutat. Vielmehr hat sie mit vermittelter Erkenntnis zu tun, die das Wesen aller Humanwissenschaft ist. Was sich stattdessen „Wissenschaft" nennt und auf entsagungsvolle sprachliche Nüchternheit hinausredet, ist in aller Regel lediglich nicht realisierte Form.

Die einfache Wahrheit ist verloren gegangen. Die moderne Auffassung von der Geschichte als einer Art Mengenlehre hat mit der Vernachlässigung der Sprache den Zugang zum Vergangenen nicht nur erschwert, sondern geradezu verschlossen. Alle Welt beklagt die Entfremdung zwischen Geschichtswissenschaft und Öffentlichkeit. Zweifellos hat die Kluft, die da aufgebrochen ist, mit den Spezialisierungen zu tun, die unstreitig ein Gewinn, aber auch der Preis der Moderne sind. Immer wieder hat man indessen Anlass zu der Frage, ob er nicht zu hoch ausgefallen ist. Und ob das Feld veranschaulichender und inspirierter Darstellung womöglich allzu bereitwillig geräumt und den „Cliometrikern" mit ihren Zahlenwerken überlassen wurde. Ein mir bekannter Arzt, Jahrgang 1914 und zeithistorisch ungemein belesen, hat mir vor Jahren bekannt, er habe bei einem der gefeierten Werke der sozialhistorischen Schule nicht nur als Leser Mühe gehabt: die habe er pflichtschuldig in Kauf genommen. Enttäuschender sei gewesen, dass er von sich und den Erfahrungen, die er als junger Mann während der Weimarer Zeit und der Nazijahre machte, kaum etwas darin wiedergefunden habe.

---

8 Friedrich *Gundolf*, Anfänge deutscher Geschichtsschreibung von Tschudi bis Winckelmann, bearbeitet und herausgegeben von Edgar *Wind*, Frankfurt a.M. 1992, S. 9.

Das deutet auf einen weiteren Befund: die Verabschiedung des Menschen aus der zeitgenössischen Geschichtsschreibung, soweit sie vom biographischen Soupçon erfüllt ist. Unstreitig ist der Mensch die eigentliche, nie erlahmende Antriebskraft allen Geschehens, und wo immer vorwärts treibende oder aufhaltende Energien ins Spiel kommen, stehen Personen aus Fleisch und Blut dahinter, nicht Chiffren, die in irgendwelchen Zugehörigkeiten aufgehen. Sie haben ihre Herkünfte, ihre Motive oder besonderen Veranlassungen und in alledem ihre Lebensgeschichten. Etwas davon muss sich tatsächlich in jeder Darstellung wieder finden, wie nah oder weit die Vorgänge, von denen die Rede ist, auch zurückliegen mögen. Die Anthropologie, zu der alle geschichtliche Bemühung einige Aufschlüsse beisteuert, kennt keine Zeitbegrenzung und keine durch ihre „Modernität" überlegene Geschichtsauffassung. Vielmehr muss die Wahrnehmung stets, dem berühmten Wort von Jacob Burckhardt zufolge, „zum duldenden, strebenden und handelnden Menschen" gehen, „wie er ist und immer war und sein wird". Irgendwo las ich bei Gelegenheit, dass der Tod eines Einzelnen, sei es im Verlauf politischer Verfolgungen, sei es in einem der Lager des Jahrhunderts, oder auf irgendwelchen entlegenen Schlachtfeldern, immer eine Tragödie enthalte, der Tod von Hunderttausenden hingegen nur Statistik sei. Solange die Geschichtsschreibung, um im Bilde zu bleiben, nicht die Tragödie wieder entdeckt und an den Menschen vorbeisieht, denen sie geschieht, wird ihre Entfremdung gegenüber der Öffentlichkeit anhalten.

Und schließlich soll in dieser notgedrungen kursorisch formulierten Erinnerung an einige Grundregeln der Historiographie eine letzte Überlegung nicht fehlen: der Hinweis auf die Macht des Zufalls, für den der Determinismus der Strukturhistoriker keinen Platz hat. In einer Kammer seines Bewusstseins muss der Betrachter immer Raum lassen für Pascals Satz, wonach die Weltgeschichte anders verlaufen wäre, sofern die Nase der Cleopatra nicht diese Form und diese Größe gehabt hätte; oder falls Bismarck, um ein jüngeres Beispiel anzuführen, beim preußischen Verfassungskonflikt nicht dem Ruf seines Königs gefolgt, sondern auf weiteres seiner Amoure im fernen Biarritz nachgegangen wäre. Oskar Kokoschka hat gesprächsweise einmal bekannt, er sei im Grunde für Hitlers politische Laufbahn verantwortlich. Denn wenn er im Verlauf der Aufnahmeprüfung des Jahres 1908 den jungen, blassen Bewerber um den offenen Platz an der Wiener Kunstakademie nicht ausgestochen hätte, wäre Hitler zu jenem Erfolgserlebnis gelangt, das seinem Leben vermutlich eine andere Richtung gegeben hätte. Unschwer könnte man Dutzende weiterer solcher oftmals banal und sogar abseitig klingender, aber mitunter doch folgenreicher Beispiele anführen. Gemeinsam ist ihnen, dass sie in ihrer Zufälligkeit überall dort schon methodisch nicht ins Blickfeld geraten, wo den Strukturen geschichtslenkende Kraft zuerkannt wird. Eher jedenfalls und selbstverständlicher erschließen sie sich der biographisch-erzählenden Darstellung, die den schwer durchschaubaren, von launischen Fügungen gelenkten und in alledem rätselhaften Menschen auf die leer geräumte Bühne zurückholt.

Zusammenfassend ist zu sagen, dass der Historiker gut daran tut, sich jederzeit der Bedingtheit seiner Einsichten bewusst zu bleiben. Mit aller Phantasie des Verstehens und aller sprachlichen Meisterschaft kann er niemals eine Epoche selber ins Leben zurückbringen, sondern nur ein mehr oder minder einleuchtendes Bild davon. Die Geschichtswissenschaft ist Kasuistik, nicht viel mehr, wie schwer das den Hegelianer, der in jedem Deutschen stecken soll, auch ankommen mag. Wenn das so ist, kann die Biographie den Erwartungen, die sich auf die Geschichte richten, eher gerecht werden als jeder andere Zugang. Denn sie ist zu allem hin auch die Methode des Zweifels, der perspektivisch immer neu ansetzenden Bemühung in dem Bewusstsein, dass jede Darstellung auf ein Tasten hinausläuft und in bloßen Annäherungen zu erreichen trachtet, was allenfalls erreicht werden kann.

Es ist denn auch nicht der Lohn großer, abschließender Wahrheiten, den die historische Anstrengung verheißt. Sondern die aus den Quellen herkommende Einsicht in die Bilder- und Ereignisfülle des Menschheitsstoffs, in Selbstbehauptung oder Versagen abgetretener Generationen. Die Pathetiker der Geschichte sollten sich von Zeit zu Zeit ins Gedächtnis rufen, dass es die Wahrheit, wie ein „Oxford wit" gelegentlich bemerkt hat, in der Geschichte nicht gibt; „die Wahrheit", heißt es dann weiter, „gibt es nur im Roman".

Vielleicht verrät der Einfall zuviel an verspielt-ironischer Paradoxie. Aber er enthält für alle, die sich der Vergangenheit widmen: für die Biographen wie die Sozial- oder Wirtschaftshistoriker, die Vertreter der Lehre von der Theoriebedürftigkeit der Historiographie und wen sonst noch eine notwendige Erinnerung. Sie ließe sich auf die Formel bringen, dass der Gewinn aus dem Umgang mit der Geschichte umso größer ausfällt, je mehr sich die einen wie die anderen nicht nur der Begrenztheiten des Fachs bewusst bleiben – sondern zugleich der Einsicht folgen, dass sie dessen vorgegebene Beschränkungen einzig in dem Maße hinter sich lassen, in dem sie Kunst daraus machen.

## 2. Theorie und Praxis.
## Erinnerung an eine Geschichtsphilosophie, die Geschichte gemacht hat

*Hermann Lübbe*

Je rascher wir in unserer dynamischen Zivilisation die Vergangenheit hinter uns lassen, um so interessanter, ja aufdringlicher wird sie. Tatsächlich ist die Intensität unserer Vergangenheitszugewandtheit historisch beispiellos. Klagen über Geschichtsvergessenheit, die es auch gibt, belegen nicht diese. Sie belegen vielmehr unsere Geschichtsversessenheit. Erinnerungsverweigerung kommt vor, ist aber chancenlos. Proklamierte Erinnerungspflichten wirken bis in den politischen Lebenszusammenhang hinein irresistibel. Sogar Lust der Erinnerung prägt, wie im Lebensablauf das Alter, die moderne Kultur.

Die Gründe für diese Zusammengehörigkeit von Modernität und Historizität sind ein Kapitel für sich. Die Beschäftigung mit diesen Gründen würde uns erkennen lassen, dass es sich hierbei nicht um einen zufälligen Zusammenhang handelt. Wenn das zutrifft, so hätten wir entsprechend auch für unser neues Jahrhundert zu erwarten, dass die Blüte der historischen Kultur dauert, der Eifer denkmalpflegerischer und sonstiger Reliktkonservierung anhält, die Zahl der Museen wächst und die historischen Ausstellungen Attraktionen fürs Massenpublikum bleiben.

Das vergangene 20. Jahrhundert dürfte dem neuen Jahrtausend freilich für vorerst unabsehbare Jahre als das Jahrhundert der großen totalitären Mächte in Erinnerung bleiben – ihres Aufstiegs und Falls. Einige Relikte totalitärer Herrschaft haben sich ja sogar noch erhalten – in hoffnungsloser Trostlosigkeit auf Kuba und in Nordkorea, wirtschaftlich derzeit partiell erfolgreich in China nach seiner einheitsparteilich kontrollierten Öffnung der Märkte.

Spektakulär, nämlich historisch singulär und damit allein schon aus diesem Grund unvergesslich ist die Menge der Toten, die die Einheitsparteidiktaturen des 20. Jahrhunderts hinterlassen haben. Historiker haben die Zahl dieser Toten abzuschätzen versucht und sind dabei bekanntlich auf eine Summe von weit über einhundert Millionen gelangt. Kriegsopfer und die Toten so genannter „Revolutionswirren" sind dabei nicht mitgezählt. Gemeint sind die Liquidierten im Kontext der totalitären Menschheitsreinigungspraxis. Das ist nach Quantität, Technik und politischer Motivation ein Bestand, der exklusiv der modernen Zivilisation zugehört. Auch die Schrecken jener Vormodernität, die heute gelegentlich als „alteuropäisch" gekennzeichnet wird, waren gewiss nicht Bagatellen – von den Märtyrern der Christenverfolgung über die vertriebenen, ja hier und da ausgerotteten Ketzer der Konfessionskriege bis hin zu den Verurteilten der Hexenprozesse, die von der frühen Neuzeit bis in den Beginn der Aufklärung fast für ein Vierteljahrtausend zur Geschichte Europas gehörten. Voltaire hat das alles in seinem Spottroman bis zum Überdruss ausgebreitet, mit dem er Leibniz' Versuch kommentierte, die Welt, wie sie tatsächlich existiert, als die beste aller möglichen Welten metaphysisch darzutun. Die Schrecken des 20. Jahrhunderts sind demgegenüber von ganz anderer Qualität, und es würde uns heute als geschmacklos erscheinen, sich auf diese Schrecken zum Zweck des Spotts über Theodizee-Philosophen beziehen zu wollen.

Gewiss ist das 20. Jahrhundert nicht nur ein Jahrhundert der totalitären Schrecken gewesen. Wir haben ihm ja auch anderes zuzuschreiben, vor allem seiner zweiten Hälfte: Wohlfahrt eines nie zuvor gekannten Niveaus in allen hochindustrialisierten Weltregionen, und dann den politischen und wirtschaftlichen Triumph der Systeme freier Lebensordnung in den heißen und kalten Kriegen von 1945 bis 1989. Der Totalitarismus hat im 20. Jahrhundert Epoche gemacht. Aber inzwischen, so scheint es, liegt diese Epoche hinter uns.

So oder so: Auch die Katastrophe, auf die wir inzwischen historisch zurückblicken können, bleibt eine Katastrophe, und unsere Historiker sind tätig, sie zu beschreiben. Es kann nicht die Absicht des Philosophen sein, dazu einen Beitrag zu leisten. Es soll hier lediglich daran erinnert werden, dass auch die Philosophie zu den Faktoren gehört, die an der Formation totalitärer Herrschaft beteiligt waren. Diese These ist missverständnisträchtig. Schlimmstenfalls gewänne sie dann sogar die Anmutungsqualität der Lächerlichkeit. Immerhin begegnet uns heute die Philosophie, nicht nur in Deutschland, primär als akademische Disziplin. Ihr institutioneller Ort ist das Philosophische Seminar. Philosophische Publikationen sind eine Spezialität spezieller Verlage und eher selten ein auflagenstarker Publikumserfolg. Was kann es also heißen, dass die Philosophie, die uns doch heute primär in dieser akademischen und publizistischen Randstellung begegnet, ein wirksamer Faktor der Formation totalitärer Herrschaft gewesen sein soll?

Das wird sichtbar, wenn man nach den Bedingungen fragt, ohne die die Projekte der rassistischen Völkermorde und der systematischen Liquidation von Klassenfeinden nicht einmal denkmöglich gewesen wären. Um Rückfälle in die Barbarei handelt es sich hierbei nicht. Wir reden zwar gelegentlich so über den Holocaust. Wir sollten das aber besser nicht tun, weil wir damit den Völkerschaften, die jeweils aus hochkultureller Perspektive früher einmal „Barbaren" genannt worden sind, historisch Unrecht täten. Was immer das für Schrecken gewesen sein mögen, die den Namen der Barbaren früher dann und wann Furcht erregend klingen ließen – von Menschheitsreinigungszwecken waren die so Genannten bei ihren Durchzügen und Einfällen nicht bewegt.

Kurz: Die totalitäre Gewalt ist ganz modern, und ihre Tötungsprogramme sind auch modern. Das bedeutet: Es handelte sich hier nicht um blinde Gewalt, vielmehr um eine Gewalt, die Teil des Partei- und Staatshandelns war – in Ordnungen von Befehl und Gehorsam vollzogen und ideologisch legitimiert. Das ist der entscheidende Aspekt der Sache. Es war ja den weltanschaulich gestählten Einheitsparteiführern und ihren engeren Verschworenen nie zweifelhaft, dass ihre Tötungsverfügungen den konventionellen Regeln tradierter Moral, ja geltenden Rechts widersprachen. Um so höher war der Legitimationsbedarf, der bedient sein musste, wenn man zu den fraglichen Verfügungen imstande sein sollte. Wahr ist, dass die Vollstreckungspraxis dann auch Individuen anzog, die sich durch Teilnahme an dieser Praxis eine perverse subjektive Befriedigung zu verschaffen vermochten. Das ist ein altvertrauter Teil gemeiner humaner Pathologie, und Berichte über Tötungsorgien liegen vor. Die Verantwortlichen höchster Instanz jedoch handelten stets gewissheitsgeleitet. Sie waren erfüllt vom Bewusstsein des höheren Rechts ihrer Sache und der harten Notwendigkeiten in der Durchsetzung dieser Sache.

Die Biographik, über die man die Bildung eines solchen ideologisch formierten Bewusstseins aufzuklären versucht hat, ist immer sehr komplex. Relativ einfach sind demgegenüber die kognitiven Elemente ideologischer Gläubigkeit – also das, was als Wahrheit öffentlich bekannt und verkündet wird, kanonisch gemacht und zur offiziellen Lehre mit sanktionierter Geltung erhoben. Man kommt nicht umhin, solche Lehren „Philosophie" zu nennen. Ein anderes Wort steht dafür nicht zur Verfügung, und biographisch entspricht dem die stets gegebene Herleitbarkeit der kognitiven Gehalte ideologischer Gewissheit aus Quellen erleuchtender und erweckender Philosophie. Für die großen Führer der kommunistischen Weltbewegung hat das seine Evidenz. Lenin ist Schüler deutscher Meisterdenker, und als Täter und Fortbilder ihrer Philosophie hat er seinen Platz nicht nur in den Geschichtsbüchern, sondern näherhin auch in den Lehrbüchern der Philosophiegeschichte. Bei Hitler, gewiss, sind die Quellen seiner „Weltanschauung" trüber und in Werkausgaben literarisch weniger solide gefasst. Richtig ist überdies, dass Hitler sich selbst über die Rolle als politischer Vollstrecker seiner Weltanschauung hinaus weniger als Theoretiker dieser Weltanschauung, vielmehr als künstlerisch inspirierter Erbauer ihrer sie symbolisierenden Architektur verstand. Nichtsdestoweniger sind es auch hier kognitive Gehalte philosophischer Herkunft, auf die sich die Wahrheitsansprüche stützen, die sich, wie mit jeder Weltanschauung, so auch mit der nationalsozialistischen Weltanschauung verbanden. Immerhin steht sie im weiteren Kontext der Wirkungsgeschichte Nietzsches, und das gilt unabhängig von der Beantwortung der Frage, ob es sich dabei um authentische Wirkungen Nietzsches handele oder gerade nicht.

Die Philosophien, die die kognitive Substanz totalitärer Ideologien bilden, sind nun zu ihrem wichtigsten, nämlich legitimatorisch wirksamsten Anteil Geschichtsphilosophien. Was macht Geschichtsphilosophie geeignet, die ideologische Legitimität totalitärer Herrschaft bis in ihre äußersten Konsequenzen hinein zu stiften und zu sichern? Das ist die für die Geschichte totalitärer Ideologien wie für die Geschichte der Geschichtsphilosophien entscheidende Frage. An dieser Stelle ist Kürze verlangt, und von unüberbotener Kürze ist die Antwort Karl Poppers, auf die ich auch hier rekurrieren möchte. Karl Popper hat bekanntlich sein Buch „Das Elend des Historizismus" den politischen Opfern „des Irrglaubens an unerbittliche Gesetze eines weltgeschichtlichen Ablaufs" gewidmet. Die so hergestellte kausale Verbindung zwischen einem philosophischen Irrtum einerseits und Völkermorden andererseits hört sich naiv an. Sie tut es deswegen, weil sie die Fülle der Randbedingungen nicht erwähnt, die gegeben sein müssen, bevor ein in Bibliotheken, am Schreibtisch oder auch bei der Lektüre von Weltanschauungsbroschüren konzipierter philosophischer Irrtum sich mörderisch auswirken kann. Aber banalerweise hat der Wissenschaftstheoretiker Popper nicht annehmen wollen, dass ein Irrtum, der im Kopf eines Philosophen präsent ist, schon eine hinreichende Bedingung totalitärer Gewalt sei. Aber um eine notwendige, nämlich für die Bedienung des Legitimationsbedarfs unentbehrliche Bedingung totalitärer Gewalt handelt es sich bei dem mit Rekurs auf Karl Popper zitierten geschichtsphilosophischen Irrtum tatsächlich, und der einschlägige Legitimierungsvorgang ist nachvollziehbar. Über eine Einsicht in die Gesetzmäßigkeit des Geschichtslaufs zu verfügen – das bedeutet nämlich zu wissen, wieso man kraft der eigenen Position im Geschichtslauf, über dessen Gesetzmäßigkeit man geschichtsphilosophisch aufgeklärt ist, des Privilegs eben dieser Aufgeklärtheit teilhaftig wurde, so dass man, nun im Besitz dieses Privilegs, legitimiert ist, sich politisch als Geschichtsgesetzexekutor zu etablieren. Wer dem widerspricht, irrt sich nicht einfachhin, sondern entlarvt sich in seiner aufklärungs- und erziehungsbedürftigen Rückständigkeit und schlimmstenfalls als beseitigungsbedürftiges Hindernis auf den Fortschrittswegen der führenden Klasse im Klassenkampf um die definitive Menschheitsbefreiung. Man erkennt die Unbegrenztheit der politischen Legitimation, die einem durch den Anspruch zuwächst, sich in der Rolle des Exekutors philosophisch erkannter Geschichtsgesetze zu befinden. Einzig so erklärt sich, wieso Lenin in Kommentierung längst eingeleiteter Massenliquidationen von Klassenfeinden sagen konnte: „Uns ist alles erlaubt". Kein „Barbar" spricht so. So spricht ein Philosoph.

Die rudimentäre Naturgeschichtsphilosophie, die in die nationalsozialistische Weltanschauung implantiert ist, wirkt in der skizzierten Art legitimatorisch analog und sogar noch krasser. Man muss nämlich der Rasse, der nach der Doktrin vom Rassenkampfcharakter der Weltgeschichte der definitive Triumph in diesem Kampfe verheißen ist, selber angehören, um der Einsicht in die prätendierte Wahrheit dieser Doktrin überhaupt teilhaftig werden zu können. Über die Differenz hinweg, die damit zwischen Freund und Feind gesetzt ist, wird nicht diskutiert, vielmehr exekutiert. In der Zusammenfassung heißt das: Ob Rassenkampf oder Klassenkampf – in beiden Fällen handelt es sich um Politik in striktem Gehorsam gegenüber Geschichtsgesetzen. Und auf die Gewissheit dieser Gesetze passt die Charakteristik, die Karl Marx seiner eigenen Geschichtsphilosophie zuschrieb, dass sie nämlich, statt eines Argumentensembles zur Widerlegung von Gegnern, eine Waffe zur Vernichtung der Feinde sei.

Nach diesen Erinnerungen an die historische Rolle geschichtsphilosophischer Elemente in totalitären Ideologien fragt sich natürlich, ob und in welchem Sinne heute noch Geschichtsphilosophie möglich und sinnvoll sei. Mit dem Totalitarismus, der noch vor dem Ende des vergangenen Jahrhunderts definitiv gescheitert zu sein scheint, ist zugleich auch als beiherspielendes Ereignis der Philosophiegeschichte die von Popper skizzierte Geschichtsphilosophie abgetreten. Allenfalls ist sie in marginalen Resten präsent – vor allem in einem uns hier und da noch begegnenden Typus intellektueller Reflexionen, die man an der Neigung erkennt, Meinungen anderer Intellektueller moralisch missliebig zu machen, das heißt diese Meinungen, statt sie argumentativ zu bestreiten, als Beweis für moralisch-politische Defizite ihrer Subjekte zu nehmen. Indessen: Die Geschichtsphilosophie des von Popper so genannten historizistischen Typus, der ideologisch strikte Einheit von Theorie und Praxis herzustellen vermochte und eben dadurch sich für totalitäre Selbstlegitimationen eignete, ist nicht die Quintessenz aller Geschichtsphilosophie. Es wäre unangebracht, den Disziplintitel „Geschichtsphilosophie" sozusagen zu verschenken oder ihn gar auf dem ideologischen Schutt zu deponieren, der die Ruinen zusammengebrochener totalitärer Herrschaft umlagert. Voltaire oder Kant gehören gewiss in die Reihe der Begründer der Geschichtsphilosophie. Aber Geschichtsdenker des historizistischen Typus sind sie nicht, und auch für Hegel gilt das, wenn auch Popper das Gegenteil annahm. Allein schon Hegels These, die Geschichte lehre, dass man aus der Geschichte nichts lernen könne, macht ihn ideologiepolitisch unverdächtig. Freilich ist diese These ihrerseits missverständnisträchtig. Man erkennt jedoch rasch ihre Passung zur These Poppers vom Nonsens-Charakter der Suche nach einer vermeintlichen Gesetzmäßigkeit des Geschichtsprozesses, und es ist Geschichtsphilosophie und näherhin Wissenschaftstheorie historischer Wissenschaften, die über eine Analytik der Struktur historischer Prozesse zur Evidenz bringt, wieso sie prinzipiell nicht prognostizierbar sind, vielmehr einzig jeweils im Nachhinein erzählbar.

Es ist Geschichtsphilosophie, die Nietzsche mit kritischem Blick auf die Tendenzen der Selbsthistorisierung der modernen Zivilisation im 19. Jahrhundert hat vermuten lassen, dieser Historismus werde die kulturelle und politische Vitalität dieser Zivilisation schädigen. Seither hat sich die Intensität unseres historisierenden Geschichtsinteresses weit über das hinaus, was Nietzsche gegenwärtig sein konnte, gesteigert und ein eben dadurch bedingter Vitalitätsschaden unserer Zivilisation ist nichtsdestoweniger nicht zu erkennen. Geschichtsphilosophie – das ist insoweit die Bemühung zu verstehen, wieso just die moderne Zivilisation ihre Selbsthistorisierung betreibt und wozu das gut ist.

## 3. Die so genannte kollektive Erinnerung

*Alfred Grosser*

### I.

*Historia magistra vitae*? Damit ein solcher Spruch einer positiven Wahrheit entsprechen könnte, müsste zuerst der Begriff der „kollektiven Erinnerung" geklärt und weitgehend abgeschafft werden. Gewiss wird er immer häufiger verwendet. In Deutschland gibt es nun die drei an sich schönen und nützlichen Bände „Die deutschen Erinnerungsorte",[1] die Etienne François und Hagen Schulze herausgegeben haben, ganz im Sinne der „Lieux de mémoire"[2] von Pierre Nora. Nur wird von den Herausgebern und Autoren nicht genügend betont, dass die „Erinnerung" in den meisten Fällen keinem Erlebnis entspricht, sondern schlechthin ein Konstrukt darstellt.

Ehemalige Insassen, die im selben Konzentrationslager gelitten, Fußballer, die einen gemeinsamen Sieg errungen haben – für die kann man von „kollektiver Erinnerung" sprechen. Aber ich kann mich nicht an Verdun erinnern. Ich war noch nicht geboren. Kein Serbe konnte sich 1990 an die Schlacht auf dem Amselfeld von 1389 erinnern, die den serbischen Besitz des Kosovo rechtfertigen sollte. Wie viele Deutsche haben den 30. Januar 1933 miterlebt und waren demnach in der Lage, sich siebzig Jahre später an die Machtergreifung Hitlers zu erinnern? Auf Französisch sage ich: „La mémoire collective est un transmis qui devient un acquis." Etwas, was übermittelt und dann angeeignet wird. Und das hätte auch anders übermittelt werden können: durch die Familie, durch die Schule, durch die Medien. Vor drei Jahren hat der Historiker und Medienexperte Jean-Noël Jeanneney ein Buch herausgegeben, dessen Titel von allen Sozialwissenschaftlern berücksichtigt werden sollte: „Une idée fausse est un fait vrai", „eine falsche Idee ist eine wahre Tatsache".[3] Das gilt ganz besonders für die „kollektive Erinnerung", in deren Namen so viele Massenmorde vollbracht worden sind und noch verbrochen werden.

Es geht nicht nur um aufgeblasene Monumente und andere Symbole, die dazu da sind, eine aggressive „kollektive Erinnerung" zu erhalten, obwohl gerade diese „Erinnerungsorte" einer Entgiftung bedürften. Im Oktober dieses Jahres 2003 werde

---

1 Etienne *François*/Hagen *Schulze*, Deutsche Erinnerungsorte, 3 Bde., München 2001.
2 Pierre *Nora*, Les lieux de mémoire, 3 Bde., Paris 1984–1992.
3 Jean-Noël *Jeanneney*, Une idée fausse est un fait vrai: les stéréotypes nationaux en Europe, Paris 2000.

ich die Ehre haben, mich zum dritten Mal in Deutschland an einer solchen Entgiftung zu beteiligen. Nach der Germania des Niederwalddenkmals und nach dem Kyffhäuser wird es die Leipziger Völkerschlacht sein. Aber die Erinnerung als Konstrukt kann auch sehr positive Aspekte haben. Als ich zum ersten Mal in einer Vorlesung sagte: „Wir haben 1914 ...", da dachte ich beim Weitersprechen: „Wir" – damit bezeichne ich die französischen Soldaten. Mein Vater war vier Jahre lang deutscher Offizier im Kriege gegen Frankreich auf französischem Boden. Nun ist Napoleon wirklich mein Großvater und Jeanne d'Arc meine Urgroßmutter. Wie gelungen ist doch meine Assimilation! Dank des Geschichtsunterrichts der französischen Schule.

Weniger positiv wirken die Medien, wenn sie zum Beispiel die Feindseligkeit gegen Deutschland wachhalten. Im französischen Fernsehen gibt es eigentlich, mit Ausnahme der wenig aufklärerischen Tagesschau, nur zwei Deutsche, von denen ständig gesprochen wird: Adolf Hitler und Michael Schumacher. In Großbritannien ist es schlimmer. Als Joschka Fischer den sehr vernünftigen Vorschlag machte, dem Präsidenten der Europäischen Kommission durch parlamentarische Direktwahl eine neue Legitimität zu verschaffen, brachte die Londoner *Financial Times* eine Schlagzeile auf Seite eins: „Germany wants a Kaiser for Europe". In Frankreich ist das anders. Wenn eine Zeitung schreibt „Le Kaiser", so meint sie nicht Wilhelm II., sondern Franz Beckenbauer! Aber es ist nicht sicher, ob es in einem anderen Land eine so schlimme Veröffentlichung gibt, wie die vom Staatssekretariat für *anciens combattants* (Veteranen) herausgegebene Monatsschrift *Les Chemins de la mémoire* – „Die Wege der Erinnerung". Es werden ausschließlich der Ruhm Frankreichs oder französisches Leiden thematisiert. Im Dezember-Heft 1996 wurde der Angriff des Vietminh auf Hanoi beschrieben, der in der Tat fünfzig Jahre zuvor stattgefunden hatte. In der November-Ausgabe hatte hingegen nichts über die Bombardierung von Haiphong durch die französische Marine gestanden, die Abertausende vietnamesische Opfer gefordert hatte. Im Februar 2003 wurden die *tirailleurs algériens* verherrlicht, die so tapfer innerhalb der französischen Armee unter anderem 1943/44 in Italien gekämpft hatten. Kein Wort über Schicksale wie die des Ahmed Ben Bella, hochdekorierter Sergeant, der Chef der *Front de Libération Nationale* gegen Frankreich werden sollte, weil er im Mai 1945 nicht in seiner Heimatstadt Sétif landen durfte, wo gerade eine furchtbare französische Repression gegen die Seinen wütete.

## II.

Die Seinen: die „kollektive Erinnerung" ist im Allgemeinen zugleich Werkzeug und Ausdruck einer kollektiven Identität, auf die sich die verschiedenen Identitäten des

Kollektivs reduzieren sollen. Wenn die Zugehörigkeit zu etwas zum höchsten gesellschaftlichen Wert wird, so wird die „kollektive Erinnerung" ständig zu Hilfe gerufen, um das Gefühl dieser Zugehörigkeit zu verstärken. In Israel ist dies seit Jahrzehnten der Fall. Dies führt unter anderem dazu, dass viele ungläubige jüdische Israelis, um den Besitz des ehemaligen Kanaan zu rechtfertigen, sich auf eine Bibel berufen, an die sie nicht glauben. In diesem Fall dient die Geschichte zur Selbstidentifizierung. Oft geht es jedoch eher um die Bezeichnung des heutigen oder ehemaligen Gegners. „*Die* Deutschen" bleibt eine auf der übermittelten Erinnerung anderer fußende herabsetzende Identifikation. Dabei wurde und wird seit der Wiedervereinigung in Deutschland oft vergessen, dass eine teils tatsächlich erlebte, teils von anderen übermittelte Erinnerung unterschiedliche deutsche Identitäten geschaffen hat. Die Frage, die Roman Herzog in seiner Antrittsrede vom 1. Juli 1994 stellte, war rhetorisch, denn die Antwort war ja klar: „Haben wir denn im Ernst annehmen können, wir wären nach vierzig Jahren der Trennung, der unterbundenen Information und der unterschiedlichen Erfahrungen und außerdem nach zweimaligem Generationswechsel noch dieselben?"

Die Bezeichnung der eigenen Gruppe in der Vergangenheit mag sehr verschiedene „kollektive Erinnerungen" zeitigen. 1975 haben sich die deutschen katholischen Bischöfe dazu durchgerungen, in einer feierlichen Erklärung festzustellen: „Wir waren in diese Zeit des Nationalsozialismus, trotz beispielhaften Verhaltens einzelner Personen und Gruppen, aufs Ganze gesehen doch eine kirchliche Gemeinschaft, die zu sehr mit dem Rücken zum Schicksal dieses verfolgten jüdischen Volkes weiterlebte, deren Blick sich zu stark von der Bedrohung der eigenen Institutionen fixieren ließ und die zu den an Juden und Judentum verübten Verbrechen geschwiegen hat."

1997 äußerten sich dann die französischen Bischöfe in demselben Sinn und fragten auch nach dem Einfluss des *antijudaïsme séculaire*. Im April 2000 gingen die Schweizer Bischöfe noch weiter und bezogen sich auf die Selbstbezogenheit und die Ängstlichkeit der Schweizer Kirche. 1998 war unterdessen eine Erklärung aus Rom gekommen, die, völlig im Gegensatz zu dem deutschen Text von 1975, die Kirche im Rückblick mit den Opfern des Nationalsozialismus identifizierte, unter anderem mit Pater Lichtenberg, der doch in seinem Protest gegen die Kristallnacht alleine geblieben war. Ebenso haben viele in Frankreich versucht, die Franzosen der Jahre 1940–44 mit der *Résistance* zu identifizieren.

III.

Es gibt mindestens drei Definitionen von Kultur. Als erstes wären die kulturellen Güter der Künste zu nennen. Die zweite ist die Definition der Soziologen und Ethnologen: die gemeinsamen Überlieferungen und der gemeinsame Glaube einer menschlichen Gruppe. Zu dieser gehört die „kollektive Erinnerung". Die dritte wäre die aufklärerische Distanzierung zur zweiten. Zu ihr sollten sich die Historiker bekennen. Dies indes setzt voraus, dass man ständig an sich selbst arbeitet und sich ständig die Frage stellt: „Inwiefern stehen meine Forschung und meine Schriften unter dem Einfluss einer meiner Identitäten?" Zu meinem Buch „Le crime et la mémoire"[4] erhielt ich einen aufschlussreichen Leserbrief. Eine Kollegin, die aus Guadeloupe stammt, lobte meine Ehrlichkeit, meine Ausgewogenheit, fügte jedoch hinzu: „Man sieht doch, dass Sie ein Weißer und kein Schwarzer sind, denn das tragische Schicksal der Afrikaner stellen Sie viel weniger eindringlich dar." Ich las die Stellen noch einmal und musste feststellen, dass sie Recht hatte. Vielleicht habe ich deshalb in meinem jüngsten Deutschland-Buch einen Vergleich gebracht, der manchen französischen Leser schockiert haben mag. Im Kapitel über die deutsche Vergangenheit erwähne ich, dass man in Frankreich oft bemängelte, die Entschädigung der Zwangsarbeiter der Hitler-Zeit ginge nur langsam vonstatten. Ich zitiere dann die Rede des Abgeordneten Félix Houphouët-Boigny, die der spätere Präsident der Elfenbeinküste im April 1946 gehalten hat, um die Abschaffung der Zwangsarbeit in Französisch-Schwarzafrika zu erreichen. Ich schildere die schrecklichen Leiden der Männer und Frauen und fahre fort: „Hat irgend jemand jemals darüber gesprochen, wie diese noch nach dem Sieg über Hitler ausgebeuteten Menschen entschädigt werden sollten? Nun, sie waren ja schwarz ..."

Solche Vergleiche sind gewissermaßen eine Voraussetzung der Wissenschaftlichkeit. Das Wort „unvergleichbar" ist genauso unsinnig wie das Wort „undenkbar". Bevor man von etwas sagt, es sei undenkbar, hat man es gedacht. Bevor man sagt, etwas sei einmalig, hat man es verglichen, um die Einmaligkeit feststellen zu können und um Unterschiede und Besonderheiten herauszuarbeiten. Anderenfalls handelt es sich um dogmatisches Denken, nicht um Wissenschaftlichkeit. Mitunter ist der Vergleich lediglich ein Werkzeug der politisch-moralischen Pädagogik. So zum Beispiel wenn ich vor einem französischen Publikum die schöne Rede von Volker Rühe zitiere, die er am 5. Januar 1995 zur Einweihung der ersten Bundeswehrkaserne in Berlin gehalten hat. Er taufte sie „Julius-Leber-Kaserne". In einem Nebensatz erwähnte er, Leber sei Elsässer gewesen, „also auch französischer Kultur". Ich füge dann hinzu, dass ich vielleicht nie die Gelegenheit haben werde, einen französischen Minister von jemandem sagen zu hören, er sei Elsässer gewesen, „also auch deutscher Kultur"!

Nicht nur ein Publikum soll aufgefordert werden, zu sich selbst auf Distanz zu gehen. Dies sollte eben noch mehr für die Wissenschaftler gelten. In den fünfziger und sechziger Jahren gab es bei den Soziologen wohl kein berühmteres Buch als

---

4 Alfred *Grosser*, Le crime et la mémoire, Paris 1991.

„The Civic Culture"[5] von Almond und Verba. Man übersah dabei, dass ihre Schlussfolgerungen – der amerikanische Bürgersinn sei den anderen überlegen – darauf zurückzuführen war, dass ihre Vergleichskriterien durch ihre persönliche amerikanische *civic culture* bestimmt waren. Mir war diese Problematik schon vorher aufgefallen, als mich die *Revue française de science politique* mit einer Sammelbesprechung einiger amerikanischer Bücher über Internationale Beziehungen beauftragte. Die Autoren, die sich von vornherein als wissenschaftlich darstellten, waren durch ihre Identitäten vorurteilsbelastet. Die Objektivsten waren diejenigen, die im Vorwort sagten, sie seien sich nicht sicher, ob ihre Herkunft, ob ihre Zugehörigkeiten nicht ihre Analysen beeinflusst hätten.

## IV.

Es geht hier nicht nur um die nüchterne, aufklärerische Zusammenarbeit, wie die, die das Braunschweiger Georg-Eckert-Institut für Schulbuchforschung so hervorregend geleistet hat und weiterhin leistet. Es geht um eine Grundhaltung, die zugleich wissenschaftlich, politisch und ethisch ist, nämlich das Verstehenwollen der Leiden anderer, der Leiden, die als „kollektive Erinnerung" identitätsstiftend gewirkt haben. In Deutschland ist es heute „erlaubt", vom großen Leiden der Deutschen zu sprechen. Verboten war es nur durch eine Selbstbeschränkung, eine Selbsteinschüchterung, die auf der Furcht beruhten, von draußen als unbelehrbar identifiziert zu werden. Wie können es „die Deutschen" wagen, ihr Leiden mit dem zu vergleichen, was im Namen Deutschlands anderen zugefügt worden ist?

Darf ich sagen, dass ich nicht auf Günter Grass' „Im Krebsgang"[6] und auf Jörg Friedrichs „Der Brand"[7] gewartet habe? Schon bei den ersten deutsch-französischen Jugendbegegnungen nach dem Krieg war nicht nur von deutschen Verbrechen die Rede, sondern auch von den deutschen Bombennächten in Hamburg und Dresden und von den furchtbaren Vertreibungen der Pommern, der Schlesier, der Sudetendeutschen. Meine erste Begegnung mit der Sudetendeutschen Landsmannschaft fand im Sommer 1953 statt, weil man in München auf die Stelle aufmerksam gemacht worden war, in der in meinem im Januar erschienenen Buch „L'Allemagne de l'Occident (1945–1952)"[8] das Schicksal der Vertriebenen beschrieben und beklagt wurde. (Allerdings musste ich bei dieser Begegnung feststellen, dass meine Gesprächspartner, Prominente der Landsmannschaft, alle Henlein-Leute gewesen waren.)

---

5 Gabriel A. *Almond*/Sidney *Verba*, The Civic Culture. Political Attitudes and Democracy in Five Nations, Princeton 1963.
6 Günter *Grass*, Im Krebsgang: eine Novelle, Göttingen 2002.
7 Jörg *Friedrich*, Der Brand: Deutschland im Bombenkrieg 1940–1945, München 2003.
8 Alfred *Grosser*, L'Allemagne de l'Occident: 1945–1952, Paris 1953.

Unter den Leserbriefen zu „Verbrechen und Erinnerung" waren zwei, die mich zornig machten. Der eine stammte von einem kroatischen katholischen Priester, der andere von einem serbisch-orthodoxen Geistlichen. Beide warfen mir vor, nicht genügend von den Verbrechen geschrieben zu haben, die die andere Gruppe gegen die ihrige vollbracht hatte. Ich antwortete dem einen wie dem anderen, sie sollten doch zuerst, vor allem, da sie ja wähnten, Christen zu sein, ihre eigene Gruppe über die Verbrechen aufklären, die in ihrem Namen an den anderen vollbracht worden waren. Ich hätte hinzufügen können, dass nur auf diese Weise die „kollektive Erinnerung" auf Friedensbereitschaft hätte umgestellt werden können.

Bei einer Heidelberger Tagung über Karl Jaspers sollte sich jeder Referent vorstellen. Anwesend waren Soziologen, Historiker, Philosophen. Man lächelte, als ich mich als Moralpädagoge vorstellte. Mein Beitrag zu dieser Festschrift wird gezeigt haben, dass ich in der Tat unfähig bin, Wissenschaftlichkeit und Ethik zu trennen – und beide benutze, um zu versuchen, andere politisch-moralisch zu beeinflussen. Und ich sehe keinen Anlass, mich dafür zu entschuldigen.

## 4. Aus der Geschichte lernen?
Über politisches Handeln und historisches Bewusstsein

*Ulrich Schlie*

I.

„Historiker haben es gut. Historiker haben es mit der Vergangenheit zu tun, unsereins als Politiker mit der Gegenwart und der Zukunft. Historiker brauchen nicht Stellung zu nehmen."[1] Konrad Adenauer, der erste Kanzler der Bundesrepublik, liebte die Vereinfachung. Seine zugespitzte Formulierung über das Verhältnis zwischen Geschichte und Politik, die er nach dem Ausscheiden aus dem Amt des Bundeskanzlers Mitte der sechziger Jahre im Gespräch mit dem Historiker Karl Dietrich Erdmann gewählt hatte, sollte wohl vor allem der Provokation dienen. Erdmann widersprach heftig, denn ohne ein Bild der Gegenwart und der möglichen Zukunft bliebe die Vergangenheit dunkel.[2] Ob die Mehrheit der deutschen Historiker dies genauso sah, darf bezweifelt werden. In seinen Memoiren jedenfalls weiß Adenauer von einem Gespräch mit einem Vertreter dieser Zunft zu berichten, der sich standhaft geweigert hatte, künftige Entwicklungen vorherzusagen.[3]

Die Neigung, den prognostischen Part von Geschichte als Wissenschaft anzuerkennen und zu erfüllen, ist unter den deutschen Historikern seit jeher wenig ausgeprägt. Geschichte und Politik sind in Deutschland nie dauerhaft in einen richtigen Dialog getreten. Die Gründe dafür sind vielschichtig. Zunächst hat dies mit einer selbst auferlegten Zurückhaltung der Historiker zu tun. Das Misstrauen gegenüber dem Staat war nach der missbräuchlichen Indienstnahme der Geschichtswissenschaft in der nationalsozialistischen Zeit durchaus verständlich. In der Bundesrepublik führte es dazu, dass vor allem die Sozialgeschichtsschreibung hohes Ansehen genoss, politische Geschichte hingegen lange mit dem Vorurteil zu kämpfen hatte, ein wenig origineller Aufguss der alten Diplomatiegeschichte in der Bundesrepublik zu sein. Eine andere Tradition herrscht in den angelsächsischen Ländern, wo sich Diplomaten und Staatsmänner wie Winston Churchill, George Kennan, Henry Kissinger oder Harold Nicolson bereits vor ihrem Eintritt in die Politik als Historiker einen Namen gemacht hatten. Nach ihrem Ausscheiden aus dem aktiven Politikerda-

---
1 Karl Dietrich *Erdmann*, Unterredung mit Konrad Adenauer, Dienstag, 9. März 1965, Bundeshaus, 10.30–12.00 Uhr, in: Thomas *Weck* (Hg.), Das erste Jahrzehnt 1977–1987. Ein Almanach, Stuttgart 1987, S. 185.
2 Ebd.
3 Konrad *Adenauer*, Erinnerungen 1945–1953, Stuttgart 1965, S. 13; dort ist nur von „einem Historiker" die Rede.

sein haben sie erneut bedeutende historische Werke verfasst. Dabei konnten sie ebenso sehr aus ihrem politischen Erfahrungsschatz schöpfen, wie sie zuvor ihre politische Tätigkeit durch historische Bezüge bereichert hatten. Auch in Frankreich lassen sich zahlreiche Fälle für eine enge Liaison zwischen Politik und Geschichtswissenschaft finden. Das 19. Jahrhundert mit Historikern wie Thiers und Tocqueville, die herausgehobene Ämter bekleidet hatten, ist dafür reich an Beispielen. Und unter den bedeutendsten französischen Politikern des 20. Jahrhunderts finden sich von Charles de Gaulle bis François Mitterrand immer wieder Memoirenschreiber von Rang, die sich sichtbar an historischen Vorbildern orientiert haben und denen literarische Qualitäten nicht abgesprochen werden können.

In der deutschen Geschichte sieht es anders aus. Zwar hat Leopold Ranke in seiner Antrittsvorlesung 1836 „Über die Verwandtschaft und den Unterschied der Historie und der Politik" auf das Verbindende hingewiesen, dass beide zugleich Wissenschaft und Kunst seien.[4] Doch die Praxis kennt kaum Beispiele für die Vermischung der Sphären. Heinrich von Sybel, der offiziöse Historiograph der Reichsgründung, der nach 1871 dem Reichstag angehörte, und, aus einer späteren Zeit, Theodor Heuss, der bei der Übernahme des Bundespräsidentenamtes auf eine erfolgreiche Karriere zwar nicht als Historiker, aber doch immerhin als politischer Schriftsteller zurückblicken konnte, sind Ausnahmen von dieser Regel. Auch tieferes Verständnis und umfassende Kenntnis der Geschichte ist unter den handelnden deutschen Politikern nicht weit verbreitet. Zu den Ausnahmen zählen Richard von Weizsäcker und Karl Carstens unter den Bundespräsidenten. Unter den Bundeskanzlern der Bundesrepublik besaß am ehesten Willy Brandt Sinn und Gespür für die Macht der Geschichte. Adenauer verkörperte schon durch seine eigene Biographie, die ins Kaiserreich und die Weimarer Republik reichte, Geschichte, ebenso wie Helmut Kohl als Kanzler der Einheit Geschichte gestaltet hat und häufig von erlebter Geschichte erzählte, doch ein tieferes Interesse an Geschichte als Studiengegenstand kann beiden nicht nachgesagt werden. Einen möglichen Grund für diese fehlende Vermischung der Sphären hatte Bismarck in seiner Reichstagsrede vom 15. Januar 1872 benannt: „Die Politik ist keine Wissenschaft, wie viele und die Herren Professoren sich einbilden, sie ist eben eine Kunst, sie ist ebenso wenig eine Wissenschaft, wie das Bildhauen und das Malen. Man kann sehr scharfer Kritiker sein und doch kein Künstler, und selbst der Meister aller Kritiker, Lessing, würde es nie unternommen haben, einen Laokoon zu machen."[5]

---

4 Leopold *von Ranke*, Über die Verwandtschaft und den Unterschied der Historie und der Politik. Eine Rede zum Antritt der ordentlichen Professur an der Universität zu Berlin im Jahre 1835, in: *ders.*, Sämtliche Werke, Bd. 24, Leipzig 1872, S. 284.
5 Bismarck am 15. Januar 1872 vor dem Haus der Abgeordneten, in: Stenographische Berichte über die Verhandlungen der durch die Allerhöchste Verordnung [...] einberufenen Kammern.

Die in Handlungs- und Entscheidungszwänge hineingestellte Politik und die auf Erkenntnis ausgerichtete Geschichtswissenschaft haben zwar ein ähnliches Material, verfolgen jedoch Absichten, die nicht deckungsgleich sind. „Politik ist das Umsetzen von Erkenntnissen und Erfahrungen in den Willen, inmitten einer Wirklichkeit, die zugleich Stoff und Grenze des politischen Handelns ist: sie greift ununterbrochen aus der Sphäre der Einsicht in die Sphäre des Willens über", so hatte einst Hermann Oncken den Unterschied benannt.[6] Gegenstand der Geschichte ist demgegenüber nicht nur der Mensch in seiner Gegenwart, vielmehr kann Geschichte als Wissensform auf alle Wissensobjekte angewandt werden, „die mit den Lebensformen und Schöpfungen des Menschen und ihrer Erscheinung in der Zeit zusammenhängen".[7] Ziel der Geschichte ist es, den Menschen als Individuum und in den sozialen Bezügen zu seiner Zeit zu verstehen. Die Geschichte ist die Wissenschaft des Wandels; ihr Gegenstand ist gleichwohl die Deutung eines abgeschlossenen Ganzen. Dieser scheinbare Widerspruch erklärt sich vom Blick auf den handelnden Menschen, der im Zentrum der Geschichte steht. Alles Menschliche ist geschichtlich, doch das Verhältnis des Menschen zu seiner Geschichte ist nicht frei von Widersprüchen und den Versuchen, diese Geschichtlichkeit zu leugnen, seiner eigenen Geschichte zu entkommen.[8] Die Flucht aus der Geschichte zählt zu den wiederkehrenden Verhaltensweisen des Menschen, der sich aus dem würgenden Griff eines Zuviel an Vergangenheit befreien möchte und doch nichts an den Grundprägungen der Geschichte ändert. Der Blick auf die Menschheitsgeschichte zeigt, dass ein heimliches Sichdavonstehlen nicht gelingen kann. Die Geschichte ist einfach da, gewissermaßen im Gehäuse der Vergangenheit eingegraben.[9]

Geschichte sei die Exegese einer dogmatischen Vergangenheit, hat der britische Historiker John Plumb in bewusster Unterscheidung von Geschichte und Vergangenheit ausgeführt,[10] und genau dies hat Hermann Heimpel gemeint, als er Geschichte als „zurückgeprellte Zukunft" bezeichnete, die in dem prüfenden Sieb der Geschichte übrig geblieben sei.[11]

Die Geschichte behandelt einen abgeschlossenen Zeitraum, die Vergangenheit, und beschreibt damit Ereignisse und Entwicklungen, die feststehen, also unabänder-

---

Zweite Kammer. Haus der Abgeordneten. Anlagen zu den Stenographischen Berichten, XI. Legislaturperiode, 15. Januar 1872, Berlin o. J., S. 365.
6 Hermann *Oncken*, Politik als Kunst, in: *ders.*, Nation und Geschichte. Reden und Aufsätze 1919–1935, Berlin 1935, S. 364.
7 Theodor *Schieder*, Geschichte als Wissenschaft, München/Wien 1965, S. 15.
8 Hermann *Heimpel*, Entwurf einer deutschen Geschichte. Eine Rektoratsrede, in: *ders.*, Der Mensch in seiner Gegenwart, Göttingen 1954, S. 169.
9 John Harold *Plumb*, Die Zukunft der Geschichte, München 1971, S. 75f.
10 Ebd., S. 76.
11 Hermann *Heimpel*, Der Mensch in seiner Gegenwart, in: *ders.*, Der Mensch in seiner Gegenwart, S. 11.

lich sind. Die Zukunft demgegenüber ist ihrem Wesen nach offen. Die Gegenwart als Schnittstelle zwischen Vergangenheit und Zukunft – der Wirkungsbereich der Politik – enthält Elemente von beiden. Der Übergang ist fließend. Gegenwärtiges Geschehen ist von dem Moment an, in dem es sich ereignet, bereits Geschichte. Jener Grenzcharakter der Gegenwart ist es, der ein Inbeziehungsetzen von politischem Handeln und historischem Bewusstsein erschwert. Das geschichtliche Wissen bricht in der Gegenwart genau dort abrupt ab, wo die wesentlichen Aufgaben politischen Handelns – nach innen und nach außen – einsetzen, ob Daseinsvorsorge oder Friedenswahrung. Der handelnde Politiker ist Brückenbauer, für den die Prognose kommender Dinge zu den schwierigen, gleichwohl aber unverzichtbaren Teilen seiner Aufgabe zählt. An diesem Punkt kann, bei aller Unterschiedlichkeit der Arbeitsweise, die Geschichte nützlich werden, indem sie die Arbeit des Politikers durch die Beantwortung zweier zentraler Fragen erleichtert: Erstens: Wieviel Vergangenheit ist in der Gegenwart vorhanden? Und zweitens: Welche Ereignisse aus Vergangenheit und Gegenwart werden überdauern und in der Zukunft politisches Handeln prägen?

## II.

Ausgangspunkt für politisches Handeln und historisches Bewusstsein ist immer die Gegenwart. Gegenwart ist der gesamte Erlebnisbereich der Lebenden, sie umspannt unser ganzes Leben. Ihr Gegenstand sind die Eindrücke, Erlebnisse und Erfahrungen unseres Lebens. Jedes Leben erfasst damit einen Ausschnitt aus der Geschichte. Die Gemeinschaft, die in der Nation zusammengefasst ist, ist als fortlaufende Abfolge mehrerer Generationen von ganz unterschiedlichen Erfahrungen geprägt. Der Gegenwartsbegriff ist deshalb individuell verschieden und dauerndem Wandel unterworfen. Gehörte vor dreißig Jahren, 1970, für die Älteren das Kaiserreich und die „Urkatastrophe des Jahrhunderts" (George F. Kennan), der Kriegsausbruch 1914, noch zum Bereich der erlebten Geschichte, und waren vor zehn, fünfzehn Jahren die Erinnerungen an die Wirren der zwanziger Jahre, an die Anfechtungen der parlamentarischen Demokratie der Republik von Weimar im Gedächtnis der Älteren abrufbare, persönlich erlittene Geschichte, so bilden heute in der Regel die Ereignisse des Zweiten Weltkriegs den äußersten Punkt, zu dem die Brücke der persönlichen Erfahrungen der Lebenden reicht. In zwanzig Jahren, im Jahr 2020, wird diese Brücke der persönlichen Erfahrungen zum Zweiten Weltkrieg abgebrochen sein. Noch gilt für den Zweiten Weltkrieg, was Hermann Heimpel gemeint hat, als er ihn als die „letzte Katastrophe" bezeichnete, mit der jede Gegenwart beginne.[12] Zwar ist richtig, dass die Übergangssituation des allmählichen Verschwindens der

---

12 Ebd., S. 12.

Erlebnisgeneration das Interesse an dieser letzten Katastrophe eher noch verstärkt hat, doch in zwanzig Jahren wird sich dieses Bild verschoben haben und das politische Gegenwartsverständnis auf ganz anderen Ereignissen gründen und vermutlich in der „Zwischenkriegszeit" liegen, als die Michael Stürmer den Zeitraum zwischen dem Fall der Berliner Mauer und dem 11. September 2001 bezeichnet hat.

„Geschichtsbewusstsein", so hat einst Theodor Schieder treffend geschrieben, „beruht auf der einen Seite auf dem Bewusstsein der Endlichkeit des jeweils Gegenwärtigen und auf der anderen Seite auf dem Bewusstsein einer über die Gegenwart hinausreichenden Unendlichkeit."[13] Das Bewusstsein für die Endlichkeit des Gegenwärtigen ist in unserer Zeit der scheinbaren Schrankenlosigkeit und des beschleunigten Wandels wenn nicht verloren gegangen, so doch relativiert. Tradition, Heimat, Herkunft haben in einer Zeit, die durch Technologie und Telekommunikation immer enger zusammenwächst, eine andere Bedeutung als beispielsweise am Anfang des 20. Jahrhunderts. Wir verfügen über nie gekannte Informationszugänge. Wir erleben eine wahre Proliferation des Wissens, das für den Einzelnen kaum noch zu überschauen, geschweige denn zu beherrschen ist. Die Welt, in der wir leben, hat mit derjenigen, in die unsere Väter hineingeboren wurden, nur noch wenig gemeinsam. Traditionelle Organisationsformen lösen sich auf: in den privaten Lebenswelten ebenso wie im staatlichen Gehäuse. Das Verhältnis zwischen Individuum und Gesellschaft hat sich verändert, Konventionen haben ihre Bedeutung eingebüßt, Zwänge sind zurückgetreten. Mit der wiedergewonnenen Freiheit und der fortschreitenden Enttabuisierung sind zugleich aber Geheimnisse verschwunden. Ein postmodernes *anything goes* fordert seinen Preis der Beliebigkeit.

All dies geht damit einher, dass die geschichtlichen Elemente unserem Alltag weithin abhanden gekommen sind und dazu geführt haben, dass das Bewusstsein für die Endlichkeit des Gegenwärtigen und eine fortdauernde Vergangenheit gelitten hat. Auch ein in Wellen sich bewegendes antiquarisches Interesse an Geschichte kann nicht darüber hinwegtäuschen, dass historische Kenntnisse insbesondere in Deutschland in den nachwachsenden Generationen nicht mehr mit jener Selbstverständlichkeit vorhanden sind, mit der einst Zahlen und Fakten der Geschichte in früheren Zeiten präsent waren. Geschichte ist allenfalls dann interessant, wenn sie im Schrillen und Spektakulären, im Leid oder in der Tragödie daherkommt. Es sind die bewegenden Schicksale Einzelner, ausgelöst von den Verwerfungen dieses Jahrhunderts, die das Interesse vieler, auch und gerade junger Menschen an der Geschichte prägen: das Tagebuch der Anne Frank, das Schicksal Oskar Schindlers, die Aufzeichnungen des jüdischen Romanistikprofessors Victor Klemperer oder das Frühwerk des 1938 nach England emigrierten Journalisten Sebastian Haffner, die

---

13 Theodor *Schieder*, Geschichtsinteresse und Geschichtsbewusstsein heute, in: Carl J. *Burckhardt* (Hg.), Geschichte zwischen Gestern und Morgen, München 1974, S. 79.

über Monate die Bestsellerlisten angeführt haben. Zugleich ist die Zukunft weniger vorhersehbar geworden. Für frühere Generationen war es wesentlich leichter, Verlässliches über die Zukunft zu sagen. Sie konnten davon ausgehen, dass sich die Lebenswelten kaum verändern würden. Heute fällt die Verständigung darauf, was zum historischen Besitz zählt, schwerer. Das Leben in den Zeiten der Globalisierung ist einer Vielzahl von Einflüssen ausgesetzt, das Nacheinander wird zum Zugleich.

III.

Was bedeuten diese mit knappen Strichen skizzierten Veränderungen für politisches Handeln und historisches Bewusstsein? Lebendige Geschichtsschreibung entnimmt ihre erkenntnisleitenden Fragestellungen aus den Erfahrungen der jeweiligen Gegenwart. Fragestellungen und Antworten der Geschichte sind damit Spiegel der geistigen Situation ihrer Zeit. Deshalb muss auch jede Epoche und jede Generation die Frage nach dem „Wozu Geschichte?" aufs Neue beantworten. Jede Zeit prägt das Verhältnis zu ihrer Geschichte. Es kommt deshalb ganz entscheidend auf die Fragen an, die wir an die Geschichte stellen, und die Themen, die für unsere jeweilige Gegenwart relevant erscheinen. Die großen Themen der Geschichtsschreibung sind immer auch unmittelbare Antworten auf die Entscheidungssituationen – Wendepunkte und Katastrophen – der jeweiligen Nationalgeschichte. Dies trifft für die französische Historiographie über die Große Revolution ebenso zu wie für die amerikanische über den Bürgerkrieg der 1860er Jahre. Und dies gilt für die deutsche Geschichtsschreibung des 20. Jahrhunderts, deren beide große Themen die Schuldfrage beim Kriegsausbruch 1914 sowie das Scheitern der Republik von Weimar und die Ermöglichung Hitlers geblieben sind. In der Zeitbezogenheit der Geschichte bestehen Chancen und Gefahren zugleich. Jacob Burckhardt hat es „als schlimmsten Feind der Erkenntnis" ausgemacht, dass „wir uns von den Absichten unserer eigenen Zeit und Persönlichkeit nie ganz losmachen" können.[14] Zeitgeschichte betrifft jene Zeit, die dem Historiker im eigentlichen Sinne zu nahe liegt.[15] Seine Aufgabe besteht bisweilen darin zu zeigen, dass mit Nähe und Betroffenheit durchaus ein Abstandnehmen von den Leidenschaften des Tages sich verbinden lässt. Wo dies nicht gelingt und die Zeitgeschichte nicht nur ihre Fragen, sondern auch ihre Antworten den Gegenwartsströmungen entnimmt, wird sie im günstigeren Fall als politische Publizistik missverstanden oder – und die Geschichte der Geschichtsschreibung bietet dafür zahlreiche Beispiele – sie sinkt zum Erfüllungsgehilfen in der (tages-)

---

14 Jacob *Burckhardt*, Weltgeschichtliche Betrachtungen. Erläuterte Ausgabe hg. v. Rudolf *Marx*, Stuttgart 1978, S. 11.
15 Hans *Rothfels*, Die Zeit, die dem Historiker zu nahe liegt, in: Festschrift für Hermann Heimpel zum 70. Geburtstag, Erster Band, hg. v. den *Mitarbeitern des Max-Planck-Instituts für Geschichte*, Göttingen 1971, S. 28ff.

politischen Auseinandersetzung herab. Auch besteht die Gefahr einer Vernachlässigung der tiefer liegenden Schichten der Vergangenheit durch eine zu einseitige Konzentration auf die unmittelbare Vergangenheit, die den Lebenden im Zweifel immer als interessanter als die weiter zurückliegende erscheinen mag.

Die Nähe der „jüngsten Geschichte" zum Erlebnisbereich der Lebenden befähigt diesen Teil der Geschichte in besonderer Weise dazu, Lehren der Geschichte parat zu halten. Bisweilen hat dies zur Annahme geführt, dass Lehren aus der Geschichte nur aus dem Erlebnisbereich der Lebenden gezogen werden könnten, also aus der vertrauten Welt, die bestenfalls in den Erfahrungsbereich der Vatergeneration hineinreicht. Genügt diese Nähe, um Zukunft mit Hilfe der Geschichte vorherzubestimmen? Wenn sowohl Geschichte als auch Zukunft in der Gegenwart vorhanden sind, so käme es nur auf das rechte Mischungsverhältnis an, um den auf Geschichte sich gründenden Teil politischen Handelns bestimmen zu können. Gewiss, die heutigen Begebenheiten lassen sich nicht einfach in eine zwanzig- oder dreißigjährige Zukunft durchpausen, kommende Dinge nicht nach Art einer Fahrplanauskunft der Eisenbahn oder mit einem Blick auf die Kristallkugel vorhersagen. Dennoch können bei umsichtiger Annäherung an die Geschichte mit dem Handwerkszeug des Historikers analog zur Wettervorhersage gewisse Prognosen über den zu erwartenden Verlauf der Geschichte gemacht, Aussagen über künftige Tendenzen und Erscheinungsformen von Staat und Gesellschaft getroffen werden.

Die Lehren der Geschichte erschließen sich dabei nicht aufgrund der Identität von Ereignissen, sondern müssen vielmehr auf dem Weg von Rückschlüssen durch Analogie gezogen werden. Diese Aufgabe setzt die Fähigkeit zur Abstraktion und zur Deduktion voraus, erfordert einen unverstellten Blick und ein verlässliches Gedächtnis. Vielleicht ist darin der Grund zu suchen, weshalb die Frage nach den Lehren der Geschichte häufig kontrovers beantwortet worden ist. Bereits Hegel war zu der Erkenntnis gelangt, dass Völker und Regierungen niemals aus der Geschichte gelernt und nach Lehren, die aus derselben zu ziehen gewesen wären, gehandelt hätten. Nietzsche hat auf die Lebensfeindlichkeit eines Zuviel an Historie hingewiesen und behauptet, Geschichte schwäche die Energien der Menschen, indem sie sie dazu auffordere, bei der Vergangenheit Rat zu holen. Gerne wird in diesem Zusammenhang auch an Paul Valérys Diktum erinnert, dass die Geschichte schlechterdings nichts lehre. Die Politik hat dies gleichwohl nicht daran gehindert, die Lehren der Geschichte gerne zur Rechtfertigung und zum moralischen Appell zu bemühen. Genau dies hat Jacob Burckhardt mit seinem viel zitierten Satz gemeint, Geschichte mache nicht klug für ein anderes Mal, sondern weise für immer. Gerade diese Ambivalenz der Antwort Burckhardts auf die Frage nach den Lehren der Geschichte – ein Ja und Nein zugleich – bezeichnet die Spannung zwischen Vergangenheit und Zukunft, die der Bezugsrahmen für politisches Handeln ist.

## IV.

Die deutsche Geschichte mit ihren glanzvollen Höhe- und traurigen Tiefpunkten ist reich an Anschauungsmaterial für die Lehren der Geschichte, und sie zeigt, dass in den Zumutungen der Geschichte bisweilen der Grund dafür zu suchen ist, dass das historische Bewusstsein der Menschen leidet. Mit diesem Paradoxon, in der Abhängigkeit von der Geschichte und den natürlichen Abwehrkräften gegen ein Übermaß an erfahrener Geschichte leben zu müssen, werden Chancen und Grenzen des historischen Bewusstseins in der Gegenwart beschrieben. Die deutsche Geschichte hält viele Lehren bereit; die wichtigste davon besteht in der Erkenntnis, dass die Geschichte keine *tabula rasa* kennt und eine Desertion, auch wenn sie noch so heftig erstrebt wird, nicht möglich ist.

In weiten Teilen ist die deutsche Geschichte der zweiten Hälfte des 20. Jahrhunderts eine unmittelbare Antwort auf die „Fehler der Geschichte", das heißt eine Auseinandersetzung mit der Entwicklung, die den Aufstieg Hitlers ermöglicht hat. Und auch das nicht hinreichend ausgeprägte historische Bewusstsein, die Tatsache, dass das abrufbare Wissen über die Nationalgeschichte in Deutschland weniger ausgeprägt ist als anderswo, hat ganz wesentlich mit den Besonderheiten der deutschen Geschichte, mit ihrem Mangel an Kontinuität und ihren zahlreichen Brüchen zu tun. In diesen Brüchen liegt der Grund dafür, dass das Verhältnis der Deutschen zu ihrer Geschichte spannungsreicher als das ihrer Nachbarn ist. Auffällig sind beim Blick auf die deutsche Geschichte zunächst die zahlreichen Spaltungen: die Auseinandersetzung zwischen Kaiser und Papst, die Teilung des Landes in ein *corpus evangelicorum* und ein *corpus catholicorum* als Ergebnis des Dreißigjährigen Krieges, der preußisch-österreichische Dualismus, die Debatten über kleindeutsche und großdeutsche Lösungen. Zahlreiche Brüche haben dazu geführt, dass das Bekenntnis zur Nation in Deutschland immer wieder erschüttert wurde. Es war dieses zeitgenössische Empfinden, das den Historiker Hermann Oncken 1924 zu seinen düsteren Bemerkungen über das Geschichtsbewusstsein der Deutschen veranlasste: „Nach solchen Katastrophen, wie sie über uns gekommen sind, drohen die historischen Werte, die in einem Volk Geltung haben, im weitesten Umkreis fraglich zu werden. Das Verhalten des Menschen zu ihnen wird von Zweifel und Unsicherheit befallen."[16] In den zahlreichen Brüchen und Katastrophen ihrer Geschichte ist auch der Grund zu suchen, weshalb jede Form von historischen Feierlichkeiten, geschweige denn nationales Pathos auf Misstrauen und Ablehnung stößt und sich die Deutschen mit einem aufgeklärten Patriotismus so schwer tun, sich als höchste Stufe des Nationalbewusstseins zu einem Verfassungspatriotismus bekennen und Debatten über Nation und Nationalstolz in Deutschland eigenen Gesetzen folgen.

---

16 Hermann *Oncken*, Der Sinn der deutschen Geschichte, in: *ders.*, Nation und Geschichte, S. 15.

Ganz wesentlich hängt der schwierige Umgang der Deutschen mit ihrer Geschichte und das gebrochene Verhältnis zum Staat bis heute mit den Erfahrungen der nationalsozialistischen Zeit zusammen. Geschichte war für lange Zeit zuallererst der Zeitraum, den man sich verschämt als die „jüngste Vergangenheit" zu bezeichnen angewöhnt hatte. Die Jahre der deutschen Diktatur hatten gelehrt, wie dünn der Firnis der Zivilisation ist. Sie bildeten den Grund dafür, dass das Selbstbewusstsein der Deutschen nachhaltig erschüttert worden ist und Lehren der Geschichte vorrangig mit der Frage nach den Fehlern gleichgesetzt wurden, die zu den zwölf Jahren der deutschen Diktatur geführt hatten. Die Staatsgründung der Bundesrepublik 1949, die Entstehung des Grundgesetzes sind überhaupt nur vor dem Hintergrund der deutschen Katastrophe des Dritten Reiches vorstellbar, die Etablierung der zweiten deutschen Demokratie war *par excellence* eine Antwort auf die Lehren der Geschichte. Die Bundesrepublik war als Staat gegen die Geschichte gegründet worden. Zu keinem Zeitpunkt war sie ein normaler Staat. Noch Ende der sechziger Jahre verglich Henry Kissinger die junge Bundesrepublik mit einem blühenden Baum mit schwachen Wurzeln, immer in der Gefahr, bei mächtigen Windstößen umzustürzen.[17] Die Bundesrepublik musste von Anfang an mit den Gespenstern der Vergangenheit leben und versuchte doch, davon loszukommen. Ein selbstgewählter Abschied von der Geschichte war unmittelbar nach dem Krieg Voraussetzung für rasche Genesung, für Wirtschaftswunderzeit und Aufnahme der Bundesrepublik in die demokratische Staatengemeinschaft des Westens. Wenngleich nach 1945 eine gewisse Geschichtsmüdigkeit um sich greift, so setzte die Vergesslichkeit gegenüber der eigenen Geschichte auch Selbstheilungskräfte frei. Konrad Adenauer, der erste Kanzler der Bundesrepublik, verstand seine Aufgabe auch als Psychiater, der einer zutiefst verunsicherten Nation den Glauben an sich selbst zurückgeben wollte und der wusste, dass die Selbstanalyse die Rückgewinnung eines gewissen Maßes an Stabilität voraussetzte. Was Adenauer vor Augen stand, war indes lediglich eine vorübergehende Pause von der Geschichte, kein dauerhafter Abschied.

Adenauer ist damit häufig missverstanden worden. Die weitgehende Fixierung auf die ausschließlich negativen Züge der eigenen Vergangenheit bestimmt bis heute das Verhältnis der Deutschen zu ihrer Geschichte und ist auch der Grund dafür, weshalb das Geschichtsbewusstsein der Deutschen von demjenigen etwa der Franzosen, Briten oder Italiener so verschieden ist. Im zusammenwachsenden Europa erweist sich diese Tendenz als Hemmschuh bei der Suche nach einem dauerhaften europäischen Bewusstsein, das auf Kenntnis und einem abgeklärten Verhältnis zu den jeweiligen nationalen Traditionen gründet. Identität – auch dafür hält die Geschichte genügend Beispiele bereit – kann nicht nur auf der Ablehnung alles Vergangenen gründen, denn Identität hat etwas mit Identifikation und Selbstfindung zu tun. Dies

---

17 Henry *Kissinger*, Memoiren, Bd. 1: 1968–1970, München 1981, S. 134.

erfordert neben der Beschäftigung mit den Fehlern die Bereitschaft, die ganze Geschichte in den Blick zu nehmen. Und dazu gehören nicht nur die zwölf dunklen Jahre der Diktatur mit Verfolgung, Rassenwahn und Konzentrationslagern, sondern auch glanzvolle Höhepunkte, Leistungen, Reformen und Aufbrüche in den Jahrhunderten davor. Und es zählt dazu die Erfahrung, die ermutigende Erfahrung, dass es selbst in den dunkelsten Zeiten helle Momente gab, dass das aufflackernde Licht der Humanität sich als stärker als die Finsternis erwies und immer dann, wenn die Lage am aussichtslosesten erschien, eine Tür in eine bessere Zukunft aufgeschlagen wurde. Die Wahrheit, dies zeigt die Geschichte zur Genüge, ist zwar nicht stark genug, sich durch sich selbst zu behaupten, doch Gebilde und Organisationsformen, die gegen den Willen der Menschen, gegen das Selbstbestimmungsrecht geschaffen wurden, sind nicht für die Ewigkeit bestimmt.

Aus dieser Einsicht kann Zuversicht erwachsen. In der deutschen Geschichte war diese Zuversicht durch die Zäsur von 1945 vorübergehend verdunkelt. Der Kontinuitätsbruch der deutschen Katastrophe von 1945 bestand auch darin, dass mit dem ruhmlosen Ende des deutschen Nationalstaats das Wissen um die Nation als sichere Tatsache verloren gegangen war. Es zählte zu den Grundwidersprüchen der alten Bundesrepublik, dass die Wiederherstellung der nationalen Einheit zum vorrangigen politischen Ziel eines Staates wurde, der anfangs nicht einmal über Nationalsymbole verfügte und sich in seiner Politik *nolens volens* nationale Enthaltsamkeit verordnen musste. Der in Erinnerung an die Niederschlagung des Arbeiteraufstands in der DDR von 1953 zum Staatsfeiertag erhobene 17. Juni war Ausdruck dieses ambivalenten Geschichtsbewusstseins der Deutschen. Nur von einem geringen Teil der Deutschen wurde der 17. Juni als Tag der Selbstbesinnung verstanden, willkommen und vorherrschend war dagegen das Verständnis von der Gelegenheit zur Sommerfrische. Als sich 1989/90 ein Tor zur Wiedervereinigung in Frieden und Freiheit öffnete, war das Lebensgefühl der Menschen in der Bundesrepublik zum großen Teil auf postnationale Identität ausgerichtet. Die Macht der Geschichte erwies sich gleichwohl als stärker: Zweistaatlichkeit war dauerhaft nicht gegen den Willen des deutschen Volkes durchzusetzen. Am Ende sprengte das Verlangen nach Freiheit und Demokratie die Ketten von Zwangsherrschaft und Gängelei. Mauer und Stacheldraht bleiben nicht die letzten Antworten der Geschichte, und die deutsche Frage bleibt immer auch eine europäische.

Als nationale Aufgabe wird deshalb das Leben mit der deutschen Geschichte, mit ihren Ungereimtheiten, auch mit ihren unauflösbaren Widersprüchen, eine Aufgabe auch für kommende Generationen sein. Sie enthält keine ein für allemal gültigen Erkenntnisse, sie ist kein Besitz, ohne eigenes Dazutun erworben, sondern muss von jeder Generation mit den Fragen ihrer Gegenwart aufs Neue erworben werden. Ihr Besitz ist wesentliche Voraussetzung für ein zusammenwachsendes Europa. Denn nur im Wissen um Verschiedenheiten und Gemeinsamkeiten werden wir in der Lage sein, den Aufbau eines einigen und handlungsfähigen Europas als Partner der Vereinigten Staaten und als weltpolitischer Akteur voranzubringen. Die Konzentration auf den eigenen Weg betont indes zu sehr die Unterschiede und verstellt den Blick für die Gemeinsamkeiten, lässt übersehen, wie sehr dieser Weg von den Spuren der anderen geprägt ist und wie häufig sich eigene Spuren in den Pfaden der anderen finden. Die Geschichte verbindet uns mit unseren Nachbarn in Europa. Die großen Strömungen und Ereignisse der europäischen Geschichte waren nie auf ein Land begrenzt. Die europäischen Völker bilden seit langem eine Gesellschaft mit gemeinsamen Sitten, Bräuchen, einem europäischen Recht und einer öffentlichen Gewalt, ohne sich im Alltag darüber immer hinreichend bewusst zu sein.[18] Die Beschäftigung mit den Lehren der Geschichte schärft das Bewusstsein dafür, dass es um die Bewältigung einer gemeinsamen Zukunft geht, die auf einer gemeinsamen Vergangenheit gründet. In der Besinnung auf diese gemeinsame Vergangenheit besteht Chance und Auftrag für die europäische Zukunft. Darin besteht auch das Verbindende. Als Europäer sind und bleiben wir geschichtliche Völker. Staaten und Nationen sind Gezeichnete, sie haben ein langes Gedächtnis.

Nur wenn wir uns unserer Geschichte bewusst sind, sie kennen, werden wir uns auch zur Abgabe von Souveränität bereit finden, wie sie der politische Gestaltungsprozess erfordert, ohne dass wir unsere Identität verlieren. Keine nationale Geschichte kann verstanden werden, ohne diejenige der Nachbarn und Partner zu kennen. Es ist das gemeinsame Erbe, es sind die Leiden und Entbehrungen, aber auch die gemeinsam gezogenen Lehren und Aufbrüche, die uns Europäer auf dem Weg ins 21. Jahrhundert verbinden.

## V.

Geschichte beunruhigt unsere Identität, aber sie trägt auch dazu bei, sie zu bestätigen, sie schafft Selbstbewusstsein und Gelassenheit, die aus der Kenntnis der eigenen Herkunft erwachsen. In einer von zunehmender Orientierungslosigkeit geprägten Zeit beschleunigten Wandels kann dieser stabilisierende Wert der Geschichte nicht zu gering veranschlagt werden. Darin liegt vielmehr vielleicht der wichtigste Beitrag des geschichtlichen Bewusstseins zum politischen Handeln. Die Geschichte wiederholt sich nicht, lautet eine von der Publizistik gerne zitierte Erkenntnis. Das Wissen um die Grenzen von Analogieschlüssen verbietet es, die Geschichte als unbegrenztes Reservoir für Parallelen zu benützen. Doch hilft die Kenntnis der Geschichte zweifelsohne dabei, die Wiederkehr verwandter Situationen und Konstellationen zu erkennen und Folgerungen für politisches Handeln zu

---

18 Vgl. José *Ortega y Gasset*, Europäische Kultur und europäische Völker, Stuttgart 1954, S. 10.

ziehen. „Das soll uns nie wieder passieren" und „Das können wir auch" lauten die am häufigsten wiederkehrenden Schlussfolgerungen aus erlebter Geschichte. Das Scheitern der 1848er an der fehlenden Bereitschaft der europäischen Mächte, sich mit einer deutschen Nationalstaatsgründung in Europas Mitte zu akkordieren, bestimmte Bismarcks klug-maßvollen Einigungskurs, mit dem er in drei duellartig geführten Kriegen die Reichsgründung in einem „Wellental der Weltpolitik" (Ludwig Dehio) durchsetzte. Versailles 1919 war weder ein karthagischer noch ein weißer Friede, wie ihn der amerikanische Präsident Wilson gewollt hatte. In den widerstreitenden Konzeptionen lag der eigentliche Grund, weshalb mit den Pariser Vorortverträgen keine dauerhafte Ordnung begründet, sondern lediglich eine Verschnaufpause zwischen zwei Waffengängen geschaffen wurde. Aus deutscher Sicht überwogen die psychologischen Demütigungen, die zu einer scharfen und einhelligen Ablehnung des Vertragswerks führten. Den Fehler von Versailles vermieden die Alliierten der Anti-Hitler-Koalition 1945 in Jalta und Potsdam, indem sie das besiegte Land nicht nur machtpolitisch amputierten und es vierteilten, sondern eine über vier Jahrzehnte währende eiserne Stabilität des Kalten Krieges auf die Errichtung eines Kondominiums gründeten. Und die schmerzvollen Erfahrungen der britischen Appeasementpolitik der dreißiger Jahre wirken seitdem beim Umgang mit Diktatoren nach: sie bestimmten die Entschlossenheit der Regierung Eden in der Suez-Krise 1956, und sie waren in den hingezogenen Debatten über die Haltung des Westens gegenüber den Aggressionen des jugoslawischen Diktators Milošević und des irakischen Diktators Saddam Hussein gegenwärtig. Die allgemeine Weisheit „Aus Schaden wird man klug" zählt zum Erfahrungsschatz der Geschichte als Lehrmeisterin, freilich zu dem Teil, der nicht immer Berücksichtigung findet. Gerade die Beispiele Balkan und Irak zeigen, wie notwendig es ist, auch weiter zurückliegende Perioden der Geschichte in den Blick zu nehmen und bei den aktuellen Entscheidungen zu berücksichtigen.

Der eigentliche Wert des historischen Bewusstseins für politisches Handeln liegt in der Kunst der Unterscheidung, die die Identifikation derjenigen Ereignisse ermöglicht, die über lange Sicht auf die Zukunft gewirkt haben. Nicht in der akribischen Prognose kommender Dinge, sondern in der Schärfung des Blicks für die *longue durée* erweist sich historisches Bewusstsein. Die Kenntnis dieser gegenwärtigen und künftigen Tendenzen ist unerlässlich für den, der auf dem unsicheren Weg von gestern nach übermorgen nach Kompass und Echolot sucht. Denn wer seine Gedanken nur auf die Gegenwart beschränkt, wird diese nicht hinreichend verstehen, seinen Platz nicht begreifen. Jacob Burckhardt hat treffend geschrieben, dass wir „nur aus der Betrachtung der Vergangenheit [...] einen Maßstab der Geschwindigkeit und Kraft der Bewegung [gewinnen], in welcher wir selber leben."[19] Insbesondere auf dem Gebiet der auswärtigen Beziehungen gibt es keine Schlussfolgerungen, wenn man sich nicht des historischen Zusammenhangs bewusst ist. Auf eine weit über die unmittelbare Nutzanwendung hinausgreifende Weise leistet Geschichte als Teil der historischen Bildung unersetzbare Dienste. Denn jene historische Bildung erst ist die Grundlage, von der aus Lehren aus der Geschichte gezogen werden können. Die Kenntnis der Geschichte freilich ist eine notwendige, keine hinreichende Bedingung für erfolgreiches politisches Handeln. Zum Wesen der Politik als Kunst gehört die plötzliche Berührung mit den irrationalen Kräften, die sich den Berechnungen des gesunden Menschenverstandes entziehen, oder, um mit einem unverwechselbar kraftvollen, auch von Michael Stürmer gerne benutzten Bild Bismarcks zu sprechen: „Das lernt man in der Politik, dass man klug sein kann wie die Klugen dieser Welt und jederzeit in die nächste Minute geht wie ein Kind ins Dunkle."[20]

---

19 Jacob *Burckhardt*, Weltgeschichtliche Betrachtung, Einleitung II: Die Befähigung des 19. Jahrhunderts für das historische Studium, Stuttgart 1978.
20 Brief vom 20. Juli 1864, Otto *von Bismarck*, Gesammelte Werke Bd. 14/II, Briefe 1862–1898, Berlin 1933, S. 672.

## 5. Laterna Magica: 68 und 89

*Brigitte Seebacher-Brandt*

Die Welt träumte vom ewigen Frieden, von Wohlfahrt und immer währender Eintracht. Doch die Illusion, Krieg, Kriegsgeschrei und Zwietracht ein für allemal zu überwinden, war zu schön, als dass sie über den Augenblick hinaus hätte währen können. Jenen Augenblick, in dem die Zweiteilung der Welt verschwand und der atomare Schrecken mit ihr. Kein Schuss war gefallen, friedlich die Systemfrage, politisch wie wirtschaftlich, entschieden worden, und die Vereinten Nationen sahen einem ungeahnten Aufschwung entgegen. Welch ein Einschnitt! Fünfzig lange Jahre hatte eine tödliche Grenze Europa, Deutschland und Berlin zerschnitten. Zwei Supermächte waren in einem Kalten Krieg gefangen gewesen, ideologisch wie militärisch. Jetzt stand der Sieger fest. Der Westen hatte dank liberaler Demokratie und kapitalistischer Wirtschaft die Schlacht geschlagen und gewonnen. Die Völker der Welt würden ihm folgen und nacheifern. In der liberalen Demokratie schien die Geschichte ihre Erfüllung gefunden zu haben. Ein intellektueller Feuerkopf kündete sogleich von deren Ende und befand: „Das Ideal der liberalen Demokratie ist nicht verbesserungsbedürftig."[1]

Der Widerhall war weltweit gewaltig. Die Widerrede allerdings auch. Die Tatsache des einen und eindeutigen Siegers wurde nicht bestritten, aber nicht überall bejubelt, sondern auch beklagt. Mauer und Eiserner Vorhang seien gefallen und mit ihnen, so das Verdikt, nicht nur die Zwänge zu nationaler Selbstdisziplin, sondern auch zu sozialer Korrektur der Marktwirtschaft. Die Vorherrschaft der einzig verbliebenen Weltmacht, Amerika, und mit ihr die grenzenlose, ungebändigte Entfaltung des Kapitalismus erscheinen wie ein Menetekel an der Wand der neuen Weltordnung. Jedenfalls wird dem Jahr 89 zugerechnet, was die Gegenwart zu Beginn des dritten Jahrtausends prägt – Individualisierung und Globalisierung. Die menschliche Art, große Worte auf einen kleinen Nenner zu bringen und unbekannte, auch unheimliche Entwicklungen mit einem vertrauten Namen zu belegen, ist in Deutschland in der „Berliner Republik" zum Ausdruck gekommen. Man bildet sich ein, erst in der großen Stadt im Osten sei das Leben ungemütlich oder, je nach Geschmack, weltläufig geworden. Als habe in der Folge des Mauerfalls und auf dem Umzugsweg von Bonn nach Berlin das repräsentative Prinzip Schaden genommen, das Parlament seine Bedeutung eingebüßt, der intellektuelle Meinungsstreit den Gegenstand verloren und seien stattdessen nationale Verunsicherung und deutscher Weg,

---

[1] Francis *Fukuyama*, Das Ende der Geschichte. Wo stehen wir?, München 1992, S. 435.

Reformdruck und Regierungsnot, Erregungszustände und Bilderfluten über uns gekommen.

1989 ist das Synonym für Ende und Anfang, Sieg und Niederlage. Die Sowjetunion und der Sozialismus sind gescheitert. Amerika und der Kapitalismus haben triumphiert. In einem Heft über die „Wurzeln der Mondialisierung", wie die Franzosen sagen, urteilt auch *L'Histoire*: Nach dem Fall der Berliner Mauer hätten die Amerikaner allerorts in der Welt die „Führungsrolle" übernommen, selbst in China und Vietnam blühe der Kapitalismus. Ihm seien die Explosion von Konsum und Kommunikation geschuldet.[2] Dieses Urteil ist weltweit verbreitet. Einher damit geht das Gefühl, landauf landab und auf mehr als einer Seite des Spektrums zum Ausdruck gebracht, dass erst seither Visionen nicht mehr entworfen und Utopien nicht mehr erdacht werden.

Aber kann wirklich das Ende von sowjetischem Imperium und sozialistischer Ideologie – verdichtet im Mauerfall von 89 – der Anfang einer so weitreichenden Entwicklung sein? Einer neuen amerikanisch-kapitalistischen Zeitrechnung gar? Welche Wirkungsmächte haben das Ende überhaupt herbeigeführt?

## I.

Prag, Theater der Laterna Magica. Am frühen Nachmittag des 24. November 1989 erscheint Alexander Dubček im Hauptquartier der Revolution. Er sieht aus, „als sei er direkt aus einer Schwarz-Weiß-Fotografie von 1968 gestiegen. Das Gesicht ist älter geworden, faltiger natürlich, aber er trägt den gleichen grauen Mantel, den gleichen Paisley-Schal, das gleiche zurückhaltende, rührende Lächeln, den gleichen Funktionärshut."[3] Selbst seine Rede, die er am Abend auf dem Wenzelsplatz hält, ist wie damals geprägt von dem Glauben an den Sozialismus. Einen Sozialismus mit menschlichem Antlitz. In der Begeisterung spielt keine Rolle, dass der Anführer der 89er Bewegung ein anderer ist. Als Vaclav Havel das Mikrofon ergreift, ruft die Menge „Dubček-Havel". Die Namen von 68 und 89 gehen ineinander über. Nur die Namen?

Wenn man 68 auf den Kopf stellt, kommt 89 heraus. Eine Entdeckung der „Laterna Magica". Der Apparat, dem das Theater den Namen verdankt, ist die Urform aller Bildwerfer. Und Synonym für das Vor und Zurück und Ineinander verschiedener, doch zusammengehörender Bildhandlungen. Vaclav Havel, ein junger Schriftsteller, ist 1968 dabei gewesen. Am Rande. Den reformkommunistischen Ansatz der Leute um Dubček teilt er so wenig wie die Prager Studentenschaft,

---

2 L'Histoire, November 2002.
3 Timothy Garton *Ash*, Ein Jahrhundert wird abgewählt. Aus den Zentren Mitteleuropas 1980–1990, München 1990, S. 416f.

die protestiert, weil in den Wohnheimen der Strom so oft ausfällt. Noch bevor die sowjetischen Panzer die Hoffnung auf systemimmanenten Wandel zerstört hatten, ahnte Havel: Das System ist nicht reformierbar, seine Zeit abgelaufen.

In den fünfziger und sechziger Jahren waren in den Staatsparteien des Ostblocks noch überzeugte, in der Industriearbeiterschaft verwurzelte Parteigänger am Werk. Mit Hilfe des großen Meisters in Moskau und unter Einsatz einer zentral gesteuerten Planwirtschaft glaubten sie, Modernitätsrückstände wettmachen und Musterländer sozialer Gerechtigkeit schaffen zu können. Immerhin, Chruschtschows Anspruch, westliche Standards einzuholen, sie womöglich zu überholen, wurde ernst genommen, sogar im Westen. Hohe Wachstumsraten und ein spektakulärer Sputnik im Weltraum steigerten die Glaubwürdigkeit. Technik und Wachstum wurzelten in einer Industriegesellschaft, die ein Kind des 19. Jahrhunderts war, auf Kohle und Stahl gegründet, von Kollektiven, nicht nur denen der Klasse, und Hierarchien geprägt, bei Kräften bleibend bis weit in die zweite Nachkriegszeit hinein. Auf dem Boden dieser Industriegesellschaft und ihres Proletariats war der Sozialismus gewachsen, in beiderlei, freiheitlicher wie diktatorischer, Gestalt; der Wahnsinn, ihn in Russland zu verwirklichen, bedeutete eben auch schnellstmögliche, unter brutalstem Zwang nachgeholte Industrialisierung. Es war dieser auf Gewalt gegründete Sozialismus, der nach dem Zweiten Weltkrieg das Imperium zusammenhielt und ihm die höhere Weihe verlieh. Versuche, daran zu rütteln, wurden in Blut erstickt, 1953 in der DDR, 1956 in Polen und Ungarn. Solange das System intakt war und funktionierte, wirkte jeder Lockerungsversuch systemsprengend und wurde niedergeschlagen. Das war umso leichter, als die Amerikaner, dem atomaren Patt Tribut zollend, die Nicht-Einmischung zum Programm erhoben hatten. Der Brief, den Präsident Kennedy nach dem Mauerbau an den Regierenden Bürgermeister von Berlin richtete, ließ keine deutsche Frage offen und segnete Unterdrückung im sowjetischen Machtbereich ab. Auch als sie 1968 in Prag einrückten, fürchteten die Sowjets nicht, dass der Westen das noch zarte Pflänzchen der Entspannung zertreten werde; Gespräche über Gewaltverzicht waren gerade begonnen worden. Doch kein Dokument, welcher Macht auch immer, kann Verhältnisse festschreiben.

In der Eiszeit, die auf den Einmarsch in Prag folgte, zog sich Alexander Dubček, der industrie-sozialistischen Welt verhaftet und an die Systemfrage nicht einmal denkend, zurück. Die Eisdecke bearbeiteten Havel und seine Freunde, all die Intellektuellen, die sich nun, wenn nicht gerade in Haft, als Heizer, Putzer oder Pförtner verdingen mussten. Sie kamen von außen und forderten das System frontal heraus. Sie setzten ihm die Idee einer Zivilgesellschaft entgegen. Und setzten darauf, dass das Regime nicht ewig bleiben werde, was es war.

Der Niedergang des Wohlfahrtssozialismus begann im Ostblock in den siebziger Jahren. Das System bröckelte. Gerade die Renommierbetriebe der Stahlindustrie, durchweg nach Lenin benannt, kamen immer schlechter über die Runden und häuften Schulden an. Die Sowjetunion lieferte weniger Vorbild und weniger Hilfe. Dafür half sie, den Weg nach Helsinki zu ebnen. 1967 waren die Gespräche über einen Gewaltverzicht zwischen Ost und West eröffnet worden; sie begleiteten die Ostpolitik der Bundesrepublik. 1975 nahm der Gewaltverzicht mit der KSZE offizielle Gestalt an. In Helsinki wurden Grenzen festgeschrieben, friedlicher Wandel nicht ausgeschlossen, und Menschenrechte. Auf die beriefen sich fortan östliche Oppositionelle, Havel und die Charta 77 und Adam Michnik in Warschau allen voran. Was die Menschenrechte angeht, ihr Aufstieg zum neuen moralischen Bezugspunkt gründet in den Individualisierungsschüben, die in den späten sechziger Jahren einsetzten, in West und eben auch in Ost.

Der ökonomische Niedergang beschleunigte sich in gleichem Maße, wie im Westen die mikroelektronische Revolution vorankam, versteckt erst, dann in rasendem Tempo in den achtziger Jahren, und das Gebäude der Industriegesellschaft unterhöhlte. Im Westen trat, der Marktwirtschaft und ihrer Anpassungskraft sei Dank, Neues an die Stelle des Alten. Und im Osten? Fehlanzeige. Abstand zum und Abhängigkeit vom Westen wurden groß und größer. Mikroelektronik fordert und fördert Individualität und Flexibilität, das Gegenteil all dessen, was zentral gelenkten Planwirtschaften eigen ist. Schon in seinen frühen Stücken, erst recht in seinen vielen prosaischen Einlassungen huldigt Havel, ähnlich wie sein polnischer Schriftstellerkollege Slawimir Mrozek, dem Individuum. Dem Individuum und seinen Möglichkeiten. „Der Bazillus der Aufsässigkeit", so schreibt ein Kenner der Szene, wird auch unter den Studenten der DDR ausgemacht; die habituellen Gesten und Symbole des Protestes seien tatsächlich aus dem Westen gekommen. Anette Simon, Tochter von Christa Wolf, kommt in ihrem Vergleich des west-östlichen Generationengefüges zu dem Ergebnis: „Die Achtundsechziger der DDR sind genau wie ihre Schwestern und Brüder im Westen geprägt von der Musik dieser Zeit und dem Lebensgefühl, das sie transportierte. Auch die antiautoritären Gedanken und Haltungen schwappten in jeder Weise über die Grenze."[4]

Das Kollektiv und seine Zwänge waren für die 68er im Osten Bezugspunkt ohnehin nicht mehr gewesen. Jetzt unterminierten die sozialen Kosten wie die ökologischen Lasten das Regime in allen Ländern des Blocks und wurden Themen der Opposition; die geschundene Umwelt führte den 68ern auch im Osten neue Kraft zu. Selbst die Staatsparteien pochten immer weniger auf jenen Sozialismus, dem sie ihre Legitimation verdankten. Der polnische Premier Rakowski bezog sich, hellsichtig,

---

4 Stefan *Wolle*, Die versäumte Revolte: Die DDR und das Jahr 1968, in: Aus Politik und Zeitgeschichte, (2001) B/22–23, S. 37–46 (39), und Anette *Simon*/Jan *Faktor*, Fremd im eigenen Land?, Gießen 2000, S. 9.

wie er war, auf die Entwicklung der Massenmedien, durch die unsere Länder „in das Alltagsleben der Massen im Kapitalismus ‚lugen'" könnten.[5]

Der Ideologie brach der Unterbau weg, und im Imperium taten sich Risse auf. Ob die westliche Nachrüstung 1983 den Verfall beschleunigt oder verlangsamt hat, bleibt eine müßige Frage. Der Verfall hatte längst eingesetzt, Andropow wusste, jedenfalls in Ansätzen, um den Zustand seiner Länder. Und als Gorbatschow im März 1985 in den Kreml einzog, war er schon lange nicht mehr ahnungslos. Ein neuer Einmarsch? Oder auch nur die Drohung eines Einmarsches wie 1981, als Solidarność, geboren auf einer Lenin-Werft, die Macht herausforderte? Nicht vorstellbar. Am Ende der achtziger Jahre hatte der Schrecken an Kraft verloren und die Angst zu weichen begonnen. „Der totalitäre Koloss" war, wie Wolf Biermann rückblickend zugibt, nicht reformierbar. Aber dass ein totalitäres Regime totalitär herrsche oder gar nicht, ist damit noch lange nicht richtig.[6] Auch dem Individualisten Wolf Biermann hätte 1976 Schlimmeres widerfahren können als die Ausbürgerung aus der DDR.

## II.

In der Tschechoslowakei ist 68 eine magische Zahl geblieben. Und in Deutschland. Auch wer sie hier auf den Kopf stellt, findet eine Beziehung. Doch dieses Wechselspiel stimmt nicht heiter. Oder gerade doch? Immerhin haben sich gerade die deutschen 68er behauptet. Über 89 hinaus. Sie wurden, wenn auch erst nach einer Schock- und Schamfrist, gewählt und sogar wieder gewählt. Man sagt, sie repräsentierten die kulturelle Mehrheit im Land.

Alles, was im weiten Kreis der westdeutschen 68er Rang und Namen erworben hatte, war am Aufbruch jenseits des Eisernen Vorhangs wenig interessiert und konsterniert über die schließlichen Folgen. Obwohl viel gereist, hatten sie sich in ihrer westdeutschen Provinz eingerichtet. Wenn es ein Zufall war, so einer mit Sinn; als in den langen Nach-68er-Jahren ein paar Zeit- und Schlachtgenossen, Fischer und Schröder vorneweg, die große Karriere planten, taten sie es in einer Kneipe in Bonn. Der Name ein Programm: Provinz. In der Provinz lässt man sich bekanntlich nur stören, wenn die Störung selbst inszeniert ist.

Die 68er lebten aus, was ihrer Generation zugehörte – das eigene Ego – und legten in die DDR hinein, was sie seit 1968 weniger aus Überzeugung denn aus Lust an der Provokation wie zwei Markenzeichen vor sich her trugen – Antifaschismus und Antikapitalismus. Das war umso leichter, als seit dem Mauerbau die DDR uneinsehbar geworden war und die Probe aufs Exempel ohnehin niemand machen wollte. Die

---

5 *Ash*, Ein Jahrhundert wird abgewählt, S. 304.
6 Wolf *Biermann*, Brachiale Friedensliebe, in: Der Spiegel, (2003) 9.

DDR bot eine Projektionsfläche für die Ressentiments gegen den eigenen bundesrepublikanischen Staat, seine Ordnung und seinen Anspruch auf nationale Einheit. Die DDR galt nicht nur als Ausbund des Antifaschismus, sondern auch als Sühne für Auschwitz. Die neue Sicht war, dass Auschwitz auf dem nationalen Weg der Deutschen angelegt war und sich das Land deshalb nicht mehr vereinigen dürfe.

Der Narziss ist eine Steigerung des Individualisten, er braucht Projektionsflächen. Und Narziss glichen die 68er zumal dann, wenn sie von Wohlstand und Medienwelt gestreichelt wurden. Narziss geht nicht ins Gefängnis und kämpft nicht ums nackte Überleben. Er sonnt sich im Gefühl eigener moralischer Überlegenheit. Die aber konnte durch nichts und niemanden so gut genährt werden wie durch antifaschistischen Widerstand, den nachzuholen sie sich aufgegeben hatten. Mit erhobenem Zeigefinger und in hohem Ton. „Oh, Felix Culpa", rief Hannah Arendt damals aus. In einem Brief an Hans Paeschke, Herausgeber des *Merkur*, brachte sie das Gehabe, fiktiv an Enzensberger adressiert, auf den Punkt: „Ich habe Ihnen ja nicht vorgeworfen, dass Sie leugnen, dass die Deutschen an Auschwitz Schuld sind, sondern dass Sie sich dafür auch noch eine Feder an den Hut stecken."[7]

Solschenyzin und der Archipel Gulag trieben die französischen Intellektuellen zu Einkehr und oft genug zu radikaler Umkehr, die deutschen nicht. Sie waren viel zu sehr mit sich selbst befasst, als dass die Antennen aus der Innen- in die Außenwelt hätten gedreht werden können. Vor allem hatten in diesem Selbstgefühl die DDR und das ganze Ostsystem ihren unverzichtbaren Platz. In Paris, der Stadt des Barrikadenbaus und des wenn auch kurzen Bundes zwischen Studenten und Arbeitern war die 68er-Bewegung schon im Juni abgestorben; eine eigene Wirkungsmacht hatte sie nicht begründet. Die jahrhundertealten Traditionen des französischen Nationalstaates und seiner zentralen Einrichtungen waren zu mächtig und zu kräftig, als dass sie schnell und nachhaltig hätten abgeschüttelt werden können. Der totale Zusammenbruch, die Verdrängung des in deutschem Namen vollzogenen Zivilisationsbruchs, die Flucht in den materiellen Wiederaufbau, die Teilung in zwei deutsche Provinzen schrieben eigene Gesetze. Die westdeutschen 68er gingen einen deutlich anderen Weg als ihre westeuropäischen Kombattanten und liefen Sturm gegen eine Demokratie, die sich die tschechischen Oppositionellen gerade erträumten. Dabei war doch Dutschke eigens nach Prag gefahren! Und Tschechen und Deutsche verband, was den Franzosen fremd blieb – Umweltengagement und Zivilgesellschaft. Die Bewegung trieb viele Blüten, auch über den Eisernen Vorhang hinweg.

---

7 Jörg *Lau*, Hans Magnus Enzensberger, Ein öffentliches Leben, Berlin 1999, S. 197, und Gerd *Koenen*, Das rote Jahrzehnt. Unsere kleine deutsche Kulturrevolution 1967–1977, Köln 2001, S. 99.

Die DDR war integraler Teil von sowjetischem Imperium und sozialistischer Ideologie, mehr noch: sie war deren Vorposten. Wer ihr Respekt entgegenbrachte oder ihr gar höheren Sinn zuschrieb, nahm Rücksicht auf die Verhältnisse im gesamten Ostblock, hielt die Stabilität hoch und die Selbstbestimmung niedrig. Als im Sommer 1989 die Risse im Ostblock größer wurden und die DDR darin zu verschwinden drohte, hätten die westdeutschen 68er sie gern verstopft. Otto Schily hielt am Abend der Volkskammerwahl, am 18. März 1990, eine Banane in die Fernsehkameras. Er grinste und signalisierte, dass es den DDR-Deutschen ums Fressen und nicht um die Moral gehe. Der Vordenker aller deutschen 68er, Jürgen Habermas, kreierte den Begriff vom „DM-Nationalismus".[8] Tschechen und Polen gestanden den Deutschen zu, was sie für sich in Anspruch nahmen – nationale Selbstbestimmung. Die deutschen 68er waren auch darüber erhaben. Warum also vergleichen, was sich vielleicht nicht vergleichen lässt? Oder gerade doch? Die Oberfläche, auch wenn sie noch so farbig und bewegt ist, gibt nicht immer und sofort Auskunft über Kräfte, die darunter wirken. Was also hatte es auf sich mit den mikroelektronischen Umwälzungen und der Heraufkunft der Mediengesellschaft?

## III.

Die Nachkriegsgesellschaften, trotz Zusammenbruch und Zerstörung auch die deutsche, zeigten in den fünfziger und frühen sechziger Jahren strukturelle Ähnlichkeit mit den Verhältnissen am Ende des 19. Jahrhunderts. Damals hatte sich jene Industriegesellschaft herausgebildet, die der Nährboden für den Sozialismus war und ansonsten die bekannten klaren Verhältnisse aufwies. Sie standen in einem einzigen Zeichen, dem der Autorität. In der Familie hatte der Vater das Sagen, die Ehefrau durfte weder die Zeugnisse der Kinder unterschreiben noch ein eigenes Konto eröffnen. Wirtschaft und Politik prägten die Patriarchen; Hermann Josef Abs und Konrad Adenauer waren Prototypen. In dieser geschlossenen Welt wurzelte der berühmtberüchtigte Muff der fünfziger Jahre, der sich trotz oder gerade wegen des beispiellosen wirtschaftlichen Aufschwungs über das Land gelegt hatte. Seinen sprichwörtlichen Charakter erlangte dieser Muff durch das Nicht-mehr-wissen-Wollen und das Verdrängen des tausendjährigen Reiches. Im Jahrzehnt danach, 1967, nahm die neue Epoche Gestalt an auf einem Spruchband: „Unter den Talaren Muff von tausend Jahren." Zwei Hamburger Studenten hielten es hoch, die verdutzte Professorenschaft, in Talare gehüllt, trottete hinterher. Die Anspielung galt dem Reich, das tausend Jahre nicht gewährt hatte, aber seinen Geist noch immer verbreitete. Sie galt

---

8 Jürgen *Habermas*, Nochmals: Zur Identität der Deutschen. Ein einig Volk von aufgebrachten Wirtschaftsbürgern?, in: *ders.*, Die nachholende Revolution, Frankfurt a.M. 1990, S. 205–224 (205).

aber auch den Herrschaftsstrukturen, von denen man das Gefühl hatte, sie seien tausend Jahre in Kraft und unzeitgemäß. Die Provokation entsprach Prestige und Privileg der Professoren; Provokation sollte auch sonst die Ausdrucksweise der jungen Leute werden. Nirgends hatten sich, sozial und mental, die überkommenen Strukturen so rein erhalten wie an den Universitäten, nirgends waren die Reibungen denn auch so stark wie hier. Die Studentengeneration, die in den sechziger Jahren die Hörsäle füllte, war nicht nur zahlenmäßig gewaltig angewachsen, sie setzte sich von allem ab, was den Vätern vertraut gewesen war. Keine Autorität nirgendwo. Vorbei die Zeiten, in denen dem männlichen Studenten der sichere Platz in der Gesellschaft winkte und er in ein festgefügtes Koordinatensystem hineinwuchs. Vorbei die Zeiten? Warum?

Der soziokulturelle Umschwung lässt sich auf die späten fünfziger Jahre datieren, als „sich die demoskopischen Indikatoren einer neuen westdeutschen Mentalität" häuften.[9] Doch eine neue Mentalität fällt nicht vom Himmel und entspringt keinem Studentenulk. Der Auschwitz-Prozess in Frankfurt hatte, was die Haltung gegenüber dem Dritten Reich anlangte, den Wandel angezeigt. Die Studenten forcierten und überhöhten ihn theoretisch. Der Nutzen war ihrer. Wie gut ließ es sich doch im Bewusstsein jenes Gefühls moralischer Überlegenheit marschieren! Denn die Studenten marschierten. Nicht die Bürger. Erst recht nicht die Arbeiter.

Überall in der Welt stehen die Studenten auf. Junge Leute, wohin man sieht. In den Vereinigten Staaten von Amerika, in Mexiko und Japan, in Europa, West und Ost. Überall lassen sie sich mitreißen von der Welle, die alte Lebensweisen mitsamt dazugehörigen Regeln hinwegspült; Dämme werden verstärkt und doch wieder eingerissen, auf Dauer hält nichts stand, die Welle ist zu breit und zu stark. Von Beat-Musik untermalt, führt sie nichts weniger mit als das Recht des Individuums, sich auszuleben und zu verwirklichen, unbehindert von kollektiven Zwängen und institutionellen Verboten. Die Musik verleiht der Bewegung Faszination und macht sie vor und jenseits aller Politik zur grenzüberschreitenden Massenbewegung. In der Kunst, die sich von nun an die Wirklichkeit aneignet, findet der Epochenwechsel sprechenden Ausdruck. Andy Warhol und die PopArt erobern die Welt. Der Sozialistische Realismus erstarrt; er setzt den Bestand einer „objektiven Wirklichkeit" voraus, die es nicht mehr gibt. Die neue Szene unterscheidet sich nur noch an der Oberfläche von der Kunst des Westens. Längst huldigt sie dem gleichen postmodernen Gesetz und ist von der gleichen „Fragmentarisierung, Unbestimmtheit und Zufall" geprägt wie die Kunst im Westen.[10]

---

9 Axel *Schildt*, Ankunft im Westen. Ein Essay zur Erfolgsgeschichte der Bundesrepublik, Frankfurt a.M. 1999, S. 100.
10 Peter *Weibel*, Probleme der Neo-Avantgarde in Europa, in: Europaweit. Kunst der 60er Jahre. Ausstellungskatalog, Karlsruhe 2002, S. 113–117.

Wie die Kunst, so das Leben. Der Hintergrund, vor dem die 68er agieren, ist überall gleich, und gleich ist das Medienereignis, in das jede Aktion sich verwandelt. Die Ausprägung bleibt verschieden, zwischen den Systemen, auch zwischen den Ländern. In Paris wie in Prag entzünden sich die Funken in den Studentenheimen. In Paris, weil die Studenten die Heime der Studentinnen auch nachts betreten wollen. In Prag ziehen sie auf die Straße, weil der Strom so oft ausfällt. In Paris wie in Prag entstehen kurzfristige Bündnisse mit der Arbeiterschaft. Sie zerfallen. Hier wie da. In der Bundesrepublik entstehen sie gar nicht erst. Als die 68er in Scharen in die SPD strömen, entbrennt sofort der Kampf mit Arbeiterfunktionären, die auf ihre Verdienste pochen, gestalterische Kraft aber nicht mehr aufbringen. Woher auch! Es ist ein ungleicher Kampf. Bestenfalls existieren Jung und Alt nebeneinanderher, schlimmstenfalls kracht es, bis das Gespenst der Spaltung sein Haupt erhebt. Mit einstigen Auseinandersetzungen zwischen Radikalen und Reformern haben sie nichts mehr zu tun. Es sind antikapitalistische Spiegelfechtereien, mit denen die Jungsozialisten – jedes Parteimitglied bis 35 gehört ihnen zu – auf sich aufmerksam machen. Die Parolen sind lebensfremd, blutleer und aufgesetzt, also austauschbar und haben nichts als die Provokation zum Ziel. Und doch ist es nur eine Frage kurzer Zeit, bis die Schlacht geschlagen und die SPD in den Händen der 68er allein liegt. Die Gegenwehr erlischt. Italien und Frankreich, wo starke kommunistische Parteien die nationale Nachkriegsidentität abrundeten und die Mythen von *Resistenza* und *Résistance*, ob zu Recht oder nicht, das nationale Selbstbewusstsein stärkten, hätte sich das Publikum gelangweilt abgewandt, wäre man ihm mit Antifaschismus und Antikapitalismus gekommen. Leben aber steckte in den Arbeiterparteien Italiens und Frankreichs so wenig wie irgendwo sonst. Auf Belehrung oder gar Beglückung pfeifen die Arbeiter und ihre Funktionäre auch hier. In Mailand ziehen Luigi Nono, Maurizio Pollini und Claudio Abbado in die proletarischen Vorstädte, um schöne Musik zu machen und die Kunst zu popularisieren. Viele Male wird der Versuch nicht wiederholt.

Nirgends, nicht unter diktatorischen, nicht unter freiheitlichen Verhältnissen, tragen die Arbeiter die Flamme weiter. Trotz der Arbeiterunruhen 1970 und trotz Solidarność auch in Polen nicht. Auf der Lenin-Werft wird gerade nicht für einen besseren, sondern gegen den vorhandenen Sozialismus gestreikt; im Übrigen will man einen Lohn, den gerade die Werftindustrie nicht mehr abwirft.

In Amerika fließt der studentische Kampf – in Berkeley hat er sich gleichfalls an Hausordnungen entzündet – in die Bürgerrechtsbewegung der Schwarzen und die Anti-Vietnam-Demonstrationen ein. Vietnam ist keine Ursache. Vietnam ist der große Katalysator der 68er-Bewegung. Unter der Fahne des Vietkong werden in Deutschland kopflastige Kongresse abgehalten, und die Straßen hallen wider von wilden Schlachtrufen – Ho-Ho-Ho-TschiMinh. Nur in England braucht der Protest weder graue Theorie noch gewalttätige Praxis. Nach der großen Demonstration in London droht die Lage außer Kontrolle zu geraten. Dem Befehl ihrer Anführer, den Grosvenor Square zu räumen, entzieht sich ein einzelner junger Mann. Er ist enttäuscht und gibt seinem Gefühl in einem Lied Ausdruck. Mick Jagger schreibt – „Street Fighting Man".

## IV.

Jürgen Habermas, Richard von Weizsäcker und andere erlauchte Geister haben den 68ern eine „Fundamentalliberalisierung" oder eine zweite Gründung der Bundesrepublik zugeschrieben und ihre Verdienste in den Himmel gehoben. Verdienste? Nein, die kommen ihnen nicht zu. Als liberal ließ diese Generation, die kein Gewissen mehr hatte, „weil sie ja das Gewissen selbst war"[11], nur gelten, was sie selbst dazu erklärte. Kein Wunder, dass sie 1989 versagte, als die Landsleute, 1945 zufällig unter sowjetischer Besatzung aufgewacht, das Recht auch auf ihre Selbstbestimmung einforderten. Muss es daher nicht verwundern, dass sich die 68er Einheitsgegner so rasch wieder fingen und so tun konnten, als sei nichts gewesen?

Der weltweite Druck zur Liberalisierung gesellschaftlicher Verhältnisse ist hoch gewesen. Der Wille, ihm nachzugeben, hat die 68er getragen und getrieben. Die nationalen Besonderheiten, nirgends stärker als in Deutschland, sind auf dem Boden dieser einen globalen Bewegung gewachsen. Diese Bewegung war „selbst schon das Produkt einer sozialen Umwälzung, die weit einschneidender war als alle Wirkungen, die man ihr selbst zuschreiben könnte."[12] Die soziale Umwälzung hängt im Schlepptau wissenschaftlicher Entdeckungen und technischer, nun auch kommunikationstechnischer Anwendungen. Ohne Anti-Baby-Pille keine Frauenbewegung! Und ohne Computer und ohne Fernsehen keine Individualisierung und kein Narzissmus. Vernetzung und Kommerzialisierung der Medien in den Jahren, die folgen, beschleunigen einen ohnehin nicht aufhaltbaren Trend. Es ist der Trend zur Verselbständigung der sozialen Teilsysteme und zur Mobilisierung aller sozialen Einzelpraktiken. Es ist der Trend zum Zerfall der Solidarformen und allgemein gültiger Verhaltensmaßstäbe. Die Welt ist nicht mehr aus einem Punkt zu erklären und schon gar nicht zu entwerfen. Vergangenheit und Zukunft sind keine Kriterien mehr. Das Internet hat kein Gedächtnis und keine Vision. Insoweit hat Francis Fukuyama Recht, wenn er das Ende der Geschichte beschwört. Die Bindungs- und Traditionslosigkeit, die Halt- und Inhaltslosigkeit der 68er, aber auch ihre Wandlungsfähigkeit haben in dieser neuen Welt ihren Grund. Ein Wunder, dass sich die 68er so rasch und so reflexionslos mit neuen Gegebenheiten anfreunden können? Und mit ein und

---

11 Odo *Marquard*, „Wir brauchen viele Götter", in: Der Spiegel, (2003) 9.
12 *Koenen*, Das rote Jahrzehnt, S. 70f.

demselben Auschwitz heute den Krieg und morgen den Frieden begründen und begrüßen? Nein. Kein Wunder.

Diese globalen Eigenheiten kennzeichnen die 68er, weil sie – mit allen Übertreibungen und Extremen – die Speerspitze der Umwälzung waren. Alle sind sie Kinder dieser Umwälzung. Die Autorität, der alten Industriegesellschaft notwendig innewohnend, hat abgedankt, auf allen Ebenen. Nirgends wird sie wieder auferstehen. Die anti-autoritäre Bewegung, die die 68er weltweit waren, konnte nur deshalb eine so durchschlagende Wirkung haben, weil per definitionem die Kommunikationsgesellschaft anti-autoritär ist. Sie zu erfassen, reicht die negative Begrifflichkeit der Frankfurter Schule bei weitem nicht aus. „La société du spectacle"[13] heißt das Werk von Guy Debord, das 1967 in Paris herauskam und von heute sein könnte. Es liest sich wie das Vorprogramm zum Spektakel des „Live", auch wie das Vorprogramm zum Politspektakel. Alles ist Bild, bevor es Sache wird.

Unser gegenwärtiges Zeitalter hat in den sechziger Jahren begonnen. In Amerika. Amerika hat all die Eigenschaften, die Wissenschaft, Technik und Wirtschaft heute brauchen. Und 1989? Was beginnt da? Nichts wirklich Neues. Oder doch? Im Sommer 89 zuckte ein kleiner Zug halbnackter Gestalten im Takt den Ku'damm rauf und runter; ein paar Jahre später zuckten eine Million Raver und mehr. Seither triumphiert die Null-Botschaft.

Das Ende des Ostblocks 1989, heraufgedämmert in einem langen Siechtum, ist im Lauf dieses neuen Zeitalters vorgezeichnet gewesen. Als Frank Zappa, der amerikanische Musiker und Komponist, Havel in Prag trifft, begegnen sich keine zwei Welten mehr; sie stellen fest, dass frühere Gegensätze einander zu ähneln beginnen.[14] Tschechen und Polen und Ungarn und Ost-Deutsche machen da weiter, wo die westlichen Länder schon angekommen sind. In der polnischen Zeitschrift *Gazeta Wyborcza* wird über den neuen Kapitalismus diskutiert. „Generation Nichts" ist der auslösende Artikel überschrieben.[15] So könnte auch jeder Artikel über deutsche 68er überschrieben sein; nicht zufällig haben sie 89 so leichtfüßig weiterlaufen können. Nichts ist mehr Klasse oder Schicht, alles Generation. „Generation P" heißt der russische Erfolgsroman von Viktor Pelewin; er ist in alle westliche Sprachen übersetzt und liest sich in Moskau so gut wie in Rom oder Berlin.

Für einen Augenblick stand 1989 das Leben still. Dann schlug das Herz wieder. In dem Takt, der ihm seit 1968 vorgegeben ist und der sich von Jahr zu Jahr beschleunigt.

---

13 Guy *Debord*, La société du spectacle, Paris 1967.
14 Paul *Berman*, Zappa meets Havel. 1968 und die Folgen, Hamburg 1998.
15 Zit. nach: Stefanie *Peter*, Totenkinder, in: Frankfurter Allgemeine Zeitung, 22.10.2002.

## 6. Der Historiker als Politikberater.
Leopold von Rankes politische Denkschriften 1848 bis 1851

*Eckart Conze*


I.

Wie für viele seiner Zeitgenossen sei die Revolution von 1848/49 auch für Leopold von Ranke ein „Knotenpunkt der Jahrhundertentwicklung" gewesen, schrieb Rudolf Vierhaus 1957, ein „repräsentatives Ereignis, insofern in ihr die revolutionären politischen und sozialen Kräfte des Zeitalters Gestalt gewannen, und eine Zäsur, insofern auch die beständigen Elemente eine neue Konstellation einnehmen mussten".[1] Als einen „kataklysmischen Ausbruch" habe der Berliner Historiker die Revolution wahrgenommen, betont Leonard Krieger.[2] Zeitgenössische Stimmen deuten darauf hin, dass jener Sturm, „der alles in Frage stellte und allem eine andere Gestalt gab",[3] nicht nur den Historiker Ranke tief beeindruckte und sein Denken nachhaltig prägte, sondern auch den Menschen Ranke erschütterte und ihm Angst machte: „Ranke", so berichtet Karl August Varnhagen von Ense in seinen Tagebüchern, „ist vollständig unsinnig geworden, jammert und wütet, hält alles für verloren und auf immer, glaubt an völligen Untergang der gebildeten Welt, an Barbarei der wilden Gewalt, so was sei noch nie gewesen. Bösewichter bewachen den König, der Pöbel herrscht nach Willkür, alle Sittlichkeit, alle Religion ist dahin! Er möchte fliehen, aber er weiß nicht wohin!"[4]

Es dauerte indessen nach dem Schock der Märztage 1848 nicht lange, bis der damals 52-jährige Ordinarius begann, die revolutionären Ereignisse wissenschaftlich zu verarbeiten und sich gleichsam mit der Geschichte seiner eigenen Zeit, ja, seiner unmittelbaren Gegenwart zu beschäftigen. Zwar fand die Revolution in späteren Jahren auch Eingang in seine geschichtswissenschaftlichen Arbeiten, nicht zuletzt in sein auf die Vorträge vor dem bayerischen König Maximilian II. von 1854 zurück-

---

1 Rudolf *Vierhaus*, Ranke und die soziale Welt, Münster 1957, S. 179.
2 Leonard *Krieger*, Ranke. The Meaning of History, Chicago 1977, S. 181.
3 Leopold *von Ranke*, Friedrich Wilhelm IV. König von Preußen [1878], in: *ders.*, Sämtliche Werke (SW), Bd. 51/52, Leipzig 1888, S. 403–474 (463).
4 Karl August *Varnhagen von Ense*, Tagebücher, 15 Bde., Bd. 4, Neudruck Bern 1972, S. 355 (28.3.1848). Vgl. auch Otto *Diether*, Leopold von Ranke als Politiker. Historisch-psychologische Studie über das Verhältnis des reinen Historikers zur praktischen Politik, Leipzig 1911, S. 330.

gehendes Werk „Über die Epochen der neueren Geschichte".[5] Die ersten Schriften, in welchen sich Ranke mit den revolutionären Ereignissen auseinander setzte, waren jedoch seine politischen Denkschriften, insgesamt acht politische Memoranden, die, entstanden zwischen Mai 1848 und Januar 1851, über seinen Freund Edwin von Manteuffel, den Flügeladjutanten Friedrich Wilhelms IV., nicht nur in die unmittelbare Nähe des preußischen Königs, sondern zumindest teilweise bis zum Monarchen selbst gelangten.[6] In diesen Denkschriften, die erstmals 1887, ein Jahr nach Rankes Tod, publiziert worden sind, erblicken wir den Historiker nicht nur als politischen Kommentator, sondern auch, um einen jüngeren Ausdruck zu verwenden, als Politikberater. Ranke war dabei kein „ungebetener" Berater.[7] Schon vor 1848 stand er in engster Verbindung zu höfischen Kreisen und Regierungszirkeln in Berlin, eine Nähe, die ihren Ausgang bereits in den 1830er Jahren genommen hatte, als ihm die Redaktion der *Historisch-politischen Zeitschrift* oblag. Im Januar 1850 erhielt Ranke aus der Hand seines Königs den Roten Adlerorden II. Klasse, und etwa zur gleichen Zeit kursierte sein Name im Zusammenhang mit einer Regierungskrise und einer Kabinettsumbildung. Ranke galt damals offensichtlich als ministrabel.[8]

Wir dürfen Rankes Denkschriften nicht als geschichtswissenschaftliche Untersuchungen betrachten, sondern müssen sie als historisch-politische Analysen sehen und damit als Versuch, durch historische Erklärung zum Verständnis der Gegenwart und, darüber hinausgehend, zur politischen Gestaltung der Zukunft beizutragen. Ranke lieferte keine konkreten Handlungsanweisungen, den engeren und eigentlichen politischen Entscheidungszirkeln gehörte er nicht an, aber von seiner Einschätzung und Bewertung der politischen Lage erhoffte man sich bei Hofe Hintergrundinformationen als Entscheidungshilfe; seine Memoranden dienten einem politischen Zweck, ohne dass man sie gleich mit Friedrich Meinecke als „preußische Staatsschriften" bezeichnen muss.[9] Man war bei Hof, so zumindest sah es Ranke selbst, der Ansicht, dass er „auch die gegenwärtigen Dinge so, wie sie sind, zu sehen, ihr wahres Verhalten zu erkennen fähig sei".[10]

---

5 Leopold *von Ranke*, Über die Epochen der neueren Geschichte. Historisch-kritische Ausgabe, hg. v. Theodor *Schieder*/Helmut *Berding*, München 1971. Zu den Vorträgen vor König Maximilian II. vgl. ausführlicher *Krieger*, Ranke, S. 215–221.
6 Leopold *von Ranke*, Politische Denkschriften aus den Jahren 1848–1851. Bestimmt für König Friedrich Wilhelm IV. Gerichtet an dessen Flügeladjutanten Edwin Freiherrn von Manteuffel, in: *ders.*, SW 49/50, Leipzig 1887, S. 585–623. Insgesamt handelt es sich dabei um acht Einzelmemoranden unterschiedlicher Länge.
7 So die Einschätzung von Hans-Ulrich *Wehler*, Deutsche Gesellschaftsgeschichte, Bd. 3, München 1995, S. 199.
8 Vgl. *Diether*, Ranke als Politiker, S. 375f, sowie auch *Vierhaus*, Ranke und die soziale Welt, S. 25.
9 Friedrich *Meinecke*, Weltbürgertum und Nationalstaat. Studien zur Genesis des deutschen Nationalstaates, 5. Auflage, München/Berlin 1919, S. 458.
10 So Ranke in seiner sechsten Denkschrift (Anfang September 1850), in: *ders.*, Politische Denkschriften, S. 611.

Hat Ranke damit eine politische Instrumentalisierung der Geschichtswissenschaft betrieben? Hat sich der Historiker in den Dienst der Politik gestellt? Hatte sich der „reine Historiker" von der „praktischen Politik" gefangen nehmen lassen, hatte er der „autonomen Historie als angesehenes Kulturelement" zumindest zeitweise den Rücken gekehrt?[11] Die enge Verbindung und Verwandtschaft der Historie mit der Politik hatte Ranke nie bestritten, sie im Gegenteil sogar zum Thema seiner Berliner Antrittsvorlesung von 1836 gemacht.[12] An zentraler Stelle heißt es dort: „Denn da es keine Politik gibt, als die, welche sich auf vollkommene und genaue Kenntnis des zu verwaltenden Staates stützt, – eine Kenntnis, die ohne ein Wissen des in früheren Zeiten geschehenen nicht denkbar ist – und da die Historie eben dieses Wissen entweder in sich enthält oder doch zu umfassen strebt, so leuchtet ein, dass auf diesem Punkte beide auf das innigste verbunden sind."[13] Und weiter: „Die Kenntnis der Vergangenheit ist unvollkommen ohne Bekanntschaft mit der Gegenwart; ein Verständnis der Gegenwart gibt es nicht ohne Kenntnis der früheren Zeiten."[14] Zwar habe der Historiker das Bestehende zu rechtfertigen, dies jedoch nicht politisch, sondern logisch.[15] Ranke wehrte sich in der Tat gegen eine krude Politisierung der Geschichte. Das aber schließt auch eine Indienstnahme von politisch konservativer Seite aus und lässt somit das immer wieder geäußerte Verdikt, Ranke sei ein bloßer Verteidiger des Status quo, ein Anwalt konservativ-obrigkeitsstaatlicher Politik, in dieser Simplizität ins Leere laufen. Er gehöre, so behauptete er selbst schon 1836, nicht zu denen, „welche der Meinung seien, dass nichts Neues geschehen dürfe [...]. Die politische Klugheit besteht nach unserer Ansicht nicht so sehr in Bewahrung, als in dem Vorwärtsbewegen und dem Wachstum."[16] Dass „auch Stürme notwendig

---

11 Solche Positionen vertraten vor allem diejenigen Historiker, die sich in der Auseinandersetzung mit der politik- und staatsnahen kleindeutsch-borussischen Historiographie des Kaiserreichs bewusst auf Ranke und seine angeblich un- oder überpolitische Geschichtsschreibung beriefen. Otto Diether, ein Schüler Hans Delbrücks, versuchte in seiner umfassenden Studie über „Leopold von Ranke als Politiker" mit dem programmatischen Untertitel „Über das Verhältnis des reinen Historikers zur praktischen Politik", das nicht nur in seinen Denkschriften der Jahre 1848–1851 erkennbare politische Engagement Rankes mit dem Bild des „autonomen Historikers" in Einklang zu bringen. Diether, der, wenn auch vor fast 100 Jahren, die Revolutionsdenkschriften Rankes ausführlich behandelte, zielte indes primär darauf zu untersuchen, wie „es ihm schließlich doch gelingt, seine autonome Historie als angesehenes Kulturelement in das neue Reich und in die Gegenwart herüber zu retten". Vgl. u.a. *Diether*, Ranke als Politiker, S. VIIIf.
12 Leopold *von Ranke*, Über die Verwandtschaft und den Unterschied der Historie und der Politik. Eine Rede zum Antritt der ordentlichen Professur an der Universität zu Berlin im Jahre 1836, in: *ders.*, SW 24, Leipzig 1876, S. 280–293.
13 Ebd., S. 288.
14 Ebd., S. 289.
15 Vgl. hierzu Ulrich *Muhlack*, Leopold von Ranke, in: Notker *Hammerstein* (Hg.), Deutsche Geschichtswissenschaft um 1900, Stuttgart 1988, S. 11–36 (22).
16 *Ranke*, Über die Verwandtschaft, S. 289.

sein können", damit „das Leben selbst fortschreite", davon zeigte sich Ranke schon früh überzeugt.[17]

Vor diesem Hintergrund ist nun der Blick zu richten auf das Sturmjahr 1848 – die Metapher des Sturms taucht bei Ranke insbesondere im Hinblick auf die Revolution 1848/49 immer wieder auf –, auf Rankes politische Denkschriften aus jener Zeit. Diesem Beitrag geht es zunächst und vor allem darum, die insgesamt acht Schriftstücke vorzustellen und sie auf die politische Entwicklung in Preußen und Deutschland zwischen 1848 und 1851 zu beziehen. Zwar tauchen die Memoranden in der reichen Literatur über Ranke und sein Werk verschiedentlich auf, zumeist jedoch eher kursorisch und im Kontext jeweils anderer übergreifender Fragestellungen, die nicht auf den Historiker als politischen Kommentator und als Politikberater zielen.[18] Über die Information zum Inhalt der Denkschriften hinaus gewährt uns die konzentrierte Beschäftigung mit ihnen Aufschlüsse über die Reaktion eines Intellektuellen auf die Revolution von 1848. In diesem Zusammenhang soll es nicht zuletzt auch darum gehen, ob sich Ranke in seinen politischen Schriften als Vertreter einer politisch konservativen Status-quo-Orientierung zu erkennen gibt, wie man sie dem Historiker Ranke zuschreibt, oder ob man ihn nicht auch, im Sinne seiner Position von 1836, als Anwalt von Veränderungen, von gesellschaftlichem und politischem Wandel wahrnehmen kann.

Die acht Denkschriften, darunter ein Entwurf für eine königliche Proklamation, die Leopold von Ranke in unregelmäßigen Abständen zwischen Mitte 1848 und Anfang 1851 verfasste, lassen sich insgesamt in drei Gruppen einteilen. Dabei können sie zum einen drei unterschiedlichen Phasen der politischen Entwicklung zwischen 1848 und 1851 zugeordnet werden, zum anderen aber, über die chronologische Gliederung hinausgehend, wenden sie sich drei unterschiedlichen thematischen Schwerpunkten zu. Freilich resultiert diese sich verändernde Schwerpunktsetzung auch aus den sich im Laufe der Zeit verschiebenden – und sei es nur in der Wahrnehmung Rankes – Hauptfragen der aktuellen Politik. Denn um aktuelle Politik, um politische Tagesfragen, geht es in den Memoranden, und nicht um distanzierte geschichtswissenschaftliche Analysen. Das ist dem Duktus und der Diktion der Denkschriften deutlich anzumerken. In den ersten beiden Denkschriften (Mai und Juli 1848) und zum Teil auch noch in der dritten (Oktober 1848) geht es daher um die revolutionäre Entwicklung vor allem in Preußen seit März 1848 und um geeignete Maßnahmen, „der Anarchie [zu] steuern".[19] Beginnend mit der dritten

---

17 Ebd.
18 Eine Ausnahme bildet das erwähnte Werk von Otto Diether, das aber nicht nur angesichts seines Alters, sondern auch aufgrund seiner oben (Anm. 11) angedeuteten Prämissen nicht den Anspruch erheben kann, die Thematik in ausreichendem Maße abgehandelt zu haben.
19 Leopold *von Ranke*, Dritte Denkschrift (Ende Oktober 1848), in: ders., Politische Denkschriften, S. 594. Diese dritte Denkschrift ist zwar mit Oktober 1848 datiert, entstanden ist sie indes

Denkschrift und vor dem Hintergrund der deutlich an Terrain gewinnenden Gegenrevolution wandte Ranke seine Aufmerksamkeit in den nächsten Schriften (Dezember 1848 und März 1849) vor allem der Rekonsolidierung des durch die Revolution erschütterten preußischen Staates zu. Die mit einigem Abstand verfassten letzten Denkschriften schließlich (September und November 1850 sowie Januar 1851) widmen sich primär dem preußisch-österreichischen Verhältnis, der politischen (Re-)Organisation Deutschlands (vor dem Hintergrund der Dresdener Konferenzen) und der Rolle und Stellung Preußens und Deutschlands in der europäischen Ordnung.

II.

Als einen „Akt der Notwehr" bezeichnete Otto Diether 1911 Rankes erste Denkschrift aus dem Mai 1848, um die politische Positionsnahme des Professors mit dem damals breit gepflegten Bild des unpolitischen Historikers, dessen, der Zurückhaltung übt *in politicis*, vereinbaren zu können. Mit konkreten Handlungsvorschlägen hielt sich Ranke in dieser Stellungnahme noch zurück und skizzierte stattdessen die politische Lage, so wie sie sich ihm im Frühjahr 1848 darbot. Das „Zunächst-Vergangene" interessierte ihn, „um die Lage des Augenblicks zu fassen".[20] Die revolutionäre Entwicklung, die ihren Ausgang im Februar 1848 in Paris genommen hatte, war für ihn kein Nebeneinander einzelstaatlich-nationaler Ereignisse, sondern ein „allgemein europäisches" Geschehen, eine „allgemeine Erschütterung der Lage von Europa".[21] Das war nicht nur geographisch gemeint, sondern bezog sich auf Europa als politische und soziale Ordnung, so wie es 1814/15 als systemische Einheit konzipiert worden war, wie es im Zeichen von Revolutions- und Kriegsverhinderung als „wohlverwahrter Welttheil" Gestalt angenommen hatte.[22]

Die halkyonischen Tage Europas waren 1848 vorüber. Allerdings war Ranke weit davon entfernt, die politischen und sozialen Verhältnisse in Preußen als Auslöser, wenn nicht Ursache der revolutionären Eruption des 18. März 1848 zu betrachten. In einer Art Verschwörungstheorie erblickte er in der republikanischen Partei Frank-

---

mit ziemlicher Sicherheit erst im November. Reiche Belege und Indizien für diese Annahme liefert u.a. *Diether*, Ranke als Politiker, S. 346f.
20 Leopold *von Ranke*, Erste Denkschrift (Mitte Mai 1848), in: ders., Politische Denkschriften, S. 587.
21 Ebd.
22 Die Bezeichnung Europas als „wohlverwahrter Welttheil" prägte Karl von Rotteck 1834; zit. nach: Klaus *Hildebrand*, Das vergangene Reich. Deutsche Außenpolitik von Bismarck bis Hitler 1871–1945, Stuttgart 1995, S. 14. Zur politischen Bedeutung des Begriffs „Europa" nach 1814/15 als eine die Einzelstaaten übergreifende, vertragsrechtlich fundierte Systemkategorie vgl. auch Eckart *Conze*, „Wer von Europa spricht, hat unrecht". Aufstieg und Verfall des vertragsrechtlichen Multilateralismus im europäischen Staatensystem des 19. Jahrhunderts, in: Historisches Jahrbuch (i.E.).

reichs die Haupttriebkraft der Revolution auch in Preußen, Österreich und in den anderen deutschen Staaten: „Jedermann weiß, dass Anstoß, Leitung und zum Teil die Mittel, durch welche das Ereignis des 18. März vollzogen wurde, von außen kommen."[23] Damit befand sich Ranke in Übereinstimmung mit seinem König, auch wenn er später von dieser Position wieder abrückte, die wohl der Wucht der revolutionären Ereignisse geschuldet war und die in jedem Falle die einfachere Antwort auf die Frage nach den Ursprüngen der Revolution war. Im Mai 1848 sah Ranke, und so endet seine erste Denkschrift, drei Kräfte im Widerstreit: den zurückgedrängten alten Staat, „in sich geschwächt, aber mitnichten besiegt", die konstitutionelle Regierung des Ministeriums Hansemann/Camphausen; und die radikalen Kräfte, die Vertreter des republikanischen Prinzips, Arbeiter, Handwerker und Tagelöhner zuvorderst, die – und hier scheint dann doch ein soziales Motiv der Revolution durch – „eine Befreiung von allem dem hoffen konnten, wovon sie sich gedrückt fühlten".[24] Eine Kritik am Wahlgesetz für die preußische Konstituante ergänzte diese Stellungnahme. Sie warf dem Wahlgesetz vor, dem Radikalismus Tür und Tor zu öffnen. Aber das war eine Klage ex post, das Wahlgesetz war verabschiedet, und bereits Anfang Mai 1848 war die preußische Nationalversammlung gewählt worden. Mit ihrem Zusammentritt – etwa parallel zu dem der Paulskirchenversammlung – gelangten die revolutionären Ereignisse in eine neue Phase.

Ob nun, wie Ranke selbst später verschiedentlich behauptete, seine Denkschrift den Monarchen in Berlin wieder aufgeweckt, ihn zu einer festen Haltung ermannt und „ihn anderen Sinnes gemacht und wieder zum Eingreifen in die Dinge" bewogen habe, sei hier dahingestellt.[25] Mit dem weiteren Gang der revolutionären Ereignisse im Frühjahr und Frühsommer 1848 nahm Ranke Abschied von seiner in der ersten Denkschrift erkennbaren Linie der im wesentlichen historisch-politischen Erörterung der Geschehnisse. Seine zweite Denkschrift von Anfang Juli 1848 zeigt ihn uns bereits als Verteidiger des monarchischen Prinzips gegen die demokratisch-republikanischen Kräfte. Indem Ranke den napoleonischen Charakter der revolutionären Ideen unterstrich – „Man könnte eine Parallele ziehen zwischen den Siegen der Franzosen von 1792–1812 und dem Fortschritt ihrer Ideen von 1818–1848; denn gibt es nicht auch eine Invasion von fremden Ideen?"[26] –, appellierte er an das preußische und das deutsche Bewusstsein seines Monarchen, an die Erinnerung der Jahre der Befreiungskriege. Und aus dieser Erinnerung speiste sich dann auch Rankes Rat: „Hier, wo das Mutterland eines gesunden, mit den Interessen der Bevölkerung verbündeten Königtums ist, müsste auch ein Versuch gemacht werden, ein

---

23 *Ranke*, Erste Denkschrift, S. 588.
24 Ebd., S. 588f.
25 *Ders.*, Diktat vom November 1885, in: *ders.*, SW 53/54, S. 56–76 (74); vgl. auch *ders.*, Tagebuchblätter, in: ebd., S. 569–655 (634f) (15.11.1879).
26 *Ders.*, Zweite Denkschrift (Anfang Juli 1848), S. 591.

solches wieder herzustellen, wenngleich in etwas modifizierten Formen, um die Anarchie selbständig, klug und kraftvoll zu bekämpfen. Von hier müsste eine wohlüberlegte, wohlvorbereitete Restauration ausgehen."[27]

„Restauration" meinte hier indes kein bloßes Zurück, und es war ja auch die Rede von „modifizierten Formen". Aber im Kern ging es um die Verteidigung des monarchischen Prinzips gegen das Prinzip der Volkssouveränität, denn diese Auseinandersetzung, die „Machtfrage", beherrschte die politische Entwicklung im Sommer 1848 auch in Preußen. Im Ringen um die Verfassung spitzte sich dieser grundsätzliche Konflikt zu. Sollte die Verfassung zwischen Nationalversammlung und Krone vereinbart und damit das Eigenrecht der Krone als politische Gewalt anerkannt werden? Oder sollte die Nationalversammlung alleine die Verfassung verabschieden und damit dem Prinzip der Volkssouveränität zur Durchsetzung verhelfen? Zwar konnte sich im Oktober 1848 die Linke in der preußischen Konstituante nicht durchsetzen – anders als übrigens in der Paulskirche, wo das Vereinbarungsprinzip mit deutlicher Mehrheit abgelehnt wurde[28] –, aber die Berliner Versammlung weigerte sich, einen vom König selbst redigierten Verfassungsentwurf als Grundlage ihrer Beratungen zu akzeptieren, und verabschiedete stattdessen einen eigenen Entwurf, die „Charte Waldeck", benannt nach dem Vorsitzenden des Verfassungsausschusses der Versammlung. In ihren inhaltlichen Bestimmungen war die „Charte Waldeck" im Hinblick auf die Machtfrage unzweideutig: Vor allem forderte sie parlamentarische Mitspracherechte in den bislang monarchischen Residualdomänen Diplomatie und Militär; des Weiteren gestand sie dem König im Gesetzgebungsverfahren ein lediglich suspensives Veto zu. Im monatelangen Streit um die Verfassung lagen die Anfänge der Berliner Gegenrevolution, deren Kräfte sich im Sommer 1848 formieren konnten und die rasch und zielstrebig begannen, auf die Auflösung der Konstituante und einen Verfassungsoktroy hinzuarbeiten.

Ranke dürfte von diesen Überlegungen im Umfeld Friedrich Wilhelms IV. insbesondere wegen seiner über Edwin von Manteuffel laufenden Verbindungen zur konservativen „Kamarilla" informiert gewesen sein, als er Anfang November 1848 erneut zur Feder griff, um seine dritte Denkschrift zu verfassen.[29] Er knüpfte dabei an seinen Gedanken des „modifizierten Königtums" an. Deutlicher, als dies bisher geschehen war, sprach sich Ranke für eine konstitutionelle Monarchie aus. Er wich hier klar von seinen eigenen Positionen ab, wie er sie beispielsweise in der *Historisch-politischen Zeitschrift* vertreten hatte. Allerdings war ihm die Wendung zum Konstitutionalismus ein reiner Notbehelf; eine Verfassung dient bei ihm dem bloßen

---

27 Ebd.
28 Vgl. hierzu u.a. Wolfram *Siemann*, Die deutsche Revolution von 1848/49, Frankfurt a.M. 1985, S. 142f.
29 Zur Frage der Datierung der dritten Denkschrift s.o., Anm. 19.

Zweck, den Staat, den preußischen Staat, zusammenzuhalten, eine Aufgabe, welche einst „das alte, [...] immer nachhaltige und kräftige preußische Beamtenwesen" erfüllt habe, das nun indes nicht länger existiere.[30] Eine Verfassung hielt Ranke des Weiteren für unvermeidlich, weil „sich die Menschen nun einmal daran gewöhnt haben, das Leben des Staates nur in konstitutionellen Formen zu denken".[31] Der Code Napoléon in den westlichen Provinzen Preußens verstärkte in den Augen Rankes den Trend zum Konstitutionalismus ebenso wie die konstitutionelle Tradition im Süden und Südwesten Deutschlands, die kontinuierlich auf Preußen zurückwirke. Man müsse sich nun also auch in Preußen dem Unvermeidlichen fügen, den Konstitutionalismus als eine Form ansehen, „in welcher die jetzigen Menschen nun einmal leben wollen". Freilich – und hier erkennen wir in Ranke den bloßen „Vernunftkonstitutionalisten" – müsse man die Verfassung „so einrichten, dass man dabei bestehen kann".[32] „Man", das waren für Ranke der preußische Staat, die preußische Krone und die konservativ-monarchischen Prinzipien, auf welchen für den Berliner Ordinarius dieser Staat ruhte. Vor diesem Hintergrund entfaltete er sodann sein Bild einer preußischen Verfassung.

III.

Einzelbestimmungen arbeitete Ranke nicht aus. Aber er entwickelte leitende Prinzipien für eine Konstitution. Ganz entscheidend war für ihn zu verhindern, dass das Prinzip der Volkssouveränität Eingang in die Verfassung finde. Aus eigenem Recht müsse die Monarchie mit den originären Rechten der Krone erhalten bleiben; die königliche Macht dürfe nicht „als Ausfluss des Volkswillens" erscheinen, sondern „als etwas ureigenes, unabgeleitetes, ursprüngliches".[33] Dass in Preußen im Herbst 1848 noch von einer Vereinbarung der Verfassung die Rede war, dass die Idee einer unilateralen Verabschiedung durch die Nationalversammlung keine Mehrheit gefunden hatte, beruhigte Ranke. Dennoch blieb er skeptisch im Hinblick auf den künftigen Kurs der Versammlung und erwog in dieser Situation, „eine Verfassung auf dem Grunde der gemachten Vorlagen und Entwürfe geradezu zu verleihen".[34] Das war die Lösung des Oktroys, wie sie nur wenig später als Teil des gegenrevolutionären Staatsstreichs vom November/Dezember 1848 durchgeführt wurde: General Wrangels Truppen marschierten in Berlin ein, der Belagerungszustand wurde verhängt, die Nationalversammlung wurde erst unterbrochen, dann ins abgelegene

---

30 *Ranke*, Dritte Denkschrift (Ende Oktober 1848), S. 592.
31 Ebd.
32 Ebd., S. 594.
33 Ebd., S. 595.
34 Ebd., S. 596.

Brandenburg verlegt, bevor sie am 5. Dezember 1848 aufgelöst wurde. Am gleichen Tage oktroyierte der König eine Verfassung. Ranke stand denjenigen sehr nahe, das hat schon Meinecke betont, die für eine Oktroyierung waren, ja, er lieferte sogar den Entwurf für eine königliche Proklamation des Oktroys, in der sich einmal mehr seine damalige Überzeugung widerspiegelte: „Wir schreiten dazu", so legte er dem König in den Mund, „diese Versammlung, die ihren Beruf nicht erfüllt hat, aufzulösen und für uns allein zu verfügen, was wir mit ihr zu vereinbaren beabsichtigten. Um einen einigermaßen haltbaren Zustand herzustellen, proklamieren wir eine Verfassung, von der wir überzeugt sind, dass sie den Wünschen unseres Volkes im Allgemeinen genugtut."[35] Die oktroyierte Verfassung lehnte sich zwar in vielen Punkten an die „Charte Waldeck" an, sehr weitgehende Möglichkeiten eines königlichen Notverordnungsrechts (vor allem Artikel 105) unterstrichen jedoch ihren „krypto-absolutistischen Charakter".[36] Die Verfassung sollte Zeit gewinnen helfen, um eine weitere Stärkung und Rekonsolidierung der gegenrevolutionären Kräfte zu ermöglichen. Genau das geschah: Noch 1849 wurde das allgemeine Wahlrecht, das die oktroyierte Verfassung vorsah, abgeschafft und – in einem neuerlichen Staatsstreich – durch das Dreiklassenwahlrecht ersetzt. Die revidierte Verfassung, wie sie im Januar 1850 in Kraft trat, stärkte die Rechte von Krone und Exekutive gegenüber dem Parlament dann nochmals erheblich.

Das allgemeine Stimm- und Wahlrecht zu beseitigen war bereits in Rankes Denkschrift von Oktober/November 1848 eine zentrale Forderung gewesen, auch dies im Zusammenhang mit seiner Ablehnung des Prinzips der Volkssouveränität. Den Druck der Massen, denen Ranke jedes politische Interesse absprach, könne, ja, müsse man anders abfedern als durch die Verleihung des Wahlrechts. Die Massen suchten lediglich „Erleichterung ihres Zustandes, sie wollen vor allen Dingen ihren

---

35 *Ranke*, Vierte Denkschrift (Entwurf, 5. Dezember 1848), S. 598. Vergleicht man Rankes Entwurf einer königlichen Proklamation zum Verfassungsoktroy mit dem tatsächlichen Text der königlichen Verordnung über die Auflösung der preußischen Nationalversammlung vom 5.12.1848 sowie der Proklamation der Verfassungsurkunde für den preußischen Staat vom gleichen Tage, so lassen sich zwar allgemeine Übereinstimmungen feststellen, beispielsweise im Hinblick auf die angebliche Unmöglichkeit einer zwischen Nationalversammlung und Monarch vereinbarten Verfassung. Unmöglich jedoch ist es nachzuweisen, ob Rankes Entwurf direkt Eingang in die beiden königlichen Dokumente gefunden hat. Insgesamt ist Rankes Entwurf länger und begründet das Vorgehen von Staatsministerium und Krone viel ausführlicher. Derlei Begründungen hielten Friedrich Wilhelm IV. und die „Kamarilla" im Dezember 1848 nicht für notwendig. Ihr zentrales Argument war, „dass das große Werk, zu welchem diese Versammlung berufen ist, mit derselben, ohne Verletzung der Würde Unserer Krone und ohne Beeinträchtigung des davon unzertrennlichen Wohles des Landes, nicht länger fortgeführt werden kann". Vgl. Verordnung über die Auflösung der preußischen Nationalversammlung, 5.12.1848, abgedr. in: Ernst Rudolf *Huber* (Hg.), Dokumente zur deutschen Verfassungsgeschichte, Bd. 1, 3. Auflage, Stuttgart u.a. 1978, S. 480f, sowie Verfassungsurkunde für den preußischen Staat, 5.12.1848, abgedr. in: ebd., S. 484–488.
36 Manfred *Botzenhart*, Deutscher Parlamentarismus in der Revolutionszeit 1848–1850, Düsseldorf 1977, S. 551.

Lebensunterhalt gesichert sehen".[37] Der Staat könne „die Arbeit organisieren und vielleicht das Recht auf Arbeit anerkennen", er könnte sogar „Arbeiter-Kohorten bilden" zur Erledigung öffentlicher Aufgaben.[38] Anders als in seinen ersten Denkschriften schien Ranke hier doch die soziale Krise als eine Ursache der Revolution zu erkennen. Aber die soziale Problematik blieb für ihn isoliert von der politischen Sphäre; seine vagen Ideen über Arbeitsorganisation dienen dem Zweck, materielle Bedürfnisse zu befriedigen und auf diese Art und Weise sozialen Druck abzubauen. Dem patriarchalischen Staat wies Ranke die Aufgabe zu, den Lebensunterhalt der *Untertanen* zu sichern, jedoch nicht das politische Partizipationsrecht des *Staatsbürgers* anzuerkennen. Aus der allgemeinen Dienstpflicht in Preußen leitet Ranke ein Unterhaltsrecht ab – nicht weniger, aber eben auch nicht mehr.[39] Obrigkeitliche soziale Fürsorge zur Pazifizierung der Unterschichten: mit den französischen Nationalwerkstätten und ihrer Zielsetzung hatte das kaum etwas zu tun. Eher wies es in die Richtung Bismarckscher Sozialpolitik rund drei Jahrzehnte später.

Am Ende diente Rankes „sehr merkwürdiges staatssozialistisches Programm"[40] vor allen Dingen dem Zweck, den preußischen Staat in seiner Substanz zu erhalten. Hierin liegt das verbindende Element der verschiedenen Vorschläge seiner dritten Denkschrift. Die Stabilisierung Preußens erschien dem Historiker umso notwendiger, als er in der gleichen Denkschrift die Perspektive einer führenden Rolle Preußens in Deutschland zu entwickeln begann. Er entfernte sich damit von der Linie seiner ersten Denkschriften, in welchen es wesentlich um die Zurückdrängung der Revolution in Preußen gegangen war. Die Frage des Verhältnisses von Preußen zu Deutschland stand freilich viel zu deutlich auf der politischen Tagesordnung, als dass ein politischer Beobachter und Kommentator sie auf Dauer hätte ignorieren können. Dennoch dachte und argumentierte Ranke im Kern nicht deutsch, sondern preußisch. Das unterschied ihn von anderen Historikern wie Dahlmann, Droysen oder Duncker. Ein „Teil der Macht und europäischen Bedeutung Preußens [liege] in dem Zusammenhang mit Deutschland".[41] Preußen könne sich von Deutschland – anders als Österreich – nicht ausschließen; die Bindungen seien zu stark. Bindungen sah Ranke zum einen in der kollektiven Erinnerung an die Befreiungskriege, die nicht nur zur preußischen, sondern auch zur deutschen Befreiung geführt worden seien. Er erkannte Verbindungen aber auch auf wirtschaftlichem Gebiet und namentlich im Zollverein, den Ranke expressis verbis als „Vereinigung mit Deutschland" interpretierte.[42] Wenn man Ranke auch immer wieder ein mangelndes Bewusstsein

---

37 *Ranke*, Dritte Denkschrift, S. 597.
38 Ebd.
39 Ebd.
40 So die Bewertung bei *Diether*, Ranke als Politiker, S. 351.
41 *Ranke*, Dritte Denkschrift, S. 593.
42 Ebd.

für ökonomische und soziale Entwicklungen attestiert, die weitreichende politische Bedeutung ökonomischer Verflechtung gerade auch unter nationalen Auspizien stand ihm klar vor Augen.

Angesichts dieser Bindungen Preußens an Deutschland stellte die Denkschrift die entscheidende Frage: „Darf und soll Preußen [...] nicht vielleicht in diesem Augenblick das Kaisertum annehmen?"[43] Rankes Antwort auf diese Frage war nicht nationalpolitisch begründet, sondern sie reflektierte seinen preußischen Standpunkt: „Man hat nur die Wahl, Einfluss auszuüben oder zu erfahren."[44] Das erinnert an die Metapher von „Hammer und Amboss" wenige Jahre später, und in der Tat betrieb auch Ranke hier politisches Großmachtkalkül, das sich in dieser Situation mit seiner antirevolutionären Grundeinstellung verband. Für ihn bedeutete Kaisertum nicht *empire*, nicht „eine unbeschränkte Gewalt mit revolutionärer Tendenz" – der Bezug auf Napoleon I. liegt auf der Hand –, denn das würde die Grundlagen der preußischen Macht und des preußischen Staates zerstören. Seine Idee des Kaisertums war konservativ; ein deutsches Kaisertum konnte für ihn nur entstehen als Bündnis der Fürsten, nicht als zentraler Einheitsstaat, sondern als Dach selbständiger und monarchisch geordneter Einzelstaaten. Dies war für Ranke der „Begriff des deutschen Fürstentums". Der stärkste dieser Monarchen als Kaiser, von den anderen Fürsten anerkannt und von der Bevölkerung akzeptiert, das war für Ranke nicht nur annehmbar, sondern in der noch immer unruhigen Lage des Spätherbstes 1848 die vergleichsweise beste Möglichkeit, „der Anarchie zu steuern und zur Herstellung einer haltbaren Ordnung" zu gelangen.[45]

Rankes Plädoyer für ein preußisches Kaisertum in einem Deutschland ohne Österreich verfolgte zwei Ziele: ein machtpolitisches der Konsolidierung und Stärkung Preußens sowie ein antirevolutionäres, dem die Erkenntnis zugrunde lag, dass die revolutionäre Gefahr überall in Deutschland gebannt werden musste, um Preußen künftig vor ihr zu bewahren. Blieben im Spätherbst 1848 diese Gedanken noch eher bekenntnishaft, wenn auch in ihrer Zielrichtung beileibe nicht unklar, so wandte sich eine weitere Denkschrift von Ende März 1849 dieser Thematik ausführlicher zu. Nun stand freilich auch die Frage eines preußischen Kaisertums in Deutschland drängender auf der politischen Agenda als noch wenige Monate zuvor. Mit seiner fünften Denkschrift verließ Ranke den Bereich der im engeren Sinne preußischen Innenpolitik und wandte sich so gut wie ausschließlich der Rolle Preußens in Deutschland zu. Das war nur möglich, weil in Berlin mittlerweile die Gegenrevolution auf ganzer Linie gesiegt hatte, der monarchische Staat konsolidiert war und sich auf dieser Basis nunmehr der nationalen Frage zuwenden konnte.

---

43 Ebd.
44 Ebd., S. 594.
45 Ebd.

Der Beschluss der Frankfurter Nationalversammlung über die Annahme der Reichsverfassung – ein Kompromiss aus unitarischen und föderativen, demokratischen und monarchischen Bestimmungen – sowie die Wahl Friedrich Wilhelms IV. zum Erbkaiser am 27./28. März 1849 bildeten den Hintergrund für die nächste, mit Ende März 1849 datierte Denkschrift. Des Kompromisscharakters der Paulskirchenverfassung war sich Ranke klar bewusst. Sie war für ihn „ein Mosaik von Schwarz und Rot und Weiß und Gelb, wie es der Zufall der Abstimmungen, die Wachsamkeit oder die Hindernisse der verschiedenen Parteien zusammenwürfelten". Am Nebeneinander von Erbkaisertum und allgemeinem Wahlrecht wurde der Kompromiss für ihn besonders sichtbar.[46] Wie in seinen Äußerungen zur preußischen Verfassungsfrage verwarf Ranke den Konstitutionalismus als solchen keineswegs; das konstitutionelle System bedürfe aber „zu seinem eigenen Bestehen eines unabhängigen und mit eigener Macht ausgerüsteten Monarchen".[47] Der einzige deutsche Fürst, der diese Bedingung erfülle, sei der König von Preußen mit seiner „Macht von Gottes Gnaden" – und mit der preußischen Armee als Stütze des Throns, wie Ranke sich beeilte hinzuzufügen.[48] Das Militär als Instrument und Stütze der Monarchie, allein dem Befehl des Monarchen unterstellt und nicht abhängig von parlamentarischen Majoritäten: Dies war für Ranke der Kernpunkt, die Conditio sine qua non einer konstitutionellen Ordnung.

Doch warum sollte der preußische König sich auf nationaler Ebene engagieren, wo doch gerade mit Müh' und Not die politische Lage in Preußen selbst im Sinne der Gegenrevolution hatte stabilisiert werden können? „Preußen ist mit allem", lautete Rankes Antwort, „was in der deutschen Nation geschieht, in so enger Berührung, dass es unmöglich irgendwo einen Zustand der Verwirrung überhand nehmen lassen darf."[49] Die Gegenrevolution war also Preußens Aufgabe in Deutschland, die Wiederherstellung von Ruhe und Ordnung, notfalls durch das preußische Militär. Da deutete sich bereits an, was nur wenig später eintreten sollte: die blutige Niederschlagung der Reichsverfassungskampagne durch preußische Truppen in Sachsen, der Pfalz und vor allem in Baden.

Versteht man Rankes Eintreten für ein deutsches Kaisertum der Hohenzollern in diesem Sinne als Plädoyer für ein machtvolles Vorantreiben der Gegenrevolution überall in Deutschland, dann erschließt sich auch in aller Klarheit die Logik seines Rates an Friedrich Wilhelm IV., nur ein von den deutschen Fürsten angebotenes Kaisertum anzunehmen, nicht aber ein allein von der Frankfurter Versammlung angetragenes: „Die Krone, welche von der Nationalversammlung angeboten von

---

46 *Ranke*, Fünfte Denkschrift (Ende März 1849), S. 603.
47 Ebd., S. 604f.
48 Ebd., S. 605.
49 Ebd., S. 606.

63

zweifelhafter gesetzlicher Geltung sein würde, bekommt von den Fürsten übertragen eine bei weitem legalere Geltung."[50] Das entsprach exakt der Position, die der preußische König bereits seit dem Spätherbst 1848 geäußert und die er am 3. April 1849 auch der Delegation der Paulskirche unmissverständlich klar gemacht hatte: Friedrich Wilhelm IV. verlangte neben und vor dem Votum der Nationalversammlung das „freie Einverständnis der gekrönten Häupter, der Fürsten und freien Städte".[51] Ein Kaisertum gegen die Revolution, gegen das „Dogma der Volkssouveränität" und gegen die Nationalversammlung: Hier befand sich Ranke in völliger Übereinstimmung mit seinem Monarchen, der ja Anfang 1849 von seiner Idee einer Restituierung des habsburgischen Kaisertums – mit dem preußischen König als „Reichs-Erzfeldherrn" – abgerückt war.[52] Das ließ eine preußische Kaiserkrone möglich erscheinen, und diese Perspektive verlieh dann sogar der sonst eher nüchtern-leidenschaftslosen Prosa Rankes ein ungewöhnliches Pathos: „Welch eine Aussicht bietet sich dar, die Macht noch einmal mit den Ideen der Nation in Einklang zu bringen, wenn sich die Fürsten einem Haupte anschließen und in Übereinstimmung mit dem gesunden Teil der Nation gemeinschaftliche Sache zur Bekämpfung innerer und äußerer Feinde machen! Die Idee des Kaisertums fällt wie ein Strahl des Lichts in dieses Chaos."[53]

Den nationalen Gedanken vor den Karren der Gegenrevolution zu spannen, diese Überlegung Rankes wird man nicht als schlicht status-quo-orientiert oder gar rückwärtsgewandt bezeichnen können, eher als „schöpferische Antirevolution" im Sinne Rosenbergs.[54] In seiner Befürwortung eines deutschen Kaisertums der Hohenzollern, wenn auch von den Fürsten getragen, unterschied sich Ranke von der Position der hochkonservativen Kamarilla, wo man schon früh über eine Wiederherstellung des alten Deutschen Bundes unter österreichischem Vorsitz nachzudenken begonnen hatte: als bestes Mittel, die Revolution zu entnationalisieren und Preußen auf sich selbst zu konzentrieren. Eher vermögen wir bei Ranke in Ansätzen die Konturen einer Politik zu erkennen, die wenige Jahre später Bismarck so virtuos betrieb, eine Politik nämlich, die den Wunsch nach nationaler Einheit von der Forderung nach demokratischer Freiheit ablöste, ja, die die beiden Prinzipien gegeneinander aus-

---

50 Ebd.
51 Erwiderung König Friedrich Wilhelms IV. an die Deputation der deutschen Nationalversammlung vom 3.4.1849, abgedr. in: *Huber* (Hg.), Dokumente, Bd. 1, S. 405f.
52 Vgl. zu diesen Überlegungen *Siemann*, Die deutsche Revolution, S. 201f, oder David E. *Barclay*, Anarchie und guter Wille. Friedrich Wilhelm IV. und die preußische Monarchie, Berlin 1995, S. 272–286.
53 *Ranke*, Fünfte Denkschrift, S. 607.
54 Von Rosenberg geprägt als Gegenbegriff zur „doktrinären Konterrevolution". Vgl. Hans *Rosenberg*, Die Pseudodemokratisierung der Rittergutsbesitzerklasse, in: *ders.*, Machteliten und Wirtschaftskonjunkturen. Studien zur neueren deutschen Sozial- und Wirtschaftsgeschichte, Göttingen 1978, S. 83–101 (94).

spielte, eine Politik, die durch die Nationalstaatsgründung – als Fürstenbund – den preußischen Macht- und Obrigkeitsstaat bewahrte und stabilisierte.

Was Ranke im März 1849 vorschlug, wies indes zunächst eher in die Richtung der mit dem Namen Radowitz verbundenen preußischen Unionspolitik, die nach der endgültigen Ablehnung der von der Paulskirche angetragenen Kaiserwürde am 28. April 1849 Gestalt anzunehmen begann: die Schaffung eines kleindeutschen, preußisch geführten und von den Fürsten vereinbarten Bundesstaates. Österreich sollte diesem Bundesstaat in einem weiteren Bund liiert sein. „Auf die eigentliche Einschließung Österreichs [...] in den Bundesstaat muss man allerdings Verzicht leisten."[55] Auch hier wird Rankes Überzeugung erkennbar, nicht einfach zum Status quo ante zurückkehren zu können, beispielsweise zum alten Frankfurter Bundestag. Seine Devise war: „Man muss den Stürmen des heutigen Tages mit Institutionen des heutigen Tages begegnen."[56] Die Wiederherstellung der Ordnung in Deutschland erfordere eine bundesstaatliche Organisation, welcher der österreichische Vielvölkerstaat sich nicht anschließen könne. Daraus leitete Ranke seine Vorstellung ab, ein „unauflösliches Verhältnis" zwischen einem „neugestalteten Deutschland" und einem „neugestalteten Österreich" zu schaffen, einen „ewigen und nationalen Bund". Österreich habe seine Zukunftsaufgabe als Ordnungsmacht in Italien, Preußen in Deutschland. So lasse sich die Idee des alten deutschen Kaisertums mit seiner „Gewalt [...] diesseits und jenseits der Alpen" revitalisieren; an Wien und Berlin sei es, „nach so vielen Jahrhunderten den Doppeladler zu realisieren".[57] Gerade durch die Zuweisung der Vorherrschaft über Italien an Österreich wird freilich erkennbar, wie fremd Ranke im Grunde genommen das nationale Prinzip noch immer war, wie wenig Verständnis er aufbrachte für den Unterschied zwischen einer preußischen Führung in Deutschland und einer österreichischen Dominanz in Italien.

## IV.

Die Radowitzsche Unionspolitik, in deren Vorfeld und Kontext wir Rankes Memorandum vom März 1849 zu verorten haben, erlebte bekanntlich nur eine kurze Blüte. Denn spätestens nach der Niederschlagung des ungarischen Aufstandes mit russischer Waffenhilfe im August 1850 drängte Österreich mit seinem Staatsminister Schwarzenberg an der Spitze nach Deutschland zurück und begegnete den preußischen Hegemonialambitionen, deren Ausdruck die Unionspläne zweifellos waren, mit konkurrierenden Ansprüchen, die auf die Wiederherstellung der österreichischen

---

55 *Ranke*, Fünfte Denkschrift, S. 609.
56 Ebd.
57 Ebd., S. 609f.

Dominanz in Deutschland zielten. Die Rückkehr Österreichs auf die deutsche Bühne und die sich abzeichnende mitteleuropäische Machtrivalität zwischen Österreich und Preußen bildeten den Hintergrund für Rankes nächste Denkschrift, verfasst im September 1850.[58] Mit diesem Memorandum, dem ersten nach fast eineinhalb Jahren, begann nun das preußisch-österreichische Verhältnis in den Mittelpunkt der Überlegungen Rankes zu treten.

Man kommt nicht umhin, dieser Denkschrift eine eklatante Fehleinschätzung der österreichischen Absichten und politischen Ziele zu attestieren, so unbeirrt wie Ranke an dem Unionsprojekt – das seiner Ansicht nach nur noch von einigen revolutionären Elementen gereinigt werden müsse – festhielt. Ranke irrte sich, wenn er glaubte, Österreich werde der Union zustimmen, wenn man die Unionsverfassung nur aller demokratischen Bestandteile entkleide. Der Historiker der „Großen Mächte" täuschte sich hier gründlich in der Bewertung der österreichischen machtpolitischen Interessen, die nicht auf eine Modifikation der preußisch dominierten Union gerichtet waren, sondern auf deren Auflösung und auf eine Rückkehr zum Deutschen Bund. Deswegen brandmarkte Schwarzenberg die Union als Verstoß gegen die Bestimmungen der nach Wiener Meinung nie aufgehobenen Bundesakte von 1815, und deswegen lud Österreich als Präsidialmacht des alten Deutschen Bundes für den 2. September 1850 alle deutschen Staaten zur Wiedereröffnung des Deutschen Bundestages nach Frankfurt am Main. In merkwürdiger und schwer zu erklärender Verkennung der Realitäten sah Ranke im September 1850 in Österreich einen schwachen, vom Ausland – gemeint ist Russland – abhängigen Staat, der „mit hochtönenden Worten seine frühere großartige Weltstellung in Anspruch" nehme, wo doch jeder wisse, „dass es nicht mehr ganz sein eigener Herr ist".[59] Preußen hingegen habe über die Revolution gesiegt und „die Prinzipien der Monarchie und des Militärstaates" – Rankes Ceterum censeo – ohne „eigentliche Contrarevolution" gerettet, die „Hauptgrundsätze des alten Staates" bewahrt. Doch Preußen könne seine Stärke nicht politisch umsetzen, da es isoliert sei: innerhalb Deutschlands, vor allem aber in Europa. Damit verwies Ranke – und er argumentierte in diesem Punkt im Kern wie die kleindeutsch-borussische Geschichtsschreibung noch Generationen nach ihm – auf den Widerstand nicht nur Österreichs, sondern vor allem Russlands und Englands gegen die preußische Nationalpolitik: ein früher Beleg für ein später

---

58 Zu dieser auf die politische Ordnung Mitteleuropas bezogenen Macht- und Konzeptionsrivalität vgl. Anselm *Doering-Manteuffel*, Der Ordnungszwang des Staatensystems. Zu den Mitteleuropa-Konzepten in der österreichisch-preußischen Rivalität 1849–1851, in: Adolf M. *Birke*/ Günther *Heydemann* (Hg.), Die Herausforderung des europäischen Staatensystems. Nationale Ideologie und staatliches Interesse zwischen Restauration und Imperialismus, Göttingen/Zürich 1989, S. 119–140.
59 *Ranke*, Sechste Denkschrift (Anfang September 1850), S. 611f.

im Kontext von Einkreisungstheorien häufig verwandtes historisches Argumentationsmuster.

Die wahrlich realitätsferne Lösung der Problematik lag für Ranke 1850 darin, die Reaktivierung des Deutschen Bundes unter österreichischer Führung zu akzeptieren, parallel dazu aber einen Bundesstaat (als Fürstenbund) unter preußischer Ägide zu errichten, also die Unionspolitik fortzusetzen. Dieses Modell habe doch bereits dem Zollverein zugrunde gelegen, durch welchen der Deutsche Bund auch nicht gestürzt worden sei. Der alte Bund begrenze nicht die Selbständigkeit der Einzelstaaten. Wenn es Wien freilich darum gehe, im Bundestag eine zentrale Autorität für die innere und äußere Politik der Bundesstaaten zu errichten, dann allerdings „müsste man selbst einen Krieg darüber wagen". Denn seine „durch welthistorische Kämpfe erworbene, für Europa unentbehrliche Selbständigkeit" dürfe Preußen nicht verlieren.[60] Man dürfe den Deutschen Bund nicht „als das Reich betrachten".[61] Das waren weder die Argumente von „nationaler Ehre", von „Preußens deutscher Aufgabe", die im Herbst 1850 von nationalgesinnten und demokratischen Gruppen vorgebracht wurden und die mit zu einer brisanten Kriegsstimmung in Deutschland führten. Noch waren es die Argumente der konservativen Kamarilla, die auf Ausgleich mit Österreich setzten, um das Preußen der Reaktion zu konsolidieren. Ranke argumentierte hier zwischen allen Fronten, und es fragt sich, ob seine Schrift Eingang in die Deliberationen in Berlin fand, wenn sie über Edwin von Manteuffel überhaupt dorthin gelangte.

Im November 1850 eskalierte der österreichisch-preußische Konflikt in Kurhessen und an der schleswig-holsteinischen Frage; ein Krieg schien unmittelbar bevorzustehen, und dieser Krieg würde nicht auf die deutschen Mächte beschränkt bleiben. In dieser Situation lenkte die Berliner Regierung ein. Ministerpräsident Otto von Manteuffel reiste Ende November 1850 in die mährische Stadt Olmütz, um dort mit Schwarzenberg über eine Lösung der Krise zu verhandeln. Das Resultat war die Olmützer Punktation vom 29. November 1850, in welcher Preußen auf die Union verzichtete und sich zum Rückzug aus Kurhessen sowie zur Preisgabe Schleswig-Holsteins bereit erklärte. Edwin von Manteuffel war seinem Vetter Otto nach Olmütz gefolgt, und er hatte eine neue Denkschrift Rankes im Gepäck. Über 20 Jahre nach den Geschehnissen im Spätherbst 1850 bekannte Ranke: „Olmütz war eine Rettung."[62] Während der Krise aber dachte er nicht an ein preußisches Zurückweichen, ein Nachgeben gegenüber Österreich. Seine kurze Denkschrift[63] entwickelte ein Modell eines preußisch-österreichischen Kompromisses, in dessen Zentrum

---

60 Ebd., S. 615.
61 Ebd.
62 *Ranke*, Tagebuchblätter, S. 598 (15.4.1873).
63 *Ranke*, Siebente Denkschrift (Olmütz 1850), S. 616f.

freilich die Aufrechterhaltung des Unionprojekts stand, wenn auch reduziert auf den Norden Deutschlands. Das sollte zu einer Aufteilung von Einflusssphären in Deutschland führen: preußische Dominanz im Norden, österreichische im Süden. Eine solche Lösung war nach Lage der Dinge in Olmütz völlig ausgeschlossen. Rankes Olmütz-Memorandum zeichnete sich durch die gleiche Realitätsferne aus wie seine Denkschrift vom September 1850: Er überschätzte die preußischen Möglichkeiten und Druckmittel – vielleicht aus schlichter Unkenntnis der tatsächlichen Lage –, und er war nicht mehr in der Lage, eine preußische Politik zu denken, die den veränderten Mächtekonstellationen Rechnung trug. Ranke dachte zwar konsequent, verfolgte zielstrebig die von ihm entwickelte Linie. Doch sein Denken war nicht politisch, es blickte nicht nach links und rechts, unterschied nicht zwischen dem Wünschenswerten und dem Machbaren. Insofern war der Politikberater Ranke ein Idealpolitiker, ganz geprägt durch die Perspektiven und Hoffnungen, welche die Entwicklungen von 1848/49 bei ihm hatten entstehen lassen.

Rankes letzte Denkschrift, vom Januar 1851 datierend, wahrscheinlich aber schon im Dezember 1850 entstanden, bestätigte dieses Urteil nochmals. Sie variierte einmal mehr die Themen der beiden Vorgängerdokumente. Daher bedürfen die Ausführungen hier keiner detaillierten Analyse. Erneut tauchen Konturen einer norddeutschen Union auf, erneut wird Österreich die Vorherrschaft in Süddeutschland zugedacht. Nicht in Österreich erkennt Ranke den Hauptgegner preußischer Politik, sondern in den „durch den Rheinbund und die Bundesverfassung" geprägten Mittelstaaten des Südens und Südwestens: „Werden sie jemals gutwillig Vorschläge annehmen, durch welche ihre Selbständigkeit gefährdet, ihre Souveränität beschränkt, ihr Stolz beleidigt wird?"[64] Das war zwar nicht falsch, verfehlte aber doch den Kern des Konflikts von 1850/51 und die zentrale Konfliktlinie. Die preußischen Ansprüche auf eine dominierende Rolle in Deutschland rechtfertigte Ranke „von der Naturseite her": „Abgesehen von allen liberalen Ideen, von Union und Kaisertum: auf dem Boden der effektiven Macht könnte sich Preußen als das Zentrum einer großen deutschen Konföderation aufstellen; die anderen würden als seine Satelliten erscheinen."[65] Wie weit Ranke seit 1848 seine konservative Grundposition zumindest gedanklich verlassen hatte, zeigt seine Überlegung, dass man das Bewusstsein dieses „in der Natur liegenden" preußischen Anspruchs erwecken müsse, sollten die Dresdner Konferenzen scheitern. Das war nichts anderes als der Rat, die öffentliche Meinung zu instrumentalisieren, um politische Ziele zu realisieren, für Ranke wahrlich ein Griff ins Zeughaus der Revolution. Im Grunde aber – und hier scheint er vor seinem eigenen Gedanken zurückzuschrecken – erhoffte sich Ranke eine diplomatische Lösung am Dresdener Verhandlungstisch, und dies nicht zuletzt, um einen

---

64 *Ranke*, Achte Denkschrift (Januar 1851), S. 620.
65 Ebd., S. 619.

Krieg zu verhindern. Denn den hielt Ranke „durch den Widerstand von ganz Europa und durch demokratische Sympathien [für] höchst gefährlich".[66] Ein Krieg um die nationale Gestalt Deutschlands würde Energien entfesseln, das war dem Historiker klar, denen keiner mehr Herr werden konnte. Krieg hieß Revolution von unten, nicht kontrollierter Einsatz der öffentlichen Meinung, mit dem Ranke eben noch geliebäugelt hatte.

Die Dresdener Konferenzen endeten mit der Wiederherstellung des Deutschen Bundes. Im Zeichen der Reaktion verschwand die nationale Frage vorerst von der politischen Tagesordnung, und mit ihr wurden auch Rankes preußisch-nationale Hoffnungen und Pläne gegenstandslos; Überlegungen, die freilich schon seit 1850 den politischen Realitäten nicht mehr entsprochen hatten, gerade weil der Sieg der Gegenrevolution nicht nur die Niederlage der demokratisch-liberalen Kräfte bedeutete, sondern auch eine, wenn auch nur vorläufige und superfizielle, Niederlage des nationalen Gedankens. Insofern hatte Ranke, ohne es zu wollen, durch sein gegenrevolutionäres Engagement 1848/49 selbst den Boden mit bereitet für eine Zurückdrängung der nationalen Idee. Einheit und Freiheit waren zwischen 1848 und 1851 noch zwei Seiten der gleichen Medaille. Rankes Versuch, die beiden Zielsetzungen voneinander zu trennen, Einheit also ohne Freiheit zu denken, blieb in der historischen Situation der Jahrhundertmitte ein Konstrukt des Geisteswissenschaftlers ohne konkrete politische Erfahrung. Auch deswegen mussten einem politischen Kopf wie Leopold von Gerlach Rankes Denkschriften als „konfus" erscheinen.[67] Ranke ließ auch später davon nicht ab, Altes und Neues in seinem politischen Denken zu verbinden, und klassisch konservativ wird man nicht nennen können, was er 1854 König Maximilian II. von Bayern vortrug: „Der Fürst muss sein Prinzip der Erblichkeit, der Regierung von oben her, festhalten solange er kann, dem ungeachtet aber alles das tun, was in der Richtung der Zeit liegt, und was auch eine aus der Nationalsouveränität entsprungene Macht tun würde. [...] Auch das ist die Aufgabe des Regenten, die Nationalität zu entwickeln, was gleichfalls mit der Idee der Zeit zusammenhängt."[68]

---

66 Ebd.
67 Zit. nach: Conrad *Varrentrapp*, Rankes Historisch-politische Zeitschrift und das Berliner Politische Wochenblatt, in: HZ, 99 (1907), S. 35–119 (111).
68 Leopold *von Ranke*, Weltgeschichte, 9 Bde., Leipzig 1881–1888, hier Bd. 4, S. 655. Mit dem in Rankes Maxime erkennbaren Spannungsverhältnis zwischen dynastischem und nationalem Prinzip und dem Versuch seiner Überwindung durch den Monarchen beschäftigt sich am bayerischen Beispiel Manfred *Hanisch*, Für Fürst und Vaterland. Legitimitätsstiftung in Bayern zwischen Revolution 1848 und deutscher Einheit, München 1991; vgl. auch *ders.*, Nationalisierung der Dynastien oder Monarchisierung der Nation? Das Verhältnis von Monarchie und Nation in Deutschland im 19. Jahrhundert, in: Adolf M. *Birke*/Lothar *Kettenacker* (Hg.), Bürgertum, Adel und Monarchie. Wandel der Lebensformen im Zeitalter des bürgerlichen Nationalismus, München 1989, S. 71–91.

## V.

Die Denkschriften, die wir hier ausführlich vorgestellt und erörtert haben, um das politische Denken Leopold von Rankes, wenn auch nur punktuell, zu beleuchten, zeigen uns den Historiker nicht als starren Repräsentanten eines preußischen Altkonservativismus etwa Gerlachscher Prägung. Gerade in dem Kampf zwischen den beiden Ideen „Monarchie" und „Volkssouveränität", den er auch in den Denkschriften durchgehend thematisierte, erkannte er eine mächtige Triebkraft historischer Entwicklung. Allerdings war Entwicklung für ihn Weiter-Entwicklung des Bestehenden, allmähliche Evolution und nicht Revolution. Diesen Geist atmen seine Denkschriften. So erklärt sich seine politische Offenheit für die Integration des konstitutionellen oder des nationalen Prinzips in die Politik des monarchischen Staates Preußen. Die ureigensten Interessen des monarchischen Staates legten es ihm nahe, bis zu einem gewissen Grade nationale oder konstitutionelle Zielsetzungen aufzunehmen, diese dadurch aber ihrer revolutionären Dynamik zu berauben und so den Bestand der monarchischen Ordnung zu sichern. Vor diesem Hintergrund sind Rankes politische Denkschriften der Jahre 1848 bis 1851 zu sehen. In ihnen spiegeln sich sein Bild des historischen Prozesses, seine aus dem Studium der Geschichte gewonnenen politischen Grundüberzeugungen und, nicht zuletzt, seine tagespolitischen Präferenzen und Sichtweisen. Die Memoranden waren kluge historisch-politische Analysen, und manchmal koinzidierten ihre Folgerungen auch mit dem politischen Kurs der Berliner Regierung und insbesondere König Friedrich Wilhelms IV. Als politische Handlungsanweisungen im engeren Sinne indes taugten sie nur wenig, verrieten nur wenig Gespür für politische Handlungsspielräume und wenig Realismus in der Einschätzung der politischen Lage. Klarer indes als seine späteren historischen Werke zeigen uns die Denkschriften den Historiker Ranke als Zeitgenossen der „Stürme der Revolution". Die Memoranden reflektieren seine Wahrnehmung der politischen Entwicklung und werfen so ein Licht auf die Gegenwartsbezüge des Rankeschen Geschichtsbildes, auf die wechselseitige Bezogenheit seiner Biographie und seines historiographischen Werks. Diese Interdependenz näher auszuleuchten ist freilich ein anderes und größeres Thema.

## 7. Hans Rothfels und die Nationalitätenfragen in Ostmitteleuropa 1926–1934

*Klaus Hornung*

### I. Verirrungen einer „engagierten" Geschichtswissenschaft

In seinen Lebenserinnerungen aus dem Jahr 1840 hat Ernst Moritz Arndt von den Menschen und Dingen der Jahre um 1780 bis 1790 gesagt, sie stünden „schon gleich ein paar Jahrhunderte von uns geschieden, so ungeheure Risse haben die letzten fünfzig Jahre durch die Zeit gerissen".[1] Der Berliner Osteuropahistoriker Wolfgang Neugebauer hat kürzlich in einer Arbeit über Hans Rothfels Arndts Eindruck von der Revolutionsepoche vor 200 Jahren in Analogie zu unserem eigenen „totalitären Zeitalter" im 20. Jahrhundert gesetzt.[2] Das, was sich erst vor wenig mehr als fünfzig Jahren ereignete, die tiefe Zäsur des Jahres 1945, die uns von jenem deutschen und europäischen Osten trennte, der bis dahin ein selbstverständlicher Teil unserer Geschichte und Gegenwart gewesen war, scheint schon Jahrhunderte zurückzuliegen. Der historische Osten erscheint – insbesondere den jüngeren Generationen – wie in einem Abgrund versunken.

Hier hat der Historiker eine Aufgabe, die seit dem Umbruch von 1989/91 möglich gewordene, wenn auch noch immer nur zögernd in Gang kommende „Wiedervereinigung Europas" zu nutzen für eine Wiederentdeckung, Rekonstruktion und Bilanzierung des osteuropäischen Raumes und seiner Geschichte. Es gilt, unsere allzu lange auf „den Westen" verengten Perspektiven zu erweitern, unserem Geschichtsbild wieder einige wesentliche Dimensionen hinzuzufügen, wozu dann auch und nicht zuletzt Historiker gehören, „die selbst noch in der untergegangenen ostmitteleuropäischen Umgebung vor 1945 lebten und forschten, die als letzte Generation eine geschichtliche Welt vor dem Untergang erlebten, erfuhren und zum Ausgang ihrer Forschungen machten".[3] Hans Rothfels war während der achteinhalb Jahre

---

1 Ernst Moritz *Arndt*, Erinnerungen aus dem äußeren Leben, 2. Auflage, Leipzig 1840, S. V.
2 Wolfgang *Neugebauer*, Hans Rothfels' Weg zur vergleichenden Geschichte Ostmitteleuropas, besonders im Übergang von der frühen Neuzeit zur Moderne, in: Berliner Jahrbuch für osteuropäische Geschichte 1996, S. 333. Von Neugebauer in den letzten Jahren auch: Hans Rothfels als politischer Historiker der Zwischenkriegszeit, in: Peter *Drewek* u.a. (Hg.), Ambivalenzen der Pädagogik. Zur Bildungsgeschichte der Aufklärung und des 20. Jahrhunderts. Harald Scholz zum 65. Geburtstag, Weinheim 1995, S. 169–183; sowie *ders.*, Hans Rothfels (1891–1976) und seine Zeit, in: Dietrich *Rauschning*/Donata *Nerée* (Hg.), Die Albertus-Universität und ihre Professoren, Berlin 1995 (Jahrbuch der Albertus-Universität zu Königsberg/Preußen, Bd. XXX), S. 245–270.
3 *Neugebauer*, Rothfels' Weg, S. 333f.

seines Wirkens an der Albertus-Universität in Königsberg einer der bekanntesten von ihnen geworden. Und der vom NS-Regime erzwungene Abbruch seiner dortigen Arbeit war selbst schon Teil und Vorbote der heraufziehenden Tragödie.

Die Vergegenwärtigung ist umso wichtiger, als in die von jener Zäsur gerissenen Verluste unsres geschichtlichen Bewusstseins „perspektivische Verzerrungen, ja Verirrungen einer ‚engagierten' Geschichtswissenschaft" sich eingenistet haben, „die sich allzu sehr in den Bann politischer Missionen und Konjunkturen schlagen ließ".[4] Im Zusammenhang mit der problematischen „geschichtspolitischen" Debatte um Wissenschaft und Leben von Werner Conze und Theodor Schieder in der Zeit des Nationalsozialismus ist auch Hans Rothfels und die so genannte „Königsberger Geschichtswissenschaft" um 1930 in den Bannstrahl „moderner Generalkritik" einer gewissen Geschichtswissenschaft geraten, die mit ihrer „hochgradig moralisierenden Tendenz[5] und mit geschichtspolitischem Interesse allenthalben nach Nähe und „Wegbereitung" des Nationalsozialismus sondiert. So wurde es möglich, dass auch Hans Rothfels, der 1934 seiner jüdischen Herkunft wegen von den Nationalsozialisten aus dem Königsberger Lehramt vertrieben und nach den üblichen Demütigungen noch kurz vor Kriegsausbruch 1939 in die Emigration getrieben wurde, auf dem Historikertag in Frankfurt unter „die deutschen Historiker im Nationalsozialismus" eingereiht wurde.[6] Und es fehlte dann auch nicht an leichtfertigen publizistischen Urteilen, wie etwa, Rothfels habe „ungeachtet seiner jüdischen Herkunft eine deutschnationale und völkische Geschichtsschreibung propagiert",[7] und sein konservatives Denken, das sich mit Edmund Burke auf die „Kette der Geschlechter" berief, die „Arbeit und Blut in den Boden gegeben haben", habe „sich mit dem nationalsozialistischen Gedankengut" bestens vertragen.[8]

Mit einigen suggestiven Stichworten hat man versucht, ein vorurteilsvolles Bild von Rothfels in den Königsberger Jahren zu entwerfen. Er habe als „revisionistischer" Historiker den „Volksbegriff zum geschichtswissenschaftlichen Paradigma" im Dienste seiner „wissenschaftspolitischen Ostmission" erhoben. Als „auf-

---

4 Ebd., S. 334.
5 Hans *Mommsen*, Der faustische Pakt der Ostforschung mit dem NS-Regime. Anmerkungen zur Historiker-Debatte, in: Winfried *Schulze*/Gerhard Otto *Oexle* (Hg.), Deutsche Historiker im Nationalsozialismus, Frankfurt a.M. 1999, S. 265–273 (267).
6 Ingo *Haar*, „Kämpfende Wissenschaft". Entstehung und Niedergang der völkischen Geschichtswissenschaft im Wechsel der Systeme, in: *Schulze/Oexle*, Deutsche Historiker, S. 215–240.
7 Peter *Schöttler*, Schuld der Historiker, Rezension von Götz Aly, Macht, Geist, Wahn. Kontinuitäten deutschen Denkens, Berlin 1997, in: Die Zeit, 28.3.1998.
8 Franziska *Augstein*, Schuld am Weltfrieden. Eine Düsseldorfer Tagung zum 80. Jahrestag des Versailler Vertrags, in: Frankfurter Allgemeine Zeitung, 7.7.1999, S. 49. Der Irrtum der Berichterstatterin ist umso beachtlicher, als Rothfels sich hier deutlich auf Edmund Burkes Vorstellung von der Kette der Geschlechter bezieht, den vergangenen, den lebenden und den künftigen. Hier Bezüge zum „nationalsozialistischen Gedankengut" zu wittern ist ideengeschichtlich absurd.

steigender Protagonist der völkischen Wissenschaft" habe er im Dienst des „Volkstumskampfes im Osten" zu einer „beständigen Radikalisierung der Fachwissenschaft" beigetragen mit dem Ziel einer „dynamisch-politischen Sprengwirkung" gegen den Status quo in Ostmitteleuropa.[9] In diametralem Gegensatz zu Rothfels' expliziten Aussagen und Prämissen und seiner klaren Distanz zum biologischen Rassebegriff unterstellte ihm ein Nachwuchshistoriker bedenkenlos, „die Kategorie ‚Volk' als ein natürlich erscheinendes Kriterium der Zugehörigkeit zum deutschen Volk, als blutsmäßige, rassische Gemeinschaft" verstanden zu haben.[10] Am Schluss des Rothfels-Kapitels einer Dissertation an der Universität Halle-Wittenberg fasste der Autor seine „Kritik" in der Behauptung zusammen, es lasse sich „keine eindeutige Trennlinie zwischen den jungkonservativen Neuordnungsvorstellungen [von Rothfels hinsichtlich Ostmitteleuropas; K.H.] und der nationalsozialistischen Rassenideologie" ziehen, „der Mythos vom Volk [habe] leicht in den Mythos des Blutes und der Rasse übergehen" können.[11] An die Stelle von Belegen und Argumenten tritt der schlichte Zirkel des quod erat demonstrandum und eine Dämmerung, in der nicht die Eule der Minerva ihren Flug beginnt, wohl aber alle Katzen mehr oder weniger „braun" erscheinen sollen.

---

9 Ingo *Haar*, „Revisionistische" Historiker und Jugendbewegung. Das Königsberger Beispiel, in: Peter *Schöttler* (Hg.), Geschichtsschreibung als Legitimationswissenschaft 1918–1945, Frankfurt a.M. 1997, S. 52–103, bes. S. 70ff. Haars Arbeiten sind durchweg von oberflächlichen und vorurteilsvollen Urteilen geprägt, die Rothfels' expliziten Textaussagen meist diametral widersprechen. So hat Rothfels zum Beispiel die Baltendeutschen gerade *nicht* als „irredentistischen Vorposten" (S. 71) verstanden, der etwa ins Reich „heimgeholt" werden sollte; vgl. Hans *Rothfels*, Ostraum, Preußentum und Reichsgedanke, Leipzig 1935 („Reich, Staat und Nation im deutsch-baltischen Denken"), S. 110–120, und Hans *Rothfels*, Bismarck und der Osten. Eine Studie zum Problem des deutschen Nationalstaats, Leipzig 1935 („Das baltische Deutschtum"), S. 22–28. Haar rückt Rothfels insgesamt zu nahe an die Volkstumsideologie und Volksgeschichte heran. Auch wird von ihm der Einfluss von Volkstumswissenschaftlern wie Harold Steinacker und Max Hildebert Boehm auf Rothfels durchaus überschätzt und Rothfels' Eigenständigkeit unterschätzt. Tatsächlich blieb Rothfels dem „etatistischen Nationalismus der traditionellen, auf Staat und Nation fixierten Geistes- und Staatswissenschaften" (*Haar*, „Revisionistische" Historiker, S. 75) näher, als heute vielfach behauptet wird, und er hat ausdrücklich nie den großdeutschen Gedanken im Sinne des „Anschlusses" vertreten.
10 *Haar*, „Revisionistische" Historiker, S. 75.
11 *Haar*, Historiker im Nationalsozialismus. Die deutsche Geschichtswissenschaft und der „Volkstumskampf" im Osten, Göttingen 2000 (Kritische Studien zur Geschichtswissenschaft Bd. 143), S.105. Der Autor befasst sich im einzelnen unter anderem mit Rothfels' akademischen Schülern aus der Deutschen Akademischen Gildenschaft, der „Volksgeschichte" als angeblich neuem Paradigma bei Rothfels und mit Rothfels' Vortrag beim Deutschen Historikertag in Göttingen im August 1932 mit den angeblichen „Ostwende" der deutschen Geschichtswissenschaft. Haars Meinungen auch über die „Königsberger Volksgeschichte" sind voller Fehler und Vorurteile, so etwa, wenn er Max Hildebert Boehms Theorie vom „eigenständigen Volk" als „offen für rassistische Sozialtechniken" erklärt und hinzufügt: „Das jungkonservative Politikmodell überschnitt sich im Kern [!] mit dem expansiven und explizit rassistischen Programm der Sympathisanten des Nationalsozialismus unter den völkischen Historikern" (*Haar*, Kämpfende Wissenschaft, S. 224ff).

Zur Ehre des Fachs muss freilich gesagt werden, dass in der betreffenden Sektion des Frankfurter Historikertags eine Anzahl von Fachvertretern den moralischen Rigorismus in den „Ex-post-Urteilen"[12] mancher Jüngerer in seine Grenzen wies und dazu aufforderte, den „Erfahrungshorizont und Gedankenhaushalt" der deutschen Historiker nach dem Ersten Weltkrieg entsprechend „den Regeln geschichtswissenschaftlichen Arbeitens wie den Grundsätzen historischer Gerechtigkeit" angemessen zu vergegenwärtigen; es gelte, „die einzelnen Äußerungen in ihren Zusammenhängen zu verstehen und die Akteure in ihrer Zeit zu behandeln".[13] Hans-Ulrich Wehler umriss die „historisch-biographischen Parameter" der um 1930 in Königsberg Lehrenden und Studierenden, insbesondere die „traumatisierende Erfahrung der Weltkriegsniederlage von 1918" und die „seit dem Ersten Weltkrieg immens verschärften Nationalitätenkonflikte" in Ostmittel- und Südosteuropa. Im gesamten Raum der bisherigen „multinationalen habsburgischen, osmanischen, russischen und preußisch-deutschen Reiche mit ihrer unentwirrbaren ethnisch-kulturellen Mischsiedlung" waren nach dem Krieg Nachfolgestaaten gemäß dem Prinzip der nationalen Selbstbestimmung entstanden und damit eine Konfliktzone, wo insbesondere die „vermeintliche und faktische Diskriminierung der jeweiligen deutschen ‚Volksgruppen' wie der ständig schmerzende Stachel eines historischen Unrechts, das wiedergutzumachen sei", wirken musste.[14]

In der Argumentation Wolfgang J. Mommsens vertrat Rothfels die Überzeugung, dass in Ostmitteleuropa mit seiner ethnisch-nationalen „Gemengelage" die westeuropäische Nations- und Nationalstaatsidee nicht anwendbar war. Rothfels habe

---

12 *Mommsen*, Der faustische Pakt, S. 267f.
13 Jürgen *Kocka*, Zwischen Nationalsozialismus und Bundesrepublik, in: *Schulze/Oexle*, Deutsche Historiker, S. 340–357 (343). Nach Kocka „sollte es darum gehen, den Zusammenhang von Leben, Werk und Politik zu erforschen und die Bedeutung des politisch-ideologischen Engagements für das wissenschaftliche Werk zu erkunden und umgekehrt." Die von ihm angemahnte „Kontextualisierung" sollte „auch im Vergleich zu anderen und im Vergleich zu dem, was sprachlich damals gängig war", erfolgen. Stattdessen würden aber (in den betreffenden Sektionsbeiträgen des Frankfurter Historikertages 1998) „die belasteten Zitate collageartig zusammengestellt" und rücke hier das betreffende „wissenschaftliche Werk leider ganz an den Rand". „Manche der jetzt außerhalb des biographischen und semantischen Zusammenhangs mitgeteilten Äußerungen und Handlungen könnten dann andere oder doch zusätzliche Bedeutung gewinnen" (ebd., S. 343). Dazu auch S. 355 die Anmerkungen 10 und 11 („Erst die Kontextualisierung ermöglicht also eine gerechte Beurteilung der einzelnen Personen. Sie fehlt in den meisten Beiträgen dieser Sektion" [ebd.]).
14 Hans-Ulrich *Wehler*, Nationalsozialismus und Historiker, in: *Schulze/Oexle*, Deutsche Historiker, S. 306–339 (310, 112ff). Wehler nennt Rothfels einen „zur Volkstumsgeschichte und Volkstumspolitik aufrufenden (aber nicht völkischen Ideen anhängenden) Historiker [...] an der ‚Grenzland'-Universität Königsberg – das Idol junger Historiker wie Schieder und Conze" (ebd., S. 311f). Von diesen neuartigen interdisziplinären Ansätzen der „Volksgeschichte" sei in den späten zwanziger und frühen dreißiger Jahren in Kombination mit aktuellen politischen Aufgaben „eine unleugbare Faszination" ausgegangen, zumal wenn sie von einem Historiker wie Rothfels vertreten wurden; vgl. ebd., S. 312. Vgl. über die Grenzen des Volksbegriffs bei Rothfels Kapitel III dieses Beitrags (S. 83ff).

deshalb einen Nationsbegriff vertreten, der „sich in erster Linie an den kulturellen Leistungen einer ‚Volksgruppe' über lange historische Zeiträume hinweg orientierte" und „nicht primär ethnisch, geschweige denn rassisch geprägt" war.[15] Hans Mommsen machte auf den kategorialen Unterschied zwischen der aus Volks- und Sozialgeschichte seit den zwanziger Jahren erwachsenen „Ostforschung" und der vor allem an einem historisch-kulturellen Volksverständnis orientierten Osteuropa-Geschichte aufmerksam. Während die erstere früher oder später den „faustischen Pakt" mit dem Rassenimperialismus des NS-Regimes schloss, vertraten die Osteuropahistoriker zwar mehrheitlich „ebenfalls revisionistische Zielsetzungen, hatten aber doch einen Ausgleich mit den osteuropäischen Ländern im Auge".[16] Nach der nationalsozialistischen Machtergreifung sei die eher konservative Osteuropa-Geschichte dann vor allem aus der Politikberatung „regelrecht ausgeschaltet" worden, wohingegen die Ostforschung immer mehr zu einem Instrument der „systematischen Volksbodenpolitik" des Regimes wurde, die dann von Himmlers „Generalplan Ost" und seinen Nachfolge-Plänen in die Tat umgesetzt wurde und mit ihren rücksichtslosen Aus- und Umsiedlungen schließlich in die Verbrechen der Genozide mündete. Hans Mommsen charakterisierte die NS-Politik im Osten seit Kriegsbeginn treffend als „zynische Missachtung geronnener historischer Strukturen" mit einem im Kern „ahistorischen Grundzug" des „chiliastischen Politikverständnisses" der Nationalsozialisten.[17] Von ihm war in der Tat das Volks-, Staats- und Kulturverständnis eines Historikers wie Rothfels durch einen Abgrund geschieden.

*II. Der historische Raum*

„Indem das Schicksal dem deutschen Volke die Mitte Europas als Lebensraum zugewiesen hat, ist es für seine Stellung entscheidend geworden, als Belastung wie als Aufgabe, dass die Ostseite dieses mitteleuropäischen Raumes keine natürlichen Grenzen kennt, keine klaren Abscheidungen vom Gebiete anderer Völker. Auf breiter Front sind hier Vermengungen und Verzahnungen eingetreten, wie sie Westeuropa in solcher Ausdehnung nicht kennt. Den Einschüben oder Inseln fremdnationaler Bestandteile im geschlossenen deutschen Siedlungsgebiet entspricht in einem quantitativ weit höheren Maße und einer qualitativ besonders bedeutsamen Art die Ausstreuung deutschen Volkstums über das ganze nordöstliche und südöstliche Vorfeld. Und so sehr die heutigen Grenzziehungen im Osten Mitteleuropas eine Revision nach der natürlichen und willensmäßigen Nationalität nicht nur zulassen,

---

15 Wolfgang J. *Mommsen*, Vom „Volkstumskampf" zur nationalsozialistischen Vernichtungspolitik in Osteuropa, in: *Schulze/Oexle*, Deutsche Historiker, S. 183–214 (185).
16 H. *Mommsen*, Der faustische Pakt, S. 268.
17 Ebd., S. 270ff.

sondern gebieterisch fordern, so wenig wäre der konstruktivste Plan imstande, eine auch nur einigermaßen saubere Übereinstimmung von Staatsgrenzen und Volksgrenzen zu bewirken. Der Nationalstaat im westeuropäischen Sinne musste hier zur wirklichkeitsfremden und lebensfeindlichen Theorie werden."[18]

Mit diesen Sätzen in einem Sammelband „Deutsche und Polen" im Jahr 1933 hat Hans Rothfels die historischen und gegenwartspolitischen Fragen umrissen, mit denen er sich seit seiner Berufung nach Königsberg 1926 intensiv befasst hatte. Eine andere Zwischenbilanz hatte er bereits im August 1932 in einem aufsehenerregenden Vortrag vor dem Deutschen Historikertag über „Bismarck und die Nationalitätenfragen des Ostens" vorgelegt.[19] Ausgehend von der aktuellen Lage nach dem Ersten Weltkrieg mit der Abtrennung Ostpreußens vom „Reich", der Errichtung kleiner und mittlerer Nationalstaaten im „Bogen von Reval bis Bukarest" und durch die Einarbeitung in den geschichtlichen Hintergrund dieses Raumes war ihm die jahrhundertealte Verknüpfung der Ostgrenzen des deutschen Siedlungs- und Staatsraumes mit dem ostmitteleuropäischen „Nahen Osten"[20] deutlich geworden, die bis in die große Kolonisationsbewegung seit dem hohen Mittelalter zurückreichte. Hatte zunächst noch der universal-christliche Gedanke den schon im 13. und 14. Jahrhundert beginnenden Prozess der nationalen Sonderung überlagert, so verstärkte und durchkreuzte ihn das Zeitalter der Reformation.[21] Nach Nordosten hin wurde der lutherische Protestantismus zu einer gemeinschaftsbildenden Kraft, wo der deutsche Pastoren- und Lehrerstand „zum Pfleger und Erwecker des lettischen und estnischen Volkstums" wurde. In Polen und Litauen hingegen wurde die Gegenreformation „zu einem wirksamen Hebel der Nationalisierung", sowohl in der Abgrenzung gegenüber Preußen und den Deutschen wie auch zur russischen Orthodoxie, nicht ohne dass freilich hier auch slawisch-baltische Völker wie Masuren, Kaschuben und Litauer und polnische Stadtbürger sich zum Protestantismus hinwandten und dadurch schließlich Preußen und Deutsche wurden. Das Zusammenspiel und die Gegenläufigkeiten der religiös-konfessionellen, national-kulturellen und ständisch-sozialen Faktoren wurde zu einer Konstante dieses Raumes mit seinem „Durcheinandergeschobensein" der Völker.[22]

---

18 Hans *Rothfels*, Das Problem des Nationalismus im Osten, in: Albert *Brackmann* (Hg.), Deutsche und Polen. Beiträge zu ihrer geschichtlichen Beziehung, Berlin 1933, S. 259–270 (259).
19 Eine gekürzte Fassung erschien zuerst unter diesem Titel in der HZ, 147 (1933), S. 89–105; die erweiterte Fassung als: Bismarck und der Osten. Eine Studie zum Problem des deutschen Nationalstaats, Leipzig 1934.
20 Hans *Rothfels*, Ostraum, Preußentum und Reichsgedanke. Historische Abhandlungen, Vorträge und Reden, Leipzig 1935 (Königsberger historische Forschungen, Bd. 7), S. X, 40ff, 234ff.
21 Zum Folgenden vgl. *Rothfels*, Problem des Nationalismus, S. 259ff.
22 Ebd., S. 263; *Rothfels*, Ostraum, S. 234.

Durch die Entscheidungen des Wiener Kongresses von 1814/15 schien dieser Raum zwischen Finnischem Meerbusen und Karpaten durch die Herrschaft der drei übernationalen Monarchien – des Zarenreiches, der habsburgischen Donaumonarchie und Preußens – einen festen Rahmen erhalten zu haben, der tatsächlich auch ein Jahrhundert Bestand hatte. Doch die in der Französischen Revolution erwachsenen demokratisch-nationalen Prinzipien hatten sich schon in der Ära des napoleonisch-französischen Hegemonie-Versuchs nach Osten hin auszubreiten begonnen, durch die Errichtung des Großherzogtums Warschau als neuem polnischem Staat (und französischem Satellitenstaat) ebenso wie durch die Erweckung eines politischen Nationalbewusstseins unter den Deutschen.[23] Die revolutionäre Bewegung kam auch nach 1815 nicht mehr zur Ruhe, wie sich an den Ereignissen in Polen, Italien und Belgien 1830/31 und dann in der „mitteleuropäischen Revolution" 1848/49 zeigte. Sie weckte endgültig die nationalen Aspirationen der drei „historischen Nationen" der Polen, Ungarn und Tschechen und dann der sich dahinter schon formierenden als „ungeschichtlich" bezeichneten Völker etwa der Slowaken, Slowenen und Ruthenen. Deutlich zeigte sich erneut die politische Osmose zwischen der Nations- und Staatsbildung in der europäischen Mitte und ihrer „Ostflanke"; ob großdeutsche oder kleindeutsche Lösung der Deutschen Frage, nationalstaatlich-unitarische oder föderalistisch-mitteleuropäische Konzepte, stets hatte das Auswirkungen nach Osten und Südosten hin. Noch rechtfertigte der Sprecher der Tschechen, Franz Palacky, in seiner berühmten Antwort an den Fünfziger-Ausschuss der Frankfurter Nationalversammlung die Existenz des Kaiserstaates als „im Interesse Europas, im Interesse der Humanität", forderte aber gleichzeitig die Erhaltung der Einheit der „Länder der Wenzelskrone", in der den Tschechen die führende Rolle zufallen musste.[24] Gleichzeitig offenbarten sich auf dem vor allem von Polen initiierten „Kongress der slawischen Völker" in Prag panslawistische Gemeinschaftsträume und auch handfeste polnische nationalstaatliche Gebietsforderungen bis Ost- und Westpreußen, Pommern, Schlesien und zur „urslawischen" Lausitz. Das erschien wie ein Prolog des Kommenden.

In dem großen „Bogen von Reval bis Bukarest" waren es vor allem drei Schauplätze, deren historische Entwicklung und Wechselwirkungen Rothfels im Einzelnen untersuchte: der nordöstliche im Baltikum mit seinen deutschen Minderheiten; die deutsch-polnische Verflechtungszone in der Mitte und der österreichisch-ungarische Nationalitätenstaat.

Hier würdigte Rothfels im Gegensatz zum Hauptstrom des nationalliberalen Urteils und nicht ohne den Einfluss der großen Metternich-Biographie Heinrich von Srbiks den österreichischen Staatskanzler. Sein gegenüber den nationalen Bewegun-

---

23 *Rothfels*, Bismarck und der Osten, bes. S. 1–11.
24 *Rothfels*, Das Werden des Mitteleuropagedankens, in: ders., Ostraum, S. 231.

gen des 19. Jahrhunderts skeptisches Konzept, das die „sozialen und nationalen Egoismen" dieses Raumes durch „bündische und ständische Ordnungsreformen" zu bändigen suchte, barg nach Rothfels' Überzeugung „in seiner reaktionären Hülle mehr als einen fruchtbaren Keim" und verdiente daher „in dem Maß heute Beachtung wie im inneren Staatsleben die Gefahr der sozialen Atomisierung, im äußeren die mitteleuropäische Balkanisierung Wirklichkeit geworden ist".[25] Auch wenn Rothfels die Grenzen des „lässigen Aristokraten" und Angehörigen einer „internationalen Schicht" nicht übersah, die sich in seinem mangelnden „inneren Verhältnis zu den volkhaften Kräften" zeigte, hätte Metternich doch die „raumpolitischen Bedingungen Mitteleuropas" wie kein Staatsmann vor Bismarck erkannt.

Ähnlich würdigte Rothfels die „kühne Vorausschau" Friedrich Lists im Hinblick auf eine den historisch-geopolitischen Gegebenheiten Rechnung tragende mitteleuropäische Ordnung.[26] Obwohl List als schwäbischer Liberaler „die Nationalität als den mächtigsten Faktor der Gegenwart" betrachtete, wandte er sich gegen den Zerfall dieses Raumes in seine völkischen Bestandteile im Interesse eines „mächtigen Wirtschaftsbereichs" auf der Achse der deutschen Kolonisation entlang der Donau nach Südosten, wo er das „deutsche Amerika" erhoffte. Rothfels sympathisierte mit Lists Vorstellung von der deutschen Aufgabe nach Südosten und ihren „deutlich antinationalistischen und antiimperialistischen Zügen" ebenso wie mit seiner Vorstellung von der deutschen Aufgabe der Vermittlung der Gegensätze aus der europäischen Mitte heraus „in allen Fragen der Gebietseinteilung, des Verfassungsprinzips, der Nationalselbständigkeit und Macht", wodurch Deutschland „durch seine geographische Lage, seine Föderativverfassung, die alle Furcht vor Eroberung beim Nachbarn ausschließt, durch seine religiöse Toleranz und seine kosmopolitischen Tendenzen, endlich durch seine Kultur berufen ist".[27] Lists Ideen der Entstehung neuer Nationen im Südosten als Ergebnis völkischer Mischung auf dem donaueuropäischen Kolonialboden mochte wie eine Neubelebung Metternichscher Ideen in der nachfolgenden Generation verstanden werden.

Rothfels schätzte Lists Ideen, auch wenn er sich natürlich über eine gewisse Politikferne des schwäbischen Liberalen im Klaren war. Die ethnische Mischzone des Südostens bedurfte eines harten politischen Kerns in der europäischen Mitte, für den dann Bismarcks Reichsgründung sorgte. Bestand hier erst einmal eine „feste Wand", dann konnte sich der Südosten an sie anlehnen und seine eigene politisch-gesellschaftliche Ordnung entfalten, für die gerade Bismarck einige grundlegende Para-

---

25 Ebd., S. 236f. Es handelte sich um den Text eines Vortrags am 15. Januar 1933 bei einer Schulungstagung deutsch-baltischer Studenten in Riga. Rothfels erwähnt für sein Urteil über Metternich hier ausdrücklich die Metternich-Forschungen von Srbiks (Metternich, 2 Bde., 1925, Neuausgabe 1957).
26 Ebd., S. 238.
27 Ebd.

digmen entwarf. 1874 hatte er gegenüber dem ungarischen Journalisten Jockay seine Überzeugung geäußert, dass „die Errichtung von kleinen Nationalstaaten im Osten Europas unmöglich" sei und dort „bloß historische Staaten möglich" seien.[28] Und auch in seinen „Gedanken und Erinnerungen" fragte er ganz grundsätzlich: „Was sollte an die Stelle Europas gesetzt werden, welche der österreichische Staat von Tyrol bis zur Bukowina bisher ausfüllt? Neue Bildungen auf dieser Fläche könnten nur dauernd revolutionärer Natur sein."[29] Die Habsburger Monarchie mit ihren föderalen Formen bot für Bismarck, wie Rothfels immer wieder betonte, die optimale Lösung, um den „großen leeren Fleck" zwischen Deutschland und der Türkei auszufüllen. Dem Ausgleich der vielfältigen ethnisch-nationalen, wirtschaftlichen und kulturellen Interessen und Gegensätze dieses Raumes konnten nur übernationale Ordnungsformen dienen und so zu seiner menschenmöglichen inneren wie außenpolitischen Stabilität beitragen. Und nicht zuletzt war damit eine deutliche Konsequenz verbunden: Der „Anschluss" der national-deutschen Gebiete der Monarchie lag völlig außerhalb nicht nur der Staatsräson der Doppelmonarchie, sondern auch der Vorstellungswelt Bismarcks. Sie hätte die Pandora-Büchse des Nationalismus und der „Balkanisierung" des gesamten Raumes bis zum Schwarzen Meer und zur Adria geöffnet, mit schwerwiegenden Rückwirkungen auf das europäische Mächtekonzert und Gleichgewicht insgesamt.[30] Schon die Entscheidung von 1866 hatte die deutsche Führungsrolle in der Donaumonarchie empfindlich geschwächt. Bismarcks Erwägungen im Sommer von Königgrätz, gegen den Kaiserstaat die „Sprache von 1792" zu sprechen und mit einem „Acheronta movebo" die Nationalbewegungen der Ungarn, Serben und Rumänen gegen Wien zu mobilisieren, blieb nur ein kurzes Zwischenspiel. In Nikolsburg und im Frieden zu Prag kehrte Bismarck rasch wieder aus guten Gründen zur sorgsamen Behandlung der Donaumonarchie zurück.[31] Der Zweibund von 1872 erneuerte die Prinzipien Metternichs in zeitgemäßer Form nach Art einer Ellipse mit den Brennpunkten der beiden zentraleuropäischen Kaiserstaaten. Wieder erhielt die Staatsräson den Vorrang vor nationalen Sympathiegefühlen, so wenig Bismarck müde wurde, den österreichischen Landsleuten die deutsche Unterstützung für ihre politische und kulturelle Selbstbehauptung im Vielvölkerstaat zu versichern, etwa in mehreren Adressen und Reden an deutsch-öster-

---

28 *Rothfels*, Bismarck und der Osten, S. 33.
29 Zitat aus „Gedanken und Erinnerungen", in: Hans *Rothfels*, Bismarck und der Staat. Ausgewählte Dokumente, Darmstadt 1953, S. XXXIII. Rothfels' Kommentar lautete hierzu sehr prinzipiell: „Integraler Nationalismus und Revolution in Permanenz erscheinen hier als zwei Seiten der gleichen Gefahr, gegen die der ‚historische Staat' steht" (ebd.).
30 *Rothfels*, Problem des Nationalismus, S. 265: „Nur ein völliges Missverstehen kann Bismarck ‚pangermanistische' Absichten unterstellen."
31 *Rothfels*, Ostraum, S. 242; vgl. in Gedanken und Erinnerungen, Kapitel 20: Nikolsburg.

reichische Besuchergruppen in Friedrichsruh.[32] Aber auch das war etwas anderes als „Ethnopolitik", die man in den letzten Jahren ziemlich leichtfertig als bloße Tarnung letztlich doch politisch-imperialistischer Ziele denunziert hat, während es Rothfels – wie Bismarck – vor allem um die Behauptung des in langen Jahrhunderten gewachsenen „völkischen" Bestandes ging.

Dieses Paradigma Bismarckscher „Ostpolitik" wiederholte sich im nordöstlichen Teil der „Gesamtfront".[33] Auch hier ordnete der Kanzler das Verhältnis zu den Deutschbalten der Staatsräson des Bündnisses mit Russland unter, diesem Schlussstein eines kunstvollen außenpolitischen Gewölbes zur Sicherung des Reiches in der Mitte. Auch hier konnte Bismarck sich nicht der Erkenntnis entziehen, dass die seit den achtziger Jahren zunehmende Russifizierungspolitik im Baltikum auch eine Reaktion auf die Entstehung des deutschen Nationalstaates war, sodass es insbesondere auch die wachsende panslawistische Propaganda vom „germanischen Drang nach Osten" und deutscher Aggressionsgelüste zu widerlegen galt. Abgesehen von einigen wenigen Interventionen, etwa zugunsten der deutsch-baltischen lutherischen Kirche, hat Bismarck immer wieder das deutsche Desinteresse am Baltikum betont. Zwar verfolgte er auch hier, wie er etwa im April 1870 an den preußischen Gesandten in Petersburg schrieb, „die Bestrebungen der deutschen Bevölkerung, ihre Nationalität und ihre Sprache zu bewahren, mit Teilnahme".[34] Aber das Gesetz der Staatsräson behielt Vorrang nicht nur vor der gemeinsamen Nationalität, sondern auch hinsichtlich der „gemütlichen Interessen" etwa des altmärkischen Junkers an der wesensverwandten deutsch-baltischen Aristokratie. Diese leistungsstarke deutsche Oberschicht, wie Bismarck sagte, der „Guano, der jene große russische Steppe düngt", sollte ihren Beitrag zur Stabilität des Zarenreiches leisten. Die im deutschbaltischen Adel und Bürgertum noch lebendigen Institutionen der Selbstverwaltung und des genossenschaftlichen Zusammenhalts, der hier wirksame Geist ständischer Unabhängigkeit benötigten den Fortbestand des föderalen supranationalen Reiches. Die verstärkten Russifizierungsbestrebungen im Baltikum richteten sich daher nach Bismarcks Überzeugung letztlich gegen die eigene Staatsräson. Nicht durch Irredenta-Bestrebungen, die es in der Oberschicht der deutsch-baltischen Minderheit

---

32 Als Beispiel eine Ansprache Bismarcks an Besucher aus der Steiermark in Friedrichsruh im April 1895, in der Bismarck zu einem versöhnlichen Umgang mit den slawischen Nachbarn in der Donaumonarchie aufrief. *Rothfels*, Bismarck und der Staat, S. 219f: Die Deutschösterreicher erfüllten ihre gesamtdeutsche Aufgabe am besten durch ihre Treue zur deutschen Dynastie, auch wenn sie nicht einer Nation allein gehöre. „Bismarck hat den schwarzrotgoldenen Flügel des österreichischen Deutschtums immer wieder abschütteln müssen. Dieser Absage an die großdeutsche Idee [ging] die Betonung der eigenen erzieherischen und kämpferischen Mission im Südosten parallel" (*Rothfels*, Bismarck und der Osten, S. 22ff).
33 Ebd., S. 22ff; gemeint ist der „Bogen" oder die „Front von Reval bis Bukarest" (*Rothfels*, Ostraum, S. X).
34 *Rothfels*, Bismarck und der Osten, S. 25.

ohnedies nicht gab, sondern durch das „Draußenstehen" dieser „Volksgruppe" diente sie als stiller Verbündeter dem Zaren gegen die „Sprengkraft von Nationalismus und Demokratie". Indem auch hier „die naturalistischen Kräfte der Nation und Rasse in den staatlich-geschichtlichen Rahmen eingeordnet blieben",[35] dienten sie am besten auch ihren eigenen Interessen friedlicher Behauptung, die von beiden Seiten, dem Panslawismus und dem Pangermanismus, nur in Frage gestellt werden konnten.

Der zentrale Bereich an der „autonomen Ostseite des Reiches", die nie eine auch nur einigermaßen klare Übereinstimmung von Staats- und Volksgrenzen gekannt hatte, war der deutsch-polnische Verflechtungsraum, eine Region politischer und ethnisch-nationaler Konflikte schon seit Jahrhunderten, die auch von der Beseitigung des polnischen Staates am Ende des 18. Jahrhunderts nicht beendet worden waren.[36] Die polnische Nationalbewegung dauerte in der Zeit des napoleonischen Kaisertums ebenso fort wie in den Revolutionsetappen von 1830 und 1848. Ihre Wortführer stellten die Grenzen von 1815 fortdauernd in Frage, sodass Bismarck schon 1848 in einem Leserbrief an die *Magdeburger Zeitung* schrieb, sie würden nicht ruhen, „solange sie nicht die Weichselmündung und außerdem jedes polnisch redende Dorf in West- und Ostpreußen, Pommern und Schlesien von uns erobert haben würden".[37] Anlässlich des neuerlichen polnischen Aufstands von 1863 sprach der preußische Ministerpräsident von den Träumen der „polnischen Insurgenten", die bis an die Oder reichten und dadurch „die Kernlande der Monarchie" und „den Staat an seiner letalsten Stelle" bedrohten.[38] In Bismarcks Argumenten tauchten mehrfach die starken französischen Garnisonen in Danzig und Glogau in den Tagen Napoleons und des Großherzogtums Warschau auf, wonach ein wiedererstehender polnischer Staat erneut zu einem „französischen Lager an der Weichsel" werden würde.[39]

Bismarck kannte jedenfalls die „Fatalität" der „Völkergemengelage" gerade in der deutsch-polnischen Grenzzone wie kaum ein anderer. Auch hier wurde sein Denken nicht von nationalen und nationalstaatlichen Prinzipien bestimmt. Angesichts der fatalen Alternative starrer Status-quo-Behauptung oder der Öffnung der

---

35 Ebd., S. 27.
36 Ebd., S. 41ff; *Rothfels*, Problem des Nationalismus, S. 260ff. Die ersten manifesten Konflikte mit nationalem Hintergrund gab es 1320 in Krakau. Vgl. Erich *Maschke*, Das Erwachen des Nationalbewusstseins im deutsch-slawischen Grenzraum, Leipzig 1933.
37 *Rothfels*, Bismarck und der Staat, S. 154.
38 *Rothfels*, Bismarck und der Osten, S. 45; Otto *von Bismarck*, Gesammelte Werke, Bd. IV, S. 129.
39 *Rothfels*, Bismarck und der Osten, S. 46; *Bismarck*, Gesammelte Werke, Bd. IV, S. 118: „‚Ein französisches Lager an der Weichsel' das bedeutete Wiederaufnahme der Barrierepolitik und eine Verstrickung des Ostens in fremde Interessen, es bedeutet zugleich den Einbruch westlicher Ideen, eines nationalistischen Imperialismus, in den östlichen Bereich."

Pandora-Büchse nationaler Grenzen und Konflikte war Bismarck, wie Rothfels hervorhob, gegebenenfalls auch zu unkonventionellen Lösungen bereit. Sein Staatsgedanke mit dem Vorrang historisch-politischer Ordnung vor der nationalen ließ ihm unter Umständen auch eine preußisch-polnische Personalunion nach dem Muster der österreichisch-ungarischen als denkbar erscheinen oder – zur Abwehr einer russischen Bedrohung – eine Wiederherstellung Polens mit einem habsburgischen Erzherzog als König.[40] Als Exempel der nationalen Unbefangenheit des Reichsgründers verwies Rothfels auf dessen Hinweise auf Masuren, Kaschuben und Litauer, die mehrheitlich zuerst protestantisch und dadurch dann auch preußisch und deutsch geworden seien. Auch habe der Große Kurfürst „so gut polnisch wie deutsch gesprochen", und dem Kronprinzen Friedrich gegenüber, der gefordert hatte, die Polen sollten in der Armee Deutsch lernen, hatte Bismarck gemeint, es sei wichtiger, dass sie gute Soldaten würden, dann könne man ruhig in ihrer Muttersprache mit ihnen sprechen.[41]

Doch solche Reminiszenzen konnten nicht darüber hinwegtäuschen, dass bei der polnischen Bevölkerung patriarchalisch-dynastisch-staatliche Loyalität dahinschwand und der moderne Nationalgedanke überall im Vormarsch war, sowohl beim städtischen Mittelstand wie bei den Bauern, die von der Kirche in diesem Sinne beeinflusst wurden.[42] Die preußisch-deutsche Seite geriet in die Defensive, wie sich schon in den siebziger Jahren während des Kulturkampfes zeigte, der von Bismarck im Blick auf die Polen auch unter nationalpolitischen Motiven geführt wurde, und dann verstärkt in den achtziger Jahren, als die preußische Regierung auf die deutsche Abwanderung aus den östlichen Grenzgebieten und auf verstärkte polnische Zuwanderung mit einem Ansiedlungsgesetz und umfangreichen Ausweisungen von Polen ohne preußische Staatsbürgerschaft reagierte. Auch jetzt wurde Bismarck nach Rothfels' Urteil aber kein „Vertreter des nationalstaatlichen Gedankens in der Polenfrage" und ist „der nationalliberalen Zielsetzung des weltlichen und unitarischen Staates" mit ihren germanisierenden Tendenzen ferngeblieben. Auch unter den sich verschärfenden Bedingungen des ethnischen Konflikts sei der Kanzler nicht zum Nationalisten und Imperialisten im Sinne volksmäßiger Feindschaft gegen das Polentum geworden. Die polnische Landbevölkerung sollte nach seiner Meinung für den preußischen Staat durch ihre zivilisatorische Hebung gewonnen werden, sodass sie ihre kulturelle Überlegenheit gegenüber den Landsleuten in Kongresspolen demonstrieren konnte.[43] Doch eben diese Sichtweise wurde von der Entwicklung

---

40 *Rothfels*, Bismarck und der Osten, S. 46, 48f.
41 Ebd., S. 49.
42 Vgl. Martin *Broszat*, 200 Jahre deutsche Polenpolitik, München 1963, S. 101ff. Zur Ab- und Zuwanderung vgl. die aufschlussreichen Statistiken in ebd., S. 109.
43 *Rothfels*, Bismarck und der Osten, S. 51ff, 56; *Rothfels*, Problem des Nationalismus, S. 266f; *Broszat*, Polenpolitik, S. 105ff, 108ff, 116ff.

überholt. Der Aufbau des polnischen Vereins- und Genossenschaftswesens sorgte dafür, dass die Zeit der „bequemen" und „folgsamen" Polen auch auf dem Lande zu Ende ging, und da halfen auch die Versuche nicht, etwa Adel und Landbevölkerung gegeneinander auszuspielen.[44] Auf deutscher Seite setzten sich die nationalliberalen Tendenzen und nationalistischen Versteifungen in der Polenpolitik mehr und mehr durch.[45] Das deutsch-polnische Verhältnis wurde zur Achillesferse des Versuchs, das Problem mit vor-nationalstaatlichen, staatlich-kulturellen und föderalistischen Argumenten und Konzepten zu lösen. Die Welle des integralen Nationalismus auf beiden Seiten steigerte sich vor und noch mehr nach dem Ersten Weltkrieg. Rothfels hat die hier wirksamen Schranken in Bismarcks Sicht des deutsch-polnischen Konflikts nicht verkannt, daraus aber nicht die Folgerung gezogen, dass die erstrebten Alternativen zum nationalstaatlichen Prinzip, jedenfalls in der deutsch-polnischen Problemlage, schon in der Endzeit der Regierung Bismarcks gescheitert waren. Und die Frage drängte sich auf, ob sich dieser Tatbestand durch die tiefgreifenden Veränderungen der politischen Neuordnung von 1919/20 geändert haben mochte, sodass ein Neubeginn unter supranationalen „Überwölbungen" und mit autonomistischen Lösungen möglich wurde. Rothfels selbst war hier zumindest im Blick auf das deutsch-polnische Problem nicht optimistisch. Er beklagte gerade in diesem Fall den „elementaren Kampf der Völker hinter dem offiziellen Staatsfrieden".[46] Doch auch die Geschichtswissenschaft beider Seiten verharrte in Polemik und weitgehender Kontaktlosigkeit.[47]

*III. Krisenraum und Neuordnung*

Die Parole der „Freiheit der Völker" und die Legitimationsidee der Nachfolgestaaten in diesem Raum – „innerpolitisch demokratisch, außenpolitisch nationalistisch"[48] – war bei Kriegsende eine zündende Idee, der etwa Thomas Garrigue Masaryk, der Vorkämpfer und Gründer der Tschechoslowakei, mit seinem Buch „Das Neue Europa – Der slawische Standpunkt" beredten Ausdruck verliehen hatte.[49] Dieses

---

44 *Broszat*, Polenpolitik, S. 105ff, 108ff, 116ff. Bismarck war lange Zeit der Meinung, dass das Widerstreben der polnischen Bevölkerung in Posen und Westpreußen gegen Assimilierung und Zusammenarbeit mit den Deutschen „die Vertiefung der Kluft, die beide Nationen trennt, doch fast ausschließlich auf dem Adel beruht" (ebd., S. 105).
45 *Broszat*, Polenpolitik, S. 116ff.
46 *Rothfels*, Bismarck und der Osten, S. 10.
47 Vgl. Willi *Oberkrome*, Volksgeschichte, Göttingen 1993, S. 95.
48 *Rothfels*, Das Werden des Mitteleuropagedankens, in: *ders.*, Ostraum, S. 230.
49 Thomas *Garrigue Masaryk*, Das Neue Europa. Der slawische Standpunkt, Berlin 1922. Das Buch war eine weit ausholende und sehr prinzipielle politische Programm- und Streitschrift mit einem dichotomischen Weltbild: „demokratische Organisation Europas und der Menschheit" gegen „pangermanischen Plan der Weltherrschaft" im kaiserlichen Deutschland und „Demokratie gegen Theokratie" etc.

Programm verband die Emanzipation der „kleinen Leute" von der feudal-aristokratischen Vergangenheit mit der Befreiung der „kleinen Völker" des Ostens von den „mittelalterlichen Überbleibseln" Preußen, Österreich und der osmanischen Türkei in der Synthese einer „neuen Humanität" aus westlichem demokratischem Sendungsbewusstsein mit östlich-messianischen hussitischen Brüderlichkeitsideen.

Doch schon bald nach 1920 zeigte sich, dass die politische Neuordnung dieses Raumes seine Grundprobleme nicht gelöst, sondern tief in der Geschichte wurzelnde Konflikte eher konserviert und verschärft hatte. Was als Freiheitsbewegung ins Leben getreten war, verkehrte sich in wenigen Jahren zu deren „vollem Widersinn". Der Anspruch auf den eigenen Nationalstaat öffnete den Weg zu einer Welt labiler Nationalitätenstaaten, das Konzept der „nation une et indivisible" führte zu einer „vielfältig zersplitterten und zersplitternden Neubelebung" des habsburgischen Vielvölkerstaates[50] in jeweils verkleinertem Maßstab, die Anwendung des nationaldemokratisch-parlamentarischen Mehrheitsprinzips zur ständig drohenden Gefahr der nationalen Unterdrückung, der Majorisierung der nationalen Minderheiten und ihrer Assimilierung durch die Mehrheits- und Staatsnationen. Und nicht zuletzt führte die „ideologische Begründung des ‚Neuen Europa' von Westen her in der Wirklichkeit zu einer groben machtpolitischen Ausnutzung der Ostzone durch den Westen".[51] Rothfels meinte mit diesem freimütigen Urteil, dass sich hinter dem ostmitteleuropäischen Nachkriegsarrangement der machtpolitische Kern der französischen Hegemonialpolitik verbarg, die das Bündnis der „Kleinen Entente" mit den östlichen Nachfolgestaaten Tschechoslowakei, Polen, Jugoslawien und Rumänien als politisch-militärisches Instrument gegen die deutsch-europäische Mitte verstand. Nahm man noch das „drohende Rätsel des Ostens" in Gestalt des revolutionären bolschewistischen Russlands hinzu,[52] so mussten die Zukunftsaussichten dieses „Zwischeneuropa" zwischen den deutschen Ost- und den sowjetrussischen Westgrenzen als unsicher und gefährdet erscheinen.

In dieser durch den Weltkrieg und die neue Staatenordnung tief verwandelten ostmitteleuropäischen Wirklichkeit konnte es, wie Rothfels sich bewusst war, nicht um eine „schematisch-inhaltliche Wiederbelebung Bismarckscher Gedanken" gehen, was „an und für sich widerhistorisch und insbesondere dem Wesen des ersten Kanzlers so ungemäß wie möglich" gewesen wäre.[53] Doch auch nach dem Umbruch von 1918/20 bestand die Realität des „Durcheinandergeschobenseins" der Völker fort, sodass die Bismarcksche Überlieferung als regulative Idee gültig blieb, wonach diese östliche Wirklichkeit „von der nationalstaatlichen Perspektive alleine aus nicht

---

50 *Rothfels*, Das Werden des Mitteleuropagedankens, in: *ders.*, Ostraum, S. 231.
51 Ebd.
52 Ebd.
53 *Rothfels*, Bismarck und der Osten, S. 69.

zureichend erfasst werden kann" und auch in Zukunft den „Gedanken der Symbiose mit anderen Völkern" nahe legte.[54] Auch die Ostpolitik der deutschen Republik konnte, ja musste hier an Bismarcks Überlieferung anknüpfen, „sich selbst eine Schranke auf dem Weg zur ‚Nation', als abschließender Einheit" zu setzen, jedoch „den Weg zum ‚Volk'" offen zu halten.[55] An der autonomen „Ostseite des Reiches" bedeutete „Autonomie" den Verzicht auf das nationalstaatliche Modell für die Grenzziehung, Verzicht auch „auf planmäßige Germanisierung und Irredentapolitik", zugleich aber die Unterstützung der „im östlichen Vorfeld ausgestreuten" deutschen Volksgruppen, ihre Unterstützung in der Abwehr ihrer Assimilation durch die Mehrheitsnationen.[56] Es entsprach der für Rothfels so charakteristischen Bemühung um Gerechtigkeit für alle Seiten, seiner „dialektischen" Herangehensweise an die Probleme, wenn er entsprechend dem „Wesen national gemischter Gebiete" dafür eintrat, nicht „an die berechtigte Selbständigkeit der Völker zu rühren, die mit dem deutschen Volke im Gemenge oder in Nachbarschaft liegen", zugleich aber auch die „notwendige Selbständigkeit für diejenigen deutschen Volksteile, denen der Nationalstaat versagt ist", forderte.[57] In dieser Gleichung war die „nationale Autonomie" für die Minderheiten in den neuen ostmitteleuropäischen Staaten die Voraussetzung für deren „Bereitschaft, unter opferwilligem Festhalten der Eigenart, mit anderen Nationalitäten zusammenzuarbeiten am gleichen Staat, so wie es das Schicksal gefügt hat, zusammenzuarbeiten nicht nach dem demokratischen Maßstab der Zahl, sondern als körperschaftliche Partner in organischem Nebeneinander, in nationalständischen Formen".[58] Rothfels ging es im Sinne Bismarcks um einen „europäischen Ordnungsgedanken", wenn er gegen die „sprengenden Kräfte" der neuen Mittel- und Kleinstaaten in Ostmitteleuropa mit ihren vielfältigen, aus den nationalen Mischlagen herrührenden innerstaatlichen Konflikten, die den europäischen Frieden insgesamt bedrohten, eine „innerlich gegründete, von der Mitte her gedachte Gegenposition" einnahm, gegen die prekäre französische Hegemonialpolitik in Osteuropa, die er kennzeichnete als „ein konservatives Prinzip der Objektivität" und als ein „Ethos der Macht, die sich selbst Grenzen setzt, die nichts Missionarisches und Agitatorisches hat, sondern aus eigenen deutschen Interessen zugleich zum Garanten der Staatengesellschaft wird".[59]

Dieses Konzept der Mäßigung und Relativierung nationaler Ansprüche im Interesse der Sicherung friedlicher und stabiler Verhältnisse in Osteuropa hatte *eine*

---

54 Ebd., S. 70.
55 Ebd.
56 Ebd.
57 *Rothfels*, Das Werden des Mitteleuropagedankens, in: *ders.*, Ostraum, S. 231.
58 *Rothfels*, Bismarck und der Osten, S. 28.
59 *Rothfels*, Das Werden des Mitteleuropagedankens, in: *ders.*, Ostraum, S. 32; *Rothfels*, Bismarck und die Nationalitätenfrage, in: HZ, 147 (1933), S. 90.

wesentliche Voraussetzung: Die erwünschte Zusammenarbeit der Nationalitäten und Minderheiten mit den jeweiligen Staats- und Titularnationen erforderte die Ablösung, zumindest aber eine tragfähige Ergänzung des nationaldemokratisch-parlamentarischen Mehrheitsprinzips durch korporativ-autonome Rechte und Institutionen der Minderheiten im Rahmen föderaler und dezentraler Staats- und Verwaltungsstrukturen. Hier konnten wesentliche Teile des Bismarckschen Staats- und Verfassungsdenkens fortzuentwickelnde Anregungen geben. Es gab darüber hinaus aber auch eine lange Reihe ähnlicher Gedanken und Lösungsvorschläge in der politischen Debatte schon in der alten Donaumonarchie seit der gescheiterten Revolution von 1848/49, von denen hier einige genannt zu werden verdienen und die auch Rothfels zum Teil bekannt waren. Anton Heinrich Springer, ein aus Böhmen stammender Teilnehmer an der Revolution, hatte 1849 nach Deutschland emigrieren müssen und dort ein Buch veröffentlicht mit dem Titel „Oestreich nach der Revolution" (Leipzig 1850), das man „die geistvollste Verteidigung, welche das föderalistische System in Österreich je gefunden hat", nannte.[60] Springer wies entschieden den Anspruch einer Majorität zurück, in nationalen Fragen entscheiden zu wollen. Er verglich die Natur und die Rechte der Nationalität mit denen der Religion und des religiösen Bekenntnisses. Keine noch so große Majorität könne „mir die Abschwörung meiner Nationalität befehlen, ich werde mich im Bewusstsein meines ewigen Rechtes stets dagegen sträuben, weil ich sie als eine meiner Lebenswurzeln, als einen Teil meiner Existenz anerkenne".[61] Unabhängig von den politischen Standorten, ob konservativ oder fortschrittlich, entwickelte sich im habsburgischen Vielvölkerstaat der Konsens, dass jede Majorität dazu neige, „ihre Macht zur Unterdrückung jeder in der Minderheit befindlichen Nationalität [zu] gebrauchen, bis der Begriff des Staates mit dem des Volkstums identisch geworden ist, oder man erkennt die absolute Souveränität der Majorität nicht an und stellt für jede einzelne Nationalität gewisse unveräußerliche Rechte fest, welche außer dem Gebietskreis dieser Souveränität liegen".[62]

Die Einsicht setzte sich immer mehr durch, dass in national gemischten Räumen wie der Donaumonarchie zentralstaatliche Parlamentsmehrheiten zu einer fortdauernden Majorisierung und Unterdrückung der nationalen Minoritäten führen und daher durch autonome Institutionen, Selbstverwaltungsbehörden und -vertretungen im Rahmen eines föderativen Verfassungssystems abgelöst werden mussten.

---

60 Heinrich *Friedjung*, Anton Springer als österreichischer Historiker, in: *ders.*, Historische Aufsätze, Stuttgart/Berlin 1919, S. 213; vgl. Erwin *Viefhaus*, Die Minderheitenfrage und die Entstehung der Minderheitenschutzverträge auf der Pariser Friedenskonferenz 1919, Würzburg 1960, S. 8f.
61 Anton Heinrich *Springer*, Oestreich nach der Revolution, Leipzig 1850, S. 36.
62 Johann *von Eötvös*, Der Einfluss der herrschenden Ideen des 19. Jahrhunderts auf den Staat, Leipzig 1854, Teil I, S. 57; vgl. auch *ders.*, Die Nationalitäten-Frage, Budapest 1865.

Ansätze dazu wurden in verschiedenen „Ausgleichen" (in Mähren 1905, in der Bukowina 1910) realisiert, wo aufgrund nationaler Wählerverzeichnisse (Kataster) in den Landtagen nationale Kurien eingerichtet oder (wie in Böhmen und Tirol) die Schul- und Kulturbehörden national geteilt wurden.[63] Nicht zuletzt wurden die Nationalitätenprobleme in der österreichischen Sozialdemokratie intensiv und lebensnah erörtert, die in ihrem Brünner Programm von 1899 die Umwandlung der Doppelmonarchie in einen „demokratischen Nationalitäten-Bundesstaat" forderte mit „autonomen Selbstverwaltungsgebieten, die sich möglichst den Sprachgrenzen anpassen", während beim fortbestehenden Gesamtstaat die Zuständigkeiten für Außen- und Wirtschaftspolitik verbleiben sollten.[64] In der Folgezeit haben führende Vertreter der österreichischen Sozialdemokratie wie Karl Renner und Otto Bauer diese Diskussion fortgeführt. Insbesondere Renner hat dabei die prinzipielle Überlegenheit des multinationalen Staates gegenüber dem „bürgerlichen Nationalstaat" betont und sein Konzept der territorialen Autonomie in national geschlossenen Gebieten und nationaler Personalautonomie in stark gemischten Gebieten als Mittel gegen die ansteigende Flut des Nationalismus verstanden. Später haben die österreichischen Sozialdemokraten sich für das nationale Selbstbestimmungsrecht und deshalb 1918 auch für den Anschluss an Deutschland ausgesprochen.[65]

Da die Nationalitäten-Debatte auch nach 1920 kein Ende fand, hat 1925 der angesehene Wiener Staatsrechtslehrer Hans Kelsen auf dem Hintergrund der historisch-politischen Erfahrungen in der Doppelmonarchie in die Debatte eingegriffen und die nicht veränderbare Dauer-Suprematie der Mehrheitsnationen in den jungen Nachfolgestaaten über die nationalen Minderheiten als Quelle der fortwährenden inneren Konflikte diagnostiziert.[66] Auch Kelsen nahm die Forderung auf, den Minoritäten

---

63 *Viefhaus*, Minderheitenfrage, S. 15f. In diesem Zusammenhang ist auch die beiläufige Bemerkung Bismarcks aufschlussreich, die deutsche Reichsverfassung zeige „den Weg an, auf welchem Österreich eine Versöhnung der politischen und materiellen Interessen erreichen kann, die zwischen der Ostgrenze des rumänischen Volksstammes und der Bucht von Cattaro vorhanden sind" (*Bismarck*, Gesammelte Werke, Friedrichsruher Ausgabe, Berlin 1932, S. 411).

64 Der Wortlaut des Brünner Programms bei Otto *Bauer*, Die Nationalitätenfrage und die Sozialdemokratie, Wien 1907, S. 527f. Wenzel *Jaksch* hat das Brünner Programm „eines der Ursprungsdokumente des europäischen Föderalismus" genannt: *Jaksch*, Europas Weg nach Potsdam. Schuld und Schicksal im Donauraum, neu bearbeitete und ergänzte Ausgabe, Köln 1967, S. 90ff.

65 Karl *Renner*, Das Selbstbestimmungsrecht der Nationen in besonderer Anwendung auf Österreich, 1. Teil: Nation und Staat, Wien 1918; Hans *Mommsen*, Die Sozialdemokratie und die Nationalitätenfrage im habsburgischen Vielvölkerstaat, Wien 1963; *ders.*, Artikel „Nationalstaat", Abschnitt III: Sozialdemokratie und übernationaler Staat, in: Claus *Kernig* (Hg.), Sowjetsystem und demokratische Gesellschaft: eine vergleichende Enzyklopädie, Bd. 3, Freiburg 1969, Sp. 731ff.

66 Hans *Kelsen*, Das Problem des Parlamentarismus, Wien und Leipzig 1925, S. 30ff; vgl. *Viefhaus*, Minderheitenfrage, S. 9ff; *ders.*, Nationale Autonomie und parlamentarische Demokratie, in: Kurt *Kluxen*/Wolfgang J. *Mommsen* (Hg.), Politische Ideologien und nationalstaat-

autonome Institutionen und Vertretungskörper – zumindest in nationalen Kulturfragen – zuzubilligen, die der Zuständigkeit des Gesamtstaates und des Zentralparlaments entzogen werden mussten. Eines der ersten Modelle dieser Art, das bald als vorbildlich und als Eintrittskarte in den Kreis der freien Völker gewürdigt wurde, war das Gesetz der Republik Estland im Jahr 1925 über die national-kulturelle Minderheitenautonomie, das eigene Schul- und Kulturverwaltungen der Minderheiten mit örtlichen Kuratorien zur Verwaltung ihres eigenen Schulwesens einrichtete.[67]

Auch in den neuen Staatsnationen gab es vereinzelte Stimmen, die ähnliche Lösungsvorschläge vortrugen. So hat etwa der Professor der Philosophie an der Prager Karls-Universität, Emanuel Rádl, am Beispiel der Tschechoslowakei die Mängel der Theorie und Praxis eines nur individualrechtlichen Minderheitenschutzes aufgezeigt, wie er in den Minderheitenschutz-Verträgen der Alliierten mit den neuen Staaten im Jahr 1919 festgelegt worden war.[68] Auch Rádl sprach von „unveräußerlichen oder angeborenen Rechten" der Nationalitäten, also kollektiv-korporativen Rechten, „die weder der Verfassung noch dem Willen des Volkes" entspringen, sondern naturrechtlicher Art seien. Er zählte dazu das „Recht auf eigene Sprache, auf eigenes literarisches, künstlerisches und wissenschaftliches Leben sowie auf die zur Erhaltung dieses Lebens notwendigen Mittel".[69] Der tschechische Philosoph erkannte die Unhaltbarkeit und Misere des Zustandes in seinem Staat, wo auch noch zehn Jahre nach seiner Gründung die beiden stärksten Minderheiten, die Deutschen und die Ungarn, „als ein unerwünschtes, gefährliches, verdächtiges, fremdes Element" betrachtet wurden.[70] Er stand in dieser staatlichen Existenzfrage der Tschechoslowakei insbesondere den deutschen Sozialdemokraten in Böhmen und Mähren nahe, die schon bei der Gründung der Republik 1919 gefordert hatten, den „unechten" National- und faktischen Nationalitätenstaat durch einen „Föderativstaat freier und gleichberechtigter Nationen" zu ersetzen.[71] Solche weitsichtigen

---

liche Ordnung. Studien zur Geschichte des 19. und 20. Jahrhunderts. Festschrift für Theodor Schieder zu seinem 60. Geburtstag, München/Wien 1961, S. 377ff.

67 Georg *von Rauch*, Geschichte der baltischen Staaten, Stuttgart 1970; Boris *Meißner* (Hg.), Die baltischen Nationen. Estland, Lettland, Litauen, Köln 1990; Bernd *Nielsen-Stokkeby*, Baltische Erinnerungen. Estland, Lettland und Litauen zwischen Unterdrückung und Freiheit, Bergisch Gladbach 1990, S. 83f.

68 Emanuel *Rádl*, Der Kampf zwischen Tschechen und Deutschen, Reichenberg 1928.

69 Ebd., S. 173f.

70 Ebd., S. 119f.

71 Wenzel Jakschs umfassende Schilderung der böhmisch-tschechischen Tragödie sollte heute neues Interesse beanspruchen. Jaksch spricht vom „Fehlstart der tschechischen Demokratie" durch die militärische Besetzung Deutschböhmens zwischen 3. November und Weihnachten 1918; *Jaksch*, Europas Weg, S. 190ff. Wichtig hier die Kapitel „Der Ursprung des Revisionismus" (S. 216ff) und „Die versprochene Schweiz" (S. 223ff). Obwohl die deutschböhmischen Sozialdemokraten bis zum Äußersten zur Verständigung bereit waren, wurden sie vom tschechischen Nationalismus brüsk zurückgewiesen, der mit Massenentlassungen deutscher Eisenbahner, Postbeamten und Staatsangestellten (meist Sozialdemokraten) „die Saat des Natio-

Erkenntnisse in den Reihen der anfangs verständigungsbereiten Minderheiten wie auch bei einzelnen Autoren aus der eigenen Staatsnation vermochten sich jedoch gegen die Wogen des integralen Nationalismus nach dem Ersten Weltkrieg nicht durchzusetzen. Als 1936 der tschechoslowakische Außenminister und Historiker Kamil Krofta in einer öffentlichen Rede einräumte, dass die Tschechoslowakei gegen den Willen beträchtlicher Teile der deutschen Bevölkerung gegründet worden war und von der Anerkennung der Deutschen als „zweitem Staatsvolk" sprach, wurden trotz der vorgerückten Stunde daraus keine praktischen Folgerungen gezogen, die geeignet gewesen wären, „München" 1938 zu verhindern.[72]

Es gilt jedenfalls festzuhalten, dass das ostmitteleuropäische Neuordnungskonzept von Hans Rothfels inmitten einer breiten nationalen und internationalen Debatte über die Reformbedürftigkeit der Staatenordnung von 1919/20 stand. Es würde eine eigene umfangreiche Studie erfordern, um alle jene Stimmen zu Wort kommen zu lassen, die – beginnend schon bei der Pariser Friedenskonferenz selbst – mit wesentlichen Grundgedanken von Rothfels zur Nationalitätenfrage und ihren Lösungsmöglichkeiten übereinstimmten. Schon im Kreis der Expertengruppe des amerikanischen Präsidenten Wilson übte zum Beispiel Professor Archibald Carry Coolidge als Sachkenner der osteuropäischen Geschichte nach mehreren Informationsreisen nach Osteuropa zwischen Januar und Mai 1919 entschiedene Kritik an den von der Konferenz getroffenen Entscheidungen.[73] Er hatte als Grundregel hinsichtlich der Grenzziehungen vergeblich empfohlen, die Zahl der Deutschen in den neuen Staaten so klein wie möglich zu halten. Ähnlich wie Rothfels sah er die Schwierigkeiten, im osteuropäischen Raum das nationale Selbstbestimmungsrecht

---

nalismus säte". Zum Versagen des Minderheitenschutzes vgl. auch das lesenswerte Kapitel S. 251ff. Vergeblich erinnerten die deutschen Sozialdemokraten ihre tschechischen Parteigenossen an die föderalistische Konzeption des Brünner Programms. Josef Seliger, einer ihrer einflussreichsten Führer, forderte vergeblich „nicht das gleiche Recht der Bürger, sondern das gleiche Recht der Völker, der Nationen" (S. 236f).

72 Kamil *Krofta*, Die Deutschen im tschechischen Staat, Prag 1937, S. 30; vgl. *Vießhaus*, Minderheitenfrage, S. 2f.

73 Eine ausführliche Darstellung der Coolidge-Mission findet sich bei *Vießhaus*, Minderheitenfrage, S. 123–138. Coolidge (1866–1928) lehrte seit 1893 in Harvard, wo er seit 1911 eine umfassende Osteuropa-Bibliothek aufbaute; 1890–1892 im diplomatischen Dienst in St. Petersburg und Wien, 1919 Leitung der ‚field mission' in Wien. Er hatte 1913/14 in Berlin und Freiburg studiert und war gleichzeitig Austausch-Professor in Berlin, 1922–1927 war er Redaktionsleiter von *Foreign Affairs*. Publikationen: The United States as a World Power (1908), Origins of the Triple Alliance (1917), Ten Years of War and Peace (1927). „Es gab Augenblicke, wo dieser wohlwollende und hervorragende Mann die einzige Quelle verlässlicher Information war, die der Friedenskonferenz zur Verfügung stand. Es erscheint heute unglaublich, dass weder die amerikanischen Delegierten noch die Konferenz als Ganzes den vernünftigen und mäßigenden Worten von Archibald Coolidge wesentliche Beachtung schenkten" (Harold *Nicolson*, Friedensmacher 1919, Berlin 1934; engl. Ausgabe: Peacemaking 1919, London 1933). Der tschechenfreundliche Gegner Coolidges in Wilsons Berater-Team war Robert J. Kerner; vgl. *Vießhaus*, Minderheitenfrage, S. 129ff.

im Sinne der westlichen Kriterien individueller Freiheit und Gleichheit zu definieren, anstatt historisch gewachsene kollektive Konzepte anzuwenden. Coolidge stand der in Versailles und St. Germain praktizierten Verwischung der Kriterien der nationalen Selbstbestimmung mit historischen, strategischen und ökonomischen Gesichtspunkten und Interessen mit größter Skepsis gegenüber. Ein solcher machtpolitischer Opportunismus, wie er bei den meisten Staatsbildungen des Jahres 1919/20 Pate stand, musste nach der Überzeugung des Amerikaners nicht zur Stärkung, sondern zur Schwächung und Delegitimierung der neuen Staaten wie des ganzen ostmitteleuropäischen Staatensystems führen.[74] Bekanntlich haben sich in Versailles auch unmittelbar an den Entscheidungen beteiligte Staatsmänner wie der englische Premierminister David Lloyd George ähnlich geäußert. In seinem von Weitblick zeugenden so genannten Fontainebleau-Memorandum vom 25. März 1919 hatte er davor gewarnt, „mehr Deutsche der deutschen Oberhoheit zu entziehen und sie der Herrschaft einer anderen Nation zu unterstellen als unbedingt nötig"; er konnte sich „keinen besseren Grund für einen künftigen Krieg vorstellen als wenn das deutsche Volk von einer Reihe kleiner Staaten umgeben sein sollte, in denen eine große Zahl von Deutschen leben, die sich nach einer Wiedervereinigung mit ihrem Mutterland sehnen".[75] Lloyd George gelang es schließlich, die Anberaumung von Volksabstimmungen in den umstrittenen Gebieten Ost- und Westpreußens sowie Oberschlesiens durchzusetzen. Auch der amerikanische Außenminister Robert Lansing gehörte zu den Kritikern der in Versailles getroffenen Entscheidungen, wie er allerdings erst in seinen Erinnerungen bekannte. Auch nach seiner Auffassung war es eine Verletzung des Selbstbestimmungsrechtes, dass „durch die Neuregulierung der deutschen Grenzen Millionen von Menschen deutschen Blutes unter die Oberhoheit der neu geschaffenen Staaten Polen und Tschechoslowakei gestellt wurden".[76]

Nach dem Abschluss des Locarno-Vertrages flammte diese internationale Diskussion erneut auf. 1926 nannte der britische Botschafter in Berlin, Lord D'Abernon, den polnischen Korridor „das Pulverfass Europas".[77] Der englische Publizist Robert Donald sprach 1929 vom Korridor als dem „weitaus drohendsten Sturmzentrum auf dem Kontinent", dessen Beseitigung eine „zwingende Aufgabe der Staatsmänner" sei.[78] Auch französische Beobachter wie René Martel, Professor für Slawistik an der Sorbonne, betonten die Übereinstimmung der Parteien in Deutschland bis hin zur

---

74 Die Zitate aus den Coolidge-Reports bei *Viefhaus*, Minderheitenfrage, S. 126ff, 136ff.
75 Der Wortlaut des Fontainebleau-Memorandums bei Fr. *Berber* (Hg.), Das Diktat von Versailles. Eine Darstellung in Dokumenten, Essen 1939, S. 136ff.
76 Robert *Lansing*, Die Versailler Friedensverhandlungen. Persönliche Erinnerungen, Berlin 1921, S. 74.
77 Lord E. *D'Abernon*, Ein Botschafter der Zeitenwende, 3 Bde., Leipzig 1928/30 (Tagebuch-Notiz vom 23. Februar 1926), S. 258f.
78 Robert *Donald*, The Polish Corridor and the Consequences, London 1929, S. 269.

Sozialdemokratie in der „Ansicht, dass die gegenwärtige Lage [an der deutschen Ostgrenze; K.H.] krankhaft und auf die Dauer unerträglich ist" und eine Revision erforderte.[79] Rothfels' Auffassung zur Revision der Korridorgrenze unterschied sich im Übrigen auch nicht von der amtlichen deutschen Außenpolitik seit Gustav Stresemann, der 1925 als „das nächstliegende Ziel der deutschen Außenpolitik die schrittweise Revision der politisch und wirtschaftlich unhaltbaren Grenzbestimmungen der Friedensdiktate (polnischer Korridor)" genannt hatte.[80] In einem Vortrag vor Studenten in Tübingen 1927 sprach der Reichsaußenminister auch öffentlich von seinem Ziel, nach der „Befreiung des Rheinlandes" und des Saargebietes von „feindlichen Truppen" sich einer „grundlegenden Korrektur der deutsch-polnischen Grenze: Rückgabe Danzigs und Schlesiens" zuwenden zu wollen. Als Gegenleistung deutete er wirtschaftliche und finanzielle Hilfen für Polen angesichts der dortigen prekären Wirtschaftslage an.[81]

Hans Rothfels' Überlegungen zur ostmitteleuropäischen Neuordnung waren gewiss nicht spannungsfrei. Auf der einen Seite war es für ihn keine Frage, dass sie geschehen sollte „in einer Art, wie sie dem Wesen nationalgemischter Gebiete entspricht, d.h. ohne an die berechtigte Selbständigkeit der Völker zu rühren, die mit dem deutschen Volk im Gemenge oder in Nachbarschaft liegen". Andererseits galt das unter der Voraussetzung „der notwendigen Selbständigkeit für diejenigen deutschen Volksteile, denen der Nationalstaat versagt ist".[82] Das bezog sich vor allem auf den eigentlichen wunden Punkt der Nationalitätenkonflikte, das deutsch-polnische Verhältnis. Wenn Rothfels im Hinblick auf die „Wiedererrichtung des polnischen Staates" meinte, man werde „auch von deutscher Seite zunächst rundweg anerkennen müssen, dass die Zähigkeit und Opferbereitschaft, mit der das polnische Volk durch fast anderthalb Jahrhunderte nichtstaatlicher Existenz an seinen nationalen Zielen festgehalten hat, alle Bewunderung verdient",[83] war das Ausdruck eines hohen Respekts für eine nationalbewusste Tradition, die er auf deutscher Seite häufig vermisste. Blickt man auf die betreffende deutsche und internationale Dis-

---

79 René *Martel*, Deutschlands blutende Grenzen, Oldenburg 1930, S. 123 (franz. Ausgabe: Les Frontières Orientales de l'Allemagne, Paris 1929).
80 Christian *Höltje*, Die Weimarer Republik und das Ostlocarno-Problem 1919–1934, Würzburg 1958, S. 103. Die Darstellung stützt sich auf ein internes Schreiben des Reichsaußenministers an die wichtigsten Ressorts des Reiches und Preußens, Anlage vom 13. Januar 1925 (Stresemann-Nachlass): „Die außenpolitischen Notwendigkeiten einer den Bedürfnissen der deutschen Minderheiten in Europa entsprechenden Regelung des Minderheitenrechts innerhalb des Reichs." Stresemann formulierte darin die Maßgabe, dass Revision der Grenzen in dem Maße entfallen konnte, als ausreichende Minderheitenschutzrechte nicht als Gnade der betreffenden Regierungen, sondern als deren naturrechtliche Pflicht gewährt wurden; vgl. ebd., S. 101ff.
81 Theodor *Eschenburg*, Also hören Sie mal zu. Geschichte und Geschichten, Berlin 1995, S. 187ff.
82 *Rothfels*, Ostraum, S. 232.
83 Hans *Rothfels*, Der Vertrag von Versailles und der deutsche Osten, in: Berliner Monatshefte, 12 (1934), S. 5f.

kussion, wird man hier keine „nationalistische Radikalisierung seiner politisch-historischen Argumentation" erkennen können[84] und vollends nicht, dass er das Lebensrecht des polnischen Staates in Frage gestellt hätte.[85] Rothfels hat das selbst mit der Bemerkung dementiert, dass das „Bewusstsein für den unersetzlichen Wert des Volkstums, an dessen Erweckung im ganzen Ostraum Herder wesentlich beteiligt war, niemand rückläufig machen" wolle.[86] Etwas anderes war die Frage, „ob die Erfüllung der polnischen nationalen Bedürfnisse die Errichtung eines selbständigen polnischen Staates in solcher Ausdehnung nötig machte, ob sie die Zerreißung des ganzen östlichen Raums rechtfertigen kann, letzten Endes auch für das Polentum selbst".[87] Die „Beseitigung der wider-natürlichen Grenze", die Wiederherstellung der „unmittelbaren Verbindung [Ostpreußens] mit dem Gesamtstaat" durch die „Rückgabe des Korridors"[88] erschien ihm in Übereinstimmung mit großen Teilen der nationalen und internationalen Öffentlichkeit als eine legitime und maßvolle Forderung. Es ging um „das große Mittelstück [Westpreußens], das zusammen mit dem Bromberger und Soldauer Gebiet den ‚Korridor' im engeren Sinn bildet".[89] Hier war er in Übereinstimmung mit der Mehrheit seiner Zeitgenossen bis hin zur Sozialdemokratie und hatte keine euphemistische Verschlüsselung „gelehrtenpolitischer Blütenträume" nötig.[90]

Ebenso wenig hat er geleugnet, dass auch sein Fernziel die Beseitigung der seit 1919 bestehenden französischen Vormachtstellung in Ostmitteleuropa durch eine „von der Mitte her gedachte Gegenposition" war.[91] In diesem Sinne stellte er die Frage nach den „geistigen und organisatorischen Kräften, die geeignet sind, den gefährdeten Ostraum zusammenzufassen", also die Frage nach der politischen Führung in diesem Raum, die er selbst beantwortete, sie müsse „letzten Endes vom deutschen Volk" ausgehen, weil es „als einziges diesen Lebensraum im ganzen erlebt und mit seinen Menschen wie mit seiner Gesittung befruchtet hat",[92] es werde daher „alles darauf ankommen, ob das deutsche Volk der Mitte Kräfte bereit hält zur

---

84 *Neugebauer*, Rothfels' Weg, S. 347.
85 Bernd *Faulenbach*, Ideologie des deutschen Weges. Die deutsche Geschichte in der Historiographie zwischen Kaiserreich und Nationalsozialismus, München 1980, S. 83.
86 *Rothfels*, Ostraum, S. 6.
87 Ebd.
88 *Neugebauer*, Rothfels' Weg, S. 348ff. Es handelt sich um den Text eines Vortrags, den Rothfels am 8. Januar 1933 zur Eröffnung einer Ausstellung des „Reichsverbands der heimattreuen Ost- und Westpreußen e.V." unter dem Motto „Ostpreußen – was es leidet, was es leistet" in Berlin gehalten hatte. Der Text ist im März 1933 als kleine Broschüre, offensichtlich nicht für den Buchhandel, publiziert worden. Neugebauer hat ihn in der Sonderdrucksammlung Friedrich Meineckes im Friedrich-Meinecke-Institut der Freien Universität aufgefunden. Ich folge den Zitaten Neugebauers.
89 *Rothfels*, Vertrag von Versailles, S. 17.
90 *Haar*, „Revisionistische" Historiker, S. 71.
91 *Rothfels*, Das Werden des Mitteleuropagedankens, in: *ders.*, Ostraum, S. 232.
92 Ebd.

Ordnung zwischen den Völkern, ein Prinzip staatlicher Formung, das den Erfordernissen national gemischter Gebiete Rechnung trägt".[93] Diese aus heutiger Sicht „Deutschtumszentriertheit" mag als romantisierende Erinnerung an den „alten Kampfboden des Koloniallandes" und an die preußisch-deutsche Reichsidee gelten, sie war jedoch keine befremdliche Einzelmeinung und jedenfalls eine mögliche Alternative zum so problematisch gewordenen Status quo von 1920 wie vollends zur rassen-imperialistischen Revisions-Variante der Nationalsozialisten.

Hinsichtlich der Beurteilung der Erfolgsaussichten seiner Überlegungen zur Neuordnung in Ostmitteleuropa war Rothfels selbst schwankend. Er war Realist genug, um die widerstrebenden Kräfte nicht zu verkennen. Obwohl sich, schon angesichts der wirtschaftlichen Schwierigkeiten, die Erkenntnis der Notwendigkeit großräumigerer wirtschaftlicher Zusammenarbeit aufdrängte, blieben die „Tendenzen schärfster nationalstaatlicher Abgrenzung" stark.[94] Insbesondere bei den politischen und intellektuellen Eliten war die politische und kulturelle Orientierung nach Frankreich und Westeuropa auch Ausdruck tiefen Argwohns und Misstrauens aus der Erinnerung an die Zeit der drei großen übernationalen Monarchien. In mancher Hinsicht hat Rothfels die Stärke dieser Kräfte und die Wurzeln des Misstrauens wohl nicht unerheblich unterschätzt. Auch die Versuche zur Verbesserung der Minderheitenrechte blieben in der Mehrzahl der Fälle stecken;[95] die estnische Minderheiten-Autonomie blieb ein Vorbild ohne allzu viel Nachfolge. Rothfels war dennoch weit davon entfernt, deutschen Machtwillen herauszukehren, von dessen Kontraproduktivität er überzeugt war. Er plädierte immer wieder für die geduldige „Überwindung des Argwohns" und für die „sachliche Überzeugungskraft", für das „werbende Bewusstsein einer Idee" und für die Durchsetzung ihrer „lebensmäßigen Notwendigkeit", auch über die ökonomische Nützlichkeit hinaus.[96]

Dabei war Rothfels' Gesamturteil über die ostmitteleuropäische Situation in mancher Hinsicht näher an der dortigen politisch-gesellschaftlichen Realität, als viele meinten. Seit Beginn der dreißiger Jahre hatten die Auswirkungen der Weltwirtschaftskrise auf diesen Raum voll durchgeschlagen. Sie verschärften die innenpolitischen Konflikte zusehends. Mit den Nationalitätenkonflikten verknüpften sich die ungelösten sozioökonomischen Gegensätze, auch die offen gebliebenen Agrarkonflikte zwischen Großgrundbesitz und Landarmut.[97] Im gesamten Raum zwischen Estland und Bulgarien zeigten sich die nationaldemokratisch-parlamentarischen Ver-

---

93 *Neugebauer*, Rothfels' Weg, S. 349f.
94 *Rothfels*, Das Werden des Mitteleuropagedankens, in: *ders.*, Ostraum, S. 247.
95 Ebd.
96 Ebd.
97 Vgl. Hugh Seton *Watson*, Die osteuropäische Revolution, 1. Teil: Die soziale Struktur – Parteien und Politik, München 1956, S. 3–44; *Jaksch*, Europas Weg, bes. die Teile 3 und 4: „Die Straße nach München" (S. 195ff) und „Das Begräbnis von St. Germain und die Vorbereitung von Potsdam" (S. 279ff).

fassungsordnungen und Parteiensysteme ein Jahrzehnt nach ihrer Etablierung – mit Ausnahme der Tschechoslowakei – zunehmend untauglich zur Lösung der anstehenden Probleme und machten autoritären und diktatorischen Lösungen Platz.[98] Als erstes Land verließ Polen mit einem Militärputsch seines „starken Mannes", General Josef Pilsudski, im Mai 1926 den parlamentarischen Weg. Die neuen „Sanacja"-Regierungen, die die Gesundung („Sanierung") der Lage versprachen, konnten die von einem entmachteten Parlament drapierte faktische Militär- und Beamtendiktatur kaum verbergen. Hier zeigte sich auch sogleich das Phänomen, dass die Regierungen versuchten, aus den inneren Schwierigkeiten in eine verschärfte nationalistische Außen- und Minderheitenpolitik zu flüchten. In Südslawien mündete der unnachgiebige Hegemonialwille der Serben in wachsende serbisch-kroatische Spannungen und schließlich, nach der Ermordung des Kroatenführers Ante Radić im Belgrader Parlament 1929, in die Errichtung einer „Königsdiktatur". Auch die ungarische Feudalschicht versuchte, ihre ungelösten soziopolitischen Probleme durch die Zuflucht zu einem autoritären Reichsverwesersystem mit einem schwachen Parlament zu lösen. Mit ähnlichen Entwicklungen folgten im Verlauf der dreißiger Jahre Rumänien, Bulgarien und Griechenland sowie die drei baltischen Staaten. Die ungelösten gesellschaftlich-politischen Probleme ließen auch den Schatten wachsen, den die Sowjetunion auf die labile zwischeneuropäische Region zu werfen begann. Kommunistische Aufstandsversuche konnten verschiedentlich, so in Estland und Bulgarien, nur mittels autoritärer Methoden und Institutionen niedergeworfen werden. Es waren diese Entwicklungen, die Hans Rothfels von dem „Chaos" sprechen ließen, das in diesem „östlichen Raum lauert und ihm von außen droht", Entwicklungen, die nach seinem Urteil teilweise den Grad der „Selbstzersetzung" erreicht hatten.[99] Je deutlicher es wurde, dass die „festgewordenen politischen und gesellschaftlichen Konventionen des Westens" scheiterten, desto dringlicher erschien Rothfels eine „sinnvolle Neuordnung dieses Raumes, die sich von allen imperialistischen Tendenzen prinzipiell unterscheidet", die Aufgabe „neuer sozialer

---

98 Ernst *Nolte*, Die Krise des liberalen Systems und die faschistischen Bewegungen, München 1968 mit ausführlichen Kapiteln über die einzelnen Länder in Ostmittel- und Südosteuropa; *ders.*, Der Faschismus von Mussolini zu Hitler. Texte, Bilder und Dokumente, München 1968, beide jeweils mit weiterführender Literatur; Margarete *Buber-Neumann*, Kriegsschauplätze der Weltrevolution, Stuttgart 1963; Johann Albrecht *von Reiswitz*, Die politische Entwicklung Jugoslawiens zwischen den Weltkriegen, Osteuropa-Handbuch Jugoslawien, hg. v. Werner *Markert*, Köln/Graz 1954, S. 67–98; Gerhart *Wolfrum*, Die Völker und Nationalitäten, in: ebd., S. 14–36; Osteuropa-Handbuch Polen, hg. v. Werner *Markert*, Köln/Graz 1959; Hans *Roos*, Geschichte der polnischen Nation 1918–1978. Von der Staatsgründung im Ersten Weltkrieg bis zur Gegenwart, 3. Auflage, Stuttgart 1979; Klaus *Zernack*, Osteuropa. Einführung in seine Geschichte, München 1977; Georg *Stadtmüller*, Geschichte Südosteuropas, München 1950; Ferdinand *Seibt*, Deutsche und Tschechen. Geschichte einer Nachbarschaft in der Mitte Europas, München 1974; Giselher *Wirsing*, Zwischeneuropa und die deutsche Zukunft, Jena 1932.
99 *Rothfels*, Problem des Nationalismus, S. 269.

Gestaltungen und bündischer Formen des Zusammenlebens der Völker". Erneut zeigte sich die Verflechtung der Deutschen Frage mit den Verhältnissen an ihrer „autonomen Ostseite", galt es zu erkennen, „dass im Osten unser Schicksal liegt" und die deutsche Politik hier die Aufgabe der „Eindeichung und Ordnung" zu übernehmen habe.[100]

Eine heute nicht seltene Post-hoc-Perspektive mit ihren entsprechenden moralischen Urteilen macht es sich leicht, Rothfels' Vorstellungen zur ostmitteleuropäischen Neuordnung als illusionär, reaktionär oder – widersprüchlich genug – als Wegbereitung der nationalsozialistischen „Ostpolitik" zu denunzieren. Ein besonnenes historisches Urteil wird jedoch die um 1930 grundsätzlich „offene" Situation vergegenwärtigen, um zu einem den damaligen Zeitgenossen gerecht werdenden Urteil zu gelangen. Auch der Standort von Hans Rothfels stellt sich dann als Versuch dar, zwischen der Scylla des krisengeschüttelten ostmitteleuropäischen Status quo und der Charybdis sich ankündigender Totallösungen hindurchzusteuern. Das hätte den Protagonisten der letzteren die Möglichkeit verschlossen, das in diesem Raum vorhandene Krisen- und Konfliktpotential für ihre – sich nur allmählich und schrittweise enthüllenden – rassenimperialistischen Ziele zu instrumentalisieren.[101] Gerade aus dem wachsenden Abstand zu diesem spezifischen Schauplatz des „totalitären Zeitalters"[102] wird deutlich, welche anderen Wege die europäische Geschichte hätte gehen können, wenn Lösungen jenes „dritten Weges", wie sie auch Hans Rothfels vertrat, die Chance der Verwirklichung gehabt hätten. Stattdessen vollzog sich die Dialektik von integralem Nationalismus und totalitärem Imperialismus (in seiner doppelten Gestalt), die den Raum „zwischen Reval und Bukarest" in den Abgrund der „Flurbereinigungen" und „Endlösungen" stürzte.

---

100 *Rothfels*, Das Werden des Mitteleuropagedankens, in: *ders.*, Ostraum, S. 247f.
101 Hatten bei den tschechoslowakischen Wahlen 1929 noch 51 Prozent der Deutschen für die Parteien der Zusammenarbeit mit Prag gestimmt, besonders für die Sozialdemokraten, und nur 15 Prozent für Nationalsozialisten und Deutsche Nationalpartei, so erzielte die Sudetendeutsche Partei Konrad Henleins als Folge der schweren Wirtschaftskrise bei den „Erdrutschwahlen" im Mai 1935 eine Zweidrittel-Mehrheit; vgl. *Jaksch*, Europas Weg, S. 259ff.
102 Klaus *Hornung*, Das Totalitäre Zeitalter. Bilanz des 20. Jahrhunderts, Berlin/Frankfurt a.M. 1993, 2. Auflage, Berlin 1997.

8. Öffentliche Meinung und Zeitgeist.
Was die Demoskopie zur Geschichtsschreibung beitragen kann

*Elisabeth Noelle*

Im Jahr 1950 wurde der große österreichische Sozialwissenschaftler Paul Lazarsfeld, der 1933 in die Vereinigten Staaten emigriert war, zum Präsidenten der American Association for Public Opinion Research (AAPOR) gewählt. Es ist das Privileg des AAPOR-Präsidenten, auf der Jahrestagung der Organisation eine feierliche Ansprache zu grundsätzlichen Fragen zu halten, die die Umfrageforschung betreffen. Lazarsfeld widmete seine Ansprache einem Thema, das vielen seiner amerikanischen Kollegen befremdlich erschienen sein muss und das bis heute wenig Beachtung findet. Er sprach nicht, wie es sonst üblich war, über Stichproben- oder Analyseprobleme, auch nicht über das politische Selbstverständnis oder die gesellschaftliche Bedeutung der Umfrageforschung, sein Vortrag trug vielmehr den Titel: „Die Verpflichtung des Meinungsforschers von 1950 gegenüber dem Historiker von 1984."

Mit dem Datum 1984 spielte Lazarsfeld auf den gleichnamigen Roman von George Orwell an, der kurz zuvor erschienen war und große Aufmerksamkeit gefunden hatte. Was hatte diese düstere Zukunftsutopie mit der Umfrageforschung zu tun? „In dem Roman", erläuterte Lazarsfeld, „wird die Hauptperson Winston Smith von schweren Zweifeln geplagt, ob die Welt der Diktatur und Gedankenpolizei, in der er lebt, wirklich so vollkommen ist, wie ihm die in jeder zweiten Ecke montierten Fernsehschirme weismachen wollen. Er wird von dem Verlangen verzehrt, herauszufinden, wie das Leben vor vierzig Jahren ausschaute. Aber das ist unmöglich. Ein Wahrheitsministerium beschäftigt in Orwells Alptraum viele Historiker, deren einzige Aufgabe es ist, die Geschichte abzuändern und den jeweiligen Bedürfnissen des Diktators anzupassen. Alte Nummern der Londoner Times werden ständig umgeschrieben, so dass jeder, der die Vergangenheit zu Rate ziehen will, finden wird, dass sie die gegenwärtige Parteilinie unterstützt. Die Verzweiflung, die aus der Unmöglichkeit erwächst, Gegenwart und Vergangenheit miteinander zu vergleichen, ist einer der quälendsten Züge in Orwells Roman."

„Wir alle hoffen", fuhr Lazarsfeld fort, „dass dieses Bild der Zukunft nur ein Phantasiebild bleiben und der Historiker von 1984 nicht die Aufgabe haben wird, seinen Mitbürgern das Verständnis der Vergangenheit unmöglich zu machen. Aber wird er im Jahr 1984 seiner Aufgabe gerecht werden können, wenn wir ihm nicht jetzt schon helfen?"[1]

Lazarsfelds Thema ist die Chronistenpflicht der Umfrageforschung. Nur mit Hilfe der Demoskopie können wirklich unabhängige Informationen darüber gewonnen werden, wie die Bevölkerung eines Landes zu einem bestimmten Zeitpunkt der Geschichte gefühlt, wie sie gedacht hat. Keine interpretierende Zwischeninstanz, keine Auswahl eines Schriftstellers, keine Deutung eines Zeitungsredakteurs schiebt sich zwischen die befragte Bevölkerung und den Betrachter der Umfrageergebnisse. Seitdem sich die Methode der modernen Umfrageforschung in den dreißiger Jahren des 20. Jahrhunderts zunächst in den Vereinigten Staaten, nach dem Krieg auch in Deutschland durchgesetzt hat, steht nun zum ersten Mal ein Medium zur Verfügung, durch das die Bevölkerung selbst zu den Historikern spricht, die sich Jahrzehnte oder Jahrhunderte später der Aufgabe widmen, die Ereignisse der betreffenden Zeit zu verstehen. Die Voraussetzung ist allerdings, dass der Meinungsforscher von heute auch Fragen in seine Untersuchungen aufnimmt, die den Historiker der Zukunft interessieren könnten. Das ist mit dem Stichwort „Chronistenpflicht" gemeint. Bei aller Notwendigkeit, in der Demoskopie die Erfordernisse des jeweils aktuellen Untersuchungsthemas zu beachten, muss der Umfrageforscher auch daran denken, dass seine Studien eines Tages eine unersetzliche historische Quelle darstellen werden.

Natürlich könnte das Orwellsche Wahrheitsministerium auch Sozialwissenschaftler beschäftigen, die ständig daran arbeiteten, die Ergebnisse früherer Umfragen umzuschreiben. Doch in Bezug auf die Bevölkerungsmeinung in früheren Zeiten ist der Historiker auch in der freiesten Gesellschaft fast in der gleichen Lage wie Orwells Hauptfigur Winston Smith: Er steht vor der Unmöglichkeit, die Gegenwart mit der Vergangenheit zu vergleichen.

Nun könnte man einwenden, dass die Geschichtswissenschaft doch eine Vielzahl von Möglichkeiten hat, sich über die gesellschaftliche Stimmung in früheren Jahrhunderten zu informieren. Es gibt zahlreiche Urkunden, Zeitungen, Aufzeichnungen, Zitate, Briefe, Tagebücher, archäologische Quellen, die Auskunft über das Meinungsklima der verschiedensten Abschnitte der Geschichte geben. Doch alle diese Quellen sind zwangsläufig entweder selbst bereits das Produkt eines interpretativen Vorgangs, etwa der Nachrichtenauswahl und -kommentierung in den Zeitungsredaktionen, oder aber sie sind selbst als Informationsquelle eher fragmentarisch und damit der intensiven Interpretation bedürftig, wie etwa archäologische Quellen. Die Rekonstruktion einer Bevölkerungsstimmung, ihre argumentative Herleitung auf der

---

[1] Paul F. *Lazarsfeld*, The Obligations of the 1950 Pollster to the 1984 Historian, in: Public Opinion Quarterly, 14 (1950), S. 617–638. Deutsch: Die Verpflichtung des Meinungsforschers von 1950 gegenüber dem Historiker von 1984, in: Elisabeth *Noelle-Neumann*/Renate *Köcher* (Hg.), Allensbacher Jahrbuch der Demoskopie 1984–1992, München 1993, S. E15–E27.

Grundlage der Lektüre interpretierender Literatur führt aber bereits in der Gegenwart nicht selten zu Fehlurteilen, die sich mit Hilfe der Demoskopie leicht widerlegen lassen. Das Einleuchtende, Logische, Überzeugende führt nicht selten in die Irre. Hier liegt einer der Hauptvorteile der Demoskopie: Ihre Ergebnisse zwingen den Betrachter nicht selten zu der Erkenntnis, dass seine so zwingend erscheinenden Überlegungen über die Meinungen oder Verhaltensweisen der Bevölkerung überzeugend, aber falsch waren. „Wenn wir überrascht sind", schrieb einmal Paul Valéry, „stehen wir der Wirklichkeit gegenüber."

Wollte man ein kleines Museum solcher Irrtümer über die Gesellschaft einrichten, dann müsste man dort beispielsweise die These: „Im Wahlkampf steigt die Politikverdrossenheit" ausstellen. Tatsächlich war dies einmal so. In den fünfziger und sechziger Jahren verschlechterten sich regelmäßig in den Monaten vor einer Bundestagswahl die Meinungen der Bevölkerung über die Parteien und Spitzenkandidaten. Man vermutete, der Grund hierfür sei der öffentlich ausgetragene Streit, und nahm an, dies sei ein Muster, das sich in allen Demokratien wieder finden lassen müsste. Doch spätestens seit einem Jahrzehnt ist das Gegenteil zu beobachten: Parteien- und Politikverdrossenheit erreichen regelmäßig ein Jahr vor einer Bundestagswahl ihren Höhepunkt, um dann, im Verlauf des Wahlkampfes, in sich zusammenzubrechen.[2] Es ist eine spannende Aufgabe für die politische Forschung der nächsten Jahre, die Gründe für diese Entwicklung zu erforschen. Vermutlich hängt das Phänomen mit einer veränderten Struktur der Medienberichterstattung im Wahlkampf zusammen. Doch die Tatsache, dass die Politikverdrossenheit im Wahlkampf nicht steigt, sondern sinkt, hat sich bisher nicht herumgesprochen. So forderte vor einigen Jahren beispielsweise der ehemalige Bundesaußenminister Klaus Kinkel in einem Beitrag für die *Frankfurter Allgemeine Zeitung*, die Wahlperioden zu verlängern. Die Begründung lautete: „Dauernde Wahlkämpfe stören das demokratische Miteinander und führen zu Wahlmüdigkeit und Demokratieverdrossenheit."[3]

Wenn selbst klugen Analytikern bezogen auf die Bevölkerungsstimmung in der Gegenwart solche Fehleinschätzungen unterlaufen, wie unsicher müssen dann erst die Rekonstruktionen der gesellschaftlichen Stimmung in früheren Jahrhunderten sein. Immer wieder trifft man auf Ereignisse der Geschichte, die sich ohne verlässliche Informationen über die Stimmung in der Bevölkerung wahrscheinlich nur unvollständig verstehen lassen. Da keine demoskopischen Ergebnisse zur Verfügung stehen, ist man auf kleine Signale, kurze Notizen, „Klopfzeichen" der Bevölkerung angewiesen, die in der Überlieferung erhalten geblieben sind, wie beispielsweise die

---

2 Elisabeth *Noelle-Neumann*/Hans Mathias *Kepplinger*/Wolfgang *Donsbach*, Kampa: Meinungsklima und Medienwirkung im Bundeswahlkampf 1998, Freiburg 1999, S. 175.
3 Klaus *Kinkel*, Den Bundestag für fünf Jahre wählen, in: Frankfurter Allgemeine Zeitung, 9.12.1998, S. 16.

Nachricht, dass bei der öffentlichen Hinrichtung des abgesetzten englischen Königs Charles I. im Jahr 1649 beklemmende Stille und „allgemeine Bedrückung" geherrscht habe.[4] Gleichzeitig erfährt man aber, Samuel Pepys habe sich auf derselben Veranstaltung von einer Woge puritanischen Eifers mitreißen lassen.[5] Was stimmt nun? Welcher Hinweis gibt die tatsächliche Stimmung in der englischen oder auch nur der Londoner Bevölkerung eher wieder? Wir haben keine Quellen darüber, wie die Mehrheit der Bürger, vor allem derer, die bei der Hinrichtung nicht anwesend waren, gedacht und gefühlt haben. Wir können darüber nur Spekulationen anstellen.

Werden wir ohne verlässliche Informationen über die Stimmung in der Bevölkerung jemals wirklich die Situation verstehen, die zum Sturm auf die Bastille führte? Werden wir jemals die tatsächliche Ursache der Tumulte erfahren, die sich bei der Totenfeier für den ermordeten Caesar zugetragen haben? Werden wir je sicher wissen, wie tief und wie breit die deutsche nationale Einigungsbewegung Anfang des 19. Jahrhunderts in der Bevölkerung verankert war? Hätte es damals schon die Demoskopie gegeben, verstünden wir heute mehr von diesen sozialpsychologischen Vorgängen.

Und auf welche Hindernisse wird die These stoßen, die Deutschen seien Hitler mit Begeisterung in den Krieg gefolgt, wenn es niemanden mehr gibt, der sich noch an die beklemmende Situation erinnern kann, das lähmende Entsetzen, das Deutschland im Herbst 1939 erfasst hatte? Es gibt keine Demoskopie aus dieser Zeit, die der Legendenbildung Einhalt gebieten könnte, und nur heute noch lebende Augenzeugen können die Stimmung damals beschreiben. Immerhin wurde mit Hilfe der Demoskopie versucht, die Stimmung der damals über 16-Jährigen zu erfragen.

Wie sehr die Rekonstruktion der Bevölkerungsstimmung auf der alleinigen Grundlage der Medienberichterstattung der betreffenden Zeit in die Irre führen kann, lässt sich am besten illustrieren anhand von Ereignissen der Zeitgeschichte, die den meisten Menschen noch aus eigenem Erleben gut im Gedächtnis sind. Einem Historiker des Jahres 2200, der versuchte, die Vorgeschichte der deutschen Einheit aufgrund von Zeitungsartikeln der siebziger und achtziger Jahre zu rekonstruieren, müssten die Ereignisse des Jahres 1989 vollkommen unverständlich bleiben. Er müsste zu dem Schluss kommen, die westdeutsche Bevölkerung sei über 20 Jahre hinweg an der deutschen Einheit nicht interessiert gewesen. Er würde auf unzählige Belege dafür stoßen: eifrige Versicherungen, die deutsche Einheit stünde nicht auf der Tagesordnung, die zwei deutschen Staaten seien eine unumkehrbare historische Tatsache, die friedliche Koexistenz zweier deutscher Staaten das Gebot der Stunde.

---

4 Kurt *Kluxen*, Geschichte Englands. Von den Anfängen bis zur Gegenwart, Stuttgart 1985, S. 319; zit. nach: Frank *Wagner*, Zwischen Revolution und Restauration. Zur öffentlichen Meinung in Literatur und Geschichte im England des 17. Jahrhunderts, Diss. Mainz 2003, S. 69–70.

5 *Wagner*, Zwischen Revolution und Restauration, S. 69.

Der Historiker würde von den Versuchen erfahren, die Zentrale Erfassungsstelle in Salzgitter zu schließen (was die Bevölkerung laut demoskopischer Erhebung überwiegend ablehnte), die DDR diplomatisch anzuerkennen, und davon, dass die wenigen Politiker, die sich, wie der damalige Bundeskanzler Kohl, gelegentlich zur Deutschen Einheit bekannten, als reaktionär beschimpft und ausgebuht wurden.

Er würde vor dem Rätsel stehen, dass sich scheinbar aus dem Nichts, aus einer allgemeinen und allumfassenden Ablehnung der Wiedervereinigung plötzlich eine Volksbewegung für die deutsche Einheit geformt hatte. Ein scheinbar vollkommen widersinniger Befund.

Nur mit Hilfe der Demoskopie und ganz gegen den herrschenden Medientenor der damaligen Zeit lässt sich nachweisen, dass die westdeutsche Bevölkerung den Traum von der Deutschen Einheit nie aufgegeben hatte. Eingeschüchtert vom überwältigenden Druck der in politischen Reden und den Medien angeführten Argumente gegen eine Wiedervereinigung äußerte sich die Bevölkerung nur noch zaghaft, aber eindeutig. Zwar sank seit Anfang der siebziger Jahre der Anteil derjenigen, die im demoskopischen Interview zu Protokoll gaben, sie sähen die deutsche Wiedervereinigung als eines der wichtigsten politischen Themen an, doch das Zusammengehörigkeitsgefühl mit den Ostdeutschen blieb immer lebendig. In diesem Zusammenhang ist übrigens nie richtig die Rolle der hunderttausenden Pakete gewürdigt worden, die Westdeutsche regelmäßig und über Jahrzehnte hinweg in die DDR zu Menschen schickten, die ihnen persönlich kaum oder gar nicht bekannt waren.

Als nun die direkte Frage nach der Bedeutung des Ziels der deutschen Einheit nicht mehr in die Zeit zu passen schien, verlegte sich das Institut für Demoskopie Allensbach auf indirekte Fragen wie die „Schwarzmeer-Frage". Sie lautete: „Stellen Sie sich bitte einmal vor, Sie machen Ferien irgendwo am Schwarzen Meer. Eines Tages lernen Sie einen anderen Deutschen kennen. Im Gespräch erfahren Sie, dass er aus der DDR kommt. Was denken Sie da wohl im ersten Moment, wenn Sie das erfahren?" Vom Jahr 1970, als die Frage erstmals gestellt wurde, bis zum Jahr 1988, also kurz vor dem Fall der Berliner Mauer, änderten sich die Antworten nicht. Eine deutliche Mehrheit der Westdeutschen sagte: „Ich würde mich freuen" und vor allem: „Ich glaube, dass wir uns als Deutsche im Ausland gut verstehen würden." Die auf das Gefühl der Fremdheit hindeutende Antwort „Ich wäre enttäuscht" gaben nur ganz wenige. Und noch in den achtziger Jahren sagte die Mehrheit der Westdeutschen, für sie sei dieser Bürger aus der DDR nicht einfach ein Nachbar wie etwa ein Österreicher, sondern ein Landsmann, dem man sich näher fühlt.

Die empirische Sozialforschung steht noch ganz am Anfang der Erforschung der sozialpsychologischen Vorgänge, die eine Gesellschaft formen und antreiben. Doch wenn sich auf diesem Gebiet erst einmal größere Fortschritte einstellen, dann dürfte dies auch Auswirkungen auf das Verständnis historischer Ereignisse haben. Wie ist es erklärlich, dass eine Bevölkerung über zwei Jahrzehnte ihren Wunsch nach der staatlichen Einheit ihres Heimatlandes in nahezu allen öffentlichen Äußerungen und selbst in privaten Gesprächen verleugnet? Würde man diese Frage in einer Diskussionsrunde stellen, erhielte man wahrscheinlich die Antwort, so sei nun einmal der Zeitgeist dieser Jahre gewesen. Doch streng genommen ist das keine Antwort, sondern es folgt darauf zwangsläufig eine der spannendsten Fragen, zu deren Beantwortung die Demoskopie etwas beitragen kann: Was ist Zeitgeist eigentlich?

Schon der Begriff „Zeitgeist" ist rätselhaft. Er scheint ein Phänomen zu bezeichnen, das in vielen Kulturen zu beobachten, aber außerordentlich schwer in Worte zu fassen ist. Das Wort „Zeitgeist" scheint, bei aller Schwierigkeit zu erläutern, was sich hinter diesem Begriff verbirgt, so präzis zu sein, dass es nicht gelungen ist, eine exakte Entsprechung in anderen Sprachen zu finden. So kann man das deutsche Wort „Zeitgeist" als Lehnwort in zahlreichen fremdsprachlichen Texten finden.

Eine der schönsten und klarsten Beschreibungen dessen, was sich hinter dem Begriff „Zeitgeist" verbirgt, stammt von Goethe. Mit Blick auf den Charakter öffentlicher Diskussionen schrieb er: „Wenn eine Seite nun besonders hervortritt, sich der Menge bemächtigt und in dem Grad sich entfaltet, dass die entgegengesetzte sich in die Ecke zurückziehen und für den Augenblick im Stillen verbergen muss, so nennt man jenes Übergewicht den Zeitgeist, der dann auch eine Zeitlang sein Wesen treibt."[6] Doch wie kann es gelingen, dass eine „Seite" sich „der Menge bemächtigt"? Dies lässt sich verstehen, wenn man sich die Funktion öffentlicher Meinung in der Gesellschaft vergegenwärtigt.

Öffentliche Meinung kann man verstehen als wertgeladene, vor allem moralisch aufgeladene Meinungen und Verhaltensweisen, die man in der Öffentlichkeit zeigen kann, in manchen Fällen sogar zeigen muss, wenn man nicht Gefahr laufen will, von der Gesellschaft isoliert zu werden. Entscheidend ist dabei das moralische Element: Wer anders denkt, ist nicht dumm, sondern schlecht. Aus dem moralischen Element zieht die öffentliche Meinung ihre Kraft, ihre Isolationsdrohung, die sich gegen jeden richtet, der versucht, gegen sie zu verstoßen. Die öffentliche Meinung zwingt sowohl die Regierung als auch das einzelne Glied der Gesellschaft, sie zu respektieren. Wenn die Regierung die öffentliche Meinung nicht beachtet, nichts tut, um eine feindselige öffentliche Meinung für sich zu gewinnen, droht ihr der Sturz, der Machtentzug. Wenn der einzelne Bürger gegen die öffentliche Meinung, die, wie es schon Sokrates ausdrückte, „ungeschriebenen Gesetze" verstößt, riskiert er seine Reputation, seine Einbindung in die Gesellschaft.

---

6 Johann Wolfgang *von Goethe*, Werke, Briefe und Gespräche. Gedenkausgabe, hg. v. Ernst *Beutler*, Bd. 14: Schriften zur Literatur, Zürich/Stuttgart 1964, S. 705.

Um gesellschaftliche Isolation zu vermeiden, beobachten die Menschen ständig unbewusst, aber aufmerksam, welche Meinungen und Verhaltensweisen in der Öffentlichkeit moralisch gebilligt werden und welche nicht. Dabei stützen sie sich auf zwei Quellen: erstens die Beobachtung der persönlichen Umwelt. Hier werden zahllose kleine, alltägliche Signale aufmerksam registriert: Stirnrunzeln, Abwenden, Gelächter. Alles dies sind Isolationsdrohungen, Signale für den Betroffenen, dass er die Grenzen der gesellschaftlich akzeptierten Regeln zu überschreiten droht. Die zweite Quelle, aus der die Menschen erfahren, was moralisch gebilligt wird und was nicht, sind die Massenmedien. Hier erfährt man, welche Positionen übereinstimmend wiederholt und ausführlich zu Wort kommen, möglicherweise bestätigt durch positiv wertende Kommentare oder – im Fernsehen – die Darstellung positiver Publikumsreaktionen. Ebenso deutlich wird registriert, welche Meinungen seltener zu Wort kommen, wer in seiner Argumentation unterbrochen oder verlacht wird.

Wie die öffentliche Meinung durch dieses Wechselspiel aus Umweltbeobachtung, Isolationsfurcht des Einzelnen und Isolationsdrohungen der Gesellschaft verändert werden kann, lässt sich mit dem Bild der „Schweigespirale" beschreiben.[7] Schweigespirale heißt: Wer sieht, dass seine Meinung an Boden gewinnt, fühlt sich bestätigt, gestärkt, lässt die Vorsicht fallen und bekennt sich öffentlich zu seiner Position. Wer dagegen sieht, dass seine Meinung an Boden verliert, wird vorsichtig, verfällt in Schweigen. Indem die einen laut reden, öffentlich zu sehen sind, wirken sie stärker, als sie wirklich sind, die anderen schwächer, als sie wirklich sind. Es ergibt sich eine optische und akustische Täuschung über die tatsächlichen Mehrheits- und Minderheitsverhältnisse, und so stecken die einen andere zum Reden an, die anderen zum Schweigen, bis schließlich eine Auffassung ganz aus der Öffentlichkeit verschwinden kann.

Hier wird schon die Ähnlichkeit mit Goethes Beschreibung des Zeitgeists deutlich: „Wenn eine Seite [...] sich der Menge bemächtigt [...] dass die entgegengesetzte sich in die Ecke zurückziehen und für den Augenblick im Stillen verbergen muss [...]". Was hat nun öffentliche Meinung mit Zeitgeist zu tun? Die Geschichte der Bundesrepublik Deutschland ist durchzogen von zahllosen Prozessen öffentlicher Meinung. Ihre Bedeutung, ihre Macht kann man nur erkennen, wenn man sich die konkreten Situationen vor Augen hält, in denen die öffentliche Meinung so deutlich und die Anhänger der Gegenposition so eingeschüchtert waren, dass sie in Schweigen verfielen und aus der öffentlichen Diskussion nahezu verschwanden. Beispiele von historischer Bedeutung sind die Debatte um die Wiederbewaffnung Westdeutschlands in den fünfziger Jahren und um die NATO-Nachrüstung in den achtziger Jahren. Wahrscheinlich noch deutlicher wird die Macht der öffentlichen

---

7 Ausführlich dazu: Elisabeth *Noelle-Neumann*, Die Schweigespirale. Öffentliche Meinung – Unsere soziale Haut, 6. Auflage, München 2001.

Meinung aber anhand der etwas kleineren, dafür zugespitzteren Beispiele: Nur wenige trauten sich, die vielen zu Unrecht als Nazis verunglimpften Politiker wie Hans Globke oder Hans Filbinger öffentlich zu verteidigen, fast niemand sprang dem durch einen Sturm öffentlicher moralischer Empörung aus dem Amt getriebenen Bundestagspräsidenten Philipp Jenninger bei. Wer hätte Mitte der neunziger Jahre den Mut gehabt zu sagen, dass die einzig vernünftige und umweltfreundliche Art, die Ölplattform „Brent Spar" zu entsorgen, darin bestand, sie im Meer zu versenken und dass die Firma Shell somit im Recht, Greenpeace im Unrecht war? Und wer traute sich Ende August des Jahres 2002 angesichts der – in der Medienberichterstattung maßlos übertrieben dargestellten – Überschwemmungsschäden in Sachsen, noch von Staatsverschuldung, Wirtschaftswachstum und Arbeitslosigkeit zu sprechen?

Prozesse öffentlicher Meinung sind nicht nur bei politischen Themen zu beobachten, sondern auf vielen Ebenen des öffentlichen Lebens. Doch gleich bei welchem Thema eine Schweigespirale in Gang kommt, es hat oft den Anschein, als liege all diesen Prozessen eine gemeinsame Grundströmung zugrunde. Hier kommt nun der Zeitgeist ins Spiel als Grundtenor des Meinungsklimas, der nicht an ein bestimmtes konkretes Thema gebunden ist, und der über Jahrzehnte hinweg das gesellschaftliche Klima prägt und die Richtung der einzelnen Prozesse der öffentlichen Meinung mitbestimmt.

Keine andere Methode als die Demoskopie kann diese sozialpsychologische Grundströmung der Gesellschaft in ihren zahllosen Ausdrucksformen dokumentieren und ihren Verlauf, das Aufkommen und Abflauen eines Zeitgeistes nachzeichnen. Sie kann zeigen, wie sich die Bevölkerung seit Ende der sechziger Jahre von zahlreichen bürgerlichen Tugenden wie Ordnungsliebe und Fleiß abwandte und wie sie erst heute, seit Ende der neunziger Jahre des letzten Jahrhunderts, beginnt, sie wieder zu entdecken. Mit Demoskopie lässt sich nachzeichnen, wie lange Zeit der Wert der Freiheit gegenüber dem Wert der Gleichheit an Boden verlor und erst in jüngster Zeit wieder mehr wertgeschätzt wird. Und es wird mit ihrer Hilfe sichtbar, wie sehr in einer Gesellschaft, die sich selbst dem Ideal der Rationalität und geistigen Unabhängigkeit verschrieben hat – eine Mehrheit sagt: „Ich kümmere mich nicht darum, was andere Menschen von mir denken" –, sich doch tatsächlich eng an der öffentlichen Meinung orientiert und nicht selten irrational verhält.

Der Zeitgeist prägt den Charakter öffentlicher Äußerungen, den Tonfall der Medienberichterstattung und damit das, was der Historiker des Jahres 2200 zur Rekonstruktion unserer Zeit vorfinden wird. Deswegen ist es die Aufgabe der Demoskopie, diesem Historiker die Informationen über den Charakter eben dieses Zeitgeistes zur Verfügung zu stellen und damit den Maßstab, mit dessen Hilfe sich die einzelnen auszuwertenden Dokumente erst in ihrer Aussagekraft einordnen lassen. Noch wichtiger ist es aber, dass die Demoskopie die Gefühle der Bevölkerung, die verborgenen Stimmungen und heimlichen Wünsche dokumentiert, die sich unter der Oberfläche des Zeitgeistes verbergen, die ihm zuwiderlaufen und deswegen in der Öffentlichkeit keine Berücksichtigung finden, die aber dennoch zum Verständnis historischer Ereignisse von entscheidender Bedeutung sein können. Nur so wird der Historiker die Sozialpsychologie der Ereignisse von 1989 und 1990 verstehen können.

# 9. Universitas vitae magistra?*

*Gotthard Jasper*

Die Universitäten in Deutschland – so scheint es – stecken in einer tiefen Krise. Nicht nur, dass die schon chronische Unterfinanzierung in Zeiten massiver staatlicher Haushaltskrisen bei gleichzeitig steigenden Studentenzahlen die Lage nahezu hoffnungslos macht, zentraler ist, dass im Dschungel der sich fortlaufend weiter spezialisierenden Disziplinen der Zusammenhalt und der Überblick verloren geht und angesichts der Rasanz der Wissensakkumulation das gelernte Wissen immer schneller veraltet. *Life-long-learning* ist angesagt und dadurch scheint zugleich der Nutzen universitärer Ausbildung immer mehr in Frage gestellt zu werden. Kann die Universität noch für das Leben bilden, als *vitae magistra* wirken oder ist dieser Anspruch – wie auch früher schon – eher überzogen und in seiner Reichweite überschätzt? Andersherum gefragt, was bedeutet dieser Anspruch der Universität oder diese Forderung an sie gerade in der heutigen Wissensgesellschaft?

Über die heutige Rolle der *universitas* als *magistra vitae* in einer Festschrift für Michael Stürmer nachzudenken ist angemessen, weil Stürmer durch seine Aktivitäten wie kein anderer versucht hat, den Beitrag der Geschichte für das Verständnis der politischen Gegenwart fruchtbar werden zu lassen, also die *historia* als *vitae magistra* erlebbar zu machen. Doch der generelle Anspruch, der hinter diesem klassischen Postulat der Historie steckt, ist groß, und die Wirklichkeit ist auch hier oft ernüchternd. Gewiss: es ist unumstritten, dass die politische Großwetterlage in unseren Tagen nur richtig verstanden werden kann, wenn ein Mindestverständnis mit ausreichenden Kenntnissen um die historische Entstehung der gegenwärtigen Situation vorhanden ist. Dass es dabei nicht nur um Kenntnisse, sondern um immer wieder neu zu erstellende aktuelle Interpretationen der historischen Zusammenhänge geht, bei denen die wissenschaftlichen Historiker einen entscheidend wichtigen Part zu übernehmen haben und übernehmen können, das hat gerade das publizistische

---

\* Dem essayistischen Charakter der folgenden Ausführungen entsprechend wird auf Anmerkungen und Einzelnachweise bewusst verzichtet. Pauschal sei an dieser Stelle für den weiteren Zusammenhang statt vieler im Grundsätzlichen verwiesen auf: Jürgen *Mittelstraß*, Unerledigte Probleme der Universität auf dem Wege ins 21. Jahrhundert, in: J. C. *Joerden u.a.* (Hg.), Universitäten im 21. Jahrhundert, Berlin 2000, S. 3–15, ferner: Maximilian *Forschner*, Bildung durch Wissenschaft – Zur Bedeutung der Universität und der Philosophischen Fakultät, in: Jakob H. J. *Schneider* (Hg.), Ethik – Orientierungswissen?, Würzburg 2000, S. 139–151. Zur Geschichte der Germanistik und der Physik in Erlangen vgl. die Beiträge von Ulrich *Wyss* und Walther *Jaenicke* in: 250 Jahre Friedrich-Alexander-Universität Erlangen-Nürnberg, hg. v. Henning *Kössler*, Erlangen 1993, S. 589ff und 629ff.

Wirken von Michael Stürmer deutlich gemacht. Seine Stimme ist klar und pointiert, darum hilfreich und anstößig, umstritten und zum Nachdenken fordernd.

Die produktive Weise, in der sich hier die *historia* als *vitae magistra*, als wichtige und notwendige Stimme in einem allgemeinen Diskussions- und Erkenntnisprozess erleben lässt, darf jedoch nicht vergessen machen, dass *historia* als *vitae magistra* auch oft versagt hat. Wer sich mit dem Verhalten der deutschen akademischen Schichten während der Machtergreifung der Nationalsozialisten beschäftigt, ist immer wieder überrascht, welch problematische Rolle ein nationalstaatlich fixiertes Geschichtsbild vom angeblich notwendigen deutschen Sonderweg jenseits der als westlich apostrophierten Traditionen des liberalen Rechtsstaates, der allgemeinen Menschenrechte und der parlamentarischen Demokratie gespielt hat. Dabei darf nicht übersehen werden, dass das Trauma von Versailles und die unverstandene Niederlage im Ersten Weltkrieg ein nicht zu überschätzendes Gewicht im politischen Bewusstsein der Zeitgenossen besaßen und deren politische Mentalität prägten. Dieses Trauma verstärkte eine verhängnisvolle politische Blindheit, mit der die sich als national und vaterländisch bezeichnenden Vertreter der „gehobenen" Schichten Hitlers Machtergreifung begrüßten und die brutale Ausschaltung der „vaterlandslosen" Gesellen aus KPD und SPD im Interesse nationaler Geschlossenheit und Einheit ebenso hinnahmen, wenn nicht sogar guthießen, wie sie die „Zurückdrängung" des als zu stark und angeblich zersetzend empfundenen jüdischen Einflusses unterstützten. Die mangelhafte Fähigkeit, zwischen Recht und Unrecht zu unterscheiden, die Überordnung der Nation über das Recht wird man darum – für unseren Zusammenhang ist das wichtig – auch als Produkt eines überlieferten Geschichtsbildes interpretieren dürfen, in das weder die Dimensionen des Beginns noch die des Verlustes des Ersten Weltkrieges richtig eingeordnet werden konnten.

Dass im Kampf wider die „Kriegsschuldlüge" gerade auch die professionellen Historiker einen bedenklichen Beitrag leisteten und falsche Schlüsse aus einer problematischen, verfassungspolitisch illiberalen Interpretation des so genannten Primats der Außenpolitik zogen, sei hier durchaus mit in Anschlag gebracht. Hatte in diesem Zusammenhang die Lehrmeisterin versagt oder sind die Lehren der Geschichte immer davon abhängig, was wir aus ihr lernen wollen? Wenn das so ist – und alles spricht dafür –, dann mehrt das die Verantwortung der Interpreten der Geschichte; Interpretationen jedoch sind immer diskutierbar und diskussionsbedürftig. Der Nimbus der Eindeutigkeit kommt ihnen nicht zu, was ihrem Gewicht keinen Abbruch tut, aber Grenzen deutlich macht und Verantwortlichkeiten klärt.

Die notwendige kritische Reflektion des Anspruchs der Historie, als *vitae magistra* zu wirken, die der Erfahrung des Missbrauchs nicht ausweicht, mag nützlich sein, wenn es darum geht, Dimensionen und Reichweite des Bildungsanspruchs der heutigen Universität abzuschätzen. Auch hier gilt es, vor allzu vollmundigen

Versprechungen und zu hohen Erwartungen zu warnen, aber gleichwohl die Einlösung dieses Anspruchs in rechter Weise durch die moderne Universität einzufordern.

Dass Bildung durch Wissenschaft geschehe, ist eines der zentralen Postulate der Humboldtschen Universitätsreform. Doch wer sich das Ausmaß politischer Blauäugigkeit, um nicht zu sagen: Naivität deutscher, nach den Maßstäben der Zeit hochgebildeter Professoren in der Phase des so genannten Nationalen Aufbruchs 1933 vor Augen hält und die zeitgenössische Rolle der Universitäten überprüft, der wird um die Feststellung nicht herumkommen, dass auch die Universität als Institution versagt hat, sei es, dass sie einen falschen Bildungsbegriff verkündete, sei es, dass sie ihren umfassenden Anspruch, durch Wissenschaft zu bilden, längst aufgegeben hatte. Sowohl der Wissenschaftsbegriff als auch der Begriff der Bildung hatten sich massiv gewandelt. Die Einheit der Wissenschaft war längst verloren gegangen; ihre Leistung, zu umfassender Bildung zu führen, konnte sie nicht mehr erbringen.

Will man auf die hier aufbrechenden Fragen einigermaßen schlüssige Antworten finden und daraus Folgerungen für die heutige Situation der Universitäten ziehen, dann tut man gut daran, die Begriffe zu klären und zu differenzieren und den historischen Wandel zu berücksichtigen – also auch von der *historia* als *magistra vitae* zu profitieren. Humboldts Universitätsreform lebte von der Aufwertung der Philosophischen Fakultät und der Unterscheidung zwischen Bildung und Ausbildung. Schon bei Kant hatte im Streit der Fakultäten die Philosophische Fakultät die Leitfunktion beansprucht. Im Unterschied zu den drei „oberen" Fakultäten, der Theologischen, Juristischen und Medizinischen, die der Nützlichkeit dienten und eine spezielle Fachkunde vermittelten, widmete sich die Philosophische Fakultät dem Dienst der reinen Wahrheit. Sie vermittelte Bildung durch Wissenschaft, weil Erkenntnis der Wahrheit die Persönlichkeit bildete. Als gebildet galt, wer in der Philosophie, in der vorwiegend klassischen Literatur, in Ästhetik und Geschichte sich ein Wissen für sein Leben und Erkenntnisse über die letzten Ziele und Werte erworben hatte. Dahinter stand das Bild von der Einheit aller Wissenschaft und das Vertrauen in die Einheit wissenschaftlicher Rationalität und Vernunft.

Die Entwicklung der wissenschaftlichen Disziplinen im 19. und frühen 20. Jahrhundert, die Auflösung der Leitfunktion der idealistischen Philosophie und damit der gedachten Einheit aller Wissenschaften enthüllte auch die Grenzen eines Bildungsbegriffes, dem die naturwissenschaftlichen Realien weitgehend fremd und unwichtig blieben. Der entstehende Rangverlust der Philosophischen Fakultäten wurde unterstrichen durch die Ausgliederung der Naturwissenschaften aus der alten Philosophischen Fakultät, die sich an allen deutschen Universitäten am Ende des 19. und zu Beginn des 20. Jahrhunderts vollzog. Dieser Prozess führte letztlich zur Etablierung zweier strikt unterscheidbarer wissenschaftlicher Kulturen, die kaum noch miteinander kommunizieren. Die historisch-philologisch-hermeneutischen Geisteswissenschaften einerseits und die mathematisch-naturwissenschaftlich „exakten" Wissenschaften andererseits leben weitgehend unverbunden nebeneinander her. Diese Kluft wird noch einmal verschärft durch den weitgehenden Abbau der Grenze zwischen Natur- und Ingenieurwissenschaften, der sich vielfach über die Brücke eines Ausbaus der „Angewandten" Naturwissenschaften vollzog und durch die gelungene Integration technischer Studiengänge in klassische Universitäten, die an der Universität Erlangen-Nürnberg in den sechziger Jahren vorexerziert wurde, seine feste Verankerung erfuhr.

Bezeichnenderweise fühlten und fühlen sich im Prozess der Ausbildung der beiden Wissenschaftskulturen die Sozialwissenschaften – Politikwissenschaft und Soziologie, aber auch Psychologie und Teile der Erziehungswissenschaft, soweit sie strikt empirisch-analytisch arbeiteten – eigentlich eher dem stärker instrumentellen Wissenschaftsverständnis der wertfreien Naturwissenschaften verpflichtet, obwohl sie vielfach den Philosophischen Fakultäten zugeordnet blieben. Die empirischen Sozialwissenschaften sind zudem ja auch sehr junge Kinder in den Philosophischen Fakultäten. Ihre Etablierung beginnt in der Regel nach dem Ende des Ersten Weltkrieges und setzt sich flächendeckend erst nach dem Zweiten Weltkrieg durch. Zugleich sind sie Produkte eines allgemeinen Differenzierungs- und Spezialisierungstrends, der ganz generell die Einheit der Wissenschaften fraglich und nicht mehr erlebbar macht.

Die Vieldeutigkeit der Entwicklung wird jedoch gerade am Beispiel der Politikwissenschaft erkennbar. Sie startet nach 1945 als eine normativ orientierte Demokratiewissenschaft im historischen Zusammenhang mit *Reeducation* und politischer Bildung und ist – noch dazu im Kontext einer Wiederbelebung des *Studium generale* – eindeutig dem Postulat einer *universitas vitae magistra* zuzuordnen, die aus den Fehlern einer falschen, weil unpolitischen und sich der politischen Dimensionen nicht bewusst werdenden Definition der Rolle von Universität und Bildung zu lernen versucht. Wie weit heute im Zusammenhang des Ausbaus und der Binnendifferenzierung des Faches Politikwissenschaft und der Betonung ihrer Wendung zur empirischen Sozialwissenschaft dieses Gründungsverständnis noch eine Rolle spielt, mag hier dahingestellt bleiben. Für unseren Zusammenhang ist wichtig, dass man an diesem Beispiel auch sehen kann, wie die Herausbildung der zwei Wissenschaftskulturen nicht nur eine Kluft zwischen den Geisteswissenschaften und den Natur- und Ingenieurwissenschaften öffnet, sondern auch innerhalb einzelner Disziplinen deren Einheit zu zerreißen scheint.

Doch auch jenseits dieser Klüfte zwischen den Wissenschaftskulturen ist die Einheit der Wissenschaft schon allein durch den Differenzierungs- und Spezialisierungsprozess in den einzelnen Disziplinen bedroht, weil dieser auch innerhalb der

Disziplinen das Zusammengehörigkeitsgefühl und Selbstverständnis erschwert, die Kommunikationsfähigkeit reduziert und die Einheit des Faches und seiner Stellung im Konzert der Fächer kaum noch bewusst macht. Der in den sechziger Jahren des 20. Jahrhunderts einsetzende massive Ausbau der Fächer, der sich in den siebziger Jahren noch beschleunigte und in der Vermehrung der Ordinariate und sonstigen Professuren dokumentierte, kann in seinen Auswirkungen gerade in diesen Punkten nicht überschätzt werden.

Der Umfang dieses Prozesses sei an zwei typischen Erlanger Beispielen verdeutlicht: der Physik und der Germanistik. In der Physik gab es bei Ende des Zweiten Weltkrieges in Erlangen einen Lehrstuhl und eine auf theoretische Physik ausgerichtete Dozentur. Freilich kam schon 1948 ein zweiter Lehrstuhl – dem älteren Vorbild der Chemiker folgend für „Angewandte" Physik – hinzu. 1962 wurde die Theorie-Professur zum Lehrstuhl aufgewertet und dann folgten rasch weitere Lehrstühle. Heute wirken in der Physik insgesamt 15 Lehrstühle und 11 C-3-Professuren, denen aber noch etliche außerplanmäßige Professoren, die auf Stellen für Akademische Räte/Oberräte oder Direktoren geführt werden, hinzuzurechnen sind. Dazu kommt noch ein Ordinariat für Physikalisch-medizinische Technik, das zwar der Fakultät zugeordnet ist, aber seinen institutionellen Unterbau in einem Zentralinstitut findet.

Organisatorisch ist die Physik seit Mitte der siebziger Jahre in zunächst vier, später in fünf Instituten zusammengefasst. Dabei machen die Institutsbezeichnungen: „Physikalisches" Institut, Institut für „Theoretische", „Angewandte" und „Technische" Physik sowie als Außenstelle das „Astronomische" Institut mit Sternwarte in Bamberg den historischen Prozess des rasanten Wachstums aus einem Lehrstuhl deutlich. Die Allzuständigkeit dieses ursprünglichen „Lehrstuhls für Physik" lebt noch in der Bezeichnung „Physikalisches Institut" fort, obwohl dieses Institut heute eigentlich „nur" ein Institut für Experimentalphysik ist, sich insofern zwar von der Theorie abgrenzt, aber nicht von der Angewandten und Technischen Physik unterscheiden kann. Konsequenterweise lassen sich darum auch die übrigen Institutsbezeichnungen nur historisch, nie aber systematisch erklären und können die innere Struktur der Physik nicht plausibel abbilden. Die Bildung eines einzigen Physikalischen Instituts oder – „moderner" gefasst – eines Departments für Physik mit flexibler Binnenstruktur, dauerhaften Abteilungen und temporären Arbeitsgruppen, wäre sicherlich eine angemessene Konsequenz, für die zwar Ansätze existieren, deren Weiterführung aber nur mühsam vorankommt.

Kann man bei den Erlanger Physikern von einer Verzehnfachung der Professorenstellen seit 1950 sprechen, so ist die Vermehrung bei den Germanisten nicht ganz so rasant, aber im Grunde doch vergleichbar. Die Germanistik war nach dem Zweiten Weltkrieg zunächst mit einem Lehrstuhl für germanische und deutsche

Philologie ausgestattet, der vorwiegend ältere deutsche, althochdeutsche und gotische Literatur sowie auch Sprachwissenschaften, Mundartkunde und Dialektologie vertrat. Daneben existierte seit 1932 eine Dozentur, später außerordentliche Professur für neuere deutsche Literatur, die 1952 zum Lehrstuhl aufgewertet wurde. Es folgten zunächst eine „kw"-Professur für germanistische Sprachwissenschaft und dann ein zweiter und schließlich ein dritter Lehrstuhl für Neuere Deutsche Literaturwissenschaft, wobei dem dritten Lehrstuhl dann auch die vergleichende Literaturwissenschaft zugeordnet wurde. Aus ursprünglich einem wurden seit 1950 also fünf, man könnte sogar sagen sechs Lehrstühle, wenn man das aus der Germanistik hervorgegangene Fach Theaterwissenschaft mitberücksichtigt, das heute in einem eigenen Institut für Theater- und Medienwissenschaft organisiert ist. Hinzu kommen in der Germanistik sieben C-3-Professuren, so dass man zwar nicht wie bei der Physik von einer Verzehnfachung sprechen kann, aber immerhin ergibt sich ein Wachstum von zwei auf zwölf Professuren, also eine Versechsfachung.

Dieses quantitative Wachstum wurde getragen und getrieben von einer starken Binnendifferenzierung. Die Spannweite der Ausgliederung in Spezialfächer ist in der geisteswissenschaftlichen Germanistik eher noch größer als in der naturwissenschaftlichen Physik, denn in den Philologien ist die ganz grundsätzliche Aufteilung in Literaturwissenschaft und Literaturgeschichte mit einer Ausweitung in die Kulturwissenschaft einerseits und in die Sprachwissenschaft oder Linguistik andererseits zu beachten, wobei die Linguistik sich wiederum in die eher historische Sprachgeschichte, Mundartkunde und Dialektologie und die eher systematische Phonologie, Morphologie, Syntax und Semantik bis hin zur Psycholinguistik unterteilt und in Erlangen noch ihre Fortsetzung in der Computerlinguistik findet. Wie tief diese Kluft ist, mag man auch daran ermessen, dass zum Beispiel in Konstanz die neueren Philologien auch institutionell nach Sprachwissenschaftlern einerseits und Literaturwissenschaftlern andererseits getrennt sind.

Obwohl in Erlangen nur ein Institut für Germanistik existiert, so bleibt doch zu fragen, ob aus der Perspektive der Studierenden denn die Einheit dieses Faches noch erlebbar ist, zumal wenn es in einzelne Prüfungsfächer und Studiengänge zerfällt und sich zum Beispiel das Curriculum für das Lehramt an Gymnasien eher als Addition von Teilfächern darstellt. Auch die Kohäsion im Lehrkörper wird man nicht überbeanspruchen dürfen. Ist es doch nahe liegend, dass der Spezialist in systematischer Linguistik oder in mittelhochdeutscher Literatur sich eher an seine engeren Fachkollegen in Anglistik und Romanistik hält oder diese an den Nachbaruniversitäten oder auch jenseits der deutschen Grenzen sucht, zumal die modernen Kommunikationsmittel solche Kontakte überaus erleichtern.

Die Einheit des Faches vor Ort tritt zwangsläufig immer mehr in den Hintergrund, je mehr sich die Teilfächer verselbständigen und gegeneinander abschotten.

Prüfungsbestimmungen können hier eine äußerst verhängnisvolle Rolle spielen. Ich habe im Jahr 1961 mein Staatsexamen für das Höhere Lehramt in Tübingen im Fach Geschichte noch in einer einstündigen mündlichen Kollegialprüfung bei Josef Vogt in Alter Geschichte und Hans Rothfels in Mittlerer und Neuerer Geschichte abgelegt. Dabei war völlig klar, dass der Zeithistoriker Rothfels auch mittelalterliche Geschichte prüfte – es ging in meinem Fall um den Investiturstreit –, auch wenn der quantitativ bedeutendere Prüfungsteil auf neuere Geschichte – allerdings intensiv beginnend mit der Reformationszeit – entfiel. Hier war die Einheit des Faches noch erlebbar. Aber das ist lange her.

Die heutige Wirklichkeit ist durch eine Summe vieler mündlicher Einzelprüfungen in den Teilfächern bestimmt, deren Selbständigkeit dadurch unterstrichen wird. Wenn Michael Stürmer – dieser Entwicklung widerstrebend – sich standhaft weigerte, einer Umbenennung seines Lehrstuhls von „Lehrstuhl für mittelalterliche und neuere Geschichte" in „Lehrstuhl für Neuere Geschichte" zuzustimmen, dann buche ich diesen symbolischen Protest auf das sympathische Konto eines lebendigen Bewusstseins für die traditionellen Zusammenhänge und die ideelle Einheit des Faches Geschichte, aber muss zugleich die Feststellung anfügen, dass der Trend der Zeit über diese Demonstration hinweggegangen ist; längst ist klar, dass neben dem Lehrstuhl für „Geschichte des Mittelalters" zwei „Lehrstühle für Neuere Geschichte" existieren, die einer allgemeinen Entwicklung folgend intern das Gebiet wiederum aufgeteilt haben in „Frühe Neuzeit" und „Neueste Geschichte".

Hinzu kommt ein weiterer, sehr ambivalenter Prozess, der die Einheit der Fächer, ihren Zusammenhalt und ihre Identität aushöhlt, der aber zugleich besondere Fortschritte für die Wissenschaft verspricht. Im Zeichen fortschreitender Spezialisierung tritt immer mehr zutage, dass sich besonders fruchtbare Fragestellungen und auch Ergebnisse auf den Grenzgebieten der einzelnen Disziplinen, ja geradezu zwischen den Disziplinen finden lassen. Wer sich mit dem wissenschaftlich äußerst relevanten Gebiet der metallorganischen Verbindungen beschäftigt, „verletzt" die klassischen Grenzziehungen zwischen Anorganischer und Organischer Chemie. Wer – um ein anderes Beispiel zu erwähnen – die Grenzen zwischen Strömungsmechanik und Angewandter Mathematik fixieren wollte, würde rasch belehrt, dass sich gerade die äußerst praxisrelevanten Ergebnisse der modernen Strömungsmechanik der ständigen Überschreitung der Grenze zur Angewandten Mathematik verdanken, weil mit den Methoden der mathematischen Simulation und den Ressourcen moderner Hochleistungsrechner reale Strömungen berechenbar bzw. so perfekt simulierbar werden, dass ganz neue technische Realisationen umgesetzt werden können.

Mit Recht kann man in die gleiche Richtung des Flüssigwerdens der Fachgrenzen weiterhin fragen, ob eine Professur für Computerlinguistik in ein germanistisches Institut gehört oder nicht besser als „linguistische Informatik" bei den Informatikern angesiedelt werden sollte. Ihre eher ungewöhnliche Etablierung im germanistischen Institut ist in Erlangen nur aus einer germanistischen Stellenumwidmung als willkommenes, weil Ressourcen erhaltendes Produkt eines „Programms zum Abbau von Lehrerausbildungskapazität" Mitte der achtziger Jahre historisch erklärbar. Damit schuf man einen Brückenkopf für Fragestellungen der Informatik innerhalb der klassischen Sprachwissenschaften im Raum der Philosophischen Fakultäten. Die Fruchtbarkeit der Grenzflächen zwischen den Disziplinen wurde so nicht nur symbolisiert, sondern auch institutionalisiert, doch die Integration dieser neuen Teildisziplin in ihr neues Umfeld muss immer neu geleistet werden, wie es auch ihre Rückbindung in die Informatik zu sichern gilt.

Wenn die positive Kehrseite von Spezialisierung und daraus resultierender Unübersichtlichkeit der Fächer die besondere Produktivität der Grenz- und Überschneidungsgebiete ist, dann folgt daraus zwingend für die einzelnen Spezialdisziplinen, dass sie der ihnen inhärenten Tendenz zur Abschottung zu widerstehen haben und offen bleiben müssen für die notwendige inter- und transdisziplinäre Kooperation und Ergänzung. Es bedarf gleichsam eines neuen Bewusstseins für die Begrenztheit der eigenen Methoden, Fragestellungen und Zugriffe auf den untersuchten Gegenstand, dessen ganzheitliche Erfassung immer auch die Perspektive anderer Disziplinen und anderer wissenschaftlicher Zugangsweisen erfordert. Mir scheint sich darin eine neue, aber notwendige Sichtweise von *universitas* auszudrücken. Je flüssiger die Grenzen der Disziplinen und je diffuser das disziplinäre Einheitsbewusstsein erscheinen, desto größer wird das Aufeinanderangewiesensein der einzelnen Fächer auf ihre Nachbarfächer.

Der Begriff Nachbarfach darf in diesen Zusammenhängen nicht zu eng gesehen werden. Je nach Fragestellung können ganz ungewöhnliche Kombinationen das Gebot der Stunde sein. Hier sollten – was leider viel zu selten geschieht – Mediziner und Theologen und Ökonomen in einem Projekt ebenso zusammengespannt werden können wie Techniker mit Politikwissenschaftlern, Soziologen oder Historikern. Dabei kommt es entscheidend auf eine Integration der verschiedenen Fragestellungen und Methoden in ein umfassendes Projekt an. Eine gleichsam nachträgliche Addition im Sinne einer Kompensationsfunktion der Geisteswissenschaften gegenüber den Natur- und Ingenieurwissenschaften kann nicht helfen, als ob die Geisteswissenschaften die nach falsch und richtig kategorisierten und auf Verfügbarkeit und Machbarkeit ausgerichteten, wertfreien Ergebnisse aus Naturwissenschaft und Technik nun nachträglich auf ihre gesellschaftlichen Folgen oder ihre politisch-moralische Vertretbarkeit überprüfen könnten oder sollten oder die „ethische Unterfütterung" zu liefern hätten.

Geisteswissenschaften können nicht Normen verbindlich vorschreiben – auch Philosophie, Ethik oder Theologie nicht –, aber sie können die Ergebnisse natur- und technikwissenschaftlichen Forschens und deren Wirkung in die Lebenswirklichkeit hinein analysieren und im Hinblick auf ihre Folgen reflektieren. Das kann jedoch nur gelingen, wenn man sich um ein umfassendes Verständnis dieser Lebenswirklichkeit in ihren historischen, politischen sowie ökonomischen und kulturellen Dimensionen bemüht. Dabei können nicht absolut gültige normative Maßstäbe vorgeschrieben werden; in einem vernünftigen Diskursprozess lassen sich allenfalls Voraussetzungen klären, Alternativen ordnen und wahrscheinliche Folgen aufzeigen. Die Bedeutung dieser Leistungen darf nicht unterschätzt werden. Sie können jedoch nur gelingen, wenn sich Geisteswissenschaftler mehr als bisher auf eine Begegnung mit Naturwissenschaft und Technik einlassen und Natur- und Technikwissenschaftler schon bei der Konstruktion ihrer Projekte ein Stück weit Offenheit für gesellschaftliche und politische, ökonomische oder ethische Fragestellungen beweisen und damit ein Bewusstsein für die Einheit der Wissenschaft dokumentieren, wenn man Einheit der Wissenschaft als die Einheit der Verantwortung der Wissenschaftler buchstabiert.

Ein Weg, diesem Ziel näher zu kommen, ist sicherlich, den ethischen Fragestellungen zum Beispiel in der Ökonomie oder in der Medizin dadurch Nachdruck zu verleihen, dass man Professuren für Ethik in der Medizin oder für ökonomische Ethik nicht in der Philosophischen Fakultät, sondern in den betroffenen ökonomischen oder medizinischen Fachbereichen ansiedelt und nach Möglichkeit mit Vertretern besetzt, die sowohl über eine ethisch-philosophische als auch eine medizinische oder ökonomische Qualifikation verfügen. Dabei ist jedoch darauf zu achten, dass der Kontakt dieser Professuren zu den klassischen Heimatdisziplinen nicht abreißt und sie in den allgemeinen philosophischen oder auch theologischen Kontext eingebunden bleiben. Die Spezialisierung darf hier nicht zur Aussonderung dieser „angewandten" Ethiken aus der Mutterdisziplin führen und die letzteren zur leeren Abstraktionswissenschaft machen.

Soll eine sich fortwährend spezialisierende Wissenschaft – und für den Fortschritt der Wissenschaft ist solche Spezialisierung unvermeidbar – nicht als Steinbruch nutzbaren Verfügungswissens instrumentalisierbar werden oder in der Produktion „unnützen", schöngeistig isolierten und unpolitischen „Bildungswissens" sich erschöpfen, wird sie diese inter- und transdisziplinäre Diskursarbeit über die Grenzen der Fakultäten hinweg und zwischen den Disziplinen zu leisten haben. Das gilt umso mehr, wenn man an die Funktion der Lehre an der Universität denkt. So notwendig die Spezialisierung für den Wissenschaftsfortschritt war und ist, so problematisch ist sie für die Universität als Lehrbetrieb.

Es ist gut, sich in diesem Zusammenhang daran zu erinnern, dass die Ausweitung des Lehrkörpers in den sechziger und frühen siebziger Jahren eine Konsequenz des rapiden Anstiegs der Studierendenzahlen war. Den überfüllten Hörsälen und Seminaren wollte man durch die Schaffung von „Parallel-Professuren" entgegentreten. Das war die damalige Intention. Aber statt Entlastung brachte diese Einrichtung auch für die Studierenden eher eine Steigerung der Anforderungen. Entweder wusste der Examenskandidat nicht so genau, bei wem er in die Prüfung käme, und machte deshalb vorsichtshalber bei beiden Fachvertretern einen Hauptseminarschein, oder – und das war der Regelfall – die „parallelen" Professoren teilten das Fachgebiet unter sich auf. Aus der „Neueren Geschichte" von der Reformationszeit bis heute wurden eben zwei Fächer: einmal bis zur Französischen Revolution und einmal 19. und 20. Jahrhundert. Häufig erschienen nach einer Weile die so entstandenen Teilfächer auch als selbständige Prüfungsfächer in den Prüfungsordnungen, oder zumindest forderten die Studienordnungen, dass man in jedem der Teilgebiete ein Hauptseminar zu besuchen habe.

Die zu lernenden Stoffgebiete wuchsen, und die Einheit des Faches wurde insbesondere für den Studierenden immer weniger erkennbar, zumal mit der Vergrößerung des Lehrkörpers allzu oft die Übersichtlichkeit und Geschlossenheit der Lehrpläne und Curricula verloren ging. Angesichts der großen Summe der Lehrangebote scheint sich mancher Professor berechtigt zu fühlen, nur seine Spezialgebiete anzubieten, weil er annimmt, die Summe der Spezialgebiete – um nicht zu sagen: der Hobbies – ergäbe ein sinnvolles Curriculum. In Massenfächern kann überdies das Angebot abseitiger Spezialthemen dazu dienen, sich vor dem Andrang allzu großer Hörerzahlen oder arbeitverursachender Seminarteilnehmer zu schützen. Derselbe Effekt lässt sich erzielen, wenn man durch unangemessen hohe Eingangsanforderungen die Studierenden abschreckt. Gewiss soll man sich vor ungerechten Verallgemeinerungen hüten. Sie werden den vielen in der Lehre engagierten Hochschullehrern nicht gerecht. Aber generell gilt, dass der übliche Lehrbetrieb kaum Möglichkeiten bietet, um die oben skizzierten Fehlverhaltensweisen strukturell zu unterbinden.

Die Kumulation der Tendenzen zur Spezialisierung bei Vergrößerung des Lehrkörpers einerseits und gleichzeitiges starkes Wachsen der Studierendenzahlen andererseits hat darum eine Krise des Lehrbetriebs verursacht, die in letzter Zeit vermehrt zu Bewusstsein gekommen ist. Die Einführung der überfälligen Lehrberichte und der Lehrevaluation, in Bayern die Schaffung des Amtes des Studiendekans, die Diskussion um die Strukturierung und Modularisierung der Studiengänge, dies alles dient dazu, dass die Universität sich wieder stärker auf ihre Rolle als *magistra vitae* besinnt. Dabei hat sie zu realisieren, dass die Anforderungen an die universitäre Lehre in der Gegenwart einer dynamischen Wissensgesellschaft sich dramatisch verändern, um nicht zu sagen: dramatisch wachsen.

In einer Zeit explosionsartiger Wissensvermehrung, die zugleich die Halbwertszeiten des Wissens massiv verkürzt, kann es auch in den einzelnen Fächern nicht darum gehen, den Gesamtstoff des Wissens zu vermitteln. Wichtiger ist es vielmehr, die Fähigkeit auszubilden, an ausgewählten exemplarischen Stoffen die zentralen Fragestellungen und Methoden des Faches zu erlernen, die Systematik der Fachgegenstände zu erfassen und die an Beispielen erlernten Methoden und Fragestellungen auf andere Bereiche des Faches anzuwenden und gegebenenfalls anzupassen. Interdisziplinäre Elemente in den Studiengängen haben dabei den Studierenden bewusst zu machen, wie unterschiedliche Fragestellungen unterschiedliche Methoden implizieren, wie aber umgekehrt auch die eingesetzten Methoden die möglichen Fragestellungen definieren und damit die Ergebnisse der wissenschaftlichen Arbeiten bestimmen und begrenzen.

Eine akademische Lehre, die in diesem Sinne sich stärker auf das Methodische konzentriert und auf die Übertragbarkeit von Wissen und Fragestellungen ausrichtet sowie statt auf enzyklopädische Stoffvermittlung auf problemlösende Denkfähigkeit zielt und die sich aus der Forschung speist, eine solche Lehre ist zugleich am ehesten in der Lage, auf die neuesten Entwicklungen im Berufsleben vorzubereiten. Wir beobachten doch in unseren Tagen immer mehr, dass sich die unmittelbare Zuordnung der universitären Ausbildung zu den konkreten Berufsfeldern der Absolventen lockert. Physiker machen in völlig „ausbildungsfremden" Berufen erstaunliche Karrieren, der Techniker wird Manager, der Theologe bewährt sich als Leiter einer großen Forschungseinrichtung, und die Kunsthistorikerin, die in früheren Zeiten nur als Referentin in den abgeschiedenen Arbeitsräumen eines Museums vorstellbar war, erschließt sich als Reiseleiterin im kulturhistorisch orientierten Reisemarkt neue Berufsfelder, was freilich in besonderer Weise kommunikative Fähigkeiten und einen Blick für die historischen und geographischen Kontexte der Werke der hohen Kunst erfordert.

All diese – gewiss willkürlichen – Beispiele machen ein Doppeltes deutlich: Es wäre zum einen völlig falsch, wollte sich universitäre Lehre gleichsam passgenau den einzelnen Berufsfeldern zuordnen. Dazu ist die Dynamik der beruflichen Entwicklungen viel zu groß. Wir müssen doch längst damit rechnen, dass die Absolventen der Universität im Laufe ihres Beschäftigungslebens ihre Berufsfelder mehrfach wechseln werden. Die Beispiele belegen zum anderen aber auch, dass universitäre Ausbildung – in welchem Fach auch immer – offensichtlich Qualifikationen vermitteln kann, die berufliche Erfolge in fachfernen Bereichen ermöglichen.

Als Grundbedingung für solche Erfolge ihrer Absolventen im Berufsleben hat die Universität darum dafür zu sorgen, dass im Verlauf des Studiums der einzelnen Fächer und Fachkombinationen die allgemeinen Schlüsselqualifikationen – „neudeutsch": die *soft skills* – erworben und ausgebildet werden. Dazu gehört sicherlich an zentraler Stelle die Neugier und das Wissen-Wollen, der Motor aller Wissenschaft und Forschung; mindestens ebenso wichtig ist Problemorientierung, die

115

Fähigkeit, Methoden und Fragestellungen auf neue Gebiete zu übertragen, sowie Konfliktfähigkeit, die das Erkennen der begrenzten Reichweite wissenschaftlicher Aussagen und ihrer je spezifischen situations- oder methodengebundenen Interpretationsbedürftigkeit einschließt. Nicht weniger bedeutsam ist – gerade in einer Welt der Spezialisten mit je eigenen Terminologien – Kommunikationsfähigkeit, das heißt die Fähigkeit, die anstehenden Probleme allgemein verständlich darstellen zu können, was heutzutage Fremdsprachenkenntnisse ebenso voraussetzt, wie es die Beherrschung moderner Präsentationstechniken wünschenswert macht. Solche Fähigkeiten stabilisieren zugleich den Wunsch und die Bereitschaft zum lebenslangen Lernen, was heute gefordert ist und insoweit den Wert guter universitärer Bildung gerade nicht relativiert, sondern unterstreicht.

Forschungsorientierte akademische Lehre, die in allen Studiengängen der Zersplitterung der alten Disziplinen sich bewusst ist und exemplarisch den Spezialisten an die Forschungsfront folgt, um dort Nutzen und Grenzen, Reichweite und Interpretationsbedürftigkeit von Forschungsergebnissen zu lernen, die das Angewiesensein auf und die Produktivität von Interdisziplinarität erleben lässt und in bestimmten Studiengängen ganz bewusst institutionalisiert, eine solche Lehre wäre in hervorragender Weise geeignet, dem Anspruch und der Verantwortung der *universitas* als *magistra vitae* in heutiger Zeit gerecht zu werden, Bildung durch Wissenschaft zu bewirken. Man raubt dabei dem Bildungsbegriff gewiss seine schöngeistige Abgehobenheit und Privatheit, zudem nivelliert man bewusst die falsche Antithese von Bildung und Ausbildung, weil eine *magistra vitae* das ganze Leben zu umfassen hat. Dass Personal- und Finanzausstattung der deutschen Universität – gerade in den Massenfächern – die Wahrnehmung der so verstandenen Lehraufgaben der Universität massiv erschweren, ist politisch mit Nachdruck zu kritisieren, entbindet die Universität aber nicht von der Pflicht, diesem Anspruch, als *magistra vitae* zu wirken, wo immer es geht, nachzukommen und den hausgemachten Widerständen entgegenzutreten.

II.
Altes Handwerk und höfische Kultur:
Erinnerung an alteuropäische Lebensformen

## 1. Die verschränkte Zeit

*Hubertus von Pilgrim*

Marcel Proust stellt in seiner berühmten „recherche du temps perdu" einmal fest, daß unser Leben weniger in einer Zeitfolge verlaufe, vielmehr stellten sich so viele Zeitbrüche im Ablauf der Tage ein („Noms de pays: le pays", S. 642/643). „Peu chronologique" heißt es im Originaltext und „interférant tant d'anachronismes" – das klänge fast ein wenig trocken und apodiktisch, führe Proust nicht fort mit der Feststellung, daß der beste Teil unseres Erinnerns außerhalb von uns lebe, mit der Erinnerung an den „feuchten Hauch eines Regentages, dem Geruch eines ungelüfteten Zimmers, dem Duft eines ersten Feuers im Kamin, das heißt überall da, wo wir von uns das wiederfinden, was unsere Intelligenz als unverwendbar abgelehnt hat [...]".

Auch nur der Ansatz eines Versuches, Proust zu interpretieren, sei fern von mir, noch habe ich die Absicht, auf die Fülle seiner Anspielungen auf das Zeitthema einzugehen „À la recherche du temps perdu". Aber ich muß doch eingestehen, wie sehr mich der Bezug gerade auf den *Geruchssinn* anrührt, just eben auf jenen Sinn, der sich vielleicht am meisten der begriffs-logischen Beschreibung entzieht, jenen Sinn, der als Residuum eines kreatürlichen Seins als – wie Proust beschreibt – außerhalb unserer Intelligenz empfunden wird und in dem Unwillkürlichen seiner Evokation plötzlich zweischichtiges Zeitbewußtsein zu wecken weiß.

Der Geruch von frisch gehobeltem Holz, das geht mir bei dieser Reminiszenz durch den Kopf, weckt in mir die Erinnerung an eine kurze, aber wie sich später herausstellte, in vieler Hinsicht prägende Phase meines Lebens. Rieche ich frische Sägespäne von Fichtenholz, nehme ich den so anders gearteten, eher adstringierenden Geruch von gerade eben bearbeitetem Eichenholz wahr, da steigt in mir unwillkürlich die Erinnerung an die Zeit auf, als ich als Lehrling in einer Böttcherwerkstatt stand. Nun dürfte die Beschreibung einer Lehrzeit in einem bescheidenen Handwerk nicht von großem Interesse sein, um so weniger, als sie nur eine Episode war und überdies eine generationsbedingte Relativierung vorgenommen werden muß: Ich bin in der Epoche geboren, als unsere *erste* Republik in der Agonie lag, und bin erwachsen geworden zu einer Zeit, als unsere *zweite* Republik geboren wurde.

Von meiner Generation machte ein verschwindend kleiner Anteil eines Jahrganges Abitur, studierte gar. Die Mehrheit ging also in die Lehre – was ist da erzählenswert? Ich war auf „ein anderes Gleis gesetzt", war Gymnasiast und stammte zudem aus einer Familie, in der andere Berufsneigungen als die zum Handwerk

119

herrschten. Der amerikanische Senator Henry Morgenthau war der unfreiwillige Pate einer anderen Tendenz. Sein schnell wieder zu den Akten gelegter Plan, aus Deutschland einen reinen Agrarstaat zu machen, war zeitweilig doch nicht ohne Wirkung und wurde meiner Erinnerung nach schon im Kriegswinter 1944/45 nicht nur in unserer Familie diskutiert. Mein Vater war ein Pessimist – das schuf eine innere Distanz zu den Mächten der Zeit –, aber ein *produktiver* Pessimist, wie ich ihn charakterisieren möchte, was ihn zu seinem Beruf (Prüfnormen für Flugzeuge zu entwickeln) besonders qualifizierte, nämlich Schlimmstes anzunehmen und vorbeugend Besseres zu versuchen. „Ihr lernt ein Handwerk" gebot er meinem Bruder wie mir, bevor er in Gefangenschaft geriet und ich – wie Millionen andere auch – eine Flucht quer durch unser Land hinter mir hatte.

Nun wäre es an dieser Stelle verlockend, ein farbiges Erinnerungsbild des Jahres 1945 oder gar ausgreifend auf die jeweils zwei oder drei Jahre vor und nach dem „Nullpunkt" unserer deutschen Geschichte zu beschwören, wie es sich mir darbot. Es wäre da von haarsträubenden Geschichten die Rede wie dem Entern eines schon anfahrenden Güterzuges, waghalsig aufspringend zwischen den Puffern, von dem Schrecken, ein andermal „seinen" Güterwagen durch Funkenflug in Brand gesetzt zu sehen oder dem jugendlichen Spaß, hoch thronend auf einem Kohlenberg im offenen Waggon durch die süddeutschen Lande zu fahren: ein „armer Lazzarillo von Tormes" hätte es nicht vergnüglicher empfinden können. Doch ist meine eigene Biographie hier nicht mein Thema, auch nicht ein ausgreifendes Zeitbild, zu dem andere in vielen Fällen Bedeutsameres und vor allem Leidvolleres beitragen könnten. Mir geht es vielmehr um eine bestimmte Zeitreflexion. Aber um den Kern dieser mich prägenden Epochenerfahrung zu erklären und – das ist mein Bildhauersinn – anschaulich zu machen, kann ich auf den biographischen Kontext nicht ganz verzichten, womit ich um geduldige Nachsicht des Lesers bitte.

Im fränkisch/thüringischen Grenzgebiet fand ich mich um wenige damals entscheidende Meter gerade auf der amerikanischen Seite wieder. Die lateinische Syntax hatte ich mit der Hobelbank vertauscht, lernte statt der griechischen Flexionslehre verschiedenartige Handsägen zu gebrauchen. Das war ein krasser Wechsel und besonders körperlich gewöhnungsbedürftig. Ein Lateinschüler ist solche Arbeit nicht gewöhnt, stellt sich zunächst ungeschickt an, hat – wie man so sagt – zwei „linke Hände" und muß sich üben, den ganzen lieben langen Tag zu hobeln, was zwar nicht unmenschlich schwer, aber einem Vierzehnjährigen alles an Kraft und Durchhaltevermögen abfordert. Es gilt für jedes Metier – auch für viele Sportarten –, je ungeübter man ist, um so mehr Kraft muß man aufwenden.

Doch nicht der leiseste Ton einer Klage soll hier anklingen, im Gegenteil verbinde ich die Erinnerung an diese Zeit mit einer Art *Glücksempfinden*, das im scharfen Kontrast steht zu der Sorge und Düsternis der Zeit. Von einem Gefühl von Zwang oder von einer sozial gestimmten Problematik konnte nicht die Rede sein. Das hing gewiß auch damit zusammen, daß ich nie gern zur Schule gegangen bin. Zwar bin ich nicht in die Kategorie derer einzureihen, die als Schulversager in eine Lehre gesteckt und damit mehr oder weniger deutlich mit dem Verdikt belegt werden, vermeintliche oder wirkliche Lebenschancen vertan zu haben. Die Kriegs- und Nachkriegsereignisse erzwangen so häufige Schul- und Ortswechsel, daß ich, zynisch gesagt, gar nicht zum etwaigen Sitzenbleiben kam. Ich male hier nicht meine widerstreitenden Gefühle aus, als ich mein erstes Gymnasium vor meinen Augen niederbrennen oder ein späteres von einem Tag auf den anderen zu einem Lazarett verwandelt sah. Nicht aussparen aber sollte ich vielleicht den Hinweis, daß ich durch frühere Jugenderfahrung schon eine Anschauung vom Böttcher- oder – wie man in Bayern sagt – Schäfflerberuf hatte, was für ein Großstadtkind meiner Herkunft keineswegs selbstverständlich war. So hatte ich trotz aller Zwänge des Jahres 1945 sogar das Gefühl einer *freiwilligen* Wahl des Metiers. Wohl war ich bei Kriegsende zu meiner Enttäuschung nicht im klimabegünstigten Südwesten gelandet, wo ich früher eine unvergeßliche Ferienzeit bei einem Böttcher verbracht hatte, der vor allem mit dem spannenden und aufwendigen Bau von eichenen Weinfässern befaßt war. Damals, 1945, geriet ich in einer dem Weinbau fernen Gegend in eine Werkstatt, in der es ergo in der Regel galt, nur bescheidene Zuber, Krautbottiche und Ähnliches zu fertigen.

Mitteilenswert erscheint mir nun eine Erfahrung, die sich im wesentlichen erst im *nachhinein* erschloß. Bis heute beschäftigt mich das eigentümliche *„Verschleppungsmoment"* bestimmten Erlebens, daß man sich oft erst ex post einer Zeitzeugenschaft recht bewußt wird und den Sinn bestimmter Lehren erst später begreift. Gewiß erfüllte mich das Lernen mit meinen damals dreizehn/vierzehn Jahren auch unmittelbar. Ich wurde mit wenn auch sehr übersichtlichen, aber doch ausgeklügelten Fertigungsprozessen vertraut, lernte eine Vielzahl von Werkzeugen zu gebrauchen, wobei das Unterscheiden beispielsweise sehr verschiedener Hobel, diverser Holzarten, unterschiedlich geformter Sägen mich direkt an Vokabellernen (samt deren Dialektformen) gemahnte. Ich erinnere mich an die Reihe der Holzschablonen, die an der Wand über den Fenstern hingen und eigentlich das ganze Fertigungswissen bargen und den schon von Vater und Großvater des Meisters erarbeiteten Formenvorrat repräsentierten. Nie werde ich diese schlichten, teils schon etwas vernutzten Holzbrettchen vergessen, die ein kurzes Stück Kreissegment gerade so weit abbildeten, wie ungefähr eine Daube breit ist. Daube ist das Einzelelement eines Fasses oder Bottichs, ursprünglich ein gerades Brett, das, außen gewölbt, innen gehöhlt, rund gehobelt und an den Kanten auf einen imaginären Mittelpunkt hin schräg zugerichtet werden mußte. Auf diesen knappen Formschablonen waren meiner Erinnerung nach nur *drei* Parameter vermerkt, die *Literzahl* des zu fertigenden Bottichs, seine *Höhe* und sein *Umfang*. Kam ein Kunde, in der Regel ein Bauer aus dem Dorf oder von den Nachbardörfern, gab es ein kurzes Palaver über Größe und Verwendungszweck, also kurz gesagt über das Volumen, woraufhin Bretter in entsprechender Länge zuzusägen waren, die aneinander gelegt, mit einem empirisch ermittelten Längenüberschuß für den erwarteten Verarbeitungsschwund, dem späteren Bottichumfang entsprechen mußten. Weder existierten *Zeichnungen* auf Papier noch irgendwelche Abbildungen, es gab keine sogenannten Blaupausen, kaum, daß ein fertiges Stück zu sehen war – dennoch wußten Meister wie Kunde, worum es ging.

Mein Meister hatte seine Klientel, aber er hatte auch eine Nebenerwerbslandwirtschaft, wie das so amtlich heißt. Das war in den Hungerzeiten damals seine Rettung, aber, wie sich auf unvorhergesehene Weise erwies, auch sein Ruin. Im thüringischen Grenzgebiet hatte er einen Teil seiner Felder, auf denen ich ihm, wenn Not am Mann war, gelegentlich half und auch einmal erlebte, wie ein Rotarmist uns bei drohendem Gewitter bei dem eiligen Verladen des Korns half. Dann aber später benutzte ein anderer Soldat meinen Meister als Zielscheibe, zerschoß ihm den Arm, als er gerade seine Sense mit den typisch schnellen Schlägen wetzte. War es böse Absicht, ein Versehen, ein Mißverständnis, einfach Übermut, wie es bei jeder Soldateska vorkommt? Es wurde nie ermittelt, was da gegen Ende des Jahres geschah, als ja alle Kriegshandlungen schon längst vorbei waren. Ich besuchte meinen Meister im Krankenhaus von Coburg, einen gebrochenen Mann im großen Krankensaal, berufsunfähig geworden, der Sohn noch in Rußland gefangen, der Geselle vermißt und unsere ungleiche Partnerschaft beendet: ich habe viel Anlaß, mich mit Dank und Respekt an den redlichen Meister (dem dann noch viele andere folgten) zu erinnern!

Ich fand mich auf der Schulbank wieder. Nach dem schon oben gemachten, mich kompromittierenden Eingeständnis, ungern zur Schule gegangen zu sein, wird verständlich, wie verhalten meine Begeisterung über den neuerlichen Lebenswechsel war. Aber dann ereignete sich ausgerechnet in der mir bis dato verhaßten Mathematik ein denkwürdiges Sauluserlebnis. Es war zu einem gegebenen Kreis der Mittelpunkt zu konstruieren. Plötzlich wanderten meine Gedanken wieder in die Böttcherwerkstatt, wo diese Aufgabe Alltagswert hatte. Der *Kreisradius* befand sich keineswegs auf den oben geschilderten Holzschablonen und war dennoch für den natürlich dicht sitzenden Bottichboden exakt zu ermitteln. Auf einmal wurde mir klar, wie viel Euklid auch dieses schlichte (kaum mit dem hochentwickelten Geigenbau in Mittenwald etwa vergleichbare) Handwerk voraussetzte. So war ich, zunächst in der Geometrie, dann überhaupt in der Mathematik, mit Feuereifer dabei, der nicht nachließ, als auch der Erfahrungskreis des Handwerks längst überschritten wurde. Zwar flog der Schulranzen, mittags nach Hause gekommen, stets in einen Winkel – vorher aber hatte ich schon das Mathematikheft sorgfältig entnommen, um sofort, zwischen Tür und Angel noch, über irgendwelchen mathematischen Lösungsmöglichkeiten zu brüten. Das anfangs gefürchtete Fach bereitete mir bis zum Abitur mehr Lust als Mühe. Heute habe ich alles vergessen bis auf die magische $\pi$, die ich schneller und sicherer als meine Konto- oder Taschentelefonnummer bis auf acht Stellen genau herunterbeten kann. Geblieben aber ist mir die eigensinnige, künstlertypische Lebenserfahrung: *Erst kommt die Praxis, dann die Teorie!*

Tiefer greift die mir allmählich dämmernde Erkenntnis, daß ich eine vergangene Epoche erlebt habe, die weiter zurückreicht als zu dem wirr-farbigen Mosaik der Zeit um 1945! Ja, ich meine, tätig an der Hobelbank, einen Zipfel Mittelalter noch erwischt zu haben oder doch ausschnittsweise Lebenswirklichkeiten vergangener Jahrhunderte gespürt zu haben. Man mag das für übertrieben halten und mir meine Zeitzeugenschaft aus jener Zeit entgegenhalten. Wie jedes Kind wußte ich doch beispielsweise, das Bellen und Keckern der Fliegerabwehrgeschütze zu unterscheiden von den dumpfen Bombeneinschlägen, die sich klanglich wiederum unterschieden von dem Trommelfeuer der Artillerie, dessen bedrohliches Grollen zu hastiger Flucht mahnte. Das war wahrlich zwanzigstes Jahrhundert! Doch im Frühjahr 1945 schwiegen die Waffen, und ich war unversehens in eine andere Welt abgetaucht. Wie fern, wie mittelalterlich sie war, ist mit vielen Momenten zu belegen:
– Die Produktionsweise war wortwörtlich handwerklich, nicht eine einzige Maschine gab es! Daß 1945 in weiten Teilen Deutschlands kein oder nur unregelmäßig, ganz limitiert Strom zu beziehen war, konnte meinen Meister nicht anfechten. Die Dauben für die entstehenden Zuber wurden mit Rahmensägen von Hand abgelängt, die zum Nieten notwendigen Löcher in den Faßreifen schlug man mit einem schweren Hammer und einem kleinen Rundeisen – die Bohrmaschine, man glaube mir, braucht für den gleichen Vorgang sogar mehr Zeit. Überhaupt war die Einzelanfertigung die Regel, die Fertigung zweier oder dreier identischer Stücke gleichzeitig die Ausnahme. Stellt man die teils zeitaufwendigen Maschinenrüstzeiten in Betracht, ist eine absolut manuelle Vorgehensweise für einen sehr kleinen Betrieb damaliger Zeit wirtschaftlich gesehen auch nicht so abwegig.
– Archaisch war auch das Lehrverhältnis, das auf einer heute sehr fern wirkenden Subordination beruhte. Diese drückte mich freilich nicht, was nicht nur an der Menschlichkeit meines Lehrherrn, sondern auch an den besonderen Umständen der Situation lag. Vor allem aber zählte für mich, daß es viel zu lernen gab. Ich habe noch richtig Lehrgeld gezahlt, das war wiederum wörtlich und nicht poetisch-metaphorisch zu verstehen!
– Wenn auch die damaligen Zeitläufte aller Folklore abhold waren (der Münchner denkt natürlich bis heute an den pittoresken Schäfflertanz!), so blieb dennoch das

alte Wirtschaftsgefüge spürbar. Ich entsinne mich, daß einmal mein ansonsten hilfsbereiter Meister sich störrisch zeigte, einen kleinen Schaden an einem Leiterwagen zu beheben, mit dem ein Bauer in den Hof kutschiert kam: das sei Angelegenheit des Wagners oder Stellmachers, wie es dort hieß: Zunftordnung!

– Auch kann ich mich an keine Überschußproduktion entsinnen – praktisch lief alles auf direkte Bestellung. Ob das Handwerk den sprichwörtlich goldenen Boden hatte, das entzieht sich, so jung ich damals war, meiner Beurteilung. Gewiß zeichnete sich sogar schon damals ab, daß der Böttcherberuf (die heute auch mehr industrialisierte Weinfaßherstellung ausgenommen) ein sterbender Beruf war. Aber damals gab es immer etwas zu tun und heute wundere ich mich, daß keinerlei Reklame auf den kleinen Betrieb aufmerksam machte; nicht einmal an eine weithin sichtbare Namensschrift am Gebäude kann ich mich erinnern. Dennoch, wie Bienen auch unscheinbare Blüten aufspüren, so kamen immer wieder Kunden in den Hof geschwirrt!

– Methode und Ethos, so mag man feierlich die Devise strenger Wissenschaft nennen. Mutatis mutandis gilt das auch für das Handwerk. Den zweiten Schritt kann man nicht vor dem ersten machen, und was man beim dritten Schritt verpatzt hat, ist mit dem folgenden Schritt schwer wiedergutzumachen. Das Resultat lohnt durch die möglichst vollkommene „Geometrie" alle Mühen; schließlich ist bei einem Zuber ganz schlicht die perfekte Dichtigkeit der so greifbare Qualitätsausweis. Anfügen muß ich die tiefe Befriedigung, die das Fertigstellen eines Zubers, eines Fasses vermittelte – von „selbstentfremdeter Arbeit" konnte bei aller Hobelmühe und Sägeanstrengung nicht die Rede sein. Ich hatte mich im vorindustriellen Zeitalter befunden!

– Manuelle Fertigkeit – das ist etwas, was gewiß nicht nur der Böttcherberuf vermittelt, etwas, das aber in unserer hochtechnisierten Welt rar und rarer wird. Schulen (handelt es sich nicht um exklusive Anstalten) entwickeln solche Fähigkeiten kaum oder gar nicht. Sport wird getrieben, oder feiner noch, wer die Begabung und die Möglichkeit hat, lernt ein Musikinstrument zu spielen. Die bescheidene Fertigkeit, ein Brett korrekt zu hobeln, eine Säge zu schränken, eine Axt zu schärfen, einen Werkzeugstiel neu zu schnitzen und einzufügen, eine Sense zu dengeln, einen Faßreif konisch zu hämmern, eine Nut zu fräsen ..., all das rückt immer ferner und hat doch einmal in der Mischung von Geschick und Kraft zufriedene Seinsgewißheit erzeugt. Für den Künstler, der individuell produziert, bleibt die manuelle Vorgehensweise eine Conditio sine qua non. Sie enthebt ihn auch deshalb (in diesem Produktionsaspekt) diesen Zeitläuften, weil bei ihm Erfinden und Hervorbringen zu einem identischen Akt verschmelzen.

– Auch sehe ich die Anschaulichkeit in unserer Zeit schwinden – oder besser gesagt, sich tiefgreifend wandeln. Natürlich, die Medien vermitteln uns eine Ubiquität, Einsichten in Natur und fremde Welten, was Staunen macht. Die Anschaulichkeit aber des Handwerks (generell moderner Industriehervorbringung) ist dahin. Plato führt uns noch, bevor er in seine berühmte Ideenhöhle absteigt, zu einem Stuhlmacher. Er präludiert die Ideenlehre, bringt den Handwerker, den Maler und fast möchte ich meinen, den Photographen ins Gespräch (wenn ich κατοπτρον statt mit *Spiegel* anachronistisch mit *Photoapparat* übersetze) – ich liebe die Stelle (Politeia 596 d), riecht es doch nach frisch gehobeltem Holz! Ich frage mich, wo heute der Philosoph seine Anschauungsbeispiele hernähme? Wenn ein Weinfaß gefertigt wird, dessen eine Faßseite zu einem einfachen Konus schon gefügt ist, müssen die sich zur anderen Seite noch auseinander spreizenden Dauben gebogen werden. Das geschieht mit Dämpfen, und ein loderndes Feuer aus Hobelspänen wird im gefeuchteten Faß entzündet, natürlich nicht in der brandgefährdeten Werkstatt, sondern auf der Dorfstraße, und alle Leute, straßauf, straßab, nehmen Anteil und sehen den Arbeitsvorgang. Welch Kind hat heute noch einen anschaulichen Begriff vom Beruf des Vaters, der Mutter?

– Am meisten aber bewegt mich die Konstanz der einmal entwickelten und immer wieder im Grundprinzip perpetuierten Grundform. Ich wurde dieser mich verblüffenden Tatsache erst gewahr, als ich mich, mit fortschreitenden Jahren meiner Entwicklung, immer deutlicher der Kunst zuwandte. Längst hatte ich mir einen neuen Meister gesucht, diente bei einem Bildhauer mit wachsenden Privilegien und betrieb die in jenen Jahren noch schlecht behauste und mit Wechselunterricht unregelmäßige Schule ziemlich nebenbei. Dabei las ich nicht nur viel, ich studierte Kunstbücher und besuchte – wo schon zugänglich – Museen. Da durchfuhr es mich, als ich entdeckte, daß Zuber, wie ich sie fertigen zu helfen gelernt hatte, seit ewigen Zeiten gleich strukturiert waren. Sehe ich einmal davon ab, daß irgendwann einmal der hölzerne Faßreifen von einem eisernen abgelöst wurde, gibt es keine wesentlichen Unterschiede, nicht von Oberfranken zum Bodenseegebiet, vom Maingebiet, dem Oberrhein bis zum Burgund, durch die Jahrhunderte. Eine Kulturgeschichte des Bottichs schreiben zu wollen hat es mich nie gelüstet. Schlage man in Diderots Enzyklopädie nach, da kann man alles anschauen.

– Eine kleine Erinnerung an diese so normative Welt muß ich einschieben. Alles versuchte mir mein Meister beizubringen, verschloß sich keinen Fragen, wenngleich ich in der begrenzten Zeit nicht „auslernte" und manches wie die aufwendigeren Ovalkonstruktionen vergessen habe. Aber deutlich steht mir ein Abschlußritual vor Augen, wenn ein schmucker Zuber fertiggestellt war. Dann griff der Meister zu Schnitzmesser und Holzraspel und kerbte links und rechts von den längeren beiden überständigen, mit einem großen Griffloch versehenen Griffdauben eine dekorative Abfolge von langen oder kurzen Kerben. Er skandierte gewissermaßen wie ein Daktylos oder Anapäst beispielsweise lang-kurz-kurz oder kurz-kurz-lang, so oder anders, immer einen urtümlichen Strichcode, den er mir aber nicht verriet. Der blieb sein kleines arcanum.

Die Konstanz der Gebrauchsform, das ist ein Motiv, das mich immer wieder in einer sich ständig wandelnden Welt bewegt. Man verstehe mich nicht nostalgisch. Der Wunsch, in einem anderen Zeitalter gelebt haben zu wollen, ist gewiß immer begleitet von der Unkenntnis der Totalität uns heute höchst ungemütlich erscheinender damaliger Zeitumstände. Es ist heute eine unerhörte Freiheit, sagen wir in Madrid, Verona oder Dresden bei Geldbedarf ein magnetisiertes Kärtchen in den Mauerschlitz eines statiösen Gebäudes zu schieben, mit den Fingerkuppen die Jahreszahl von Austerlitz (oder welche Zahl einem zugedacht ist) einzugeben und aus einem anderen Schlitz Geld zu ziehen, nun in einer weithin geltenden, einheitlichen Währung! Ungewohnter schon ist es, im Hotel statt des vertrauten Schlüssels ein ebensolches Kärtchen in Empfang zu nehmen, nur mit dem sich der Aufzug automatisch in das erforderliche Stockwerk bewegt, wo erneute Versuche des „Sesam öffne dich" angestellt werden. Mitunter treibt die Armatur der Dusche zur Verzweiflung, sie verbrüht oder ist nicht nur sprichwörtlich die kalte Dusche oder bleibt überhaupt trocken, wenn man das morgendliche Klempnerdiplom nicht besteht – so verschieden ist von Haus zu Haus, Land zu Land, Jahr zu Jahr der triviale Gegenstand. Einmal die vollkommene Form gefunden zu haben scheint ein immer ferner werdendes Glück zu sein. Als Bildhauer, der „mit den Fingern denkt" und in teilweise schon zu homerischen Zeiten unmodern werdenden Produktionsweisen arbeitet, suche ich aber manchmal in meinem Zeitalter den festen Halt. So löst der Gebrauch von unveränderten oder aber stets gewandelten Alltagsgegenständen Gedankenketten über die Verklammerung der Zeiten, über ihre Brüche oder eben Beständigkeiten aus.

Es ist also nicht der Rückblick an sich, der mein Denken mitprägt, es ist das bewußte – oder beim Holzgeruch oft unbewußte – Epochenvergleichen, das mich trägt. So verstehe ich das Erinnern nicht nur inhaltlich, sondern gewissermaßen auch strukturell, als schöpferisches Element. Bei der bildnerischen Arbeit überlagern sich verschiedene Zeitebenen. Vor schon Gesehenes schieben sich aktuelle Wahrnehmungen, vorgeprägte Formen werden antithetisch, aus schöpferischem Widerspruch oder partiell eben doch integrierend im Sinne einer Bildtradition aufgenommen. Bei dem plastischen Bildnis post mortem stehe ich vor der Auswahl von (meist photographischen) Bildvorlagen verschiedener Lebensalter, die ich mehr oder weniger zu verschmelzen suche. Selbst bei dem Portrait „nach dem Leben" greift zu einem gewissen Grade dieser Umformungsprozeß, jugendlichere Zustände beschwörend oder vorgreifend ältere Lebensperioden erahnend im

Sinne einer Wesensschau. Bei meinem durchweg figürlichen Schaffen sind aber außer bei dieser speziellen Portraitarbeit keine Modelle in meinem Atelier anwesend. Wohl aber schöpfe ich aus der erinnernden Anschauung unendlich vieler Aktmodelle aus einer langen, langen Seherfahrung, an Akademien lernend wie lehrend. Mein Beitrag zur Belebung und Neuformulierung des Personal- wie auch des Ereignisdenkmals in einer, wie es vor zwanzig Jahren noch schien, denkmalsfeindlichen Zeit ist ohne die Verschränkung der Zeitebenen nicht denkbar. Ohne das „Beigesellen" weiterer Erinnerungsschichten ist Kunst gar nicht möglich, immer schöpft sie aus assoziativen Momenten ihre Mitteilungskraft! Ich werde mir des tiefen Sinnes bewußt, daß die Griechen die Musen als Tochter der Erinnerungskunst verstanden. Auch Clio – bei der die Geschichte „ressortiert" – stammt von jener vergleichsverständigen Mnemosyne ab.

## 2. Abfallnutzung und Recycling im Alten Handwerk. Skizzen zu einer Kulturgeschichte des Mülls

*Thomas Brachert*

Die Wiederverwertung von Rohstoffresten und Abfällen war ein Merkmal des Alten Handwerks, das sich – überraschend für den modernen Betrachter – als eine perfekte Recyclinggesellschaft darstellt. Nicht die aufwendig selektierte Entsorgung von Müll war hier die Prämisse, sondern die mehr oder minder der Not gehorchende und von Armut diktierte Nutzung aller Abfälle einer weitgehend rohstoffarmen Welt (wobei hier Müll, Abfall und Nebenprodukt nicht eindeutig definierbare Begriffe sind). Dass unter diesen Umständen Glanzleistungen im Alten Handwerk und in den Künsten möglich waren, ist – trotz letztlich primitiver technischer Bedingungen – bemerkenswert.

Knochen, Horn, Knorpel, Klauen, Hufen und Sehnen und auch Abfälle von Fellen, Leder und Pergamenten oder solche der Hausindustrie wurden nicht kurzerhand weggeworfen. Selbst so unappetitliche organische Substanzen wie Urin, Jauche und Fäkalien oder Fleischreste und Blut wurden noch in großem Stil als wichtige Faktoren der alchemistischen Handwerksproduktion genutzt. Alchemie soll dabei als empirischer Vorläufer der modernen Chemie verstanden werden.

Nicht minder wichtig waren anorganische Restprodukte, wie die des Bergwerkswesens, der Metall- und Glasschmelzen und allerlei Abfälle der Werkstätten und Haushalte.

### *I. Organische Materialien*

Eine hervorragende Rolle spielten die allerorten durch Verbrennung von Hölzern anfallenden Wald- und Herdaschen, für die, wegen ihres Gehaltes an Pottasche ($K_2CO_3$), vielfach Ablieferungspflicht bestand. Noch 1856 erwähnt Adolf Hohenstein im Zusammenhang mit der Produktion von Pottaschen, dass diese das einzige Mittel zur Reinigung des Waldes wären, um „aus ihnen dabei noch Nutzen zu ziehen. Wo Wälder durch unrichtige Behandlung in schlechten Zustand geraten sind [...] die Holzhändler darin willkürlich herumhauten, [...] Gipfel, Aeste, Späne, Stöcke im Walde zurückliessen, wie vortheilhaft kann hier ein Forstmann durch Anlegung einer zweckmässigen Pottaschenhütte wirken".[1] Der Bedarf an Holzaschen war freilich bereits im 17. Jahrhundert derartig groß geworden, dass nicht

---

1 Adolf *Hohenstein*, Die Pottaschen-Fabrikation für Waldbesitzer und Forstmänner, Wien 1856, S. 1–2.

einmal die in der Haus- und Waldwirtschaft wie die im Gewerbe anfallenden Mengen ausreichten. In wachsendem Maße mussten deshalb calcinierte, das heißt hart gebrannte Pottaschen aus dem Baltikum, aus Polen, der Ukraine und Russland in Fässern importiert werden.[2] Für die Technik des frühen Mittelalters schildert Lippmann 1919[3] ihre Gewinnung: Die gesammelten Aschen wurden in vier verschiedenen Eimern mit Wasser dergestalt ausgelaugt, dass die Auflösung im ersten Eimer auf die trockene Asche des zweiten Eimers gegossen wurde und so fort, um auf diese Weise immer konzentriertere Lösungen zu erhalten, die schließlich zu einem kaliumcarbonathaltigen Salz eingedampft werden konnten. Die verschiedenen Holzarten wie Eiche, Buche, Nussbaum, Rüster, Erle etc. lieferten dabei sehr unterschiedliche Qualitäten und konnten 20–35 Prozent Kaliumcarbonat enthalten. Genutzt wurde vielfach selbst das verkohlte Holz abgebrannter Häuser oder jenes ausgedienter alter Weinfässer, ja letztere waren wegen ihres Gehaltes an Weinstein besonders geschätzt, wie noch aufzuzeigen ist.

Aber auch zahlreiche Kräuter konnten zur Aschengewinnung herangezogen werden. Vielfach durch Quellen belegt sind Aschen, die man aus Gras und Torf und allerlei Gartenabfällen gewann, wie Tabak-, Mohn- und Sonnenblumenstängeln, Hopfen, Wicken, Linsen- und Bohnenkraut sowie aus Getreide- und Rapsstroh, Kartoffelkraut, Disteln, Brennnesseln, Farnen u.a.m.[4] Und selbst die in der Färberküpe schon ausgelaugte Waidkohle, das zerquetschte und faulig fermentierte Laub des Färberwaids, dem man den Farbstoff bereits entzogen hatte, wurde anschließend wieder getrocknet und zu so genannter Waidasche verbrannt.[5] Alle diese Gewächse waren mehr oder minder kaliumhaltig. Auch die überwiegend natriumhaltigen Kräuter, vornehmlich von den Küsten des Mittelmeerraumes, wurden vielfach zur Sodagewinnung (Natriumcarbonat, $Na_2CO_3$) genutzt. Sie eigneten sich für die Glasindustrie wesentlich besser als die Pottaschen (mit deren Hilfe man die weniger qualifizierten so genannten Waldgläser bereitete), weshalb sie agrarisch angebaut wurden. Als so genannte Alicante-Soda und Produkte der Kanaren wurden sie in großen Mengen auf die Märkte gebracht. Da sie indessen nicht eigentlich als Abfallprodukte zu betrachten sind, sollen sie hier nur am Rande erwähnt sein.[6]

---

2 Thomas *Brachert*, Lexikon historischer Maltechniken, München 2001, mit weiterführender Literatur.
3 E. O. *von Lippmann*, Entstehung und Ausbreitung der Alchemie, Berlin 1919, S. 114.
4 Johannes *Kunckel*, Ars vitraria experimentalis oder vollkomme Glasmacherkunst, Frankfurt/Leipzig 1689; Nachdruck Hildesheim/New York 1972, S. 232; Hohenstein, Pottaschenfabrikation, S. 16, 30, 39, 42, 55, 57 und 64; *Brachert*, Lexikon historischer Maltechniken, S. 27.
5 *Anonymus*, Wieder neu aufgerichtete ... Curieuse Kunst- und Werck-Schul, Bd. I, Nürnberg 1707, S. 109 und 122; Peter Joseph *Macquer*, Chymisches Wörterbuch oder Allgemeine Begriffe der Chemie 1788–1791, Bd. VII, S. 140–141.
6 *Brachert*, Lexikon historischer Maltechniken, S. 27.

Pottaschen und Soda spielten eine bedeutende Rolle bei chemischen Prozessen. Auch wenn man sich über die spezifischen Eigenschaften von Kalium und Natrium, deren Darstellung erst Anfang des 19. Jahrhunderts erfolgte, nicht im Klaren war, wusste man sie doch erstaunlich standardisiert und nach ihren Wirkungen gezielt anzuwenden, insbesondere in der Glasindustrie und bei der Seifenherstellung. Vielfältig setzte man sie auch zur Alaungewinnung, in der Färberei, bei der Bereitung pflanzlicher Farbstoffe, in der Wäschebleiche und in den Wollwebereien ein. Darüber hinaus nutzte man Pottasche seit dem 13./14. Jahrhundert zur Herstellung von Schießpulver. Das in Salpetergruben und -kellern oder simplen Erdhaufen aus Kalk, tierischen Abfällen, Fäkalien und allerlei stickstoffhaltigen Resten zunächst entstehende hygroskopische Calciumnitrat (und sehr entzündliche Ammoniumnitrat, $NH_4NO_3$ etc.) wurde dann mittels Pottasche in einen so genannten Konversionssalpeter verwandelt, das weniger hygroskopische Kaliumnitrat ($KNO_3$). Beiläufig gesagt handelte es sich bei dieser Erfindung um eine empirische Glanzleistung der Alchemie. Die zur Salpetergewinnung errichteten Kellergewölbe bestanden, bei einer Größe von 200 x 10 Schuh, bei gleicher Höhe wie Breite, aus ungebrannten Ziegeln, die aus Lehm, Maurerkalk, Salz, Schafsmist, Urin etc. errichtet, mit dunghaltiger Erde abgedeckt und mit Urin und Jauche begossen wurden. Binnen eines Dreivierteljahres kristallisierte dann ein komplexes Calciumsalpetergemisch aus, das fortlaufend entnommen werden konnte.[7] Der ständig wachsende Bedarf an diesem künstlich gewonnenen Salpeter (wie auch der unabdingbaren Pottasche) muss, insbesondere seit der Ausrüstung der Armeen des 17. Jahrhunderts, enorm gewesen sein. Natürliche Lagerstätten standen nämlich, abgesehen von den durch die Araber genutzten indischen Vorkommen, bis zur Entdeckung des Chilesalpeters (eines Natronsalpeters, $NaNO_3$) nicht zur Verfügung. Salpeter war der Ausgangsstoff für weitere chemische Prozesse, wie der Gewinnung von Salpetersäure, die im Destillierkolben unter Zusatz von Vitriolen oder Schwefelsäure entstand.

Pottaschen wurden indessen nicht nur aus Aschen gewonnen, sondern auch durch Brennen von Weinhefen und Weinstein. Letzterer, der auch als Tartarus bezeichnet wurde (überwiegend ein Kaliumhydrogenkarbonat), kam als Abfallprodukt der Weinproduktion in großen Mengen und sortiert nach verschiedenen Qualitäten in den Handel. Bei höheren Brenntemperaturen entstand wiederum Pottasche, im Töpferofen bei sehr starker Erhitzung auch Kaliumoxid, womit der Grundbestandteil starker Laugen gewonnen wurde.[8] Bei Zusatz von Kalklauge bildete sich mit Pottasche im nassen Verfahren (unter Ausfällung von Kalk) auf einfache Weise Kali-

---

7 *Anonymus*, Der in vielen Wissenschaften reichversehene Curiöse Künstler Oder wohleingerichtetes Haus-, Arzney-, Kunst- und Wunderbuch, Bd. I, Nürnberg 1710 (?), S. 76–77; *Brachert*, Lexikon historischer Maltechniken, S. 215.
8 *Brachert*, Lexikon historischer Maltechniken, S. 27.

lauge nach der Formel $Ca(OH)_2 + K_2CO_3 = 2KOH + Ca\,CO_3$, und analog aus Soda auch Natronlauge. Damit standen früh schon starke Alkalien zur Verfügung.

Das ausgelaugte Restprodukt der Holzaschen konnte schließlich noch in Kombination mit gebranntem Hirschhorn zur Herstellung von kleinen Probiertiegeln für Metalle weiterverarbeitet werden.

Auch die Verwertung von Holzruß ist erwähnenswert. Man unterschied hier den Glanzruß aus dem unteren Teil des Schornsteins vom leichteren Flatterruß, der sich in höheren Bereichen ablagerte,[9] ferner den Ruß, der durch Verbrennung von Ölen wie Petroleum entstand und sich an den Lampen absetzte. Im Weiteren unterschied man solchen aus Lein-,[10] Nuss- oder Rüböl,[11] aus Holzteer oder Kienspänen, Fischtran, Schweinefett, Unschlitt etc. Sie alle dienten zur Herstellung schwarzer Farben, Tinten oder so genannter Bisterkreiden und wurden seit dem Mittelalter auch in Form von Aktivkohle als Zusatz bei der Gewinnung von *Sal ammoniacum* genutzt. Man benötigte dieses Ammoniaksalz ($NH_4Cl$) zu vielerlei Produkten und stellte es aus Essenruß, Urin und Kochsalz ($NaCl$) her.[12] *Sal ammoniacum* spielte als Alkali unter anderem in der Kunsttechnik eine Rolle, und – wegen des gebundenen brennbaren Ammoniakgases $NH_3$ – auch in der Kriegstechnik. So zum Beispiel beschreibt der Bellifortis aus dem Jahre 1405 eine äußerst brennbare Masse zur Bekämpfung von Schiffen, die Sandarak (ein Harz), Ammoniak, Naphta (ein Teeröldestillat) und Pech enthielt (auf das im Folgenden noch einzugehen ist).[13] Und das Feuerwerksbuch von 1529 empfiehlt *Sal ammoniacum* als Zusatz zu einem Schießpulver, wie es auch einen „modern" anmutenden nitrierten Sprengstoff beschreibt, der aus Salammoniak (Ammoniaksalz) in Zusammenwirken mit einer Reaktion von Salpetersäure (hier destilliert aus salbeter = Salpeter und schwebelöl = Schwefelsäure) und *Oleum benedictum*, einem Teeröldestillat, hergestellt wurde.[14] Diese Mischung soll einen Schuss über dreitausend Schritt ermöglicht haben!

Holzkohle, in waldreichen Gebieten aus Knüppeln etc. gewonnen, war die unabdingbare Voraussetzung für die Metallindustrie, da sie weitaus höhere Temperaturen als die Verbrennung von Holz ermöglichte. Darüber hinaus lieferte Holzkohle einen integralen Bestandteil des Schießpulvers und beiläufig auch billige schwarze Farb-

---

9 C. H. *Schmidt*, Vollständiges Farbenlaboratorium ..., Weimar 1857, S. 397.
10 Cennino *Cennini*, Das Buch von der Kunst oder Tractat der Malerei. Quellenschriften für Kunstgeschichte und Kunsttechnik des Mittelalters, Wien 1888, Kap. 37, S. 25 (Manuskript Ende 14. Jahrhundert).
11 So genanntes Padua Manuskript 1, in: Mary *Merrifield*, Original Treatises on the Arts of Painting, London 1849; Nachdruck New York 1967.
12 *Anon.*, Curieuse Kunst- und Werck-Schul, S. 104.
13 Conrad *Kyerser aus Eichstätt*, Bellifortis, Umschrift und Übersetzung von Götz *Quarg*, Düsseldorf 1967 (nach dem Original von 1405), 100 a, S. 68.
14 Feuerwerksbuch, in: S. J. von Romocki, Geschichte der Explosivstoffe, Berlin 1895, S. 217; *Anonymus*, Das Feuerwerksbuch von 1420, Druck Augsburg 1529; Nachdruck o.O. 2001, S. 40, 68, 81–83.

pigmente. Das Feuerwerksbuch von 1529 empfiehlt darüber hinaus – und wiederum für die Schießpulverbereitung – eine besonders feine Kohle, die durch Verbrennung zerschlissener Tischtücher entstand.[15]

Durch Verkohlung von allerlei pflanzlichen Resten, wie von Obstkernen oder Weinreben, gewann man auch schwarze Pigmente, die dann als Kern-, Pfirsich- oder Rebschwarz bezeichnet wurden. Selbst durch Brennen von Stroh, Weinhefen und Weinreben konnte ein vorzügliches Schwarz bereitet werden.

Aus Resten von Nadelhölzern gewann man Pech, das *pix* des Plinius,[16] einen durch Lebendharzung am Baum oder durch trockene Destillation gewonnenen harzigen Stoff, vornehmlich aus der Weißtanne *Pinus picea*, der Kiefer *Pinus sylvestris* und der Fichte *Pinus abies*. Schon Plinius unterschied dabei ein erstes dünnflüssigeres Produkt, das *Pix liquida*, und nachfolgend ein wesentlich dickflüssigeres Material. Beide fanden, flüssig oder als Rest der Terpentinöldestillation in Form von Kolophonium-Pech, bei der Lackbereitung, zum Kalfatern von Schiffen, zum Löten von Metallen und wiederum in der Kriegstechnik vielfältige Verwendung. Für letztere erwähnt das Feuerwerksbuch von 1529 eine Mischung aus Kolophonium, Schwefel, Salpeter und Leinöl zur Füllung eines Flammenwerfers[17] und Wolfgang Sedelius um 1550 ein „fliegend Feuer" in Mischung mit Salpeter und Leinöl oder auch eine feurige Kugel, die aus Pech, Schießpulver, Schwefel, Salpeter, Fichtenharz und Branntwein bestand.[18] Und der Curiöse Künstler nennt Kolophonium Anfang des 18. Jahrhunderts als Anteil einer Masse aus Büchsenpulver, Salpeter, Schwefel und Naphta, die selbst unter Wasser brennen würde.[19]

Wie das Pech, so wurde auch ein „fossiles Kolophonium", der Bernstein, ein Hartharz, das als Ausschuss und Schleifrest der Bernsteinwerkstätten anfiel, seit dem Mittelalter bis in unsere Tage mit trocknenden Ölen zu hart auftrocknenden Lacken verkocht. Sie fanden im Bootsbau, im Möbel- und Musikinstrumentenbau Verwendung[20] und konnten auf einfache Weise von Schreinern und Geigenbauern nach Bedarf hergestellt werden, wie zahlreiche Quellenschriften dokumentieren.

Zu den Abfallverbrennungsprodukten sind auch die *Knochenaschen* zu rechnen. Sie dienten in erster Linie in der Malerei als weiße und schwarze Pigmente, als so genanntes Beinweiß, *ossa combusta*,[21] oxidierend gebrannte Gemenge von Calciumcarbonat-Phosphat, die aus Knochen- und Elfenbeinresten gewonnen wurden. Beinschwarz war demgegenüber ein im reduzierenden Brand hergestelltes Material, das

---

15 Ebd., S. 36 und 53.
16 *Plinius*, Naturalis historiae, XVI, 52–56.
17 *Anonymus*, Feuerwerksbuch, S. 71.
18 Staatsbibliothek München, Cgm 117, 65 v, 105 v/r.
19 *Anon.*, Curiöse Künstler, I, S. 101.
20 *Brachert*, Lexikon historischer Maltechniken, S. 40.
21 *Heraclius*, Von den Farben und Künsten der Römer, Quellenschriften für Kunstgeschichte und Kunsttechnik des Mittelalters, Wien 1873, Buch III, Kap. 40, S. 80–81.

Kohlenstoff und phosphatsaure Kalkanteile etc. enthielt.[22] Das bekannteste Knochenschwarz wird noch heute als Elfenbeinschwarz bezeichnet.[23] Weiß gebranntes Knochenmehl diente darüber hinaus auch für die Grundierung von Holztafeln, wie von Cennino Cennini Ende des 14. Jahrhunderts empfohlen: „Nimm den Knochen von den Rippen und den Flügeln der Henne oder des Kapauns. Je älter desto besser. Wie du sie unter dem Tische findest, lege sie ins Feuer und sobald du siehst, dass sie recht weiß geworden, mehr noch als Asche, so nimm sie heraus."[24] Ähnlich gewann man aus Hirschhornresten ein Hirschhornweiß bzw. -schwarz, die sowohl als Malerfarbe wie auch als Schleifmittel dienten. Aus Hirschhorn wurde darüber hinaus das Hirschhornsalz bereitet (das *Sal volatile cornu cervi* oder *Ammonium pyrooleosum*), ein Ammoniumcarbonat/Ammoniumhydrogencarbonat (($NH_4)_2CO_3$ / $NH_4HCO_3$), das für chemische Prozesse benötigt wurde und heute (synthetisch gewonnen) noch zum Backen dient.[25]

Durch wässriges Auskochen von Haut- und Lederabfällen wie von Pergamentschnipseln, aus Klauen, Tierschnauzen, Knorpeln, Sehnen und Abschabseln der Lohgerberei von Kühen, Schafen, Ziegen und Pferden, von Hirschen, Kaninchen, Hasen und selbst von Walen, gewann man hochwertige Leime (Colla, Bitumen etc.), die in erwärmtem Zustand flüssig wurden, bei Erkaltung gelierten und schließlich hart auftrockneten. Man bezeichnet solche Leime heute als Glutin-, Protein- oder Warmleime. In der altmeisterlichen Technik kamen sie getrocknet in Stücken (als *Colla di spicchi* der Italiener) und in Tafeln auf den Markt. Weitere Leime gewann man durch Auskochen von Knochen oder Hörnern von Rindern als Taurocollon, Stierleim etc. und selbst aus Hirschgeweih.

Auch aus Fischresten aller Art, wie Gräten, Schuppen und Köpfen, kochte man einen Fischleim, der als *Gluten piscium, Ichthyocollon* bezeichnet wurde. Letzteren bereitete man selbst noch aus dem Abfall getrockneter Stockfische, die selbst fern der Seehäfen im Handel erhältlich waren und im Liber illuministarum[26] (um 1500) des Klosters Tegernsee erwähnt werden. Fischleime höchster Qualität lieferten die Fischblasen der Störe, die allgemein als Hausenblase bezeichnet wurden.[27] Man nutzte sie seit der Antike in der Buchmalerei als Bindemittel der Farben auf Papier und Pergament. Einfache Warmleime aus Knochen und Häuten wurden demgegenüber im Möbelbau und auch als Bindemittel der Farben in der Malerei benötigt. Die

---

22 *Brachert*, Lexikon historischer Maltechniken, S. 36 und 77.
23 Ebd.
24 *Cennini*, Tractat der Malerei, Kap. 7, S. 7.
25 *Brachert*, Lexikon historischer Maltechniken, S. 122.
26 Liber illuministarum pro fundis auri et coloribus ac consimilibus collectis ex diversis, Bayer. Staatsbibliothek München, Cgm 621, 33v.
27 *Brachert*, Lexikon historischer Maltechniken, S. 87 und 153.

billigsten Erzeugnisse dienten bis in unsere Tage als so genannte Leimfarben zu Anstrichzwecken.

So wie man Fischköpfe, -häute oder -flossen etc. zu Bindemitteln der Maler verkochte, so nutzte man auch die hautzähnchenreichen Häute gewisser Haie als Schleifhilfen für Grundierungen und Anstriche.

Abfälle von Häuten, Sehnen, Knorpeln, Klauen und Blut dienten darüber hinaus zur Bereitung chemischer Substanzen, wie dem gelben Blutlaugensalz, auf das noch einzugehen ist.

Auch Tierdärme wurden vielseitig verarbeitet, in der Nahrungsmittelindustrie bis heute als Behältnis für Würste und in der Technik in Form von Darmsaiten für Musikinstrumente und hoch belastbare Aufhängevorrichtungen, zum Beispiel von Schnüren für die Gewichte von Standuhren. Nicht zu vergessen ist auch ihre Anwendung seit der Antike in der Waffenindustrie für allerlei Schleidervorrichtungen, Armbrüste und Bögen.

Tierblasen wurden getrocknet und dienten dann als Behälter, zum Beispiel von trockenen Materialien wie Farbpulvern oder (bis gegen Ende des 19. Jahrhunderts) selbst von Ölfarben, insbesondere vor der Einführung der Zinntuben.

Den Abfällen aus dem organischen Bereich sind im Weiteren die gerbstoffreichen Rinden verschiedener Bäume zuzurechnen: Rinden von Eichen, Erlen, Eschen und Ulmen, von Walnussbäumen und Rosskastanien, von Apfel- und Granatapfelbäumen, vom Mastixbaum und Wacholder, ferner von Schleh- und Kreuzdorn sowie von Berberitzen, Sumach[28] u.a.m. Aus dem Bereich der kleinen Sträucher kamen noch jene der Ericaceen hinzu, wie der Preiselbeere und des Rausches. Selbst bestimmte Baumschwämme wurden genutzt (*Agaricus albus, officinalis* etc.). Sie alle wurden als Beizenmittel in der Färberei benötigt.[29] Zum Beizen von Hölzern dienten vielfach auch die grünen Schalen und die Blätter des Nussbaumes *Juglans regia L.* In Wasser oder in Essig vorgequollen, ergaben sie ein kräftiges Braun.

Zum Kapitel der organischen Abfallstoffe gehören auch Kot und Urin, denen wesentliche Bedeutung in frühen chemischen Prozessen zukam. Weißer Hundekot, das getrocknete pathologische Verdauungsprodukt des Hundes (wie es allerorten auf den Straßen herumlag), fand zum Beispiel als Verdickungsmittel von Seifen Verwendung[30] und diente zugleich auch als Hilfsmittel bei der Bereitung von Firnissen.[31] Als Zusatz zu einem „Gerbergleister" (was wohl als eine Art von Kleister der

---

28 Ebd., S. 205.
29 Ebd., S. 83, 96 und 205.
30 Viola und Rosamund *Borradaile*, Das Straßburger Manuskript, München 1966, S. 76; *Anon.*, Das mittelalterliche Hausbuch, nach dem Original im Besitz des Fürsten von Waldburg-Wolfegg-Waldsee, Leipzig 1912, S. XX–XXI (Manuskript 15. Jahrhundert).
31 *Brachert*, Lexikon historischer Maltechniken, S. 271.

Gerber zu verstehen ist) erscheint weißer Hundekot im Onomasticon von 1570.[32] Offensichtlich wurde er schon früh in der Lederindustrie als Enzym zur Beseitigung von anhaftenden Fleischresten benutzt, wie noch für eine Handschuhfabrik in Erlangen bis etwa 1939 nachgewiesen.[33]

Eine überragende Rolle spielte die Urintechnologie: Man setzte menschlichen Urin und tierische Jauche unter anderem als Schmelzhilfe bei der Metallverarbeitung ein,[34] zum Löten oder als Hilfsmittel und – wie bereits erwähnt – auch bei der Herstellung von Salpeter,[35] ferner von Alaun[36] und Soda;[37] seit dem 18. Jahrhundert auch zur Gewinnung von Phosphor,[38] den man aus dem eingedickten Urin von Biertrinkern gewann. Ebenso bediente man sich des Urins bei der Bereitung des bereits erwähnten *Sal ammoniacums* und, wie schon Plinius[39] berichtet, auch zur Herstellung von Chrysocolla, einer kupferhaltigen Mineralfarbe.[40] Georg Agricola hat den Vorgang in seinem Werk „De re metallica" von 1556 in einem Holzschnitt dargestellt.[41] Überdies spielte Urin eine wichtige Rolle in der Färbetechnik wie auch bei der Bereitung von allerlei Farben,[42] für die man, je nach beabsichtigter Farbtönung, ein saures oder ein alkalisches Milieu benötigte, indem man dazu die verschiedenen Eigenschaften von frischem und altem, bis zu sechs Monaten abgelagertem Urin nutzte. Frischer Urin *(urina recenta)* reagiert nämlich schwach sauer, alter *(urina antiqua purtida*[43]*)* dagegen stark alkalisch (pH-Wert 10!). Urin war damit die älteste Chemikalie der Menschheit und der billigste Lieferant für Alkalien und schwache Säuren, der unbeschränkt zur Verfügung stand.

Misthaufen dienten den Labors der Alchemisten gleichsam als Wärmeschrank, dessen gleich bleibende höhere Temperatur für allerlei länger dauernde chemische Reaktionen genutzt wurde. Sein ammoniakalisches Milieu ermöglichte beispielsweise die Umwandlung von Kupferblechen durch Behandlung mit Essig, Salz und Honig etc. in einen grünen Kupferkomplex, der, ähnlich dem Grünspan, als Farbmittel in der Malerei geschätzt war. Theophilus Presbyter schildert den Vorgang

---

32 Rudolf Werner *Soukup*/Helmut *Mayer*, Alchemistisches Gold, Paracelsistische Pharmaka, Laboratoriumstechnik im 16. Jahrhundert, Wien 1997, S. 227.
33 Mitteilung von Herrn Dr. Peter Schuch, Erlangen.
34 Erhard *Brepohl*, Theophilus Presbyter und das mittelalterliche Kunsthandwerk, Bd. III, Weimar/Wien 1999, S. 33; Georg *Agricola*, Zwölf Bücher vom Berg- und Hüttenwesen, 5. Auflage Düsseldorf 1971, S. 202 und 209; Nachdruck der Ausgabe De re metallica Libri XII, Basel 1556.
35 Das mittelalterliche Hausbuch, S. XXIX.
36 *Agricola*, De re metallica, S. 485.
37 Ebd.
38 *Anon.*, Curieuse Kunst- und Werck-Schul, S. 1259, 1261 und 1276.
39 *Plinius*, Naturalis historiae, XXXIII, 86–93.
40 *Brachert*, Lexikon historischer Maltechniken, S. 63.
41 *Agricola*, De re metallica, S. 481.
42 *Brachert*, Lexikon historischer Maltechniken, S. 253–255.
43 Liber illuminstarum, 38v.

folgendermaßen: In ein ausgehöhltes Eichenholz wird ein dünn geschlagenes Kupferblech gelegt, das mit Honig und Salz bestrichen wurde. Anschließend fügte man Essig und Urin hinzu und deponierte das Ganze für vier Wochen in einem Dunghaufen. Das sich bildende Korrosionsprodukt konnte nun abgekratzt und als grünes Farbmittel verwandt werden.[44]

Aus dem organischen Bereich seien ferner Ohrenschmalz und alte stinkende Stiefel erwähnt, die ebenfalls in der Kunsttechnik Verwendung fanden. Ohrenschmalz mag hier zwar als Kuriosum verstanden werden, diente indessen bei den mittelalterlichen Buchmalern vielfach als schmieriges Gleitmittel für die Anlage von Gold und Silber. Theophilus Presbyter[45] nennt es überdies als Poliermittel für das schwarze Niello der Silberschmiede, und der Liber illuministarum[46] empfiehlt es als schmierigen Zusatz zu einer polierbaren Grundierung auf Pergament. Alte stinkende Stiefel – nicht minder kurios – werden dagegen mitunter als zu verkohlendes Material für eine schwarze Farbe, ein Atramentum, erwähnt[47], für dessen Bereitung sich auch allerlei Lederreste eigneten.

Ausgediente Kleider wie verschiedenste Stoffe, ob Woll- oder Leinengewebe, wurden seit dem 14. Jahrhundert in stetig steigendem Maße den nun aufkommenden Papiermühlen zugeführt und zu Papieren und Pappen verarbeitet. Dazu entwickelte sich ein reger Zulieferbetrieb für alte Stoffe. Aus Papierresten bereitete man auch plastizierbare Massen, das so genannte Pappmaché, das schon seit dem späten 15. Jahrhundert zu Prägezwecken in der so genannten Teigdrücke an Buchdeckeln etc. oder zur Modellierung plastischer Details verwandt wurde. Auf diese Weise entstanden selbst die großen Carta-pesta-Reliefs der italienischen Renaissance. Im 18. Jahrhundert wurden derartige Papiermassen dann auch im Möbelbau für die Imitation vergoldeter geschnitzter Dekors genutzt. Ihre Herstellung war denkbar einfach und ermöglichte Serienproduktion, wie noch die Massenware von Skulpturen und selbst Portraits bedeutender Persönlichkeiten im 19. Jahrhundert demonstriert. Die Mischung aus Papierfetzen, Kreide, Leim oder Kleister wurde über Modeln schichtweise aufgebaut und dann getrocknet, nachmodelliert, grundiert und farbig gefasst. Die Technik ist uralt, sie findet sich schon an ägyptischen Mumienmasken, die auf diese Weise hergestellt, bemalt und vergoldet wurden. Analog geschah das auch mit aus Lederresten aufgebauten Skulpturen, wie beispielsweise bei einer Gruppe rheinischer Vesperbilder des 14. Jahrhunderts.

Auch die Flocken der Tuchscherer fanden noch eine Wiederverwertung. Schurwollreste wurden deshalb nicht kurzerhand „entsorgt", sondern einem komplizierten

---

44 *Brepohl*, Theophilus Presbyter, Buch I, Kap. 35, S. 77.
45 Vgl. ebd., Buch III, Kap. 41, S. 114.
46 Liber illuministarum, 207r, 235 v.
47 Ebd., 122v.

Verfahren zur Rückgewinnung der Farbstoffe unterworfen.[48] Meist geschah das im alkalischen Milieu durch Zusatz einer mehr oder minder kräftigen Lauge aus Urin oder Pottasche, wobei freilich zu beachten war, dass bestimmte Naturfarbstoffe durch zugeführte Alkalien eine Farbveränderung durchmachten (Lackmus-Effekt), was indessen im Färberhandwerk gezielt genutzt wurde. Der solcherart gewonnene Farbstoff diente zu erneuter Färbung oder konnte mit Kalialaun ausgefällt, anschließend ausgewaschen und getrocknet als Pigment in der Malerei weiter verwendet werden. Der kostbare Karminfarbstoff und der relativ teure Indigo wurden auf diese Weise wieder zurückgewonnen.[49]

Beiläufig gesagt war Anfang des 17. Jahrhunderts durch den Chemiker Cornelius Drebbel eine folgenschwere Erfindung gemacht worden, die die Färbetechnik revolutionieren sollte: Durch mehr oder minder zufälliges Hantieren mit einer Auflösung von Zinn in Salzsäure gelangte etwas von dieser Chemikalie in ein Farbstoffbad von Karmin. Die Folge war eine vielfache Verstärkung des Farbtones!

Um indessen noch einmal auf die farbigen Wollflocken der Tuchscherer zurückzukommen[50]: Man benutzte sie im spätmittelalterlichen Zeugdruck auch zum Bedrucken von Stoffen von samtartigem Charakter. Es wird sich dabei wohl um eine Spartechnik armer Leute zur Imitation feinster Samtgewebe gehandelt haben.

Vielfältig eingesetzt wurde die Galle von Tieren, insbesondere jene von Rindern, allgemein bekannt als Ochsengalle, *Fel taurinum*[51], ferner solche von Ziegen, Schafen und selbst von Schildkröten[52] und Fischen[53], beispielsweise von Stören, Salmen und Aalen.[54] Man nutzte sie in der Malerei wegen ihres intensiven gelben Farbstoffs als Farbmittel, zum Beispiel auf Silber als Goldersatz, ferner als Netzmittel, wenn wässrige Farben auf glatten Untergründen abzuperlen drohten, wie auch zu Emulsionen und Seifen.[55] Selbst Gallensteine fanden als gelbes Farbmittel zum Schattieren von gelben Partien in der Buchmalerei noch Verwendung.

Als relativ schwach klebendes Malmittel, das wiederum vornehmlich der Buchmalerei diente, wäre die harzige Absonderung von Kirsch- und Pflaumenbäumen zu erwähnen, der so genannte Kirsch- oder Pflaumengummi, Gummi *cerasorum*, G. *prunarum*, ein überaus häufig genutztes Material, das man zur Streckung des

---

48 *Brachert*, Lexikon historischer Maltechniken, S. 225.
49 Ebd.
50 Zum Zeugdruck mit Wollflocken: Nürnberger Kunstbuch 16v, in: Emil Ernst *Ploss*, Ein Buch von alten Farben, Heidelberg/Berlin 1962, S. 110 (Original Ende 15. Jahrhundert).
51 Liber illuministarum, 15v.
52 C. St. *Smith*/J. G. *Hawthorne* (Hg.), Mappae clavicula. A Little Key to the World of Medieval Techniques, in: Transactions of the American Philosophical Society, Philadelphia 1974, S. 43 und 46.
53 *Heraclius*, Von den Farben und Künsten der Römer, Buch II, Kap. 15.
54 *Brachert*, Lexikon historischer Maltechniken, S. 87.
55 O. A. *Müller*, Römpps Chemielexikon, 8. Auflage, Stuttgart 1988.

teuren Gummi *arabicums* verwandte.[56] Als Bindemittel nutzte man ihn vornehmlich im Mittelalter. Aber selbst Arnold Böcklin (1827–1901) machte mit dem transparent auftrocknenden Medium noch Versuche, um die dunkelnde und gilbende Ölfarbe seiner Bilder zu ersetzen.

Wie die aus organischen Abfällen gewonnenen Aschen, die sodann in Salze umgewandelt wurden, gewann man aus Eier- und Muschelschalen durch Glühen einen weißen Kalk, Calciumcarbonat, der zunächst gelöscht und dann getrocknet für Grundierungszwecke und als Eierschalenweiß im Gemälde genutzt wurde.[57] Das vom Sepia-Tintenfisch gewonnene Fischbein diente ebenfalls gebrannt als Grundierungsmaterial und auch im Rohzustand als Gussform für die feinen Güsse der Goldschmiede, wie Cennino Cennini[58] und Conrad Geßner[59] berichten.

Auch Tierhaare wurden vielfältig genutzt. Für die Polsterei von Bedeutung waren beispielsweise die Rosshaare von Mähnen und Schwänzen. Im Musikinstrumentenbau schätzte man sie zur Bespannung der Bögen von Streichinstrumenten. Für die Malerei verarbeitete man die Borsten von zahmen und wilden Schweinen zu breiten Lackierpinseln. Und die feineren Haare der Pelztiere, der Marder und Eichhörnchen, fasste man in Federkiele und nutzte sie für diffizilere Arbeiten, zum Beispiel im Aquarell. Geschätzt waren darüber hinaus Haare von Fuchsschwänzen, von Dachs, Iltis, Fischotter, Ziegen, Kühen, Ponys, Meerschweinchen u.a.m. Dürer erwähnt auf seiner niederländischen Reise „wild meer schwein pörster".[60]

Die Federkiele von Gänsen und Schwänen boten sich dann als Röhrchen für die Pinselfabrikation an und die harten Kiele der Rabenfedern zur Bestückung der den Saitenklang anreißenden Springer in Cembali. Da sie nicht genügend dauerhaft waren, mussten sie freilich laufend ergänzt und überdies noch nachgeschnitten werden.

Daunen benötigte man bekanntlich bis in unsere Tage für Plumeaus, feine Federchen wiederum als Malerpinsel, insbesondere jene der Schnepfen und anderer Limikolen, welche die Wiedergabe von feinen Haarlocken, beispielsweise in den Portraits Dürers oder Cranachs, ermöglichten.[61]

Aus dem organischen Bereich ist schließlich als Abfall- und Nebenprodukt noch Unschlitt (Unslitz[62], Talg, auch Unschlicht, Inschlicht, Inschlitt, Inselt) zu nennen[63],

---

56 *Brachert*, Lexikon historischer Maltechniken, S. 112 und 115.
57 Ebd., S. 75, 108 und 115.
58 *Cennini*, Tractat der Malerei, Kap. 5.
59 *Gesneri*, Redivi, aucti & emendati, Tomus V oder Vollkommenes Fisch-Buch, Franckfurt 1670, S. 6.
60 *Brachert*, Lexikon historischer Maltechniken, S. 75, 108 und 115.
61 Ebd., S. 159 und 224.
62 *Borradaile*, Straßburger Manuskript, S. 76.
63 Vgl. Artikel „Unschlitt" in: D. J. *Krünitz*, Oeconomische Encyclopaedie, oder allgemeines System der Staats-, Haus- und Landwirtschaft, 1787–1858.

das Fett besonders von Rindern, Schafen und Ziegen. Es diente in Verkochung mit Pottasche zur Seifenherstellung, als Löthilfe der Metallarbeiter und in der Grafik als Zusatz zu Ätzgründen, in der Malerei auch als Anteil von Ölfarben oder von Vergolderpolimenten.[64]

Ähnliche Anwendungen fand das Bienenwachs, das – eigentlich kein Abfall-, sondern ein Nebenprodukt – wiederum Ätzgründen beigemischt wurde und das als Malmaterial seit der Antike in der Enkaustik geschätzt war. Man bereitete daraus Wachsstifte und nutzte es zur Mattierung von Ölfarben, wie bei den Malern Ernst Ludwig Kirchner (1850–1938) und Cuno Amiet (1868–1961). Wachs eignete sich darüber hinaus zur Herstellung von Wachsseifen, der in der mittelalterlichen Malerei geschätzten *Cera Colla* (in Mischung mit tierischen Leimen), ferner für Modellierzwecke (meist in Kombination mit Schmalz) und als Material für Wachsmodelle oder in Mischung mit Schiffspech für Reliefs auf der Mauer, wie wiederum Cennino Cennini berichtet.[65] Insbesondere eignete sich Wachs für den Metallguss im Wachsausschmelzverfahren in der so genannten verlorenen Form. Im Weiteren verarbeitete man es zu Kerzen und Siegeln. Selbst im Möbel- und Schiffbau wurde es zur Pflege der Oberflächen bzw. zur Abdichtung von Fugen verwandt.[66]

Ähnlichen Zwecken diente auch das Walrat der Wale: Die weiße Ambra, die aus dem Bindegewebe des Kopfes der Pott- und Schnabelwale gewonnen wurde, und die graue Ambra, das pathologische Stoffwechselprodukt aus dem Darm des Pottwales. Man nützte sie zur Herstellung von Kerzen, zu Wachsgüssen und Modellierzwecken. Aus weißer Ambra besteht beispielsweise die Leonardo zugeschriebene Florabüste der Berliner Museen. Die frühe Wertschätzung dieses Materials bezeugt William Shakespeare.[67]

Auch das hornige Fischbein, die Barten der Bartenwale, fand Verwendung. Dieses Fischbein wurde seit dem 18. Jahrhundert im Möbelbau in Marqueterien intarsiert, und für die Toilette der Damen lieferte es elastische Spangen von Korsetts und Schnürleibern.

Ein Kuriosum der Verwendung aus dem Bereich organischer Reste war die Nutzung menschlicher Mumien zur Bereitung einer schwarz-braunen Farbe, eines halbtransparenten gummös-bituminös verharzten Materials. Es wird schon im späten Mittelalter zum Schattieren als „Puschierfarb" erwähnt.[68] Über die Ingredienzien, die zur Entstehung dieser Substanzen führten, ist nahezu nichts bekannt (Herodot

---

64 *Brachert*, Lexikon historischer Maltechniken, S. 194.
65 Vgl. *Cennini*, Tractat der Malerei, Kap. 130.
66 Vgl. *Brachert*, Lexikon historischer Maltechniken, S. 265.
67 Vgl. William *Shakespeare*, Heinrich IV., I.
68 Liber illuministarum, 227r, und Boltz *von Ruffach*, Illuminierbuch, Bern 1549, Neuausgabe München 1913, S. 84; Nachdruck Walluf 1976.

erwähnt lediglich Myrrhenharz, Zedern- und Zimtöl).[69] Auch Leonardo nennt Mumie im Codex atlanticus[70] als ein lasierendes Farbmittel, das dann im 18. Jahrhundert sehr in Mode kam. In diesem Sinne erwähnt eine „Farbebelustigung" aus dem Jahre 1741 „eine schöne schwartze Farbe aus gedörrtem Menschenfleisch".[71]

*II. Anorganische Materialien*

Für die Farbenproduktion von Bedeutung waren beispielsweise die Schleifreste, die bei der Verarbeitung von Lapis lazuli anfielen und die anschließend zu einer leuchtend blauen Farbe verarbeitet wurden. Da das Material aus Afghanistan und vom Baikalsee importiert werden musste, wurde die daraus gewonnene Farbe unter dem Begriff Ultramarin, *Azzurro oltramarino* – nämlich von jenseits des Meeres, das heißt über Venedig kommend –, gehandelt.[72] Die Gewinnung dieser leuchtend blauen Farbe setzte ein kompliziertes Verfahren voraus, das vermutlich auf arabische Alchemisten zurückging, bei welchem das mit Quarz, Schwefelkies etc. verunreinigte Steinmehl zunächst geglüht (um den Schwefelkies zu zerstören) und dann in Wachsmassen verknetet und anschließend durch fortwährendes Kneten dieser Paste in lauwarmem Wasser – mit und ohne Zusatz von Pottasche – ausgewaschen wurde.[73] Die Paste hielt dabei die unerwünschten Reste der Gesteinsgangart zurück. Das so gewonnene Pigment wurde in unterschiedlichen Qualitäten zu Preisen gehandelt, deren beste jenen des Goldes nahe kamen. Das bei diesem Prozess zuletzt anfallende Pigment war von der geringsten Qualität, wurde als Lasurasche bezeichnet und entsprechend billiger gehandelt.

Gegenüber dem teuren Lapislazuli war ein Abfallprodukt des Kupfer/Silber/Blei-Bergbaus wesentlich preisgünstiger, ein blaues Kupfercarbonat, *Azurit* ($2CuCO_3 \cdot Cu(OH)_2$), das seiner verschiedenen Herkunft wegen auch als *Lapis armenus*[74] oder *Azzurro della Magna* (aus Almagne) bezeichnet wurde.[75] Dieses Mineral, das man in erzführenden Klüften mehr oder minder beiläufig gewann, wurde handverlesen und nach Qualitäten in den Handel gebracht. Noch aus der Zeit zwischen 1809 und 1811 ist ein Export von ca. 450 Zentnern (!) aus der Kupfermine Schwaz in Tirol belegt.[76] Auf die gleiche Weise gewann man auch die mitlaufenden

---

69 *Herodot* II, 86, 87.
70 Leonardo *da Vinci*, Codex atlanticus, 262v.
71 *Anonymus*, Die mit allerhand schönen und curiösen Wissenschaften angefüllte Farbebelustigung eingeteilt in zwei Theile, Teil I, Nürnberg 1741, S. 208.
72 Vgl. *Cennini*, Tractat der Malerei, Kap. 62.
73 Vgl. *Brachert*, Lexikon historischer Maltechniken, S. 150–151.
74 *Plinius*, Naturalis historiae, VII, 5, 8 u. XXXV, 47.
75 Vgl. *Cennini*, Tractat der Malerei, Kap. 60 und 64.
76 Bernhard *Saran*, Der Technologe und Farbchemiker „Matthias Grünewald", in: Zeitschrift Maltechnik, (1972) 4, S. 232.

grünen Kupfermineralien, darunter den Halbedelstein Malachit, dessen qualitativer Ausschuss wiederum zu Pigmenten verarbeitet wurde.[77]

Bleiaschen fielen in hohem Maße bei der Verhüttung von Blei/Kupfer/Silber-Erzen an. Sie dienten dann unter anderem zur Herstellung von Bleigläsern (Kristallglas) wie auch zur Bereitung von Bleifarben wie der roten Mennige[78] ($Pb_3O_4$) und des Bleiweißes, einem basischen Bleicarbonat (2 $PbCO_3 \cdot Pb(OH)_2$), das mittels Essig über das Zwischenstadium von Bleizucker, Bleiacetat, bei Zutritt von $CO_2$ hergestellt wurde. Mennige erhielt man unter anderem auch über das Zwischenstadium einer gelben Bleiasche, Lithargyrium, ein Blei(II)oxid (PbO), durch erneutes Brennen. Auch über den Umweg von Bleiweiß konnte durch Brennen Mennige hergestellt werden.[79]

Aus dem Bereich Metall verarbeitender Werkstätten wurden vielerlei Abfälle, wie zum Beispiel Feilspäne und Metalloxide, genutzt. So dienten Kupferfeilspäne und Kupferhammerschlag, ein Kupferoxid, das auch als Kupferschlag, *Squama aeris* oder *Squama cupri*,[80] bezeichnet wurde, als grün färbende Substanz für die Glasfabrikation. Ebenso nutzte man sie durch Verkochung mit Harzlösungen zur Bereitung einer leuchtend grünen Lasurfarbe, dem Kupferresinat, das für die gotische Malerei typisch ist.[81] Mittels Essig und Kupferspänen entstand Grünspan[82] unterschiedlicher Zusammensetzung, wie der neutrale Grünspan, ein Kupferacetat-Monohydrat (Cu $(CH_3COO)_2 \cdot H_2O$), das durch Umkristallisation zu einer leuchtend grünen Farbe gereinigt werden konnte. Bei Reaktion von Kupferspänen mit Schwefelsäure erhielt man Kupfervitriol ($CuSO_4 \cdot 5 H_2O$), das *Chalcanthon* des Plinius,[83] das freilich beiläufig und viel kostengünstiger in Bergwerken anfiel. Kristallisiert trat es an den Kluftwänden zu Tage (wie heute noch im Rammelsberg bei Goslar, einer musealisierten Blei-Zink-Kupfer-Silber-Goldmine) oder als wässrige Lösung, die beim Austritt aus dem Stollen aufgefangen wurde. Das solchermaßen gewonnene Produkt war indessen alles andere als chemisch rein im modernen Sinne. So verstand man unter dem Begriff Kupferwasser ein stark eisenhaltiges Vitriol. Durch Destillation der daraus eingedampften Substanz gewann man Schwefelsäure.

Auch Eisenrost, Eisenfeilspäne und Eisenschliff fanden vielfältig Verwendung. „Nym rost von altem ysen" heißt es dazu 1549 bei Boltz von Ruffach, um daraus

---

77 *Brachert*, Lexikon historischer Maltechniken, S. 107, 145 und 159.
78 Ebd., S. 163–164.
79 Ebd., S. 48.
80 Liber illuministarum, 22 r; A. *Lonicerus*, Kreuterbuch, Künstliche Conterfeyunge der Bäume, Stauden, Hecken, Kräuter, Getreyd, Gewürze ..., Ulm 1679; Nachdruck Grünwald 1962, S. 707.
81 *Brachert*, Lexikon historischer Maltechniken, S. 146.
82 Ebd., S. 107.
83 Vgl. *Plinius*, Naturalis historiae, XXXIV, 123.

eine rote Farbe zu bereiten.[84] Eisenfeilspäne in Verbindung mit Galläpfeln oder gerbsäurehaltigen Rinden ergaben ein Eisengallat, ein tiefes Schwarz, das für die Bereitung von Tinten und in der Färberei diente.[85] Im „Farbenbüchlein" von 1748 heißt es dazu: „ist eine Materie so unter dem Schleiffstein gefunden wird, dienet zur schwarzen Farbe".[86]

Früh schon nutzte man Eisenpulver auch für militärische Zwecke, zur Herstellung von Feuersätzen. So findet sich bereits bei Hassan Alrammah (ca. 1275–1295) eine Mischung für 10 T. Salpeter, 2. T. Schwefel, 3 T. Kohle (die wenige Jahrzehnte nach Einführung des Salpeters aus Indien fast schon die klassische Proportion des Schwarzpulvers darstellt), die mit 1 T. Eisenfeilspänen oder gestoßenem Gusseisen versetzt wurde. Ähnlich empfehlen noch im 17. und 18. Jahrhundert Anleitungen zum Bau von Raketen, die Feuerregen ausstießen, die Mischung von Schießpulver mit gepulverten Glas- und Eisenfeilspänen.[87] Auch der Eisenhammerschlag der Schmiede wurde vielfältig genutzt. In der Metallindustrie verwertete man ihn als Zuschlag zur Schmelze, zum Aufschließen von Erzen[88] und in der Glashütte zum Rotfärben des Glases.

Mittels Schwefelsäure ergab sich auf einfache Weise aus Eisenresten Eisenvitriol ($FeSO_4 \cdot 7\, H_2O$), das zum Beispiel in kleinen Mengen zur Eisengallus-Tintenbereitung benötigt wurde.[89] Beim Zusetzen zu einer Lösung von gelbem Blutlaugensalz, Kaliumferrocyanid ($K_4Fe(CN)_6 + 3\, H_2O$), das oben bereits im Zusammenhang mit der Gewinnung aus Tierblut, Knorpeln etc. und Pottasche erwähnt wurde, entstand ein farbstarkes Blau, das Berlinerblau (auch als Pariserblau bezeichnet), eine Eisencyanverbindung ($Fe_4(Fe(CN)_6)_3$), die im Jahre 1704 in Berlin erfunden, die Malerei und die Färbetechnik revolutionieren sollte.[90] Die Nachfrage nach dem Farbstoff wuchs im Laufe des 19. Jahrhunderts erheblich, insbesondere in den Uniformenfabriken, und als Folgeerscheinung die Geruchsbelästigung der Produktionsstätten, die für das gelbe Blutlaugensalz – wie bei der Salpetergewinnung – beträchtlich gewesen sein muss. Theodor Fontane erwähnt sie noch 1892 in seinem Roman „Frau Jenny Treibel", „wenn der Wind ungünstig stand", weshalb die Kamine in jedem Jahr erhöht wurden.

---

84 Boltz *von Ruffach*, Illuminierbuch.
85 G. A. *Hoffmann*, Die Chemie zum Gebrauch des Haus-, Land-, und Stadtwirthes, Manufacturiers, Fabricantens und Handerwerkers ..., Leipzig 1757, S. 122.
86 *Anon.*, Neu ausgefertigtes und mit vielen raren Kunst-Stücken gezirtes Farben Büchlein, o.O. 1748, S. 13.
87 *Von Romocki*, Geschichte der Explosivstoffe, S. 69; J. *Furttenbach*, Büchsenmeysterei-Schul, Augsburg 1643; Nachdruck o.O. 2001, S. 18; *Anon.*, Curiöse Künstler, S. 84.
88 *Agricola*, De re metallica, S. 200.
89 *Brepohl*, Theophilus Presbyter, Buch III, Kap. 32. (Vgl. dazu das im Zusammenhang mit „Rinden" Gesagte.)
90 Vgl. *Brachert*, Lexikon historischer Maltechniken, S. 39.

Brannte man Eisenvitriol, so gewann man als Restprodukt in der Retorte ein intensives Rot, das als *Caput mortuum* gehandelt wurde[91] und in der Malerei wie bei der Glasmacherei geschätzt war. Ein kräftiges eisenhaltiges Schwarz bereitete man dagegen aus zerschlagenen und pulverisierten Gussformen des Glocken- und Geschützgusses und bezeichnete es dann als Glockenerdeschwarz.[92] In gleicher Weise nutzte man in Deutschland seit dem 17. Jahrhundert pulverisierte Eisenschlacken als billiges Material zum farblichen Abtönen von Mauerputzen an Häusern.

Ziegelmehl diente pulverisiert als Malerfarbe wie als Schleifmittel. Grob gestoßen nutzte man Ziegel überdies seit der Antike als Wasser speichernden Zuschlagsstoff zum Freskoputzen, wie schon an Gemälden Pompejis nachgewiesen.

Altmetallsammlungen waren allgemein üblich. Man ließ Metalle nicht ungenutzt, wie zum Beispiel das teure Zinn, das in verschiedenen Qualitäten im Handel war, das aber wegen möglichen Bleigehaltes sorgfältig sortiert werden musste, denn für die Aufbewahrung von Nahrungsmitteln kam nur die reinste Qualität in Frage, die mit einem Engelssymbol gestempelt war. Bronze- und Messingreste eigneten sich nur zur Massenware, doch nicht zu hochwertigen Güssen, insbesondere zum Kunstguss, da sie nicht die Kriterien für eine hoch standardisierte Legierung erfüllten (wie sie zum Beispiel für die Bronzen des St.-Johannes-Friedhofs in Nürnberg nachgewiesen wurden).

Ähnlich verfuhr man mit teuren zerbrochenen Gläsern, beispielsweise mit den kostbaren zu Bruch gegangenen alchemistischen Kolben und Geschirren aus „venedischem" Glas, die man in den Glashütten wieder umschmelzen ließ.[93] Auch nutzte man farbige Glassplitter zu architektonischen Dekorationen, wie zum Beispiel in den Salzburger Grotten um 1600. Glaspulver dienten – wie bereits erwähnt – zur Herstellung von Feuerwerksraketen und schließlich auch zur Bereitung von Schleifpapieren und -ledern. Darüber hinaus verkochte man Leinöl seit dem Mittelalter zu Firnissen, indem man ihnen pulverisiertes Kristallglas zusetzte, dessen hoher Bleigehalt als Sikkativ (Trockenstoff) zur Beschleunigung des Trockenprozesses diente.

Als Abfallprodukt der Glashütten bildete sich auf der Schmelze ein komplexes Salz, ein Kalium-Natriumsulfat und Calciumsulfat, das abgeschöpft und weiterverwendet wurde. Diese als Glasgalle, *Fel vitri* oder *Tellustri*, bezeichnete Substanz diente als Zusatz zu Glasuren *(Faenza)*, als Schmelzhilfe bei der Verhüttung von Kiesen[94] oder als Lötmittel.

Aus dem metallurgischen Bereich sei abschließend noch ein besonders eindrückliches Beispiel von Recycling genannt: Die Wiedergewinnung von Gold durch die

---

91 Ebd., S. 59.
92 Ebd., S. 101.
93 Kunrat *Geßner*, Von allerhand künstlichen und bewerten Oelen, Wassern und heimlichen Artzneyen, St. Gallen 1583, S. 216.
94 *Agricola*, De re metallica, S. 349; *Brachert*, Lexikon historischer Maltechniken, S. 100.

auflösenden Eigenschaften des Quecksilbers, das mit Gold einen Amalgam bildet, indem das Quecksilber nach der Amalgamierung wieder durch Erhitzen ausgetrieben wurde. Auf diese Weise gewann man Gold wieder aus abgekratzten Goldpolychromien von Skulpturen, Kirchenausstattungen, Gittern etc.,[95] ja selbst aus zu Asche gebrannten goldbestickten Gewändern u.a.m.

---

95 *Brachert*, Lexikon historischer Maltechniken, S. 20.

## 3. Das Gartenreich des Franz von Anhalt-Dessau – Ein Monolog für den Fürsten

*Thomas Weiss*

### I.

Wie oft ich im Verlauf der letzten zehn Jahre, selten allein, meist in Begleitung von Gästen, vor Eurem großformatigen Porträt und dem Eurer Gemahlin Luise im Speisesaal des Wörlitzer Schlosses gestanden habe, erinnere ich nicht mehr. In solchen Momenten des Zwiegesprächs, mittlerweile durch die Lektüre angemessener Literatur gedanklich bereichert, wurden die im Bild verschlüsselten Botschaften für mich schrittweise deutlicher. Obwohl das Gegenlicht der zwei hohen Fenster eine präzisere Betrachtung erschwert, begann ich die verschiedenen Eigenheiten Eurer Persönlichkeit als solche zu erfassen, die Beziehungen zwischen ihnen zu suchen und sie zusammenzufügen. Wobei ich – offen gestanden – diesbezüglich immer noch ein wenig ratlos bin. Die Kluft zwischen einer vergangenen, zuweilen klischeehaft aufgeladenen Wirklichkeit und der Möglichkeit, diese zu erklären und daran teilzuhaben, ist vergleichsweise gering geblieben.

Als fürstlicher *spiritus rector* habt Ihr in mancherlei Hinsicht ganz neue Maßstäbe gesetzt. Zum Beispiel: Für den an sich unbedeutenden Ort Wörlitz begann damals eine neue Zeitrechnung. Und mit einem gewaltigen Kraftakt habt Ihr, offensichtlich ohne jede Rücksicht auf andere, mit Hilfe einer Flut von Verordnungen, Vorschriften und Weisungen in absolutistischer Gewohnheit Euer Werk vorangetrieben. In diesem Zivilisationsprozess musste auf die Grundordnung der Dinge Verlass sein. Doch weder Euer leider zu früh verstorbener Sohn Friedrich (1769–1814) noch Euer Enkel Leopold Friedrich (1794–1871) waren in der Lage, darauf aufzubauen und es in Eurem Sinne fortzusetzen.

Warum haben manche Dinge also die Zeiten überdauert, während andere rasch verschwunden sind? Vermutlich könnt Ihr es Euch selbst kaum erklären, dass die inzwischen zweieinhalb Jahrhunderte währende Wirkungsgeschichte Eurer umfassenden Landesverschönerung mit dem Ziel, das Nützliche mit dem Schönen zu verbinden, weit mehr als nur ein Appendix einer längst versunkenen Welt sein würde. Dass heute noch, wie Jean Paul es romantisch-feinsinnig beschreibt, Pappeln als „langgegliederte Schatten wie angelandete Geister der Nacht an den Ufern" stehen, an Euer Wirken erinnern. Und während sich nach dem Zusammenbruch der DDR in Politik, Wirtschaft und Gesellschaft im Schrumpfen ostdeutscher Städte das Schicksal globaler Peripherien abzeichnete, leuchten bis in die heutige Zeit wie für

Jean Pauls Luftschiffer Giannozzo „alle Tempel wie von Morgenlicht" und „lange, sonnentrunkne Perspektiven" laufen wie „glänzende Rennbahnen der Jugend, wie Himmelswege der Hoffnung hin." Wo sonst auf der Welt gibt es das noch einmal?

Eure erste, fast ein Jahr dauernde Reise durch Deutschland und die Niederlande mit dem Ziel England liegt schon zwei Jahre zurück, als Ihr Euch während der Grand Tour im Jahr 1766 in Rom von Anton Maron porträtieren lasst. Alles andere als ein schlechter Zeitpunkt. Aufgeklärt, gebildet und intelligent, mit einem klugen Blick für das Wesentliche ausgestattet, wart Ihr jemand, der die Notwendigkeiten der Zeit schon früh erkannt hatte. Das Original des Gemäldes, heute bedauerlicherweise nur noch in einer Kopie von Wilhelm Hartkopf (1911) überliefert, zeigt Euch in einem eleganten Kostüm, das deutlich vom britischen Uniformstil geprägt ist. Dafür sprechen nicht nur das auffällige rote Tuch, sondern insbesondere auch die Anordnung der Litzen an den Ärmeln: etwa ab 1760 von der Kavallerie und vom Stab getragen. Zu Euren Lebzeiten war es in Großbritannien ja üblich, dass sich Angehörige des Hochadels generell bei der Gestaltung ihrer Monturen nur sehr vage an Bekleidungsvorschriften hielten. Unangepasste Kleidung als markantes Zeichen Eurer fürstlichen Verweigerungshaltung gegenüber allem Militärischen und dabei bildhaftes Dokument liberaler Weltanschauung?

Ob wir den ausgestreckten rechten Arm mit dem Dreispitz als einladende Geste in die antike Welt interpretieren dürfen, ist ebenso ungewiss wie die Frage nach dem Kontrapost und ob man ihn als einen sichtbaren Ausdruck ruhender und treibender Kräfte erklären könnte. Eine plausible Antwort könnte sein, Euren Körper als Ausdruck des Humanen zu betrachten. Insofern er, im Sinne des Winckelmannschen antiken Körperideals, gesund und edel erscheint. Vollkommen übertrieben wäre es, in Eurer kritisch-reflektierenden Haltung die Ambivalenz von aufgeklärtem Humanismus und obskurantistischer Geheimlehre zu vermuten, wenn auch vieles im Gartenreich an Freimaurertum denken lässt. Eben hierbei Eure Schlüsselrolle aufzudecken fällt uns heute offensichtlich immer noch schwer.

Mit dem Problem konfrontiert, sich dem tieferen Gehalt Eures Porträts weiter zu nähern, scheint es am einfachsten, eine Brücke zu der von Euch so geschätzten englischen Landschaftsgärtnerei zu schlagen, wo „Ruhe und Bewegung die zwei Hauptpunkte sind, um welche sich alles herum dreht. Jede Bewegung des Lustwandlers in einer schönen Anlage muss zur Ruhe führen, muss gleichsam einen Augenpunkt und ein Ziel vor sich haben, zu welchem sich oft durch unvermuthete Hindernisse absichtlich aufgehalten, oft auf ganz andern Wegen, als welcher der geradeste zu seyn scheint, hingelangt." Annähernd vier Jahrzehnte, bevor dieser Ratschlag 1798 seine Leser im „Magazin für Freunde des Guten Geschmacks" erreichte, habt Ihr in Deutschland Marksteine in der Gestaltung von Gärten gesetzt, die auch nach

Eurem Tod 1817 den Mythos und die Wirklichkeit Eures Reformwerks bis heute weitertragen.

Ohne Harnisch und andere Attribute einer militärisch getrimmten preußischen Welt, wie Christian Friedrich Reinhold Lisiewsky Euch noch zehn Jahre zuvor als heranwachsenden Jüngling malte, mitnichten weniger gebieterisch, wolltet Ihr wohl der Nachwelt erhalten bleiben. Ist es vor allem eine Hommage an die liberale angelsächsische Lebensweise, die zeitlebens Eure Maxime bleiben sollte? Sogar am Heck der Boote in Wörlitz habt Ihr den ‚Union Jack' befestigen lassen. Oder könnte Euer bildnerischer Auftritt lediglich eine Reminiszenz an einen glücklichen Lebensabschnitt in mediterranen Gefilden sein, bevor Ihr im Sommer 1767 in der Charlottenburger Schlosskapelle durch Friedrich den Großen mit der erst siebzehnjährigen Luise Henriette Wilhelmine, der Tochter des Markgrafen Heinrich Friedrich von Brandenburg-Schwedt, vermählt wurdet? Wie wir heute zu wissen meinen, eine reine Zweckverbindung, in der Ihr beide – in unheilvoller Symbiose aufeinander konzentriert –, den Zwängen der Hofgesellschaft unterworfen wart. Die anfänglichen emanzipatorischen Auflehnungsversuche Eurer Gemahlin mündeten bekanntlich in selbstgewählter Isolation. Betrübt notierte die ihr seelenverwandte Freundin Elisa von der Recke zu Euren Lebzeiten, gegen Ende des Jahrhunderts diesbezüglich in ihr Tagebuch: „Ach! Ihre Lage ist so, dass ihr schwerlich, vielleicht in dieser Welt nie, geholfen werden kann. Bei ihrer schönen Seele, bei ihrem feinen Gefühle, bei ihrer erhabenen Art, zu handeln, muss sie verkannt werden und isoliert bleiben, weil sie von Menschen umgeben ist, die sie ohnmöglich verstehen können; und kalte Egoisten benutzen die himmlische Güte dieser fein und stark fühlenden Seele so, dass sie – ohne Rücksicht auf die Zufriedenheit dieser vortrefflichen Frau – ihre Lage verbessern." Zu vieles im wechselvollen Schicksal der Fürstin liegt noch in dichtem Nebel – ein Nebel, wie er schon damals zu ihrem Leidwesen regelmäßig die weite Auenlandschaft an den Flüssen Elbe und Mulde mit einem Hauch von Tragik, von Trauer und Melancholie überzog.

„Alles, was aus den Händen des Schöpfers kommt, ist gut; alles entartet unter den Händen des Menschen", lautet der denkbar nüchterne Bescheid von Rousseaus Émile. Aus diesem Grunde verbergt Ihr wohl lieber hinter leicht skeptischer Miene Eure bereits heranreifenden Reformpläne für das kleine Fürstentum, das noch auf Jahre mit den katastrophalen Folgen des Siebenjährigen Krieges zu kämpfen hatte.

Noch ahnt Ihr auch nicht, mit welchen außenpolitischen Herausforderungen Ihr zu kämpfen haben würdet, als Ihr mit diplomatischer Behutsamkeit an einem Fürstenbündnis kleiner Territorialstaaten gegen die militärischen Übermächte Habsburg und Preußen gearbeitet habt. Ihr wart es doch, der gegenüber dem bedrohlichen Anwachsen der kaiserlichen Macht im Reich, 1782, bei einem Besuch am Hofe des Markgrafen von Baden den ersten Anstoß zu dem Plan einer geheimen Vereinigung der kleinen deutschen Fürsten gegeben habt: einerseits im Glauben an den Fortschritt des Menschen durch die Vernunft und im Vertrauen auf die hilfreichen Gesetze der Natur, andererseits mit der gebotenen Einsicht in die Gefahr des Scheiterns. Mir scheint, dass Ihr, in allem Selbstbewusstsein, über Eure Vorfahren triumphiert: als ein zugleich erkennendes und empfindendes, als geistig freies und zugleich körperlich naturgebundenes Wesen.

Um die Facetten Eurer zuweilen widersprüchlichen Persönlichkeit im Nachhinein anschaulicher zu zeichnen, ist es gleichfalls nützlich zu wissen, wie Ihr in Wörlitz als ein veritabler Meister des Bukolischen und der Liebe Vergilscher Prägung, in morganatischer Ehe glückliche Jahre mit Leopoldine Luise verbringt, der Tochter Eures Gärtners Johann Leopold Ludwig Schoch und seit 1801 Reichsfreifrau von Bäringer. Jener römische Großdichter augusteischer Epoche, der in seinem Werk „Georgica, über den Landbau" den gebildeten Kreisen Roms Bedeutung und Nutzen der Landwirtschaft nahe zu bringen versuchte, entspricht auf ideale Weise Eurem Traum, fernab von jedem höfischen Zeremoniell und im Einklang mit einer paradiesischen Natur zu genießen: „Er aber zog im Gestrüpp weitzeiligen Kohl sich und weiße Lilien rings und zehrenden Mohn und heiliges Krautwerk, dünkte an Schätzen sich Königen gleich, und kehrte er spät zum Nachtmahl heim, so belud er den Tisch, keines Marktes bedürftig. Er zuerst brach Rosen im Lenz und Obst sich im Herbste, und wenn immer noch trostloser Winter mit Froste die Felsen spaltete und mit Eis den Lauf der Gewässer, schnitt Hyazinthen er schon mit zarter, duftiger Dolde, höhnte des Sommers Verspätung dabei und der Westwinde Säumnis. [...] Ältere Ulmen sogar verpflanzte der Greis noch in Reihen, zähesten Birnbaum und Schwarzdorn, gepfropft, mit Pflaumen schon prangend, und Platanen, die wölbig rings schon Zecher umschattet."

Im privaten Mikrokosmos des Gotischen Hauses spiegelt sich für uns Nachfahren wohl am subtilsten Eure Lebenswelt wider. Schon manche Zeitgenossen waren verwundert über dieses reich mit Kunstwerken ausgestattete Bauwerk, das Ihr seit 1774 immer wieder durch Erweiterungen in seiner äußeren Gestalt verändert habt. Im Gegensatz zum klassizistischen Landhaus auf der anderen Uferseite des Sees war es hier kaum möglich, Zutritt zu erhalten, wie Carl August Boettiger (1760–1835) 1797 in seinem „Führer" ausdrücklich hervorhebt: „Dies ist die beständige Privatwohnung des Fürsten und daher jedem Fremden, den der Fürst nicht selbst herumführt oder eine eigenhändig unterschriebene Anweisung an den Gärtner Schoch gibt, der in Abwesenheit die Schlüssel dazu hat und auch herumführt, gänzlich verschlossen." Scheinbar eine Schutzwelt für die Entbehrungen in der Realität. Umgeben von wertvollen Büchern und erlesenen Gemälden, zwischen der martialischen Rüstung Bernhard von Weimars und dem mythisch anmutenden Knochenpräparat eines „Saurüssels" mit Hauer – als Symbol Eures pantheistisch-erotischen Geheimprogramms – habt Ihr versucht, Eure unterschiedlichen Leidenschaften in Einklang zu bringen. Denen gemäß, wie Ihr Friedrich Reil eingesteht, das „Thier in uns auch sein Recht haben müsse".

Ihr hattet wohl ständig eine gewisse Unruhe im Leib, die Euch antrieb. Insbesondere hier – ganz in der Nähe des so genannten Elysiums in Neumarks Garten – wurde die Allgegenwart des Schicksals zur Triebfeder eines Handelns, das Euch widerfahren ist, indem es die eigenen Zukunftserwartungen erfüllte. Ich muss es gestehen, wie Ihr Euch denken könnt: gerade dieser Ort setzt Gedanken und Stimmungen von vielgestaltiger Art frei. Sie basieren gleichermaßen auf Verstehen und Missverstehen; sie haben – darin der Bepflanzung des Priapos-Beetes am Fuß des Flora-Tempels verwandt – etwas mit Diskretion und Provokation, mit Verschleierung und Enthüllung zu tun. Verzeiht mir, wenn ich deswegen behaupte, Ihr wäret auch ein Genussmensch gewesen, stets allen Freuden des Lebens zugetan.

## II.

„De mortuis nil nisi bene" – Von Toten soll man nur Gutes reden, heißt es bei Diogenes. In der Tat ist vieles geschrieben worden über Euch, Euren „aufgeklärten Musterstaat" und alle, die dabei geholfen haben. Das Bild, das uns die Zeitgenossen von Leopold III. Friedrich Franz von Anhalt-Dessau überliefert haben, bezeugt Verehrung wie auch Befremden gegenüber einem Fürsten, der in seinem Jahrhundert unzeitgemäß modern dachte. Einen ersten Versuch, Eure Persönlichkeit und Euer Werk im Sinne des griechischen Philosophen zu skizzieren, unternahm Mitte des 19. Jahrhunderts der eben zitierte Wörlitzer Propst Friedrich Reil. Er, der achtungsvoll begeistert und damit der Stimmung seiner Zeit entsprechend Eure Lebensleistung würdigte, ruft heute bei vielen Lesern eher Zurückhaltung hervor.

Dennoch war es der erste Versuch eines Euch noch selbst bekannten Untertanen, Eure Persönlichkeit über Bauwerke und Gartenanlagen hinaus der Nachwelt zu erhalten. Euch, der Ihr von den Zeitgenossen vertraulich „Vater Franz" genannt wurdet, sollte nicht das gleiche Schicksal widerfahren wie anderen historischen Gestalten, die, wie Fontane schreibt, „das Schicksal alter Statuen teilen. Einige stehen durch ein Jahrtausend hin immer leuchtend und immer bewundert auf dem Postament ihres Ruhmes; andere werden vernichtet oder in den Fluss geworfen." Ihr aber lebtet fort, so wie sich die Mär vom aufgeklärten Fürsten nicht entzaubern lässt: Sogar Euer auf einem kolossalen Granitsockel platziertes Bronzestandbild befindet sich seit 1998 wieder auf seinem angestammten Platz vor der Johanniskirche in Dessau.

Als einen großen „Garten für Menschen" hat schon 1798 der Heidelberger Professor Johann Friedrich Abegg Wörlitz und Euer Gartenreich bezeichnet, wo er sich wie so viele andere seine Frau, Verwandte, Freunde herbeiwünscht, denn hier, so Abegg, verlebt man „die glücklichsten Momente seines Lebens." Und auch der weitgereiste Georg Forster, dessen ethnographische Sammlung im Südseepavillon auf dem Eisenhart in Wörlitz dem Publikum präsentiert wurde, spart nicht mit Lobeshymnen auf die damalige Lebensweise auf dem Lande: „Des Morgens frühstückten wir beisammen, die Fürstin schenkte uns Thee ein und des Mittags und Abends kamen keine Bedienten ins Zimmer, außer Teller wegzuräumen und neue Schüsseln aufzutragen, wozu sie erst herbeigeklingelt werden." Auf diese Weise habt Ihr wohl häufiger mit Euren Gästen abwechslungsreiche Tage in Wörlitz verbracht. Denn auch Friedrich von Matthisson berichtet über einen Aufenthalt Goethes im Mai 1778: „Einst an einem heiteren Sommernachmittage gesellte man sich unter der Vorhalle des Schlosses zusammen. Die Fürstin war mit einer Stikkerei beschäftigt, der Fürst las etwas vor. Göthe zeichnete, und ein Hofkavalier überließ ohne Zwang und Sorge sich indeß der behaglichen Verführung des Nichtsthuns. Da zog ein Bienenschwarm vorüber. Göthe sagte: „Die Menschen, an denen ein Bienenschwarm vorüberstreicht, treiben nach einem alten Volksglauben dasjenige, was gerade im Augenblick des Ansummens von ihnen mit Vorliebe getan wurde, noch sehr oft und sehr lange. Die Fürstin wird noch viel und recht köstlich sticken, der Fürst wird noch unzähligemal interessante Sachen vorlesen, ich selbst werde gewiß unaufhörlich im Zeichnen fortmachen, und Sie mein Kammerherr, werden bis ins Unendliche Faulenzen."

Nun, es ist wohl wahr: Wer wäre nicht von der Vielseitigkeit und der Größe Eures Vermächtnisses gefangen genommen. Und wer hätte nicht erfahren, wie unerschöpflich die Möglichkeiten sind, im Gartenreich zu spazieren, in der Kutsche und im Kahn zu fahren, immer unterwegs zwischen lebendiger Vergangenheit und herausfordernder Zukunft. Euch war es gelungen, das Naturschöne mit dem Kunstschönen in Einklang zu bringen und somit eine einzigartige Synthese von Natur und Kultur zu formen. Insbesondere die Wörlitzer Anlagen waren schon zu Euren Lebzeiten ein Zentralbegriff für die Lebensreformer: Ursprung eines einfachen und harmonischen Daseins in himmlischer Ruhe. Und Fluchtziel all derer, die in der zweiten Hälfte des 18. Jahrhunderts den urbanen Strukturen und den Zwängen der Hofgesellschaft entfliehen wollten. Wörlitz, gewissermaßen als ein *locus amoenus*, galt in Mitteleuropa als ein Ort der Sozialutopie, der die Neugestaltung der Umwelt in ihrer humanen Dimension in Aussicht stellte.

Wie bei allen großen Werken der Musik, Kunst und Architektur bewundern wir hier nicht distanzlos lediglich große Kreativität. Doch Schönheit und Qualität als Erscheinungsformen von Natur und Kunstsinn, Vergangenheit und Gegenwart sind im Gartenreich zweifellos überzeugend genug, um uns zu fesseln. Sie mögen uns hier und da sogar existentiell betreffen, ja bewegen. Vorausgesetzt, wir sind in der

Lage, zu sehen und zu fühlen. Nicht erst mit der von Erdmannsdorff geplanten Gründung einer Zeichenakademie im Jahr 1771 wurde Euch klar, dass bei jeglicher Beurteilung von Kunstwerken das Entscheidende das Maß an Intensität ist, die der Betrachter dafür aufzubringen weiß.

## III.

„Es kommt eine Zeit", notierte Jean Paul resigniert, „wo die Zukunft nichts mehr hat und wir unsere Gegenwart nur durch Erinnerungen schmücken." Manchmal dauert es wirklich nur ein paar Augenblicke, bis aus einem Zeichen der Zuneigung ein Bild der Vergänglichkeit wird. Sind wir im Zivilisationsprozess tatsächlich schon so weit und können Euren Versuch, Kunst und Natur zusammenzubinden und das Rätsel der Welt durch Ästhetik zu lösen, nur noch wie eine Fata Morgana wahrnehmen? Sicherlich habt Ihr Euch die Fortsetzung Eures Lebenswerks nicht nur als eine Illusion nostalgischer Vergangenheit vorgestellt? „Tod ist nicht tod, ist nur Veredlung sterblicher Natur" steht auf dem heute stark verwitterten Fries des Portals, das unübersehbar den Eingang zum „Neuen Gottesacker zu Dessau" bildet. Friedrich Wilhelm von Erdmannsdorff, Euer Euch bis zu seinem Tod 1800 stets freundschaftlich verbundener Architekt, hat den Friedhof streng symmetrisch nach dem Vorbild italienischer Camposanti entworfen. Von Euch selbst soll die Inschrift auf dem Kenotaph stammen, der in der Mitte des Wörlitzer Kirchhofs steht: „Angefüllt mit Überbleibseln der Gebeine vor uns Verstorbener, die uns zu unseren Wohnungen Platz einräumten, wie wir andern wieder Platz machen werden." Die nachdenkliche Stimmung, die solche Sinnsprüche hervorrufen, korrespondiert nach August Rode mit den Gartenbildern und den Schatten, „welchen lispelnde Aespen, schlanke Birken, Thränenweiden, mit Lerchenbäumen, Tannen und Zedern und mancherlei Gestraeuch vermischt, darüber verbreiten".

Aber werden die überkommenen Reste Eures Lebenswerks heutzutage nicht tatsächlich nur mehr aus historischer Rücksicht aufbewahrt denn aus gegenwärtigem Bedürfnis? Sind die Museumsschlösser Erbbegräbnisse von Kunstwerken, welche die Neutralisierung der Kultur erzeugen? Oder ist etwa, wie Friedrich Nietzsche behauptete, alles nur „eine ungeheure Menge von unverdaulichen Wissenssteinen", die der moderne Mensch ohnehin ungern mit sich herumträgt, und die zu allem Überfluss „dann bei Gelegenheit ordentlich im Leibe rumpeln"? Ist es womöglich gar eine Ironie der Geschichte, dass die UNESCO im November 2000 das Gartenreich Dessau-Wörlitz in die Liste des Weltkulturerbes aufgenommen hat?

Verdrängt im Zuge einer Banalisierung und Bagatellisierung in der Kultur schließlich ihr Marktwert das Glück der Betrachtung? Vielleicht würdet Ihr heute bereitwillig der Meinung zustimmen, dass wir den Zumutungen der modernen

Massengesellschaft nicht mehr Einhalt gebieten können. Lässt die in der Zeit der Aufklärung begründete Ästhetik der Parkanlagen und Schlösser und ihre offenkundige Attraktivität auch darauf schließen, dass deren Inhalte und Ziele für die heutige Spaßgesellschaft populär sein können? Ist es nicht (unter dem permanenten Zwang, etwas Neues bieten zu müssen) ausschließlich der Unterhaltungswert, der in unserem virtualisierten Alltag zählt: die Abwechslung um ihrer selbst willen? Häufig beobachten wir das Phänomen vergehender Paradiese. Je näher wir unseren Paradiesvorstellungen, dem Ersehnten und Erwünschten kommen, umso mehr zerstören wir diese bekanntlich. Geraten wir von einem Ziel für Aufklärungspilger zum Wohlfühlparadies?

Inzwischen stellt man bereits die Frage, ob „die Virtualisierung des Alltags in ihrer sich stetig beschleunigenden Entwicklung nicht zur Folge hätte, dass der tatsächliche Raum auf Kosten der Zeit immer unwichtiger würde und die Menschen sich eine ‚zweite Natur' zulegen, die die erste Natur als natürliche Umwelt ersetzt".[1] Da verwundert es auch nicht mehr, wenn Eva Henze behauptet, wir lebten im Jahrhundert der Gartendenkmalpflege. Denn niemals zuvor hätte man so akribisch versucht, historische Gartenanlagen unterschiedlicher Epochen zu erhalten und zu restaurieren. Dies sei wohl prinzipiell wichtig und richtig, aber manchmal drohten diese Anlagen zu unwirtlichen und kostspieligen Museen zu werden. Dies könnten wir uns, eine Horrorvision für Gartenenthusiasten, in einer Zeit mit einem Mangel an nutzbaren Freiräumen nicht leisten.[2]

Jedoch, mein Fürst, wer nimmt denn noch wirklich wahr, dass beispielsweise der stillgestellte Moment in der Bewegung der Muschelnymphe am Ufer des Wörlitzer Sees Ende des 18. Jahrhunderts die Abkehr von Zeit und äußerer Welt suggerieren sollte: Eine fast archaisch anmutende Versunkenheit, die mit dem Betrachter rechnete, sich auf ihn übertragen sollte, auf seine Kenntnis der „Garten-Bilder" vertraute. Ich wäre Eurer Zustimmung sicher, würdet Ihr heute gelebt haben, dass wir gerade in Zeiten beschleunigten sozialen Wandels nichts so sehr brauchen wie die Orte der Reflexion. Bukolische Landschaften, die ein anderes Verhältnis zur Zeit haben als funktionelle Institutionen des Alltags und die dem Einzelnen in Zeiten rasanter Modernisierung eine Chance zur Teilhabe geben: im Sinne einer subjektiven Auseinandersetzung mit Kunst und Geschichte.

Zuweilen wird die Historie des Dessau-Wörlitzer Gartenreichs uns gegenwärtig als Klischee aus dem Holzschnittblock vorgeführt. Zuweilen werden seine philanthropisch gesinnten Schöpfer – Ihr, zum Beispiel – über Gebühr zum Mythos gemacht. Doch ist es bei weitem kein Disneyland des 18. Jahrhunderts, das uns heute nur noch einen blassen Eindruck eines aufgeklärten Bildungsideals nach

---

1 Jürgen *Milchert*, Stadt und Raum, (2002) 6.
2 Eva *Henze*, Garten + Landschaft, (1997) 4.

antikem Vorbild zu offerieren hätte. Das Gartenreich bietet vielmehr einen Kanon von Werten: Die Homogenität dieses Kulturraums entlang der Elbe garantiert bei aller verletzlichen Stabilität des ökologischen Gleichgewichts (denken wir an die Flutkatastrophe vom August 2002) Möglichkeiten, auch für Mitglieder unserer hektischen Multioptionsgesellschaft: Es gibt neben der Chance einer authentischen Sicht auf eine lebenswirkliche Vergangenheit auch ein Reservoir von Lösungsansätzen für einige unserer zivilisationskritischen Fragen.

Gegenüber einer Wachstumsideologie, die bedenkenlos den Tourismus fördert, ist es angezeigt, Vorsicht und Argwohn walten zu lassen. Denn die seit der Wiedervereinigung durch massive finanzielle Hilfe verschiedenster Institutionen möglich gewordene partielle Restaurierung der historischen Denkmäler darf nicht ausschließlich dazu dienen, diese nur als ‚Locations' für kurzlebige ‚Events' eines beliebigen Premiere-Publikums zu vermarkten. Bei Ludwig Wittgenstein heißt es: „Wenn Blinde, wie sie es gern tun, vom blauen Himmel und anderen spezifisch visuellen Erscheinungen reden, sagt der Sehende oft ‚Wer weiß, was er sich darunter vorstellt.' Warum sagt er es aber nicht von jedem andern Sehenden?" Und gerade weil momentan allzu vieles für das oberflächliche Touristenauge unterhalb seiner Wahrnehmungsschwelle bleibt, wäre es fatal, die für damalige Zeiten prototypische symbolische Dimension dieser Reformlandschaft nur noch auf rein museal zu interpretierende Gartenbilder zu reduzieren. Eine schleichende Musealisierung wäre die Folge.

Daran konntet Ihr und Erdmannsdorff nicht einmal denken. Zu Eurer Zeit lag die Herausforderung in der Schöpfung des Gartenreichs: in dessen geistigem Fundament, dem die Praxis von Architektur und Gartenbau folgte. Heute ergibt sich ein Geflecht von Zusammenhängen und Kausalitäten. Es wird also künftig, neben der kontinuierlichen Pflege des kulturellen Erbes, eine große Herausforderung sein, die Authentizität des *genius loci* mit den Bedürfnissen eines modernen Kulturtourismus in Einklang zu bringen. Das Gartenreich Dessau-Wörlitz ist nämlich, wie Ihr mir sicher zustimmen werdet, keine – im Jargon der Touristiker gesprochen – ‚Destination der Superlative' im herkömmlichen Sinn. Das heute so genannte ‚Alleinstellungsmerkmal' definiert sich eher durch andere Parameter als Lärm und hektische Betriebsamkeit. Und den letzten Urlaubskick sucht man hier vergeblich. Wörlitz ist, wie Ihr selbst am besten wisst, eher eine stille Sensation. Eine Tatsache, die jeder, der sich dafür interessiert, heute wieder auffinden, entdecken kann, eine historische Landschaft mit unverwechselbarem Eigenwert.

Wir können uns bis heute an der Qualität dieser einzigartigen ‚Pflanzschule der Aufklärung' begeistern, deren Wert nicht allein in der überragenden Bedeutung einzelner Gartenanlagen begründet ist, sondern in der Dichte und Vielschichtigkeit der geistesgeschichtlichen Ebenen, in ihrer Geschlossenheit und Einheitlichkeit.

Doch bei allem Idealismus bedingen allerdings die differenzierten Ansprüche unserer mehr und mehr individualisierten Gesellschaft eine Veränderung im täglichen Umgang mit Eurer Schöpfung, dem Welterbe.

Dieser Prozess schreitet fast unmerklich voran. Er provoziert jedoch auch die Frage, inwieweit wir endlich damit aufhören sollten, uns in den westlichen Industrieländern die Natur als einen Gegenpol zur Zivilisation vorzustellen. Denn die Frage: Was ist Natur?, ist heute kaum mehr zu beantworten. Ihr hattet es da einfacher. Wie kann sich der Mensch aber für den Schutz seiner Umwelt einsetzen, wenn er nicht einmal mehr in der Lage ist, den eigentlichen Gegenstand seines Interesses wahrzunehmen? Der Begriff *sustainable development*, an dem wir so gerne unsere Hoffnung auf eine gedeihliche Zukunft festmachen, suggeriert das verträgliche Zusammenspiel von Ökologie, Ökonomie und Sozialem in angenehm vager Weise. Die gängige deutsche Übersetzung als ‚nachhaltige Entwicklung', also die Idee einer vorbildhaften Realisierung sinnvollen Wirtschaftens, geht noch einen Schritt weiter und stellt eine leere Worthülse bereit, die nach jeweiliger Interessenlage mit Inhalt gefüllt werden kann. Dummerweise läuft jedoch die Forderung nach Nachhaltigkeit den Grundlagen unserer Wirtschaftsordnung zuwider, nämlich dem Wachstum und Konsum.

Ihr wisst, auch in Eurer Zeit gab es Veränderungen und auch künftig wird es Veränderungen in dieser Eurer Kulturlandschaft geben. Für die Erhaltung des Gesamtkunstwerks sind jedoch Maß und Charakter dieser Wandlungen entscheidend. Sie sollten weder auf kurzfristigen Nutzen noch aufs bloße Überleben angelegt sein. Öffentlichkeitswirksame Kampagnen, wie zum Beispiel die zum Schutz der Alleen: „Deutsche Alleen – durch nichts zu ersetzen" helfen mit, das ‚Kulturgut Allee' auch im Gartenreich Dessau-Wörlitz zu schützen. Bislang sieht man hier allerdings nur noch die kümmerlichen, ungepflegten Reste ehemals endlos scheinender Obstbaumreihen, die, wie jedes Frühjahr blühend, einen leisen Schimmer Eures fürstlichen Gestaltungswillens repräsentieren. Dass die neuen Bäume so gepflanzt werden sollen, dass ihre Kronen wieder über der Straße zusammenwachsen, gehört meines Erachtens eher in das Land der Phantasie. Denn die DIN-Norm im Straßenbau und die Verkehrssicherheit für die Autofahrer verbannt sie heute mindestens vier Meter entfernt vom Fahrbahnrand in die Landschaft.

In der 1996 verabschiedeten „Charta für das Gartenreich Dessau-Wörlitz" steht: „Die Botschaft des Gartenreichs verstehen heißt, auf der Basis der historischen Erfahrung eine Perspektive zu entwickeln, in welcher die historischen Reformleistungen, wie zum Beispiel die Verbindung von Landwirtschaft und Landschaftsgestaltung, die Organisation eines alle Lebensbereiche erfassenden Beschäftigungsprogramms und eine innovative Verknüpfung von Bildung, Kultur, Architektur und Landschaftsgestaltung eine zeitgemäße Ausgestaltung erfahren. Dabei müssen die

Bedürfnisse der Menschen in dieser Region in diese Perspektive einfließen. Dies gilt insbesondere im Hinblick auf die Probleme, welche sich aus der lang anhaltenden und hohen Arbeitslosigkeit ergeben." Da die Region schon jetzt ihre Menschen in Davonziehende und Bleibende sortiert, muss man fragen: Ließe sich aus diesem Makel nicht etwas Positives entwickeln? Zweifellos wird der Erfolg künftiger Nutzungskonzepte unter anderem auch davon abhängen, inwieweit es allen Beteiligten in den nächsten Jahrzehnten gelingt, die Bevölkerung der Region für einen qualitätsvolleren Umgang mit dieser Kulturlandschaft zu sensibilisieren. So dass am Ende der Abschied von einer Epoche tatsächlich die Wendung ins Positive finden könnte. Das betrifft vor allem Gemeinden mit einer zu DDR-Zeiten monostrukturierten Großindustrie, wie beispielsweise in Vockerode. Zu Eurer Zeit war es ein Fischerdorf. Die im Allgemeinen erst wenige Generationen alte Beziehung der Menschen zu diesem unmittelbar an der Elbe gelegenen Ort, dessen langsam gewachsene ländliche Strukturen in der ersten Hälfte des zwanzigsten Jahrhunderts durch den Bau eines gigantischen Braunkohlekraftwerks abrupt jeglicher Maßstäblichkeit beraubt wurden, ist häufig durch das persönliche Schicksal bedingt.

1994 wurde das Kraftwerk stillgelegt. Die daraus folgende hohe Arbeitslosigkeit, der plötzliche Wandel der Lebensbedingungen, trägt bei den Bewohnern Vockerodes verständlicherweise nicht dazu bei, eine individuelle Identifikation mit der an Historie reichen Heimat herzustellen: Euer fürstliches Reformwerk ist, trotz aller überlieferten Zeugnisse in der Nachbarschaft, den meisten Menschen dort unbekannt.

Wir müssen heute unseren Sinn für die Dauerhaftigkeit unseres Tuns stärken. Dabei stellt sich allerdings schnell die Frage, wie wir haltbare Strukturen in einer multikulturellen Welt schaffen können. Wir reden, wie schon erwähnt, gerne von Nachhaltigkeit im Hinblick auf unsere natürliche Umwelt. Dabei vergessen wir häufig, dass noch andere, bisher weniger beachtete Faktoren wie beispielsweise die ‚Stille' zunehmend eine ganz wesentliche Rolle spielen werden. Früher, im 18. Jahrhundert, habt Ihr Stille einfach genossen.

Dass Stille als Wert betrachtet und gepflegt sein muss, ist heute unsere Aufgabe und bedarf mehr denn je der Wiederbelebung im Bewusstsein aller. In einer Zeit des Lärms und der ‚Soundkulissen' erhält Stille im Gartenreich eine ganz neue Bedeutung. Noch keine Generation ist es her, da warnte Heinrich Böll eindringlich davor, Stille könnte ausschließlich zum Besitz Privilegierter werden: „Die Legende vom Lufthändler könnte bald so wahr werden wie die Legende von dem, der an die Menschen Ruhe und Stille verkauft; irgend jemand, der ein System erfindet, diesen armen und armseligen, verrückten, gehetzten Midasnachfolgern ein Stückchen Stille und Ruhe ans Ohr zu halten, und es werden natürlich der Wasser-, der Luft- und der Ruhehändler nicht nur Kleinhändler sein; Großhändler, Konzerne werden sich bilden, die Wasser, Luft, Ruhe aufkaufen, horten und mit Profit an die Kleinhändler verkaufen."

Mit meinem Votum für die Stille im Gartenreich als einem ihm wesentlichen geistigen Element versuche ich vielleicht Unmögliches. Ist es doch in der Öffentlichkeit inzwischen eine weit verbreitete Meinung, dass die Stille – auch als authentischer Bestandteil des Ortes – dessen Nutzung für den Tourismus entgegensteht: also den ökonomischen Interessen zuwiderläuft: Ohne Krach kein Profit. Was jedoch zu einfach gedacht ist. Denn die Stille als spezifische Qualität trägt im Gartenreich genauso wie Architektur und Gartenkunst zum Bestand dieser Kulturlandschaft bei.

Als gleichermaßen schöpferische Kraft verlangt sie daher nach respektvoller Behandlung bei allen künftigen Gedanken zu Vermarktungsstrategien. Der als Begründer der Umwelt-Ethik geltende amerikanische Forstwissenschaftler, Biologe und Philosoph Aldo Leopold hatte formuliert, touristische Entwicklung bedeute nicht, mehr Straßen in liebliche Landschaften zu bauen. Vielmehr müsse man „Wege bauen, auf denen Sensibilität in das menschliche Gemüt gelangen kann".

## 4. Das Schaezlerpalais in Augsburg: Fragen – Überlegungen

*Björn R. Kommer*

### I. Lespilliez – Cuvilliés – Stumpe

„Zu unsern Zeiten hat sich hier [in Augsburg] der Geschmack im Bauen dem wahren Schönen wiederum mehr genähert. Die guten Jahre, da Handlung und Gewerbe blüheten, vornämlich von 1760 bis 1770 waren der Baukunst günstig, und gaben unsern Werkmeistern Gelegenheit, sich zu zeigen. In diesen Jahren entstunden das große von Liebertische Haus auf dem Weinmarkte, welches durch den darinn genommenen Besuch der hier durchreisenden Dauphine berühmt wurde, und welches nach den Entwürfen des Churfürstl. Baierischen Herrn Hofkammerrath und Oberbaumeisters Karl Albrecht Lespilliez, durch Meister Johann Gottfried Stumpe, von Jauer aus Schlesien, ausgeführet worden ist [...]"[1] (Abb. 1, S. 158). Kürzer als Paul v. Stetten d. J. (1731–1808), Augsburger Historiograph und späterer Stadtpfleger, brachte es der Berliner Schriftsteller, Buchhändler und Aufklärer Friedrich Nicolai (1733–1811) auf den Punkt: „Das beste bürgerlich modern gebaute Haus ist das Haus des Herrn Baron von Liebert am Weinmarkte. In demselben ist auch ein artiger Saal, dessen Decke von Guglielmi gemalt ist."[2] Gregorio Guglielmi (1714–1773) war Nicolai von Berlin her bekannt. Dort hatte der Künstler die Plafonds im Festsaal und in der Galerie des Prinz-Heinrich-Palais ausgemalt (1764), doch schätzte ihn Nicolai nicht besonders.[3]

Paul v. Stettens Nachricht zu den planenden und ausführenden Baufachleuten bestätigen die Aufzeichnungen[4] des Bauherrn Benedikt Adam Liebert v. Liebert-

---

1 Paul *v. Stetten d. J.*, Kunst=Gewerb= und Handwerks Geschichte der Reichs-Stadt Augsburg, Augsburg 1779, S. 110.
2 Friedrich *Nicolai*, Beschreibung einer Reise durch Deutschland und die Schweiz im Jahre 1781. Nebst Bemerkungen über Gelehrsamkeit, Industrie, Religion und Sitten, Bd. 7, 3. Buch, 4. Abschnitt, S. 48.
3 Vgl. Stefanie *v. Langen*, Die Fresken von Gregorio Guglielmi, München 1994 (Tuduv-Studien, Reihe Kunstgeschichte Bd. 64), S. 198–207. Vgl. auch Klára *Garas*, Gregorio Guglielmi (1714–1773), in: Acta Historiae Artium Academiae Hungaricae, Bd. IX, Budapest 1963, S. 269–294. Nach Garas hat Nicolai Thematik und Komposition der Berliner Fresken abgelehnt. „Nur das frische, kräftige Kolorit fand seinen Beifall und die leichte schwungvolle Zeichnung, bei der er jedoch den Mangel an Richtigkeit und ‚idealische Schönheit' beanstandete" (ebd., S. 283).
4 Abschrift (Auszüge) Bibliothek Kunstsammlungen Augsburg. – Liebert scheint seine Aufzeichnungen erst später verfasst zu haben. Darauf deuten Irrtümer bei den Namen. Bei Abfassung des Textes während der Bauzeit wären sie kaum unterlaufen (zum Beispiel *Glötzl* statt Giessl (Leonhard Matthias, Münchner Maurermeister); *Placidus Egidius Verhelst* statt Placidus

hofen (1731–1810, 1770 Reichsfreiherr) und ergänzen sie.[5] Leider sind seine Angaben sehr summarisch. Sie lassen daher viele Fragen offen. Das muss nicht verwundern: v. Liebert war mit Leidenschaft Kaufmann und Bankier. Die Erörterung künstlerischer Probleme lag wohl außerhalb seines größeren Interesses, auch eine Diskussion der Bildprogramme für sein Haus. Aussagen v. Lieberts zu solchen Themen fehlen jedenfalls.

*Abbildung 1*
*Das Schaezlerpalais in Augsburg, 1765–1770, Hauptansicht*

Quelle: Richter + Fink, Augsburg, 1995 (Städtische Kunstsammlungen, Fotoarchiv).

    V., Bildhauer. Dessen jüngerer Bruder, der Kupferstecher *Aegid V. d. J.* (1733–1818), lebte seit 1765 als Hofkünstler in Mannheim. Der Vater der beiden, der Bildhauer Aegidius V. (1696–1749) war schon lange tot.
5  Ein Führer zum Schaezlerpalais mit allen einschlägigen Informationen und Fakten vom Verfasser der hier vorgelegten Studie erscheint demnächst. Im vorliegenden Aufsatz werden Fragen und Überlegungen erörtert, die im Führer keinen Platz fanden oder dort nicht erörtert werden konnten. Zur Person v. Lieberts vgl. auch Wolfgang *Zorn*, Handels- und Industriegeschichte Bayerisch-Schwabens 1648–1870. Wirtschafts-, Sozial- und Kulturgeschichte des schwäbischen Unternehmertums, Augsburg 1961 (Veröffentlichungen der schwäbischen Forschungsgemeinschaft bei der Kommission für bayer. Landesgeschichte, Reihe 1, Studien zur Geschichte des bayerischen Schwabens, Bd. 6), bes. Kap. 1, S. 12ff.

Ihm als waghalsigem Aufsteiger und *nouveau riche*, der einige Male dem Abgrund nahe war, ging es zuallererst um Geschäftserfolg und gesellschaftliches Prestige. Diesem Ziel konnte v. Liebert durch persönliches Auftrumpfen näher kommen. In solchem Zusammenhang dürfte sein ehrgeiziges Hausprojekt zu sehen sein. Doch hatte v. Liebert noch eine andere Seite: Sie zeigte sich in seiner pietistisch beeinflussten Frömmigkeit.

Unser Bankier begnügte sich nicht damit, für sein Bauvorhaben – es wurde an prominenter Stelle, am Weinmarkt, gegenüber dem berühmten Herkulesbrunnen des Adriaen de Vries, verwirklicht –, wie eigentlich üblich, einen Augsburger Werkmeister zu beauftragen. „Wir hatten zu diesen Zeiten [bis zur Mitte des 18. Jahrhunderts] eben keine besonderen Architekten unter unsern Werkmeistern: wann sie endlich auch eine bürgerliche Wohnung vest und dauerhaft herzustellen wußten, so fehlte es doch an Geschmack. [...] Deswegen bedienten sich auch reiche Bürger, die ein schönes Gebäude aufführen wollten, meistens des Raths eines fremden, und nahmen ihre Zuflucht zu einem Architekten nach München, oder andere Orte",[6] schreibt v. Stetten und liefert damit indirekt einen für sich sprechenden Kommentar.

Karl Albrecht (von) Lespilliez (1723–1796),[7] spätestens seit 1740 von François de Cuvilliés (als Stecher) beschäftigt,[8] auf Dauer (zusammen mit François Cuvilliés d. J.) dessen engster Mitarbeiter und bei dessen Tod Nachfolger im Amt des Oberhofbaumeisters (1768),[9] war 1765 Zweiter Oberbaumeister. Er verfügte über vielfältige baupraktische Erfahrung: 1750–1753 hatte er für Cuvilliés d. Ä. zusammen mit dessen Sohn in München die Bauleitung des (alten) Residenztheaters übernommen.[10] 1759/60 leitete er die Arbeiten an der Fassade des Palais Fugger-Zinneberg-Öttingen und den weiteren Ausbau dieses Anwesens zum kurfürstlichen Maut- oder Packhaus. Ein völlig selbständiger Privatauftrag war das Palais Giese in der Prannerstraße (ebenfalls um 1760).[11] Wichtig mag gewesen sein, dass Lespilliez die „moderne", französisch beeinflusste Architekturrichtung vertrat, wenn auch gemäßigt und dem Entwicklungsstrom der Münchener Cuvilliés-Tradition eingefügt.

Lespilliez hatte Paris selbst kennen gelernt. 1754 im Herbst reiste er in kurfürstlichem Auftrag zusammen mit den beiden Cuvilliés und dem Bauzeichner Valerian

---

6 *v. Stetten*, Kunst=Gewerb= und Handwerks Geschichte der Reichs-Stadt Augsburg, S. 107.
7 Vgl. Jutta *Thinesse-Demel*, Münchner Architektur zwischen Rokoko und Klassizismus, München 1980 (Miscellanea Bavarica Monacensia. Dissertationen zur Bayerischen Landes- und Münchner Stadtgeschichte, hg. v. Karl Bosl und Michael *Schrattenhofer*, Neue Schriftenreihe des Stadtarchivs Münchens, Heft 90).
8 Vgl. Wolfgang *Braunfels*, François de Cuvilliés. Der Baumeister der galanten Architektur des Rokoko, München 1986, S. 200.
9 Ebd., S. 158.
10 Ebd., S. 130f.
11 *Thinesse-Demel*, Münchner Architektur, S. 28. Vgl. auch Norbert *Lieb*, Münchener Barockbaumeister. Leben und Schaffen in Stadt und Land, München 1941, S. 18f.

Funck als Stipendiat etwa 12 Monate in die französische Hauptstadt.[12] Dort kümmerte er sich um alles für die Baukunst Interessante und besuchte die wichtigen Bauten. Von größter Bedeutung dürfte Lespilliez' neunmonatiges „Studium" in der Akademie des berühmten und bedeutenden Jacques François Blondel gewesen sein. Dessen einflussreiche Lehren und Ansichten, begleitet von vielen Stichen, sind auch in dem 1772 bis 1777 erschienenen *Cours d'architecture* (1750) niedergelegt und geben Auskunft über die französische Architektur und die herrschende Theorie bis dahin. Dass Lespilliez außerdem anschließend Italien bereist und Rom kennen gelernt hatte, mag sein Ansehen, seinen „Wert" für den Augsburger Auftraggeber erhöht haben.

Selbst wenn es keine Nachricht darüber gibt: Benedikt Adam v. Liebert muss sein Hausprojekt in wesentlichen Details mit Lespilliez erörtert haben. Eigentlich versteht sich das von selbst, doch gibt es auch Indizien. So kam es zum Bau eines Modells durch den Kistler Johann Michael Gros „nach dem ersten Riß des M$^r$ Lespilliez".[13] Liebert war offenbar nicht zufrieden. Darauf lieferte der Münchner Architekt einen zweiten Entwurf. Der wurde nochmals abgeändert und danach dann der Bau unter der Leitung des oben erwähnten Johann Gottfried Stumpe (1708–1777) ausgeführt. Vorher erledigte der Münchner Hofmaurermeister Leonhard Matthias Giessl (um 1707–1785) „die Anlegung des Gebäu"[14] wohl nach Absprache oder auf Empfehlung von Lespilliez. Schließlich legt der wohldurchdachte Grundriss des Gebäudes selbst Überlegungen und Forderungen des Auftraggebers mit und an den Architekten nahe.

Die Beauftragung des Augsburger Maurermeisters Stumpe mit der Baudurchführung führt zunächst noch zu der Frage, welches der Beitrag dieses Fachmanns war: Leitete er nur – in ständiger Absprache mit Lespilliez und v. Liebert – das Projekt, oder beeinflusste er es mit eigenen Ideen? Griff er gar im Einverständnis mit seinem Bauherrn, dessen ständiger Ansprechpartner nur er sein konnte, verändernd ins Geschehen ein?

---

12 *Thinesse-Demel*, Münchener Architektur, S. 16 bzw. S. 208, Anm. 36. Die Verfasserin gibt die genauen Reisedaten nicht an. Als Reisebeginn soll *Oktober 1754*, als Rückreise *Mai 1755* festgesetzt worden sein. Lespilliez reiste jedoch noch nach Rom (vgl. zum Beispiel S. 25). In seiner „Haubt Rechnung" (11.11.1755, vgl. S. 210, Anm. 48 für dieses Datum) über die Ausgaben seit der Abreise von München bis zur Ankunft in Rom berechnet Lespilliez „Vor zwölff Mohnat Kost in Paris des Monaths à L: 6". Die Aufenthaltsdauer in Paris ist also belegt. Zusätzlich berechnet er unter anderem noch „Dem Mons/ieur/Blondel [Jacques François B. (1705–1774)] p. 9. Monath. à L. 30". Über Lespilliez' Pariser Aufenthalt vgl. S. 17ff – *Braunfels*, François de Cuvilliés, S. 209, schreibt, Lespilliez habe *1756/57* (!) eine Studienreise nach Italien gemacht.
13 Zitat nach Abschrift wie Anm. 4.
14 Zitat nach Abschrift wie Anm. 4.

Zur Zeit kann man die Frage nicht beantworten, denn Stumpes Tätigkeit ist nicht wirklich erforscht.[15] Man wird jedoch davon ausgehen dürfen, dass Lespilliez den Generalentwurf und alle grundlegenden künstlerischen Ideen lieferte. Stumpe mag freilich hier und da mit praktischen Hinweisen und Maßnahmen eingegriffen haben. So könnte man meinen, die „altmodischen" Zwillingsfenster über den beiden Durchfahrtsportalen im ersten Hof – wie die wenig sensible Einfügung dieser Portale in das Architektursystem – gingen auf sein Konto. Die Zwillingsfenster waren aber eine praktikable Lösung für das sonst schwer zu bewältigende Fassaden- (zu wenig Platz für vier gleiche Fenster) und Beleuchtungsproblem. Dass auch Cuvilliés im Hof seines Münchener Palais Piosasque de Non (1726–1732)[16] ähnlich vorging, spricht daher für Lespilliez. Vielleicht kommt aber ein anderes Detail für Stumpe in Betracht: Die beiden Obergeschosse im 2. Hof auskragen zu lassen – hier über einer breiten Hohlkehle – folgt Augsburger Bautraditionen. Auf Stumpe mag außerdem die im unteren Teil verkümmerte hintere Stiege im Festsaaltrakt zurückgehen (Sparwunsch des Bauherrn?) – gerade hier würde man eine stattlichere Treppe zur Pracht des Saales erwarten. Zu guter Letzt könnte der merkwürdige, kaum erkennbare dreiachsige Mittelrisalit an der Gartenfront, der die Arkaden unberührt lässt und das Kranzgesims nur zu einem Teil erfasst, ein Ergebnis Stumpescher Bauführung sein.

Wie hat man sich ein Sachgespräch zwischen v. Liebert und Lespilliez vorzustellen? Man wird annehmen dürfen, dass ersterer seine Wünsche nach einem „modernen", bequemen, die Zeitgenossen gebührend beeindruckenden und seinen Status zur Schau stellenden Wohn- und Geschäftshaus (Bank und Silberhandlung) darlegte. Lespilliez wird ihm von seinen praktischen Münchner und dann von seinen Pariser

---

15 Das meiste über Stumpe findet sich in der maschinenschriftlichen Dissertation (TH München) von Eugen *Hausladen*, Das Augsburger Bürgerhaus im 17. und 18. Jahrhundert. Ein Beitrag zur Entwicklungsgeschichte des süddeutschen Barocks, München 1926. Die *Künstlerkartei* der Kunstsammlungen Augsburg trägt wenig zur Sache bei. Aus ihr ergeben sich folgende Informationen: Stumpe war 7 Jahre in Breslau Palier des Fürstbischöflichen und Rats-Baumeisters Christoph Hackner. Ab 1738 arbeitete er als Maurergeselle in Augsburg, um hier 1740 das bürgerliche Maurermeisterrecht zu erlangen. Schon 1743 war Stumpe für Johann Adam Liebert, den Vater Benedikt Adams, tätig. Gleichzeitig mit dem Lieberthaus baute er in Augsburg bis 1768 auch das v. Münchsche Haus (1944 zerstört) am Martin-Luther-Platz. Wie stets gab es Neider und Konkurrenz. Das betraf besonders Auswärtige, die in Augsburg Fuß fassen wollten. Aus dieser Situation erklärt sich die gegen Stumpe gerichtete Eingabe der zünftigen Maurermeister vom 23. Februar 1767. Sie schreiben, bei dem ganzen Liebertschen Bau habe der Münchner Lespilliez „die Direction geführt". Von Stumpes Entwürfen sei „nicht einmal der äußere Plan von der Lage des Grundstücks und Gebäudes [...] angenommen worden", vielmehr habe man eine nochmalige Ausmessung vornehmen müssen; Stumpe habe nur „nach eines Anderen [Lespilliez] Riß das Gebäude aufgeführt", sodass sich selbst kaum Palier nennen dürfe, geschweige denn sein Geselle Berger (zitiert nach: Norbert *Lieb*, Führer durch die Städtischen Kunstsammlungen, Augsburg 1953, S. 4). Zur Entwicklung des Augsburger Bürgerhauses vgl. auch Robert *Pfaud*, Das Bürgerhaus in Augsburg, Tübingen 1976 (Das deutsche Bürgerhaus XXIV).

16 *Braunfels*, François de Cuvilliés, S. 104f, Abb. des 1. Stockes (Zwillingsfenster in den Hofecken), S. 105, Abb. 74.

Erfahrungen berichtet und über Theorie und Praxis gesprochen haben. Man diskutierte sicherlich über die Unterschiede zwischen der französischen und deutschen Art zu bauen, über die örtlichen (einschränkenden) Bedingungen (Bauordnung), über einen anzustrebenden Kompromiss, um möglichst nahe an das aktuelle Ideal zu kommen und über vieles andere mehr. Bei allem waren das Baugrundstück – an der Hauptstraße (Weinmarkt) recht schmal, dafür tief – und die erforderlichen finanziellen Mittel im Auge zu behalten.

Nach französischen Grundsätzen war ein so vornehmes *Hôtel particulier* wie das künftige v. Liebertsche Haus kaum ohne Vorhof mit zurückliegendem *Corps de Logis*, eigener Hof- und Gartenfront denkbar. Eine solche Planung kam hier kaum in Frage. Ausgangspunkt vernünftiger, realistischer Überlegungen konnten daher nur Baulösungen ähnlichen Rangs in der benachbarten kurfürstlich-baierischen Residenzstadt sein.[17] Dafür war Lespilliez der richtige Mann – auch hinsichtlich seiner geschliffenen Umgangsformen.

Im mauerumwallten Zentrum Münchens wie Augsburgs hatte man stets die Ränder der Straßen und Plätze Haus an Haus dicht bebaut. Das war in Bürgerstädten üblich. Die Straßengrundstücke waren außerdem meist nur mäßig groß. Wollte man ein Haus erweitern, musste hinzugekauft werden. Das erforderte Geld. Dies konnte gewinnbringender eingesetzt werden. Also suchte man nach anderen Mitteln, Rang und Bedeutung eines Privathauses darzutun. Ein dringliches Problem, sich bezüglich seines Domizils durch ein gezieltes, ähnlich geartetes und verbindendes Signalement ab- und herauszuheben, entstand insbesondere, als sich der Hofadel durch Lebensart und -gewohnheit mehr als früher vom Stadtbürgertum absonderte: Er umkreiste, wie die Planeten die Sonne, den absoluten Fürsten. Der Glanz der Höfe blendete die städtischen Oberschichten gleichermaßen. Bald wollten sie es dem Adel gleichtun, auch mit ihren Häusern und Wohnungen.

Lespilliez' Lehrer, François de Cuvilliés d. Ä., entwickelte, mit Hilfe französischer Vorbilder, für dieses Bedürfnis und für seine Epoche eine klassisch zu nennende Lösung und ein Grundschema. Prinzipiell blieb dies bis ans Ende des 18. Jahrhunderts gültig: Seine Palastfronten, die freilich eine gewisse Ausdehnung benötigten, waren dreiteilig mit betonter, leicht vortretender und mit einem flachen Dreiecksgiebel überspannter Mitte. Der Aufriss war drei- bzw. dreieinhalbgeschossig. Stets blieb das Erdgeschoss mit dem Mezzanin für die Dienerschaft, ob genutet oder nicht, als Basis erkennbar. Sie trug das Hauptgeschoss, ausgezeichnet durch

---

17 Vgl. Karl *Erdmannsdorffer*, Das Bürgerhaus in München, Tübingen 1972 (Das deutsche Bürgerhaus XVII), bes. S. 74ff. – Einzelne Palais vgl. zum Beispiel G. *Dischinger*, Das Palais Portia. Bau- und Ausstattungsgeschichte. Das Palais Preysing. Bauherren und Bewohner, beides in: *Bayerische Vereinsbank* (Hg.), Zwei Münchner Adelspalais. Palais Portia. Palais Preysing, München 1984, S. 13–43 (86–93); G. *Vits* (Hg.), Das Preysing-Palais. Joseph Effners spätbarockes Meisterwerk in München, München/New York: Prestel, 1998.

den reichsten Schmuck. Es folgte der zweite und oberste Stock mit deutlich zurückgenommenem Dekor. Das Dach und seine Gestalt spielten eine untergeordnete Rolle. Die Fassaden wirkten wie Wände.

Zur Belebung der Fassade und für ihren Schmuck benutzte Cuvilliés verschiedene Mittel, Formeln und Formen. Dazu gehörte beispielsweise die Betonung der Mitte durch Balkons (über Säulen oder Konsolen) und durch Sprengung des Kranzgesimses (für herabstoßende Wappenkartuschen). Gerne verwendete er durchlaufende Horizontalgesimse, setzte die umrahmten Fenster auf betonte Brüstungen und bekrönte sie, manchmal mit Segmentgiebeln. Im Fall des Palais Holnstein (München, Kardinal-Faulhaberstr. 7) bediente er sich sogar einer die Obergeschosse zusammenfassenden kolossalen Pilasterordnung als besonderes Hoheitszeichen. Den phantasievollen Verzierungsapparat beherrschte er souverän und ausgewogen im Sinne eines maßvollen Rokoko.

Aus dem Cuvilliés'schen Repertoire konnte Lespilliez für das v. Liebertsche Haus schöpfen, das Gefundene verändern und gegebenenfalls neu interpretieren. Er musste aber auch neu erfinden. Dazu zwang ihn zum Beispiel die Ecklage Weinmarkt/Katharinengasse mit einer recht schmalen Platzfront – er entwarf sie siebenachsig – und mit einer langen Nebenfassade (insgesamt 32 Achsen; Abb. 2, S. 164). Bauherr und Architekt beschlossen nämlich, die volle Tiefe des Grundstücks (108,5 m) zu nutzen, was offenbar nicht gleich vorgesehen war.[18] Zwar konnte man

---

18 Im Baugesuch vom 8. Mai 1765 für B. A. v. Liebert, präsentiert von dem Maurermeister Stumpe, heißt es, v. Liebert sei gesonnen, „die ehedem gewesene Sultzerische am Ecke des Weinmarkt und St. Catharina Gaße gelegene Behausungen bis auf den Grund zu demolieren, und a) das vordere, und b) das hintere Quergebäude mit der c) darzwischen liegenden Abseiten gegen St. Catharina Gaßen wiederum 3. Gaden hoch auf den alten Grund neu aufführen, *das gegen das St. Catharina Gäßle aber stehende Haus, so von dem hintern Quergebäude bis an die St. Catharina Kloster Gartenmaur mit dem Schießer, an welchem keine Lichter befindlich, anstoßende Zinshaus, so 126. Schu lang, 50. Schu breit, bis an das Dach 31, das Dach aber 90 Schu, und also in allem 61. Schuh hoch ist, will er zum Faveur des Löbl. Klosters ebenfalls gäntzlich abbrechen, und den Platz davon mit zu seinem Garten nehmen, welchen Platz er sowohl gegen die Reichsstraß als gegen den Kloster Garten mit einer Maur von nothdürftiger Höhe befriedigen will, jedoch mit der expressen Reservation, daß ihme dieses freywillige Beginnen niemalen zu einem Nachtheil gereichen solle, sondern er sich sein Recht in optima forma bestens vorbehalten haben wolle, daß Er oder seine Nachkommen über kurtz oder lang ein ansehnliches Gebäude, als das alte gewesen, oder nach Gutbefinden ein kleineres oder größeres, höheres oder niedriges Gebäude der Orten ungekränckt hinsetzen darf, mit Bitte, sämtl. Interessati hierüber zu vernehmen, seine Reservation ad Protocollum zu nehmen, und ihme hievon Extractus Protocolli zu seiner Sicherheit zu ertheilen.*" (Stadtarchiv Augsburg, Bauamtsprotokolle 1760-66, fol. 363/364; Hervorhebung vom Verf. Dieses wie die anderen im Folgenden zum Schaezlerpalais zitierten Dokumente aus dem Augsburger Stadtarchiv sind unpubliziert). Die beschriebene Situation ist anhand des Stadtplanes von Kilian (1626) vollkommen nachvollziehbar. Allerdings stand damals der Kirchenchor noch frei. Den Platz bis zum heutigen Schaezlerpalais überließ die Stadt 1626 dem Kloster unentgeltlich „zur Erweiterung seines Infirmarii oder Krankenstuben und Sakristei an der Kirchen" (Stadtarchiv Augsburg, Evangelisches Wesensarchiv 633, XIV).

die Seitenfassade vom Weinmarkt aus wegen der Enge der Gasse wenig einsehen, für die „Idee" des Ganzen war sie trotzdem wichtig: Sie demonstrierte nach außen Einheit, Größe und Imposanz des Gebäudekomplexes. Konsequenterweise wurde sie nach dem Architekturschema der Platzansicht entworfen, doch sollten die Hauptabschnitte ablesbar sein: Lisenen *vor* der 1. und *nach* der 6. Fensterachse – in diesem Abschnitt stehen die Fenster (fast) so eng wie an der Hauptfassade – kennzeichneten deshalb die *seitliche Ausdehnung* des Vordergebäudes. Dass das Dach über diesem Fassadenteil bis zum vorderen First hinaufgezogen wurde, machte einmal mehr deutlich: Das Vorderhaus war als eigener, eingebundener Baukörper aufzufassen.

*Abbildung 2*
*Schaezlerpalais, Haupt- und Nebenansicht, Kupferstich von Emanuel Eichel d. J., vielleicht nach dem (nicht erhaltenen) Präsentationsriss des Architekten K. A. v. Lespilliez (1765?)*

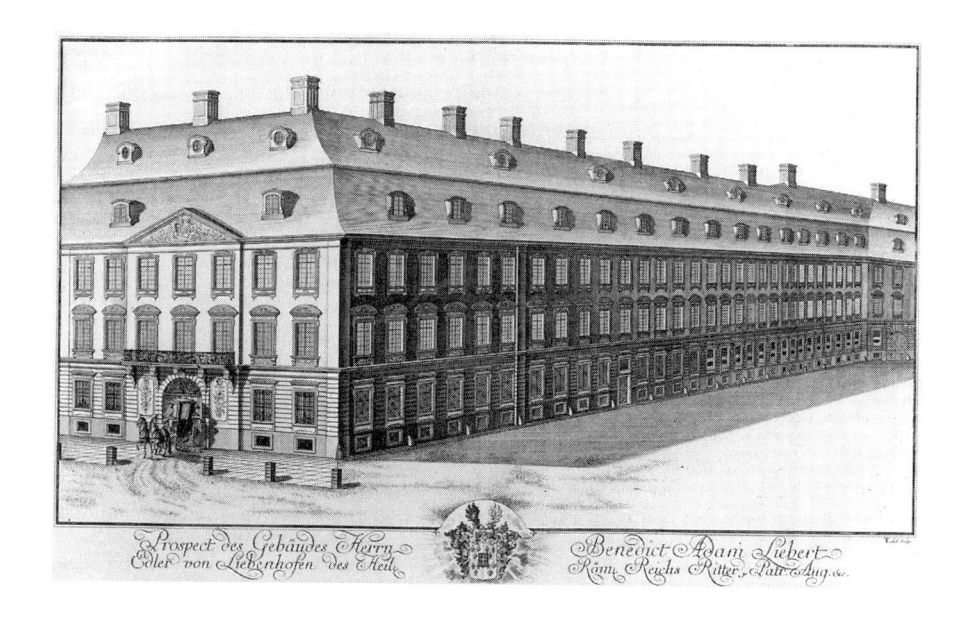

Quelle: Augsburg, Städtische Kunstsammlungen (Inv.-Nr. 10422), Fotoarchiv.

Lespilliez zeigte von Anfang an Selbständigkeit. Er übernahm das dreiteilige Fassadenschema von Cuvilliés, räumte jedoch der Mitte eine größere Dominanz nach dem Schema 2-3-2 ein. Den Risalit ließ er deutlicher vorspringen und überspannte ihn mit einem geschlossenen flachen Dreieckgiebel. Außerdem vereinfachte er die Formen, umriss sie klar, setzte sie ab und verminderte den plastischen Dekor. Dies war ein Zeichen für den beginnenden Klassizismus, auf den Lespilliez immer mehr zuschritt.

Auch die Bauteile brachte er in ein anderes Verhältnis zueinander als sein Lehrer. So erhielt das genutete, mit einem Gurtgesims begrenzte Erdgeschoss kein Mezzanin. Es fiel deshalb vergleichsweise niedrig aus, demonstrierte aber seine Aufgabe als tragendes Sockelgeschoss umso deutlicher. Ihm legte Lespilliez die Obergeschosse als Last auf; dies zu zeigen, fasste er sie mit seitlichen Lisenen zu einer Baumasse zusammen. Der gestraffte Dekor charakterisierte dabei ihre unterschiedliche Aufgabe: Die von Segmentgiebeln bekrönten Hauptgeschossfenster auf konsolen- und girlandengeschmückten Brüstungen gehörten dem Repräsentationsgeschoss, die flacher und schlichter gerahmten, von Kartuschen akzentuierten Obergeschossfenster der Wohnetage.

Für das leicht hervortretende, korbbogige Mittelportal benötigte Lespilliez keine Säulen oder aufwertende Zier in größerem Maß. Zurückliegende Putzstreifen mit Trophäen – letztere Hinweise auf den Ritterstand v. Lieberts zusammen mit dem Wappen im Risalitfronton und den Kriegerköpfen in den Fenstergiebeln – reichten aus. Sie dienten als seitliche Rahmung, betonten die über den Risalit ausgebreitete Portalzone und verhalfen zur Konzentration auf das Wesentliche, die Öffnung. Der in leiser Bewegung sich dem Sockelgeschoss anschmiegende, fast über den ganzen Risalit gezogene Balkon war Schmuck, Regendach, Verbindungsglied zum Hauptgeschoss und auch Hoheitszeichen. Die tragenden Konsolen skandierten den Rhythmus der Eingangszone. Das zierliche Gitter mit dem Fürstenhut über einem Phantasiewappen in der Mitte verkündete die Würde des Hauses und seiner Bewohner.

In einem weiteren Punkt zeigte sich möglicherweise eine von Cuvilliés abweichende Auffassung. In den engen Straßen Münchens kam es wohl auf das Zusammenwirken von Fassaden und Dächern nicht so sehr an. Stets dominieren die Fassaden, als solche entfalten die Palais von Cuvilliés ihren Charme und ihre Wirkung. Bei der Planung des v. Liebertschen Hauses musste Lespilliez jedoch von der Platzsituation ausgehen. Mit einer gewissen Fernwirkung war zu rechnen, das Dach und seine Gestaltung waren also wichtig. Lespilliez entschloss sich rundum für Mansarddächer.[19] Er staffelte sie in der Höhe nach der Bedeutung des jeweiligen

---

19 Der die beiden Höfe trennende Quertrakt trägt ein niedriges Satteldach mit einer Altane darüber. Den Antrag dazu enthält Stadtarchiv Augsburg, Bauamtsprotokolle 1760–1766, fol. 388, zum 27.11.1765: Stumpe berichtet: v. Liebert „will in seinem Hof ein Quer Gebäude seinem vordern Hauß gleich hoch und 36. Schu breit aufführen, und mit einer Altane bedecken, auch seine der Orten gegen den Tit. p. t. Bürgermeister v. Kuhn habende Maur gandiren." Der Maurermeister und Kollege Stumpes, Martin Benthenrieder, Beauftragter v. Kuens, soll diesem von dem Vorhaben v. Lieberts berichten. – Im weiteren Bauverlauf gibt es neue Probleme mit dem Nachbarn: Stumpe hat die gemeinschaftliche Mauer zwischen beiden Grundstücken „bis auf einen halben Maurstein 2. Gaden hoch abgebrochen, seine Abseiten [des Bürgermeisters]

Gebäudetraktes und den Proportionen entsprechend. Auf diese Weise erhielten die Dächer eine neue, das Erscheinungsbild wesentlich mitbestimmende Bedeutung. Man erkennt dies an der Hauptfassade: Das hohe Mansarddach darüber steigert die Wirkung des Hauses erheblich. Es verleiht ihm Würde und das notwendige Gewicht, sich an dem Platz zu behaupten.[20]

*II. Anlage und Grundriss (Abb. 3)*

Oben wurde bereits festgestellt, dass das v. Liebertsche Haus einen mehrgliedrigen Baukomplex bildet. Seit seiner Fertigstellung (Einweihung des Festsaals am 28. April 1770 mit einem Ball für Marie Antoinette, künftige Königin Frankreichs[21])

---

dadurch in die äußerste Gefahr gesetzt". Stumpe habe dies eigenmächtig getan und damit gegen die Bauordnung gehandelt. Deshalb soll ihm aufgetragen werden, die Mauer in derselben Höhe und im Verbund wieder aufzubauen, den stehen gebliebenen halben Stein so viel wie nötig wegzubrechen und den Schaden zu ersetzen. Außerdem habe er die zwei hinteren Kamine abgebrochen und v. Kuen zum Schaden und Nachteil „die Kappen darauf so gerichtet, dass er sie unmögl. so leiden könne". Auch diese sollten in den alten Stand gebracht werden. Stumpe entgegnet, die abgebrochene Mauer sei nicht im Verbund gestanden, sondern „nur daran gelehnt gewesen". Dem Bürgermeister v. Kuen sei das Vorhaben angezeigt worden. Die Kamine seien durch den Bau schadhaft und deshalb verändert worden. Dies habe er „um so mehr zu thun vor nöthig erachtet, da auf dem alten Fuß der Rauch dem Liebert.[schen] QuerGebäude Schaden verursacht hätte" (Bauamtsprotokoll fol. 418/419, 23.9.1766). Stumpe setzte sich nicht durch. Nach Protokoll vom 15.10.1766 (fol. 424) musste er die Mauer wieder errichten, gut verbinden und die beiden hinteren Kaminkappen in den früheren Zustand versetzen. Außerdem hatte er 2 fl. Strafe zu zahlen. – Für v. Kuen war die Sache deshalb wichtig, weil auf seiner Seite an der Mauer ein Seitengebäude stand. Dessen Wand wäre nur noch einen halben Stein breit gewesen, wenn Stumpe Recht bekommen hätte. – V. Liebert und v. Kuen scheinen sich jedoch meistens gütlich geeinigt zu haben. Dafür spricht auch, dass v. Kuen v. Liebert von der gemeinschaftlichen „4 Schuh breite(n) und 34 Schuh, 2 Zoll lange(n) Reihe" seine 2 Schuh zum Nutzen und Gebrauch bis auf weiteres abtrat, solange er, v. Kuen, sie nicht brauchte. Die in die Reihe führende Türe durfte zugemauert werden (Bauamtsprotokoll 1767–1770, fol. 63, 2.9.1767).
20 Das heutige Erscheinungsbild stimmt nicht mit dem des 18. Jahrhunderts überein. Bis 1809 schirmte den Weinmarkt, wie der Teil der Maximilianstraße vor dem Schaezlerpalais zur Reichsstadtzeit hieß, der hohe Giebelbau des Siegelhauses von Elias Holl ab. Am besten gibt ein Kupferstich *Prospect des Herkules Brunnen in Augsburg* (Guckkastenblatt) des Balthasar Friedrich Leizelt (um 1755–1812), um 1770, darüber Auskunft; Kunstsammlungen Augsburg, Inv. Nr. G 20342, 29,5 cm x 41,5 cm.
21 Der Bauherr berichtet selbst ausführlich darüber aus seiner Perspektive; vgl. Abschrift wie Anm. 4. Dieses Ereignis, bei dem Marie Antoinette eigentlich noch die Erzherzogin Maria Antonia war, wenn auch schon *per procurationem* in Wien vermählt (Hochzeit in Versailles 16.5.1770), notiert auch die Augsburger Ordinari Postzeitung Nr. 37, Anhang für Mittwoch, 9.5.1770. Allerdings ist hier der Ball nur *eine* Episode während des denkwürdigen Besuchs der „Kaiserl. Prinzeßin Maria Antonia" in Augsburg (Bericht datiert 30. April). Bei späteren Erwähnungen des Besuchs verschob sich der Akzent des Ablaufs mehr auf den Ball im Festsaal des v. Liebertschen Hauses; vgl. zum Beispiel Christian Jakob *Wagenseil*, Versuch einer Geschichte der Stadt Augsburg, Bd. III, Augsburg 1821, S. 443/444 („Eine Merkwürdigkeit desselben ist, daß die unglückliche Königin Marie Antonette von Frankreich, als Braut des

*Abbildung 3*
*Schaezlerpalais, Grundriss aller drei Geschosse, unbekannter Autor, Feder, Bleistift, laviert, um 1872*

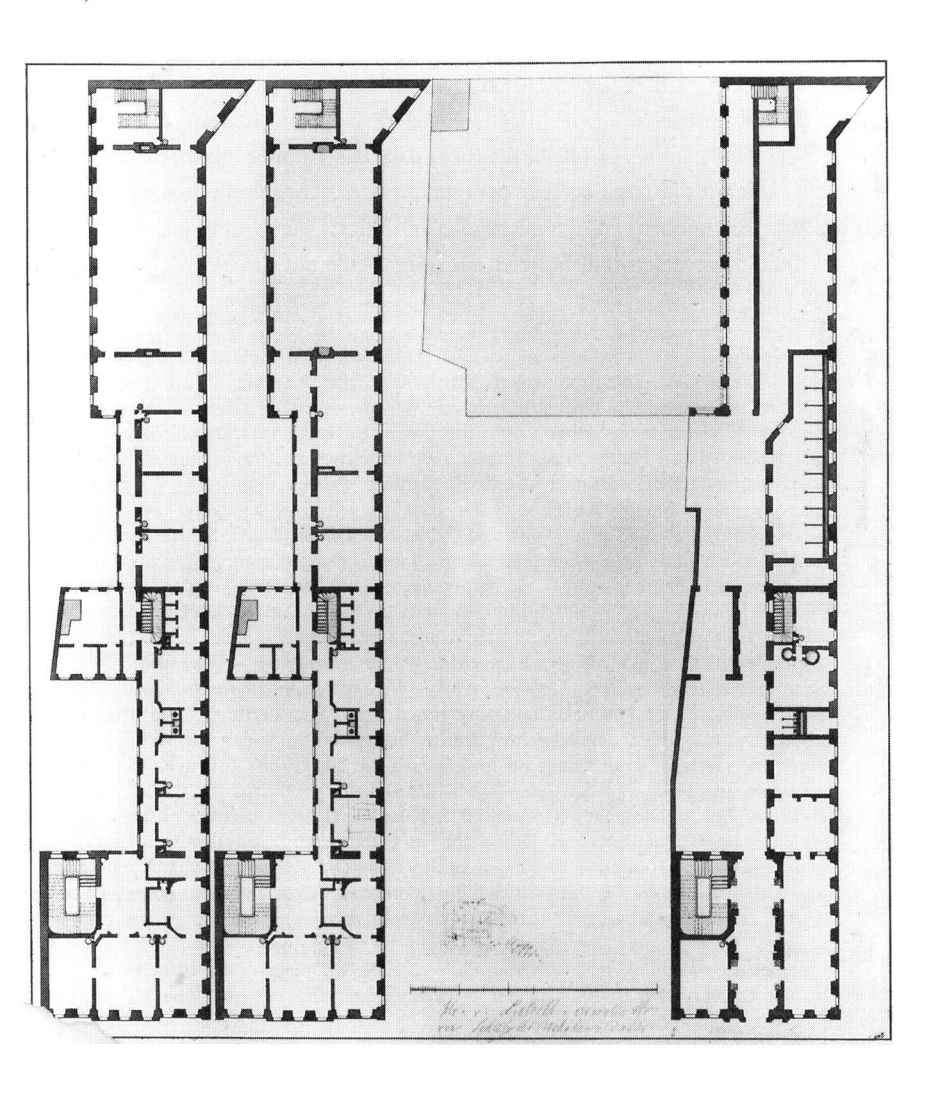

Quelle: Augsburg, Stadtarchiv.

---

damaligen Dauphins, nachherigen Königs Ludwigs XVI., die erste Menuette darauf tanzte"), und Franz Eugen *Freiherr v. Seida*, Augsburgs Geschichte von der Erbauung der Stadt bis zum Tode Maximilian Josephs, ersten Königs von Bayern, 1825, 2. Hälfte, Augsburg 1826, S. 630f.

besteht die Baulichkeit aus: dem Vorder-/Hauptgebäude an der Ecke Maximilianstraße/Katharinengasse (1); an dieses fügt sich bis zum (ehemaligen) Katharinenkloster eine 26 Fensterachsen lange Seitenfront. Hinter ihr befindet sich der vordere Verbindungsflügel (2) zwischen Hauptgebäude und Quertrakt (3), der hintere Verbindungsflügel (4) und der Festsaaltrakt (5).

Der Gesamtgrundriss – wir folgen hier dem einzigen älteren Gesamtplan[22] – schildert die Disposition. Er macht deutlich, dass das Grundstück die Außenfronten festlegt und damit die Lage der Haupt- (außen) und Nebenräume (innen). Die Verteilung der Baumassen ist übersichtlich und klar: Der Quertrakt schiebt sich zwischen einen vorderen und hinteren Hof, die beide auf der Seite zum Nachbarn

---

22 Originalpläne aus der Erbauungszeit scheinen nicht vorhanden. Es ließ sich bis jetzt nur ein einziger älterer Gesamtplan (auf einem Blatt alle Stockwerke), um 1872 (metrische Skala; diese mit Gesetz vom 29.4.1869 ab 1.1.1872 in Bayern eingeführt), finden; Stadtarchiv Augsburg, Private Gebäude 3, Mappe 2, Nr. 61. Daten: Bleistift (Aufschriften, Skizze über der Skala; nachträglich), Feder, Pinsel, Papier (Wasserzeichen der Fa. Honig: Bienenkorb auf Sockel [darin: HONIG; darunter: JH & Z], darüber: Palmettenornament); Umrandung mit schwarzer Linie. – Mauern rot laviert, Treppenanlagen gelb, grau schattiert, Vorrichtungen für Stalleinrichtung gelb und grau (Futtertrog), ebenso Toilettenanlagen. Säulen der Durchfahrt rosa auf grauen Basen; alle Öfen grau, ebenso Inneres der gemauerten Waschbottiche (EG), Schornsteinquerschnitte in zwei Grauschattierungen; Garten blassgrün, Fläche Gartenhäuschen grau. – 62,5 cm x 57,2 cm. – Beschriftungen: unter der Skala: „Hr. v. Lieberth = der malen Hr. von Schaetzler = Wohnhaus dahier." Unten rechts: *Maximilian Str.*; in der Ecke Kürzel (braune Tinte; unleserlich). Links auf dem Rand (Mitte): *Katharinengasse*. – Rückseite: *124* (Tinte), *B 16/157 Maximilianstraße – Katharinengasse*. Weitere Nummern (nachträglich): *166, 766* (Rotstift). – Erhaltung: gut, Ecke links ausgerissen. – Der Plan dürfte auf eine ältere Vorlage (Original von Lespilliez?) zurückgehen, denn er bringt vom späteren (und heutigen) Zustand abweichende Details. Dazu gehört im *Erdgeschoss* die einheitliche Architektur der vorderen Durchfahrt (um 1968 verändert), der Antritt der Haupttreppe *rechts* (tatsächlich: links), die Verglasung des Arkadengangs (Festsaaltrakt). *1. und 2. Obergeschoss*: Der Mittelsalon zeigt *links* eine abgeschrägte Ecke; der Ofen steht *rechts* (ausgeführt: *links*). Mittelsalon wie Eckzimmer *rechts* sind zusätzlich über einen kurzen Gang (zur Beheizung) vom Vorzimmer aus zugänglich. Das nächste Zimmer ist zweiteilig (Vorderteil, Alkoven; breiter Zugang in konkav anlaufender Rückwand, eine Toilettenkammer wohl auch vom Vorzimmer aus zugänglich gedacht; Zimmer so *nicht* ausgeführt; den Durchgang zu Eck- und Alkovenzimmer – letzteres wurde heizbar – verhinderte der bis zum EG reichende Schornstein, der Dienergang läuft abknickend durch bis zur Katharinengasse (kein Kabinett). – Einzelheiten sind möglicherweise falsch verstanden oder ungenau kopiert. *EG*: Der Seiteneingang (Katharinengasse) führt in einen Vorraum ohne weitere Türen. *1. Stock*: Die Türe zwischen den Räumen vor dem Speisezimmer wurde vergessen. *1. u. 2. Stock*: Die Nischen mit den Toiletten (diese im 1. Stock heute [späterer Umbau?] tiefer) am Dienergang sind zu breit gezeichnet. Die Ausbuchtungen in den Zimmern gab es deshalb nicht. In den *Dreieckszimmern* fehlen die von Anbeginn vorhandenen Türen zum Treppenhaus. Die Saaltüren im Treppenhaus und Dreieckszimmer des *2. Stocks* sind Fenster (so auch im *Querzimmer*). – Trotz seiner Problematik ist der Plan sehr wichtig. Er dokumentiert die Grundrisse *vor* den späteren Veränderungen. Für die Aufteilung und Nutzung des Erdgeschosses (zum Beispiel gemauerte Waschbottiche; Pferdestall, 12 Boxen) und der drei Geschosse des Quertraktes (unten Abstellraum [für die Karosse], oben Küchen mit Neben- [Speise]kammern, davor Gang) hat er große Bedeutung. In den Obergeschossen dokumentiert allein er die Garderoben und ihre (vorgeschlagene) Einteilung. Außerdem bezeichnet er die Position sämtlicher Öfen und deren Heizkammern. Letztere sind bis auf zwei verschwunden.

von Mauern oder fensterlosen Rückfronten begrenzt sind. Quer- und Festsaaltrakt stoßen rechtwinklig an die Verbindungsflügel. Ersterer ist grundrisslich nicht eingebunden, denn letztere gehen ineinander und in den Festsaaltrakt über. Die Katharinengassenfront verzichtet folgerichtig auf gliedernde Lisenen. Vor dem Festsaaltrakt erstreckt sich ein Garten (ca. 1150 qm).

Die einzelnen Teile sind im Verhältnis zueinander berechnet und aufeinander bezogen. Dabei gelten bestimmte Maßvorstellungen und Proportionen. So baut sich das Haupthaus über einem Quadrat (Differenz an der Seitenfront: −0,24 m) als (überdachter) Kubus auf. Der Quertrakt trennt zwei Höfe mit jeweils sechs gleichmäßigen Fensterachsen. Die Länge eines Hofes entspricht etwa derjenigen des Hauptbaus. Dessen Maße/Proportionen legen die Breite der Verbindungstrakte fest. Daher bestimmt die durch den Hauptbau gelegte verlängerte Mittelachse die Außenmauer der oberen Stockwerke des hinteren Verbindungsflügels. Die Länge des Festsaaltraktes (Gartenfront) entspricht der doppelten Hoflänge, seine Breite beträgt zwei Drittel des Hauptbaus.

Der Zugang zum Palais liegt in der Mitte des Vordergebäudes als längsgerichtete Durchfahrt. Gewölbe, Säulen, Pilaster, Bögen, Nischen verleihen ihr als Vestibül vor der Haupttreppe einen repräsentativen Charakter. Der Durchfahrt gegenüber im Quertrakt öffnet sich eine zweite Passage mit dem Eingang zur Nebentreppe, im Festsaaltrakt dahinter eine dritte und vierte. Die äußere ist ein Arkadengang, gedacht als Orangerie oder Gartensaal. Die innere führt durch eine Halle (u.a. Abstellplatz für Wagen/Kutschen) zur Ausfahrt an der Katharinengasse.

Das *Parterre* ist ein Ökonomiegeschoss. Beim Eingang liegen beidseitig die (ehemaligen) Kontor- und Banklokale. Auf der Nordseite (1 Vordersaal, 2 kleinere Räume) folgen dahinter längs der Katharinengasse Nebenräume (zum Beispiel Abtritte, Waschküche, Verwalterzimmer [?], Sattelkammer, Pferdestall [12 Boxen], Wagen- und Vorratshalle), auf der Südseite das Haupttreppenhaus. Alles ist übersichtlich und rational angelegt.

Die *Obergeschosse* zeigen eine fast identische Aufteilung. Bedingt durch die Nutzung unterscheiden sich die Bereiche vor dem Festsaal, der die gesamte Breite seines Traktes und beide Hauptgeschosse für die Höhe beansprucht: Im 1. Stockwerk liegt ein längsgerichtetes Speisezimmer, daneben ein Buffetraum, vor ihm, im 2., ein Querzimmer. Die Räume der Obergeschosse sind als *Enfiladen* angeordnet. Mehrere durch das Gebäude gelegte Achsen bestimmen Ordnung und Hierarchie mit:

1. Eine zentrale Achse teilt den Hauptbau in zwei Hälften. 2. Durch die vorderen Salons läuft eine Querachse. Der Schnittpunkt legt das Zentrum fest: Der Mittelsalon (Balkonzimmer) wird so Sammelpunkt *und* Verteiler. Seine drei Flügeltüren

liegen deshalb in den (ideellen) Wandmitten.[23] – Betonte Achsen und Türen sind auf reale (Fenster, Fenstertüren) oder simulierte (Kaminspiegel) Öffnungen ausgerichtet. 3. Die seitliche, durch das äußere Fenster an der Katharinengasse gelegte Längsachse durchzieht das Haus in voller Länge. Die entsprechend gängiger Regel seitlich verschobenen Verbindungstüren der Zimmer untereinander stehen auf ihr. Bei Öffnung erlauben sie den Blick durchs ganze Haus bzw. ins Freie. 4. Im Festsaal sind, parallel zur mittleren, zwei seitliche Längsachsen wirksam. Sie sorgen für Symmetrie und gleichgewichtete Sichtbezüge zu bzw. bei Öffnung durch die seitlich gestellten Türen der Querwände. – Längs- und Querachse kreuzen sich und bestimmen das Zentrum, an der Decke vom größten Kronleuchter bezeichnet. Bei den Querwänden trifft die Mittelachse auf große, von niedrigeren flankierte Spiegel, bei den Längswänden auf Fenster, die in einer abwechselnden Reihung mit Spiegeln stehen: So entgrenzt sich der Raum nach allen Seiten. – Die Konsequenz der architektonischen Durchführung macht den Saal zum unübertroffenen, in die Irrealität transzendierenden Höhepunkt des Hauses: Sogar der Himmel öffnet sich über ihm; allerdings entfaltet sich dort eine ziemlich irdisch gemeinte Allegorie.

Ein wichtiger Gesichtspunkt für die Grundrissgestaltung ist die Erschließung der Räume. In den Hauptgeschossen geschieht sie, wie beschrieben, untereinander, doch auch einzeln, von außen. Das Mittel ist ein Korridor an der Hofseite. Im 1. Stock beginnt er am „Buffet"-Zimmer (Anrichtezimmer, zum Aufwärmen von Speisen etc.), im 2. Stock am Querzimmer und läuft bis zum Vorzimmer durch. Dort knickt er zur Katharinengasse ab.[24] Über ihn können die meisten Zimmer direkt erreicht

---

23 Die seitlichen Flügeltüren des Mittelsalons liegen etwas außerhalb der Wandmitte. Der Grund ist ihr Bezug auf den Kaminspiegel bzw. auf das Mittelfenster des zweiten Eckzimmers. Die Lage des Kamins im 1. Eckzimmer war vom Vorgängerbau bestimmt. Der neue Kamin musste auf derselben Stelle angelegt werden. Das geht aus dem Bauamtsprotokoll vom 8.5.1765, fol. 363 (Augsburg, Stadtarchiv) hervor. Dort heißt es, Nachbar v. Kuen habe nichts dagegen, „wenn deßelben [d.h. v. Lieberts] Camin [Schornstein] so hart an der von Liebertischen SchießerMaur [Giebel] anstünde, und welcher, weilen diese um vieles abgebrochen werde, erniedrigt werden müße, derselbe wiederum in guten und brauchbaren Stand hergestellet würde. Mr Stumpe verspricht dieses allerdings zu thun". Der Schornstein und damit die Kamine der beiden übereinander liegenden inneren Eckzimmer blieben also an der alten Stelle. Das war sicherlich dem gegenseitigen Einvernehmen dienlich.

24 Vielleicht ließ erst Johann Lorenz Schaezler (1762–1826), Bankier und v. Lieberts Schwiegersohn, nach der Übernahme des Hauses 1821 den abknickenden Korridorteil im 2. (und im 1.?) Stock zu einem Kabinett machen. Dies war der Zustand, als der Stadtarchivar Christoph Jakob Haid (1780–1843) seine „Erklärung der Geschichts-Tafeln welche [...] als Supporten=Gemählde in der oberen Etage des ehemals v. Liebert'schen Hauses [...] aufgehängt sind", verfasste. (Kopie der Handschrift Kunstsammlungen Augsburg, Bibliothek). Schaezler benutzte den 2. Stock als seine Wohnung, wie aus dem Haidschen Dokument hervorgeht. Die Räume werden folgendermaßen benannt: „Eckzimmer rechts gegen die Maxim:Strasse heraus, Salon, Eckzimmer links gegen die Maxim:Strasse heraus, Allkoven", anstoßendes „Cabinet, Speisezimmer, Durchgang, Kindszimmer, Garderobe, Studierzimmer, Jungferzimmer", vorletztes „Zimmer, Quer Zimmer". – J. L. Schaezler wurde 1821 Baron. Zu seiner Biographie vgl. W. *Zorn*, Handels- und Industriegeschichte, insbesondere S. 310–343 (J. L. Frh. v.

werden, dazu die Küchen, Toiletten, Neben- und Haupttreppenhaus (über das Vorzimmer). Der Korridor macht die Räume in den Verbindungsflügeln frei disponibel.

Geht man von den um 1760 verbreiteten Regeln für die Distribution der Räume aus, wie sie beispielsweise Blondel propagierte,[25] und wie sie viele zeitgenössische Pläne widerspiegeln, wird man auch im Liebertschen Haus nach zusammengehörigen Raumfolgen (Suiten, Appartements) suchen und sie finden: Klare, durch verstärkte Quermauern gesetzte Grenzen lassen in den Obergeschossen drei Raumfolgen erkennen. Die erste besteht aus Vorzimmer, Mittelsalon, zwei Ecksalons und „Schlafzimmer". Mit Haupttreppenhaus und abknickendem Korridorteil beansprucht sie den Hauptbau. Dies macht ihre herausragende Position im Hausgefüge deutlich.

Im anschließenden (vorderen) Verbindungsflügel, ihn umfassend, beginnt die zweite Suite. Sie besteht aus drei etwa gleichgroßen Räumen, einem Durchgang vor dem hinteren Zimmer und einer Garderobe. Danach bildet die mit der östlichen Außenmauer des Quertraktes fluchtende Quermauer die Grenze. Lage und Gestaltung deuten auf eine untergeordnetere Bestimmung.

Danach fängt, im hinteren Verbindungsflügel, der um eine Achse in den zweiten Hof vorkragt, die dritte Suite an. Sie besteht im 1. Stock aus zwei annähernd quadratischen Zimmern, einem längsgerichteten Raum (Speisezimmer), der zur Hälfte in den Festsaaltrakt hineinreicht, aus dem Saal, dem Kabinett *(Dreieckszimmer)* und den Nebenräumen (*Buffetzimmer* [siehe oben] neben dem Speisesaal; *hinteres Treppenhaus*).

Die Vor- und das Speisezimmer gehören zu den größten Räumen des Hauses. Die im Wesentlichen erhaltene Ausstattung des Speisezimmers lässt vermuten, dass die beiden Vorzimmer früher ebenfalls prächtiger ausgestattet waren. Insgesamt aber deutet alles auf eine Bestimmung und Funktion der Suite als *Appartement de Compagnie* (2 *Antichambres, Salle à Manger, Grand Salon, Cabinet*).

Im 2. Stock endet die 3. Suite *vor* dem Saal mit einem *Querzimmer*. Dessen Vorderwand setzt sich in der Hofaußenwand des Festsaaltraktes fort. Dies markiert die Grenze der Grundrissabschnitte Festsaaltrakt/hinterer Verbindungsflügel, hebt indessen auch das *Querzimmer* hervor, nicht zu Unrecht, denn es war das Schlafzimmer des Herrn v. Liebert. (Zwei Fenster mit Gittern und Innenläden erlaubten

---

Schaezler: Meine Lebens-Beschreibung). *Ders.*, Johann Lorenz und Ferdinand Benedikt v. Schaezler, in: Lebensbilder aus dem Bayerischen Schwaben, hg. v. G. *Freiherr v. Pölnitz*, Bd. III, München 1954, S. 369–388. Die Familie v. Schaezler bewohnte noch drei weitere Generationen das Haus und gab ihm seinen heutigen Namen. 1958 stifteten Dr. Jur. Wolfgang Lorenz Freiherr v. Schaezler (1880–1967) und seine Gattin Hilda Sophia Helene geb. Freiin von und zu der Tann-Rathsamhausen (1892–1986) zum Andenken an ihre beiden im Zweiten Weltkrieg gefallenen Söhne Haus und Garten der Stadt Augsburg.

25 Vgl. zum Beispiel Michel *Gallet*, Les architectes parisiens du XVIII$^e$ siècle. Dictionnaire biographique et critique, Paris 1995, s. v. Jacques-François Blondel, S. 65–70; *ders.*, Demeures parisiennes. L'époque de Louis XVI, Paris 1964.

ihm den Blick ungesehen in den Saal und machten es gelegentlich zur „Loge".) – Zusammen mit den drei zweifenstrigen Räumen davor dürfte es das Appartement des Hausherrn gebildet haben.

Zum besseren Verständnis seien noch ein paar Bemerkungen zur Bestimmung und Funktion der beiden Stockwerke erlaubt. V. Liebert sah tatsächlich den 1. Stock als reines Repräsentationsgeschoss, für sich selbst, aber auch für die Öffentlichkeit, denn er überließ es immer wieder dem (zahlenden) Magistrat für dessen Verpflichtungen. So war es beim Besuch der *Dauphine*, bei der Durchreise des frisch vermählten Paares Maria Charlotte Antonie von Savoyen/Erbprinz Anton Clemens von Savoyen (14. August 1781) und bei dem Besuch des Kurfürsten Carl Theodor von Pfalzbayern beim Bischof von Augsburg und Kurfürsten von Trier (1. Juli 1789). Noch die *Mietfassion* von 1809 spiegelt diese Auffassung: „Eigenthümer kann von seinem ganzen Hauß nur sein und seiner Familien Wohnung, und was dazu benutzt wird in nebigen Miethe=Anschlag bringen, indeme der übrige Theil seines Haußes theils aus dem Baron von Liebertischen Saal sammt Zimmern zum öffentlichen Gebrauch und theils aus Comtoir und Gewölben [im Erdgeschoss, Anm. d. Verf.] bestehe, welche zum Geschäfft gehören",[26] heißt es dort.

Unklar bleibt, wann und warum v. Liebert zu seiner so anspruchsvollen und ungewöhnlichen Auffassung gelangte. Es ist jedenfalls bemerkenswert, dass er nicht *sofort* die Bebauung im Umfang, wie ausgeführt, beabsichtigte (siehe oben und Anm. 17). Möglicherweise erklärt sich die Erweiterung auf den ganzen Baugrund so: Die erste Planung sah ein Geschäfts- und Wohnhaus in kleineren Dimensionen vor. Der 1. Stock sollte der Repräsentation mit Zentrum im mittleren Salon dienen, der 2. dem Wohnen. Beide Geschosse wurden in zwei, allerdings nicht gleichwertige Appartements aufgeteilt, mit dem größeren, vom Haupttreppenhaus erreichbaren an der Platzfront.

Dies Programm scheint nicht für die gesellschaftlichen Ansprüche und Ambitionen ausgereicht zu haben. Also wurde größer geplant und im Hauptgeschoss ein aufwendiges *Appartement de Compagnie*, im oberen Stock eine Raumfolge für den Hausherrn hinzugefügt. Das Appartement an der vorderen Platzfront konnte der Gattin zugeteilt werden.

---

26 Staatsarchiv Augsburg, Lit. B No 16 & 157 betr. (Mietfassion f. B. A. v. Liebert, 1809, 31.1., unpubl.). Der Darstellung v. Lieberts hält im selben Dokument der Bürgermeister J. Chr. v. Zabuesnig folgendes entgegen: „Da der ganze 2.te Stock, wo der Saal befindlich ist, mit einer langen Reihe bewohnbarer Zimmer zur Disposition des Eigenthümers frey steht, und eben so gut vermiethet werden könnte, auch derselbe keine Verbindlichkeit hat, sie zum öffentlichen Gebrauche leer zu behalten, so scheint die angegebene eigene Miethe für das bewohnbare Lokal offenbar zu niedrig, und im Verhältniß mit andern bürgerlichen Gebäuden mit f 400 Mehransatz nicht übertrieben." (v. Liebert hatte f 200 angegeben; vgl. Rubrik *Jährlicher Wohnungs Anschlag des Hauseigenthümers*). Im Haus lebten 5 männliche und 5 weibliche Personen. Im Stall standen 4 Pferde.

Eine solche Rekonstruktion ist freilich Hypothese. Sie würde aber die unübliche, sonst kaum erklärbare Lage des Saales weit hinten in einem Haus, das sonst möglichst die Grundsätze der damals modernen Architektur befolgte, plausibel machen. Die Erweiterung hatte einen prestigeträchtigen Vorteil: Es entstand eine eigene Gartenfassade; der Garten konnte sinnvoll in Festveranstaltungen einbezogen werden, das potentielle Festareal erweiterte sich beträchtlich.

*III. Bemerkungen zu den Hoffassaden und zur Gartenfront*

Für die beiden Innenhöfe entwarf Lespilliez ein eigenes, im Vergleich zu den Außenfassaden herabgestuftes Erscheinungsbild. Dies änderte sich noch einmal bei der Gartenfassade. Selbstverständlich hing dies mit Funktion und Bedeutung der Hausteile zusammen: Die Höfe waren Wirtschaftsbereich. Hier lagen die entsprechenden Räumlichkeiten bis hin zu den Zugängen von Stall, Remisen, Orangerie. Der hintere Hof – mit drei *Röhrkästen* und einer *Dunggrube*[27] – diente insbesondere dem Stallbetrieb.

Die Putzarchitektur der Höfe ist schlicht, hat aber Charakter. Heute ist das Erdgeschoss genutet, seine vergitterten Fenster und Türen zeigen glatte Rahmen, möglicherweise erst seit 1965.[28] Die Hauptgeschossfenster haben profilierte, über die Sohlbänke hinaus nach unten gezogene Rahmungen, Brüstungen andeutend. Über waagerechten Feldern sitzen profilierte, krönende Horizontalgesimse mit schmalem, konkav anlaufendem Verdachungsstreifen. Nicht so bei den ähnlich entworfenen Obergeschossfenstern. Dafür schweben unterhalb ihrer Brüstungen querrechteckige Putzfelder. Eine Profilleiste markiert die Frieszone unter dem Kranzgesims. Die 11-achsige Gartenfassade (Abb. 4, S. 174) schiebt sich über die Flucht des hinteren Verbindungsflügels hinaus, in ganzer Länge einen gleichmäßigen Schirm bildend. Die einfassenden Seitenmauern des Gartens schließen an der einen Seite direkt an; auf der andren setzt ein verziertes Gittertor die Mauer fort und zieht eine markante Grenze zum hinteren Hof. Der Garten ist eigener Bezirk, Orangerie/Gartensaal und Festsaal zugeordnet: zu ihm führt das hintere Treppenhaus, nicht zum Wohngeschoss!

---

27 *Extractus Geschwornen Amts*=Protocolli, 24.7.1793, Kunstsammlungen Augsburg, Hausdokumente.
28 Mit Schreiben vom 23.8.1965 genehmigte das Bayer. Landesamt für Denkmalpflege München den Umbau des ehemaligen Pferdestalls und der Remisen für die Graphische Sammlung, das Gemäldedepot und Hausmeisterwohnung der Deutschen Barockgalerie (als Teil der Kunstsammlungen). Unter Punkt 1 heißt es unter anderem: „Die neuzuschaffenden Fenster und Türöffnungen hinter den Arkaden [diese Wand war bis auf die Tür zur hinteren Treppe *vorher* immer komplett geschlossen; Anm. d. Verf.] werden dem Maßstab des Gebäudes angepasst." Nicht erwähnt wird, dass die einstige Zufahrt in einem rechten Winkel geschlossen und dadurch die Erdgeschossfront des Verbindungsflügels betroffen wurde. Eine Nahtstelle zwischen alter und neuer Rustika bzw. Nutung ist nicht festzustellen.

*Abbildung 4*
*Schaezlerpalais, Gartenfassade*

Quelle: Ulrich Heiss, Augsburg, 2002.

Die Fassade ist der Bezugspunkt des Gartens. Auf die hochstrebende, regelmäßige, wohl einst verglaste Arkadenfolge des Erdgeschosses folgen die beiden oberen Stockwerke, ohne Giebel, ohne eigentliche Betonung der Mitte.[29] An den Obergeschossen wiederholt sich das Dekorationssystem von der Front an der Maximilianstraße. Nur die Gehänge auf den Brüstungen der Hauptgeschossfenster sind Varianten (Trauben, Granatäpfel, Blüten).

Die schlanken, korbbogigen Arkaden mit ihren abgesetzten Rahmen, Kämpfergesimsen und Schlusssteinen, die große, ruhige Ausdehnung der Fassade, die breiteren Intervalle zwischen den Fenstern, das niedrigere Dach rufen eine ganz andere Wirkung hervor als die im Vergleich dazu gedrängten Verhältnisse an der Maximilianstraße. Am Garten steht tatsächlich eine Palastfront, Proportionen und Maßverhältnisse passen dazu. Details wie die Fensterkompositionen entfalten sich frei und sind integrierter Teil eines klaren, zusammenhängenden Systems.

Gewiss konnte Lespilliez für Augsburg an der Münchner Cuvilliés-Tradition anknüpfen. Um sie zweckdienlich im Sinn des Frühklassizismus weiterzuentwickeln, schöpfte er zusätzlich aus weiteren Quellen. So nähern sich die beiden Wirtschaftshöfe einer schlichten, wohl französisch beeinflussten Musterarchitektur. Im Architekturartikel von Diderots *Encyclopédie* erscheint zum Beispiel als Tafel XI eine Zusammenstellung von auf die Säulenordnungen bezogenen Fensterformen, von denen die beiden ersten im Zusammenhang interessant erscheinen. Anregungen konnten auch ähnliche Bauplanungen wie jene für die *Abbaye Royale de Panthemont* (Gartenfassade; Tafel XX) liefern.[30] Nicht nur die Hauptgeschossfenster erwecken Aufmerksamkeit, sondern auch die Reihung rundbogiger Portal- und gleichhoher rundbogiger, fast auf den Boden gezogener Fensteröffnungen an der Gartenfront. Spannend ist der Entwurf von Claude-Nicolas Ledoux für die Gartenfront des Hôtel d'Uzès in Paris (gegen 1765). Hier sehen wir am Mittelrisalit im Erdgeschoß 7 rundbogige schlanke Arkadenöffnungen, die sofort an Lespilliez' Augsburger Gartenfront denken lassen.[31] Überhaupt scheint die erdgeschossige schlanke Arkadenreihung, ob verglast oder nicht, in Paris zur Zeit des Frühklassizismus *(Louis XVI)* eine ganze Zeit lang hoch aktuell gewesen zu sein.[32]

*IV. Lespilliez und die am Bau beteiligten Künstler und Kunsthandwerker*

Es versteht sich, dass Lespilliez als Baupraktiker mit Künstlern und Handwerkern vor allem Münchens bekannt war. Sicherlich gab es einen Kreis, mit dem er beson-

---

29 Vgl. Abschnitt I (Bemerkungen zu J. G. Stumpe).
30 Diderots Enzyklopädie. Die Bildtafeln 1762–1777, Bd. I, Augsburg o. J., S. 143 und 158f.
31 Vgl. *Gallet*, Demeures parisiennes, Abb. 13.
32 *Gallet*, Demeures parisiennes, bringt eine Reihe von Beispielen bis in die 1780er Jahre. Sie können indessen hier nicht näher erörtert werden.

ders gern zusammenarbeitete. Privataufträge außerhalb der bayerischen Hauptstadt, gar auf fremdem Territorium wie Augsburg, stießen da auf Schwierigkeiten, sollte auf den gewohnten Mitarbeiterstab zurückgegriffen werden. Die Reichsstadt hatte eigene Gesetze/Vorschriften. Hier ansässige Künstler, mehr noch die Handwerker besaßen als Augsburger Bürger und Mitglied einer Zunft Rechte und Privilegien. Deshalb übernahm ja, wie wir oben sahen, Werkmeister Stumpe, unterstützt von seinem Palier Johann Gottlob Berger, die Bauführung.

Allerdings arbeiteten Augsburger Künstler und Handwerker viel auswärts. Das schuf Kontakte. Sie reichten auch nach München, zum kurfürstlichen Bauwesen. In diesem Zusammenhang ist es besonders interessant, dass der Oberhofbaumeister Cuvilliés d. Ä. bei einem seiner späten (Privat-)Aufträge, der bis zum Neubau sich ausweitenden Ausstattung des Schlosses Sünching unweit Regensburg (1757–1766), Münchner und Augsburger Mitarbeiter beschäftigte.[33] Dies waren unter anderem der Maurermeister L. M. Giessl (München), der die Oberleitung des „Schlossneubaus" hatte, der Freskant Matthäus Günther (1705–1788) und die Stukkateure Franz Xaver und Simpert Feichtmayr (Augsburg). Giessl und die beiden Feichtmayrs tauchten beim Bau des v. Liebertschen Hauses wieder auf! Bei der engen Zusammenarbeit und dem guten Verhältnis zwischen Cuvilliés und Lespilliez ergaben sich bei diesem Personenkreis Einflussmöglichkeiten.

Anders mag es sich bei den mit der Dekoration beauftragten Malern und sonstigen Kunsthandwerkern verhalten haben. Das Engagement Guglielmis ergab sich wohl eher zufällig, vermittelt durch den zu der Zeit in Augsburg lebenden Porträtisten Sophonias de Derichs (1712–1773). Dieser war mit Guglielmi befreundet[34] und malte die Eltern v. Lieberts, vielleicht auch die Supraporten des Festsaals.[35] Jedenfalls wird die Annahme des Auftrags durch den berühmten Guglielmi dem Geltungsdrang v. Lieberts sehr geschmeichelt haben. Die Anheuerung Joseph Christs (1731–1788) für alle weiteren Supraporten des Hauses, der sich wegen der

---

33 Vgl. *Braunfels*, François de Cuvilliés, S. 147–151, und Karl *Kosel*, Ein Spätwerk des François Cuvilliés. Neue Archivalien über bayerische Rokokokünstler, in: Verhandlungen des Historischen Vereins für Oberpfalz und Regensburg, 107. Band, Regensburg 1967, S. 103–120. Der Name Lespilliez taucht in diesem Kontext nicht auf. Trotzdem darf man bei der engen Zusammenarbeit des Oberhofbaumeisters und des Zweiten Oberbaumeisters davon ausgehen, dass Lespilliez den Sünchinger Vorgang kannte und vielleicht mit ihm gelegentlich zu tun hatte.
34 Vgl. *v. Langen*, Die Fresken von Gregorio Guglielmi, zum Beispiel S. 26 und 30.
35 Kunstsammlungen Augsburg, Inv. Nr. 12172. Zu den Porträts des Johann Adam Liebert, Edler v. Liebenhofen (1697–1766), nobilitiert 1763, und seiner Frau Maria Elisabeth geb. Mayr (1702–1771) vgl. *Städtische Kunstsammlungen Augsburg* (Hg.), Deutsche Barockgalerie. Katalog der Gemälde, 2. Auflage, Augsburg 1984, S. 55 und 56. Der Hinweis *S. de Derichs Holmiae Suecus Pinxit* findet sich zusammen mit den Namen der Dargestellten und deren Lebensdaten auf den Gemälderückseiten. Es handelt sich also um keine Signatur. Zur Zuschreibung der Saalsupraporten an de Derichs durch *Bushart* vgl. ebd., S. 15.

Eilbedürftigkeit von Ignaz Paur (1723– ca. 1790) und Franz Joseph Maucher (1729– vor 1791) helfen ließ, mag sich durch das lokale Netzwerk erklären. Interessant wäre es, wenn sich Beziehungen zwischen Lespilliez und der Verhelst-Werkstatt in Augsburg *vor* den Arbeiten im v. Liebertschen Haus nachweisen ließen.[36] Deren Stil und Ornamentik prägte den Festsaal in wichtigen Abschnitten mit. Bevor aber ein paar Fragen zum Festsaal erörtert werden, ist noch kurz auf die schönen Schmiedeeisenarbeiten bzw. auf ihre Voraussetzungen einzugehen.

Da v. Liebert als für das Haus tätigen Schlossermeister nur Christian Riedelsberger nennt, dürften die vorhandenen ornamentalen Geländer und Gitter in seiner – sehr fähigen – Werkstatt entstanden sein (Abb. 5, S. 178; Abb. 6, S. 179).

Riedelsberger taucht unter den Augsburger Zeichnern, Entwerfern, Kupferstechern nicht auf. Als Handwerker wird er daher bei anspruchsvollen Aufträgen nach gelieferten Entwürfen gearbeitet haben. Tatsächlich finden sich in den vier bei Johann Georg Hertel in Augsburg verlegten Folgen von Schlosserarbeiten des Emanuel Eichel d. J. (1717–1787) Entwürfe, die als Vorlagen gedient haben[37] (Abb. 7, S. 180; Abb. 8, S. 181): in seitenverkehrter Ausführung die beiden querrechteckigen Gitter aus G 3505 für den Balkon der Hauptfassade, wobei der untere Vorschlag ornamental überarbeitet wurde, in sehr genauer Übernahme die Geländerschrägstücke aus G 3504 und 3505, aus G 3506 das obere linke Rechteckstück (umgedreht, mittig etwas verändert; für das mittlere Gitter an den Podesten vor den Eingangstüren zu den Etagen) für die Haupttreppe. Gehört nun Eichel zu den Künstlern des Lieberthauses?[38] Wurde er von Lespilliez vorgeschlagen? Arbeitete er etwa nach Skizzen Lespilliez' oder zeichnete er seine Entwürfe anhand französischer Vorlagen?

---

36 Dagmar *Dietrich*, Aegid Verhelst 1696–1749. Ein flämischer Bildhauer in Süddeutschland, Weißenhorn 1986, behandelt den Vater von Placidus (1727–1778) und Ignaz Wilhelm Verhelst (1729–1792), die in der für das v. Liebertsche Haus relevanten Zeit die Verhelst-Werkstatt in Augsburg führten. Doch stellt sie im Anhang einen Abschnitt „Daten zu Leben und Werk des Placidus und Ignaz Wilhelm Verhelst" (S. 185ff) zusammen. Daraus ergeben sich vorderhand keine Beziehungen zum Kreis um Lespilliez. Auf S. 121 stellt sie immerhin fest, „die beiden Verhelst-Söhne – insbesondere wohl Placidus Verhelst – [hätten] in ihrem späteren Schaffen sich nachhaltig beeindruckt durch die Ornamentkunst des Münchner Hofarchitekten" [Cuvilliés] gezeigt.

37 Vgl. Katalog der Ornamentstichsammlung der Staatl. Kunstbibliothek Berlin, Berlin/Leipzig 1936/39, S. 186 (Schlosserarbeiten – Deutschland 1750–1780), Nr. 1310. Dort 4 Folgen zu je 4 Blatt angegeben (Verlagsnummern 312, 314, 315, 319). In Betracht kommt hier Nr. 319. Sie ist vollständig in der Graphischen Sammlung der Kunstsammlungen Augsburg vorhanden (Inv. Nr. G 3504–3507). Zu Eichel vgl. Allgemeines Künstlerlexikon, München/Leipzig 2002 (B. Schumann-Jung), und Helmut *Gier*/Johannes *Janota* (Hg.), Augsburger Buchdruck und Verlagswesen. Von den Anfängen bis zur Gegenwart, Wiesbaden 1997, bes. S. 807.

38 Emanuel Eichel stach im Auftrag Stumpes den „Prospect des Gebäudes Herrn Benedict Adam Liebert Edler von Liebenhofen des Heil. Röm. Reichs Ritter, Patr. Aug. &tc", Kunstsammlungen Augsburg, Inv. Nr. G 10422, 34 cm x 61 cm.

*Abbildung 5*
*Schaezlerpalais, Balkongitter an der Hauptfront, Christian Riedelsberger (Ausführung)*

Quelle: Städtische Kunstsammlungen, Fotoarchiv.

178

*Abbildung 6*
*Schaezlerpalais, Haupttreppe, Teilansicht des Geländers, Christian Riedelsberger (Ausführung)*

Quelle: Richter + Fink, Augsburg, 2003 (Städtische Kunstsammlungen, Fotoarchiv).

V. *Der Festsaal: Lespilliez oder Guglielmi? (Abb. 9, S. 182)*

Das Kernstück des Schaezlerpalais ist der Festsaal. Er und seine Pracht wurden seit seiner glanzvollen Einweihung am 28. April 1770 von Einheimischen und Fremden angestaunt. Die Frage aber, wer das alles einst entwarf, ist nicht entschieden.[39]

---

39 *Thinesse-Demel*, Münchner Architektur, S. 168, tendiert vorsichtig zu Lespilliez („Wahrscheinlich dürfte auch der Entwurf des Saales evtl. Lespilliez zugeschrieben werden"). *Bushart*, in: Deutsche Barockgalerie. Katalog der Gemälde, S. 15, vertritt diese Meinung etwas dezidierter: „Wahrscheinlich darf auch der Entwurf des Saales Lespilliez zugeschrieben werden." *v. Langen*, Die Fresken von Gregorio Guglielmi, zieht sich aus der Affäre, indem sie den Entwurf durch Lespilliez als gegeben hinnimmt (vgl. S. 232), das ikonographische Grundkonzept jedoch dem Maler G. Guglielmi zuweist: Das Entwerfen solcher Programme sei für den Freskanten verbürgt (S. 234).

*Abbildung 7*
*Emanuel Eichel d. J., Gitterentwürfe, verwendet für den Balkon (Querstücke) und die Haupttreppe (Schrägstück) des Schaezlerpalais. Kupferstich, aus der Folge No. 319 (bei I. G. Hertel, Augsburg), Augsburg*

Quelle: Augsburg, Städtische Kunstsammlungen (Inv.-Nr. 3505, 3504), Fotoarchiv.

Schuld daran ist v. Liebert selbst, der Auftraggeber. Er schreibt: „Der Plavon von der Haubt Stiege u. Saal wurdte von dem berühmten römischen Mahler Gregorius Guglielmi gemahlt, welcher an denen grösten Höfen in Deutschland gearbeitet hatte, u. nur für eine recognition diese Arbeit mir gemacht hatte, um eine Arbeit von Ihme der Welt zu hinterlassen, die ohne Einrede eines andern Bau- und Mahlereyverständigen von Ihme allein verfertiget worden ist. *Ermeldter Guglielmi gabe auch dem Bildthauer Placidus Egidius Verhelst[40] selbst die Gedanken zu dem Modell, nach welchem die Bildthauer u. Stuccator Arbeit im Saal, letztere von denen Gebrüder Feuchtmayer, davon einer Franz Xaver Bayerischer HofStuccator ware, der andere*

---

40 Bei dieser Namensnennung hat sich B. A. v. Liebert geirrt, vgl. Anm. 4.

*Abbildung 8*
*Emanuel Eichel d. J., Gitterentwürfe, das Schrägstück verwendet für die Haupttreppe des Schaezlerpalais. Kupferstich, aus der Folge No. 319 (bei I. G. Hertel, Augsburg), Augsburg*

Quelle: Augsburg, Städtische Kunstsammlungen (Inv.-Nr. 3505, 3504), Fotoarchiv.

*mit Vornahmen Simpert, welche beede Feuchtmayer in Gesellschaft Ignazy Paur, Mahler alhier, sollte gemacht werden, u. das ganze Dessein von dem Saal an.*"[41]

Was sind die Kernaussagen der zwei komplizierten Schachtelsätze? 1. Guglielmi ist der Maler der Deckenfresken im Treppenhaus und im Festsaal. 2. Er hat diese Arbeit, vor allem auch die inhaltliche Konzeption, allein vollbracht. Ziel war, seinen Ruf zu festigen (für die Gegenwart und Zukunft). Deshalb arbeitete er preiswert („nur für eine recognition"). 3. Guglielmi machte gegenüber Placidus Verhelst die Angaben zu dem Modell, nach welchem a) die Bildhauer (= Schnitzwerk) und b) die Stukkaturarbeit gemacht werden sollte. 4. Verhelst als Bildhauer führte das Modell aus (machte er *alle* notwendigen Modelle, auch für Einzelformen?), aber auch die

---

41 Abschrift wie Anm. 4 [Hervorhebung durch den Verfasser].

Schnitzereien. 5. Die Brüder Feichtmayr waren die Stukkateure, der Maler Ignaz Paur half ihnen (bei der Fassung). 6. Guglielmi „gab" Verhelst „das ganze Dessein von dem Saal an".

*Abbildung 9*
*Schaezlerpalais, der Festsaal, Ansicht nach Westen*

Quelle: Städtische Kunstsammlungen, Fotoarchiv.

Heißt das, Guglielmi entwarf „das Dessein"? Könnte er es nicht von Lespilliez erhalten haben? Wer hätte ihm bei dem – nicht ganz einfachen – Entwurf sonst helfen können? Guglielmi war, nach dem, was wir wissen, ausschließlich Maler. Nachrichten, er sei als Innenarchitekt aufgetreten, fehlen. Zur Klärung der Urheberschaft müssen wir daher die Raumform und ihre Bedingungen betrachten, dann das Dekorationssystem, die Innenarchitektur und deren Voraussetzungen: das, was den Saal zu dem macht, was er ist.

Die Grund- und Raumform ist denkbar einfach: Das Innere eines Quaders mit gerundeten Ecken und als Hohlkehlen ausgebildeten oberen Kanten. 14 gleich große, exakt übereinander liegende Fenster durchstoßen die Längsseiten. Sie zeigen, wie es die Fassadenarchitektur vorgibt, doch (optisch) in Umkehr zu ihr, einen regelmäßigen Wechsel von breiteren durchfensterten und schmaleren geschlossenen Wandabschnitten. Die Querwände öffnen sich (real) nur in den seitlich gestellten Flügeltüren und in kleinformatigen, hochovalen, vergitterten Fenstern über den Supraporten.

Das Dekorationssystem teilt die Wände in hochrechteckige, wegen der rahmenden Profilleisten als durchlaufend empfundene Fenster- bzw. Wandabschnitte über niedriger Sockel- bzw. Brüstungszone ein. Die Felderungen sind – horizontal – dreigeteilt.

An den Längswänden folgen bei den Fensterabschnitten auf die unteren Öffnungen breite Brüstungsfelder in mehrfach gebrochener Rahmung, dann die oberen Fenster. Die Wandpfeiler schmücken Spiegel, die die Fenster daneben überragen. Über den Spiegeln erkennt man kleinere, dann längere, stehende Felder.

Die Querwände wandeln das System leicht ab, in den Außenachsen stehen statt Fenstern die erwähnten Flügeltüren usw. Die Mittelfelder zieren über offenen Kaminen hohe Spiegel. Die beiden Felderungen darüber verknüpfen große Kartuschen mit vielarmigen Wandleuchtern. Die Zwischenabschnitte stimmen mit den Spiegelpfeilern der Längswände überein.

Zur Decke vermittelt eine reiche, ondulierend gestaltete Hohlkehle. Den Plafond gliedert eine mit Kartuschen, Flammenrosetten und Girlanden besetzte Randzone. Sie umgibt das längsovale in Brechungen umrahmte Fresko und bindet es ein. Bleibt noch zu sagen: Die Ornamentik ist reich, meistens regelmäßig-symmetrisch und baut auf sich verfestigenden Muschel- und Rocailleformen auf. Hinzu treten Festons, sich um Stäbe windende Blumenranken, Lorbeerkränze, Palmzweige, Schilfstengel. Bei dem Stuck fehlen bis auf die Wappenlöwen Tiere. Unter den Schnitzereien der Wandspiegel finden sich die naturalistischen Embleme der Tierkreiszeichen und gegenständliche Allegorien der vier Jahreszeiten. Stilistisch sind frühklassizistische Tendenzen unverkennbar.

Dem oben gezeichneten Grundschema verpflichtete Festräume lassen sich finden. Wegen der zeremoniellen Bedeutung, der Neuausstattung zur Zeit Maria Theresias und gewisser Ähnlichkeiten mit dem Festsaal des Schaezlerpalais sei hier die *Große Anticamera* (Abb. 10) in der Wiener Hofburg genannt. Als Schauplatz höfischer Staatsakte wie festlicher Tafeln wurde sie in zeitgenössischen Gemälden verewigt.[42]

---

42 Zum Beispiel die erste Verleihung des Großkreuzes des am Vortage gegründeten Stephansordens am 6. Mai 1764 (Werkstatt M. Meytens' d. J., Kunsthist. Museum Wien I. GG 7501), abgebildet bei Gerda und Gottfried *Mraz*, Maria Theresia. Ihr Leben und ihre Zeit in Bildern und Dokumenten, München 1979, S. 104. – Die Antikamera diente „Zeremonien wie Vermählungen und Taufen [...], bei Namenstagen und Geburtstagsfesten der kaiserlichen Familie wurde im Zeremoniensaal die gemeinsame Tafel gehalten, und er war die ‚erste' oder ‚große' Antikamera. Von 1764 an – nach den Umbauten Pacassis, die eine Neugestaltung der Decke zur Folge hatten – wurde der Raum der Stucktrophäen wegen auch ‚Bataglien'- oder ‚Batail-

Die *Anticamera* ist anderthalbgeschossig, die Längswände sind durchfenstert. Auf den Wandpfeilern dazwischen sieht man hohe Wandspiegel in geschnitzten, vergoldeten Rahmen, darüber stuckverzierte Wandfelder. Die Querwände zeigen Längspanneaux, seitliche Flügeltüren, darüber Supraporten in geschweiften Rahmungen. Über den Wänden läuft ein Kranzgesims, die Hohlkehle darüber zieren Eck- und Mittelkartuschen sowie weitere Ornamente. Besonders fällt auf: Keine Ordnung, Säulen oder Pilaster übernehmen die Gliederung. In zwei Höhen übereinander angeordnete mehrarmige Wandleuchter sorgen zusammen mit den Behangkronen an der Decke für die Beleuchtung. Der Dekorationsstil ist maria-theresianisches Rokoko.

Trotz gewisser Ähnlichkeiten liegt ein anderes Beispiel näher, der Festsaal des Schlosses Sünching. Dieser beansprucht – wie in Augsburg – zwei Stockwerke. Eine Säulen- oder Pilasterordnung fehlt. Die Einteilung der Wände erfolgt mit alternierenden breiteren und schmaleren Abschnitten. Die Längswände werden in beiden Geschossen von Fenstern durchbrochen. Freilich ist nur an der Außenfront der Blick ins Freie möglich, die Gegenwand zeigt dasselbe System als Blendarchitektur. Die Außenwand bezieht die Mauerstärken in die Raumwirkung ein, als Arkadenbögen mit geschlossenen Lunetten und als in Gesamtrahmen eingestellte Rechteckfenster,[43] wobei oben und unten die Brüstungen nur einen Teil der Mauerstärke beanspruchen.

Die Querwände zeigen in ihrem System ebenfalls Übereinstimmungen mit dem Augsburger Saal. Das betrifft die Aufteilung in fünf Abschnitte, die Betonung der Seitenachsen durch Übereinanderstellung besonderer Motive (Sünching: in Blendbögen eingestellte Flügeltüren, verspiegelte Fenster über Brüstung; Augsburg: Flügeltüren, große [farbige] Supraporten, [vergitterte] Ovalfenster), die aufsteigende Akzentuierung von den Seiten zur Mitte (Sünching: Flügeltür mit Kartusche, schmales Panneau mit Puttengruppe, breites [vortretendes] Mittelfeld mit Kamin, Spiegel, ganzfigurigem Porträt, Puttengruppe [mit Wappen], Ruhmesgöttin; Augsburg: Flügeltür mit Kartusche, schmales Panneau mit Spiegel, darüber Sinnbilder für die Jahreszeiten, breites Mittelfeld mit Kamin, hohem Spiegel, Leuchterkartusche, Wappen).

Weitere Verbindungen ergeben sich aus der Ornamentik und ihrer Behandlung sowie aus den Raumprogrammen. Ersteres hat zwei Gründe: In Sünching war

---

lensaal' genannt"; vgl. Maria Theresia und ihre Zeit. Zur 200. Wiederkehr des Todestages, Ausstellungskatalog Wien, Schloss Schönbrunn, 13. Mai bis 26. Oktober 1980, S. 229, Nr. 40 (G. Kugler). Heute gehört die Anticamera zu den Repräsentationsräumen der Präsidentschaftskanzlei.

43 Die oberen Rechteckfenster erinnern mit ihren Rahmen, Bekrönungen und Brüstungen an die Obergeschossfenster an den äußeren Fassaden des Schaezlerpalais. Doppelfestons sind im Augsburger Saal sehr zahlreich.

*Abbildung 10*
*Wien, Hofburg, die große Antikamera, Ölgemälde, Werkstatt M. Meytens d. J.*
*(Verleihung des ungarischen St. Stephans-Ordens am 6. Mai 1764)*

Quelle: Wien, Kunsthistorisches Museum (Schloss Schönbrunn; GG 7501), Foto Sindhöringer.

Cuvilliés selbst der Entwerfer, in Augsburg sein ranghöchster und wohl begabtester Mitarbeiter Lespilliez. Der sah sich in der Cuvilliés-Tradition und schöpfte aus ihr, doch in eigener Weise, noch mehr auf den Frühklassizismus zu voranschreitend.

Zum anderen arbeiteten hier wie dort die Brüder Feichtmayr[44], vor allem Franz Xaver. Die Stukkateure hatten die Entwürfe Cuvilliés' genau zu befolgen. Bei aller individueller Handschrift ließen sie sich doch von dessen elegant-feinnervigem Stil beeinflussen.

---

44 Franz Xaver Feichtmayr war die größere Begabung. Simpert hat vielleicht die schlichtere, weniger bravouröse Hohlkehle des Treppenhauses und einen Teil der Wände des Festsaals im Schaezlerpalais gearbeitet. Bei dem Stuck dort werden zwei unterschiedliche Hände deutlich. Die eine scheint für die markanten, charaktervollen und brillant ausgearbeiteten Stukkaturen des Plafonds einschließlich Hohlkehle verantwortlich zu sein, die andere für die flacheren, im Vergleich kraftlos wirkenden Rocaille-Ranken, Blattwedel, Rahmen und Füllungen der Wände.

Es muss die Entscheidung des planenden Architekten gewesen sein, über den allgemeineren Cuvilliés'schen Formenschatz (Kartuschen, Agraffen, Doppelfestons, hängende Blumenschnüre usw.) hinaus ganze Einzelmotive zu übernehmen und zu bearbeiten. Dies trifft auf die konkaven Seitenstreifen des Kaminvorsprungs in Sünching zu – man findet sie wieder in den Ecken des Augsburger Saales und als Einfassungen der „Zwischenpanneaux" an den Querwänden – und auf die Rahmungen (von Blumenbändern umwundene Stäbe) der Schmalfelder in deren oberem Bereich.

Die schmalen Wandfelder kann man in Sünching und Augsburg auch wegen des Bildprogramms, dessen Platzierung und Akzentuierung zusammenbringen. Hier wie dort sind sie geteilt, in Augsburg in drei Abschnitte: auf Spiegel in hoch aufragenden Rahmen folgen Füllungen, dann der obere Abschnitt. In Sünching treffen die Abschnitte wegen der Zweierteilung nur an einer Stelle aufeinander, in Augsburg an zwei.[45] Die zu vergleichenden Berührungspunkte sind in beiden Fällen Träger des gleichen Bildprogramms. Dargestellt werden die Sternzeichen und damit die zwölf Monate, in Augsburg zusätzlich die vier Jahreszeiten – in Sünching sind sie Teil des Deckengemäldes.[46]

In Sünching verkörpern elegant modellierte Puttengruppen etwa in der Mitte des Gesamtfeldes das Thema. Ganz zwanglos verknüpfen sie die unteren und oberen Abschnitte. Es ergibt sich ein wechselnder Rhythmus: Die Putti und ihr Treiben sind höher platziert, als die unteren Türen und Fenster hinaufreichen. In Augsburg erscheinen die Sternzeichen in zu den Spiegeln gehörigen Kartuschen.[47] Kleine

---

45 Die obere Verbindungsstelle betonen Wandleuchter. Die untere präsentiert keine einleuchtende Lösung. Hinter den Spiegeln ragt nämlich eine Wandfüllung über diese hinaus, wie wenn die Spiegel nur aufgehängt und eigentlich kein integraler Teil der Wandgliederung wären – gab es etwa eine Planänderung? Jedenfalls fügt sich das schlecht in das Wandsystem. Es ist nicht gelungen, den „Fehler" zu überspielen. Die geschnitzten Kartuschen, Teil und Bekrönung der Spiegelrahmen, verdecken die fragliche Füllung unvollständig, sie stellen auch keine überzeugende, integrierende Verbindung zur darüber gelegenen Füllung her.

46 Vgl. *Braunfels*, François de Cuvilliés, S. 148–151 (Farbabbildung S. 149). In Sünching haben alle vier Wände am Darstellungsprogramm der Sternzeichen und Monate teil, da die Längsseiten nur 5 Achsen mit 4 Wandpfeilern lang sind. Es soll nicht verschwiegen werden, dass es zwischen den Sälen in Sünching und Augsburg auch gravierende Unterschiede gibt, die hier jedoch nicht eingehend zu behandeln sind. Nur so viel: Die Attitüde des Sünchinger Saales ist architektonischer, klarer, vielleicht rückwärtsgewandter, aber geistreicher. Die realen Arkaden und Fensteröffnungen an der Fensterfront erinnern an die traditionelle Eineinhalbgeschossigkeit großer Säle; die herabgezogenen Rahmungen der oberen Fenster spielen aber auf zwei volle Geschosse an. Das gesamte System erscheint selbstverständlich. Jedes Teil ist wohlproportioniert und an seinem richtigen Platz. Insgesamt ist der Dekor feiner, maßvoller, edler als jener in Augsburg. Dort neigt er gleichzeitig zu Überfülle, Abgrenzung und Erstarrung.

47 Den Sternzeichen sind in Augsburg noch Symbole für bestimmte Metalle zugeordnet, die man traditionell unter anderem den sieben ptolemäischen Planeten zuwies. Da jeder Planet für einen Tag der Woche steht, sind auch diese Zeiteinheiten im Augsburger Saal präsent.

Sockel stemmen sie hoch. Deshalb überragen sie die Agraffen und Kartuschen über der unteren Fensterreihe. Derselbe Rhythmus wie in Sünching entsteht.

Fassen wir die Ergebnisse unserer Studie zusammen, steht allein die in der Bedeutung ihrer Aussage interpretierbare Bemerkung des Auftraggebers gegen Karl Albrecht v. Lespilliez als Entwerfer des Festsaales. Alles andere spricht für ihn. Nur Lespilliez konnte so vertraut sein mit Cuvilliés, dessen Schule und Formenschatz, war er doch Hauptmitarbeiter des großen Architekten.

Lespilliez war in der Baukunst und in der zu ihr gehörigen Innenausstattung Fachmann, die nötigen umfassenden Kenntnisse hatte er sich theoretisch (Ausbildung in Paris) und praktisch erworben, bedeutende in- und ausländische Arbeiten kannte er aus eigener Anschauung. Als Dekorateur für Innenräume besaß er daher selbstverständlich Kompetenz.

Lespilliez dürfte sogar einen besonderen Sinn für das fragliche Genre gehabt haben. Dies wird ein Grund gewesen sein, weshalb Cuvilliés seinen Schüler bei der Realisierung seines Stichwerks, das sich in hohem Maß gerade mit Fragen der Innenausstattung befasste, so häufig als Stecher heranzog.[48] Diese auszeichnende, besondere Mitarbeit bedeutete schließlich: Um die Zeichnungen fehlerlos umzusetzen, mussten sie richtig verstanden werden. Lespilliez besaß diese Voraussetzung. In Auseinandersetzung mit dem gezeichneten Oeuvre seines Lehrers lernte er gewiss den zeichnerischen Umgang mit Innenräumen gründlichst[49] und erwarb damit die Fähigkeit, selbst anspruchsvolle, komplizierte Dekorationsentwürfe zu liefern. Das verlangte mehr als Dilettantismus.

Gregorio Guglielmis Rolle könnte trotzdem auf ganz spezifische Weise die Aussage des Bauherrn rechtfertigen: Als anerkannter, erfahrener, weltläufiger italienischer Künstler besaß er vielleicht das besondere Vertrauen des Architekten. Lespilliez konnte die künstlerischen Arbeiten in Augsburg kaum selber überwachen – wollte er das überhaupt? In dieser Lage bot sich Guglielmi als verständiger, kenntnisreicher Vermittler an. Seine Aufgabe wäre es dann gewesen, nicht nur die Fresken zu malen, sondern auch die Kunsthandwerker anzuweisen: „Das ganze Dessein von dem Saal" anzugeben.

---

48 Vgl. *Braunfels*, François de Cuvilliés, S. 200–201.
49 Lespilliez' Interesse fürs Architekturzeichnen äußerte sich auch in seiner Münchner Zeichenschule, die von 1766–1808 bestand. Sie diente der Ausbildung von Bauleuten; vgl. *Thinesse-Demel*, Münchner Architektur, S. 32ff.

III.
Vom „ruhelosen Reich" zur „Belagerten Civitas":
Deutschland und Europa 1871–1933

1. „Exstirpation des deutschen Geistes" –
   Nietzsches Kampf gegen das Bismarckreich
   *Manfred Riedel*

Im Verlauf der Verhandlungen des 4. Deutschen Reichstages kommt es in der 49. Sitzung am 10. Mai 1880 zu einer denkwürdigen Debatte. In gewisser Hinsicht wiederholt sich der Einspruch gegen Bismarcks Einigungswerk mit „Blut und Eisen", den schon während der Verhandlungen des Norddeutschen Reichstages mehr als eine Dekade zuvor Abgeordnete vom katholischen Zentrum, des linken Flügels der Nationalliberalen und die Sozialdemokraten erhoben hatten: im Namen einer „geistigen Einheit", die sich aus ihrer Sicht das deutsche Volk „durch eine über Jahrhunderte hinausgehende Gesamtarbeit" erworben habe.[1]

Dieser Einwand spitzt sich in der Kritik an Bismarcks innenpolitischer Aktualisierung des ursprünglich nationalliberalen Einheitsgedankens gegen „Reichsfeinde" aller Art zu der These zu, die „Wiedergeburt der deutschen Nation" sei nicht über äußere Machtverschiebungen im Krieg gegen Österreich und Frankreich zustande gekommen, sondern durch einen geistigen Wandel im Inneren infolge jener jahrhundertelangen Erfahrungen, die „in schweren Kämpfen unsere Universitäten, unsere Gelehrten und Denker" erwarben und damit dem Kanzler ein „Pfand" hinterlassen hätten, das größer sei, „als er es bis jetzt der Nation wieder zurückgegeben" habe.[2] Bismarck weist das in seiner Antwort an seine Kritiker vor dem Berliner Reichstag mit einer Begründung zurück, die schon der Adresse des preußischen Königs und späteren Kaisers Wilhelm I. an die Versammlung des Norddeutschen Bundes eingeschrieben war: er habe durch die politisch erreichbare Einheit erstmals seit Jahrhunderten eine Lage geschaffen, die künftig verhindern werde, dass Deutsche sich unter Mitwirkung ausländischer Mächte wieder untereinander kriegerisch bekämpften; was sein geschichtlich unbestreitbares Verdienst war, das wir Heutigen umso weniger vergessen können, als während unserer Lebenszeit im Gefolge deutscher Teilung nach dem Ende des Zweiten Weltkriegs diese realpolitische Möglichkeit über Generationen hinweg wiederum gegeben war. „Wie die Richtung des deutschen Geistes im allgemeinen", so hatte es in der Thronrede von 1867 geheißen, „dem Frieden und seinen Arbeiten zugewandt ist, so wird die Bun-

---
1 Stenographische Berichte über die Verhandlungen des Reichstages des Norddeutschen Bundes, 7. Sitzung vom 24. September 1867, S. 81ff.
2 Verhandlungen des 4. Deutschen Reichstages, 49. Sitzung vom 10. Mai 1880, S. 1286 (Redebeitrag von R. Virchow).

desgenossenschaft der deutschen Staaten wesentlich einen defensiven Charakter tragen. Keine feindliche Tendenz gegen unsere Nachbarn, kein Streben nach Eroberung hat die deutsche Bewegung der letzten Jahrzehnte getragen, sondern lediglich das Bedürfnis, den weiten Gebieten von den Alpen bis zum Meere die Grundbedingungen des staatlichen Gedeihens zu gewähren, welche ihnen der Entwicklungsgang früherer Jahrhunderte verkümmert hat."³

Vor diesem Hintergrund kommt es im geistigen Leben des Bismarckreichs zur Unterscheidung zwischen einem „offiziellen" und einem „oppositionellen Deutschland". Die Opposition hält Ausschau nach einem „heimlich offenen Bund" von „Verschworenen", woran sich selbst dann, wenn ihn die heutige „Menge" ablehnte, viele anschließen könnten, nach Paul de Lagardes Losungswort: „Wir sind es müde, mit Geschaffenem und Gemachtem abgefunden zu werden: wir wollen Geborenes, um mit ihm zu leben."⁴

I.

Unter den kritischen Lesern von Lagarde, der „50 Dinge falsch, aber 50 Dinge wahr und richtig sagt",⁵ finden wir Friedrich Nietzsche. Auf Lagardes (eigentlich Paul Anton Bötticher's) Schrift: ‚Über die gegenwärtige Lage des deutschen Reichs' (1876) bezieht sich, ohne Namens- und Titelnennung, an verdeckter Stelle Nietzsches erster Aphorismenband ‚Menschliches, Allzumenschliches' (1878). Unter der (unpassenden) Rubrik: ‚Weib und Kind' (7) orakelt der Verfasser über das ‚Aussterben von Faust und Gretchen' mit folgendem Gedankenbruchstück: „Nach der sehr einsichtigen Bemerkung eines Gelehrten ähneln die gebildeten Männer des gegenwärtigen Deutschland einer Mischung von Mephistopheles und Wagner, aber durchaus nicht Fausten: welchen die Grossväter (in ihrer Jugend wenigstens) in sich rumoren fühlten. Zu ihnen passen also – um jenen Satz fortzusetzen – aus zwei Gründen die *Gretchen* nicht. Und weil sie nicht mehr begehrt werden, so sterben sie, scheint es, aus."⁶

Nietzsches Aphorismus spielt darauf an, dass „Geborenes" vergeblich „gewollt" wird, wenn die Voraussetzungen für eine Neugeburt nicht mehr gegeben sind. Woran es den Reichsdeutschen fehlt, das ist der deutsche Geist aus Weimars klassischer Zeit, den jener Gelehrte selbst schwinden sieht, Lagarde also, der darum Rich-

---

3 Thronrede zur Eröffnung des Norddeutschen Bundes am 24. Februar 1867 (Generalregister), Bd. 142 a, ebd., S. 311f.
4 Paul *de Lagarde*, Deutsche Schriften, Nachdruck Berlin 1994, S. 141.
5 Friedrich *Nietzsche*, Brief an Erwin Rohde vom 31. Januar 1873, in: Sämtliche Briefe, Kritische Studienausgabe (= KSB), Bd. 4, München/Berlin 1986, S. 121.
6 Friedrich *Nietzsche*, Menschliches, Allzumenschliches, I, 408, in: Sämtliche Werke, Kritische Studienausgabe (= KSA), Bd. 2, München/Berlin 1980, S. 271.

tiges ausspricht und sich doch widerspricht, wenn er festhält: „Es wäre geradezu komisch behaupten zu wollen, dass irgendeine nennenswerte anzahl unter der jetzigen jugend beim anblicke von Faust und Gretchen das empfindet, was wir älteren empfunden haben: jedenfalls sind, die es empfinden, in der jetzigen nation ohnmächtig. sollten wir einmal bei dem textbuche bleiben", setzt Lagarde hinzu, „so würde eine mischung von Mephistopheles und Wagner einerseits, so würde andererseits Valentin als typus einer gewissen klasse von deutschen Zeitgenossen dienen können."[7]

Das entspricht ganz Nietzsches Diagnose unmittelbar nach dem erfolgreichen Ende des Krieges mit Frankreich, als die Deutschen dem Wahnglauben verfielen, dass auch die deutsche Kultur in jenem Kriege triumphiert habe und mit Kränzen umwunden werden müsse, die dem Erfolg gemäß seien. „Dieser Wahn", so hatte Nietzsche in der *ersten* seiner ‚Unzeitgemäßen Betrachtungen' (1872) befürchtet, „ist höchst verderblich: nicht etwa weil er ein Wahn ist – denn es gibt die heilsamsten und segensreichsten Irrtümer – sondern weil er im Stande ist, unseren Sieg in eine völlige Niederlage zu verwandeln: in die Niederlage, ja Exstirpation des deutschen Geistes zu Gunsten des ‚deutschen Reiches'."[8] Den Sieg über Frankreich ermöglichten preußische Waffen, Überlegenheit der Armeeführer und Tapferkeit mit Disziplin unter den Geführten; Elemente, die dem Gegner gefehlt und so wenig mit „Kultur" gemein hätten, dass man sich nur wundern könne, wie dasjenige, was den deutschen Reichspatrioten „Kultur" heißt, die militärischen Erfordernisse gar nicht gehemmt oder sonst dazwischen aufgetreten sei; vielleicht nur, vermutet Nietzsche, „weil dieses Kultur sich nennende Etwas es für sich vorteilhafter erachtete, sich diesmal dienstfertig zu erweisen".[9] Ließe man das „Etwas" heran- und fortwachsen, verwöhnte man es durch den schmeichelnden Wahn, es sei siegreich gewesen, so hätte es die Kraft, den deutschen Geist zu „exstirpieren", das heißt innerlich auszuhöhlen und seine Wurzeln im Erdreich einer großen vaterländischen Vergangenheit und Herkunft aus klassisch-europäischer Bildungsheimat zu tilgen.

Nietzsche, so hat Michael Stürmer, der Historiker des Kaiserreiches, diesen denkwürdigen Passus aus dessen ‚Unzeitgemäßen Betrachtungen' (1872) kommentiert,[10] war bereits Rufer in der Wüste. Repräsentativ für die von ihm kritisierte „öffentliche Meinung" waren eher Richard Wagner und Frau Cosima, die kurz nach Vollendung des ‚Siegfried' am 20. Juni 1871 in ihr Tagebuch schreibt, sie glaube an eine unerhörte Blüte des Deutschen Reiches, „denn dass das Nibelungenwerk zusammen-

---

7 Über die gegenwärtige lage des deutschen reichs. Ein bericht, erstattet von Paul *de Lagarde*, Göttingen 1876, S. 44–45.
8 Friedrich *Nietzsche*, Unzeitgemäße Betrachtungen: Erstes Stück (David Friedrich Strauß der Bekenner und Schriftsteller, 1872), 1, KSA 1, S. 159–160.
9 Ebd., S. 160.
10 Vgl. Michael *Stürmer*, Das ruhelose Reich. Deutschland 1866–1918, Berlin 1983, S. 122.

fällt mit den deutschen Siegen, ist kein Zufall".[11] Wenn dies ein Missverständnis war, so war es nach Stürmers triftigem Urteil das Missverständnis einer ganzen Generation.[12]

Es war auch von Anbeginn das Missverständnis am Grunde der Freundschaft zwischen Richard Wagner und dem jungen Nietzsche, worüber im Folgenden Näheres zu berichten sein wird. Aber beginnen wir von vorn: mit dem Auftakt von Nietzsches Kampf gegen das Bismarckreich, der mit den Baseler Vorträgen ‚Über die Zukunft unserer Bildungsanstalten' (1872) einsetzt.

Kurz nach Bismarcks Reichsgründung gehalten, spiegeln sie den damaligen Abfall deutscher Literatur, Gelehrsamkeit und Philosophie vom Höhenweg der Weimarer „Kunstfreunde" um Goethe und Schiller, die das griechische Altertum als „klassisch" kanonisiert und auf diese Weise dazu beigetragen hatten, dass Deutschland, um Nietzsche zu zitieren, für ganz Europa zum „Orakel", d.i. Kulturratgeber in Sachen von „Kunst und Wissenschaft" wurde: einer Kultur, die von Weimar her den modernen Grundrechtskatalog des Menschen und Staatsbürgers durch das Evangelium der Freiheit des Menschengeschlechts ergänzte, um damit einem ästhetischen Zukunftsstaat sein bis heute unüberholtes Grundgesetz zu verkünden. Das war es, was Nietzsche – zeitweilig in Gemeinschaft mit Wagner – nach dem gewonnenen Krieg für die „deutsche Mission" in der Welt hielt: „Deutschland als eigentlicher Orakelsitz der Kunst. – Ziel: eine staatliche Kunstorganisation – Kunst als Erziehungsmittel – Beseitigung der *spezifisch* wissenschaftlichen Ausbildungen. Die Auflösung der noch lebenden religiösen Empfindungen in's Bereich der Kunst – dies das praktische Ziel. Bewußte Vernichtung des Kriticismus der Kunst durch vermehrte *Weihe* der Kunst. Dies als Trieb des deutschen Idealismus nachzuweisen."[13]

In Nietzsches Sicht gründet Bismarck mit historischer Verspätung einen modernen Großstaat imperialer Prägung, der, ohne die ganze deutsche Sprachnation zu umfassen, das Nationale nach außen hin als „sichtbare Einheit" verkörpern soll, ausgestattet mit „gloriosem Regierungsapparat und militärischem Prunke";[14] ohne zu bedenken, dass ein Staat, der sein letztes Ziel – und das ist nach Nietzsche jene durch die Kunst verbürgte Freiheit des Einzelnen – nicht erreicht, „unnatürlich-groß anzuschwellen" pflegt, mit dem Ergebnis, dass er schließlich alle Kräfte von der Blüte wegzieht und an Blätter und Stamm verteilt, die dann strotzen.[15] Nicht nur die deutsche Literatur, sondern Deutschland selbst ist damit von seiner europäischen

---

11 Cosima *Wagner*, Die Tagebücher, Bd. I: 1869–1872, ediert und kommentiert von Martin *Gregor-Dellin* und Dietrich *Mack*, München 1982, S. 403.
12 *Stürmer*, Das ruhelose Reich, S. 122.
13 NF Winter 1869–70, 3 [60], KSA 7, S. 76f [Hervorhebungen im Original]. Vgl. dazu Nietzsches Brief an Erwin Rohde vom 21. Juni 1871, KSB 3, S. 203.
14 NF Ende 1870–April 1871, 7 [122], KSA 7, S. 174.
15 NF 7 [44], ebd., S. 149.

Kulturhöhe abgefallen, indem es die griechische Patria, seine mythische Bildungsheimat, und den „echt patriotischen, echt humanen Geist" aus dem Umkreis der Weimarer Klassik preisgibt, um nach römischem Muster durch Schifffahrt und Kolonien, militärische Hochrüstung und wirtschaftlichen Wettbewerb dem Reich „Weltgeltung" zu verschaffen; ein imperialer Römer-Patriotismus, wie er die westlichen Nationalstaaten seit Beginn der Neuzeit durchherrschte, den auf Deutschland zu übertragen Nietzsche ablehnt.[16] „Wenn wir von *deutschem Geiste* reden", so hatte Nietzsche dem analog verstandenen Reichspatriotismus entgegengehalten, „so meinen wir die deutschen grossen Geister, Luther, Goethe, Schiller und einige Andere, nicht den mythologischen Phantom der vereinigten Ungeistermasse [...]. Wir wollen vorsichtig sein, etwas deutsch zu nennen".[17]

Von Verschiebungen im Gesamtgefüge europäischer Kultur nichts ahnend, brüsten sich nationalstolze Germanisten und Kulturhistoriker des Bismarckreiches mit den „deutschen Klassikern" vor dem Ausland und vergessen dabei, dass ihre großen Geister von Lessing über Winckelmann bis hin zu Schiller durch Unverständnis „vorzeitig erstickt, verbraucht, erloschen sind", weil sie weder Rückhalt noch Förderung in ihrem Geburtslande genossen. Sie bleiben ihren Landsleuten fremd, die unter dem Bann moderner Bildungsillusionen stehen, weshalb sie keinerlei Scham im Gedächtnis an Lessing empfinden, der, um nur dieses Wenige aus Nietzsches großer Anklagerede zu zitieren, „an eurer Stumpfheit, im Kampf mit euren lächerlichen Klötzen und Götzen, unter dem Mißstande eurer Theater, eurer Gelehrten, eurer Theologen zu Grunde gieng, ohne ein einziges Mal jenen ewigen Flug wagen zu dürfen, zu dem er in die Welt gekommen war? Und was empfindet ihr bei Winckelmann's Angedenken, der, um seinen Blick von euren grotesken Albernheiten zu befreien, bei den Jesuiten um Hülfe betteln gieng, dessen schmählicher Übertritt auf euch zurückfällt und an euch als unvertilgbarer Flecken haften wird?"[18]

Als tragisches Ringen unter widrigsten Umständen wie in Winckelmanns Leben, so setzt sich die Griechenlandvision deutscher Dichtung, Bildhauerkunst und Malerei im Kreis der „Weimarer Kunstfreunde" fort, deren Aufflug zu dem in weiter Ferne gesuchten Land der Kunst jener „Widerstand der stumpfen Welt" beschwert, den Goethes ‚Epilog' zu Schillers ‚Glocke' beim Namen nennt:

---

16 Friedrich *Nietzsche*, Menschliches, Allzumenschliches I, 8: Ein Blick auf den Staat, Aph. 442, KSA 2, S. 288. Vgl. ders., Unzeitgemäße Betrachtungen III: Schopenhauer als Erzieher, 8, KSA 1, S. 424.
17 NF Sommer–Herbst 1873, 29 [47], KSA 7, S. 645 [Hervorhebung im Original].
18 Friedrich *Nietzsche*, Über die Zukunft unserer Bildungsanstalten, IV, KSA 1, S. 724.

Auch manche Geister, die mit ihm gerungen,
Sein groß Verdienst unwillig anerkannt,
Sie fühlten sich von seiner Kraft durchdrungen,
In seinem Kreise willig festgebannt:
Zum Höchsten hat er sich emporgeschwungen,
Mit allem, was wir schätzen, eng verwandt.
So feiert *ihn*! Denn was dem Mann das Leben
Nur halb erteilt, soll ganz die Nachwelt geben.[19]

Ohne Goethes Freundschaft, so Nietzsches Totenklage, hätte sein schwermütiges, gehetztes Dasein ein noch rascheres, schlimmeres Ende gefunden. Die Klage über Schillers Los wird zur Anklage gegen die Deutschen: „Trotz euch schufen jene ihre Werke, gegen euch wandten sie ihre Angriffe, und Dank euch starben sie zu früh, in unvollendeter Tagesarbeit, unter Kämpfen zerbrochen oder betäubt, dahin. Wer kann ausdenken", darin gipfelt Nietzsches Anklagerede, „was diesen heroischen Männern zu erreichen beschieden war, wenn jener wahre deutsche Geist in einer kräftigen Institution sein schützendes Dach über sie ausgebreitet hätte, jener Geist, der ohne eine solche Institution vereinzelt, zerbröckelt, entartet sein Dasein weiterschleppt."[20]

In dieser Notlage hält sich Nietzsche an jenes einzige Band, das die Deutschen innerlich einigte und nach außen hin vor der Zerstreuung in alle Winde und Weltwinkel bewahrte: ihre *Sprache*, „die wahrhaftig bis jetzt allein sich durchgerettet hat, durch all die Mischung von Nationalitäten und Wechsel der Zeiten und Sitten".[21] Der deutschen Sprache selbst, so vermutet Nietzsche schon in den Vorarbeiten zum *ersten Stück* der ‚Unzeitgemäßen Betrachtungen', wo am Rande ‚Bayreuther Horizont-Betrachtungen' zu diesem Thema auftauchen,[22] eignet ein „metaphysischer Zauber, Einheiten aus Vielheiten, Einartiges aus Vielartigem zu gebären". Und eben deshalb sei den Schriftstellern im Bismarckreich aufgegeben, „über diese unificirende, unsere zukünftige Deutschheit verbürgende Sprache" zu wachen: „Unsere großen Autoren haben ein heiliges Amt, als Wächter dieser Sprache; und unsere deutsche Schule hat eine fruchtbare ernste Aufgabe, unter den Augen solcher Wächter zur deutschen Sprache zu erziehen."[23]

Die Erfüllung der damit verbundenen Pflichten wird jedoch durch eine Reihe von Bedenken beschwert, die mit der nationalstaatlichen Lösung des deutschen Problems

---

19 Epilog zu Schillers ‚Glocke' (1825), in: Goethe – Gedichte, hg. v. E. *Trunz*, Bd. 1, München 1988, S. 258.
20 *Nietzsche*, Über die Zukunft unserer Bildungsanstalten, IV, KSA 1, S. 725.
21 NF Frühjahr 1873, 26 [16], KSA 7, S. 582.
22 NF 26 [23], ebd., S. 585. Vgl. Friedrich *Nietzsche*, Richard Wagner in Bayreuth, 5, KSA 1, S. 455f.
23 NF Frühjahr 1873, 26 [16], KSA 7, S. 583.

aufs engste zusammenhängen. Einerseits hat der deutsch-französische Krieg die „unselige Wirkung gehabt, dass auch die deutschen Schriftsteller sich glorificirt fanden und jetzt ein Zutrauen zu sich bekamen, als hätte schon die strengste Nachwelt ihnen die Unsterblichkeit zuerkannt". Einer höchst zweideutigen, unfertigen, unnationalen Kultur (einer „wahren Verlegenheits-Kultur") wird plötzlich der Triumphator-Mantel umgelegt,[24] es treten „neue Klassiker" (Spielhagen, Freytag, Strauß!) ans Licht, deutsche wie europäische Zeitungen tragen ihnen das Krönungsdiadem voran und das Ausland „geräth bei der immer erneuten Versicherung, daß wir eine große Kultur und große Classiker besäßen, in staunende Verwirrung".[25] Kein Wunder, dass sie gar nicht in der Lage sind, ihr Wächteramt über die deutsche Sprache wahrzunehmen. Ist doch unter ihren Händen, im Gefolge langfristiger Auswirkungen Hegels und seiner Schule und Heines auf den deutschen Prosastil („Letzterer zerstört das Gefühl für einheitliche Farbe des Stils und liebt die Hans Wurst Jacke, mit dem buntesten Farbenwechsel. [...] Bei Hegel das nichtswürdigste Grau, bei Heine das Schimmern der elektrischen Farbenspiele, die die Augen fürchterlich angreifen, wie auch jenes Grau.")[26] ein Jargon entstanden, der „in jedem Worte, jeder Wendung verwerflich ist".[27] So hat die deutsche Sprache die zu Winckelmanns und Goethes, zu Lessings und Schillers Zeiten unbekannte Eigenschaft erhalten, „alles anzunehmen und nachzuahmen", ein „seelenloses Wörtermosaik mit europäischer Syntax", das jener *„abstrakte europäische Mensch"* gebraucht, „der alles nachmacht und schlecht"[28] und mit seinem Stilmischmasch sich zur Schreib- und Denkkunst so verhält wie zum Leben, „nämlich gemein, oberflächlich, weichlich".[29]

Im *dritten Stück* der ‚Unzeitgemäßen Betrachtungen' (1874) zieht Nietzsche eine historische Parallele zwischen dem Reformationszeitalter, der Kunstreform der Weimarer Klassik und der Gegenwart. Seit einem Jahrhundert, so lautet hier die Diagnose, sei Europa auf lauter fundamentale Erschütterungen vorbereitet. Und wenn neuerdings versucht werde, dem modernen Hang zur Revolution („einzustürzen oder zu explodiren") die „constitutive Kraft des sogenannten nationalen Staates entgegenzustellen, so ist doch für lange Zeiten hinaus auch er nur eine Vermehrung der allgemeinen Unsicherheit und Bedrohlichkeit. Dass die Einzelnen sich so gebärden, als ob sie von allen diesen Besorgnissen nichts wüssten, macht uns nicht irre: ihre Unruhe zeigt es, wie gut sie davon wissen; sie denken mit einer Hast und Ausschliesslichkeit an sich, wie noch nie Menschen an sich gedacht haben, sie bauen

---

24 NF 26 [16], ebd., S. 582.
25 Ebd., S. 583.
26 NF Frühjahr–Herbst 1873, 27 [29], ebd., S. 595.
27 NF 27 [38], ebd., S. 598.
28 NF 27 [24], ebd., S. 593 [Hervorhebung im Original].
29 NF 27 [16], ebd., S. 591.

und pflanzen für ihren Tag, und die Jagd nach Glück wird nie grösser sein als wenn es zwischen heute und morgen erhascht werden muss: weil übermorgen vielleicht überhaupt alle Jagdzeit zu Ende ist."[30] Nachdem die jahrhundertelang durch die Kirche gebundenen Kräfte mit der Reformation auseinander platzten, erklärt diese viele weltliche Dinge für *Adiaphora*, d.i. Gebiete, die nicht vom religiösen Glauben bestimmt werden sollten: als Kaufpreis, um den sie selbst leben durfte, so wie schon „das Christenthum, gegen das viel religiösere Alterthum gehalten, um einen ähnlichen Preis seine Existenz behauptete. Von da an griff die Scheidung immer weiter um sich. Jetzt wird fast alles auf Erden nur durch die gröbsten und bösesten Kräfte bestimmt, durch den Egoismus der Erwerbenden und die militärischen Gewaltherrscher".[31]

Seit dem Ende der Goethezeit ist es den Deutschen so ergangen wie der Generation nach Luthers und Melanchthons Tod, die sich durch dogmatische Engherzigkeit vom freien Geist des europäischen Humanismus abschnitt. Sie haben die Segnungen der Weimarer Klassik, „den hohen Geist, aus dem sie wirkten, völlig eingebüßt; alles was jetzt gelobt wird, ist ein volles Gegenstück dazu, und so hat sich bei den Ehrlichen eine Art Verachtung gegen jenen Geist ausgebildet. Es kommt durchaus darauf an, daß der Mensch groß ist; was dazu gehört, ist nicht zu schnell zu taxiren; aber das Nationale, wie es jetzt verstanden ist, fordert als Dogma geradezu die *Beschränktheit*".[32]

Nietzsche sieht ein Zeitalter für Europa voraus, worin die Gewässer der Religion abfließen und Sümpfe oder Weiher zurückbleiben; Nationen sich wieder auf das Feindseligste trennen und bekriegen; Wissenschaften aus bloßer Wissensgier betrieben, ohne jedes Maß auf technische Vernutzung hin organisiert und ganze Völker und Erdteile in den Strom der Weltwirtschaft und des Weltmarktes hineingerissen werden, so dass sich die bange Frage stellt: „Wer wird nun, bei solchen Gefahren unserer Periode, der *Menschlichkeit*, dem unantastbaren heiligen Tempelschatze, welchen die verschiedensten Geschlechter allmählich angesammelt haben, seine Wächter- und Ritterdienste widmen? Wer wird das *Bild des Menschen* aufrichten, während Alle nur den selbstsüchtigen Wurm und die hündische Angst in sich fühlen und dergestalt von jenem Bilde abgefallen sind, hinab in's Thierische oder gar in das starr Mechanische?"[33]

---

30 Friedrich *Nietzsche*, Unzeitgemäße Betrachtungen II: Schopenhauer als Erzieher, 4, KSA 1, S. 367.
31 Ebd., S. 368.
32 NF Sommer 1876, 17 [4], KSA 8, S. 297 [Hervorhebung im Original].
33 *Nietzsche*, Schopenhauer als Erzieher, 4, KSA 1, S. 368.

## II.

Über die ‚Unzeitgemäßen Betrachtungen' notiert Nietzsche nach dem Abschluss der *vierten* (‚Richard Wagner in Bayreuth', 1876), er hätte darin zusammengebunden und gesammelt, was „Individuen groß und selbständig macht, und auch die Gesichtspunkte, auf welche hin sie sich verbünden können"; beides mit der Absicht, Deutschland als Orakelsitz der Kunst für Europa zu erhalten: „Ich sehe", so Nietzsches Fazit kurz vor der Eröffnung des Bayreuther Festspielhauses im Sommer 1876, „wir sind im *Aufsteigen*: wir werden der Hort der ganzen Cultur in Kürze sein. Alle anderen Bewegungen sind kulturfeindlich (die socialistische ebenso als die des Großstaates, die der Geldmächte, ja die der Wissenschaften). Ich will den Menschen die Ruhe wiedergeben, ohne welche keine Cultur werden und bestehen kann."[34] Und in diesen Zusammenhang gehört zugleich die Notiz, er hätte sich „hier und da in den Unzeitgemäßen Betrachtungen *Ausfallspforten* noch gelassen".[35]

Eine solche Pforte ins Freie stellt Nietzsches Suche nach „Zönakeln" dar, „Klöstern für freiere Geister", die ihresgleichen anziehen und im Rückzug von nationalstaatlich reglementierter Ausbildung die Hauptspeise *(coena)* des Geistes von der Kunst her neu bereiten, um das an staatlichen „Erziehungsanstalten" ausgezehrte Erbe Europas wieder herzustellen. „An Stelle des ‚Reich *Gottes*'", so hatte der junge Nietzsche bemerkt, „scheint ‚das *Reich*' getreten"[36] zu sein, und dies zu historischer Unzeit: „Wir bekommen ein deutsches Reich, zu der Zeit als wir bald aufgehört haben Deutsche zu sein."[37] Deshalb sucht Nietzsche nach „Mystagogen" einer „deutschwerdenden Kultur", nach Denkern und Künstlern und Deutern wie Schopenhauer und Wagner, die ins Innerste ihres Heiligtums geleiten sollen, um von dort her die „Zönakel" freierer Geister zusammenzuschließen und dem so genannten „Kulturstaat" preußischer Provenienz entgegenzusetzen. Dies ist Nietzsches Zukunftsvision: *„Ich träume eine Genossenschaft von Menschen, welche unbedingt sind, keine Schonung kennen und ‚Vernichter' heissen wollen: sie halten an alles den Maassstab ihrer Kritik und opfern sich der Wahrheit. Das Schlimme und Falsche soll an's Licht! Wir wollen nicht vorzeitig bauen, wir wissen nicht, ob wir je bauen können und ob es nicht das Beste ist, nicht zu bauen."*[38]

Für Nietzsche verkörperte das „geistige Deutschland" ursprünglich Richard Wagner, der zur Grundsteinlegung des Bayreuther Festspielhauses (1872) in Nietzsches Beisein festgehalten hatte, es sei „das Wesen des deutschen Geistes, das

---

34 NF Sommer 1876, 17 [22], KSA 8, S. 300.
35 NF 17 [36], ebd., S. 303 [Hervorhebung im Original].
36 NF Frühjahr–Herbst 1873, 27 [40], KSA 7, S. 599 [Hervorhebung im Original].
37 NF 27 [24], ebd., S. 593.
38 NF Frühling–Sommer 1875, 5 [30], KSA 8, S. 48 [Hervorhebungen im Original].

er von innen baut".[39] Wagner suchte für das Kommende Analogien im Gewesenen: in Luther, Lessing, Beethoven, den Weimarer Klassikern, deren Deutschtum ihre Nation weit überragt. „Die Deutschen", schreibt Nietzsche im Blick auf Wagner, „*sind* nicht national, aber auch nicht kosmopolitisch, die *größten* Deutschen; nur ihre Feinde haben ihnen den dummen Wahn, man müsse beschränkt sein, eingeimpft."[40] Wagner hatte 1848 nach Lessings Hamburger Plan die Verfassungsurkunde eines deutschen Nationaltheaters entworfen und im Vorwort zur ‚Nibelungendichtung' (1862) festgehalten, nur ein großmütiger König könne der Nation ein für sie bestimmtes Theater schenken.

Den Großmut besaß Ludwig II. von Bayern, der Wagner nach der Reichsgründung den Bau des Bayreuther Festspielhauses finanziert: für Nietzsche die Wiederbelebung eines Forums übernationaler, alt-europäischer Kultur auf deutschem Boden. Für Wagner wird Bayreuth zur Opernbühne: Ort der Aufführung seines musikalischen „Gesamtkunstwerkes" und Treffpunkt eines Publikums um den Künstler-Virtuosen, während sich Nietzsche nach Wagners Nationalurkunde von diesem Ort die Verwirklichung seines Zönakel-Traums versprach, eine Zusammenführung aller Künste, der Musik, Malerei und Plastik mit der Dichtung im festlichen Wettstreit um das Schöne und Große im Menschenleben. „Der Kulturweg der Deutschen", so seine Bayreuth-Hoffnung, „wagt jetzt sich eine Organisation, ein Tribunal zu schaffen."[41]

Um daran zu erinnern, fertigt Nietzsche im Zuge seiner Vorarbeiten für ‚Richard Wagner in Bayreuth' (1876) Auszüge aus Hölderlins ‚Gesang des Deutschen' und übersendet diesem im Jahr vor der Festspieleröffnung Eingangs- und Schlussstrophen des Gedichts, die nach Nietzsches Abschrift mit dessen Unterstreichungen hier zitiert seien:

Noch säumst und schweigst du, sinnest ein freudig Werk,
Das von dir zeuge, sinnest ein *neu Gebild*,
*Das einzig wie du selber, das aus*
*Liebe geboren und gut, wie du, sey.*

Wo ist dein Delos, wo dein Olympia,
Daß wir uns alle finden am höchsten Fest?
Doch wie erräth dein Sohn, was du den
Deinen, Unsterbliche, längst bereitest?[42]

---

39 Vgl. Curt *von Westernhagen*, Richard Wagner. Sein Werk, sein Wesen, seine Wirkung, Zürich 1956, S. 334.
40 NF Sommer 1875, 11 [4], KSA 8, S. 191 [Hervorhebungen im Original].
41 NF Sommer 1872–Anfang 1873, 19 [263], KSA 7, S. 501.
42 NF Frühjahr–Herbst 1873, 27 [69], „Hölderlin an Deutschland", KSA 7, S. 608 [Hervorhebungen im Original]; Brief an Richard Wagner vom 24. Mai 1875, KSB 5, S. 55f.

Auf Nietzsches Sendschreiben erfolgt keine Antwort aus Bayreuth. Wagner hatte sich längst dafür entschieden, der politischen Großtat die künstlerische folgen zu lassen und das deutsche Reich durch germanische Mythologie zu legitimieren.[43] Während der Einweihung des Festspielhauses durch den ‚Ring des Nibelungen' (1876) sitzt Nietzsche unter dem versammelten Bildungspublikum des „offiziellen Deutschland" und sieht zu, wie Wagner dessen politische Repräsentanten empfängt, darunter Kaiser Wilhelm I.: ein Hauptgrund dafür, warum der junge Nietzsche danach Bayreuth abrupt den Rücken kehrt und fortan dem „eisernen Deutschland" allein gegenübertritt, zuerst über die Neugründung eines geheimen Bundes „freier Geister", die auf der erweiterten Ebene „unzeitgemäßer Betrachtungen" den begonnenen Kampf gegen Bismarck um die Bekämpfung Wagners ergänzen zu müssen glaubt, und dann über die vom hellenischen Orakelwesen inspirierte Einweihung ins Geheimnis der Kunst als Grundlage einer Botschaft vom „schöneren Leben".

Blicken wir auf Nietzsches Zönakel-Pläne zurück, so lässt sich nicht übersehen, dass sie fast gleichzeitig mit Wagners Bayreuther Festspielplan an seinem Horizont aufleuchten. Wir finden sie zuerst Anfang der 1870er Jahre in einem Brief an Erwin Rohde, dem Nietzsches Absicht bekannt war, das Universitätsjoch abzuschütteln und eine „*griechische* Akademie" zu gründen, um „unsererseits" einen Bruch mit herkömmlicher Gelehrsamkeit und deren Ausrichtung an staatlichen Gegenwartsbedürfnissen herbeizuführen: „Ich bereite eine große adhortatio an alle noch nicht völlig erstickten und in der Jetztzeit verschlungenen Naturen vor [...]. Sei es nun auch, dass wir wenig Gesinnungsgenossen bekommen, so glaube ich doch, dass wir uns selbst so ziemlich aus diesem Strom herausreißen können und dass wir eine kleine Insel erreichen werden, auf der wir uns nicht mehr Wachs in die Ohren zu stopfen brauchen. Wir sind dann unsere gegenseitigen Lehrer, unsere Bücher sind nur noch Angelhaken, um jemand für unsre klösterlich-künstlerische Genossenschaft zu gewinnen. Wir leben, arbeiten, genießen für einander – vielleicht dass dies die einzige Art ist, wie wir für das *Ganze* arbeiten sollen."[44]

Nachdem Nietzsche während der Bayreuther Festspieleröffnung im Sommer 1876 erfahren musste, wie unvereinbar Wagners Festspielgedanke mit den eigenen Zönakel-Plänen geworden war, änderten sich die Gründungspläne zum „Kloster für freiere Geister". Nietzsche konzipiert ‚Menschliches und Allzumenschliches' mit dem Untertitel: „Wege zur Befreiung des Geistes". Und er entschließt sich, statt der

---

43 Vgl. Klaus Günther *Just*, Von der Gründerzeit bis zur Gegenwart, Geschichte der deutschen Literatur seit 1871, Bern/München 1973, S. 26.
44 An Erwin Rohde vom 15. Dezember 1870, KSB 3, S. 165f. Vgl. dazu Hubert *Treiber*, Wahlverwandtschaften zwischen Nietzsches Idee eines „Klosters für freiere Geister" und Webers Idealtypus der puritanischen Sekte. Mit einem Streifzug durch Nietzsches „ideale Bibliothek", in: Nietzsche-Studien, 21 (1992), S. 326–362.

bis zum Wagner-Buch vorherrschenden Unruhe, ja „wollüstigen Gedrängtheit" im monologischen Darstellungsstil, die sentenzhaft knappe Form des Aphorismus zu wählen: „Wiederherstellung der Ruhe und Stille für das Reich des Intellektes, Beseitigung des modernen Lärms. Eine Beruhigungssucht und Vertiefung muß über die Menschen kommen, wie es nie eine gab, wenn sie erst einmal der modernen Hatz müde geworden sind".[45]

Mit der Wahl der *Sentenz* als Stilform geselligen Denkens differenziert sich die Vision vom Klosterverband „freierer Geister". Dafür Stiftungen einzurichten, das wäre nach Nietzsche „etwas Leichtes bei unsern grossen Vermögen";[46] und die Klosteridee ließe sich realisieren, wenn die „gebundenen" mit den „freieren Geistern" ins Gespräch kämen und die Notwendigkeit stufenweiser Befreiung des Geistes erwogen würde. Das Freigeistergespräch müsste jener Gangart ähneln, „wie mehrere einen steilen Berg erklettern, nicht mit einander kämpfend und sich den Boden streitig machend – das abscheuliche Disputiren",[47] sondern im Aufstieg den Gipfel vor Augen sehen; wie sich auch sonst der Freigeist damit begnügen wird, nur den „Zipfel eines Ereignisses"[48] zu fassen und es nicht in ganzer Breite zu vergegenwärtigen.

## III.

Nietzsches Nachdenken gilt in diesem Zusammenhang noch einmal dem deutschfranzösischen Krieg und der Gründung des Bismarckreiches nach römisch-imperialem Muster bis hin zur Gründungstat von Bayreuth, die dem „deutschen Geist" sein *Delos*, den inneren Mittelpunkt „inoculiren", d.i. die fehlende Baumknospe einsetzen sollte: „Um das Beispiel einer übermässigen und fast verunglückten Inoculation zu nehmen: die Deutschen, ursprünglich von jener ausserordentlichen Geschlossenheit und Tüchtigkeit, welche Tacitus, der grösste Bewunderer ihrer Gesundheit, schildert, wurden durch die Inoculation der römischen Cultur nicht nur verwundet, sondern fast bis zum Verbluten gebracht: man nahm ihnen Sitte, Religion, Freiheit, Sprache, so viel man konnte; sie sind nicht zu Grunde gegangen, aber dass sie eine tief leidende Nation sind, haben sie durch ihr seelenvolles Verhalten zur Musik bewiesen. Kein Volk hat so viel wunde Stellen, wie die Deutschen, und eben desshalb haben sie eine grössere Begabung zu jeder Art von Freigeisterei."[49]

Nietzsche führt den Gedankengang zunächst nicht weiter in der ihm für den Klosterverband vorschwebenden Richtung einer gesamteuropäischen „Mission" aus,

---

45 NF Sommer 1876, 17 [46], KSA 8, S. 304.
46 NF 16 [45], ebd., S. 294.
47 NF 16 [46], ebd., S. 294.
48 NF 16 [44], ebd., S. 294; vgl. auch 17 [75], ebd., S. 309.
49 NF Winter 1876–1877, 20 [11], ebd., S. 364f.

alle Schranken hinwegzuheben, die der Verschmelzung der Menschen und Völker in Europa und der Welt im Wege stehen. Er hält lediglich fest, der moderne Freigeist könne aus der ganzen Betrachtung „den Beweis entnehmen, dass er auch den gebundenen Geistern nützlich ist: denn er hilft dazu, dass das Product der gebundenen Geister, ihr Staat, ihre Cultur, ihre Moral nicht erstarren und absterben; er lässt in Stamm und Aeste immer von Neuem den belebenden Saft der Verjüngung fliessen".[50]

Aus dieser versöhnlichen Stimmungslage im Gedenken an das Jahrzehnt seiner Freundschaft mit Richard Wagner ist Nietzsche durch dessen Schweigen mit nachfolgender, ablehnender Reaktion auf das Erscheinen von ‚Menschliches, Allzumenschliches' (1878) in den ‚Bayreuther Blättern' (1879) erwacht.[51] Schroffer konnte Nietzsche selbst auf Zweideutiges in seiner eigenen Position nicht reagieren als mit dem Verweis auf den geschichtlich unhintergehbaren Bruch, die von ihm am Geistesleben im Bismarckreich beobachtete „Scheidung in ‚Publikum' und ‚Zönakel': im ersten *muss* man heute Charlatan sein, im zweiten *will* man Virtuose sein und nichts weiter".[52] Vor diesem Hintergrund wird es zur Gewissensfrage eines jeden deutschen Künstlers, Gelehrten und Denkers, wie ihr Leben inmitten eines Volkes „auszuhalten" sei, das seines geistigen Erbes und Auftrags nicht mehr sicher ist und in Gebildete mit verbildeter Innerlichkeit und Ungebildete mit einem gänzlich unzugänglichen Inneren zerfällt, die beide den Geist an die Macht verraten und das aus geschichtlicher Vergangenheit Ererbte zugunsten politisch zeitgemäßer „Ideen" verschleudern.

Zum „Publikum" gehören neben dem Wagner-Kreis um die ‚Bayreuther Blätter' die Scharlatane reichsdeutscher Geisterpolitik wie Heinrich von Treitschke und Gustav Freytag, Rudolf Virchow und Heinrich von Sybel, die zugleich Gelehrte und politisierende Publizisten sind. Sie, die verteidigt hatten, dass der preußische Großstaat die deutschen Mittelstaaten mediatisierte, nennen die daraus hervorgegangene Vereinigung deutscher Regierungen zum Bismarckreich eine „große Idee", ohne ihre Augen den Gefahren der Zukunft zu öffnen: dass den Großstaat ein „Monstrestaat" verschlingen und dieser auseinander platzen könnte, weil ihm der Geist fehlt, der seinen Leib beseelt.[53] Nach Nietzsche handelt es sich um „dieselbe Art von Menschen, welche eines Tages sich für die vereinigten Staaten Europas begeistern wird: es ist die noch ‚größere Idee'".[54] Nietzsches Scharfsicht wittert dahinter den deutschen Hang zum Monströsen, die ideologische Verbrämung nationaler Weltmachtaspirationen durch eine Menschenart, die am meisten verhindert, „das zu

---

50 Ebd., S. 365.
51 Vgl. die Dokumentation bei *von Westernhagen*, Richard Wagner, S. 456ff.
52 Vgl. Werke III, ed. K. Schlechta, S. 519.
53 NF Oktober–Dezember 1876, 19 [60], KSA 8, S. 344.
54 NF 19 [74], ebd., S. 347f.

sehen was im Grunde vor sich geht – das Verschwinden des Nationalen und die Erzeugung des europäischen Menschen".[55] Und aus dieser Verblendung des „Publikums" könnte dann den Deutschen die größte aller Gefahren drohen: wenn nicht mehr erkannt wird, dass das Fortleben Europas letztlich davon abhängt, „ob fünf oder sechs freiere Geister sich treu bleiben oder nicht".[56]

Unter diesen Umständen ruft Nietzsche dazu auf, den „Klöstern für freiere Geister" einen Regelkanon vorzuschreiben, an dessen Spitze der Satz steht: „Du sollst keine Politik treiben."[57] Und der Folgesatz nimmt sich wie eine persönliche Maxime aus, die Nietzsche selber in seinem Kampf gegen das Bismarckreich befolgt: „Du sollst, um die Wahrheit sagen zu können, das Exil vorziehen."[58] Diese Wahl hatte Richard Wagner *nolens volens* getroffen, als er nach dem Scheitern der Revolution von 1848/49 in die Schweiz flüchtet und dort, noch im kleinsten Kreise von Tribschen am Vierwaldstätter See, den Bund mit Gelehrten wie Konstantin Frantz und Nietzsche selbst sucht; bis er die Wahrheit mit der Rückkehr nach Deutschland zugunsten seines reinen Virtuosentums im Dienste reichsdeutscher Aspirationen verrät und die ‚Bayreuther Blätter' „gelehrter" Scharlatanerie preisgibt.

Im „Zönakel" Virtuose und sonst nichts sein: wenn dieser Fall eintritt, dann werden Kunst, Gelehrsamkeit und Philosophie „konventionell". Sie erstarren in Formenwesen und Formelkram, dem „Übereinkommen in Worten und Handlungen", ohne durch das Gefühl allmenschlichen Leidens übereingekommen zu sein, sodass zur wirklichen Volksnot noch die eingebildeten Leiden des gelehrten, kunstbeflissenen Menschen an der Konvention hinzutreten: nach Nietzsche ein Anzeichen für die Krise der Kunst auf dem schwankenden Geschichtsboden der Moderne. Sein Fazit lautet: „Das Zeitalter der Gelehrten ist vorbei. An ihre Stelle müssen die Philalethen treten."[59] Es sind jene seltenen „Wahrhaftigen", die dem Wahren im Wissen um das abgründig Verborgene, Geheime zugetan sind (gr. *Philos*, „Freund", *A-letheia*, „Offenbarsein" auf dem Grunde des Verborgenen [*Lēthe*]). Der Zahl nach Wenige, könnte daraus eine „ungeheure Macht" entstehen, wenn sich die Philalethen unter den Gelehrten einmal mit den Künstlern zusammenschließen würden, um im Erkennenden die liebende Kraft im Ausdeuten und Verstehen der Gegenwart mit dem Sinn für das offenbare Geheimnis geschichtlicher Überlieferung zu verbinden.

*Alles künstlerische Schaffen* – mit diesen Worten erklärt sich Nietzsche gegen die konventionell gewordene Trennung gelehrter Kritik vom Geschmack und der Lust am Erkennen – *ist Mitteilen, der Erkennende, der Schaffende, der Liebende sind eins*. Und den Weg zum Geheimnis weist nicht mehr die Musik, sondern die *Dich-*

---

55 NF 19 [75], KSA 8, S. 348.
56 NF 19 [35], ebd., S. 338.
57 NF 19 [77], ebd., S. 348.
58 Ebd.
59 Anfang 1874–Frühjahr 1874, 32 [71], KSA 7, S. 780.

*tung*, worin sich alle Künste vereinigen und gegenüber bloßer Konvention und Gefühlswallung im Geiste der „Weimarer Kunstfreunde" den griechischen Traum vom schönen Menschenleben für die Zukunft wahren: „So viel noch überschüssige dichterische Kraft unter den jetzigen Menschen vorhanden ist, welche bei der Gestaltung des Lebens nicht verbraucht wird, so viel sollte, ohne jeden Abzug, Einem Ziele sich weihen, nicht etwa der Abmalung des Gegenwärtigen, der Wiederbeseelung und Verdichtung der Vergangenheit, sondern dem Wegweisen für die Zukunft: – und diess nicht in dem Verstande, als ob der Dichter gleich einem phantastischen Nationalökonomen günstigere Volks- und Gesellschafts-Zustände und deren Ermöglichung im Bilde vorwegnehmen sollte. Vielmehr wird er, wie früher die Künstler an den Götterbildern fortdichteten, an dem schönen Menschenbilde *fortdichten* und jene Fälle auswittern, wo *mitten* in unserer modernen Welt und Wirklichkeit, wo ohne jede künstliche Abwehr und Entziehung von derselben, die schöne grosse Seele noch möglich ist, dort wo sie sich auch jetzt noch in harmonische, ebenmäßige Zustände einzuverleiben vermag, durch sie Sichtbarkeit, Dauer und Vorbildlichkeit bekommt und also durch Erregung von Nachahmung und Neid die Zukunft schaffen hilft. Dichtungen solcher Dichter würden dadurch sich auszeichnen, dass sie gegen die Luft und Gluth der *Leidenschaften* abgeschlossen und verwahrt erschienen [...]."[60] Es sind Wegweisungen über das „dürftige" und „hässliche Leben" des „unruhigen Reiches" hinaus zu einem „schönen" im erneuerten „Reich des Geistes", denen die Generation von Stefan George, Hugo von Hofmannsthal und Rainer Maria Rilke unter Nietzsches Geleit im Aufbruch zur klassische Moderne folgen wird.

---

60 *Nietzsche*, Menschliches, Allzumenschliches II, Aph. 99, KSA 2, S. 419.

## 2. Die eigentlich metaphysische Tätigkeit.
## Das Ende des bürgerlichen Zeitalters zwischen Wagner und Nietzsche

*Harald Seubert*

> „The stone of Sisyphus must not be left to itself
> at any point of the declivity of human affairs."
> *Adam Ferguson*

Die ‚Welt von gestern', auf die Stefan Zweig in seinen Erinnerungen zurückblickte, wurde von Thomas Mann im ‚Zauberberg' kurz vor ihrem Ende noch einmal zur Gegenwart.[1] In der Zwiesprache von Naphta und Settembrini blicken ein altes und ein neues Europa einander janusköpfig entgegen. Das zweite, erkauft mit dem Verlust aller Überlieferung, gewinnt erstmals Konturen, als der junge Hans Castorp auf den Schlachtfeldern des Ersten Weltkriegs dem Leser aus den Augen kommt, jenes klingt in einer spätromantischen Variante mit dem Lied vom Lindenbaum nach, das er auf seinen Lippen führt.

In kaum einer exemplarischen Parallelbiographie ist das eine so eng dem anderen verwandt wie in der schicksalhaften Begegnung zwischen Wagner und Nietzsche, deren Bedeutung sich in einem mehrfachen Okular – nach Jahrzehnten, Jahrhunderten und Jahrtausenden – erschließen dürfte.

---

1 Diese Abhandlung, die auf einen Festvortrag anlässlich der Nürnberger ‚Ring'-Inszenierung 2003 zurückgeht, ist Michael Stürmer zugedacht, da sie eine Bruchstelle zu vermessen sucht, die in den vielfältigen Strängen seines Oeuvres wiederkehrt: den Bruch zwischen den alteuropäischen Balancements und den Krisen und Unordnungen, den Zeitbrüchen, die die Erfahrung der Moderne kennzeichnen. Beide Seiten halten seine historische Darstellungs- und Fragekunst in Atem. Dabei ist das Profil seiner Geschichtsforschung im prägnantesten Sinn janusköpfig, da es alteuropäische Lebensverhältnisse wie selbstverständlich nicht nur evoziert, sondern aus ihnen lebt und gleichermaßen die intellektuelle Scharfsicht und Kälte hat, um Ungleichgewichte bis hin zu einer neuen ‚Weltunordnung' kenntlich zu machen. Eine solche Physiognomik ist unter den wenigen zeitgenössischen Historikern, deren Oeuvre sich mit dem von Stürmer messen lassen kann, singulär: Er spricht nicht wie sein Freund Nipperdey als verspäteter Bürger des 19. Jahrhunderts von ‚Schattenlinien', die sich über die Weltkohärenz legten. In der Kennzeichnung von Bruchlinien ist der ‚Geist Cassiodors', den Stürmer im Gespräch mit Joseph Rovan einmal sich zu Eigen machte, am eindrücklichsten greifbar.
Zur Zitation in diesem Beitrag: Richard *Wagner*, Gesammelte Schriften und Dichtungen, werden, gemäß dem Üblichen, mit römischer Band- und Seitenziffer nach der Ausgabe Leipzig 1888 angeführt. Friedrich Nietzsche wird nach der Kritischen Studienausgabe zitiert: Friedrich *Nietzsche*, Sämtliche Werke, kritische Studienausgabe (KSA) in 15 Einzelbänden, hg. v. Giorgio *Colli* und Mazzino *Montinari*, München 1967ff; Jakob Burckhardts Weltgeschichtliche Betrachtungen nach der Ausgabe: Jakob *Burckhardt*, Über das Studium der Geschichte: der Text der ‚Weltgeschichtlichen Betrachtungen' aufgrund der Vorarbeiten von Ernst Ziegler nach den Handschriften, hg. v. Peter *Ganz*, München 1982.

# I.

(1) Der Raum, der sich zwischen beiden aufspannt, ist durch biographisch bekannte, aber keineswegs eindeutige persönliche Relationen zwischen dem Älteren und dem Jüngeren abgesteckt. Von Seiten Nietzsches war es unstrittig eine Lebensliaison und Obsession. Von Seiten Wagners lag der Sachverhalt eindeutiger. Der Philosoph, der seit ‚Menschliches, Allzumenschliches' den Wegen einer selbstaufklärenden Moralistik und subtilen Beobachtung der kleinen Schrift der Natur nachging und nicht mehr die Kunst als das ‚Organon aller Erkenntnis' auffasste, war Wagner, der sich von seinen Epigonen als Meister anreden ließ, notwendigerweise fremd geworden, ein Exponent des wissenschaftlich positivistischen Zeitalters neben anderen. Nietzsche sah sich durchaus zu Recht von Bayreuth in Acht und Bann getan. Wagner ignorierte seinen weiteren Denkweg und sprach nurmehr kalt von ihm. Nietzsche hingegen blieben die Hoch-Zeiten, das Idyll von Tribschen am Vierwaldstätter See, lebenslang teuer wie eine Amour. Bei allem, was er später über Wagner schrieb, war ihm deutlich, dass man sich nur auf Geliebtes mit Hass beziehen kann. Dies muss nicht wundernehmen. Der junge, noch nicht promovierte Extraordinarius für Klassische Philologie war zeitweise im Hause Wagner geradezu adoptiert worden. Wagner sah in ihm sogar den ‚Mittler', ohne den er mit seinem wenig geliebten Sohn Siegfried, Fidi, schwer umgehen konnte.

Zu persönlichen Differenzen dürfte es erst bei Nietzsches Aufenthalt in Bayreuth gekommen sein, als die Idee vom deutschen Delos mit einer Realität konfrontiert werden musste, die ihr nur ungemäß sein konnte. Das Andenken an Tribschen wurde dadurch in keiner Weise getrübt. Diese menschliche, allzumenschliche Ambivalenz wird besonders prägnant in Nietzsches Notaten nach Wagners Tod erkennbar. Ihn ‚überwunden' zu sehen brachte nach einer Phase, in der ihm der Tod, wie er Malwida von Meysenbug zugesteht, „sehr zugesetzt" habe, die Katharsis. Jemandem Gegner sein zu müssen, den man so sehr geliebt habe, dies sei ihm hart, sehr hart geworden.[2] Ob Nietzsche daran dachte, nachdem der König gestorben war, den König zu beerben, bleibt Spekulation ohne rechte Legitimation aus der Sache; seine Pläne zur Gründung von Geisterbünden für ein schöneres Leben dürften zuallererst an ihm selbst gescheitert sein.[3] In der ‚Nachschrift' zum ‚Fall Wagner' figuriert

---

[2] Manche der hier mitgeteilten Einzelheiten verdanken sich den philologischen Wagner-Studien von Dieter *Borchmeyer*, insbesondere in seinem Opus magnum: Richard Wagner. Ahasvers Wandlungen, Frankfurt a.M. 2002, und der umfassenden Dokumentation: Dieter *Borchmeyer*/Jörg *Salaquarda*, Nietzsche und Wagner. Stationen einer epochalen Begegnung, 2 Bde., Frankfurt a.M. 1994, hier S. 1086f.

[3] Vgl. dazu auch die Abhandlung von *Manfred Riedel* im vorliegenden Band. – Nietzsches Ambition, einen Bund zu stiften, wird dadurch eindrücklich, dass er immer wieder betont, Wagner habe die Menschen entzogen, die allein zu gewinnen sich lohne. Hierher gehört Nietzsches Versuch, den Wagner-Adepten Heinrich von Stein an sich zu ziehen, einen hoch begabten klas-

Wagner als „alter Räuber" und „Minotaurus". Und Nietzsche lässt sich zu der Exklamation hinreißen: „Was er uns schon gekostet hat! Alljährlich führt man ihm Züge der schönsten Mädchen und Jünglinge in sein Labyrinth, damit er sie verschlinge."[4] Wenn Nietzsche spät, in seinem letzten bewussten Jahr, Frau Cosima als seine Geliebte apostrophierte, so sollte dies den ‚Minotaurus' noch nach dessen Tod herausfordern. In Cosima erkannte er seinesgleichen. Indessen: dass die Welt ein Labyrinth sei, darin stimmte sein Deuter mit Wagner stets überein.

Dass die Liebe post mortem unabhängig sein könne von aller Kritik, war wohl eher Nietzsches Wunsch als Realität. Die gemeinsam verhandelte Sache blieb an das genuine Stück Persönlichkeit geknüpft, das „zu jedem Unwiderleglichen Undiskutirbaren gehört, das die Geschichte aufzubewahren hat".[5] Deshalb begegnet Nietzsche dem jüngst gestorbenen Wagner mit bemerkenswerter Aggression. Dieser habe ihn „auf eine *tödtliche* Weise beleidigt" – notiert er in einem Brief an Malwida von Meysenbug vom 21. Februar 1883, und er führt jene Verletzung auf Wagners „langsames Zurückgehn [...] zum Christenthum und zur Kirche" zurück. Er, Nietzsche, habe dies „als einen persönlichen Schimpf für mich empfunden: meine ganze Jugend und ihre Richtung schien mir befleckt, insofern ich einem Geiste, der dieses Schrittes fähig war, gehuldigt hatte".[6] Zugleich aber hält er fest, dass nicht irgend ein anderer berechtigt sein solle, sich seine ‚Schätzung' und ‚Missachtung' zu Eigen zu machen. – Wie aus anderen Zeugnissen erhellt, beansprucht sein Verhältnis zu Wagner damit eine Exklusivität, die er sonst nur seinem Gottesverhältnis vorbehält. „Und allem unehrerbietigen Gesindel, wie es am heutigen Leibe der Gesellschaft gleich Läusen wimmelt, soll es gar nicht erlaubt sein, einen solchen großen Namen, wie der R[ichard] W[agners] ist, überhaupt in das Maul zu nehmen, weder im Lobe noch im Widerspruche."[7]

Eine Zeitkoinzidenz, der vor dem skizzierten Horizont nachzugehen lohnt, weil sie die vergangene Begegnung fortschreibt, wird in ‚Ecce homo' markiert: er habe die Schlusspartie seines Zarathustra eben in der „heiligen Stunde fertig gemacht, in der Richard Wagner in Venedig starb". Diese Stunde dürfte für Nietzsche den Tod der alten Götter bedeutet haben. Wagner war ihm nicht „Seher einer Zukunft", sondern „der Deuter und Verklärer einer Vergangenheit". Die Zeitüberschneidung

---

sischen Philologen, der im Alter von nur 30 Jahren starb. Widerhall und Verdichtung hat all dies in der dithyrambischen Dichtung: ‚Aus hohen Bergen. Nachgesang' gefunden. Vgl. dazu Manfred *Riedel*, Freilichtgedanken, Stuttgart 1998. Der ‚Nachgesang' beschließt Nietzsches ‚Jenseits von Gut und Böse', KSA 5, S. 241f. In denselben Zusammenhang gehören auch die verschiedenen Variationen der Legende ‚Erlösung dem Erlöser' bzw. ‚Erlösung vom Erlöser'.

4 *Borchmeyer/Salaquarda*, Nietzsche und Wagner, S. 1090.
5 KSA 1, S. 801f.
6 Alle vorausgehenden Zitate aus: Friedrich *Nietzsche*, Sämtliche Briefe, Kritische Studienausgabe (KSB), Bd. 6, München/Berlin 1986, S. 335f.
7 *Borchmeyer/Salaquarda*, Nietzsche und Wagner, S. 874.

legt nahe, den ‚Zarathustra' nicht nur als ‚Anti-Evangelium' und umgekehrten Platonismus, sondern auch als ‚Anti-Parsifal' zu begreifen: er figuriert den Tod und die Wiederkehr Gottes in einem und wendet sich damit gegen die Möglichkeit einer jeden künftigen Erlösung.

Die psychologischen Untiefen in der Begegnung sind beträchtlich. Dennoch sind es Vordergrundansichten. Am Ende nimmt Nietzsche sie in das Schweigen zurück. Legen die Fragmente nach Wagners Tod, neben den Gedanken, die sich an den Tod Gottes hefteten, am sprechendsten Zeugnis von der Wiederkehr des Gleichen ab, so konnte erst das Schweigen anlässlich von ‚Tristan und Isolde' zur Bejahung alt vergangener Faszination vertieft werden: also zur Bejahung des Wiederkehrenden, dem Dacapo, das Nietzsche als den Kern ethischer Selbstbesinnung festhielt. „Aber ich suche heute noch nach einem Werke von gleich gefährlicher Fascination, von einer gleich schauerlichen und süßen Unendlichkeit, wie der Tristan ist, – ich suche in allen Künsten vergebens. Alle Fremdheiten Lionardo da Vinci's entzaubern sich beim ersten Tone des Tristan."[8]

Neben dem sublimen, nachgeschobenen Hinweis, dass es die Fremdheit ist, die eine Faszination auslöst, fällt ins Gewicht, dass Nietzsche seinen eigenen und Wagners Namen auf immer zusammengespannt sehen möchte. Aneinander tiefer gelitten zu haben, als Menschen dieses Jahrhunderts zu leiden vermöchten – dies sollte die epochale Begegnung auszeichnen; wodurch sie mit der Notiz von der Sternen-Freundschaft verflochten ist, in der Nietzsche die Initialen der folgenreichen Begegnung festgehalten hat: „Und so wollen wir an unsere Sternen-Freundschaft *glauben,* selbst wenn wir einander Erden-Feinde sein müssten."[9] Dass ihm Wagners Wesenszüge gerade am ‚Tristan' und am ‚Parsifal' aufgingen, ist in einem merkwürdigen Satyrspiel eindrücklich zu erkennen. Peter Gast und Carl Fuchs bereiten im Spätjahr 1888 eine Fundamental-Kritik Wagners vor. Nietzsche hält Fuchs vor, den ‚Tristan' solle er nur ja nicht vernachlässigen. Er sei das „capitale Werk", von einer „Fascination, die nicht nur in der Musik, sondern in allen Künsten ohne Gleichen ist".[10] „Terra promessa" war gerade dieses Werk für Nietzsche, eine Selbstaussage, in der man den Anklang an seine Definition der Kunst in Anknüpfung an Stendhals Wendung als „une promesse de bonheur" heraushören muss, die in der ‚Genealogie der Moral'[11] gegen Kants Bestimmung des Schönen als Gefühl eines Wohlgefallens ohne alles Interesse ins Feld geführt worden war. Den eigenen Verwundungen im Spiegel der Kunst ins Auge sehen zu können, die Narben des Geistes in der Kunst dort, wo sie geschlagen sind, geheilt zu sehen, darauf verdich-

---

8 Ebd., S. 1101f.
9 *Nietzsche*, Die fröhliche Wissenschaft Aph. 279, KSA 3, S. 524.
10 *Borchmeyer/Salaquarda*, Nietzsche und Wagner, S. 1010.
11 Vgl. *Nietzsche*, Zur Genealogie der Moral, KSA 5, S. 346f.

ten sich Nietzsches ungeheure Erwartungen an das Schöne, die gewichtigste Metaphysik des Scheins, die seit Platons ‚Symposion' formuliert wurde. Gab es in Nietzsches letzten, irisierend, irrlichternden Monaten keine weitere Erwägung zu Wagner, so doch teils verdämmernde, teils ungeheuer klare Bemerkungen über die Liaison von Tribschen. Vor diesem Hintergrund setzt er auf den Wahnsinnszetteln Cosima Wagner mit „Ariadne" gleich, der Prinzessin, seiner ‚Geliebten' und ‚Frau'. Und er notiert, dass Cosimas Ehe ein Ehebruch sei. In die Figuration Theseus-Wagner, Ariadne-Cosima und Dionysos-Nietzsche trägt er die Ehebruchslegende ein, so dass die Ariadne-Dionysos/Zarathustra-Konfiguration, der nicht legitimierte Bund als die genuine Ehe firmiert, während Cosimas Lebensbund mit dem Bürger Wagner als ‚Verrat' erscheint.[12]

(2) An diesem Punkt berühren sich Anfangsszenen und später legendarischer Bericht. Anknüpfend an die symphonischen Gespräche in Tribschen meinte Nietzsche schon in den siebziger Jahren, zwei ästhetische Lehren Wagners unterscheiden zu können, eine ältere und eine jüngere. In der älteren sei die Musik ‚*Mittel*', das Drama aber ‚*Zweck*', erst die jüngere Lehre, unter dem Einfluss Schopenhauers entwickelt, kehre den Sachverhalt um und lasse Musik und Drama sich wie Allgemeines und Beispiel zueinander verhalten. Dies ist die Urszene der ‚absoluten Musik', die nach Nietzsches späterem Urteil in Wagners Oeuvre nicht realisiert wurde. Faktisch habe er immer am Primat des Dramas festgehalten. Wagner selbst bestätigt diese von Nietzsche polemisch gemeinte Gewichtung, wenn er einer Tagebucheintragung Cosimas zufolge en passant bemerkt: „Bei mir ist der Akzent auf die Vereinigung des Dichters und des Musikers zu legen, als bloßer Musiker hätte ich nicht viel zu bedeuten."

Wenn man mit in Betracht zieht, wie sich Nietzsche seit seinem Erstling, der von ihm sechzehn Jahre später als „unmögliches Buch" apostrophierten ‚Geburt der Tragödie aus dem Geiste der Musik' zum Drama verhält, wird deutlich, dass er mit der Distinktion zwischen älterer und neuerer Lehre seine eigenste Sache verhandelt sehen konnte. Der Ereigniszusammenhang des *Drān* in der Tragödie ist für Nietzsche das unaufhellbare, tragische Geschehen am Grunde der Welt, der allmenschliche Wechsel von Werden und Vergehen, der in einem glückenden Leben mit einem ‚Da capo!' müsste besiegelt werden können. Die Modernen würden diesen Grundsinn des Dramas nicht mehr kennen, sie seien daher keine Dramatiker, sondern Drastiker. Nietzsche wird Verfechter einer absoluten Musik, aus Gründen der Zuwendung zum neuesten Neuen ebenso wie der Aufgrabung des ältesten Alten – eben der Geburt der Tragödie in vorklassischer Zeit. Die große Zeitzäsur der ersten eminenten Begegnung mit Wagner besteht für Nietzsche darin, dass der

---

12 Hier ist die Deutungsvariante, die *Borchmeyer*, Richard Wagner, S. 469ff, angibt, sicher treffend. Vgl. auch *ders.*, Das Tribschener Idyll. Nietzsche–Cosima–Wagner, Frankfurt a.M. 1998.

Rückgang auf die Antike, der für Jahrhunderte entweder im Sinn einer ‚Querelle des anciens et des modernes', oder aber als ‚Imitatio veterum' betrieben worden war,[13] für ihn nunmehr zu einer Kontrapunktik wird, einer Homöostase, deren beide Seiten nur an- und ineinander zur Geltung kommen.

Goethe und seinem Halleschen Philologen-Freund Friedrich August Wolf schwebte an der Schwelle zum 19. Jahrhundert wohl eine ähnliche Konstellation vor. Und die von Schiller konstatierte Differenz zwischen dem Naiven und dem Sentimentalischen, samt den Schwierigkeiten, die sich einem Epos im bürgerlichen Zeitalter entgegenstellten, instrumentieren die Ausgangsintention der heiligen Eheschließung *(hieros gamos)* zwischen griechischer Tragik und Tragödie der neuesten Zeit, der über den Umriss der bürgerlichen Welt hinausführt.

Das Pendel der Geschichte schwingt, wie Nietzsche notiert, „nach dem Punkte zurück [...], von wo es zu schwingen begann". Deshalb sieht er Wagner und die griechische Tragödie und dahinter den Mythos zu einer Gestalt mit mehreren Köpfen zusammen.

Vom ‚deutschen Delos' ist nicht in normativem Sinn die Rede. Es war für Nietzsche in Wagners Kunstkonzeption schon Ereignis geworden. Der Reiz an Wagner musste im selben Grade schwinden, in dem er sich „ins Deutsche übersetzt" und Eindeutigkeit gewonnen hatte. Nietzsche nahm darin eine Perspektivenverkürzung wahr, die zugleich eine Verzerrung bedeutete: Denn ihm zufolge hat Wagner – in einem historistischen Spätzeitalter paradox genug! – die „adstringierende Kraft", um eine Teilung rückgängig zu machen, die seit dem Ende des tragischen Zeitalters bei den Griechen Europa bestimmte. Er sah die Verschlingung, anspielend auf den Knoten attischer Tragödie, im ‚Gordischen Knoten' symbolisiert, den Alexander sichtbar und Sokrates im Begriff durchschlagen hatte. Es bedürfe demgegenüber des Gegen-Alexander. Dieser ‚löst' die metaphysische und zivilisatorische Krankheit, indem er Getrenntes wieder bindet, die tragische Verflechtung erneut knüpft. Die Zeit des Mythos ist in einer aufklärerischen Progressionsgeschichte ebenso wenig zu fassen wie in den Linienzügen des Historismus: der zweifachen epistemischen Abschwächung ‚plastischer Kraft', die Nietzsche in seinen ‚Unzeitgemäßen Betrachtungen' konstatierte. Der Zeitsinn des Mythos ist weder eschatologisch noch zyklisch verfasst. Vielmehr geht die mythische Überlieferung in Spuren, sie kennt die Wiederholung. Thomas Mann notierte in seinem Vortrag über die eigene Tetralogie ‚Joseph und seine Brüder', einem späten Seitenstück zu Wagners ‚Ring', dass in gewissen Jahren „der Geschmack an allem bloß Individuellen und Besonderen, dem Einzelfall, dem ‚Bürgerlichen' im weitesten Sinne" abhanden komme. In den Vordergrund trete dann das Typische, Immer-Menschliche, Immer-Wiederkehrende,

---

13 Hegel hat diese Differenz wohl am schärfsten expliziert. Vgl. dazu Harald *Seubert*, Hegel, Stuttgart/München 2003 (i.E.).

Zeitlose, kurz das Mythische. „Denn das Typische ist ja das Mythische schon, insofern es Ur-Norm und Ur-Form des Lebens ist, zeitloses Schema und von je gegebene Formel, in die das Leben eingeht, indem es aus dem Unbewussten seine Züge reproduziert."[14]

Mit dem Rückgang auf den vorhistorischen, mythischen Zeitsinn des Gegen-Alexander verbindet sich bei Nietzsche eine andere, für den Pfarrersohn aus Mitteldeutschland nähere Fremde, die er sich zu Beginn seiner Faszinationsgeschichte durch Wagner eingesteht. „Mir behagt an Wagner, was mir an Schopenhauer behagt, die ethische Luft, der faustische Duft, Kreuz, Tod und Gruft etc." Es ist eine seltsame Marginalie, dass dies altdeutsch Christliche später zum Grundmotiv von Nietzsches schärfsten Invektiven gegen Wagner umgebildet wird. Dabei musste Nietzsche, wie längst nachgewiesen ist, einige Sorgfalt darauf verwenden, seine Überraschung über den Wagnerschen ‚Parsifal' zu belegen, die so groß nicht gewesen sein kann, kannte er doch zumindest den Text schon seit langem. Die von Nietzsche selbst prolongierte Legende, dass sich sein räsonierend positivistisches ‚Menschliches, Allzumenschliches' und des Wagnerschen ‚Parsifal' überschnitten und derart die Degenklingen gekreuzt hätten, ist nur im Blick auf die Publikationstermine zutreffend.

Dass wie in der ‚klassischen Walpurgisnacht' des zweiten Faust Kreuz und goldnes Gelächter der homerischen Götter sich berühren, bringt Nietzsches Wagnererfahrung zu einem Kulminationspunkt. Es erschöpft sie aber nicht. Sie wird gerade durch die Modernität Wagners in Atem gehalten: Er ist *décadent* – und als solchen hat sich, wenn auch unter verändertem Tonzeichen einer Dekadenz, die so weit geht, ihre eigene Existenzbedingung zu reflektieren, Nietzsche selbst begriffen. Wagner hätte nach Paris gehört, hat Nietzsche einmal vermerkt. Denn ein ‚Artist' habe sonst nirgendwo eine Heimat in Europa, zuallerletzt in den durch Bismarcks Staatskunst geeinten Deutschländern: „Die delicatesse in allen fünf Kunstsinnen, die Wagners Kunst voraussetzt, die Finger für nuances, die psychologische Morbidität findet sich nur in Paris."[15]

Dieselbe Betätigung einer geklärten Urteilskraft bestimmt ihn, Baudelaire als einen ‚Wagner ohne Musik' zu begreifen, noch ehe er von Baudelaires Wagner-Euphorie weiß. Thomas Mann musste diese Spuren eine Generation später nur nachziehen. Er tat es nicht erst in dem vom Münchener Wagner-Verein geschmähten Essay des Jahres 1933 ‚Leiden und Größe Richard Wagners', sondern schon in seinen dunklen, eigener Unlust und Mühsal der Zeitgenossenschaft abgewonnenen ‚Betrachtungen eines Unpolitischen', in denen die Verbindung eines analytischen intellektuellen, hoch nervösen Ingeniums mit Wagners unendlicher Melodie, das

---

14 Thomas *Mann*, Gesammelte Werke in 13 Bänden, Bd. XI, Frankfurt a.M. 1974, S. 634.
15 *Borchmeyer/Salaquarda*, Nietzsche und Wagner, S. 483.

"grandiose Zugleich und Ineinander von Deutschheit und Mondänität"[16] erstmals angespielt wird.

Die Überlegungen zur *Décadence* zeigen, dass nichts an jenen ‚Passions de l'âme', die das Wagnersche Musiktheater hervorruft, indem es den unter vielfachen zivilisatorischen Schichten vergrabenen Mythos weckt, naiv oder unmittelbar ist. Dies sah Nietzsche mit einer kongenialen Schärfe. Sein Brief an den Freund Overbeck vom 14. Juli 1886 bezeugt aus mehrjährigem Abstand zu Wagners Tod die tiefer liegenden Gründe für jene Klarsicht. „Dafür dass Einer wie ich diu noctuque incubando von frühester Jugend an zwischen Problemen lebt und da allein seine Noth und sein Glück hat, wer hätte dafür ein Mitgefühl! R. Wagner, wie gesagt, hatte es: und deshalb war mir Triebschen [sic!] eine solche Erholung, während ich jetzt keinen Ort und keine Menschen mehr habe, die zu meiner Erholung taugten."[17]

Diese geteilte und dabei hochgradig bewusste Leidenschaft verbindet sich mit einer durchaus ambivalenten Auslotung des Charakters des anderen, deren Nietzsche als ‚Psychologe' und Moral-Genealoge mit schärfstem Blick auf die Dinge fähig war. Er erkennt in Wagner früh den Dilettanten und Mimen, der ab und an ‚zaubert',[18] ins Tyrannische und Kolossale neigt und ein Maß nicht kennt, nach dem Nietzsche selbst auf den Spuren der antiken Ethik sucht.

In dem zitierten Brief an Overbeck sah Nietzsche Wagner als den einzigen, oder doch ersten, der erkannt hätte, worum es bei ihm gehe, sehr im Unterschied zu engsten Freunden wie Erwin Rohde. Auf dem Weg zu Fingerzeigen einer ‚Philosophie', Philologie und Musik der Zukunft mochte sich Nietzsche mit gutem Recht in einer Allianz mit Wagner sehen. Dieser hatte ihm schon im Februar 1870 Zeilen geschrieben, die den Grundakkord anschlagen, dem Nietzsche als Philologe und Philosoph folgen sollte, fernab dem philologischen Handwerk der gründerzeitlichen Alexandriner, denen das Vergangene nur ein vergilbter Schleier über dem humanistischen Gymnasium war. „Nun zeigen Sie denn, zu was die Philologie da ist, und helfen Sie mir, die große ‚Renaissance' zu Stande zu bringen, in welcher Platon den Homer umarmt, und Homer, von Platons Ideen erfüllt, nun erst recht der allergrößte Homer wird."

---

16 Thomas *Mann*, Wagner und unsere Zeit. Aufsätze, Betrachtungen, Briefe, hg. v. E. *Mann*, Frankfurt a.M. 1963, S. 116ff; vgl. auch die Kommentierung bei *Borchmeyer*, Richard Wagner, S. 491f. Vgl. ferner: Im Schatten Wagners. Thomas Mann über Richard Wagner. Texte und Zeugnisse 1895–1955, ausgewählt und kommentiert mit einem Essay von Hans Rudolf *Vaget*, Frankfurt a.M. 1999, sowie die diversen Beiträge in: Heinz *Gockel*/Michael *Neumann*/ Ruprecht *Wimmer* (Hg.), Wagner–Nietzsche–Thomas Mann. Festschrift für Eckhard Heftrich, Frankfurt a.M. 1993.
17 KSB 7, S. 204.
18 Dieses Motiv erscheint mehrfach auf den letzten ‚Wahnsinnszetteln' u.a.: „Der *Rest* für Frau Cosima ... Ariadne ... Von Zeit zu Zeit wird gezaubert ..." Hier zit. nach: *Borchmeyer/ Salaquarda*, Nietzsche und Wagner, S. 1013.

## II.

(1) Wenn sich Nietzsche jenen Wagner, der ihm in seiner Frühzeit gleichermaßen Verbündeter und Tremendum war, in seinen eigenen späten Jahren wieder als Zeugen heranrief, so gewiss nicht nur gegenüber der Bürgerwelt des eigenen Jahrhunderts, die ihren Stil verloren hatte und sich, so sah Nietzsche jedenfalls die Resonanzen der hoch fragilen Bismarckschen Reichsgründung, den prosperierenden Wechsel auf eine Zukunft ausstellte, die im großen Bürgerkrieg zwischen Sozialismus und Nationalismus verspielt werden würde.[19] Die mit Wagner geteilte Wiedererinnerung des Tragischen sollte das Gehäuse der bürgerlichen Welt von Grund auf in Frage stellen. Das tragische Zeitalter ist, wie Nietzsche lehrt, an seinem Anfang nicht nur der Sokratischen Selbstbefragung entgegengesetzt, deren Suche nach dem nicht-bedingten, von keiner Situation abhängigen Guten die tragischen Knoten durchschlagen und die Illusion genährt hätte, der Mensch könne Zuschauer seiner selbst, seiner eigenen Tragödie sein. Es durchstößt auch die Konventionen der griechischen Polis-Welt und der Entstehung des Bürgertums aus der Stadtkultur. Zwar fand die Polis in der Weckung elementarer kathartischer Affekte ihr Einheitsband; in einem Arkanum, das dem sophistisch-politischen Treiben entzogen war. Alle vier Jahre wiederholte sich zu den Olympiaden jene tiefe Befriedung, die zugleich in den Abgrund sehen ließ: Die Tragödie war zugleich Urstiftung politischer *Arché* und Erinnerung daran, auf wie schwankendem Grund die Polis errichtet war.

Doch wenn die Arkana eines Gemeinwesens bewusst gemacht und aufgerührt werden, auf deren Unauffälligkeit dessen Bestehen im Regelfall beruht, so ist der bürgerschaftliche Normalzustand als ein Ausnahmefall gekennzeichnet. An die Selbstverständlichkeit rührte auf seine Weise Sokrates, der gegen Nietzsche als der Tragiker der Vernunft zu verstehen bleibt und dafür den bekannten Preis zahlte. Platon bestand in der Folge des Sokrates darauf, dass die Philosophie das ‚wahre Drama' sei. Innerhalb der Stadt, zugleich aber gegen sie machte er die Arkana sichtbar, die der Stadt in ihrer demokratischen, durch Rhetoren und Sophisten geprägten Gestalt am Übergang vom 5. zum 4. Jahrhundert im seltsamen Zwielicht aus Deliberation und Sittenauflösung nicht mehr zugänglich waren. Und damit wies die Philosophie der Platonischen Akademie gegen die Verstellungs- und Scheinkünste darauf hin, dass Worte etwas, und zwar die durch sie bezeichnete Sache bedeuten müssen. Im Hintergrund evoziert Platons Begründung Elementaraffekte der Scheu und Scham, welche sich im widerrechtlichen und widermoralischen Streit einstellen und den Autor von ungeheuren, außermoralischen Sätzen Lügen strafen.[20]

---

19 Vgl. dazu im Einzelnen den Beitrag von *Manfred Riedel* im vorliegenden Band.
20 Die Unvermeidbarkeit von Scheu und Scham ist geradezu ein Grundmotiv im Platonischen Dialog ‚Gorgias'.

Jacob Burckhardt, des jungen Nietzsche großer und bewunderter Kollege, der sich in kühler Distanz zu ihm verhielt und seinen Weg doch bis zum Turiner Zusammenbruch begleitete, kehrte in seiner Freilegung der geschichtlichen Criseis immer wieder zur Geschichtsschreibung des Thukydides zurück, die auf alle Erklärung verzichtend sich als eine Geometrie der Lage am Zeiten-Umbruch begreift und auf den Verlust jenes originären Rechts- und Nomos-Verhältnisses hinweist:[21] die Vision einer gemein-attischen Verrechtlichung der griechischen Stadtstaaten im Blick, zu der die Philosophen von Thales bis Platon Ansätze unternommen hatten, die aber in Begriff und Idee nicht zu begründen war. Jene Renaissance, die der junge Nietzsche von Wagner erwartete, wies indes weit hinter die Renaissance zurück, von der Jacob Burckhardt magistral handelte. Nietzsche ging es um die ‚rinascità' eines tragischen und das heißt: vor-bürgerlichen und vor-politischen Grundsinns Europas. Die Diagnose hat einiges für sich, dass sich erst in einer Spätzeit die Zeitflucht derart konsequent auf das älteste Alte öffnen kann. Die Tragödie, welche die beiden gegeneinander tendierenden Kunst-Natur-Gewalten des *Dionysischen* und *Apollinischen* in einen Ausgleich zu bringen sucht, erkannte Nietzsche als Formgebung eines Sterben-Wollens und einer Morbidität am Anfang der europäischen Kultur, das in der Schönheit so zu bannen war, dass die neu geprägte Gestalt Jahrhunderte zur Nachahmung anregte. Ihr Anlass trat erst spät, in der *décadence*-Epoche der eigenen Lebenszeit, wieder ans Licht. Am Ende der Tragödien-Schrift lässt Nietzsche nicht zufällig einen beliebigen Zeitgenossen, der sich an den ionischen Gestaden wiederfände, an Apollo gewandt, ausrufen: „Seliges Volk der Hellenen! Wie gross muss unter euch Dionysus sein, wenn der delische Gott solche Zauber für nöthig hält, um euren dithyrambischen Wahnsinn zu heilen!" Dieser Neue wird mit einem alten Athener konfrontiert, der aus den Lehrgesprächen des Platonischen ‚Nomoi' kommen könnte, der philosophischen Wiedervergegenwärtigung des Gesetzes. Nietzsche lässt ihn, „mit dem Auge des Aeschylus" blickend, einwenden: „Sage aber auch dies, du wunderlicher Fremdling: wie viel musste dies Volk leiden, um so schön werden zu können! Jetzt aber folge mir zur Tragödie und opfere mit mir im Tempel beider Gottheiten!"[22]

---

21 Vgl. dazu jüngst Wilhelm *Hennis*, Max Weber und Thukydides, Tübingen 2003, der zugleich auf die eminente verborgene Bedeutung der Thukydides-Studien im späteren Werk von Max Weber aufmerksam macht. Es ist, wie Hennis auch in mündlichen Bemerkungen immer wieder angedeutet hat, insbesondere die Begrenzung historischer Beschreibung auf eine Lagebestimmung, die Thukydides für Weber am Ende des Ersten Weltkriegs so interessant werden ließ, womit freilich nur frühe Lebens- und Lektürespuren seit der Gymnasialzeit wieder aufgenommen waren. Wie sich unter anderem bei Thukyd. III, 82ff, zeigt, kennzeichnet jene Lage vor allem der Verlust altgewohnter Scheu und Gesetzesverpflichtung.
22 KSA 1, S. 155f.

Nach sechzehn Jahren hat Nietzsche bekanntlich an seinem Erstling Korrekturen angebracht. – Sie betreffen vor allem die „Einmischung der modernsten Dinge",[23] womit er sich, eigenem Urteil nach, „das grandiose griechische Problem" verdarb. Die unreine Beimischung wird unmissverständlich mit Wagners ‚deutscher Musik' gleichgesetzt. Darin tritt der Blickwechsel eigentlich ans Licht. Denn eben das hätte der junge Nietzsche vehement bestritten: dass Wagners Musik nicht selbst das griechische Anfangsproblem Europas variiere und seine Gegenwärtigkeit zeige. Dies Problem bezeichnete er in dem späteren ‚Versuch einer Selbstkritik' mit der Schopenhauerischen Wendung von der ‚eigentlich metaphysischen Tätigkeit', die schon 1871, im ‚Vorwort an Richard Wagner', evoziert wurde. Sie besteht, anders als für Schopenhauer, nicht in der Resignationsbewegung, der Findung des Quietivs, das aus den andrängenden Zeiten löst. Ihren Ort hat sie nicht im Rayon der Moral, sondern in der Artistenmetaphysik: der Einsicht, dass das Dasein nur als ‚ästhetisches', artistisches Phänomen zu rechtfertigen ist. Dies gibt zu der Maxime Anlass, die Wissenschaft unter der Optik des Lebens zu betrachten und das Leben wiederum unter der Optik der Kunst. Damit legt Nietzsche am Anfang abendländischer Wissenschaft deren Fraglichkeit offen, die zugleich ein kritisches Okular sein kann, um die Grundtendenzen des liberalen Zeitalters zu spiegeln. „Die vorherrschend gewordene Vernünftigkeit, der praktische und theoretische Utilitarismus, gleich der Demokratie selbst, mit der er gleichzeitig ist",[24] sei vordergründig auf den Optimismus gegründet. Sei jener Glaube an die Progression aber nicht hintergründig zutiefst *pessimistisch*, Signum physiologischer Ermüdung? Nietzsches philosophischer Blick lässt, so wie Schopenhauer dies jedem Denken, das den Namen verdient, abverlangt hatte, jederzeit „das Heulen und das Zähneklappern und das furchtbare Getöse des gegenseitigen Mordens" hören. Dies befähigt ihn dazu, die griechische Kultur, allem Klassizismus der Wirkungsgeschichte entgegen, in ihrer Abgründigkeit zu begreifen. Dabei ist es der Blick in den Abgrund eigener Anfänge, der allererst zu einer Formkraft führt, die eine ihrer Arkana nicht mehr mächtige Spätkultur nicht aufbringen kann – eine tiefenphilosophische Erklärung für die Formvergessenheit moderner Demokratien, die auch in den Krisen der Gegenwart der Erwägung wert sein könnte. Kulturhistorisch und kulturtheoretisch ist es die Obligation des Philosophen, „durch eine Spalte einmal aus dem Bewußtheits-Zimmer hinaus und hinab zu sehen", zu ahnen, „wie auf dem Gierigen, dem Unersättlichen, dem Ekelhaften, dem Erbarmungslosen, dem Mörderischen der Mensch ruht, in der Gleichgültigkeit seines Nichtswissens und gleichsam auf dem Rücken eines Tigers in Träumen hängend".[25] Schopenhauer zog solche Konsequenzen entschieden nicht. Auch das Spiel mit dem

---

23 Ebd., S. 20.
24 Ebd., S. 16.
25 Ebd., S. 760.

Dionysos-Namen versagte er sich. Dafür mögen Geschmacksgründe verantwortlich gewesen sein, die bürgerliche Skepsis, dass der Name des zerrissenen und verzehrten Gottes schwerlich taugen kann, philosophisch angerufen zu werden.

(2) Nietzsches Rückgang auf die Griechen vorklassischer Zeit zog die Konsequenz aus Einsichten, die sich einerseits, mehr oder weniger indirekt, dem Austausch mit Burckhardt verdanken, andrerseits aus Quellen, zu denen Nietzsche niemals seine diagnostische Affinität eingestanden hätte: Hegels geschichtsphilosophischen Erwägungen.

Die große Crisis seit 1789, die Burckhardt in seinen ‚Weltgeschichtlichen Betrachtungen' konstatierte, schien schwerlich in einen Zustand des Friedens und Ausgleichs zurückgeführt werden zu können. Dass die alte Ordnungsform des Gleichgewichts im Wiener Kongress politisch formell und unter der Vordergrundansicht der Traktate und Communiqués wieder hergestellt war, änderte daran nichts. Burckhardt führt die grundsätzliche Besorgnis ins Feld, dass Restaurationen „um so viel gefährlicher" seien, je umfassender die Crisis gewesen ist.[26] Das Spezifikum der Criseis neuester Zeit erkennt er darin, dass sie die Kultur unterhöhlen, worunter „die Welt des Beweglichen Freien, nicht (notwendig) Universalen; desjenigen was keine Zwangsgeltung in Anspruch nimmt" verstanden sein soll.[27] Unter der Selbstbezeichnung als ‚Wahrsage-Vogel Geist' wird Nietzsche diese Überlegungen in seinem prognostischen Hinweis auf die Bürgerkriege fortschreiben, die künftig einer Idee oder Ideologie wegen geführt würden. Es mag sein, dass unter diesen Voraussetzungen auch das Rechtsgesetz seine verbindliche Geltungskraft verliert – Nietzsche und Burckhardt nehmen diese Möglichkeit übereinstimmend in den Blick. Der Despotismus, der auf Krisen folgt, ist gemeinhin ein Interregnum, „Herstellung zweckmäßigen Befehlens und willigen Gehorchens, wobei sich die gelösten Bande des Staates wieder neu und fest knüpfen. Er beruht nicht sowohl auf der (direct) zugestandenen Einsicht, dass man selber nicht (regierungsfähig wäre,) als vielmehr auf dem Schauder vor der durchgelebten Herrschaft des Ersten Besten, des Rücksichtslosesten, und Schrecklichsten".[28] Die Crux sieht Burckhardt darin, dass die vorübergehende ‚Abdikation der Normal-Gewalt' nicht begrenzt werden kann, sondern endgültigen Charakter gewinnt. Im Zusammenhang seines Versuchs, die Physiognomie der gegenwärtigen Krisen seit 1789 von vorausgehenden weltgeschichtlichen Erschütterungen zu unterscheiden, notiert Burckhardt den Erfahrungssatz, dass je öfter und unerbittlicher eine Institution über ‚den Geist der Neuerung' gesiegt habe, „desto unvermeidlicher ihr endlicher Sturz [sei]. Les institutions périssent par leurs

---

26 *Burckhardt*, Weltgeschichtliche Betrachtungen, S. 352.
27 Ebd., S. 254.
28 Ebd., S. 361.

victoires (Renan)".²⁹ Dass Krisen mit „gewaltigen Völkerkriegen" einhergehen, wie Burckhardt festhält, hat damit zu tun, dass Staat und Bürgerlichkeit ausgehöhlt sind. Sie sind – wie er auf ein Wort Hegels aus der Verfassungsschrift anspielend sagt – zu einer Form geworden, aus der alles Leben gewichen ist. Obgleich der alteuropäische Baseler Historiker ein „Lob der Crisen", der Leidenschaft, die es an den Tag bringt, anstimmt, legt die Anatomie der ‚Crisis' Züge frei, die ihre Inkommensurabilität zum Menetekel für den Diagnostiker und Prognostiker machen, an der jedwedes Urteil scheitern muss. Lediglich in Beschreibungen trägt Burckhardt dem Rechnung: Einstweilen verzehre „jede Stufe der Crisis auch die Repräsentanten der nächstvorhergegangenen als Moderantisten". Sie sei notwendigerweise unbillig gegen Vergangenes. Der Staat wird nach der Krise nicht mehr sein, was er vordem war, denn er kann sich in der Crisis nur erhalten, wenn er Züge von ihr in sich integriert: „Von den Resultaten der Revolution [wollte er] Eins selber nicht entbehren: die große Ausdehnung seines Machtbegriffes welche unter anderem aus dem Terreur und aus dem überall nachgeahmten napoleonischen Cäsarismus inzwischen entstanden war. Der Machtstaat selber postulirte die Gleichheit, auch wo er seinem Adel noch Hof- und Militärstellen zur Beute überließ."³⁰

(3) Eben diesen fundamentalen Wandel des Staates hatte indes schon Hegel konstatiert und auf seine Tiefensemantik hin befragt, als deren Horizont sich ihm das Zerbrechen der bürgerlichen Gesellschaft erwies. Burckhardt vermochte diese Dimension Hegelschen Denkens ebenso wenig zu erkennen und erst recht anzuerkennen wie Nietzsche. Wenn er die Hegelsche Geschichtsphilosophie als eine ‚Theodicee' begreift, bemerkt er aber implizit den Stachel der Hegelschen Denkbewegung. Denn die Nötigung zu einer Rechtfertigung Gottes setzt Einblick in die vielfachen Risse von Welt und Geschichte voraus. Der gelungenen Theodizee „werde das Negative (populär: das Böse) zu einem Untergeordneten und Überwundenen"; in der Folge werde es zum Verschwinden gebracht.

Die Differenz und die unüberschreitbare Grenze für ein angemessenes Verständnis ergibt sich daraus, dass in der für Burckhardt mit dem Namen Hegels verknüpften Geschichtsauffassung die eigene Zeit „für die Erfüllung der Zeiten und alles Dagewesene als auf uns berechnet" betrachtet wird.³¹ Dies versteht Burckhardt als ‚Anticipiren eines Weltplans', den er dem eigenen Unterfangen kontrastiert: die „Continuität des Geistes" nachzuweisen. Diese Kontinuation in den Abbrüchen ist in Burckhardts Geschichtsauffassung das notwendige Complement des Ausgangs „vom Centrum, vom duldenden und strebenden Menschen", dessen höchst komplexe Natur „lange nicht so wesentlich der Reflexion unterworfen [ist] wie es

---

29 Ebd., S. 363.
30 Ebd., S. 367.
31 Ebd., S. 168.

scheint, sondern die dunkelsten, durch die Phantasie vermittelten Gefühle" zu erkennen gibt.

Es spricht allerdings einiges dafür, dass Burckhardts Grundriss der Geschichte selbst erst in der großen Crisis an den Tag gebracht werden konnte, deren erste Diagnose sich Hegel verdankt. So konstatiert Hegel schon in den Vorarbeiten zu seiner ‚Phänomenologie des Geistes' den Zerfall einer alteuropäischen Konkordanz im Sittlichen, der es auf lange Zeit zu danken gewesen war, dass Individualität und Allgemeinheit nicht auseinander fallen. Es ist der Zusammenklang von *res publica* und ‚bürgerlicher Gesellschaft' *(societas civilis)*, in der der alteuropäische Grundsinn der Aristotelischen politischen Philosophie der politischen *Koinonie* bewahrt gewesen war. Diese Übereinstimmung beruhte ihrerseits auf dem Aristotelischen Grundsatz eines Zusammenstimmens in der Differenz, einer Ausgleichung Verschiedener, der das Spezifikum der politischen *Koinonie* beschreiben sollte. Ähnlich wie im Blick auf das seit seiner Urstiftung im Frieden zu Utrecht und der Denkschrift des jüngeren Pitt zumeist fragile europäische Gleichgewicht[32] ist es aufschlussreich, wie lange sich der Schattenriss der Aristotelischen politischen Philosophie in der europäischen Staatsordnung erhielt. Auch Thomas Hobbes, der den europäischen Bürgerkrieg diagnostiziert wie niemand vor ihm, kennt die *societas civilis*, die sich aus den natürlichen Gesetzen formiert und das „bellum omnium contra omnes" aufzuhalten vermag. In der deutschen Staatswissenschaft und Ökonomie, man denke stellvertretend an Schlözer, ist der Aristotelische Begriffssinn von Bürgerlichkeit unverschleiert gegenwärtig geblieben. Der *status naturalis* gilt als eine Form von Übereinstimmung, die noch nicht der Rechtsgebung unterstellt ist, sondern vorrechtlichen Formen des Gemeinen Geistes folgt wie der familialen Liebe. Die Vereinigung des Staates gründet auf der Familie und der Ökonomie des Ganzen Hauses. Eine Differenz zwischen Staat und Bürgergesellschaft wird nicht konstatiert. Erst die Physiokraten werden diesen Charakterzug entdecken – und in ihrer Folge wird ihn Hegel diagnostizieren und seine Tiefenwirkungen beschreiben.[33] In der Genesis von Hegels Denken überlagern einander nicht zufällig verschiedene Einflüsse, deren Zusammenspiel die Kohärenz der Konzeption nicht aufsprengen: die Einsicht in die Abdankung des Alten Reiches und die verstärkte Rückwendung auf Relikte der griechischen Polis, die er im Waadt-Land und in der Berner Eidgenossenschaft aus eigener Anschauung festhält, verbinden sich mit der Erfahrung der großen Crisis der Französischen Revolution. Sie dürfte Hegel ähnlich wie

---

32 Vgl. Michael *Stürmer*, Die Kunst des Gleichgewichts. Europa in einer Welt ohne Mitte, Berlin/München 2001.
33 Auch die Aneignung der Nationalökonomie von Adam Smith und von James Steuart hat daran Anteil. Vgl. Manfred *Riedel*, Zwischen Tradition und Revolution. Studien zu Hegels Rechtsphilosophie, Stuttgart 1982, S. 151. Vgl. *ders.*, Die Rezeption der ‚Nationalökonomie', in: *ders.*, Zwischen Tradition und Revolution, S. 116ff.

Burckhardt lebenslang ‚incommensurabel' geblieben sein, was sich für den Zeitgenossen mit besonderer Dramatik verbindet.[34] Das Incommensurable war Tremendum und in eins damit Fascinosum.

Seinen erinnernden, philosophischen Rückgang auf die alteuropäische Bürgerkultur der griechischen Polis bezog Hegel stets auf die extremale Crisiserfahrung der neuesten Zeit. Im Begriff des Bürgers trete eine Zweiteilung ein, eine innere ‚Tragödie im Sittlichen',[35] die den alteuropäischen Wurzelgrund abgräbt und auf die es zurückzuführen ist, dass die ‚bürgerliche Gesellschaft' zu einem ‚System der Bedürfnisse' diffundiert: „Derselbe sorgt für sich und seine Familie, arbeitet, schließt Verträge usf. und ebenso arbeitet er auch für das Allgemeine, hat dieses zum Zwecke. Nach jener Seite heißt er bourgeois, nach dieser citoyen."[36] Diese Zweiteilung führt der junge Hegel mit einem Begriff des Staates zusammen, der sich nur an Preußen veranschaulichen lässt, Preußen, das (mit Haffners treffendem Bonmot) Rationalstaat war und nicht Nationalstaat, für das in seiner kurzen Geschichte Selbsterhaltung niemals ohne Expansion zu denken war, da andernfalls die noch in Bismarcks Nachtgedanken an das ‚ruhelose Reich' gefürchtete ‚destruction totale de la Prusse' unausweichlich scheinen musste.

Die große Metapher, die der Diagnostiker des Endes alteuropäischer Bürgerlichkeit einführt, ist nicht mehr der Leviathan, auch nicht das klug ausgemittelte Uhrwerk wie bei Leibniz, es ist die ‚Fabrik', da „in keinem eigentlich weder das Bewusstseyn noch die Thätigkeit für das Ganze ist". Der Einzelne „wirkt zum Ganzen, weiß nicht wie, es ist ihm nur um Schutz seiner Einzelnheit" zu tun. „Es ist geteilte Thätigkeit, von der Jeder nur ein Stück hat; wie in einer Fabrik Keiner ein Ganzes macht, nur einen Theil und die anderen Geschicklichkeiten nicht besitzt, nur Einige die Zusammensetzung machen." Hegel weist vor diesem Hintergrund darauf hin, dass lediglich positiv gesatztes Recht, der Staat als Rechtsinstanz, Sachwalter des Allgemeinen sein könne. Als Rechtsform, damit aber abstrakt und allenfalls ergänzt um die aufklärerische Illusion der Selbstgesetzgebung als Crux in der Bestimmung des Menschen und Bürgers,[37] kann Staatlichkeit die sittliche Tragödie aufhalten. Selbst ist sie aber nicht ‚gediegen', ‚sittlich', sondern Hervorbringung aus dem Geist

---

34 Die ‚Phänomenologie des Geistes' enthält im Zusammenhang des Kapitels ‚Die absolute Freiheit und der Schrecken' eine höchst luzide Durchdringung der ‚Furie des Verschwindens', andrerseits leerte Hegel jedes Jahr zum 14. Juli ein Glas Rotspon, Reminiszenz des Tanzes der drei Zimmerfreunde um den Maibaum des Tübinger Stifts.
35 Vgl. Günter *Rohrmoser*, Subjektivität und Verdinglichung. Theologie und Gesellschaft im Denken des jungen Hegel, Gütersloh 1961, S. 86ff.
36 Georg Friedrich *Hegel*, Jenenser Realphilosophie, Bd. 2, hg. v. Johannes *Hoffmeister*, Hamburg 1931, S. 249.
37 Vgl. dazu die entscheidenden Passagen der Auseinandersetzung mit Kant über die ‚gesetzgebende' und die ‚gesetzprüfende' Vernunft in: Hegel, Phänomenologie des Geistes, Theorie-Werkausgabe, Bd. 3, Frankfurt a.M. 1970, S. 311ff. Ausführliches dazu in meinem in Anm. 13 angezeigten, im Erscheinen begriffenen Hegel-Buch.

von 1789, und damit allenthalben bedroht von der Furie des Verschwindens. Die ‚bürgerliche Freiheit' wird vor diesem Hintergrund zum Rechtsbegriff. Sie signalisiert Hegel zufolge „die Entbehrung des Allgemeinen, Princip des Isolierens".

Der komplementäre Charakter solcher Überlegungen zu Burckhardts Lehre von der Entropie der Institutionen und des Rechtssystems ist augenfällig. Die tektonischen Beben, die aus Erschütterungen der Kultur herrühren, können nicht durch Rechtssatzungen ausgeglichen werden. Hegel scheint die antike Poliswelt zu beschreiben, um die Schwäche neuzeitlicher Sittlichkeit und Staatlichkeit nach der Großen Revolution umso plastischer fokussieren zu können. Mit Platon hält er fest, „dass eine Polis eine zum Bewundern starke Natur hat. Eine solche sittliche Organisation wird so z.B. ohne Gefahr und Angst oder Neid einzelne Glieder zu Extremen des Talents in jeder Kunst und Wissenschaft und Geschicklichkeit heraustreiben, und sie darin zu etwas besonderem machen".[38] Die Grenze der Platonischen Republik, dass in ihr die Freiheit des einzelnen nicht zum Thema werden konnte, da die Gesetze, die innerhalb der attischen Sittlichkeit in Geltung waren, „nicht darauf berechnet waren und darauf nicht berechnet seyn konnten, dass innerhalb ihrer dies Prinzip auftreten würde",[39] relativiert sich vor der Hegelschen Krisendiagnose: Zwar sieht Hegel in der bürgerlichen Freiheit das eindeutige Discrimen zwischen antiker Welt und neuer Zeit. Es legt sich aber der Eindruck nahe, dass die bürgerliche Freiheit nicht zu einer politischen Form fähig ist, wie sie die Polis, begrenzt auf den Rayon des Stadtstaates, hervorbrachte.

In den ‚Grundlinien der Philosophie des Rechtes' hält Hegel fest: „Das Recht der subjektiven Freiheit macht den Wende- und Mittelpunkt in dem Unterschiede des Altertums und der modernen Zeit. Dieses Recht in seiner Unendlichkeit ist im Christentum ausgesprochen und zum allgemeinen, wirklichen Prinzip einer neuen Form der Welt gemacht worden. Zu dessen näheren Gestaltungen gehören die Liebe, das Romantische, der Zweck der ewigen Seligkeit des Individuums usf., – alsdann die Moralität und das Gewissen, ferner die anderen Formen, die teils als Prinzip der bürgerlichen Gesellschaft und als Momente der politischen Verfassung sich hervortun, teils aber überhaupt in der Geschichte, insbesondere in der Geschichte der Kunst, der Wissenschaft und der Philosophie auftreten."[40] Jene Freiheit hat – hier nur signalisiert durch die Nennung des Christentums! – zum einen mit der liberalen Eröffnung eines privaten Raumes zu tun, in dem die Gesetze schweigen. Insofern ist Hobbes in einer Lesart präsent, die seiner Deutung als erstem Philosophen des liberalen Zeitalters nahe kommt; eine Lesart, die Carl Schmitt 1938 erneuerte. Zum

---

38 *Hegel*, Frühe politische Systeme, hg. v. Gerhard *Göhler*, Berlin 1974, S. 166.
39 *Ders.*, Sämtliche Werke, Jubiläumsausgabe in 20 Bänden, hg. v. Hermann *Glockner*, Stuttgart 1958ff, Bd. XVIII, S. 278.
40 *Hegel*, Theorie-Werkausgabe, Bd. 7, S. 233.

anderen verweist sie auf die von Hegel nicht mehr geteilte Auffassung, in universaler *Formalität* ein Gesetz festschreiben zu können, die Kant für Recht und Ethik gleichermaßen zu befestigen versuchte. Hegel müsste vor diesem Hintergrund nicht nur sagen, dass das Prinzip bürgerlicher Freiheit in der antiken Poliswelt nicht existieren konnte. Ebenso wenig wären die vielfachen ständischen Freiheiten im Alten Reich, die der Gewohnheit und Billigkeit, nicht aber einer Rechtssetzung entspringen, als ‚bürgerliche Freiheit im universalen Sinn' zu denken.

In der Crisis nach 1789, deren Prägezeichen Hegel wie nach ihm Burckhardt in der Restauration und dem durch sie begünstigten ‚Wellental der Geschichte' (L. Dehio) sichtbar bleiben sieht, bleibt der Begriff der bürgerlichen Gesellschaft nur in einem abstrakt rechtsförmigen Sinn[41] in Kraft, gestützt auf überkommene Korporation und ‚Policey'. Indes deutet sich im Hintergrund ihre immer weitergehende Auflösung an; „fortschreitende Bevölkerung und Industrie", das „Herabsinken einer großen Masse" ist im Begriff, wie im Blick auf England gesagt wird, einen Pöbel hervorzubringen, an dem die Rede von der bürgerlichen Gesellschaft zu einem Anachronismus wird.

Stets sichtbar blieb jener prekäre Status der *societas civilis* im ‚schwankenden' Verhältnis der Staaten zueinander. Denn „es ist kein Prätor vorhanden, der da schlichtet".[42]

Die Einnahme eines solchen Geschichts-Ortes hat selbstredend Konsequenzen für die Vorstellung von der Verlaufsform der Geschichte. Hegels ‚Eule der Minerva', die Grundeinsicht, dass die Philosophie immer zu spät komme und als der Gedanke der Welt „erst in der Zeit [erscheine], nachdem die Wirklichkeit ihren Bildungsprozess vollendet und sich frei gemacht hat",[43] zieht aus jener Diagnose das Resümee. Jacob Burckhardt hat in der Sache nur Hegelsche Konsequenzen weiter verfolgt, wenn er Abstinenz von der „Spekulation über die Anfänge" verlangte und ebenso eine Lehre vom Ende aller Dinge aus dem Rayon der weltgeschichtlichen Betrachtungen ausschloss.

III.

(1) Vor diesem im Blick auf Burckhardt durchaus, im Blick auf Hegel niemals eingestandenen Hintergrund bahnt sich Nietzsches Ergründung der Kultur in der Aufgrabung des ältesten Alten und im Vorblick auf die Modernität ihren Weg. Es

---

41 Adam Fergusons für den transatlantischen Republikanismus der Vernunft fundamentaler ‚Versuch über die Geschichte der bürgerlichen Gesellschaft' (‚An Essay on the History of Civil Society' [1767]) würde, vor diesem Hintergrund betrachtet, eine schon vergangene Geschichte beschreiben.
42 *Hegel*, Theorie-Werkausgabe, Bd. 7, S. 503.
43 Ebd., S. 28.

scheint nur folgerichtig, wenn er mit Wagner die gründerzeitliche Bürgerlichkeit des ‚ruhelosen Reiches' aus der Distance betrachtet und durch dieses Okular hindurch auch die Urstiftung bürgerlicher Gesellschaft in der griechischen Polis in Frage stellt, wodurch der ‚strittige' zwischen einem Instinkt der Verneinung und seiner Umzeichnung in Daseinsbejahung oszillierende Anfang europäischer Kultur ans Licht kommt. Wagner unternahm indes, anders als Nietzsche, keine Archäologie der europäischen Bürgerwelt. Er bildete im Fest-Spiel den Anfang seinerseits nach, einen elementaren Lebenszusammenhang, in dem einzelne Individuen aus ihrer bürgerlichen Existenz heraustreten. Der radikale Impuls von Wagners neuer Kunstform, den Nietzsches ‚Geburt der Tragödie' aufs genaueste getroffen haben dürfte, besteht darin, das Kunstwerk aus dem Fest hervorgehen zu lassen.[44] Dabei kann auf die Revolutionsfeste und hinter diesen die höfischen Feste des Ancien Régime zurückgegriffen werden. Das Festspiel soll aber in seinem gegenwärtigen Vollzug nicht weniger leisten als die „Vergegenwärtigung des Menschenwesens – in einer als spontan zumindest intendierten Vereinigung der Künste und der Menschen, die einmal das ‚Publikum' waren, zum Gesamtkunstwerk".[45] Daher soll in ihm, so wie einmal in der griechischen Tragödie, das Allmenschliche zu vollkommener Mitteilung kommen; eine Gemeinsamkeit im vorpolitischen Sinn, eine *koinonía*, soll Gestalt gewinnen, die im Mitvollzug, und unter idealer Auflösung der Differenz zwischen Zuhörerschaft und Spielern, ihr Ziel findet. Wagner schwebt erkennbar der ‚ästhetische Staat' vor, der in Schillers ästhetischen Schriften die Ligatur zwischen Einzelheit und Allgemeinem, erscheinender Idee und Staatlichkeit zu setzen hatte. Der ‚ästhetische Staat' transzendiert Institution und Organsiertheit und ist nicht an das positiv gesatzte Recht gebunden. Dass jener Dramatiker-Gedanke, in dem Platonische Züge Kantische Antagonismen ausgleichen sollen, Wagner faszinierte, ist unschwer aus seinen Opera magna zu ersehen. In den ‚Meistersingern von Nürnberg' wird die Szene eines bürgerlichen Gemeinwesens entworfen, das ohne Obrigkeit und ‚Policey' auskommt.[46] Dies zeigt sich im Zusammenhang der Sprengung zünf-

---

44 Vgl. hierzu auch die aufschlussreichen Überlegungen von Dieter *Henrich*, Gesamtkunstwerk und Partialkunstwerk, in: *ders.*, Fixpunkte. Abhandlungen und Essays zur Theorie der Kunst, Frankfurt a.M. 2003, S. 39ff; im Blick auf Wagner vgl. ferner die diversen Beiträge des Sammelbandes: Richard *Klein* (Hg.), Narben des Gesamtkunstwerks, München 2002. Man denke daran, dass David in der Ausrichtung von Festen die letztliche Erfüllung seines künstlerischen Ingeniums sah. Die kunsthistorische Bedeutung des Festes für die Ästhetik der Moderne und ihre Feuerwerke von Illusion und Desillusionierung sind tief gesehen bei W. *Hofmann*, Das Irdische Paradies. Kunst im neunzehnten Jahrhundert, München 1960. Einiges verdanken diese Überlegungen den Hinweisen auf Phänomen und Bedeutung des Festes bei Hans-Georg *Gadamer*, Wahrheit und Methode, Tübingen 1986 (Gesammelte Werke, Bd. 1), S. 107ff. Vgl. auch den späten Aufsatz desselben, Zur Phänomenologie von Ritual und Sprache, in: Hans-Georg *Gadamer*, Ästhetik und Poetik, Tübingen 1993 (Gesammelte Werke, Bd. 8), S. 400ff.
45 *Henrich*, Fixpunkte. Abhandlungen und Essays zur Theorie der Kunst, S. 44.
46 *Borchmeyer*, Nürnberg als ästhetischer Staat, in: *ders.*, Richard Wagner, S. 235ff, hat diesen Zug sehr treffend herausgearbeitet.

tischer Bindungen am Johannistag, es trägt aber schon die Maxime, dass es ‚allein' die Kunst gelte. Das Alte Reich gehört für Wagner ebenso wie für Hegel der Vergangenheit an: „zerging in Dunst / das heil'ge röm'sche Reich, / uns bliebe gleich / die heil'ge deutsche Kunst."[47]

Die Eule der Minerva scheint der Wappenvogel seiner geschichtsphilosophischen Ästhetik zu sein, wenn Wagner festhält, dass die „rechte Entwicklung des wahrhaften deutschen Wesens" erst beginnen könne, nachdem das Reich als politische Form zugrunde gegangen ist. Bei näherer Betrachtung liegen die Dinge nicht so einfach: In der Kunst schließen sich, so wie Nietzsche es kongenial erkannt hatte, Altes und Neues in eins zusammen. Dies ist die Crux des alten Meistersangs, der wieder Festspiel-Kunst wird, indem er sich vom strengen Regelwerk einer zünftischen Periode löst. Der Schwebezustand zwischen Vergangenheit und Zukunft enthält sich jeder Prognose auf einen künftigen Geschichtsverlauf. Eine ‚neue Kunst', die in gleichem Schritt mit der Tagespolitik geht, so wie Heine dies in derselben Zeit im Sinn hat, lag Wagner fern. Das zwiespältige Erbe des Jahres 1848 taugte ihm nurmehr zu einem Innehalten zwischen den Zeiten.

Da das Gesamtkunstwerk im Fest den ästhetischen Staat begründen sollte, ist es besonders prekär, dass Nietzsche sich allein der Idee, nicht aber der Realisierung des Festspiels aussetzen wollte. Auf dem Scheitelpunkt der Moderne war sie freilich kaum noch ernsthaft möglich. Dies hätte zumindest Hegel, gemäß seiner These vom ‚Ende der Kunst', die nicht mehr „an den Himmel geworfene" Erscheinung des Absoluten sein kann, feststellen müssen. Der Gott zeigt sich, seit Anbruch der christlichen Welt und ihrer Kenose-Offenbarung, der Selbstentäußerung Gottes, nicht mehr im Kunstwerk. Die Totalität der Weltgeschichte ist nicht mehr ‚darzustellen', allenfalls zu denken. Dieser Hegelschen Diagnose, die in der Kunst und in der politischen Welt den Zusammenhang zwischen Antike und neuer Zeit abschneidet, entzieht Wagners Kunstpraxis ihr Recht: indem der ‚Ring' nicht weniger als Anfang und Ende der Geschichte zu seinem Thema hat. Anfang und Ende der monumentalen Tondichtung schließen sich zusammen. Den Anfang formt im Rheingold-Vorspiel der noch nicht ausdifferenzierte Es-Dur-Dreiklang, am Ende antwortet ihm kontrafaszierend die absteigende Linie des Götterdämmerungsmotivs. Vordergründig genommen, besiegeln Erdas Worte: „Alles Ende" den Weltbrand, die altgermanische Völuspâ, deren Beschwörung Wagner in Karl Simrocks Übersetzung kannte. „Schwarz wird die Sonne, die Erde sinkt ins Meer, / Vom Himmel schwinden die heitern Sterne. / Glutwirbel umwühlen den allnährenden Weltenbaum, / Die heiße Lohe beleckt den Himmel." Der Weltbrand hat im Mythos freilich einen kathartischen Hintersinn: die Ausbrennung – Ekpyrosis – bedeutet ‚geläuterte' Rückkehr in den Naturzustand, der in der Rechtsordnung Wotans verletzt wurde.

---

47 *Wagner*, Gesammelte Schriften und Dichtungen, Bd. VIII, S. 271.

Wotan hatte einen Zweig von der Weltesche gebrochen und daraus seinen Speer geformt. Um Weisheit zu gewinnen, trank er aus der verborgenen Quelle unter der Weltesche.

Der Naturfrevel als Urakt der Kulturierung hat späte, doch weitreichende Folgen: Als Preis muss Wotan „seiner Augen eines" in der Quelle lassen. Die Verträge, die die Wotan-Ordnung sistieren, sind gleichsam in den Stoff der Natur eingeschrieben, um den Preis, ihr Gewalt anzutun. Sie spiegeln nicht mehr die Naturordnung eines ‚Contrat social'. Sie setzen einen positiven Rechtszusammenhang, dessen Ungenügen eine der großen Lektionen zwischen Wagner und Nietzsche war.[48]

Wagner hat in einer späten autobiographischen Notiz, die nicht nur an das delphische Orakel zurückerinnert, sondern auch an Nietzsche, dem gerade dieser Orakelspruch von eminenter Bedeutung war, unter dem Titel „Erkenne dich selbst!" nahe gelegt, das mythische Urmotiv des Rheingoldes und das übernationale, global werdende Gefüge der Finanzmärkte und Geldströme aufeinander zu beziehen. Das Rheingold sei als „Börsenportefeuille" und große Metapher für die Weltherrschaft des Geldes zu verstehen. Diese Aussage, die manche Deuter dazu bewegte, im ‚Ring' geradezu einen Komplementärentwurf zu Marx' monumentaler Kritik politischer Ökonomie zu erkennen, muss nicht revidiert werden. Ihre Planheit ist aber zu korrigieren: Folie der eigenen Zeit und Mythos sind allenthalben ineinander ‚verschränkt'; darin berühren sich vor- und nachbürgerliche Welten, zumal die Wiederholungsstruktur für den Mythos konstitutiv ist. Er bedeutet nicht etwas anderes als sich selbst. Er darf deshalb, worauf schon Schelling hinwies, keineswegs mit der Allegorie verwechselt werden. In den mythischen Figurationen sind nicht nur „menschliche, geschichtliche Wesen, Ereignisse der bürgerlichen Geschichte" mitgeteilt. Der Mythos schreibt solchen menschlichen Ereignissen ihren ewigen Gang vor, ihre Urstruktur, so dass alles, was im Einzelnen geschehen mag, ein Beispielfall des Mythos ist. ‚Seinesgleichen geschieht', weshalb geschichtliche Abläufe wiederkehrende Grundmuster variieren. Der Mythos wird dadurch, entgegen mancher ideologiekritischer Behauptung, nicht zu einer Kontrapunktik der Geschichte, er beschreibt Prägungen, die sich halten, auch wenn keine Ligatur zwischen Weltperioden besteht.[49]

---

48 Die Hinweise von *Borchmeyer*, Richard Wagner, S. 297f, sind an dieser Stelle ausgesprochen vage. Von Wotans ‚Contrat social' im Borchmeyerschen Sinn zu sprechen scheint sogar irreführend. Hat doch der Rousseauistische Contrat social gerade die Zielsetzung, die Harmonie der Naturordnung in eine kulturierte Welt zu übertragen. Er transzendiert, ähnlich übrigens wie der Vertragsbegriff bei Hobbes, die positive Rechtlichkeit. Vgl. dazu die Rekonstruktionen von Heinrich *Meier*, Rousseau, Diskurs über die Ungleichheit, Paderborn/München/Wien/Zürich 1993.

49 So verfährt streckenweise auch Borchmeyer, und macht sich dadurch, obwohl er zustimmend auf Schellings Philosophie der Mythologie und Kurt *Hübner*, Die Wahrheit des Mythos, München 1985, verweist, die Auffassungen etwa von Kurt Lenk zu Eigen, die nicht einmal

In Wagners Arbeit am Nibelungenstoff werden, ähnlich wie in Nietzsches Rückgängen in die frühgriechische Kunstperiode, die Voraussetzungen einer Kultur aufgegraben, die mit der attischen Tragödie begann. Und dabei wird erwogen, dass eine ‚Archäologie des ältesten Alten' das vielleicht einzige Organon sein könnte, um die Inkommensurabilität des neuesten Neuen zu erfassen. Um dem Alten näher zu kommen, geht Wagner beispielsweise nicht nur auf die höfische Folie des Nibelungen-Liedes, sondern auf die Grundform der Edda zurück.

Dies verweist auf eine Doppelsinnigkeit, die dem Mythos nach einer Bemerkung von Thomas Mann eigen ist; es ist die Duplizität des künftigen – und vergangenen Einst, die darin grundgelegt ist, dass „die Zukunft Vergangenheit ist, alles längst sich abgespielt hat und nur wieder sich abspielen soll in genauer Gegenwart!"[50] Die mythische Wiederverzauberung im Sinne Wagners setzt Einsicht in das eherne Gehäuse der entzauberten Welt voraus, wie sie von Max Weber eine Generation später beschrieben wurde. Ein solches Spiel mit den Ur-Anfängen ist nichts weniger als naiv. Denn der Anfang selbst bleibt, solange Mythen figuriert werden können, nur asymptotisch anzunähern, er kann nicht unmittelbar berührt werden.

Seine genuine Überzeugungskraft auf der Höhe des Gesprächs zwischen Hegel, Burckhardt und Nietzsche gewinnt Wagners mythische Erinnerung an den Welt-Ring dadurch, dass die Komposition ihn gleichermaßen verdeutlicht und konterkariert.[51] In den in der Tonsprache verdichteten Mythos gehen jene Züge der Gebrochenheit ein, die Nietzsche intuitiv erfasste, als er Wagner als *décadent* deutete. Nirgends kommt dies, auch thematisch, klarer zu Klang und Sprache als im ‚Parsifal'. Die Erlösung des Karfreitags ist selbst der Erlösung bedürftig, der Gral muss aus seinem Bann getan werden. Kundrys Lachen, das christlichem Mitleid den Grund entzieht, verweist in kalter Heillosigkeit auf das Antidotum einer Allversöhnung.

Das Korrelat solcher Mythopoiesis, die den Anfang aus der Überlieferungsgeschichte freizulegen versucht, ist die Einsicht in das Ende des bürgerlichen Zeit-

---

geeignet sind, das Potential einer ideologischen Mythopoiese etwa im Sinne von Georges Sorel freizulegen. Den chthonischen Mythos zu beerben war, wie Lenk eigentlich wissen müsste, ein Grundproblem in den Diskussionen sozialistischer Theoriebildung in der Zwischenkriegszeit und berührt im Kern Diskussionen, wie sie zwischen Bloch, Benjamin und Brecht geführt wurden. Vgl. Kurt *Lenk*, Politische Mythen im Nationalsozialismus, in: Manfred *Sicking*/ Alexander *Lohe* (Hg.), Die Bedrohung der Demokratie von rechts. Wiederkehr der Vergangenheit?, Köln 1993, S. 54ff.

50 *Mann*, Gesammelte Werke, Bd. IV, S. 828, auch zitiert bei: *Borchmeyer*, Richard Wagner, S. 307.

51 Dies haben die Analysen des viel zu früh gestorbenen Carl Dahlhaus sehr gut gezeigt. Vgl. unter vielen anderen: Carl *Dahlhaus*, Wagners Konzeption des musikalischen Dramas, Regensburg 1972; *ders.*, Das Drama Richard Wagners als musikalisches Kunstwerk, Regensburg 1970, und, exemplarisch, den Aufsatz: Über den Schluss der ‚Götterdämmerung', in: Carl *Dahlhaus* (Hg.), Richard Wagner – Werk und Wirkung, Regensburg 1971, S. 97ff.

alters, ein Epochenbruch, der sich, wie Wagner notierte, ebenso eindrücklich wie in der Herausbildung von übernationalen Finanzmärkten in den Veränderungen des Krieges und seiner Instrumentarien niederschlägt. Die Kriegskunst wende sich immer mehr „auf die Ausbildung mechanischer Kräfte" hin. „Bereits bieten uns die gepanzerten Monitors, gegen welche sich das stolze herrliche Segelschiff nicht mehr behaupten kann, einen gespenstisch grausenhaften Anblick: stumm ergebene Menschen, die aber gar nicht mehr wie Menschen aussehen, bedienen diese Ungeheuer, und selbst aus der entsetzlichen Heizkammer werden sie nicht mehr desertieren, aber wie in der Natur alles einen zerstörenden Feind hat, so bildet auch die Kunst im Meere Torpedos und überall sonst Dynamit-Patronen u. dgl. Man sollte glauben, dieses Alles, mit Kunst, Wissenschaft, Tapferkeit [...] könnte einmal durch ein unberechenbares Versehene in die Luft fliegen [...]: so stünden wir etwa wieder da, von wo unsere weltgeschichtliche Entwicklung ausging, und es könnte wirklich den Anschein erhalten, ‚als habe Gott die Welt erschaffen, damit sie der Teufel hole', wie unser großer Philosoph [sc. Schopenhauer] dieß im jüdisch-christlichen Dogma ausgedrückt fand. – Da herrsche denn der Wille in seiner vollen Brutalität."[52]

(2) In der Todesstunde Wagners habe er die Schlusspartie des ‚Zarathustra' ‚fertig gemacht', resümierte Nietzsche, wie wir uns erinnern. Diese Schluss-Partie war keineswegs die besiegelnde, endgültige Fermata der Dichtung. Es war das ‚sieben Siegel'-Lied oder das ‚Ja- und Amen-Lied' – die Bezeugung der ewigen Wiederkehr, nicht als gleichgültiger Naturkreislauf, sondern als aufgegebene Lebenslehre, als ‚schwerster', ‚abgründlichster' Gedanke, der doch ‚rheiazontisch', im Sinn einer fast göttlichen Leichtigkeit genommen werden sollte. Die Liebe zur Ewigkeit, auf die sieben Siegel gegeben werden und die wie die Johanneische Apokalypsis durch sieben Siegel verschlossen ist, variiert das Thema aus dem ‚anderen Tanzlied': „Weh spricht: Vergeh! Doch alle Lust will Ewigkeit –, / – will tiefe, tiefe Ewigkeit",[53] die, anders als Hegels Topos von der Zeit-Tilgung, die vergehende Zeit und ihre Erfahrungen von Vergeblichkeit nicht hinter sich lässt, sondern sich zu Eigen macht. Der Intuition nach fasste Nietzsche dies schon früh in die Frage, wie dem Werden der Charakter des Seins aufzuprägen sei, im Wissen um die alte vorsokratische Weisheit, derzufolge das Lebendige nur eine Art des Toten sei, und überdies eine sehr seltene Art. Damit ist eines offensichtlich: in der Kunst des Zara-

---

52 *Wagner*, Gesammelte Schriften und Dichtungen, Bd. X, S. 252f. Die Metamorphose des Menschen in den ‚Arbeiter' und ‚Soldaten', dessen Lebensethos durch keine alteuropäischen Codices mehr sein Maß gewinnt, werden zu einem Topos, der die Physiognomik weit über die Rolle des Proletariats in der marxistischen Theoriebildung hinaus als Epochensignatur begreift: als ‚Schlag' und ‚Typos', wie Nietzsche formulierte und wie es Ernst Jünger in seinem ‚Arbeiter' weitergehend variierte.

53 KSA 4, S. 286.

thustra, in der niemals das Ganze der Wege zur Weisheit mit einem Mal im Blick steht, sondern, nach einer Maxime des jungen Nietzsche, wie für den Betrachter eines Basreliefs im Gehen sich erschließt, so dass einzelne Momente hervorspringen, indem andere zurücktreten,[54] sind mit dem dritten Buch der Dichtung die Fingerzeige auf eine Philosophie der Zukunft in den Hintergrund getreten, die Signatur des Übermenschen ebenso wie der ‚Wille zur Macht'.[55] Es ist der *eine*, schwerste und abgründlichste Gedanke der ewigen Wiederkehr des Gleichen, der den Vordergrund einnimmt. Vor dieser Überlegung gewinnt die Koinzidenz mit Wagners Tod ihre sachliche Bedeutung: der Tod der alten Götter, deren Personifikation der Minotaurus von Bayreuth gewesen sein mag, verlangt, die Wiederkehr jener Gottheiten zu bejahen.

Der ‚nervus probandi' auf jenes Schlussstück stand noch aus: Nietzsche exponiert ihn im vierten Teil des ‚Zarathustra', in dem das ‚sieben Siegel'-Lied in das Lied der ‚Schwermuth' zurückgestimmt ist („Nur Narr! Nur Dichter!"[56]) und in dem Nietzsche als Wahrsage-Vogel Geist seine Diagnose über den europäischen Nihilismus, den Schatten des beginnenden 20. Jahrhunderts, als ein Rätselwort der Sphinx fixiert: „Die Wüste wächst: weh dem, der Wüsten birgt." Schließlich ist dies die Passage, in der die außermoralischen Volten des Anti-Christ in eine aus historischer Weisheit wohl begründete Skepsis zurückgenommen werden: Der Tod ist, so notiert Nietzsche, bei Göttern immer ein Vorurteil.

Sollte der ‚Zarathustra' als eine gegen Wagner gewendete Dichtung entworfen gewesen sein, so kehrte er doch zu dem Ausgangspunkt, dem Gott früher Jahre, zurück. Dies, zurückkehren zu müssen und dem eigenen Geschick in Werden und Vergehen sein Ja aufzuprägen, bleibt die geschichtliche Lehre aus Nietzsches Wiederholungs-Kunst, die Wagners Gesamtkunstwerk variierte.[57]

Kaum ein Symbol nahm Nietzsche so gefangen wie das Labyrinth von Knossos, dessen Erinnerung auch im heiteren Spiel der Irrgärten des Rokoko noch gegenwärtig ist. Wer versuche, ‚unabhängig' zu sein – gegen alle Doktrin der Demokra-

---

54 Diese hermeneutische Maxime mag sich wiederum einem schönen Aperçu von Schopenhauer über die Zeit verdanken, wonach alles in der Zeit seiende und am Ende auch die Zeit selbst „nur ein relatives Dasein hat, nur durch und für ein anderes, ihm Gleichartiges, d.h. wieder nur ebenso Bestehendes sei" (von Nietzsche aufgenommen in KSA 1, S. 824).
55 Über die nähere Verortung dieser viel umstrittenen Nietzscheschen Grundtopoi kann hier nicht gehandelt werden. Vgl. dazu von Harald *Seubert*, Zwischen erstem und anderem Anfang. Heideggers Auseinandersetzung mit Nietzsche und die Sache seines Denkens, Köln/Weimar/Wien 2000; *ders.*, Nietzsche. Vier Wege zur Weltweisheit, München 2003, und *ders.*, Heidegger und Nietzsche noch einmal, in: *ders.*/Albert *von Schirnding* (Hg.), Die Auflösung des abendländischen Subjekts und das Schicksal Europas, München/Würzburg/Wien 2003.
56 KSA 4, S. 374.
57 Vgl. dazu die Deutung von Karl *Reinhardt*, Nietzsches Klage der Ariadne, in: *ders.*, Vermächtnis der Antike. Gesammelte Essays zur Philosophie und Geschichtsschreibung, hg. v. Carl *Becker*, Göttingen 1960, S. 310ff.

tien ist dies nach Nietzsche ein seltenes Vorrecht –, der begibt sich „in ein Labyrinth, er vertausendfältigt die Gefahren, welche das Leben an sich schon mit sich bringt; von denen es nicht die kleinste ist, dass Keiner mit Augen sieht, wie und wo er sich verirrt, vereinsamt und stückweise von irgend einem Höhlen-Minotaurus des Gewissens zerrissen wird".[58] Nur im Labyrinth könne man sich selbst, der eigenen *Tyché*, seinem Daimon und vielleicht dem Gott begegnen. Ariadne hat in Nietzsches Umdichtung ihres Mythos ein absolutes Gehör, das durch die Sinnenfülle in Wagners ‚unendlicher Melodie' und ihr ‚Meer der Gefühle' hindurchzuhören weiß. Klugheit und Maß, Grundtugenden des Lebens des Einzelnen und der Polis, die in dem zwischen Wagner und Nietzsche sich öffnenden Weltalter in Vergessenheit gerieten, teilt sie mit ihrem Geliebten – Dionysos: „Sei klug, Ariadne! ... / Du hast kleine Ohren, du hast meine Ohren: / steck ein kluges Wort hinein! – / Muss man sich nicht erst hassen, wenn man sich lieben soll?... / Ich bin dein Labyrinth..."[59]

## IV.

Wer in einem ‚Pathos der Distanz' hinter die Worte hört, wem der eigene Schmerz zum Glück gerinnt, der ist, notierte Nietzsche an anderem Ort, „ein welthistorisches Untier".

Auf dem Frontispiz von Giambattista Vicos ‚Prinzipien einer neuen Wissenschaft über die gemeinsame Natur der Völker' (1741), dem Gegentext zur Metaphysik der Neuzeit von Descartes und Bacon, ist die Dame Philosophie zu sehen, die auf der Weltkugel balanciert, ihren Blick ekstatisch in das immer scheinende Licht des Auges Gottes gewendet. Die durch flüchtigen Wechsel und Instabilität in ihrem Balancement gefährdete Kugel wird aus dem Auge Gottes beleuchtet. Es gibt aber nur einer Seite Glanz, die andere, die Seite der Geschichte, ist in Schatten gehüllt. Ihr gilt das Augenmerk der Philosophie nicht. Die Dame Metaphysik entgeht der Geschichte nicht, wie der anmutig fragile Wechsel von Stand- und Spielbein andeutet: Sinnbild dafür, dass Chronos, die Zeit, Schicksalsgottheit ist. Sie prägt dem Menschen ihr Signum auf.

Ihr nicht entgehen zu können ist eine Lehre aus der Konstellation, die hier in Rede stand: der Historiker, der historische Vernunft ebenso kennt, wie er um *Tyché* und Nemesis weiß, wird sich heute am Ende jenes Zeitalters sehen, dem er sich nicht nur aus Liebe zur Erkenntnis, sondern aus verhaltener Passion zuwandte. Er weiß mit Nietzsche, Wagner und Burckhardt um den Abgrund in der Zivilisation und darum, dass Geschichte nicht einer linearen Progression folgt. Deshalb wird er versuchen, „das sich Wiederholende, Typische als ein in uns Anklingendes Ver-

---

58 KSA 5, S. 48.
59 KSA 6, S. 401.

ständliches"[60] fassbar zu machen. Nietzsche sprach in seinen ‚Unzeitgemäßen Betrachtungen' davon, dass Erinnerung und Vergessen in ein Gleichgewicht zu bringen seien. Diese Erwägung hat in Burckhardts Reflexion ihre Entsprechung: „Zwar kennen wir die obwaltende optische Täuschung: wir empfangen das Vergangene in verklärter Gestalt, weil das tägliche Leben nicht mit überliefert ist; die Vergangenheit ist uns ehrwürdiger als sie sich selber war." Mit guten Gründen gab Burckhardt der Maxime *historia magistra vitae* ihren „höheren und zugleich bescheidnern Sinn" zurück: „Wir wollen durch Erfahrung nicht so wohl klug (für ein andermal) als vielmehr weise (für immer) werden."[61]

Im Licht dieser Frage wird es möglich, Momente aus dem Fluss der geschehenden Geschichte herauszuheben – als Besitz für alle Zeit *(ktēma eis aiei)*, wie Thukydides es nannte. „Das Schöne freilich könnte über die Zeiten und ihren Wechsel erhaben sein, bildet überhaupt eine Welt für sich."[62] „Unsere Contemplation (nicht nur ein Recht und eine Pflicht sondern zugleich) ein hohes Bedürfniß; sie ist unsere Freiheit mitten im Bewusstsein der enormen allgemeinen Gebundenheit und des Stromes der Nothwendigkeiten."[63] Die derart Form gewinnende schöne Gestalt hat indes seinen tragischen Hintergrund, der zwischen Nietzsche und Wagner Relief gewann, eine Ambivalenz, auf die Friedrich Meinecke 1931 hinwies: „Zuweilen plagt mich der Gedanke, dass der Demiurg, der diese merkwürdige Welt ins Leben rief, selber dämonischen Wesens ist, selig-unselig, schön und schrecklich zugleich."[64]

---

60 *Burckhardt*, Weltgeschichtliche Betrachtungen, S. 170.
61 Ebd., S. 230.
62 Ebd.
63 Ebd., S. 230f.
64 Zit. nach: Michael *Stürmer*, Das ruhelose Reich. Deutschland 1866–1918, Berlin 1983, S. 408.

## 3. Fremder wider Willen – Max von Oppenheim in der wilhelminischen Epoche

*Gabriele Teichmann*


Kriegserklärung von Frankreich an Preußen! In aller Eile wird mobil gemacht. Bald hallen die Straßen Kölns, der alten „Wacht am Rhein" und preußischen Festungsstadt, wider vom Marschtritt der Soldaten, begleitet von klingendem Spiel. Unaufhörlich rollen Eisenbahnzüge mit Menschen und Kriegsgerät über den Rhein. Der patriotische Taumel erfasst auch den zehnjährigen Max von Oppenheim. Stolz grüßt er die Soldaten, die das elterliche Palais in der Glockengasse passieren, schwenkt sein schwarz-weißes Fähnchen und wirft sich in die Brust wie die Großen. Alsbald wird eine Landkarte angeschafft, auf der er mit bunten Fähnchen den Vormarsch der preußischen Armee absteckt. Ortsnamen, gestern noch unbekannt, künden bald von Sieg auf Sieg: Spichern, Mars-la-Tour, Sedan. Wie herrlich, in solch großer Zeit zu leben!

Wenn wir auch nicht wissen, ob es sich so zugetragen hat, plausibel ist es ohne weiteres. Das nationale Fieber seiner Jugend prägt Max von Oppenheim, 1860 in Köln geboren und 1946 in Landshut gestorben, sein Leben lang.[1] Dem aus jenem Krieg hervorgegangenen Kaiserreich zu dienen, dessen Macht zu mehren, war eines der bestimmenden Lebensthemen Max von Oppenheims, das er in verschiedenen Variationen spielte – als Orientforscher und Archäologe, als Diplomat und Propagandist. Sein Denken und Handeln, seine Erfolge und sein Scheitern, die Richtung seines Ehrgeizes und die Art, wie er Grenzen erfuhr, wurzeln tief im Zeitgeist des „ruhelosen Reiches". Oppenheims Biographie ist Spiegelbild der inneren Zerrissenheit jener Epoche und der Suche nach Identität, ein Abbild auch jener Judenfeindlichkeit, die auf das offene Scheitern von Emanzipation und Assimilation im 20. Jahrhundert verweist.


### I. *Patriot in fernen Landen*

Sein erstes Objekt fand Max von Oppenheims Patriotismus in der Begeisterung für die kolonialen Aspirationen des jungen Reiches. In Berlin, wo er einen Teil seines

---

1 Ausführliche Angaben zu Oppenheims Biographie finden sich in: Gabriele *Teichmann*/Gisela *Völger* (Hg.), Faszination Orient. Max von Oppenheim. Forscher, Sammler, Diplomat, Köln 2001. Für diesen Beitrag wurden daraus folgende Aufsätze verwendet: Gabriele *Teichmann*, Grenzgänger zwischen Orient und Okzident. Max von Oppenheim 1860–1946, S. 10–105; Martin *Kröger*, Mit Eifer ein Fremder – Im Auswärtigen Dienst, S. 106–139; Annegret *Nippa*, Tugendreiche Männer – Beduinenforschung, S. 140–175.

Jurastudiums absolvierte und sich während der Referendarausbildung Anfang der 1880er Jahre häufig aufhielt, verkehrte er regelmäßig im Haus seines Onkels Heinrich von Kusserow, Vortragender Rat im Auswärtigen Amt und entschiedener Verfechter einer aktiven deutschen Kolonialpolitik. Er brachte den Neffen mit den führenden „Afrikaforschern" Gerhard Rohlfs und Georg Schweinfurth zusammen. Intensiv diskutierte der Kreis Ziele und Möglichkeiten deutscher Kolonialpolitik in einem Geist, den später Bülow mit seiner Forderung nach einem „Platz an der Sonne" auf den Begriff bringen sollte.

Vor allem Rohlfs wurde in jener Zeit zur Identifikationsfigur für Max von Oppenheim und zum Vermittler gegenüber den Eltern. Als zweiter, hochbegabter Sohn des Kölner Bankiers Albert von Oppenheim eigentlich dazu ausersehen, Sal. Oppenheim jr. & Cie., die höchst erfolgreich agierende Bank der Familie, in der vierten Generation zu führen, widersetzte er sich diesen Plänen indes zäh und beharrlich. Ein Buch hatte den Anstoß zu dem Sinneswandel gegeben. In seinen unveröffentlichten Lebenserinnerungen schildert Oppenheim mit nicht geringem Hang zur Selbststilisierung, wie die Lektüre von „1001 Nacht" für den Jugendlichen zu einem Erweckungserlebnis wurde, das die vorgesehene Bankkarriere radikal in Frage stellte. Forscher im Orient zu werden, das wurde sein „innerer Beruf", während die entsetzten Eltern darin nur „tragische Passionen" sahen. Rohlfs, eine nationale Berühmtheit, war der Mann, der hier helfen konnte. Mit der Autorität des Erfahrenen vermittelte er den Eltern, dass der Sohn für die Bank verloren war. Sie beugten sich schließlich dem Unvermeidlichen und unterstützten ihn fortan in bewundernswerter Haltung auf seinem Weg. Erste Orientierung gab das abenteuerliche, vielgestaltige Leben des Gerhard Rohlfs. Er hatte als Forschungsreisender Furore gemacht, seitdem er als erster Europäer die Sahara durchquert hatte, war Generalkonsul in Sansibar gewesen, hatte Bismarck in Tunesien als politischer Agent gedient und war zum meistgelesenen Reiseschriftsteller Deutschlands geworden.

Die Gelegenheit, in Rohlfs' Fußstapfen zu treten, ergab sich mit Oppenheims großer Orientreise, die ihn von 1892 bis 1893 vom Mittelmeer zum Persischen Golf führte. Seine Erlebnisse und Beobachtungen veröffentlichte er 1899/1900 in einem zweibändigen Prachtwerk, das ihn mit einem Schlage in ganz Europa bekannt machte. Den Abschluss der Reise bildete 1893 ein Abstecher in die junge Kolonie Deutsch-Ostafrika. Nach der Besichtigung einer Kaffeeplantage beschloss Oppenheim, selbst Farmer in Afrika zu werden, denn patriotische Pflicht und unternehmerisches Denken ließen sich so auf das Schönste vereinen: „Hierdurch dachte ich am besten den Wunsch des Gouverneurs, Propaganda für die Kolonie zu machen, erfüllen zu können. Nebenbei war ich überzeugt, dass der jungfräuliche Boden von Handeï, der Jahrtausende durch den Urwald geschützt und ernährt worden war, als eine Goldgrube zu betrachten sei." Nachdem eine Flasche Schnaps und umgerechnet rund 700 Mark den Besitzer gewechselt hatten, konnte sich Oppenheim als Duodezfürst in Afrika fühlen: „So war ich Herr eines Fürstentums geworden, das größer war als Reuss ältere und jüngere Linie zusammengenommen oder als Waldeck."[2]

Zurück in Deutschland mobilisierte Max von Oppenheim seinen Vetter Simon Alfred von Oppenheim, inzwischen einer der Chefs der Familienbank. Gemeinsam mit anderen Kölner Unternehmern wie Eugen Pfeiffer, Arnold Guilleaume, Carl von Joest und Richard Schnitzler gelang 1895 die Gründung der Rheinischen Handeï-Plantagen-Gesellschaft, die in der Tradition früherer kolonialer Unternehmungen der Bank stand. Bald waren die ersten Kaffeepflanzungen angelegt, aber die Monokultur zeigte sich als äußerst anfällig, so dass sich Oppenheims Traum von der Goldgrube nie erfüllte. Kaum waren die Tücken der Natur einigermaßen gemeistert, machten ihm die Wendungen der Politik vollends einen Strich durch die Rechnung: Im Ersten Weltkrieg wurde die Plantage von den Briten besetzt und 1920 entschädigungslos enteignet.

Trat bei diesem kolonialen Projekt vor allem Oppenheims unternehmerische Familientradition zutage, zeigte ihn sein nächstes Vorhaben, das er nach seiner Rückkehr 1894 in Angriff nahm, ganz im politischen Fahrwasser des Kusserow-Kreises. Es ging um die zentralafrikanischen Königreiche Bornu und Baghirmi, auf die sich zugleich die Begehrlichkeit Frankreichs, Englands und Deutschlands richtete. Obwohl sich hier ein Hinterland für die westafrikanische Kolonie Kamerun gewinnen ließ, zögerte das Auswärtige Amt, im Interesse des Reiches aktiv zu werden, vornehmlich wegen hoher Kosten und unsicherer Erfolgsaussichten. Rohlfs und Paul Graf von Hatzfeldt, deutscher Spitzendiplomat und seit 1885 Botschafter in London, brachten Oppenheim mit Paul Kayser in Kontakt, dem Chef der neu errichteten Kolonialabteilung im Auswärtigen Amt. Er hatte es nicht schwer, den nach seiner Orient-Forschungsreise auf neue Bewährung hoffenden Oppenheim von den Vorteilen einer Tschadsee-Expedition zu überzeugen, auf der sich, ganz in der Tradition von Rohlfs, ethnologische Forschung, Abenteurertum und Kolonialpolitik trefflich miteinander verbinden ließen. Die Bereitschaft des Vaters Albert von Oppenheim, das ganze Unternehmen zu finanzieren, ließ die Zögerlichkeit des Auswärtigen Amtes schlagartig schwinden. Während Oppenheim noch mit den umfangreichen Reisevorbereitungen beschäftigt war, eroberte jedoch ein afrikanischer Warlord die begehrten Gebiete, und Oppenheim blieb nur, seine Kenntnisse und Einsichten in einer Publikation für die Nachwelt festzuhalten.[3]

Einen patriotischen Anstrich hatte selbst die archäologische Grabung am Tell Halaf in Nordsyrien, die er von 1911 bis 1913 ausführte. Nachdem er sich bereits

---

2 Hausarchiv des Bankhauses Sal. Oppenheim jr. & Cie., Köln (HBO), Nachlass Max von Oppenheim, LE 1/4, Zitate S. 78 und 80.
3 Max *von Oppenheim*, Rabeh und das Tschadseegebiet, Berlin 1902.

1899 die Grabungskonzession beim Sultan gesichert, aber über ein Jahrzehnt lang nicht genutzt hatte, waren Archäologen anderer Länder in Konstantinopel um Erteilung der Lizenz eingekommen. Da erreichte Oppenheim 1910 ein Appell führender deutscher Orientwissenschaftler, das Projekt für die deutsche Wissenschaft zu retten, dem er umgehend nachkam. Vaterländisches Sendungsbewusstsein demonstrierend, sandte er unaufgefordert Berichte vom Verlauf der Grabung an Kaiser Wilhelm, die dieser lobend kommentierte.

*II. Von Antisemiten blockiert*

Seit den 1880er Jahren hatte Max von Oppenheim eine Karriere als diplomatischer Vertreter des Deutschen Reiches im Orient ins Auge gefasst. Die Ereignisse um seine Bewerbung von 1887 nehmen eine Schlüsselrolle in Oppenheims Leben ein, denn hier trat ein zweites Phänomen zutage, das wie Patriotismus und Nationalismus ein Kontinuum in seinem Leben werden sollte: Antisemitismus. Oppenheim war zutiefst davon überzeugt, mit seinen Erfahrungen und Kenntnissen (er sprach inzwischen fließend Arabisch) den Interessen des Reiches nützlich sein zu können. Gleichzeitig bedeutete ein diplomatischer Posten Zugang zur Elite des Reiches, die der alte Adel dominierte. Mochten viele Voraussetzungen Oppenheims – Begabung, Wohlhabenheit, Weltläufigkeit, juristische Ausbildung und Verwaltungskenntnisse – ihn dafür empfehlen, seine jüdische Abstammung erwies sich als unüberwindliches Hindernis. Sein Vater Albert von Oppenheim war als Jude geboren und hatte sich 1859 vor seiner Heirat mit einer Kölner Patriziertochter katholisch taufen lassen. Aber Assimilation konnte es nach Auffassung der Antisemiten nicht wirklich geben, ein Jude blieb für sie Gefangener seiner „Rasse". Die weitreichenden Verdienste der Familie Oppenheim um den Aufbau des modernen Bankwesens und die Finanzierung der Industrialisierung zählten in ihren Augen ebenso wenig wie die österreichische Nobilitierung von Max' Großvater Simon von Oppenheim oder die Erhebung seines Großonkels Abraham in den preußischen Freiherrnstand, eine Ehre, die ihm 1868 als erstem Juden in Preußen widerfuhr. Auch damals hatte es antisemitisch motivierte Proteste aus der Ministerialbürokratie gegeben, die jedoch nicht verfingen. Inzwischen hatten sich die Zeiten geändert. Wortmächtige Demagogen wie Hofprediger Stoecker heizten seit der Gründerkrise die Atmosphäre mit ihren judenfeindlichen Hetzreden auf. Wie Oppenheim nun schmerzlich erfahren musste, wurde im Auswärtigen Amt mit Antisemitismus unverhohlen Personalpolitik gemacht. Offen zur Schau getragen wurde dies freilich nicht, sondern seine Bewerbung mit fadenscheiniger Begründung abgelehnt. Intern ließ die Sprache des Staatssekretärs Herbert von Bismarck jedoch nichts an Deutlichkeit vermissen: „Ich bin einmal dagegen, weil Juden, selbst wenn sie Begabung haben, doch immer taktlos und aufdringlich werden, sobald sie in bevorzugte Stellungen kommen. Ferner ist der Name als gar zu semitisch bekannt und fordert Spott und Gelächter heraus. Außerdem würden die übrigen Mitglieder unseres diplomatischen Korps, auf dessen Beschaffenheit ich stets große Mühe verwende, es peinlich empfinden, wenn man ihnen einen Judenbengel bloß deshalb zugesellt, weil sein Vater Geld zusammengejobbert hat."[4]

In einer Mischung aus Glauben an die eigene Unentbehrlichkeit, Starrköpfigkeit und Unterschätzung der Judenfeindlichkeit hielt Oppenheim indes an seinem Ziel fest, in den diplomatischen Dienst aufgenommen zu werden. Einen einflussreichen Helfer fand er in Paul Graf von Hatzfeldt, der bei Friedrich von Holstein, der „grauen Eminenz" im Amt, und dem alten Bismarck für Oppenheim intervenierte. „Meine Ansichten über den Antisemitismus kennen Sie. Ich halte ihn für einen verderblichen Wahnsinn, dem man längst hätte entgegentreten sollen", vertrat Hatzfeldt die liberale Gegenposition vor Holstein.[5] Nach bald zehnjährigem Hin und Her fand sich schließlich 1896 eine Lösung, mit der beide Seiten leben konnten: Attachierung an das deutsche Generalkonsulat in Kairo. Nach außen hin hatte diese Stellung zwar diplomatischen Anstrich, aber nach innen machten zahlreiche Einschränkungen wie die jährlich neu einzuholende Verlängerung und der Ausschluss von den laufenden Geschäften nur allzu deutlich, dass Oppenheim nicht wirklich dazugehören sollte: eine „Zwitterstellung", befand zutreffend Paul Graf von Wolff Metternich, sein erster Chef. Bei dieser Position der subtilen Demütigung blieb es; den erstrebten Diplomatenstatus sollte Oppenheim formal nie erreichen.

*III. „The Kaiser's master spy"?*

Max von Oppenheims neues Wirkungsfeld Ägypten, wo er von 1896 bis 1909 Dienst tat, stand damals aus vielerlei politischen und wirtschaftlichen Gründen im Brennpunkt der internationalen Diplomatie. 1882 hatten die Briten zum Schutz des Suezkanals Ägypten besetzt; damit war der Startschuss für den *Scramble for Africa* gegeben. Das Aufeinandertreffen britischer und französischer Interessen erzeugte ein Klima von Rivalität im Lande, das die deutsche Außenpolitik für sich nutzbar zu machen suchte. Seiner nur geduldeten Stellung halber war Oppenheim nicht mit konkreten diplomatischen Instruktionen ausgestattet, es war ihm jedoch erlaubt,

---

4 Bismarck an Rottenburg, 25.9.1887, zitiert nach: Heinrich *Stamm*, Graf Herbert von Bismarck als Staatssekretär des Auswärtigen Amtes, phil. Diss. Braunschweig 1978, S. 185f.
5 Brief vom 1.7.1892, zit. nach: Gerhard *Ebel* (Hg.), Botschafter Paul Graf von Hatzfeldt, Nachgelassene Papiere 1838–1901, Bd. 2, Boppard 1976, Nr. 545, S. 891f. Im Übrigen ist es bezeichnend, dass sich unter Oppenheims Freunden und Förderern kein einziger aus protestantisch-altpreußischen Adelsfamilien fand. Sein Kreis umschloss die rheinisch-katholischen Hatzfeldts, Metternichs und Matuschka-Greiffenclaus.

Berichte mit Inhalt nach seinem Gutdünken an den jeweiligen Reichskanzler zu verfassen. 467 zumeist umfangreiche Rapports gingen so im Laufe der Jahre nach Berlin. Hauptthemen waren die politische Entwicklung in Ägypten und die Stellung der britischen Machthaber im Lande, die verschiedenen islamischen Strömungen in Arabien, ergänzt durch eine Vielzahl von historischen Skizzen und Dynastiegeschichten, die innerhalb vergleichbarer Korrespondenz der diplomatischen Vertreter noch heute unkonventionell wirken.[6] Zahlreiche Berichte wurden abschriftlich an andere deutsche Vertretungen, beispielsweise Konstantinopel, gesandt und einige andere wahrscheinlich für die Vorbereitung von Wilhelms II. großer Orientreise von 1898 benutzt, auf der ihn Metternich begleitete. Dennoch war ihr Nachhall nicht so, wie Oppenheim es sich erhofft hatte. Weder avancierte er zum Chefberater für die Orientpolitik noch schwanden mit der Zeit die antijüdischen Ressentiments zugunsten einer vollgültigen diplomatischen Karriere. Dem lagen weder mangelnde Verwertbarkeit der Berichte noch unzureichende Fähigkeiten Oppenheims zugrunde. Ganz im Gegenteil, seine wechselnden Chefs in Kairo haben ihn durchweg geschätzt, am meisten wohl Metternich, der sich mehrfach in Berlin für ihn verwandte. Am Ende blieb, dass der rassistische Dünkel im Auswärtigen Amt verhinderte, aus den Talenten und Kenntnissen Oppenheims größeren Nutzen für das Deutsche Reich zu ziehen.

Die unmittelbare Begegnung mit den Briten ließ in Kairo auch bei Oppenheim ein Gefühl wachsen, das zu den Stereotypen wilhelminischen Zeitgeistes gehörte: Neid und Hass auf England. Dahinter war unschwer das Minderwertigkeitsgefühl des Aufsteigers unter den Großmächten zu spüren. Während der rührige Attaché Oppenheim zu den meisten europäischen Diplomaten harmonische Beziehungen pflegte, war sein Verhältnis zu den Angehörigen der britischen *Residency* mit eifersüchtiger Spannung aufgeladen. Deren Chef Lord Evelyn Cromer, Abkömmling der Londoner Bankiersfamilie Baring, nannte Oppenheim neiderfüllt den „ungekrönten, wirklichen König von Ägypten". Überall witterte er britische Pressehetze gegen seine Person, ein Vorwurf, den er nach Abschluss der *Entente Cordiale* auch auf französische Zeitungen ausdehnte. Die Beschreibung des in Kairo lebenden Forscherehepaars Blunt, das er unter allen Engländern am höchsten schätzte, war Spiegelbild der eigenen Position: „Sie waren durch und durch araberfreundlich und standen ganz auf der Seite der Eingeborenen, die das englische Joch hassten."[7]

Entgegen seinen Äußerungen hatten die britischen Diplomaten guten Grund, auf Oppenheim ein wachsames Auge zu haben. Ihnen war nicht entgangen, dass er rasch ein informelles Netzwerk mit führenden Panislamisten und anti-britischen Nationalisten aufgebaut hatte. Das musste die britische Besatzungsmacht als potenzielle

---

6 *Kröger*, Mit Eifer ein Fremder, S. 116f.
7 HBO, Nachlass Max von Oppenheim, LE 1/5, S. 59.

Bedrohung interpretieren. Oppenheim, ein Mann von brennendem Ehrgeiz und nicht geringer Eitelkeit, verstand es dank dieser Kontakte, sich politisches Gewicht zu verschaffen. Rastlose Geschäftigkeit und ein glanzvolles Gesellschaftsleben taten ein Übriges, um seine Person in den Mittelpunkt öffentlicher Aufmerksamkeit zu rücken. Dabei zeigte sich Oppenheim als Meister der Selbstinszenierung. Großbürgerliche Geselligkeit, wie er sie in seinem Elternhaus kennen gelernt hatte, war sein Mittel, als Bühne diente ihm seine prachtvolle Villa an der Grenze von europäischem und arabischem Viertel (im ersten Jahr war Lord Kitchener sein Nachbar), die er in stilsicherem Kunstsinn mit kostbaren Orientalia ausgestattet hatte. So konnte er sich unter den Europäern als Kenner des Orients profilieren und gleichzeitig sein Kommunikationstalent zur Entfaltung bringen, welches er für die Anknüpfung politischer Beziehungen nutzte. Kurz: Die unzureichende Definition seiner Aufgabe, von Berlin intendiert, um ihn kaltzustellen, interpretierte er als Freibrief, seine Stellung vor Ort so weit wie möglich nach eigenen Wünschen zu formen.

Das machte verdächtig. Warum, so fragte sich beispielsweise die französische Presse, stieg er nicht auf in der diplomatischen Hierarchie, wenn die kaiserliche Regierung ihn so hoch schätzte, wie Oppenheims Kontakte zur einheimischen Führungsschicht suggerierten? Weder Oppenheim noch seine Vorgesetzten hatten Interesse daran, den Antisemitismus im Auswärtigen Amt als wahre Ursache öffentlich zu machen. Sein freundschaftlicher, ja herzlicher Umgang mit Einheimischen und seine offen gezeigte Nähe zur orientalischen Kultur schürten den Verdacht des „going native", und auch das war nicht geheuer. Mit den Jahren wurde Oppenheim so zur schillerndsten, am meisten geheimnisumwitterten Figur der Kairoer Diplomatenwelt. Für die Briten war er ein Spion, ein „intriguer and plotter", dem Archäologie und ethnologische Feldforschung, die er von Kairo aus betrieb, nur als Tarnung für geheimdienstliche Wühlarbeit gegen das britische Weltreich dienten. „I think that he was the German Hogarth – combining scholarship and secret service work", bemerkte noch 1974 der Orientalist Robin Bidwell.[8] Besonders Sir Mark Sykes, im britischen War Office zuständig für den Nahen Osten, beeinflusste nachhaltig das Bild, das sich die Briten von Oppenheim machten: „a personal friend of the German Emperor's", „one of the original propagandists of the Baghdad Railway", „a violent Anglophobe".[9] Den Ruf als Meisterspion Kaiser Wilhelms II. und größte Bedrohung des *Empire* ist Oppenheim in der angelsächsischen Geschichts-

---

8 Hans-Ulrich *Seidt*, Berlin, Kabul, Moskau. Oskar Ritter von Niedermayer und Deutschlands Geopolitik, München 2002, S. 48. Bidwell schrieb dies 1974 an Christopher Sykes, den ehemaligen Angehörigen der Special Air Services, Orientreisenden, Schriftsteller und Historiker.
9 Donald M. *McKale*, War by Revolution. Germany and Great Britain in the Middle East in the Era of World War I, Kent, Ohio 1998, S. 159.

schreibung bis heute nicht los geworden.[10] Er selbst hat sich gegen solche Unterstellungen stets vehement gewehrt und eine rein „rezeptive" Rolle in der Kairoer Intrigenküche für sich reklamiert.

Was aber war dran an den Gerüchten? Es scheint in der Rückschau, als hätten sich Propaganda, Pragmatismus und Projektionen zu einem Image von Oppenheim verdichtet, das der Realität nicht entsprach. Aus der britischen Einstellung sprachen nicht nur Angst um die Erhaltung der eigenen Vorherrschaft und Misstrauen gegenüber dem Deutschen, der so viel schwerer einzuordnen war als seine Kollegen. Sie verwies auch auf eigene Traditionen, verkörpert unter anderem von dem schon genannten David Hogarth, dessen Meisterschüler kein Geringerer als Lawrence of Arabia war. Die umfangreichen Akten im Auswärtigen Amt, Oppenheims Lebenserinnerungen sowie seine Privatkorrespondenz mit seinem engsten Freund Hermann Graf von Hatzfeldt, wie sein Vater Paul hochrangiger Karrierediplomat, geben jedenfalls keinerlei Hinweis auf eine subversive Rolle Oppenheims, trotz aller Kontakte zu England-kritischen Ägyptern, Arabern und Türken. Die deutsche Seite mochte ihrerseits gute Gründe haben, Oppenheim den Ruf des Unberechenbaren zu lassen. Schließlich war Oppenheim in der Rolle des „gefürchteten Aufpassers", wie ihn Wilhelm II. einmal ironisch nannte, durchaus nützlich, auch wenn man ihn sonst in Berlin überging. Ihm selbst wird so viel öffentliche Aufmerksamkeit sicher geschmeichelt haben.[11]

*IV. Große Ideen*

Die wilhelminische Zeit liebte geopolitische Großkonzepte und schwebte dabei, wie wir wissen, allzu oft in der Gefahr der Selbstüberhebung. Diese Tendenz ist auch bei Max von Oppenheim erkennbar. Dafür steht insbesondere seine Ende Oktober 1914 verfasste „Denkschrift betreffend die Revolutionierung der islamischen Gebiete unserer Feinde". Im Verlauf der Julikrise waren die gewohnten antibritischen Stereotype der deutschen Politik zu wilden Rachegedanken gegen eine angebliche Einkreisungspolitik eskaliert. Der Kaiser befahl, die islamische Welt für den Aufstand gegen das „verhasste, gewissenlose, verlogene Krämervolk" zu entflammen, „denn wenn wir uns verbluten sollen, dann soll England wenigstens Indien verlieren". Dies war der Augenblick im Auswärtigen Amt, sich Oppenheims als eines intimen Kenners des Orients zu erinnern und ihn mit einer Studie zum revolutionären Potenzial im Orient zu beauftragen. Ergebnis war die 137-seitige Denkschrift,

---

10 Robert L. *Melka*, Max Freiherr von Oppenheim: Sixty Years of Scholarship and Political Intrigue in the Middle East, in: Middle Eastern Studies, 9 (1973), S. 81–93; Peter *Hopkirk*, On Secret Service East of Constantinople. The Plot to Bring Down the British Empire, London 1994, besonders S. 19, Abb. 15; *McKale*, War by Revolution, besonders S. 158–160.
11 *Kröger*, Mit Eifer ein Fremder, S. 122f.

in der Oppenheim alle Informationen und zum Teil noch wirren Vorschläge, die im Amt eingingen, überprüfte und in ein Gesamtkonzept brachte. Seine Empfehlung: die Entfesselung eines „Heiligen Krieges" der islamischen Völker gegen die westlichen Kolonialmächte.[12] Damit hatte Oppenheim Neuland betreten. Zwar gehörte das Kampfmittel der nationalrevolutionären Erhebung seit Beginn des 19. Jahrhunderts zum Arsenal europäischer Machtpolitik. Oppenheim war jedoch der erste, der eine Weltreligion politisch zu instrumentalisieren versuchte. Sein Destabilisierungsplan, bis dahin der umfassendste überhaupt, bot den konzeptionellen Rahmen für eine deutsche Strategie, deren Hauptziele die überseeischen Schlüsselstellungen des britischen Weltreichs, nämlich Ägypten und Indien, waren.[13]

Zur operativen Umsetzung seines Programms baute Oppenheim ebenfalls im Auftrag des Auswärtigen Amtes seit Herbst 1914 in Berlin die „Nachrichtenstelle für den Orient" auf, eine Propagandaorganisation, die vom Maghreb bis nach Indien Stimmung für Deutschland machen sollte. Ihre Hauptaufgabe war die Herstellung von Propagandamaterial in den gängigen Sprachen des Orients; insgesamt soll sie während der vier Kriegsjahre 1012 Publikationen in 9 europäischen und 15 asiatischen Sprachen in einer Gesamtauflage von drei Millionen Stück produziert haben.[14] Wohl wissend, dass viele der Adressaten Analphabeten waren, hatte Oppenheim dabei auf Comic-artige, mit einfachen, polemisch zugespitzten Botschaften arbeitende Gestaltung der Pamphlete geachtet. Um die Bevölkerung in Indien aufzustacheln, deren geringe Neigung zur Revolte Oppenheim bekannt war, bildete er gleichzeitig in der Schweiz ein Komitee junger Inder, die zu Anwendung terroristischer Gewalt und zu Selbstmordaktionen bereit waren und auf den Subkontinent geschleust wurden. Ab 1915 an die deutsche Botschaft in Konstantinopel abgeordnet, organisierte er die Verteilung der Kriegspropaganda von rund 80 so genannten „Nachrichtensälen" aus, die über das gesamte Osmanische Reich verstreut lagen. Oppenheims hochfliegende Pläne endeten jedoch im Nichts. Eine intensive Diskussion seiner Gedanken mit Außenpolitikern und Militärs fand nicht statt, vielmehr wurde überhastet und aktionistisch gehandelt. Nach einer Reise, die ihn 1915 nach Syrien und in den Nordwesten Arabiens führte, entfernte sich Oppenheims Propaganda vom Djihad-Thema.[15] Offensichtlich hatten er und die deutsche Politik die Bereitschaft der islamischen Völker zum Aufstand erheblich überschätzt. Aber nicht nur darin hatte Hybris gelegen, sondern auch in der Bereitschaft zu kaltherziger Ausnutzung religiöser Gefühle.

---

12 Herbert Landolin *Müller*, Islam, gihad („Heiliger Krieg") und Deutsches Reich. Ein Nachspiel zur wilhelminischen Weltpolitik im Maghreb 1914–1918, Frankfurt a.M. u.a. 1991, S. 193–213.
13 *Seidt*, Berlin, Kabul, Moskau, S. 55.
14 Hew *Strachan*, The First World War, Vol. I: To Arms, Oxford 2001, S. 708.
15 Ebd., S. 708f.

Ein anderes *grand design*, mit dem Oppenheim hervortrat, war schon älteren Datums und betraf die Bagdadbahn. Zu Anfang des 20. Jahrhunderts geriet er in die Planungen dieses hochpolitischen Projekts, da die Deutsche Bank, die das Unternehmen finanzierte, ihn wegen seiner landeskundlichen Kenntnisse als Berater hinzuzog. Auf eigene Initiative hin reiste er 1902 und 1904 in die USA, um die dortigen Erfahrungen im Eisenbahnbau zu studieren und für das Projekt im Nahen Osten zu verwerten. Ergebnis seiner Beobachtungen war die Studie „Zur Entwickelung des Bagdadbahngebiets". Auf 350 Seiten entwarf er, Utopie und Realismus vermischend, eine Vision, wie dieses Land alter Hochkulturen wieder zur Blüte zu bringen sei. Hintergrund waren wiederum geopolitische Überlegungen. Oppenheim hatte erkannt, dass die USA im Begriff waren, zur globalen Herausforderung für Europa zu werden wegen ihres unermesslichen Reichtums und einer besonders effizienten, vom nationalen Interesse gesteuerten Zusammenarbeit von Privatwirtschaft und Politik. Das Deutsche Reich konnte der anwachsenden Macht der USA allein nichts entgegensetzen. Daher würde es darauf ankommen, Europa als politischen und wirtschaftlichen Großraum zu organisieren und den Nahen und Mittleren Osten als „europäischen Komplementärraum" zu entwickeln.[16] Am schnellsten schien Oppenheim dies über einen Wissenstransfer von den USA über Europa in den Orient erreichbar. Deutschland war für ihn als Vermittler besonders geeignet, da es keine territorialen Interessen im Osmanischen Reich verfolgte und darüber hinaus Vertrauen und Sympathie des Sultans und der Bevölkerung für sich reklamieren konnte. Die größten Entwicklungspotenziale erkannte Oppenheim richtig in der Landwirtschaft des „fruchtbaren Halbmonds" von Syrien bis nach Mesopotamien und vor allem in der Ölförderung. Motor der Entwicklung sollte zunächst die private Bagdadbahngesellschaft sein in „taktvolle[r], im Hintergrund sich haltende[r] Mitarbeit" mit der türkischen Regierung. Die überkommenen Mechanismen von Kolonisierung und Missionierung ließ sein Gedankenwerk weit hinter sich: „[...] das Bagdadbahngebiet [gehört] dem Islam. Der Sultan und die Bewohner des Bahngebiets müssen außer Zweifel sein, dass die Entwicklung des Landes in erster Linie *für* die Mohammedaner und möglichst *durch* die Mohammedaner erfolgen soll." Der Islam sei keineswegs ein Feind des Wandels, sondern habe in neuerer Zeit zahlreiche Reformer hervorgebracht, die sich beispielsweise die Entwicklung Japans zum Vorbild nähmen. Die Menschen des Orients seien bildsam, fleißig und dank ihrer patriarchalischen Traditionen leicht beeinflussbar, mochten Schulbildung und private Initiative dort vorläufig auch geringer sein als in Europa und den USA.[17]

---

16 *Seidt*, Berlin, Kabul, Moskau, S. 46
17 Max *von Oppenheim*, Zur Entwickelung des Bagdadbahngebietes und insbesondere Syriens und Mesopotamiens unter Nutzanwendung amerikanischer Erfahrungen, Berlin 1904, besonders S. 183ff, 343–350 (344f).

Oppenheims Traum von einem blühenden Orient verbindet seine tiefe Liebe zu dieser Welt mit seinem glühenden Patriotismus. Allerdings überforderten seine Ideen die Vorstellungskraft der Zeitgenossen und gingen weit vorbei an ihren – legitimen – Interessen. Sein Auftraggeber Arthur Gwinner von der Deutschen Bank kommentierte verächtlich: „Ein paar Hundert Millionen Mark deutschen Kapitals ohne ausreichende Garantien [...] zu investieren, kann von Niemandem, der die Verantwortlichkeit für große fremde Sparkapitalien trägt, übernommen werden"; Oppenheims Worte seien konfuses „Gefasel", das besser „im Tintenfass" geblieben wäre.[18] Aus politischer Sicht war Oppenheims Konzept, mit Hilfe von Wirtschaftsförderung Geopolitik zu betreiben, überaus fortschrittlich. Bei dem geringen Ansehen, das er im Auswärtigen Amt besaß, verwundert es jedoch nicht, dass die Politik seine Ideen niemals aufgegriffen hat.

*V. Auf der Suche nach Identität*

Max von Oppenheim entstammte der ersten Generation seiner Familie, die getauft und christlich erzogen worden war. Wie er in seinen Erinnerungen schreibt, hatte sein Großvater Simon Oppenheim die Konversion seiner Nachkommen ausdrücklich gewünscht, in der Erwartung vollkommener Integration in die christliche Gesellschaft – einer Erwartung, die sich indes als trügerisch erweisen sollte. Oppenheims Leben war von der Schwierigkeit bestimmt, als Christ mit jüdischer Familienvergangenheit zu einer Identität in einer Gesellschaft zu finden, die ihn immerzu auf dieses Erbe festlegte. Und diese Gesellschaft war keineswegs fest gefügt, sondern ihrerseits zwischen Tradition und Aufbruch auf der Suche nach sich selbst. So blieb er zerrissen zwischen einer Vergangenheit, zu der er sich nicht mehr unbefangen bekennen konnte, und einer Gegenwart, die ihn nie ganz ankommen ließ.

Max von Oppenheims Elternhaus hatte ihm die selbstbewusste Gewissheit mitgegeben, zu einer der führenden Unternehmerfamilien zu gehören, dazu Kultiviertheit und Kunstverstand (sein Vater Albert gehörte zu den bedeutendsten Sammlerpersönlichkeiten in Deutschland) und eine liberale Grundstimmung. Seine Erziehung vollzog sich noch ganz in den Bahnen des Humboldtschen Bildungsideals, das die Entwicklung einer selbstbestimmten Individualität, die harmonische Entfaltung aller Kräfte und die lebenslange Aneignung von Welt zum Maßstab machte. Solche Leitbilder konkretisierten sich in der Durchsetzung seiner Berufswünsche gegen die Erwartungen seiner Eltern oder im Neben- und Nacheinander verschiedener Karrieren als Archäologe, Ethnologe, Diplomat, Sammler und Wissenschaftsmanager.

---

18 Brief Gwinners vom 9. Juli 1906, Politisches Archiv des Auswärtigen Amtes, Orientalia Generalia R 14562.

Oppenheims politische Auffassungen allerdings zeigen, dass er in eine andere Zeit gehörte als die Eltern und Großeltern. Schon früh wandte er sich ab von liberalen Familientraditionen, die vor allem im Vormärz politisch zur Geltung gekommen waren. Der Großvater Simon und der Großonkel Abraham Oppenheim hatten 1841 in einer Eingabe an den preußischen König selbstbewusst die völlige Emanzipation der Juden eingefordert; 1847 kämpfte Abraham Oppenheim hinter den Kulissen des Vereinigten Landtags um deren rechtliche Verwirklichung. Der Großonkel Dagobert hatte zu den Gründern der *Rheinischen Zeitung* gehört, für die alsbald Karl Marx als Chefredakteur gewonnen wurde. Abraham und Dagobert Oppenheim gehörten in den 1840er Jahren für die Liberalen dem Kölner Stadtrat an, Dagobert auch über jene konservative Kehrtwende des Bürgertums von 1848 hinaus, die Abraham und Simon Oppenheim, die Chefs der Bank, mit vollzogen. Ihre Welt blieb jedoch die des modernen Wirtschaftsbürgertums, das vor allem an einer möglichst freien Entfaltung ihrer Unternehmerinteressen in dem politisch von Großgrundbesitzern dominierten Staat ausgerichtet war. Trotz Standeserhebung und Erwerb von Rittergütern keineswegs feudalisiert, blieben bürgerliche Werte wie Leistung, Fleiß und Sparsamkeit, Mut zum Risiko und Lust am Gewinn für sie das Maß aller Dinge. Anders Max von Oppenheim. Er entwickelte schon früh einen elitären Habitus, der sich an der altadligen Führungsschicht orientierte. Sein Deutschland war ein autoritärer Machtstaat, in dem Demokratie und Parlamentarismus keinen Platz hatten. Quelle aller Identität war das Nationale, symbolisiert in der Person des Kaisers. Nationalismus war damit zur Ersatzreligion geworden, wo weder der alte noch der neue Glaube Identität stiften konnte. Und was für Oppenheim als Individuum galt, das betraf auch die Gesellschaft als Ganzes.

Einen ersten Fokus fanden Oppenheims nationalkonservative Einstellungen bei der „Palatia", einer adlig-exklusiven schlagenden Verbindung, der Max von Oppenheim 1879 beitrat, als er sein Jurastudium an der neu errichteten Reichsuniversität Straßburg begann. Martialisch-schneidiges Auftreten als Imitation des Offizierskorps und Werte wie „Ehre" und „Satisfaktionsfähigkeit" regierten diese Welt, die Oppenheim bald zu der seinen machte. In seinen Erinnerungen an die frühen Jahre nimmt nichts annähernd so viel Raum ein wie die begeisterte Schilderung der alten Burschenherrlichkeit mit dem kriegerischen Ritual der Mensur, den Kneipenabenden und einer viel beschworenen Kameradschaft. Zweifel an dem Kastengeist und den autoritären Strukturen der schlagenden Verbindungen, die bereits von vielen Zeitgenossen höchst kritisch gesehen wurden, sind bei Oppenheim nie aufgekommen. Dies selbst dann nicht, als seine Verbindungsbrüder, auch nach ihren eigenen Maßstäben, Verrat an ihm begingen. Als nämlich die „Nürnberger Gesetze" Oppenheim 1935 als „Halbjuden" einstuften, da waren ausgerechnet die alten Herren der „Palatia" die ersten, die daraus konkrete Schritte ableiten wollten: Oppenheim, seit über 50 Jahren Mitglied, drohte der Ausschluss. Nur mit Mühe konnte sein alter Freund Hermann Graf von Hatzfeldt diese Demütigung verhindern. Im Übrigen hatten alte Verbindungen ins Auswärtige Amt zur Folge, dass Max von Oppenheim das nationalsozialistische Regime relativ unbehelligt überstand.

Und dennoch: Max von Oppenheim konnte niemals verleugnen, dass er, anders als die preußischen Junker, einer Welt entstammte, in der es zur *raison d'être* gehörte, auf der Höhe der Zeit zu sein. Dieses Erbe zeigte sich bei ihm unter anderem in seiner Aufgeschlossenheit für moderne Technik, seinem Sinn fürs Praktische, seinem Reichtum an Ideen und dem Drang, diese auch zu verwirklichen. Der von ihm initiierte Einsatz moderner Medien im Ersten Weltkrieg gipfelte beispielsweise 1915/16 in der Produktion mehrerer Propagandafilme, die in den Orten entlang der Bagdadbahntrasse im Vorprogramm von Spielfilmen gezeigt wurden. Da das Auswärtige Amt seine Finanzierungszusage jedoch nach einiger Zeit zurückzog, gründete Oppenheim 1917 die private Balkan-Orient Film GmbH.[19] Um dieselbe Zeit plante Oppenheim, die mangelhaften Kommunikationsmöglichkeiten im Osmanischen Reich durch die Errichtung von Telegraphenstationen zwischen Konstantinopel und der Provinz zu verbessern. Die Bauteile aus Deutschland waren indes so laienhaft getarnt, dass sie auf dem Transport in Rumänien auffielen und beschlagnahmt wurden. Auch als Ethnologe und Archäologe war es für ihn selbstverständlich, stets mit den neuesten und besten technischen Hilfsmitteln zu arbeiten. Seine Reise 1892/93 und seine archäologische Grabung am Tell Halaf (1911–1913) ließ er beispielsweise durch Tausende von Photos dokumentieren, die, von professioneller Hand erstellt, bis heute brillante Zeugnisse seines Forscherlebens darstellen. Während des langwierigen und hoch komplexen Grabungsprojekts bewährte er sich überdies als glänzender Organisator und unumstrittene Führungspersönlichkeit.

Nach dem Ersten Weltkrieg zog Oppenheim sich auf ein Privatgelehrtendasein zurück, da er der verhassten Weimarer Republik keinesfalls dienen wollte. Bald trat er mit neuen Ideen hervor. 1922 gründete er in Berlin das Orient-Forschungs-Institut, die erste private Forschungseinrichtung dieser Art mit ihrer riesigen, von Oppenheim zusammengetragenen Bibliothek. Hier versammelten sich Gelehrte aller Fachrichtungen zu interdisziplinärem Diskurs. Sein Forschungsansatz war ganzheitlich oder, wie sein Schüler Werner Caskel, nachmals Ordinarius für Orientalische Sprachen an der Universität zu Köln, formulierte, „nicht trockene, methodische Universitäts-Gelehrsamkeit, [...] [sondern] die liebevolle Versenkung in das Ganze einer Kultur, von den hohen Gegenständen der Kunst bis zu den kleinen Dingen des täg-

---

19 Gottfried *Hagen*, Die Türkei im Ersten Weltkrieg. Flugblätter und Flugschriften in arabischer, persischer und osmanisch-türkischer Sprache aus der Sammlung der Universitätsbibliothek Heidelberg eingeleitet, übersetzt und kommentiert, Frankfurt a.M. 1990, S. 41.

lichen Lebens."[20] Dies war ungewöhnlich, denn in der arbeitsteiligen Industriegesellschaft, die während Oppenheims Lebensspanne zur Hochblüte gelangte, war es zu einer Akademisierung und Spezialisierung der Forschung gekommen. Ein „Dilettant" ohne passende akademische Ausbildung und Forschungsinteresse über Fächergrenzen hinweg, der im Jahrhundert zuvor noch als Normalfall gelten konnte, erschien nun nicht mehr zeitgemäß. Max von Oppenheims idiosynkratische Existenz als Privatgelehrter erinnert an den Kunsthistoriker Aby Warburg, der, obwohl akademisch ausgebildet, ebenfalls dem alten Typus des Wissenschaftlers mit unabhängigem Einkommen entsprach, der außerhalb des staatlichen Hochschulsystems forschte.[21] Dem verborgenen Vorwurf des Dilettantismus gesellte sich nach dem Ersten Weltkrieg handfester Sozialneid hinzu, gepaart mit zunächst latenter, seit 1933 jedoch offen artikulierter Judenfeindlichkeit. Oppenheim wurde, ganz im Sinne überkommener Klischees, als Müßiggänger und geistiger Schmarotzer diffamiert, der außer Geld nichts zu bieten habe.[22] Sein Wunsch, die aus Syrien eingeführten Grabungsfunde vom Tell Halaf in den Staatlichen Museen unterzubringen, scheiterte an der Arroganz der staatlich bestallten Kuratoren, die Oppenheim nicht als gleichwertigen Wissenschaftler anerkennen wollten. Er gründete daraufhin ein privates Tell-Halaf-Museum in Berlin-Charlottenburg, das die Funde in ausgesprochen fortschrittlicher Weise präsentierte.[23] Die Blockade-Rolle, die vor dem Ersten Weltkrieg die alte Geburtselite gespielt hatte, hatte die Bildungselite fugenlos übernommen.

In der Summe zeigen seine Tätigkeiten, dass Oppenheim auch den Typ des modernen Managers verkörperte, der Effizienzdenken und Fortschrittszugewandtheit seiner Unternehmerfamilie auf eigene Weise auslebte. Die geistige Regsamkeit und Frische, die er hierbei an den Tag legte, scheint schwer vereinbar mit der Starrheit seiner politischen Ansichten. So führte Oppenheim ein Leben zwischen Konvention und Kreativität: das eine war notwendig, um Zugehörigkeit zu demonstrieren, das andere konnte er nicht lassen, weil dies weder seinen Anlagen noch seinem Selbstbild entsprochen hätte.

Wie er gesehen werden wollte, darüber geben Max von Oppenheims Lebenserinnerungen reiche Auskunft, die zur Veröffentlichung zehn Jahre nach seinem Tod vorgesehen waren. Sein Bemühen um Anerkennung tritt darin zurück hinter den Persönlichkeitskult eines Exzentrikers, der seine Individualität für die Nachwelt zele-

---

20 HBO, Nachlass MvO, Nr. 16, Rede Caskels anlässlich Oppenheims 70. Geburtstag.
21 Ron *Chernow*, Die Warburgs. Odyssee einer Familie, Berlin 1994, besonders S. 90–94, 156–166.
22 So zuletzt Arnold *Nöldeke*, Altiki der Finder. Memoiren eines Ausgräbers, hg. v. Elisabeth *Weber-Nöldeke*, Hildesheim u.a. 2003, S. 186ff.
23 Nadja *Cholidis*/Lutz *Martin*, Kopf hoch! Mut hoch! Und Humor hoch! Der Tell Halaf und sein Ausgräber Max Freiherr von Oppenheim, Mainz 2002.

brierte. Häufig nutzt er romantische Versatzstücke, um auf angebliche geheimnisvolle und doppelbödige Elemente seines Lebens zu verweisen. So werden seine Jahre in Kairo zu einem „Doppelleben" zwischen europäischer und orientalischer Welt, mit seinen „Zeitfrauen" als großem Geheimnis. Aber weder war ein Leben im Konkubinat so ungewöhnlich, wie er uns glauben machen will, noch steht fest, ob dies wirklich so geheim geblieben ist. Er erzählt ferner von einsamen Ritten in die Wüste, die aber bei näherem Hinsehen zu Ausflügen werden, die seine Diener bestens organisiert haben. Immer wieder verleiht er seiner Sympathie für romantische Außenseiterfiguren Ausdruck, insbesondere für die hoch verehrte Lady Jane Digby, die er wie ein weibliches *Alter Ego* präsentiert. Als Erzählung in der Erzählung breitet er Einzelheiten ihres skandalösen Lebenswandels zu Beginn des 19. Jahrhunderts aus, der sie nach zahlreichen Affären, unter anderem mit König Ludwig I. von Bayern, schließlich an die Seite eines Beduinenscheichs führen sollte.

Auch in seiner Autobiographie existiert neben dem Romantiker der Tatmensch Oppenheim. Der gab sich kraftstrotzend, optimistisch, männlich, erfolgreich – ganz so, wie sein Vaterland erscheinen wollte. Brüche und Abgründe ließ dieses strahlende Selbstbild nicht zu. Wie wir wissen, gab es hinter der glänzenden Erfolgsfassade auch Bitternis, vor allem wegen der Verhinderung einer wirklichen Diplomatenkarriere durch das Auswärtige Amt. Oppenheim reagierte auf diese Kränkung mit klassischen Verdrängungsmechanismen. Kein Wort davon in seinen Memoiren, stattdessen Erwähnung diplomatischer Spezialmissionen, die in Wirklichkeit keine waren. Die Lektüre der Akten vor allem im Auswärtigen Amt entlarvt dieses Bild vollends als Projektion seiner Wunschvorstellungen. Nie konnte er akzeptieren, dass man ihn in Berlin wegen seiner Herkunft nicht wollte, sondern fuhr fort, den aussichtslosen Kampf um Anerkennung weiter zu kämpfen. Nie ließ er erkennen, dass er die Judenfeindlichkeit als Grund für das Scheitern seiner Ambitionen identifizierte. Nie äußerte er Kritik an den Schattenseiten der wilhelminischen Epoche, sondern verklärte sie durch dieses Schweigen zu einer heilen Welt, die sie niemals war. Waren sein Konservatismus und Nationalismus am Ende also Überidentifikationen mit dem herrschenden Zeitgeist, um jeden Zweifel an seiner Loyalität auszuräumen?

Max von Oppenheims Zerrissenheit zwischen Anpassung und schöpferischer Selbstentfaltung, zwischen Zugehörigkeit und Abgrenzung, wirft die Frage auf, was er im Orient gesucht hat, der im Mittelpunkt seiner Lebensleistung stand. An der Oberfläche fällt auf, dass er seine Villa in Kairo ganz bewusst im Stil des späten 18. Jahrhunderts einrichtete, also einer Zeit vor Beginn des europäischen Einflusses. Jener unverbildete Orient, den er damit rekonstruierte, war jedoch nicht als möglichst perfekte exotische Kulisse gemeint, sondern hatte seinen Ursprung in Oppenheims hoch entwickeltem Sinn für Ästhetik. Seit seinen frühen Mannesjahren war er eifriger Sammler traditioneller orientalischer Handwerks- und Gebrauchskunst und hatte es mit den Jahren zu beträchtlicher Kennerschaft gebracht. Die einzigartige Qualität des orientalischen Handwerks zu erhalten, das Bewusstsein der Einheimischen dafür zu stärken und neue Absatzchancen für das Kunsthandwerk zu eröffnen waren ihm Herzensanliegen. Gleichzeitig polemisierte er – vor allem in seiner Studie zur Entwicklung des Bagdadbahngebiets – gegen die unkritische Übernahme des schlechten europäischen Geschmacks.[24]

Der Orient war natürlich wissenschaftlicher Forschungsgegenstand, vor allem in der Ethnologie und Archäologie, aber mehr noch ein Ort starker emotionaler Bindungen. Oppenheims Faszination für den Orient fand ihren vielleicht tiefsten Ausdruck in seiner Liebe zu den Beduinen. Seit den ersten Begegnungen Anfang der 1890er Jahre zog es ihn immer wieder in die Wüste zu den Stämmen der Schammar und Aneze, bei denen er Freundschaft und Anerkennung fand; sein Leben lang beschäftigte er sich mit ihrer sozialen Ordnung, ihren Sitten und Gebräuchen. Hier fand er eine Gesellschaft vor, die nach strengen Gesetzen und Ehrbegriffen in archaischen Mustern lebte. Ihre Grundfesten – Ritterlichkeit, Tapferkeit, Kühnheit, Großmut, Gastfreundschaft, Liebe zur Freiheit der Wüste – nannte Oppenheim „aristokratische Tugenden".[25] Das war nicht nur höchstes Lob aus seinem Munde, sondern verwies auch auf eine Gegenwelt zur europäischen Moderne, die in ihrem quasi ewigen Gleichmaß frei geblieben war von deren beunruhigenden und hässlichen Begleiterscheinungen. So liegt in Oppenheims Hinwendung zum Orient auch ein Element von Flucht: aus der heimischen Gesellschaft im Umbruch in eine Gesellschaft, die Ordnung und Sicherheit bot. Oppenheim hat indes nie den Fehler begangen, sich vollkommene Zugehörigkeit zur Welt der Beduinen anzumaßen. Ihm war klar, dass er dort ein Fremder bleiben musste. Seine Wertschätzung zeigte er, indem er zum Chronisten ihrer Geschichte wurde, vielleicht in der nostalgischen Gewissheit, dass die Tage nomadischen Lebens in der Wüste gezählt waren.

So fand Oppenheim im Orient schließlich die Anerkennung, die er in Deutschland vergeblich suchte. Das lag nicht zuletzt an seinem Umgang mit den Menschen. Wärme, Respekt, Toleranz und das Gefühl der Gleichrangigkeit (vorausgesetzt, seine Gesprächspartner entstammten der einheimischen Elite) gehörten dazu, ebenso wie seine ehrliche Sorge um das gegenwärtige wie zukünftige Schicksal des Orients, die nicht nur aktuellen deutschen Interessen entsprang. Er wollte diese Welt aus sich heraus verstehen oder, wie er es ausgedrückt hat, „in den Geist des Islam eindringen". Diese Auffassung entfernte ihn von den gängigen europäischen Überlegenheitsgefühlen auf dem Höhepunkt des Imperialismus ebenso wie vom westlichen Konzept des Orientalismus, mit dem sich Europa ein politisches, kulturelles und

---

24 *Oppenheim*, Zur Entwickelung, S. 310 und 328–329.
25 *Nippa*, Tugendreiche Männer, S. 145.

religiöses Gegenbild erschuf, um aus diesem Gegenentwurf seine Legitimation zur Herrschaft abzuleiten.[26] Der Sonderrolle, die er spielte, war sich Oppenheim wohl bewusst; das Gefühl heimlicher Superiorität gegenüber den Zeitgenossen half, sich über deren Kränkungen hinwegzutrösten.

Max von Oppenheim war ein Mann der Widersprüche. Seine Einstellungen zu Politik und Gesellschaft waren rückwärtsgewandt und blieben es in starrer Unbeirrbarkeit sein Leben lang. Mit seinem Patriotismus, dem neidvollen Hass auf England und dem Wunsch nach deutscher Großmachtstellung teilte er die Gefühle der großen Mehrheit der Deutschen. Seine außenpolitischen Vorstellungen machten dabei durchaus eine Entwicklung durch, denn während er zunächst koloniale Expansion als Garant deutscher Weltgeltung sah, setzte er spätestens seit seinen USA-Reisen auf wirtschaftliche Entwicklung und Zusammenarbeit. Sein Djihad-Konzept von 1914 ist in seiner Radikalität demgegenüber ein Rückschritt, der nur aus der Fieberatmosphäre des Kriegsbeginns erklärlich scheint.

Oppenheim war gleichzeitig geprägt von altem Humanistengeist und moderner Managermentalität. Er hatte sich ein Gefühl für das Ganze erhalten und verband damit kreative Neugier und Offenheit, feines Gespür für zukünftige Chancen, beherzten Tatendrang, Organisationsgeschick und Begeisterung für allerlei moderne Technik. Viele dieser Eigenschaften verbanden ihn eng mit der Welt seiner unternehmerischen Herkunft, mehr als er selbst vielleicht wahrhaben wollte. Denn was er am sehnlichsten erstrebte, war die Akzeptanz des alten Adels. Sein Werdegang in Diensten des Auswärtigen Amtes zeigt indes, wie wenig er mit seiner agilen Art in dessen hoch bürokratisierte und borniere Atmosphäre passte.

Den entscheidenden Einwand, den diese Welt gegen ihn fand, war jedoch nicht seine Dynamik, sondern seine jüdische Abkunft. Trotz aller Talente, Verdienste und eifrigen Engagements war er in ihren Augen nur eines: der reiche Jude. So erzählt Oppenheims Leben gleichzeitig die Geschichte der asymmetrischen Modernisierung Deutschlands und die Geschichte der asymmetrischen Integration der Juden, die nur auf wirtschaftlichem Sektor gelang. Die traurigen Folgen für Oppenheim stehen uns klar vor Augen: die Verhinderung einer echten Diplomatenkarriere, die Ignorierung seiner Analysen und Konzeptionen, die, mochten sie auch nicht immer ausgereift sein, doch fruchtbarer hätten wirken können. So ist seine Geschichte auch die eines Verlustes für sein Land, den er schmerzlich empfunden haben wird. Deutschland hatte nicht viele Männer wie ihn vorzuweisen, die Sachkenntnis und Empathie für die Welt des Orients besaßen und dort großes Vertrauen genossen. Oppenheims Leben zeigt, dass ein als Jude eingestufter Mensch nicht an der Spitze der Gesell-

---

[26] Vgl. dazu vor allem Edward *Said*, Orientalism. Western Conceptions of the Orient, Harmonsworth 1995.

schaft ankommen durfte. Die Nagelprobe auf das Gelingen von Emanzipation und Assimilation war damit nicht bestanden.

Oppenheim hat die kalte Missachtung durch die Adelskaste niemals wahrhaben wollen, sondern versuchte, seine als Makel empfundene Abkunft durch Anpassung an ihr konservatives Gesellschaftsbild und ihre weltpolitischen Träume zu kompensieren. Nur im Orient fand seine Sehnsucht nach Zugehörigkeit und Anerkennung Erfüllung, in den natürlichen Grenzen seiner europäischen Herkunft. Diese Kultur, die er wie wenige Zeitgenossen aus sich selbst heraus zu verstehen suchte, war ihm eine heile Welt jenseits europäischer Abgründe und Fluchtpunkt für seine verwundete Seele. Denn zu Hause blieb er, was er niemals sein wollte: ein ungeliebter Außenseiter.

## 4. Militär, Politik und Öffentlichkeit im Deutschen Reich nach dem Beginn des Ersten Weltkriegs

*Anselm Doering-Manteuffel*

I.

Der Erste Weltkrieg stand am Beginn eines Jahrhunderts, dessen Prägung durch Krieg und Kriegserfahrung wieder verstärkt ins Bewusstsein der Öffentlichkeit tritt, seit in den neunziger Jahren der Krieg nach Europa zurückkehrte und die diplomatischen Konflikte um einen Krieg gegen die Diktatur im Irak zeigen, dass die vertraglichen Grundlagen der Staatenwelt und des westlichen Bündnisses mit den politischen und ökonomischen Interessen der beteiligten Länder nicht mehr übereinstimmen. Die katalytische Funktion von Kriegen in Zeiten rapiden Wandels lässt sich in der Geschichte immer wieder beobachten, sobald das vorhandene Ordnungssystem der Staaten- und Gesellschaftswelt keine ausreichenden Grundlagen für einen rationalen Ausgleich divergierender Interessen mehr aufweist. Das war am Anfang des 20. Jahrhunderts ebenso augenfällig wie an dessen Ende und im Übergang zum 21. Jahrhundert.

Mit George F. Kennan wird der Erste Weltkrieg als die „Urkatastrophe" des 20. Jahrhunderts bezeichnet.[1] Diese Feststellung ist dahin zu ergänzen, dass der Weltkrieg nicht nur der Auslöser einer drei Jahrzehnte währenden katastrophischen Entwicklung, sondern der Beschleuniger eines Prozesses war, der noch vor der Jahrhundertwende eingesetzt hatte. Der Übergang in die Hochmoderne,[2] den die west- und mitteleuropäischen Nationalstaaten im letzten Drittel des 19. Jahrhunderts durchmachten, begann in Deutschland vergleichsweise spät um 1890, verlief dann aber umso schneller und erzeugte deshalb umso heftigere Wirkungen. Urbanisierung und Arbeitsmigration, Technisierung und Verwissenschaftlichung, Bürokratisierung und Rationalisierung der Lebenswelt veränderten die Gesellschaft in weniger Jahren, als die Zeitspanne einer einzigen Generation umfasst. Das klassengesellschaftliche Ordnungssystem des Kaiserreichs, das von den agrarischen und stadtbürgerlichen Eliten her angelegt war, passte immer weniger mit den sozialen Gegebenheiten zusammen und bedurfte der Revision. Spätestens nach den Reichstagswahlen von 1912, in denen die SPD zur mandatsstärksten Partei anwuchs, war es unumgänglich

---

1 George F. *Kennan*, Bismarcks europäisches System in der Auflösung, Frankfurt a.M. 1981, S. 12.
2 Zum Begriff „Hochmoderne" vgl. James C. *Scott*, Seeing Like a State. How Certain Schemes to Improve the Human Condition Have Failed, New Haven 1998.

geworden, die Sozialdemokratie konstruktiv in eine soziopolitische Reform einzubinden, Deutschland zur parlamentarischen Demokratie auszugestalten und in Preußen das allgemeine Wahlrecht einzuführen. Der „Burgfrieden" vom 4. August 1914,[3] der in der rauschhaften Aufwallung des Kriegsbeginns die Sozialdemokratie in den nationalen Konsens einband und eine hochbrisante Spannung erzeugte zwischen prätendierter Volksgemeinschaft und faktischer Klassengesellschaft ohne angemessen funktionierende institutionelle Grundlagen im politischen System, fing diese Situation kurzfristig auf, nur um sie von 1916 an zu einem immer drängenderen Problem werden zu lassen.

Gleichermaßen war die internationale Ordnung seit den 1890er Jahren in Unruhe geraten. Sie ging maßgeblich von Deutschland aus, dem damals dynamischsten Staat in Europa.[4] Imperialer Geltungsanspruch und Flottenrüstung brachten das am markantesten zum Ausdruck. Gegen das Deutsche Reich entstand die Entente der Westmächte Frankreich und England mit dem russischen Zarenreich im Osten, und gegen diese Konstellation verfestigte sich das Bündnis Deutschlands mit der Donaumonarchie zu einer Allianz in Mitteleuropa, die zunehmend unausweichlich wirkte. Die Einkreisungsrhetorik der Deutschen reflektierte ein selbst erzeugtes Problem. Die gegnerische Verbindung der Ententemächte war eine Reaktion auf die unstete Außenpolitik und die unberechenbare Kraftentfaltung des Reichs angesichts der Art und Weise, wie die Marinerüstung und in den letzten Jahren vor Kriegsbeginn die Heeresverstärkungen betrieben wurden. Nach außen wirkte und war das bedrohlich. Die Einkreisungsrhetorik zeigte allerdings noch mehr. Sie reflektierte die unheilvolle Konstellation, in der das Reich 1914 in den Krieg eintrat und aus der es sich auch nicht befreien konnte. Wirtschaftlich stärker als jeder andere Staat in Europa, an Bevölkerungszahl und Bevölkerungswachstum insbesondere Frankreich und Großbritannien voraus, führend in der Welt, was Wissenschaft und Technik betraf, war Deutschland doch der Kraftentfaltung der Ententemächte nicht gewachsen, sobald diese sich im Krieg gegen das Reich zusammenschlossen und dabei mehr und mehr auf die Unterstützung durch die USA zählen konnten.

Damit sind die Handlungsebenen angedeutet, auf denen das Verhältnis von Militär, Politik und Öffentlichkeit im Ablauf der Kriegsjahre greifbar wird. Das ist zunächst die zwischenstaatliche Ebene. Als erster Staat im Krieg verstieß das Deutsche Reich gegen geltendes Kriegsvölkerrecht, um sich einen militärischen Vorteil zu verschaffen. Damit legitimierte es von Anbeginn an völkerrechtswidriges Vorgehen der Kriegsgegner gegen Deutschland selbst. Die strukturelle Schwäche Deutsch-

---

3 Vgl. Susanne *Miller*, Burgfrieden und Klassenkampf. Die deutsche Sozialdemokratie im Ersten Weltkrieg, Düsseldorf 1974; Gunther *Mai*, Das Ende des Kaiserreichs. Politik und Kriegführung im Ersten Weltkrieg, München 1987.
4 Vgl. Klaus *Hildebrand*, Das vergangene Reich. Deutsche Außenpolitik von Bismarck bis Hitler 1871–1945, Stuttgart 1995, S. 149–301.

lands im Vergleich mit den Ententemächten wurde so durch eine moralische Schwächung des Ansehens in der internationalen Politik verstärkt.

Das ist sodann die innerstaatliche Ebene der Verfassungsordnung und des politischen Systems des Kaiserreichs. Kaiser Wilhelm II. geriet schon in den ersten Wochen nach Kriegsbeginn ganz in den Schatten. Sein Anspruch, die Staatsgeschäfte durch „persönliches Regiment" zu führen, als lebte man noch in der vormodernen Welt des absolutistischen Fürstenstaats, schmolz auf die allerdings folgenschwere Kompetenz zusammen, die Männer der militärischen und politischen Führung persönlich zu ernennen. In der Wahrnehmung der Öffentlichkeit schob sich schon im Herbst 1914 das Bild des Generals von Hindenburg vor das des Kaisers. Hindenburg schien vom Charisma des großen Kriegsherrn umgeben – mochte er doch die Geschicke Deutschlands lenken! Bis 1916 erhielt er indessen keinen Zugang zum innersten Kreis der Entscheidungsträger. Zwischen der militärischen Führung unter Falkenhayn einerseits und der zivilen Reichsleitung unter Bethmann Hollweg andererseits gab es bis 1916 ein reibungsvolles Einvernehmen über Kriegführung und Politik, so dass politisches Kalkül als Korrektur bloß militärischen Kalküls wirksam werden konnte. Die Sicherung des brüchigen Burgfriedens im Innern und der Versuch, die Eskalation der Kriegführung nicht noch von Seiten der Politik weiter zu forcieren, war in den ersten beiden Kriegsjahren an die Konstellation gebunden, dass Oberste Heeresleitung und zivile Reichsleitung zwei selbständige Machtzentren bildeten und über Entscheidungskompetenzen verfügten, die beide Seiten zur Zusammenarbeit zwang.

Das lenkt schließlich den Blick auf die Ebene des spannungsreichen Mit- und Gegeneinanders von Militär und politischer Öffentlichkeit in der zweiten Hälfte des Krieges, nachdem Hindenburg und Ludendorff im Sommer 1916 als 3. Oberste Heeresleitung berufen worden waren. Die Stimmung innerhalb und außerhalb des Reichstags signalisierte das Verlangen in der Bevölkerung nach dem baldigen Ende des Krieges und die Bereitschaft, dafür auch eine Radikalisierung der Kriegführung zu fordern. Hindenburg und Ludendorff nutzten diese Stimmung, um den Einsatz aller Kräfte in der Heimat und an der Front bis zum Äußersten hochzutreiben. Dazu gehörte auch, den Handlungsspielraum des Reichskanzlers Schritt für Schritt einzuengen und seine Zustimmung zu erzwingen, den längst angestrebten, immer umstrittenen uneingeschränkten U-Boot-Krieg zu beginnen. Nach der Entlassung Bethmann Hollwegs im Juli 1917 gab es keine zivile Spitze von politischer Bedeutung mehr. Dadurch gewann das Parlament im letzten Kriegsjahr an Gewicht, die Entschiedenheit in den Fraktionen der demokratisch gesinnten Parteien zur Reform der Reichsverfassung ließ den Interfraktionellen Ausschuss entstehen, aber eine Kraftentfaltung von Politik gegen die Macht der Obersten Heeresleitung konnte daraus nicht sogleich hervorgehen. So blieb die Entwicklung bis zum Kriegsende in der Schwebe. Auf der einen Seite gab es das Bemühen der militärischen Führung um die Mobilisierung der letzten Ressourcen für den Krieg, das sich mit dem rücksichtslosen Machtwillen der nationalkonservativen annexionistischen Eliten im Diktatfrieden von Brest-Litowsk verzahnte. Auf der anderen Seite gab es das Bestreben der demokratischen Parteien im Interfraktionellen Ausschuss, eine Verfassungsreform des monarchischen Staates durch Parlamentarisierung zu erreichen. Es entstand weder eine Militärdiktatur mit der Entschiedenheit zum totalen Krieg[5] noch kam es zu einer grundstürzenden Revolution, die die Eliten des alten Regimes in Politik, Wirtschaft und Gesellschaft überwältigt und neutralisiert hätte, sondern nur zur revolutionären Beseitigung der Monarchie. In der Endphase des Krieges beschleunigte sich der Wandel von der undemokratischen politischen Ordnung und der obrigkeitlich geprägten Klassengesellschaft hin zu politischer Partizipation und potenziell egalitärer Massengesellschaft. Darin zeichnete sich zum einen der Korporatismus von gesellschaftlichen Interessengruppen in der Weimarer Republik bereits ab, der sich in den Rahmen der parlamentarischen Verfassung für immerhin ein Jahrzehnt einfügen sollte. Zum anderen zeichnete sich die Orientierung an „Volksgemeinschaft" und plebiszitärer Führerherrschaft, die mit der repräsentativen Demokratie des parlamentarischen Systems unvereinbar war, als Grundströmung in breiten Segmenten der Gesellschaft der zwanziger Jahre ab.

Volksgemeinschaft und Führertum wurden im Krieg als soziales Ordnungsmodell vorgeformt. Es baute auf der Voraussetzung auf, dass es keine institutionell gesicherte und mit einem Organ der Repräsentation fest verkoppelte Entscheidungsinstanz und keine selbstverständliche, fraglose Bindung an das Prinzip der parlamentarischen Regierung gab. Das Modell von Volksgemeinschaft und Führertum bildete einen unaufhebbaren Gegensatz zu politischer Herrschaft in der repräsentativen Demokratie. Im Weltkrieg entstanden die kontrastiven Muster von politischer Ordnung parallel, die den Konflikt der Weimarer Epoche bestimmen sollten. Das repräsentative Prinzip der parlamentarischen Ordnung und das autoritär-plebiszitäre Prinzip der Führerherrschaft in der Volksgemeinschaft formten sich in einem dialektischen Prozess aus, der im Verlauf der Kriegsjahre den Zerfall der Monarchie und die Abkehr der Bevölkerung von ihrer monarchischen Orientierung widerspiegelte. Die spektakuläre Beschleunigung dieses Prozesses fiel in die Jahre 1917 und 1918. Die Voraussetzungen dafür entstanden jedoch zwischen 1914 und 1916. Schauen wir auf einige Stationen dieser frühen Entwicklung.

---

5 Wilhelm *Deist* (Bearb.), Militär und Innenpolitik im Weltkrieg 1914–1918. Erster Teil, Düsseldorf 1970, S. LXIVff.

## II.

Den Beginn des Krieges begleitete eine Aufwallung nationaler Hochstimmung in weiten Teilen der Gesellschaft, vornehmlich in den Städten und insbesondere in den bürgerlichen Schichten. Die nationale Erregung seit den späten Julitagen 1914 erzeugte ein Gefühl von Zusammengehörigkeit in der Bevölkerung, das es in der Normalität der Friedenszeit nicht gegeben hatte. Die Kluft zwischen sozialdemokratischer Arbeiterbewegung und bürgerlicher Gesellschaft und auch die Distanz zwischen der katholischen Minderheit und der nicht-katholischen, überwiegend protestantischen Mehrheit traten zurück hinter einer Aufwallung patriotischer Gefühle, aus der heraus sich der „Burgfrieden" zwischen den politischen Lagern beschwören ließ. „Ich kenne keine Parteien mehr. Ich kenne nur Deutsche", verkündete Wilhelm II. am 4. August 1914 in seiner kaiserlichen Botschaft, wie es ihm Reichskanzler Bethmann Hollweg vorgeschlagen hatte.[6] Der „Burgfrieden" gewährleistete die Zustimmung der Mehrheit der sozialdemokratischen Reichstagsfraktion zur Bewilligung der erforderlichen Kriegskredite. Die SPD als politische Partei stellte sich auf den Boden der nationalen Politik, nur eine Minderheit blieb der internationalen Position der Sozialistischen Internationale treu. Hier manifestierte sich die Spaltung der Arbeiterbewegung, die der Weltkrieg beschleunigte. Mit dem „Burgfrieden" vom 4. August hatte sich die Reichstagsfraktion der SPD zum nationalen Konsens bekannt und damit den Krieg als Aufgabe der Nation legitimiert. Mit seinen wechselseitigen Mehrheiten bildete der Reichstag in der Amtszeit von Bethmann Hollweg während des Krieges das Forum für politische Meinungsbildung, das es dem Reichskanzler erlaubte, seine „Politik der Diagonale" weiterzuverfolgen. Zwischen einer Verständigung mit den Parteien der Linken einerseits und den hochkonservativen Kreisen in Preußen andererseits, von denen er abhängig war, suchte Bethmann Hollweg innenpolitische Handlungsfreiheit zu gewinnen. Der Gedanke daran, in der existentiellen Herausforderung durch den Krieg und angesichts des „Burgfriedens" jetzt einen Übergang zu parlamentarischer Willensbildung und repräsentativer Regierung anzustreben, lag ihm 1914 ebenso fern wie die Einsicht in die Notwendigkeit weitreichender Sozialreform, auch wenn die Arbeiterbewegung der Regierung und dem Generalstab bei Kriegsbeginn nicht in die Arme gefallen war.

Des Kaisers Appell vom 4. August, den der Kanzler verfasst hatte, war in Abgrenzung zum Parlamentarismus formuliert, ja er schloss das Prinzip der parlamentarischen Willensbildung vollständig aus und bot stattdessen die Alternative an: „Ich kenne nur Deutsche." Das war die Vorstellung von der klassen- und schichtenübergreifenden Einung der Nation, von der Gemeinschaft. Der Monarch verkündete sie

---

6 Vgl. *Mai*, Das Ende des Kaiserreichs, S. 31f.

in dem Verständnis seines „persönlichen Regiments", die Nation selbst und allein verantwortlich zu führen. Von seiner Einsicht und seinem Willen hing es dann ab, ob Maßnahmen ergriffen würden, die dazu beitragen konnten, die scharfen Gegensätze in der Gesellschaft auszugleichen. In dieses Selbstverständnis war auch der Anspruch eingefügt, als oberster Kriegsherr mit einem starken, bündelnden Willen den Krieg zu führen. Schon nach wenigen Wochen musste Wilhelm II. erfahren, dass dieser Krieg der Führung durch Fachleute bedurfte. Die Figur des Kaisers geriet in den Schatten des Geschehens.

Die Fachleute im Generalstab hatten in den letzten Tagen der Julikrise auf den Beginn des Krieges und die Eröffnung des Feldzugs gegen Frankreich gedrungen, als Kaiser und Kanzler unvermutet zurückwichen und nur gegen Russland, nicht aber gegen Frankreich mobilisieren wollten, um den großen europäischen Krieg im letzten Augenblick doch noch zu vermeiden. Denn der deutsche Generalstab verfügte nur über einen einzigen Aufmarschplan, und der setzte den Kriegsbeginn im Westen voraus. Der Schlieffen-Plan war das Dogma des Generalstabs. Danach galt es, in einem raschen Vorstoß nach Westen die französische Armee großräumig zu umfassen, die Wehrkraft Frankreichs zu vernichten und Paris einzunehmen.[7] Nach der Vernichtungsschlacht gegen das französische Heer sollten die deutschen Truppen umgehend nach Osten verlegt und gegen das Zarenreich geführt werden. Da die Mobilisierung Russlands wohl eine längere Zeitspanne in Anspruch nehmen würde als diejenige Deutschlands und Frankreichs, da obendrein ein Krieg gegen Russland wegen der Weite des Raumes nicht schnell zu führen und sicher zu kalkulieren sein würde, sah der Schlieffen-Plan zuerst den raschen Angriff auf Frankreich mit allen verfügbaren Mitteln vor, um nach dem erwarteten schnellen Sieg in den Kampf gegen Russland einzutreten.

Es zeugte nicht eben von Weitblick, sich im Zentralstaat des Kontinents auf den möglichen europäischen Krieg mit einem und nur einem Aufmarschplan vorzubereiten, es sei denn, man wartete auf die Gelegenheit eines internationalen Konflikts, um einen Angriffskrieg vom Zaun zu brechen. Dann aber war es riskant, den Plan zum Dogma zu erheben, obwohl die vorgesehene Zahl an Divisionen nicht erreicht wurde. Denn das hätte erfordert, Soldaten verstärkt auch aus der Industriearbeiterschaft zu rekrutieren und nicht überwiegend aus den Provinzstädten und dem flachen Land, und davor schreckten die militärischen Eliten bis 1914 aus Angst vor

---

7 Vgl. Gerhard *Ritter*, Der Schlieffenplan. Kritik eines Mythos, München 1956; Jehuda L. *Wallach*, Das Dogma der Vernichtungsschlacht. Die Lehre von Clausewitz und Schlieffen und ihre Wirkungen in zwei Weltkriegen, Frankfurt a.M. 1967; Jack *Snyder*, The Ideology of the Offensive. Military Decision Making and the Desasters of 1914, Ithaca/London 1984; Arden *Bucholz*, Moltke, Schlieffen, and Prussian War Planning, New York/Oxford 1991; Annika *Mombauer*, Helmuth von Moltke and the Origins of the First World War, Cambridge 2001.

dem Proletariat zurück.⁸ Das charakteristische Merkmal des Schlieffen-Plans bestand in seiner Geringschätzung der politischen Dimension von Kriegführung, womit er recht präzise das Verhältnis von Militär und Politik in der Reichsleitung abbildete. Als sei es eine Selbstverständlichkeit, sah der Plan den Bruch der Neutralität Belgiens als Grundvoraussetzung des deutschen Angriffs auf Frankreich vor. Um die französische Armee wie geplant schnellstmöglich umfassen zu können, mussten die deutschen Truppen durch Belgien vordringen. Dieses Konzept wurde der Reichsregierung vom Generalstab durchaus zur Kenntnis gegeben, erstmals schon im Jahr 1900, noch bevor der Plan formuliert wurde und die politische Reichsleitung noch in den Händen des Reichskanzlers Hohenlohe-Schillingsfürst lag. Dessen Nachfolger Bülow wurde 1904/05 mit den Überlegungen vertraut gemacht, ein Jahr bevor Schlieffen seine Vorstellungen in einer Denkschrift für seinen Nachfolger im Amt des Generalstabschefs niederlegte. Bethmann Hollweg, Reichskanzler seit Bülows Rücktritt 1909, kannte die Absicht des Neutralitätsbruchs ebenso.⁹ Doch die Politik fühlte sich nicht befugt, sich „in das militärische Für und Wider einzumischen", wie Bethmann Hollweg es ausdrückte.¹⁰

Der Umgang mit dem Schlieffen-Plan offenbarte die Gewichtsverteilung zwischen Zivil und Militär im wilhelminischen Kaiserreich. Hier hatte sich der Militärstaat als Staat im Staate innerhalb des politischen Systems und der gesellschaftlichen Ordnung herausgebildet.¹¹ Der Rang des Zivilisten, des Staatsbürgers, des Reichstagsabgeordneten, des zivilen Ministers stand zurück hinter dem Rang des Soldaten, des adligen und zunehmend häufig auch bürgerlichen Offiziers, des Generalstäblers und Kriegsministers. In der Tradition der Hohenzollernmonarchie bildeten für Kaiser Wilhelm II. sein persönliches Oberkommando über die Armee und sein Recht zur Ernennung der Offiziere den eigentlichen Kern seines monarchischen Selbstverständnisses. Das ebenso sorgfältig beachtete Recht zur Bestellung der Reichsregierung und der Beamten korrespondierte nicht mit einer gleichgewichtigen Hochschätzung der zivilen Amtsinhaber. Wilhelm II. begriff sich selbst als Soldat. Die Reichskanzler unter ihm erreichten niemals das politische Gewicht und die Entscheidungskompetenz im Rahmen der halbautoritären Verfassungs-

---

8 Vgl. Stig *Förster*, Der doppelte Militarismus. Die deutsche Heeresrüstungspolitik zwischen Status-quo-Sicherung und Aggression 1890–1913, Stuttgart 1985, S. 247–274; ders., Alter und neuer Militarismus im Kaiserreich. Heeresrüstungspolitik und Dispositionen zum Kriege zwischen Status-quo-Sicherung und imperialistischer Aggression, 1890–1913, in: Jost *Dülffer*/ Karl *Holl* (Hg.), Bereit zum Krieg. Kriegsmentalität im wilhelminischen Deutschland 1890–1914, Göttingen 1986, S. 122–145.
9 Vgl. *Ritter*, Schlieffenplan, S. 81–102.
10 Ebd., S. 101.
11 Vgl. Wolfgang *Sauer*, Das Problem des deutschen Nationalstaates, in: Hans-Ulrich *Wehler* (Hg.), Moderne deutsche Sozialgeschichte, Königstein i.Ts. 1977, S. 407–433; Andreas *Hillgruber*, Deutschlands Rolle in der Vorgeschichte der beiden Weltkriege, Göttingen 1967; *Förster*, Alter und neuer Militarismus.

struktur, die Bismarck für sich selbst geschaffen und zu nutzen gewusst hatte. Bismarcks Nachfolger ordneten sich ohne Not in die informelle Hierarchie der Institutionen ein und ermöglichten damit in einer Zeit des tief greifenden sozialen und ökonomischen Wandels während der Hochindustrialisierung die Verfestigung des Militärstaats als Staat im Staate. Im Umgang mit dem Schlieffen-Plan betrieben Bülow und Bethmann Hollweg die Politik des Reichs als eine Funktion militärisch behaupteter Notwendigkeiten. Das strategische Muster des Aufmarschplans gegen Belgien und Frankreich setzte sich in den Köpfen der politischen und militärischen Führungskreise vor 1914 fest, obwohl seine Auswirkungen erörtert worden waren. Darin spiegelte sich die teils entschlossene, teils fatalistische Bereitschaft zum Angriffskrieg in einer noch offenen Zukunft wider, die sich der Eliten des Reichs in Militär, Wirtschaft und Politik vor 1914 bemächtigt hatte. In seiner Reichstagsrede am 4. August 1914, als der Burgfrieden geschlossen und die Kriegskredite bewilligt wurden, bekannte der Reichskanzler, dass der Einmarsch in Belgien den Geboten des Völkerrechts widerspreche und Unrecht sei. „Das Unrecht, das wir damit tun, werden wir wieder gutzumachen suchen, sobald unser militärisches Ziel erreicht ist."[12] Das war vor den Augen der Welt die Ohnmachtserklärung der politischen Gewalt vor dem Militärstaat im wilhelminischen Reich.

Am 3. August 1914 hatte das Deutsche Reich den Krieg an Frankreich erklärt und mit dem Einmarsch in Belgien begonnen. Als Garantiemacht der belgischen Neutralität reagierte Großbritannien am Tag darauf mit der Kriegserklärung an Deutschland und nahm die Verletzung des Völkerrechts durch das Deutsche Reich zum Anlass, um sogleich eine ebenso völkerrechtswidrige Seeblockade gegen Deutschland zu errichten. Doch den ersten Schritt hatten die Deutschen getan. So markierte der Kriegsbeginn gerade zwischen Deutschland und England einen Gegensatz, der die machtpolitische Rivalität durch den Konflikt über den Umgang mit internationalem Recht ins Grundsätzliche vertiefte. Das Deutsche Reich hatte seine Entschlossenheit zu rechtlich und moralisch skrupellosem Vorgehen allein aus militärischem Kalkül gezeigt und damit seinen Gegnern Gelegenheit geboten, es öffentlich zu verurteilen und zugleich das eigene Vorgehen als gerechtfertigt hinzustellen. Binnen weniger Wochen brach darüber der Gegensatz der nationalkulturellen Wertorientierungen zwischen den Deutschen einerseits und den Briten sowie den Franzosen andererseits in neuer, unversöhnlicher Feindschaft auf. Nationale Stereotypen der

---

12 An das Deutsche Volk. Die Reichstagsreden des Kanzlers und Schatzsekretärs zum Weltkrieg, Berlin 1915, S. 4. Seine Feststellung wurde im konkreten Augenblick von der Öffentlichkeit widerspruchslos, ja zum Teil mit Beifall aufgenommen. Im Zuge der bald einsetzenden Debatte über Kriegsziele und Annexionen wandelte sich die Stimmung in leidenschaftliche Feindseligkeit gegen Bethmann Hollweg. Vgl. Wolfgang J. *Mommsen*, Die Regierung Bethmann Hollweg und die öffentliche Meinung 1914–1917, in: Vierteljahrshefte für Zeitgeschichte, 17 (1969), S. 117–159 (122).

Selbst- und Fremdwahrnehmung wurden wie Artilleriegeschütze auf dem Feld der öffentlichen Meinung in Stellung gebracht. Diesen Kampfplatz erlebten die Deutschen vom ersten Tag an nur in der Defensive, denn die Kriegspropaganda der Ententemächte konnte das moralische Argument zu jeder Zeit und mit gutem Recht ausspielen, ganz gleich, welche Rechtsverletzungen sie sich selbst zuschulden kommen ließen.

Der deutsche Generalstab hatte Belgiens Verteidigungskraft gering eingeschätzt. Die Vorstellungen von Menschen und Nationen waren in jener Zeit vielfach von darwinistischem Denken beeinflusst, und so betrachteten die deutschen Militärs Belgien als eine minderwertige Nation, von der sie nicht nur annahmen, dass sie sich nicht verteidigen werde, sondern der man geradezu die Berechtigung absprach, ihre Neutralität mit Waffengewalt zu schützen. Als die eindringenden Verbände auf unvermutet starken Widerstand stießen, sahen die Kommandeure nicht nur den sehr knapp gefassten Zeitplan für den Vormarsch nach Westen gefährdet, den der Schlieffen-Plan vorgab, sie mussten auch erkennen, dass ihre Geringschätzung der belgischen Bevölkerung und ihres Verteidigungswillens falsch gewesen war. Das steigerte die Aggressivität und Rücksichtslosigkeit der deutschen Verbände, die noch dadurch irritiert wurden, dass sich die Bürgergarde in großer Zahl an dem heftigen Kampf um die Heimat beteiligte, ohne dass es für diese Männer Uniformen und militärische Waffen gab. So fühlten sich die vorrückenden deutschen Einheiten von scheinbaren Zivilisten angegriffen und reagierten mit Mordbrennerei. Sie töteten Milizionäre und Menschen aus der Zivilbevölkerung gleichermaßen, Alte, Frauen und Kinder eingeschlossen. Sie meinten, von Partisanen umstellt zu sein, denn die Erinnerung an den Kampf französischer Partisanen gegen die preußischen Truppen im Krieg von 1870 war beim Einmarsch nach Belgien wachgerufen worden. Aber es handelte sich nicht oder nur in Ausnahmefällen um Franktireurs, und die Erschießung von Zivilisten setzte nicht nur die deutschen Truppen ins Unrecht, ließ nicht nur Zweifel an den moralischen Normen der deutschen Kriegführung aufkommen, sondern bestätigte schon nach wenigen Tagen aufs Neue den Eindruck von Skrupellosigkeit und Gewalttätigkeit. Die Zeitungen in Frankreich, Belgien und England schrieben ausführlich darüber, und so entstand der Topos „deutsche Gräueltaten", der sich bald verselbstständigte.[13]

Die Berichte in der Presse der westlichen Länder verschränkten sich sofort mit antideutscher Propaganda, die in Geschichten und Karikaturen das Bild von den „Gräueltaten" zeichnete. Und mehr als das. Die deutschen Soldaten erschienen als

---

13 Alan *Kramer*, „Greueltaten". Zum Problem der deutschen Kriegsverbrechen in Belgien und Frankreich 1914, in: Gerhard *Hirschfeld* u.a. (Hg.), Keiner fühlt sich hier mehr als Mensch ... Erlebnis und Wirkung des Ersten Weltkriegs, Essen 1993, S. 85–114; John *Horne*/Alan *Kramer*, German Atrocities, 1914. A History of Denial, New Haven/London 2001.

„Vandalen", „Hunnen" und „Barbaren", denn sie töteten nicht nur unschuldige Zivilisten, sondern zerstörten auch Kulturdenkmäler von Weltrang wie die Bibliothek von Leuven oder, im September 1914, die Kathedrale von Reims. Und diese Nation wollte den Anspruch erheben, eine Vormacht europäischer Kultur zu sein!? In französischen und englischen Karikaturen trat die „Deutsche Kultur" als eine grobe Gestalt, männlich oder weiblich, mit Pickelhaube und Karabiner auf, die Menschen niedertrat und Kirchen in Brand steckte.[14] Hier schob sich vor den älteren, im 19. Jahrhundert entstandenen Gegensatz zwischen den politisch-ideellen Wertordnungen der französischen und englischen sowie der deutschen Nationalkultur jetzt das Klischee des deutschen Militarismus. Die Aversion gegen grobianische Gestalten mit Soldatenhelm und Patronengurt, welche die Bilder und Berichte in den Zeitungen zum Ausdruck brachten, reflektierte die Wahrnehmung des Reichs als Militärstaat. Das bezog sich nicht nur auf das Verhalten in der internationalen Politik mit imperialen Ansprüchen, forcierter Marinerüstung und Heeresverstärkungen, sondern auch auf die Hochschätzung des soldatischen Habitus im zivilen Alltag von den Hofkreisen bis ins Kleinbürgertum hinein.[15]

In Deutschland wurden die Berichte von „Gräueltaten" geleugnet und die feindselige Propaganda gegen das Selbstverständnis der Kulturnation erbittert zurückgewiesen. Im „Krieg der Geister"[16] zwischen Intellektuellen und Künstlern der beteiligten Nationen kam dem Aufruf „An die Kulturwelt!" von 93 prominenten Repräsentanten aus Kultur und Wissenschaft besondere Bedeutung zu.[17] Veröffentlicht am 4. Oktober 1914, war dies ein Manifest keineswegs der nationalen Rechten, sondern aus dem Umfeld des liberalen Kulturbürgertums, das sich vor 1914 sowohl gegen staatliche Institutionen als auch gegen reaktionäre Parteien abzugrenzen bestrebt war. Die vor dem Krieg dominierende Absicht, die deutsche Kultur im deutschen Staat – nicht zuletzt gegen das obrigkeitliche Kunstverständnis – zu verteidigen, wurde nun nach außen gewendet und verwandelte sich darüber in eine Verteidigung des Kaiserreichs als Kulturstaat. Ohne Kenntnis des wirklichen Kriegsgeschehens, ohne Möglichkeit, die Nachrichten in der ausländischen Presse auf ihren Wahrheitsgehalt zu überprüfen, wurde von der Annahme her argumentiert, dass Deutschland den Krieg zur Verteidigung der eigenen Kultur führe. Der Aufruf

---

14 Ebd., S. 179f, 220f.
15 Vgl. Thomas *Rohkrämer*, Der Militarismus der „kleinen Leute". Die Kriegervereine im Deutschen Kaiserreich 1871–1914, München 1990.
16 Hermann *Kellermann* (Hg.), Der Krieg der Geister. Eine Auslese deutscher und ausländischer Stimmen zum Weltkriege 1914, Dresden 1915.
17 Vgl. Bernhard *vom Brocke*, Wissenschaft und Militarismus. Der Aufruf der 93 ‚An die Kulturwelt!' und der Zusammenbruch der internationalen Gelehrtenrepublik im Ersten Weltkrieg, in: Wilamowitz nach 50 Jahren, hg. v. William *Calder III* u.a., Darmstadt 1985, S. 649–719; Jürgen und Wolfgang *von Ungern-Sternberg*, Der Aufruf ‚An die Kulturwelt!' Das Manifest der 93 und die Anfänge der Kriegspropaganda im Ersten Weltkrieg, Stuttgart 1996.

beharrte auf der Rechtmäßigkeit des Vorgehens gegen Belgien, bestritt die Missachtung des Völkerrechts, verteidigte den Mord an Zivilisten, weil diese aus dem Hinterhalt auf die deutschen Soldaten geschossen hätten, entschuldigte die Zerstörung von Teilen der Stadt Leuven mit militärischen Notwendigkeiten und fügte schließlich das Entscheidende hinzu mit der Feststellung, dass ohne den Militarismus die deutsche Kultur nicht existieren würde, der Militarismus vielmehr zu ihrem Schutz aus ihr hervorgegangen sei: „Deutsches Heer und deutsches Volk sind eins."[18] Damit wurde die politische und gesellschaftliche Wirklichkeit des Militärstaats im wilhelminischen Reich zu einem integrierenden Bestandteil der deutschen Nationalkultur erklärt. Dieses Manifest erzeugte im Ausland heftige ablehnende Resonanz, förderte den ideologischen Zusammenhalt der westlichen Ententemächte und schärfte das Bewusstsein dafür, dass der Krieg nicht bloß als Machtkampf der Armeen und Kabinette geführt werden würde, sondern als Kampf der ideellen Ordnungssysteme.[19] Je länger der Propagandakrieg anhielt, desto schärfer prägten sich auch diese Gegensätze aus. In Deutschland bewirkte die Rechtfertigung des Militärstaats durch Repräsentanten der Wissenschaften und Künste, dass das Gewicht der zivilen Politik in der Regierung und bei den Reichstagsparteien unter dem Druck des Kriegsgeschehens weiter geschwächt wurde.

Als der Aufruf „An die Kulturwelt!" herausgegeben wurde, befand sich die Öffentlichkeit in Deutschland in ungeschmälerter, lauter Siegeserwartung. Die Nachrichten, dass der Vormarsch im Westen stecken geblieben und der Schlieffen-Plan gescheitert waren, wurden zurückgehalten. Auch die Ablösung des jüngeren Moltke als Generalstabschef durch den preußischen Kriegsminister Erich von Falkenhayn geschah ganz unauffällig. Der Umfassungsangriff durch Belgien gegen die französische Armee hatte sich als Fehlschlag erwiesen. Veränderungen am ursprünglichen Konzept des Schlieffen-Plans durch den jüngeren Moltke – eine Schwächung des berühmten „rechten Flügels" – mochten dazu beigetragen haben, waren jedoch nicht ursächlich. Der Plan erwies sich der Komplexität des Kriegsgeschehens nicht angemessen, weil er in seinem technokratischen Automatismus durch logistisch und kommunikationstechnisch unzureichende Möglichkeiten behindert wurde. Das Tempo der deutschen Angriffskeile war zu hoch, der Widerstand der belgischen Armee und Bevölkerung und die Entschlossenheit des Gegners in Frankreich waren zu gering veranschlagt worden. Am 12. September 1914 war die Marneschlacht verloren und der deutsche Vormarsch in Frankreich zum Stehen gebracht. Zwei Tage später trat Falkenhayn sein Amt an und bildete die 2. Oberste Heeresleitung. Namen von Kriegshelden, von charismatischen Heerführern, gab es im Westen nicht zu nennen.

---

18 Ebd., S. 145.
19 Vgl. Wolfgang J. *Mommsen* (Hg.), Kultur und Krieg: Die Rolle der Intellektuellen, Künstler und Schriftsteller im Ersten Weltkrieg, München 1996.

Anders im Osten. Dort war der Stern des Generals von Hindenburg aufgegangen, mit dessen Namen sich der Sieg in der Schlacht bei Tannenberg vom 30. August 1914 verband. Zahlenmäßig unterlegene deutsche Verbände hatten eine russische Armee überwunden und damit Ostpreußen vor russischer Eroberung geschützt. Zu den planenden Köpfen hinter Hindenburg hatte sein Stabschef Ludendorff gehört. Hier war ein Sieg in einer Umfassungsschlacht erkämpft worden, wie sie im Westen von Schlieffen vorgesehen worden und dann fehlgeschlagen war. Der Sieg bei Tannenberg überstrahlte den erfolglosen Krieg im Westen, die Öffentlichkeit nahm in ihrer Siegesgewissheit den Teil für das Ganze, weil sie etwas anderes als Siegesnachrichten auch nicht erhielt. Hindenburg wurde zum Kriegshelden des Reiches. Von hier nahm der Hindenburgmythos seinen Ausgang, und das Bild des Feldmarschalls begann das Bild des Kaisers zu überdecken. Doch hinter Hindenburg stand immer Ludendorff, der befähigte, ungeduldige und rücksichtslose Techniker des Krieges, der Mann zudem, der dem bürgerlichen Militarismus in den Jahren kurz vor dem Krieg den Einzug in den Generalstab verschafft hatte. „Hindenburg und Ludendorff" wurde zu einem Synonym, mit dem sich, je länger, je mehr, hohe Erwartungen verknüpften – Erwartungen an militärische Erfolge und charismatisches Führertum. Umgekehrt leiteten die Sieger von Tannenberg aus ihrem Erfolg und Nimbus den Anspruch auf die Führung des Krieges ab, umso drängender, je länger die verlustreichen Kämpfe im Westen ohne Entscheidung blieben.

## III.

Vom Herbst 1914 bis zum August 1916, bevor Hindenburg und Ludendorff dann die 3. Oberste Heeresleitung bildeten, beobachten wir eine prekäre Balance zwischen militärischer und politischer Führung. Sie beruhte darauf, dass Reichskanzler Bethmann Hollweg bis zum Jahresende 1915 noch Rückhalt in der öffentlichen Meinung fand und Generalstabschef Falkenhayn ihn in seinem Kurs unterstützte, den Krieg nicht durch den verschärften Einsatz der U-Boot-Waffe eskalieren zu lassen. Doch bei näherem Hinsehen ist zu erkennen, wie die Stellung der zivilen Reichsleitung immer schwächer wurde und der Einfluss des Kanzlers auf den Generalstabschef abnahm.

Der Reichskanzler stand keiner parlamentarischen Regierung vor und konnte sich deshalb nicht auf eine parteipolitische Mehrheit stützen, die mit seiner Regierung verknüpft war und es ihm erlaubt hätte, auch unpopuläre Maßnahmen zu treffen und gegen Widerstände durchzusetzen. Unter einem schwankenden Monarchen agierend und oberhalb von Parteien platziert, die parlamentarische Macht repräsentierten und mit denen es dennoch keine institutionell gesicherte Verbindung gab, musste er seine Entscheidungen nach den politischen Kräfteverhältnissen im außerparlamentarischen Raum, in der öffentlichen Meinung, ausrichten. Deren Schwankungen beeinflussten seine Linie unmittelbar, weil der Puffer fehlte, den eine parlamentarische Regierung für eine gewisse Zeit gegen den Druck plebiszitärer Stimmungslagen oder organisierter gesellschaftlicher Interessenlagen bilden konnte. Bethmann Hollwegs „Politik der Diagonale" war der Versuch, zwischen den gegensätzlichen Auffassungen und Forderungen der politischen Linken und der annexionistischen Rechten einen Kurs zu steuern, der auf Mäßigung im Krieg und in der Formulierung von Kriegszielen gerichtet war. Er kämpfte gegen die Eskalation der U-Boot-Strategie hin zum unbeschränkten U-Boot-Krieg, und er versuchte mäßigend zu wirken, wenn über Kriegsziele gesprochen wurde. Gleichwohl brachte er nicht die Kraft auf, sich überzogener Siegesgewissheit in der Öffentlichkeit oder Visionen einer deutschen Suprematie über Europa entgegenzustellen. Bethmann Hollweg geriet immer wieder in die Lage, hoch gespannte Erwartungen sowohl bedienen als auch dämpfen zu müssen. Seine „Politik der Diagonale" brachte ihm deshalb immer weniger Vertrauen ein und unterminierte die ohnehin instabile Stellung seines verfassungsrechtlich freischwebenden Amtes.[20]

In den Wochen der allgemeinen Siegeszuversicht Anfang September 1914, als der Sieg bei Tannenberg schon errungen war und das Fiasko an der Marne noch bevorstand, hatte Bethmann Hollweg das „September-Programm" der Reichsleitung zu verantworten, in dem die deutschen Kriegsziele formuliert wurden. Sie bauten auf der Voraussetzung einer baldigen französischen Niederlage auf, sahen die Perspektive des Krieges im anhaltenden Kampf gegen England und waren auf eine Vorherrschaft Deutschlands auf dem europäischen Kontinent gerichtet. Politisch und militärisch erledigte sich das durch den Kriegsverlauf schon im Herbst 1914 von selbst. Auch wenn es Bethmann Hollweg gelang, eine öffentliche Diskussion von Kriegszielen für die nächsten Monate durch Zensur zu unterbinden, musste er doch wahrnehmen, wie die Debatte unter der Hand weiterging und extreme Formen annahm, die mit der tatsächlichen Lage immer weniger übereinstimmten. Dem hatte er selbst Vorschub geleistet durch eine persönliche Entscheidung, die nicht nur seine Macht-, sondern vor allem auch seine Mutlosigkeit im Herrschaftsgefüge des Kaiserreichs

---

20 Karl-Heinz *Janßen*, Der Kanzler und der General. Die Führungskrise um Bethmann Hollweg und Falkenhayn 1914–1916, Göttingen 1967; Eberhard *von Vietsch*, Bethmann Hollweg. Staatsmann zwischen Macht und Ethos, Boppard 1969; Konrad *Jarausch*, The Enigmatic Chancellor. Bethmann Hollweg and the Hubris of Imperial Germany, New Haven/London 1973; Günter *Wollstein*, Theobald von Bethmann Hollweg. Letzter Erbe Bismarcks, erstes Opfer der Dolchstoßlegende, Göttingen 1995; Hans-Günter *Zmarzlik*, Bethmann Hollweg als Reichskanzler 1909–1914. Studien zu den Möglichkeiten und Grenzen seiner innenpolitischen Machtstellung, Düsseldorf 1957; Siegfried *Schöne*, Von der Reichskanzlei zum Bundeskanzleramt. Eine Untersuchung zum Problem der Führung und Koordination in der jüngeren deutschen Geschichte, Berlin 1968; Reinhard *Schiffers*, Der Hauptausschuss des Deutschen Reichstags 1915–1918. Formen und Bereiche der Kooperation zwischen Parlament und Regierung, Düsseldorf 1979.

am Beginn des Weltkriegs zeigte. Sie machte ihn selbst zum Getriebenen der Ereignisse und wirkte sich fatal auf die Öffentlichkeit aus. Nach dem Scheitern des deutschen Vormarschs an der Marne hatte der Generalstab einen Bericht über die tatsächliche Lage vorgelegt, und es war der Reichskanzler, der die Veröffentlichung verhinderte. Das geschah mit Blick auf den Kriegsgegner, dem man das Eingeständnis einer Niederlage, ja das peinliche Scheitern des eigentlichen und einzig vorhandenen Feldzugsplans vorenthalten wollte, und ebenso mit Blick auf die Volksmeinung, um die pralle Siegeszuversicht nicht zum Kippen zu bringen. Seit jenem 28. September 1914 war es nicht mehr leicht möglich, die Öffentlichkeit auf den Boden der Tatsachen zurückzuführen.[21]

Die Wirklichkeit des Militärstaats hatte ein weiteres Mal das Verhalten des Reichskanzlers beeinflusst. So, wie er die politische Billigung des Schlieffen-Plans durch seinen Amtsvorgänger Bülow einfach bestätigt hatte, als er das Amt übernahm, erwies er sich jetzt als atmosphärisch abhängig von der Erfolgsideologie des Generalstabs bei Kriegsbeginn, weil diese einen integrierenden Bestandteil der Kriegspolitik der zivilen Reichsleitung in der Julikrise 1914 gebildet hatte. Das Eingeständnis des militärischen Scheiterns hätte das Eingeständnis des politischen Scheiterns in sich schließen müssen. Das wäre auf eine Bankrotterklärung der wilhelminischen Politik nur zwei Monate nach Kriegsbeginn hinausgelaufen. Ein Umschlagen der öffentlichen Meinung musste die Folge sein, und dessen Wirkung war überhaupt nicht abzusehen. In den Tagen, als Bethmann Hollweg die Nachricht von der Niederlage im Westen unterdrückte, wurde der Aufruf der 93 „An die Kulturwelt!" soeben zur Publikation vorbereitet. Realität und Imagination gingen weit auseinander. Indem das Herrschaftswissen der Obersten Heeres- und der zivilen Reichsleitung den Erwartungen der Öffentlichkeit nicht als nüchternes Korrektiv entgegengehalten wurde, lag es nahe, dass die Befürworter der Eskalation des Krieges im Generalstab und in der Gesellschaft das Übergewicht über die Kräfte der Mäßigung erlangten. An erster Stelle würde der Reichskanzler davon betroffen sein. Dessen Handlungsspielraum schwand dahin, sobald sich die Zielvorstellungen voneinander entfernten, die zum einen für die militärische, zum anderen für die politische Führung und zum dritten für die Reichtagsparteien handlungsleitend waren und die schließlich die Erwartungen der plebiszitären Mehrheitsmeinung bestimmten. Das zeichnete sich seit dem Spätsommer 1915 ab. Bis dahin gab es ein Verharren in dem seltsam unwirklichen Zustand, der hoch gespannte Siegeserwartungen und militärischen Misserfolg in sich aufhob. Diesen Misserfolg in Frankreich auszugleichen war denn auch das allein vorherrschende Ziel des Generalstabschefs.

---

21 *Mai*, Das Ende des Kaiserreichs, S. 57–62; *Mommsen*, Die Regierung Bethmann Hollweg und die öffentliche Meinung 1914–1917, S. 123–126.

Falkenhayn ging es darum, die Front im Westen mit massivem Einsatz von Heeresverbänden wieder in Bewegung zu bringen.[22] Dazu dienten ihm die mörderischen Flandernschlachten bei Ypern im Spätherbst 1914 und Frühjahr 1915, die das Grauen des Kommenden spüren ließen. Im November 1914 kamen beim erfolglosen Versuch, den Durchbruch durch die gegnerischen Linien zu erzwingen, zahlreiche Regimenter von ungenügend ausgebildeten Kriegsfreiwilligen um. Viele dieser Freiwilligen stammten aus dem akademischen Bürgertum und der Jugendbewegung. Die Kriegsberichterstattung trug dazu bei, diesen Kampf sentimental zu stilisieren. Im Mythos von Langemarck wurden der nationale Heroismus und die Opferbereitschaft der Jugend mit nachhaltiger Wirkung ideologisiert.[23]

Die Ypern-Schlacht vom Frühjahr 1915 blieb militärisch ebenfalls ergebnislos. Sie markierte indessen einen neuen moralischen Rückschlag für die Deutschen, weil den Truppen hier, trotz des Verbots durch die Haager Konvention von 1899, erstmals befohlen wurde, Giftgas einzusetzen. Ab 1916 griffen dann auch die Ententemächte zu diesem Mittel. Der Gaseinsatz deutscherseits war ein Zeichen der Schwäche und zugleich ein Anzeichen für die zunehmende Technisierung des Krieges. Er machte deutlich, dass die Heeresleitung keine andere Möglichkeit sah, die erstarrten Fronten aufzubrechen und sich gegen einen zahlenmäßig überlegenen Gegner durchzusetzen. Auch Franzosen und Briten waren für den Einsatz von Gas technisch gerüstet, zögerten aber mit dem entscheidenden Schritt. So fiel die Verantwortung für die Brutalisierung des Krieges erneut den Deutschen zu. Einen militärischen Vorteil erzielten sie damit nicht, aber ihr Vorgehen konnte die Feindstereotypen des westlichen Auslands bestätigen.[24]

In der Wahrnehmung der deutschen Öffentlichkeit stand das Reich allerdings unerschüttert und stark da. Wenn auch im Westen kein Sieg errungen war, so hatte es doch im Osten auch 1915 mit der Schlacht bei Tarnow und Gorlice in Galizien einen großen militärischen Erfolg gegeben. Dass der Durchbruch gegen die russischen Truppen Bestandteil der Strategie Falkenhayns war, den Gegner im Osten zu erschöpfen, um im Westen dem Druck der französischen und britischen Truppen

---

22 Vgl. Holger *Afflerbach*, Falkenhayn. Politisches Denken und Handeln im Kaiserreich, München 1994.
23 Vgl. Gerd *Krumeich*, Langemarck, in: Etienne *François*/Hagen *Schulze* (Hg.), Deutsche Erinnerungsorte, Bd. 3, München 2001, S. 292–309; Uwe K. *Ketelsen*, „Die Jugend von Langemarck." Ein poetisch-politisches Motiv der Zwischenkriegszeit, in: Thomas *Koebner* u.a. (Hg.), „Mit uns zieht die neue Zeit." Der Mythos Jugend, Frankfurt a.M. 1985, S. 68–96; Karl *Unruh*, Langemarck. Legende und Wirklichkeit, Koblenz 1986; Reinhard *Dithmar* (Hg.), Der Langemarck-Mythos in Dichtung und Unterricht, Berlin 1992.
24 Vgl. Ulrich *Trumpener*, The Road to Ypres. The Beginning of Gas Warfare in World War I, in: Journal of Modern History, 47 (1975), S. 460–480; Ludwig F. *Haber*, The Poisonous Cloud. Chemical Warfare in the First World War, Oxford 1986; Dieter *Martinez*, Der Gaskrieg 1914/18. Entwicklung, Herstellung und Einsatz chemischer Kampfstoffe. Das Zusammenwirken von militärischer Führung, Wissenschaft und Industrie, Bonn 1996.

überhaupt genügend starken Widerstand entgegenhalten zu können, war bereits zu diesem Zeitpunkt Ausdruck der Überzeugung des Generalstabschefs, dass der Krieg militärisch nicht zu gewinnen war.[25] Die Öffentlichkeit wiegte sich derweil noch in der Gewissheit, dass das Gegenteil der Fall sein würde. Daraus entstand die nur scheinbar absurde Situation, dass in den nationalistischen Kreisen einer Verschärfung des Krieges und Ausweitung der Kriegsziele in Erwartung des Sieges das Wort geredet wurde, während der Generalstabschef sich im Winter 1915/16 dem Gedanken anzunähern begann, die Kriegführung zur See und zu Lande zu eskalieren, um mit einer geballten Kraftanstrengung den Gegner zu ermatten und darüber vielleicht die Chance des Ausgleichsfriedens zu erkämpfen.

Militär und Öffentlichkeit bewegten sich seit dem Sommer 1915 von der Linie weg, die die Politik des Reichskanzlers seit dem Herbst 1914 vorgezeichnet hatte. Bethmann Hollwegs Vorstellung, durch Mäßigung bei der Wahl der militärischen Mittel und der Formulierung politischer Ziele einen Frieden des Status quo von 1914 erreichen zu können, erwies sich spätestens in den ersten Monaten des Jahres 1916 als Illusion. Die Linie seiner Politik wurde schwächer, bis sie nach dem Wechsel von der 2. zur 3. Obersten Heeresleitung im August 1916 kaum noch auszumachen war. Zwischen den Machtfaktoren Militär und Öffentlichkeit entstand im Verlauf von zwei Jahren, Sommer 1915 bis 1917, durch das Nachlassen des Einflusses der zivilen Reichsleitung ein Vakuum. Darüber weiteten sich die Spielräume und politische Gestaltungskraft des Militärs, zumal unter Hindenburg und Ludendorff, deutlich aus. Parallel dazu veränderte sich die parlamentarische Öffentlichkeit, indem die Reichstagsparteien durch den regelmäßig tagenden Haushalts- bzw. Hauptausschuss ein Organ parteipolitischer Willensbildung entstehen ließen, aus dem im Juli 1917 der Interfraktionelle Ausschuss als Keim der parlamentarischen Demokratie der Weimarer Republik hervorging. So wurde die parlamentarische Öffentlichkeit zum politischen Gegenpol der Obersten Heeresleitung, die nicht mehr nur die Macht des Militärs verkörperte, sondern schlechthin die Herrschaft im Deutschen Reich in der Endphase des Krieges ausübte. Die plebiszitäre öffentliche Meinung changierte zwischen der Verehrung für den kaisergleichen Feldmarschall Hindenburg und dem Votum für die Parteien der parlamentarischen Neuordnung. Militär, Politik und Öffentlichkeit formierten sich neu. Der Militärstaat im wilhelminischen Reich sog die Macht der politischen Reichsleitung aus der Tradition der Bismarck-Verfassung in sich auf. Die Öffentlichkeit bildete auf der Ebene der politischen Parteien, wenngleich nicht auf der Ebene der plebiszitären Massenmeinung, durch Institutionalisierung parlamentarischen Willens Vorformen politischer Herrschaft aus, die schon 1918 die Antithese zur politischen Herrschaft des Militärs darstellten. Die Problematik des letzten Kriegsjahres und die konfliktreiche

---

25 Vgl. *Mai*, Das Ende des Kaiserreichs, S. 72f; *Afflerbach*, Falkenhayn, S. 286–315.

Schwebelage der Machtansprüche, die im „Bündnis" Ebert–Groener Gestalt annahm, bahnte sich schon seit 1915 an.

## IV.

Es war mithin nicht die 3. Oberste Heeresleitung unter Hindenburg und Ludendorff, die das Deutsche Reich ab 1916 so stark ihren Macht- und Erfolgsinteressen unterordnete, dass zeitweilig von einer Militärdiktatur gesprochen wurde. Die Herrschaft der Generäle repräsentierte vielmehr ein strukturelles Problem, welches in der Bismarck-Verfassung angelegt war. Das Verhältnis zwischen dem Militär als Stütze der preußischen Monarchie und des Kaisertums einerseits und einer fragmentierten Gesellschaft aus aristokratischen und industriekapitalistischen Eliten, stadtbürgerlichem Mittelstand, Kleinbürgertum und Industriearbeiterschaft andererseits wurde ursprünglich durch die starke Stellung des Reichskanzlers ausgependelt, der den Monarchen in seine Herrschaft eingebunden hatte. Dieses System überlebte sich noch während der Amtszeit Bismarcks, weil es auf den zunehmend starken sozioökonomischen Veränderungsdruck in der beginnenden Hochindustrialisierung seit 1880 nicht angemessen zu reagieren imstande war. Kaiser Wilhelm II. formulierte dann den Anspruch, die ausgleichende Funktion zwischen den gegensätzlichen Kräften wahrzunehmen, und war doch vom ersten Tag an weder persönlich noch strukturell dazu in der Lage.[26]

Die Reichskanzler, die Wilhelm II. ernannte, standen im Schlagschatten Bismarcks und vermochten es nicht, diesen Monarchen politisch zu disziplinieren. Da Wilhelm II. dem Militär zuneigte, stieg der Einfluss von Heer und Marine auf das Führungshandeln der Reichsleitung kontinuierlich an, ganz ungeachtet der politischen Fähigkeiten der einzelnen Reichskanzler. Das militärisch-monarchische Syndrom wurde gestützt durch die Eliten der preußischen Aristokratie, durch die wirtschaftlichen Interessen der ostelbischen Landwirtschaft und der westdeutschen Schwerindustrie und durch eine satte Mehrzahl im bürgerlich-akademischen Mittelstand. Der Weltkrieg deckte die unheilvolle Verteilung von Macht und Einfluss in Staat und Gesellschaft schon in den ersten Monaten auf. Die 3. Oberste Heeresleitung muss deshalb als die Konsequenz einer langen Entwicklung und nicht so sehr als Beginn von etwas Neuem, Anderem betrachtet werden.

Was der Krieg bewirkte, war vielmehr die neue Verteilung von Macht zwischen Staat und Öffentlichkeit. Die politischen Parteien durchliefen im Reichstag einen Prozess der Parlamentarisierung dergestalt, dass, da die Figur des Kanzlers immer schwächer wurde, sich durch Koalitionsbildung und öffentliche Meinung „Politik"

---

[26] Michael *Stürmer* (Hg.), Das kaiserliche Deutschland. Politik und Gesellschaft 1870–1918, 2. Auflage, Düsseldorf 1977; *ders.*, Das ruhelose Reich. Deutschland 1866–1918, Berlin 1983.

als Machtfaktor neu formierte – mit einer entscheidenden Schwäche. Weder der Interfraktionelle Ausschuss noch die Weimarer Koalition des Jahres 1919 aus den parlamentarisch gesinnten Parteien der Sozialdemokratie, des Linksliberalismus und des Politischen Katholizismus verfügten über genügend Vorstellungskraft und Willen zu grundlegender Neuordnung, um eine Verfassung zu konzipieren, die die maßgebliche politische Macht in den parlamentarischen Raum verlagerte und dort den Kanzler als einzig starke Führungsperson ausschließlich an den Willen der Mehrheitsparteien band. Stattdessen entstand schon im Vorfeld der Verfassunggebung die normsetzende Konstellation, dass die Führungspersönlichkeit der Mehrheitsfraktion, Friedrich Ebert, in der Stunde des Untergangs der Monarchie und der Revolution die Zusammenarbeit mit dem Chef des Generalstabs, Wilhelm Groener, wählte. Das war der Not des Augenblicks geschuldet. Doch wurde damit das Modell der dichotomen Machtausübung von Militär und Politik fernab von parlamentarischer Willensbildung fortgeführt. Auch die Weimarer Reichsverfassung verblieb im Horizont des tradierten Herrschaftsmodells, indem sie die politische Macht beim Reichspräsidenten versammelte und die parlamentarische Regierung, einschließlich des Kanzlers, nicht allein an den Mehrheitswillen der Parteien band, sondern zusätzlich an die letztentscheidende Billigung durch den Präsidenten. Damit konnte sich das Militär der Unterordnung unter die demokratische Politik der Reichskabinette entziehen und sich zum obersten Repräsentanten des Staates hin orientieren. Solange Friedrich Ebert als Reichspräsident amtierte, ließ sich diese Konstellation demokratisch auffangen, weil die SPD die Partei des Parlamentarismus war und Ebert sich um die Verankerung der parlamentarischen Demokratie in der deutschen Gesellschaft bemühte. Aber die Zusammenarbeit von Ebert und Groener 1918/19 und die Regelungen der Weimarer Reichsverfassung hatten es von vornherein nahezu unmöglich gemacht, dass eine strukturelle Präponderanz demokratisch legitimierter Politik vor dem Militär erreicht werden konnte. So gesehen war die Kandidatur Paul von Hindenburgs für das Amt des Reichspräsidenten 1925 ganz konsequent. Hindenburg tastete die parlamentarische Demokratie in der Weimarer Republik formal nicht an, aber er vermochte in seiner Person die antiparlamentarische und militaristische Disposition des nationalen Lagers zu integrieren. Dadurch ließ er die Symbiose von Politik und Militär zu Lasten der parlamentarisch-demokratischen Ordnung denkbar werden. Nach der Ernennung Kurt von Schleichers zum Reichskanzler schien der Umschwung vom Präsidialkabinett zur Militärdiktatur der alten Eliten zum Greifen nahe zu sein.

Dann kam Hitler. Mit einer Militärdiktatur hatten er und die führenden Nationalsozialisten im ersten Jahr der NS-Herrschaft nichts im Sinn. Hitler zerstörte die Machtambitionen des Generalstabs, als er nach Hindenburgs Tod 1934 den militärischen Oberbefehl in seine Hand brachte. Es war eine zynische Konsequenz aus dem

Versagen der Politik vor dem Machtanspruch des Militärs in der Anbahnungsphase und den ersten beiden Jahren des Weltkriegs, ebenso aus dem Scheitern der Kriegführung unter allein drei Obersten Heeresleitungen, dass sich in der nationalsozialistischen Diktatur die Erben des wilhelminischen Militärsystems wehrlos einer Herrschaft anheim gaben, von der sie die Festigung ihrer Status erhofften und mit der sie dann – politisch entmachtet und moralisch korrumpiert – den Untergang herbeiführten.

Die Verurteilung des preußischen Militarismus durch die Siegermächte des Zweiten Weltkriegs tat gewiss der preußischen Geschichte und dem Ethos des preußischen Soldatentums Unrecht. Doch vor dem Hintergrund der Entwicklung seit der Jahrhundertwende, seit der Selbstidentifikation des wilhelminischen Militarismus mit der preußischen Tradition, seit der Erfahrung der deutschen Kriegführung im Ersten Weltkrieg und des aggressiven Revisionismus im nationalen Lager während der Zwischenkriegszeit, dann nach der Erfahrung des deutschen Eroberungs- und Vernichtungskrieges im Zweiten Weltkrieg, war eine solche Verurteilung folgerichtig. Die Entmilitarisierung durch die Besatzungspolitik wurde als wichtige Maßnahme angesehen, um diese Traditionslinie zu kappen. Mindestens ebenso wichtig dürfte indessen die Entscheidung des Parlamentarischen Rats gewesen sein, mit dem Mittel der Verfassung die Politik an den parlamentarischen Mehrheitswillen zu binden und dem Kanzler allein die Richtlinienkompetenz zuzuweisen, dem Präsidenten hingegen bloß repräsentative Funktionen. Unter diesen Voraussetzungen war es dann möglich, die Bundeswehr als Armee in der Demokratie aufzubauen und sie zum Instrument der Politik zu machen. In der DDR trug die stalinistische Staatspartei dafür Sorge, dass sie die alleinige Macht ausübte und sich die Armeeführung unterordnete. In beiden deutschen Teilstaaten hatte sich mithin das Kräfteverhältnis von Militär und Politik grundlegend gewandelt. Die Voraussetzung dafür bildeten jedoch nicht die Kriegführung der Wehrmacht und der Waffen-SS im Zweiten Weltkrieg, sondern Hitlers Maßnahmen in den dreißiger Jahren, die Eigenständigkeit und den Machtwillen des Generalstabs zu annullieren. Die Überwindung der wilhelminischen Tradition, der Dominanz militärischen Denkens und Handelns über das politische, erfolgte im NS-Staat, der in sich selbst eine Folge und Steigerung dieser unheilvollen Entwicklung gewesen ist.

## 5. Jugendmythos und Gemeinschaftskult. Bündische Leitbilder und Rituale in der Jugendbewegung der Weimarer Republik

*Hans-Ulrich Thamer*

Ein Film des „Grauen Corps", einer bündischen Gruppe im Umkreis der deutschen Jungenschaften, erzählt von einer Aufführung während eines Osterlagers des Bundes in der Villa Falconieri in Frascati im April 1931. Gezeigt werden Szenen und Stationen eines festlichen Spiels, das als fließender Übergang vom Lageralltag in die Spielsituation dargestellt wird. „Man sieht den disziplinierten Einmarsch, Baden, Lockerung durch Erzählen. Nach Veranlagung trennen sich die Gruppe der ‚Schwarzen' (Kämpferische) und die Gruppe der ‚Weißen' (Musische). Tanz als Ausdruck innerer Bewegung. Es kommt zum Bruch, Trennung und Kampf; beim Peitschenduell erhält die Fahne einen Riss, daraufhin Wandlung. Feuer als Reinigung: ‚Verbrennt die Symbole, die uns trennen!' Feuerreigen und Gelöbnis zur Gemeinschaft."[1] Der Bearbeiter der Film-Dokumentation, der Historiker Walther Hubatsch, selbst ehemaliger Angehöriger der Jugendbewegung, charakterisiert die Szene als „Symbolspiel" und erklärt dessen Funktion mit dem Versuch des Bundes um den Basler Chemieprofessor Alfred Schmid, das „Gruppenerlebnis" symbolisch zum Ausdruck zu bringen. Nach der eigenen Deutung ging es der Gruppe um die Darstellung des Selbstverständnisses ihres Bundes bzw. des Bündischen überhaupt: „Nicht Jugendbewegung und nicht bewegte Jugend, sondern eine Jugend in Bewegung, in der Gestaltung, im Einsatz, im Vormarsch."[2]

Nicht nur der Ort des Lagers, sondern vor allem das eigentümliche Ritual und der damit verbundene politisch-kulturelle Anspruch der Bündischen bedürfen der Erklärung, will man sie nicht als harmloses Jungenspiel abtun, sondern umgekehrt in der Jugendbewegung, ihren Lebensformen und Leitbildern so etwas wie ein – möglicherweise verzerrtes – Spiegelbild der politischen Kultur der deutschen Gesellschaft der Zwischenkriegszeit erkennen. Das führt zu dem dritten Themenkreis, um den es im „Symbolspiel" eigentlich geht: um die symbolische Repräsentation bündischer Gemeinschaftsvorstellungen in ihrem Verhältnis zur „Außenwelt" und deren Wahrnehmung.

Die Wahl des Lagerortes hatte sicherlich auch mit der klassischen bürgerlichen Antiken- und Italiensehnsucht zu tun; dass allerdings das „Graue Corps" entgegen seiner üblichen Praxis, sich in jedem Jahr einen neuen Lagerort auszusuchen, gleich

---

1 Walther *Hubatsch* (Hg.), Deutsche Jugendbewegung 1912–1933. Eine Filmedition des Instituts für den Wissenschaftlichen Film, Göttingen 1979, Einleitung des Herausgebers, S. 13f.
2 Zit. bei: *Hubatsch*, Deutsche Jugendbewegung, S. 13.

dreimal ein Lager in Italien, nämlich in den Jahren 1930, 1931 und 1933, am Gardasee aufschlug und 1931 beim Besuch in Frascati vom Gouverneur in Rom empfangen wurde sowie einen Kranz am nationalen Ehrenmal in Rom niederlegte, verweist auf die in diesen Jahren in Deutschland ausgeprägte Mussolini-Begeisterung, die von der politischen Rechten bis ins liberale Lager reichte und in Mussolini bzw. in seinem Faschismus ein kraftvolles, aktivistisches Gegenbild zur krisengeschüttelten Weimarer Republik meinte erblicken zu können.[3] Die totalitäre Versuchung, die im Mussolini-Mythos zum Ausdruck kam und auch zur Fehleinschätzung des deutschen Nationalsozialismus beitrug, berührt die leidenschaftlich diskutierte Frage nach dem Verhältnis der deutschen Jugendbewegung zum Nationalsozialismus. Hat die Revolte der Jungen, die sich mehrheitlich auch gegen die bürgerliche Republik und ihre liberale, pluralistische Ordnung richtete, den Weg in die Diktatur vorbereitet?[4] Hat der „Hunger nach Ganzheit"[5] und Gemeinschaft, hat die Flucht in die Irrationalität notwendigerweise in den Nationalsozialismus geführt? Hat die Faszination der Jugend durch Mythen, Rituale und Symbole dabei den mentalen Boden bereitet für eine Empfänglichkeit für die nationalsozialistischen Methoden der Massenmobilisierung durch die Ästhetisierung politischer Vorgänge, die sich in der Jugendbewegung scheinbar ebenso finden ließen wie in der NS-Bewegung?[6] Ganz sicher war das Bedürfnis nach spezifischen Vergemeinschaftungsformen, wie dies in den expressiven Lebensformen der Jugendbewegung immer wieder zum Ausdruck kam, ein Symptom für die Orientierungskrise bzw. die Suche nach Orientierung einer Gesellschaft, die in der Jugendlichkeit eine Metapher für Aufbruch und Erneuerung sah.[7]

---

3 Dazu Jens *Petersen*, Der italienische Faschismus aus der Sicht der Weimarer Republik. Einige deutsche Interpretationen, in: Quellen und Forschungen aus italienischen Archiven und Bibliotheken, 55/56 (1976), S. 315–360; Hans-Ulrich *Thamer*, Der Marsch auf Rom – ein Modell für die nationalsozialistische Machtergreifung, in: Wolfgang *Michalka* (Hg.), Die nationalsozialistische Machtergreifung, Paderborn 1984.
4 Dazu jetzt Jürgen *Reulecke*, Hat die Jugendbewegung den Nationalsozialismus vorbereitet? Zum Umgang mit einer falschen Frage, in: Wolfgang R. *Krabbe* (Hg.), Politische Jugend in der Weimarer Republik, Bochum 1993, S. 222–243; Wiederabdruck in: Jürgen *Reulecke*, „Ich möchte einer werden so wie die ...". Männerbünde im 20. Jahrhundert, Frankfurt a.M. 2001, S. 151–177.
5 Peter *Gay*, Hunger nach Ganzheit, in: Michael *Stürmer* (Hg.), Die Weimarer Republik. Belagerte Civitas, Königstein 1980, S. 224–236.
6 Die „Versinnlichung politischer Vorgänge" mit Hilfe von Symbolen, Mythen, historischen Persönlichkeiten u.Ä. hatte Theodor Schieder als Student und Mitglied der bündischen Jugend im Februar 1930 in einem Rundbrief an die „Gildenschaft" als Merkmal nationalsozialistischer Propaganda herausgestellt und dies von jugendbewegten Ideen und Lebensformen, bei all ihrer Affinität zum völkisch-nationalsozialistischen Ideengut, abzugrenzen versucht. Auszüge aus diesem Rundbrief werden zitiert bei: *Reulecke*, Jugendbewegung und Nationalsozialismus, S. 156.
7 Zur Deutung des Jugendmythos im Zusammenhang mit der Jugendbewegung liegen zahlreiche Versuche vor. Z.B. Hans *Mommsen*, Generationskonflikt und Jugendrevolte in der Weimarer Republik, in: Thomas *Koebner*/Rolf-Peter *Janz*/Frank *Trommler* (Hg.), „Mit uns zieht die neue Zeit". Der Mythos Jugend, Frankfurt a.M. 1985, S. 50–67; Jürgen *Reulecke*, Männerbund ver-

Das „Symbolspiel" des Grauen Corps war nur ein Beispiel für die Vielzahl von Selbstinszenierungen und Ritualisierungen der Jugendbewegungen, deren Gesellungsformen und Sinnangebote fast ausschließlich über die unterschiedlichsten Formen symbolischer Kommunikation vermittelt und rezipiert wurden.

Man hat sich angewöhnt, die „Faszination der Jugend durch Rituale und sakrale Symbole", die seit der „Jahrhundertwende und zunehmend in den zwanziger Jahren" zu beobachten ist,[8] als Ausdruck eines tiefen und politisch gefährlichen Irrationalismus zu interpretieren. Dieser Hang zu einer sakralen Symbolik mit ihren Heiligen Hainen und Bergen, ihren Pseudo-Tempeln und Priestern wird allgemein als eine Reaktion auf den „Materialismus und die leere Mechanik der bürgerlichen Gesellschaft" erklärt. Die „Rückbesinnung auf Religionen und Mythen zu Beginn dieses Jahrhunderts entsteht, wie es scheint, aus dem Bedürfnis, eine Gesellschaft, die vermeintlich den materiellen Interessen ihrer Mitglieder ganz und gar verfallen ist, aus immateriellen Werten neu zu deuten, vielmehr eine andere Gesellschaft aus einer reetablierten Werthierarchie zu beglaubigen." Rolf-Peter Janz hat am Beispiel des alternativen Gemeinschaftslebens im George-Kreis und auf dem Monte Verità eine differenziertere Erklärung für die Wiederentdeckung der Religionen und Mythen vorgelegt, indem er zwischen den Glaubensinhalten und den liturgischen Formen einer Religion unterscheidet. Die neue Attraktivität des Religiösen beruhe nicht auf den zentralen Glaubensinhalten der Religionen, sondern auf den „liturgischen Aspekten der Kulte. Es sind augenscheinlich die symbolischen Handlungen selbst in ihrem streng geregelten Vollzug, die okkultischen oder magischen Praktiken, die auf die Adepten eine außerordentliche Faszination ausübten."[9] Es wäre freilich verfehlt, wollte man in den Zeremonien und in den Initiations- wie Opfer- bzw. Erlösungsritualen der Lebensreformer wie der Jugendbewegung nur eine ästhetisch reizvolle Maskerade oder das unreflektierte, spielerische Bedürfnis nach „magischen, averbalen und irrationalen Weisen der Verständigung"[10] sehen, die einmal mehr die Unzeitgemäßheit von Ritualen belegen und eher eine Flucht vor der Wirklichkeit als eine Antwort darauf bedeuten. Trotz des voranschreitenden Prozesses der Säkularisierung ist die Moderne keineswegs durch eine generelle Entritualisierung gekennzeichnet; auch die moderne Politik ist ohne symbolische Politik nicht denkbar.[11] Allerdings erfahren Rituale in der Moderne einen Funktionswandel.[12]

---

sus Familie, in: *ders.* (Hg.), Männerbünde im 20. Jahrhundert, S. 69–87. Zur Bedeutung des Jugendkultes für die „Belagerte Civitas" vgl. Peter *Gay*, Hunger nach Ganzheit, S. 225.
8 Dazu Rolf-Peter *Janz*, Die Faszination der Jugend durch Rituale und sakrale Symbole. Mit Anmerkungen zu Fidus, Hesse, Hofmannsthal und George, in: *Koebner/Janz/Trommler* (Hg.), Mythos Jugend, S. 310–337.
9 *Janz*, Faszination, S. 313.
10 Ebd., S. 314.
11 Dazu David I. *Kertzer*, Ritual, Politics and Power, Yale 1988.

Ritual und Symbol versprechen in einer Epoche zunehmender politisch-gesellschaftlicher Dynamik und Pluralisierung eine Reduktion komplexer Strukturen und Vorgänge, eine größere Nachhaltigkeit und Eingängigkeit. Ein Symbol bzw. symbolisches Handeln kann durch die Uneindeutigkeit auf einen komplexen Zusammenhang verweisen, der von verschiedenen Rezipienten durchaus unterschiedlich wahrgenommen oder gedeutet werden kann. Rituale stellen eine komplexere Form symbolischen Handelns dar, das einem festgelegten Ablauf folgt und ebenso als sichtbarer, non-verbaler Ausdruck einer komplexen sozial-kulturellen Struktur oder Norm fungiert. Das Ritual kann das Selbstverständliche, aber auch das Unsagbare zum Ausdruck bringen und besitzt durch seine grundsätzliche Wiederholbarkeit ein überschießendes Potential an Veranschaulichung und Geltung. Rituale setzen nicht nur die Geschlossenheit einer sozialen Gruppe voraus, sie können diese erst konstituieren, weil sie das Gemeinsame darstellen und Identität schaffen können. Das ändert freilich nichts daran, dass rituelles Verhalten in der Moderne selbst vor dem Problem des Verlustes an Verbindlichkeit und in der Gefahr des Verblassens steht; auch und vor allem deswegen, weil sich die Moderne durch eine zunehmende politisch-ideologische Polarisierung und Instrumentalisierung auszeichnet.[13]

## I. Der Wille zur Form

Die Suche nach alternativen und dauerhaften sozialen und kulturellen Orientierungsangeboten und die Notwendigkeit einer Anpassung an eine sich verändernde Umwelt bestimmten auch die Erfindung und den Wandel der Lebensformen und Leitbilder in der Jugendbewegung vom Wandervogel der Jahrhundertwende zur bündischen Jugend der Weimarer Republik. Dem nach 1918 immer stärker werdenden Drang zur organisatorischen Verfestigung und zum gesellschaftlichen Engagement entsprach ein neuer „Wille zur Form".[14] Hatte die Wandervogel-Generation ihren Traum vom „Jugendreich" und von der Ausbildung eigener jugendlicher Lebensformen abseits von der Erwachsenenwelt und von dieser abgeschirmt in brüderlicher Verbundenheit und in völliger Autonomie leben und erleben wollen, so sah die

---

12 Dazu demn. Hans-Ulrich *Thamer*, Die Wiederkehr des Gleichen? Funktionswandel politischer Rituale im Übergang zur Moderne, in: Gerd *Althoff* (Hg.), Zeichen, Rituale, Werte. Symbolische Kommunikation vom Mittelalter bis zur Französischen Revolution, Münster 2003.

13 Diese Überlegungen orientieren sich an der richtungsweisenden Studie von Mary *Douglas*, Ritual, Tabu und Körpersymbolik. Sozialanthropologische Studien in Industriegesellschaft und Stammeskultur, Frankfurt a.M. 1981 (zuerst englisch 1970); vor allem aber an Diskussionen und Ergebnissen des Münsteraner Sonderforschungsbereichs 496 „Symbolische Kommunikation und gesellschaftliche Wertesysteme vom Mittelalter bis zur Französischen Revolution".

14 Wilhelm *Stählin*, Fieber und Heil in der Jugendbewegung (1922), in: Dokumentation der Jugendbewegung, Bd. 1: Grundschriften der deutschen Jugendbewegung, hg. v. Werner *Kindt*, Düsseldorf/Köln 1963, S. 396ff.

Kriegs- und Nachkriegsjugend ihren gesellschaftlichen Ort in der Welt, in der Entwicklung neuer Gesellschaftsmodelle und Menschenbilder. Nicht mehr allein die Ausbildung einer autonomen Persönlichkeit, die auf sich selbst gestellt und unabhängig von der Umwelt sich entfalten sollte, schwebte der Jugendbewegung nach den Erfahrungen des Krieges und der Revolution vor, sondern die Selbsterziehung zu einem neuen Menschentypus, der zwar zunächst durchaus abseits von der Gesellschaft sein Leben führen sollte, aber dies in der Absicht, „einst als soziale Körperschaft, als kämpferischer Orden in die Umwelt vorzustoßen und diese zu missionieren".[15] Die organisatorische Umformung von der autonomen Horde der „Vaganten" des Wandervogels zum säkularisierten und disziplinierten pseudo-religiösen Orden fand ihre Rechtfertigung und Entsprechung in der Bereitschaft zur Unbedingtheit und zur Tat; dadurch sollte die bündisch geformte Jugend dereinst zur politisch-sozialen Erlösung und Neuordnung beitragen. Inhalt und Richtung dieser Heilsbringerschaft blieben allerdings diffus und beliebig.

Mit dem „starken Verlangen nach Bindung und der betonten Hinwendung zu echter Autorität",[16] wobei sich im bündischen Selbstverständnis Bindung und Autonomie nicht widersprechen mussten, kamen in die autonomen Jugendgruppen, die in der Vorkriegszeit ganz im Geist der Lebensreformbewegung alternative Lebens- und Kleidungsformen bevorzugt hatten, verstärkt Stilelemente der halb-militärischen Boyscout-Bewegung. „Aus dem langmähnigen Scholaren im bunten Kuttenkittel wurde der fast soldatisch straffe Freischärler im Trachtenhemd seines Bundes."[17] Der „fahrende Scholar" wurde durch soldatische Leitfiguren ersetzt; das geschlossene und strenge Lager trat an die Stelle der Wanderfahrt, der Volkstanz wich in seiner gemeinschaftsstiftenden Bedeutung der Marschkolonne. Die soldatisch-heroischen Leitbilder, die in den Liedern, Sprechchören und Schriften der Bünde von einer fernen Zeit und einer Gegenwelt kündeten; die feierlichen Reden über Ritter und Burgen, Schwerter und Rüstung, Gefecht und Angriff, Sieg und Tod waren sicherlich auch und gerade für die Jüngeren „Höhenflüge der Phantasie".[18] Für ihre Führer, Studenten und junge Erwachsene aus dem Bildungsbürgertum, waren sie mehr; sie waren Ausdruck einer Geistesverfassung großer Teile des Bürgertums, das dem parlamentarischen System und den Parteien der Weimarer Republik ablehnend bis feindlich gegenüberstand und den trügerischen Traum von der Sicherheit eines autoritären Systems träumte. Da wurde der „Weiße Ritter", Leit-

---

15 Felix *Raabe*, Die Bündische Jugend. Ein Beitrag zur Geschichte der Weimarer Republik, Stuttgart 1961, S. 57. Raabe beschreibt dieses Menschenbild in Anlehnung an Ausführungen von Karl O. *Paetel*, Das Bild vom Menschen in der deutschen Jugendführung, Godesberg 1953.
16 *Raabe*, Bündische Jugend, S. 60.
17 Karl *Seidelmann*, Der Generationsprotest der Jugendbewegung, in: Aus Politik und Zeitgeschichte, (10.1.1962) B 1–2, S. 3.
18 Walter *Laqueur*, Die deutsche Jugendbewegung. Eine historische Studie, Köln 1962, S. 156.

figur des Kreises der „Neupfadfinder", zur Schutzfigur des Bürgertums; da war die Rede von einer Burg, die man als Zufluchtsstätte für Bürger und Bauern bauen müsse in einer Welt der Zerrissenheit und Versklavung. „Die Jungen wählen Ritterschaft. Letzte Bande binden sie, tiefstes Erleben, heiligster Willen ... Gläubig ziehn sie zum Kampfe, ist doch ihr eigenes Volk versklavt ... Hoch über allen schwingt der Feind seine Geißel. Die tausendjährigen Burgen sind zerstört, die Fahnen zerrissen, der Schild befleckt, des Heiligtums Heiligstes geschändet ... So stürmen sie zur Schlacht, das Beten ist vorbei; Sieg oder Tod, es macht uns beides frei."[19] Den Sinn dieser Phrasen konnte und wollte man nicht erklären; die aggressive Botschaft, der man ideologiekritisch gewendet mühelos und mit durchaus guten Gründen Verbindungen zum elitären und militanten Selbstverständnis der SS nachweisen kann[20], blieb hinter einem Schwall von Rausch und Männerphantasien verborgen. Sicherlich ist die Aussage von Hans Raupach zutreffend, dass in der bündischen Gruppe das „gesprochene Wort eine größere Bedeutung [hatte] als das gedruckte".[21] Das bedeutet, dass auch manche militaristisch-heroische Phrase, die uns in den Schriften begegnet und an paramilitärische Organisationen zu erinnern scheint, nicht die Wirklichkeit bündischen Lebens widerspiegeln muss, in der es neben Hierarchie und Gebundenheit auch immer genügend Raum für Individualität und Eigensinn gab.

Dies gilt auch für die extreme Ausformung von Ekstase und Hingebung, von Gefolgsbereitschaft und Führerwillen in Eberhard Koebels „deutscher jungenschaft des 1.11." (dj.1.11.), der mit seinem Samurai- und Kosakenkult die Militarisierung der Jugendbewegung, mit seiner zur Erlösungs- und Bekenntnisfahrt stilisierten Lapplandfahrt den antizivilisatorischen Affekt mit der symbolischen Grenzüberschreitung in ein neues „Jungenreich" – vor dem Hintergrund der sozialen und mentalen Krisensituation der späten Weimarer Republik – wirkungsvoll verband. Eberhard Koebel, der sich nach seiner Lapplandfahrt *tusk* – der Deutsche – nannte, verklärte die Jugend zur einzigen Verheißung, zum Wert an sich, zur „Vorhut der neuen Erhebung".[22] Jeder seiner Jungen sollte ein werdender Krieger sein, in seiner „Heldenfibel"[23] pries er die „dämonische, ritterliche Männlichkeit" als höchste Tugend. Darum sollten seine Jungen den Nomaden oder den Samurai nacheifern und damit frei von allen bürgerlich-moralischen Bindungen werden.

---

19 Konrad *Praxmarer*, Von Gral und Reich, von Volk und Adel, in: Der Weiße Ritter, 1922/23, S. 10–11, zit. nach: *Laqueur*, Jugendbewegung, S. 155.
20 So Arno *Klönne*, Hitlerjugend, Hannover 1960, S. 54.
21 Hans *Raupach*, Lebensformen, Führungsstil und Aktivitätsspielraum der deutschen Jugendbünde in der Zeit der Weimarer Republik, in: Dokumentation der Jugendbewegung, Bd. III: Die deutsche Jugendbewegung 1920 bis 1933. Die bündische Zeit, hg. v. Werner *Kindt*, Düsseldorf/Köln 1974, S. 1742–1752 (1745).
22 *Laqueur*, Die deutsche Jugendbewegung, S. 187.
23 Eberhard *Koebel* [= *tusk* ], Die Heldenfibel, Plauen 1933.

Die Rhetorik von unbedingtem Gehorsam, Dienst, Aktion und Gemeinschaft, die die Schriften von *tusk* durchzieht, ist Teil einer Selbstinszenierung, die in verbaler und nicht-verbaler Form den Grundstimmungen jugendbewegter Mentalität Ausdruck verleihen sollte; das waren das Gefühl der Unbedingtheit und der Zugehörigkeit zur „Treuegemeinschaft Gleichgesinnter",[24] die sich ordensähnlich um einen charismatischen Führer scharten. In keiner anderen Gruppe der bündischen Jugend wurden dieses Gefühl und diese Lebensform mit einer solchen Konsequenz repräsentiert – und in der ganzen Radikalität, zu der eine Jugendbewegung fähig ist, auch in der Rivalität zu anderen, gemäßigteren Gruppen und ihren Führern eingesetzt. Das hatte vor allem etwas mit dem Charisma des Führers der „dj.1.11." zu tun, der noch in der Erinnerung der Jugendbewegung eine heftige Polarisierung provozierte; das hatte auch mit den expressiven und aggressiven Formen der Selbstorganisation und Selbstdarstellung zu tun, die dem Ordensgedanken der Gruppe durch eine uniformähnliche Kluft, durch eine neue, den Zelten der Lappen anverwandelte Form des Zeltes, der Kohte, durch die Einführung von fremdartigen Musikinstrumenten wie der Balalaika und dem Banjo, durch ekstatische Lieder und Tänze einen neuen Stil verlieh. Das hatte nur noch wenig mit der traditionellen Romantik zu tun, sondern atmete eine Leidenschaftlichkeit und Dynamik, eine ständige Hochspannung, die der Aufgewühltheit des Zeitalters der Extreme entsprach. Ihre Personifikation war *tusk*, der als begabter Künstler mit seinen stilprägenden Erfindungen in Layout und Graphiken seiner Zeitschriften wie im Zuschnitt der Kluft und Fahnen Exotik und Modernität miteinander verband, der mit seinem Motorrad durch das Land raste, um als Erlösergestalt den Wunsch nach Unbedingtheit zu erfüllen und die neue Gemeinschaft nicht nur zu predigen, sondern in den Ritualen und Symbolen auch zu antizipieren.

Der erstaunliche, kurzfristige Mobilisierungserfolg, den *tusk* in der Jugendbewegung der Jahre 1930 bis 1933 erzielte, wurde nur durch die eigene radikale Sprunghaftigkeit, die ihn zwischen dem Beitritt zur KPD 1932 und seinem Aufruf vom August 1933 „Hinein in die Hitlerjugend" schwanken ließ, und dann durch die äußeren politischen Umstände der nationalsozialistischen Machtergreifung gestoppt. Bis dahin war die Radikalität des Auftretens und der Parolen kein Hinderungsgrund für die übergroße Attraktivität und Resonanz von *tusk*, was nur belegt, dass er nicht Außenseiter und Sonderling, sondern Exponent einer Stimmung war, die weit über die eigenen Gruppen hinausragte und die sich in ähnlicher Form unter anderem in dem „Grauen Corps" fand, dessen Symbolspiel Ausgangspunkt unserer Betrachtungen war.

---

24 Winfried *Mogge*, „Der gespannte Bogen". Jugendbewegung und Nationalsozialismus. Eine Zwischenbilanz, in: Jahrbuch des Archivs der deutschen Jugendbewegung, 13 (1981), S. 11–34 (28).

## II. Jugendmythos und Tatgemeinschaft: Die „Sendung der jungen Generation"

Wenn *tusk* pathetisch erklärte, nicht der Inhalt einer Weltanschauung sei entscheidend, sondern allein ihre Wahrhaftigkeit, so irritierte diese Unbestimmtheit seine Anhänger keineswegs; im Gegenteil, die Entschiedenheit und Radikalität, mit der er seine Botschaft vortrug, war entscheidend für seine besondere Attraktivität, weniger deren Inhalt.[25] „Der redet ja noch ‚brutaler' als *tusk* zu uns auf der Erpeler Ley", schrieb 1931 ein Pfadfinderführer über einen „Horstführer" seines Bundes voller Bewunderung und vergaß nicht hinzuzufügen, dass auch die anwesenden Eltern sich über den „Schneid" freuten, mit dem ihre Jungen hier behandelt wurden.[26] Sie fand eine Entsprechung in der Unbestimmtheit der Rituale, die der Botschaft sinnlichen Ausdruck verliehen und die durch ihr Angebot auf Teilhabe das Gefühl der Zugehörigkeit vermittelte. Die heroisierten Männlichkeitsvorstellungen, die *tusks* Bild des autonomen Jungen beherrschten, beflügelten nicht nur jugendliche Phantasien und Emotionen; sie bestätigten, was vielfach bezeugt ist: das Gefühl, einer besonderen Gemeinschaft anzugehören. „Sie sitzen da in der Tracht der großen jungen Armee, an den Wänden hängen Bilder ihrer Führer, sie können viel, viel: spielen auf selbstgewählten Instrumenten wilde Lieder, die ihnen ein junger Dichter in einer seligen Nachtfahrstunde schrieb. Ihr Gesang ist leidenschaftlich und geschult, sie durchstreifen singend in Gedanken die Pußta oder die Ostseeinselgärten und wir können alles hören und verstehen. Kein Bub ist nur eine Minute nichts [...]. Und sie tanzen und toben in ihrer ernsten Uniform, raufen, deklamieren laut Gedichte. Dann sehen wir sie wie Säulen, Atem und Herzschlag verbergend, in einem Glied stehen und von ihrem Führer Befehle erhalten, unbequeme, rücksichtslose Befehle, Befehle, die befolgt werden müssen." Zur Unterwerfung unter den Führer gehören in den Männerphantasien *tusks* spiegelbildlich Leidenschaftlichkeit und erbarmungsloser Durchsetzungswille: „Sie sind bald jubelnde, bald weinende Kinder Gottes, die die Welt durchrasen, als jagte sie ein Schwarm von Gespenstern. Man sagt Dämonen, aber es ist ihr Blut und ihre Seele. Sie sündigen und sie töten bald leidenschaftlich, bald lassen sie ausgeliebte, traurige Mädchen zurück, bald opfern sie ihr Teuerstes

---

25 So schrieb 1948 im Rückblick ein Anhänger aus Zeiten der „dj.1.11." enttäuscht über die Wendung *tusks* zum „Antifaschisten" in der SBZ: „Hast Du auch bedacht, wie viele Jungen widerspruchslos und glühend den Zielen des vergangenen Regimes gefolgt sind, weil sie Dir nachlebten [...] Wo liegen sie alle, die besten der dj.1.11., in Russland und im Westen und in Afrika, wer hat sie so erzogen, dass sie kalt und lachend in den Tod gingen?" (Brief von Hans Weber [Winterbach] an E. Koebel, 14. Januar 1948, Archiv der Jugendbewegung Nachlass Koebel 107, zit. nach: *Mogge*, „Der gespannte Bogen", S. 30). Dieser Brief belegt nicht nur die Gefolgs- und Hingabebereitschaft, die *tusk* in besonderer Weise evozierte, sondern beinhaltet auch die sehr viel weitergehende und hier nicht weiter zu diskutierende Behauptung, dass diese Art der Sozialisation durch einen charismatischen Führer auch eine Disposition für ein entsprechendes Verhalten in der NS-Zeit evozierte.

26 *Xaver*, Das Fest, in: Das Lagerfeuer, 21 (1931) 9, S. 33.

für andere, bald erwürgt ihr Zorn Hindernde, bald scheinen sie am Ende und stehen dann doch immer wieder lächelnd auf zu unerklärlichen neuen Taten."[27]

Tusks Jungen sollten Musterbeispiele sein für die Unerschrockenheit und den Wagemut einer neuen Elite, die die Hoffnungen auf Aufbruch und Veränderungen verkörperten. Jugend sei die „einzige Verheißung, der Wert an sich, und Reife sei beinahe a priori eine schlechte Sache".[28] Die Vorstellung, dass der Jugend gleichsam eine magische Kraft der Erneuerung und Veränderung zukomme und dass Jugendlichsein eine besondere Qualität in diesem Prozess der Kritik und Erneuerung besäße, war eine Grundstimmung der zwanziger Jahre, die über alle politischen Lager und sozial-kulturellen Differenzen hinaus reichte und keineswegs nur in der Exaltiertheit eines *tusk* existierte. Jugend und Jugendkult wurden zur Chiffre für den Zusammenbruch traditioneller Bindungen wie für die Hoffnung auf Veränderung. Die bündische Jugendbewegung beanspruchte seit ihren ersten Praxisversuchen, der Siedlungsbewegung und den Landkommunen der unmittelbaren Nachkriegszeit, eine Führungsrolle bei der Umsetzung jugendkultureller Zielvorstellungen und Heilserwartungen. Die Übernahme vieler Elemente ihrer Lebensformen und Rhetorik auch außerhalb des schmalen Segments jugendbewegter Gruppierungen hatte schon Mitte der zwanziger Jahre angedeutet, wie attraktiv die neuen Stilelemente waren. Das Bedürfnis nach Veränderung nahm mit der Desillusionierung der jungen Generation Ende der zwanziger Jahre zu, als der Jugendkult sich zum Ruf nach einer Revolution der Jungen radikalisierte.[29] „Wir sind des verstopften bürgerlichen Wesens überdrüssig", hieß es in der *Tat* von 1929.[30] Mit der völligen Absage an die überkommene Ordnung verbunden war die Vorstellung, dass allein die Jugend durch die ihr zugeschriebene Stärke und Tatbereitschaft in dieser Umbruchszeit eine „neue gültige Lebensgrundlage" und eine „deutsche Volkserneuerung" schaffen würde. „Wir die Jugend sind voll des Glaubens. Wir wurzeln im deutschen Volkstum, wir wollen keinen Klassenkampf, sondern die Gemeinschaft [...]. Wir sind noch jung, wir haben nichts zu verlieren als unsere dunkle Zukunft", hieß es 1932 in einem *Tat*-Artikel über die „Wartende Jugend".[31] Nicht mehr die Ketten, das heißt die soziale Ungleichheit, sind es, die hier Anlass zum Willen nach Veränderung geben, sondern die Sorge um die künftige Lebensperspektive und der damit verbundene Generationsaspekt. Die „Sendung der jungen Generation"[32], wie ein vielzitierter Buchtitel aus dem Umfeld des *Tat*-Kreises von 1931 hieß, verlangte nach einer Art „General-

---

27 Eberhard *Koebel*, Der gespannte Bogen, Berlin 1931, S. 33f, 9f, zit. nach: *Mogge*, „Der gespannte Bogen", S. 29f.
28 *Laqueur*, Jugendbewegung, S. 187.
29 Dazu Barbara *Stambolis*, Der Mythos der jungen Generation. Ein Beitrag zur politischen Kultur der Weimarer Republik, Diss. Bochum 1982.
30 Die TAT. Monatsschrift zur Gestaltung neuer Wirklichkeit, 20 (1928/29), S. 229.
31 Die TAT, 24 (1932/33), S. 619.
32 Ernst Günther *Gründel*, Die Sendung der jungen Generation, München 1932.

bereinigung"³³ und nach der „Tatgemeinschaft"³⁴ der Jungen, zu der nach Gründels Programmatik drei Alterskohorten, die Wandervogelgeneration der Vorkriegszeit, die Frontgeneration und die Nachkriegsgeneration gehören sollten.

Die Sehnsucht nach Tat, Gemeinschaft und Autorität war politisch ambivalent, auch wenn sie am Ende nach rechts driftete. Der Gedanke der Generationsgemeinschaft verband in der politischen Rhetorik und Inszenierung nicht nur die Frontgeneration mit der Nachkriegsgeneration, sondern beanspruchte auch, die verschiedenen Schichten und Klassen zu übergreifen. Er gewann eine neue politische Radikalität, als sich weder die Hoffnungen der jungen Generation der unmittelbaren Nachkriegszeit auf einen kulturellen und sozialen Wandel erfüllten noch die Versprechungen, dass der Jugend die Zukunft gehöre, zu einer gesicherten materiellen Existenz führten. Das war der politisch-soziale Hintergrund für die Radikalität eines *tusk* und für die Attraktivität, die sein Aktivismus und seine Unbedingtheit ausstrahlten. Diese Stimmung reichte auch tief in die konfessionellen Jugendbünde hinein. „Deutschlands Jungmannschaft sehnt sich wieder nach zuchtvoller Ordnung und nach ernsthaften Proben jugendlicher Kraft", erklärte der Reichsverband der evangelischen Jungmännervereine.³⁵ Nicht viel anders las sich das bei den katholischen Jugendorganisationen, die 1930 mit der „Sturmschar" eine straff organisierte Elite-Gruppe gegründet hatten mit dem Ziel, den Geist der Frontgeneration mit den Leitbildern der Jugendbewegung zu verbinden, um zur Gefolgschaft und Bereitschaft beim „Aufbau eines neuen Deutschen Reiches" zu mobilisieren.³⁶

Das Zauberwort, das in den späten 1920er Jahren einen Ausweg aus der Krise des parlamentarischen Systems wie aus der zunehmenden Fragmentierung der Gesellschaft anzubieten schien, war das der Volksgemeinschaft,³⁷ das auch in der Jugendbewegung auf offene Ohren stieß, war es doch mit dem eigenen Gemeinschaftsdenken eng verwandt. „Die Gemeinschaftskräfte der Jugend als die bauende Kraft in die Nation einzufügen, auf dass aus der Liebesgemeinde der Freude: ‚BUND', aus der Geschlossenheit des jungen Volks – ‚VOLK', aus Erlebnis-Gemeinschaft:

---

33 So in einer Besprechung von Gründels „Sendung der jungen Generation", in: Die TAT, 24 (1932/33), S. 430.
34 So in einem Aufruf des jüdischen Jugendbundes „Blau-Weiß". Zit. bei: Hermann *Meier-Cronemeyer*, Jüdische Jugendbewegung, 2. Teil, in: Germania Judaica, 8 (1969) 3/4, S. 62. Vgl. außerdem *ders.*, Gemeinschaft und Glaube. Reflexionen über die deutsche Jugendbewegung, in: Jahrbuch des Instituts für deutsche Geschichte Tel-Aviv, 6 (1977), S. 421–455 (453).
35 Zit. nach: Irmtraud *Götz von Olenhusen*, Jugendreich, Gottesreich, Deutsches Reich. Junge Generation, Religion und Politik 1928–1933, Köln 1987, S. 257.
36 *Dies.*, Die Krise der jungen Generation und der Aufstieg des Nationalsozialismus, in: Jahrbuch des Archivs der deutschen Jugendbewegung, 12 (1980), S. 53–82 (72).
37 Dazu Hans-Ulrich *Thamer*, Volksgemeinschaft: Mensch und Masse, in: Richard *van Dülmen* (Hg.), Erfindung des Menschen. Schöpfungsräume und Körperbilder 1500–2000, Wien/Köln/Weimar 1998, S. 367–386.

‚STAAT' werde",[38] das waren die ebenso diffusen wie sozial-romantischen Ziele, die auf eine breite Resonanz stießen, von den Gruppen der Arbeiterjugendbewegung bis hin zu den völkischen Gruppierungen. Energisch propagierte dies etwa der Jungdeutsche Orden, einer jener politischen Kampfbünde, die als „bündische Zusammenschlüsse mit ausgesprochen politischer Zielsetzung"[39] Lebensformen und Ideale der Jugendbewegung aufnahmen bzw. fortführten, aber den Schritt in die politische Auseinandersetzung schon vollzogen hatten. Jugendbewegung und Frontkämpfer müssten, so die Forderung, die Brücke nun gehen, die „zwischen dem Erlebnis des Wandervogels vor dem Kriege und dem Fronterlebnis des deutschen Feldgrauen" gebaut wurde. Denn die Gemeinsamkeit zwischen beiden Erfahrungswelten liege im „Ziel der Volksgemeinschaft in einem großdeutschen Staat, dem Frontsoldaten erwachsen im Trommelfeuer der Materialschlacht des Weltkrieges, von der Jugendbewegung ersehnt aus dem Heimat- und Wandererlebnis bei Fahrt und Lager in allen deutschen Gauen."[40]

Doch wäre es abwegig und bedeutete eine politisch-ideologiegeschichtliche Verkürzung, wenn die bündischen Gemeinschaftsvorstellungen einfach mit den autoritären bzw. totalitären Volksgemeinschaftskonzepten des radikalen Nationalismus gleichgesetzt würden. Innerhalb des in der politischen Soziologie und Publizistik der Zwischenkriegszeit üblichen gegensätzlichen Begriffspaares Gesellschaft und Gemeinschaft nahm das Bündische eine eigene programmatische Position ein. Der Begriff des Bündischen, so diffus er im Sprachgebrauch der Zeit war, betonte im Unterschied zu dem der Gemeinschaft die Unabhängigkeit des Individuums, das aufgrund einer Werteverbundenheit und selbstbestimmter Freundschaften eine spezifische Vergemeinschaftungsform (in der Regel von Männern) behauptete, in der enge Bindungen und die Unterordnung unter einen charismatischen Führer die Bewahrung der individuellen Autonomie ermöglichen sollten. Diese Gemeinschaft sollte ihre Mitglieder „zu bewusster und begeisterter Teilnahme motivieren, weil die ‚Individuen hier als aus der Gemeinschaft entlassene Individuen da sind'".[41] Ein solcher Balanceakt zwischen schöpferischer Kreativität und Individualität einerseits und politischer Verpflichtung bzw. Einbindung in eine autoritäre Ordnung andererseits war allenfalls unter den Bedingungen von Kleingruppen möglich, und auch dann nur auf Zeit und unter Vorbehalt, wie die Organisationsgeschichte der Jugendbewegungen mit ihrer Tendenz zu permanenter Spaltung und Umbildung zeigt. Das

---

38 Karl *Ursinn*, Mehr staatliche Haltung, aus: Gildenbrief. Werkblatt der österreichischen Gildenschaft, 3 (1929) 1, abgedruckt in: Dokumentation der Jugendbewegung, Bd. III, S. 1385.
39 *Raabe*, Bündische Jugend, S. 56.
40 Ernst *Helmers*, Jungdeutscher Orden und Jugendbewegung, in: Der Kämpfer. Halbmonatsschrift des Jungdeutschen Ordens, Großballei Braunschweig/Hannover, H. 1, 1.1.1927, abgedruckt in: Dokumentation der Jugendbewegung, Bd. III, S. 980.
41 *Reulecke*, Jugendbewegung und Nationalsozialismus, S. 158, unter Verwendung eines Zitates von René *König*, Soziologie in Deutschland, München/Wien 1987, S. 186.

beeinträchtigte aber in den 1920er Jahren offenbar kaum die Attraktivität entsprechender bündischer Gemeinschaftsvorstellungen auch als politisches Leitziel.

*III. Der Kult der Gemeinschaft. Rituale und Symbole der bündischen Jugend*

„Das tiefste Erlebnis der Jugendbewegung ist ohne Zweifel das der Gemeinschaft."[42] Diese schlichte Aussage, die die Erfahrungen fast aller Mitglieder der Jugendbewegung auf einen gemeinsamen Nenner brachte, war zugleich ein Konstrukt, mit dem den vielfältigen Lebensformen und Sozialisationserfahrungen der Jugendbewegung ein über das alltägliche Erlebnis hinausgehender Sinn verliehen werden sollte, mit dem der funktionale Gehalt von Symbolik und rituellem Handeln der in ihrer bunten Vielfalt kaum zu erfassenden Gruppen definiert werden sollte. Zugleich waren die verschiedenen Ausdrucksformen und Medien der symbolischen Kommunikation der Bereich des Gruppenlebens, der durch ihre affektiven Elemente jugendbewegtes Erleben stimulierte und die emotionale Gruppenbindung herstellte. Die Deutung dieser Emotionen und ihr Bezug zu einem Wertekatalog, der seine ideengeschichtlichen Wurzeln in der Lebensreformbewegung hatte, war Sache der Älteren. Aber auch ihre Deutungen und verbalen Rationalisierungen wirkten vor allem durch die Art, wie sie vorgetragen wurden und in welchem Maße sie sich mit den emotionalen Erfahrungen verbinden ließen.

Die Jugendbewegung, in der Wandervogelzeit wie in der Phase der bündischen Jugend, entwickelte eine große Palette von Symbolen und Ritualen, die sich zwar mit verschiedenen politisch-kulturellen Deutungsmustern in Verbindung bringen ließen,[43] aber wiederum so unverwechselbar waren, dass sie als sichtbarer Ausweis der Zugehörigkeit zur Jugendbewegung galten und so wirkungsmächtig waren, dass sie auch von der nationalsozialistischen Jugendpolitik übernommen wurden. Zu den Symbolen gehörten die Abzeichen, Fahnen und Wimpel, die Wanderkluft und -ausrüstung (bis hin zum Hordentopf),[44] später die einheitlichen Zelte und Uniformen, aber auch das Liedgut und die Tanzformen, die Schwur- und Grußformeln. Zu den Lebensformen, die immer stärker ritualisiert wurden, gehörten die Wanderfahrt wie das Lager, Umzüge und Demonstrationen, die Gruppentreffen im „Nest" oder im

---

42 *Ursinn*, Mehr staatliche Haltung, S. 1385.
43 Diese Ambivalenz verdeutlicht Ulrich *Linse*, Lebensformen der bürgerlichen und proletarischen Jugendbewegung, in: Jahrbuch des Archivs der deutschen Jugendbewegung, 10 (1978), S. 24–54.
44 So hieß es schon im Nachrichtenblatt des Steglitzer Wandervogels vom September 1904: „Es lebe der Kochtopf. Er unterscheidet uns von allem anderen wandernden Volk [...]. Es gibt zweierlei Wandern: mit Kochtopf, heißt als Wandervogel; ohne Kochtopf, heißt als Tourist. Die ganze Lebensführung krempelt er um." (Siegfried *Copalle*, Unser Kochtopf, in: Nachrichtenblatt des Steglitzer e.V., Nr. 1, September 1904, abgedruckt in: Dokumentation der Jugendbewegung, Bd. II: Die Wandervogelzeit, hg. v. Werner *Kindt*, Düsseldorf/Köln 1968, S. 67.)

Jugendheim, die Feste und Feiern, die Rituale der Initiation in die Gruppe, das Treffen mit anderen Gruppen, die bündischen Großtreffen. Verbunden mit der Tendenz zu Disziplin und „Tatbereitschaft" sowie dem „Willen zur Form"[45], der in den Organisationsformen der bündischen Jugend überall zu erkennen war, war die Tendenz zur Verfestigung der Rituale wie zur Geschlossenheit und Strenge, bis hin zur Militarisierung der Sozialisationsformen und der Gemeinschaftssymbole. Das Lager, die Marschkolonne, die Uniform, das Arbeitslager oder das Landerziehungsheim bestimmten das Bild der bündischen Jugend von den „Roten Falken" in der „Sozialistischen Arbeiter-Jugend" und den „Roten Jungpionieren" der KPD über die „Deutsche Freischar" und den „Bund deutscher Bibelkreise" bis hin zur „dj.1.11.", dem „Jungdeutschen Orden" und den völkischen Gruppen der „Geusen" und „Artamanen".[46] Neben den gemeinsamen Grundmustern der Fahrten und Lager, der Uniformen und Gruppentreffen, der Geländespiele und Sonnenwendfeiern sind es allenfalls spezifische Symbole wie Abzeichen, Fahnen und Grußformeln sowie die Bibelarbeit der konfessionellen Bünde, die die Unterschiede zwischen den Gruppen markieren. Ihre Funktionen sind immer identisch: die Festigung der Zugehörigkeit und Gruppenidentität nach innen, die Demonstration der Geschlossenheit und der Abgrenzung der Gruppe nach außen. In ihrer Gesamtheit und Geschlossenheit, die fast die Form eines Gesamtkunstwerkes annahm, schufen sie das Gemeinschaftsgefühl, das für die Stabilität der Gruppe sorgte. Ein Bericht aus dem Jahre 1932 behauptet diese Gemeinsamkeit des Lebensgefühls trotz der politischen Vielfalt der Gruppen:

> „Marschierende, einheitlich gekleidete Jungentrupps in geschlossenen disziplinierten Reihen. Sie halten Gleichschritt, die Fahne an ihrer Spitze, die einmal die rote Fahne des kommenden sozialistischen Staates ist, oder die Hakenkreuzfahne des kommenden Dritten Reiches, ein andermal das Kreuz katholischer oder evangelischer Jugend oder die schwarze Fahne des Widerstandes gegen den Versailler Gewaltfrieden. Das Stehen und Marschieren in Reih und Glied ist allen Ausdruck ihres stärksten Lebensgefühls. Bedeutet allen elementares Erlebnis, wirkt auf alle wie ein Rausch."[47]

---

45 Kurt *Zeidler*, Die Wiederentdeckung der Grenze. Beiträge zur Formgebung der werdenden Schule, Jena 1926, S. 67; in Auszügen abgedruckt in: Dokumentation der Jugendbewegung, Bd. III, S. 1470ff.
46 Eine gute Quelle für eine Phänomenologie der Jugendbewegung bietet die dreiteilige Film-Dokumentation „Deutsche Jugendbewegung" des Instituts für den Wissenschaftlichen Film, hg. von Walter *Hubatsch*, Göttingen 1979, sowie die reiche Fotosammlung des Archivs der deutschen Jugendbewegung.
47 Joseph *Fischer*, Das junge Deutschland, o.O. 1932, S. 39f, zit. nach: Hermann *Giesecke*, Vom Wandervogel bis zur Hitlerjugend, München 1981, S. 176.

Fahnen und Wimpel dienten nicht nur der Identifikation der Gruppe, sondern waren überdies Bestandteil verschiedenster Gruppenrituale von der Morgenfeier im Lager, dem symbolischen Mittelpunkt der Gruppe auf der Fahrt oder beim Marsch bis zu den Initiationsriten der Gruppe.

Inklusion und Exklusion der Gruppe erhalten ihre größte Sichtbarkeit durch die Kluft und ihre zunehmende Tendenz zur Uniformierung. Das erklärt das besondere Augenmerk, das etwa Großorganisationen wie die „Deutsche Freischar" und in Konkurrenz mit ihr Eberhard Koebel in seinem energischen Gestaltungswillen auf die einheitliche Bundestracht legten. Hatte die „Deutsche Freischar" eine weiße Hemdbluse mit aufgesetzten Brusttaschen, eine kniekurze Hose aus grauem oder blauem Cordsamt, wollene Kniestrümpfe, einen Gürtel mit Koppelschloss und ein dunkles dreieckiges, vorne geknotetes Halstuch zur Bundestracht erklärt,[48] so legte *tusk* besonderen Wert auf praktische wie auf ästhetische, aber vor allem auf die gemeinschaftsstiftenden Gesichtspunkte. „Die Fahrtenkluft muss schön und ordentlich sein. Es sind ja Sonntagskleider, Dienstkleider. Und eine Gruppe und ein Gau muss gekleidet sein wie Brüder. Hässlich ist, in Wald und Feld ein Gewimmel von verschiedenfarbigen alten Stadtkleidern zu sehen."[49]

Das kommt besonders in der Erfindung der dunkelblauen Jungenschaftsjacke von militärähnlichem Schnitt zum Ausdruck, von der *tusk* träumte, dass er damit die Kleidung geschaffen habe, die einmal die gesamte deutsche Jugend tragen werde.[50] In seiner Schrift „Der gespannte Bogen" von 1931 verstärkte er das militärische Aussehen der Gruppe und regelte zudem die Sichtbarmachung der Hierarchie: „Die Tracht ist dunkelblau mit Schulterriemen und silberglänzendem Koppelschloss. Von der rechten Schulter hängt bei Jungen eine blaue Kordel, bei Gruppenführern eine rote, Kreisführern eine gelbe, Gauführern eine weiße."

Dass die einheitliche Kluft das „Selbstgefühl der Gruppe"[51] erheblich steigerte und von den Mitgliedern mit Begeisterung getragen wurde, zeigt ein Brief aus der „Deutschen Freischar" über einen „Bundestag": „Abgesehen davon waren auch die äußeren Zeichen des vorhandenen Einheitsgefühls deutlich zu erkennen: Im äußerlichsten Merkmal, dass das Bundeshemd sich allmählich durchsetzt und die alten Gau-, Stammes- oder Gruppentrachten überwindet. So trugen schätzungsweise zwei

---

48 Auf einer Kapitelsitzung der Deutschen Freischar am 4.5.1930 wurde das „grüne Hemd des Großdeutschen Jugendbundes zum Bundeshemd" erklärt. Vgl. Dokumentation der Jugendbewegung, Bd. III, S. 1121.
49 Eberhard *Koebel [tusk]*, Fahrtenkleidung, in: Briefe an die deutsche Jungenschaft, 3 (1929), S. 12, zit. nach: Ulrike *Holtrup*, Rituale und Symbole in der deutschen Jugendbewegung, unveröffentlichte Staatsexamensarbeit, Münster 1993, S. 91.
50 Dazu *Laqueur*, Deutsche Jugendbewegung, S. 185. Laqueur weist darauf hin, dass diese Vision fast Wirklichkeit geworden sei, da die Jacke des Deutschen Jungvolks sehr stark an der Jungenschaftsjacke der „dj.1.11." orientiert war.
51 Karl *Seidelmann*, Bund und Gruppe als Lebensform deutscher Jugend, München 1955, S. 204.

Drittel aller auf dem Bundestag vorhandenen Jungen das Freischarhemd. Nur schade, dass hinsichtlich des Halstuches nicht die gleiche Einheitlichkeit herrschte. Ich habe außerdem bedauert, dass bei den Morgenfeiern nicht alle Jungen mit dem Festhemd antraten."[52]

Fast unverändert seit der Wandervogelzeit blieben wichtige Fest- und Gemeinschaftsrituale von der Sonnenwendfeier über das Lagerfeuer mit Liedern und Tänzen bis zu den Aufnahmeriten. Der Feuerkult besaß neben allen Erinnerungen an Brauchtumsformen durch seine suggestive Emotionalisierung vor allem einen besonderen Erlebnisgehalt, der Naturverbundenheit, Reinigung, Aufbruch und Zugehörigkeit signalisierte und zudem mit den Sonnenwendfeiern regelmäßig im Jahreslauf wieder gefeiert wurde. „Sonnenwende! In dem Worte Sonnenwende liegt für den Wandervogel eine symbolische Bedeutung! Für so viele ist er eine Wende zur Sonne, zu sonnigem Leben, frohem Jugendgenuss geworden, deren Seele nach Sonne drängte, die aber ohne den Wandervogel schier erstickt wären im Schulstaub, Schuldruck, in der ganzen Sklaverei, die unser heutiges Schulsystem ihnen auferlegt."[53] Knapp zwanzig Jahre später sah *tusk* weniger die Naturmetaphorik im Feuerritual, sondern vor allem die emotionale und gemeinschaftsstiftende Bindungskraft des Feuers, das nun im Mittelpunkt eines Feuerkultes stand: „Das Feuer ist das Allerwichtigste. Immer, wenn es wieder im Lager erwacht, fühlen wir, dass wir nach ihm die größte Sehnsucht hatten. [...] An Sonnenwend rauschen von den Bergen gewaltige Brände auf. Um jeden stehen Burschen und Buben mit Wimpeln und Fahnen, barhäuptig und festlich gekleidet, und singen ihr großes Lied über die schlafenden Täler: Heilige Glut/ Rufe die Jugend zusammen;/ Dass bei den lodernden Flammen/ Wachse der Mut!"[54] Auch in den Aufnahmeritualen, die schon immer einen wichtigen Platz im Gruppenleben und bei der Stabilisierung ihrer Binnenkultur einnahmen, zeigen sich Kontinuitäten und Wandlungen, die vor allem auf eine deutlichere Ausbildung der Hierarchie zielten. Während beim Wandervogel vor einer Wanderfahrt die Aufnahme in die Scholarenliste verbunden mit einem Treue- und Gehorsamsgelöbnis ausreichten,[55] fanden in der Deutschen Freischar wie in deutschen Jungenschaften ein feierliches Aufnahmeritual vor der Fahne und der angetretenen Gruppe statt. In der „dj.1.11." wurden dem Novizen dabei Uniform und

---

52 Werner *Paschke*, Ein Brief vom Bundestag, in: Deutsche Freischar, 1 (1929), S. 25, zit. nach: *Holtrup*, Rituale und Symbole in der deutschen Jugendbewegung, S. 90.

53 Sonnenwende. Ein Büchlein vom Wandervogel und seiner Arbeit. Zusammengestellt und herausgegeben von Friedrich Wilhelm *Fulda*, Leipzig 1913, S. 72, zit. nach: *Holtrup*, Rituale und Symbole in der Jugendbewegung, S. 100.

54 Eberhard *Koebel*, in: Das Lagerfeuer, 7 (1930), S. 3f, zit. nach: *Holtrup*, Rituale und Symbole in der Jugendbewegung, S. 103.

55 Vgl. die Textdokumentation zum Wandervogel, Ausschuss für Schülerfahrten für das Jahr 1902, in: Dokumentation der Jugendbewegung, Bd. II, S. 42.

Koppelschloss verliehen, nach einer weiteren Probezeit die blaue Kordel. Die Aufnahme fand meist im Zusammenhang mit den Sonnenwendfeiern statt.

Die neue Lebensform der Disziplin und Unterordnung in der bündischen Jugend wird am deutlichsten im Ritual des Marschierens, das sich von der Praxis des Wanderns und des Volkstanzes in der „anarchischen" Phase des Wandervogels weit entfernt hatte. Man zog geschlossen marschierend, einheitlich gekleidet, angeführt von der Bundesfahne in eine Stadt, in ein Lager ein. „Aus dem ruhelos schweifenden Wandervogel wird der ‚bündische' Mensch, aus der ‚Horde' die ‚Jungenschaft', aus dem Volkstanz der Schritt marschierender Kolonnen", beobachtete ein Zeitgenosse.[56] Dazu gehörten die Marsch- und Kampflieder, die das harmlose Volkslied der Wandervogelzeit verdrängten. Der Frontkämpfer wurde zum Leitbild auch und gerade der Nachkriegsgeneration, die selbst nicht mehr zum Kriegseinsatz gekommen war. Märsche, Kampflieder, Uniformen: soldatische Leitbilder waren die Ersatzformen für das fehlende Kriegserlebnis. Der Orden mit seiner geheimbündlerischen Logik bot den Raum für die Inszenierung der geschlossenen, elitären und militanten Gemeinschaft. „Erziehung, Pflichterfüllung, Hingabe an das Volksganze" lautete das Programm des Jungdeutschen Ordens, das er in seiner filmischen Selbstdarstellung mit Bildern von Marschkolonnen in Uniform, von ihrem Einzug in eine Burg, vom Vorbeimarsch an dem „Hochmeister" und von einer Morgenandacht mit Fahne belegte.[57]

Wodurch unterschieden sich, so bleibt schließlich zu fragen, das Marschritual des Jungdeutschen Ordens, die Feuerrituale und Fahnenappelle der „dj.1.11." mit der Aufforderung ihres charismatischen Führers zu unbedingtem Gehorsam, zur soldatischen Erziehung, zur Aktions- und Kampfbereitschaft von den Ritualen und Leitbildern der nationalsozialistischen Jugendorganisationen? Der alleinige Blick auf die Gemeinschaftsrituale und ihre programmatischen Begründungen wird kaum nennenswerte Unterschiede zeigen. Der Abstand der bündischen Marschkolonne zu der HJ- oder SA-Kolonne ist äußerlich sicherlich geringer als der zwischen dem Wandern des Wandervogels und den Marschkolonnen der späten 1920er Jahre. Auch verwenden die bündischen Vordenker und die Nationalsozialisten um 1930 „weitgehend identische Begriffe", und eine „partielle Sympathie" der Bündischen zur nationalsozialistischen Bewegung ist unübersehbar.[58] Doch gegen eine solche voreilige Gleichsetzung sprechen einmal die politisch-kulturelle Polyvalenz der Rituale und Symbole, zum anderen die Unterschiede im Politikbegriff und in der politischen Praxis. Rituale und Symbole können immer mehrdeutig sein und bedürfen stets der

---

56 Kurt R. *Mattusch*, Auf dem Wege zum großen Bund 1921–1926, o.O. o.J., S. 104, zit nach: *Raabe*, Bündische Jugend, S. 62; ferner bei *Linse*, Lebensformen, S. 50.
57 *Hubatsch*, Deutsche Jugendbewegung, S. 9.
58 *Reulecke*, Jugendbewegung und Nationalsozialismus, S. 160.

Deutung durch ihren jeweiligen Kontext. Das Beispiel der Kongruenz jugendbewegter Rituale in der bürgerlichen wie in der proletarischen Jugendbewegung hat dies eindringlich belegt.[59] Die Lebensformen, die alle auf das Ziel der Gemeinschaftsbildung gerichtet waren, waren vielseitig verwendbar; umgekehrt waren es die emotionalen Gemeinschaftserlebnisse und nicht die programmatischen politischen Erklärungen der Älteren, die für die Mentalität der Bündischen in unterschiedlicher individueller Ausformung und Wirkungsweise prägend waren und erst das Bewusstsein konstituierten, bei allen sektiererischen Rivalitäten der einzelnen Bünde und Führer doch einem gemeinsamen Erlebnis und Wollen verpflichtet zu sein. Dieser gemeinsame Erlebnis- und Wertekanon war neben allen Tendenzen zu Unterwerfung, Aktivismus und Führererwartung eng verbunden mit der Behauptung einer individuellen Autonomie. Bindung und individuelle Selbstverantwortung bzw. -verwirklichung gehörten in den Leitbildern und Lebensformen der Jugendbewegung zusammen; eine autonome Praxis, ein Jugendkult, der auch zur Selbstverwirklichung aufruft und eigene Gestaltungsräume in der Gesellschaft beansprucht, waren im totalitären Selbstverständnis und in der Kontroll- und Verdächtigungspraxis des Nationalsozialismus hingegen undenkbar.

Schließlich zeigen der politische Zick-Zack-Kurs von *tusk* zwischen 1932 und 1934 sowie die unterschiedlichen Verhaltensformen ehemaliger „Bündischer" in der NS-Diktatur, die von Unterwerfung und Anpassung bis hin zum Widerstand reichten, dass von jugendbewegten Lebensformen und Denkmustern keine Einbahnstraße zur totalitären politischen Ideologie und Praxis des Nationalsozialismus führen muss.[60]

Welche Bedeutung kommt in dieser vielschichtigen Wirkungsgeschichte bündischer Lebensformen und Erfahrungen dem ausgeprägten, emotional hochwirksamen Apparat an Ritualen und Symbolen zu? Hat der schöne Schein, haben die Äußerlichkeiten jugendbewegter Sozialisations- und Lebensformen zu einer Fehleinschätzung des Nationalsozialismus beigetragen, der scheinbar eine Fortsetzung des Vertrauten versprach, nur mit einer effizienteren, weil umfassenderen Organisation und vielfachen Aufstiegsversprechungen? Ein Ergebnis der vorliegenden Betrachtungen sollte darin bestehen, die Trennung von Ritual und Rationalität zurückzuweisen und umgekehrt die enge Verbindung von Wertmustern einerseits und ihrer symbolischen Kommunikation andererseits festzustellen. Zudem gilt auch und gerade für den Bereich der symbolischen Kommunikation die Vieldeutigkeit der Deutungen und politischen Funktionalisierungen der Rituale.[61] Dass sich der Kult der Gemeinschaft,

---

59 Dazu *Linse*, Lebensformen.
60 Dieses Argument wird ausführlicher belegt bei *Reulecke*, Jugendbewegung und Nationalsozialismus, S. 166ff.
61 Dazu Hans-Ulrich *Thamer*, Politische Rituale und politische Kultur im Europa des 20. Jahrhunderts, in: Jahrbuch für Europäische Geschichte, 1 (2000), S. 79–98.

der ein prägendes Erlebnis der Bündischen war, ganz unterschiedlichen Welt- und Politikdeutungen anverwandeln und mit verschiedenen Inhalten füllen lassen konnte, zeigt einmal mehr, dass jede monolineare Deutung des Verhältnisses von Jugendbewegung und Nationalsozialismus zu kurz greift, dass aber die Affinitäten zwischen beiden Phänomenen und auch die Verlockungen des Nationalsozialismus in Gestalt seines Jugendkultes unübersehbar sind.

IV.
„Eine Episode, die Geschichte gemacht hat":
Internationale Politik und Strategie im 20. Jahrhundert

## 1. Außenpolitik in der parlamentarischen Demokratie
*Horst Möller*

I.

Mit Außenpolitik kann man keine Wahlen gewinnen: Dieser Satz der Meinungsforscher scheint unbestritten, er bringt das Problem der Außenpolitik in der modernen Demokratie auf den Punkt, er zeigt, worin sich Außenpolitik heute von jener früherer Epochen unterscheidet.

Während des Ancien Régime legitimierten dynastisch geprägte staatliche Interessen außenpolitisches Handeln, die Monarchen bestimmten die Richtlinien, die operative Umsetzung war Sache professioneller Diplomaten: Die Gesandtenberichte, beispielsweise der Venezianer oder der päpstlichen Diplomatie, glichen oft literarisch gestalteten Analysen der internationalen Beziehungen, auch wenn sie die innenpolitische Lage ihres Gastlandes in die Beobachtung einbezogen. So dokumentieren im 18. Jahrhundert die Politischen Testamente der Hohenzollern, zum Beispiel diejenigen Friedrichs des Großen, präzise die außenpolitischen Ziele.

Neben dem jeweiligen Interesse der Dynastie bildete das europäische Staatensystem den Bezugsrahmen: Es basierte auf der realen machtpolitischen Konstellation der europäischen Großmächte und besaß insofern eine inhärente Logik, der die Diplomatie durch ihre eigene Rationalität Rechnung trug. Traditionen langer Dauer spielten für die Außenpolitik ebenso eine Rolle wie spezifische nationale Voraussetzungen. Zu ihnen zählten rationale Kriterien wie die englische Maxime einer *balance of power*, derzufolge es auf dem europäischen Kontinent keinen Hegemonialstaat geben dürfe, Herrscherbilder im christlichen Abendland wie die vom römischen Kaiser deutscher Nation in Anspruch genommene Schutzfunktion gegenüber der Kirche, aber auch Ängste und Rivalitäten, die die Diplomaten in rationales Kalkül umsetzen mussten. Für Deutschland galt seit dem Westfälischen Frieden 1648 die Souveränität der einzelstaatlichen Fürsten, die Bündnisse mit ausländischen Mächten schließen durften, wenn sie sich „nicht gegen Kaiser und Reich" richteten – eine dehnbare Formel, wie sich nur zu bald zeigen sollte. Frankreich und Schweden griffen nicht allein als Garantiemächte des Friedensvertrages, sondern aus eigenem außenpolitischem Interesse in die deutsche Staatenwelt ein.

Mit anderen Worten: In der neueren und neuesten Geschichte hat es eine „deutsche" Außenpolitik nur während der Epochen des Nationalstaats gegeben: Vor 1871 gab es die Außenpolitik der seit 1763 zwei deutschen Großmächte Österreich und Preußen, die in der Regel Rivalen waren. Die Mittelstaaten, wie Bayern und Württemberg, die sich beispielsweise im Rheinbund mit Napoleon verbündeten, und die außenpolitisch in der einen oder anderen Weise abhängigen deutschen Kleinstaaten versuchten eine eigene Außenpolitik zu betreiben: Selbst nach dem Wiener Kongress gehörten zum Deutschen Bund zunächst noch 38 souveräne Mitglieder.

Deutsche Außenpolitik gab es also im strengen Sinne erst seit 1871 (auch der Krieg von 1870 war zunächst kein deutsch-französischer, sondern ein preußisch-französischer und dann erst einer des Norddeutschen Bundes gewesen). Während der Besatzungsherrschaft in Deutschland 1945 bis 1949 konnte es ebenfalls keine deutsche Außenpolitik geben, sondern nur Initiativen der Ministerpräsidenten, der Parteiführer, der Oberbürgermeister gegenüber den jeweiligen Besatzungsmächten. Nach 1949 entwickelte sich zunächst bis 1955 eine eingeschränkte westdeutsche Außenpolitik, danach bekanntlich bis 1989 die Außenpolitik zweier deutscher Staaten, die jedoch zumindest bis zur neuen Ostpolitik seit 1969 strikt in ihre jeweiligen westlichen bzw. östlichen Kontexte eingebunden blieb. In den dreieinhalb Jahrhunderten seit dem Westfälischen Frieden hat es also nicht einmal 90 Jahre lang eine einheitliche deutsche Außenpolitik gegeben.

Die Rationalität der Außenpolitik, die sich im Wesentlichen auf zwischenstaatliche oder multilaterale kalkulierbare Beziehungen konzentrierte, wurde durch zwei entscheidende, miteinander verbundene Faktoren verändert: die Demokratisierung und die Nationalisierung. Beide nahmen von der Französischen Revolution seit 1789 ihren Ausgang. Auf allgemeiner Wehrpflicht beruhende Massenheere gibt es erst seit dieser Zeit, sie sind Ausdruck des Eintritts der Massen in die Politik. Mit der *levée en masse* und der Formel *la patrie est en danger* wurde zuerst in Frankreich nicht allein die Kriegspolitik, sondern die gesamte Außenpolitik zum Problem der Innenpolitik. Früher oder später setzte sich im Laufe des 19. und im frühen 20. Jahrhundert dieser revolutionäre Anstoß in allen europäischen Staaten, insbesondere bei den Großmächten durch.

Zwar gelang den Staatsmännern des Wiener Kongresses von Metternich und Hardenberg bis zu Talleyrand und Castlereagh noch einmal die Restauration des europäischen Staatensystems und die Durchsetzung des Prinzips monarchischer Legitimität gegen das Prinzip der Volkssouveränität, aber die Revolutionen des 19. Jahrhunderts, die nationalen Einigungsbewegungen in Italien und Deutschland gaben ein unübersehbares Signal des Strukturwandels. Auch Bismarck betrieb Außenpolitik noch nach den Maximen des europäischen Staatensystems. Er nutzte rationales machtpolitisches Kalkül zur Einhegung der Kriegsgefahr durch komplizierte, sich ergänzende Bündnissysteme, wenngleich die Annexion Elsass-Lothringens in der Historiographie auch als Konzession Bismarcks an die deutsche Nationalbewegung oder als Instrument, sie zu ködern, gedeutet worden ist.

Die Wegscheide zu moderner Außenpolitik bildet zweifellos die Krise, die zum Ersten Weltkrieg führte. Die nationalistische Massenhysterie, die in vielen europäischen Staaten im Sommer 1914 bestand oder geschürt worden ist, und die maßlose Agitation, die die Regierungen benutzten, um den aufgepeitschten Nationalismus für politische Ziele zu instrumentalisieren, machten trotz aller Kabinettspolitik im Sommer 1914 die Außenpolitik endgültig zum Problem der Innenpolitik. Diese Phase stellt also zweifellos einen entscheidenden Schritt zur Außenpolitik in demokratischen Staaten dar, auch wenn noch nicht alle kriegführenden Staaten bis 1918 parlamentarische Demokratien waren, so beispielsweise weder das rechtsstaatlich-konstitutionelle Deutschland noch das autokratisch-zaristische Russland.

Zwar sind Kriege immer die Stunde der Exekutive: So wurde Deutschland während des Krieges aus einer konstitutionellen Monarchie nicht de jure, aber de facto zu einer Diktatur der Obersten Heeresleitung. Doch verschärfen Massenkriege gewöhnlich den Anspruch auf demokratische Mitbestimmung und Egalisierung innerhalb einer Gesellschaft. Selbst wenn Regierungen immer wieder in der Geschichte innenpolitische Probleme entschärft haben, indem sie durch außenpolitische Aggressivität von ihnen ablenkten, entwickelten sich solche unkalkulierten Rückwirkungen.

## II.

Mit Außenpolitik kann man keine Wahlen gewinnen: Der Formwandel der Außenpolitik in den parlamentarischen Demokratien des 20. Jahrhunderts lässt sich an Beispielen aus verschiedenen Epochen der deutschen Geschichte verdeutlichen.

Für die Weimarer Republik könnte die Feststellung ergänzt werden: Man kann mit der Außenpolitik keine Wahlen gewinnen, wohl aber verlieren. Nahezu alle Regierungskrisen der Weimarer Republik hatten auch oder wesentlich außenpolitische Ursachen.

Dies hatte prinzipielle, aber auch spezielle Gründe: In einer parlamentarischen Demokratie, wie sie seit 1919 bestand, unterliegen alle Politikfelder, auch die Außenpolitik, prinzipiell demokratischer Entscheidungsbildung und Legitimation. Die Parlamente, die eine zeitlich befristete Repräsentation des Volkswillens darstellen, sind zwar insbesondere in der Arbeit ihrer außenpolitischen Ausschüsse durchaus von Sachkompetenz geleitet, sobald die Diskussion aber ins Plenum gelangt, ist sie eine Diskussion in der Öffentlichkeit: Dieser Resonanzboden politischer Entscheidungen gewinnt in Demokratien immer größeren Einfluss.

Die speziellen Gründe für den zuweilen dominanten Einfluss der öffentlichen Meinung lagen für alle europäischen Nachkriegsdemokratien seit 1918 in den Kriegsfolgen: Diesen Zusammenhang dokumentiert beispielsweise die Diskussion über den Vertrag von Versailles in Deutschland und Frankreich sowie deren Rückwirkung auf die jeweilige Außenpolitik beider Staaten. Es existierten bei aller wechselseitigen Aggressivität erstaunliche Analogien. Ja man kann sagen, dieses trotz seiner Mängel letzte umfassende Vertragswerk der europäischen Diplomatie war zugleich das erste, das unter den Augen und unter dem Druck einer kritischen Öffentlichkeit der beteiligten Staaten entstand. Selbst wenn Clemenceau und Lloyd George es gewollt hätten, hätten sie nicht mehr ohne Berücksichtigung der jeweiligen innenpolitischen Konstellation in ihren Ländern verhandeln können, wie es noch Metternich und Talleyrand konnten. Clemenceau sah sich noch weiter gehenden Forderungen von Staatspräsident Poincaré und Marshall Foch gegenüber, die einen Teil der erregten und beunruhigten französischen Bevölkerung hinter sich hatten. Der britische Premier musste aufgrund der Unterhauswahl im Dezember 1918 eine schwierige innenpolitische Konstellation bewältigen, die durch die Pariser Vorortverhandlungen zusätzlich kompliziert wurde. Das Ungeschick des deutschen Außenministers Graf Brockdorff-Rantzau in Versailles hatte nicht allein individuelle Gründe, sondern ist vor dem Hintergrund einer empörten deutschen Öffentlichkeit und der schwierigen Lage jeder deutschen Regierung zu sehen, die diesen Vertrag annahm: Folglich trat der sozialdemokratische Regierungschef Philipp Scheidemann, der sich weigerte, den Vertrag von Versailles zu akzeptieren, mit dem berühmt gewordenen Satz zurück: „Welche Hand müsste nicht verdorren, die sich und uns in solche Fesseln legte."

Versailles war nicht der einzige, aber einer der Gründe, warum die drei demokratischen Weimarer Koalitionsparteien nur eineinhalb Jahre nach ihrem triumphalen Wahlsieg vom 19. Januar 1919, der ihnen eine Dreiviertelmehrheit beschert hatte, am 6. Juni 1920 bei den Reichstagswahlen ungefähr 30 Prozent ihrer Stimmen verloren – und zwar zugunsten der jeweiligen Flügelparteien der Rechten beziehungsweise der Linken. Maßgebend war nicht unbedingt, welche außenpolitischen Sachfragen wie gelöst wurden, sondern wie die jeweilige Außenpolitik in der öffentlichen Meinung perzipiert wurde. Diese Feststellung gilt ebenfalls für einen außenpolitischen „Dauerbrenner" wie das Reparationsproblem: Es konnte aufgrund der unkalkulierbaren Finanzkraft Deutschlands 1919 nicht definitiv geregelt werden, so dass die Höhe der zu zahlenden Summe offen blieb: Bis zur hasserfüllten Agitation der Rechtsextremen und Deutschnationalen gegen die Regierung der Großen Koalition im Parlament, in der Presse und mithilfe von Massendemonstrationen über den Young-Plan von 1929 standen alle deutschen Regierungen permanent unter diesem Druck. Viele dieser Regierungen mussten zurücktreten, weil ihnen durch ihre außenpolitischen Entscheidungen die parlamentarische Mehrheit verloren ging.

Es spielte für die öffentliche Diskussion kaum eine Rolle, dass der Young-Plan durchaus auch Fortschritte für die deutsche Seite brachte, es war unerheblich, was die Finanzexperten und die Diplomaten ausgehandelt hatten. Die Feststellung, die bereits 1925 der Verfassungsrechtler Fritz Poetzsch-Heffter traf, charakterisiert diese Situation: „Das unerträgliche Versailler Diktat und der zu seiner Durchführung angewandte, die natürlichsten Lebensbedingungen und das Selbstgefühl des deutschen Volkes missachtende Druck der Feindmächte nahm den republikanischen Nachkriegsregierungen die Freiheit der politischen Entschließung, die für jede Regierung einer großen Nation unentbehrliche Voraussetzung ist. Kaum ein Tag verging, der hier nicht die Abhängigkeit der Verfassungsentwicklung von der Außenpolitik zeigte. In jeder Regierungskrise wurde sie offenbar." Wie immer man die Bewertungen Poetzsch-Heffters beurteilt: Der Zusammenhang von Außen- und Innenpolitik ist offensichtlich – in dieser Einschätzung allerdings mit umgekehrter Akzentuierung, nämlich als Abhängigkeit der Innen- von der Außenpolitik.

Eine weitere Ebene ist aufschlussreich, wenngleich sie hier nicht ausgeführt werden kann: Hatten am Vorabend des Weltkriegs die Sozialistischen Parteien erfolglos versucht, ihre pazifistischen Maximen zur Friedenssicherung einzusetzen, ergab sich nach dem Krieg eine andere transnationale Aktionsform: 1900 hatte die Sozialistische Internationale in Paris beschlossen, ihre Mitgliedsparteien sollten keine Koalitionen mit bürgerlichen Parteien eingehen. Während sich die französische S.F.I.O. nach 1918 zunächst daran hielt, ging die SPD die Weimarer Koalition ein. Darüber kam es zu Verhandlungen deutscher und französischer Sozialisten. Aufgrund von Initiativen aus dem rechten Flügel der S.F.I.O. versuchte Karl Kautsky, die französischen Genossen zu überzeugen, dass auch für sie Koalitionen mit bürgerlichen Parteien sinnvoll seien. Auf der anderen Seite des politischen Spektrums setzte sich der rechtsliberale Gustav Stresemann seit 1924 für das *Cartel des Gauches* in Frankreich ein, weil er sich mit ihm konstruktive deutsch-französische Verhandlungen erhoffte.

Nach 1945 hat es Initiativen Kurt Schumachers gegenüber Guy Mollet in Frankreich und Ernest Bevin in Großbritannien gegeben, um den sozialistischen Internationalismus für eine konstruktive Besatzungspolitik in Deutschland zu nutzen. Doch blieben solche Initiativen aus unterschiedlichen Gründen erfolglos, in Frankreich unter anderem, weil dort Schumachers Auftreten als herrisch und nationalistisch eingestuft wurde. Heute bilden im Europa-Parlament verwandte Parteien der Mitgliedstaaten gemeinsame Fraktionen. Wie man weiß, hätte Staatspräsident Chirac im September 2002 einen Wahlsieg Edmund Stoibers und der CDU/CSU bevorzugt: Es gibt also Formen der transnationalen Aktion, die Innen- und Außenpolitik durch die Beziehungen politischer Parteien miteinander verbinden. Andererseits zeigen gerade die deutsch-französischen Beziehungen in den einzelnen Perioden unterschiedliche Verhaltensmuster, die diesem Schema nicht entsprechen: Helmut Schmidt und Valérie Giscard d'Estaing, Helmut Kohl und François Mitterrand gehörten eher gegensätzlichen Parteien an und haben trotzdem sehr viel mehr für die deutsch-französische Freundschaft getan, als die vergleichbaren Parteien angehörenden Regierungschefs Lionel Jospin und Gerhard Schröder. Helmut Kohl hat sich mit dem Sozialisten François Mitterrand erheblich besser verstanden als mit der ihm politisch näher stehenden Margaret Thatcher: Ganz offenbar spielt die Individualität der führenden Staatsmänner also für die Außenpolitik eine Rolle – ein Faktor, der nicht systematisierbar ist.

Ein Beispiel, wie die Außenpolitik zwar nach klassischen Kriterien der rationalen Diplomatie betrieben wurde, also eher der vordemokratischen Gestalt der Außenpolitik entsprach, und sich doch zum innenpolitischen Problem auswuchs, bilden die Locarno-Verträge von 1925. Sie brachten, verglichen mit der vorangegangenen Ära, einen ungeheuren Fortschritt in den deutsch-französischen Beziehungen, der in die Zukunft hätte wirken können. In Deutschland verlor in der Folge der Verträge die Regierung die Mehrheit, weil die Deutschnationalen das Vertragswerk ablehnten und aus der Regierung austraten. Doch nicht allein Stresemann, auch Aristide Briand hatte aufgrund seiner konstruktiven Außenpolitik mit innenpolitischen Widerständen zu kämpfen. Dieser Aspekt betrifft die in den meisten demokratischen Staaten zu beobachtende außenpolitische Dimension der Koalitionsbildung. Dies gilt für Deutschland, Frankreich, Italien, nicht aber für die USA oder Großbritannien. Die spezifischen außenpolitischen Konsequenzen von Regierungssystemen sind ein weiterer Gesichtspunkt des Themas. Für Frankreich ist diese Frage im Übrigen noch komplexer, weil die Außenpolitik in der V. Republik eine Domäne des Staatspräsidenten ist, was bekanntlich während der Kohabitation zwischen Chirac und Jospin zu erheblichen Schwierigkeiten führte.

Das letzte Beispiel stammt ebenfalls aus der Zwischenkriegszeit und betrifft die Rolle von ökonomischen Interessen beziehungsweise Interessenverbänden. Hatte solcher Lobbyismus in der Vorkriegspolitik noch eine negative Rolle gespielt, beispielsweise in Form von maßlosen Kriegszielforderungen, die über den Alldeutschen Verband lanciert wurden, so war es 1923 ganz anders: Während der Ruhrbesetzung schlossen die Ruhrindustriellen, nachdem Reichskanzler Stresemann am 26. September den Abbruch des passiven Widerstands gegen die französische und belgische Besatzung verkündet hatte, mit ihren französischen Partnern die so genannten MICUM-Verträge ab (Mission Interalliée de Contrôle des Usines et des Mines). Die Kohlelieferungen an Frankreich wurden wieder aufgenommen, also die so genannte Erfüllungspolitik (in Bezug auf den Vertrag von Versailles) fortgesetzt. Dies trug wesentlich zur Lösung der außenpolitischen Blockade bei.

In der heutigen EU spielt die Interessenpolitik bekanntlich im Gesamtzusammenhang der Außenpolitik eine Schlüsselrolle, die Fischfangquoten werden zum außenpolitischen Problem, die Verhandlungen über die Agrarsubventionierung sind aus der Geschichte der Europäischen Union nicht wegzudenken. Auch wenn zunächst die Agrarminister und der Agrarkommissar damit befasst sind, hat es doch bisher kaum je eine Lösung gegeben, in die nicht auch die Außenpolitik und die Regierungschefs involviert gewesen wären. Und für die nach Osten erweiterte EU könnte sich dieses Problem aufgrund der Wirtschaftsstruktur einiger Mitgliedsländer als kaum mehr aufzulösende Blockade erweisen.

## III.

In der Geschichte der Bundesrepublik gibt es drei zentrale Themen, bei denen sich Außen- und Innenpolitik auf eine für moderne Demokratien charakteristische Weise verschränkt haben: die Westintegration der Bundesrepublik Deutschland, die „Neue Ostpolitik" und die Wiedervereinigung 1989/90. In all diesen Sektoren tauchen die erwähnten Komponenten wieder auf: Partei- und koalitionspolitische Differenzen in der Außenpolitik, ihre Instrumentalisierung für parteitaktische Ziele, die Schlüsselrolle der öffentlichen Meinung, wirtschaftliche Interessenpolitik und individueller Faktor der beteiligten Politiker. Erfolgreiche Außenpolitik bestand in allen Fällen nicht allein in konstruktiver Lösung bilateraler oder internationaler Probleme. Vielmehr mussten die innenpolitischen Partner überzeugt, die Gegenargumente der Opposition entkräftet und die öffentliche Meinung zumindest so weit beeinflusst werden, dass sie die Regierung nicht gefährdete.

Konrad Adenauer etwa hat nicht allein auf die öffentliche Rede und die Kraft der Argumente gesetzt, sondern regelmäßig mit ausgewählten Journalisten so genannte Teegespräche geführt: In ihnen hat er auch außenpolitische Informationen weitergegeben, die bis dahin nicht bekannt waren; durch den vertraulichen Charakter der Informationen hat er eine entsprechende Atmosphäre erzeugt und die Journalisten praktisch miteinbezogen. Im außenpolitischen Ausschuss des Bundestages hat er anders agiert als in der eigenen Fraktion oder in der Bundesregierung: Dort zeigte sich, dass er oftmals Grundentscheidungen mit ausländischen Staatsmännern bereits gefällt hatte, um sie nicht innerparteilichem oder koalitionspolitischem Druck auszusetzen. Einer seiner Minister, der spätere Bundespräsident Gustav Heinemann, trat wegen Adenauers Zusage eines westdeutschen Verteidigungsbeitrags 1950 zurück und bald darauf aus der CDU aus. Er bezichtigte Adenauer, wesentliche außenpolitische Entscheidungen ohne Diskussion in der Bundesregierung „einstimmig" gefällt zu haben. Das traf in gewisser Weise zwar zu, doch selbst Adenauer war gezwungen, seine in klassischer außenpolitischer Manier geführten Verhandlungen später innenpolitisch durchzusetzen.

Konrad Adenauer besaß eine klare Zielsetzung in der politischen, kulturellen und sicherheitspolitisch-militärischen Westintegration der Bundesrepublik Deutschland.

Doch musste er nicht allein mit den Westmächten Lösungen finden. Da die Westintegration in Spannung zur grundgesetzlich gebotenen und politisch gewollten Wiedervereinigung stand, waren die Widerstände enorm. Sie resultierten unter anderem aus pazifistischen Einwänden gegen einen westdeutschen Verteidigungsbeitrag, aus traditionalistischem Neutralismus gegen eine Verankerung der Bundesrepublik im Westen, aus der Befürchtung der Vertiefung der deutschen Teilung, aus Widerständen gegen Adenauers Flexibilität in der Saarfrage. Auf der anderen Seite hatten es auch die Partner mit innenpolitischen Problemen zu tun, zum Beispiel Pierre Mendès-France mit der Ablehnung der EVG in der Assemblée Nationale in der berühmten Nachtsitzung am 30. August 1954.

Andererseits kamen die Erfolge in der Außenpolitik Adenauers Ansehen auch innenpolitisch beträchtlich zugute. Die Wahl von 1957, bei der das einzige Mal in der Geschichte der Bundesrepublik eine Partei, die CDU/CSU, die absolute Mehrheit errang, war auch ein Plebiszit über die konstruktive Europapolitik Adenauers und nicht allein Ergebnis der wirtschaftspolitischen Erfolge. Dafür war aber ausschlaggebend, dass im Jahr 1957 – dem Jahr, das mit den Römischen Verträgen die erste fundamentale Phase der europäischen Integrationspolitik abschloss – 75 Prozent der von den Demoskopen befragten Deutschen sich für eine Bildung der Vereinigten Staaten von Europa aussprachen. Hierin zeigt sich aber auch die Dialektik: Selbst in komplizierten außenpolitischen Fragen kann eine überzeugende Politik meinungsbildend wirken, also das außenpolitische Klima auf die Öffentlichkeit eines Landes zurückwirken. Es war kein Zufall, dass aufgrund dieser Situation die SPD 1959/60 als größte Oppositionspartei nach einem Jahrzehnt zum Teil heftigsten Widerstands praktisch das gesamte außenpolitische Programm und die Politik Adenauers übernahm.

Die Ostpolitik, die nach Vorbereitungen der Vorgängerregierungen, vor allem natürlich der Großen Koalition 1966 bis 1969, die sozialliberale Koalition des Kanzlers Willy Brandt betrieben hat, provozierte heftigste innenpolitische Kontroversen, stärkte dann aber die Regierung und schwächte die damalige Opposition. Die Außenpolitik bewirkte damals Parteiaustritte, fast einen Regierungssturz, der nur mit Bestechung eines Abgeordneten, der für einen östlichen Geheimdienst arbeitete, vermieden werden konnte sowie die Auflösung des Bundestags und einen anschließenden Wahlsieg des Bundeskanzlers Willy Brandt. So einfach wie die eingangs zitierte These nahe legt, war es also auch in diesem Fall nicht. Mit Außenpolitik war sehr wohl ein Wahlkampf zu gewinnen. Eine neue Dimension trat hinzu: Aufgrund einer Verfassungsklage Bayerns führte die Kontroverse nun zur juristischen Klarstellung, dass die Ostpolitik nicht gegen das Grundgesetz verstoße. Zugleich aber hatte die heftige Kritik der Opposition nicht allein bestimmte Präzisierungen erreicht, sondern auch zur Bekräftigung geführt, dass alle Verfassungsorgane die Wiedervereinigung zu fördern hätten und alles unterlassen mussten, was sie erschweren würde. Der „Brief zur deutschen Einheit", der an die Regierung der Sowjetunion gerichtet und von deutscher Seite als verbindliche Auslegung des Moskauer Vertrags betrachtet wurde, bestätigte aufgrund dieser Zusammenhänge der öffentlichen Diskussion und koalitionspolitischer Zwänge nochmals ausdrücklich diesen Verfassungsauftrag.

Die Ostpolitik selbst ist durch den Bundeskanzler, mehr noch von ihrem entscheidenden Protagonisten Egon Bahr, im Stil klassischer Geheimpolitik alter Zeiten geführt worden. Dies belegen seine Briefe, seine Analysen der internationalen Beziehungen, seine Konzeptionen, deren Zielrichtung er bereits 1963 bei einer Rede in Tutzing bei München verkündet hatte: „Wandel durch Annäherung". Die Moskauer Gesprächsprotokolle sind gemeinsam mit den anderen genannten Dokumenten in der vom Institut für Zeitgeschichte im Auftrag des Auswärtigen Amtes erarbeiteten Edition „Akten der Auswärtigen Politik der Bundesrepublik Deutschland" in den Bänden für die Jahre 1970 bis 1972, aber auch noch dem Folgeband abgedruckt, der Ende des Jahres 2003 erscheinen wird. Diese Dokumente zeigen auch den bemerkenswerten Tatbestand, der schon in Adenauers Zeiten galt und der ebenfalls bei Helmut Kohl, insbesondere bei dessen Frankreich- und Europapolitik und schließlich auch der Wiedervereinigungspolitik, gegenwärtig war: Wenngleich die operative Seite der Außenpolitik überwiegend Sache des Auswärtigen Amtes blieb, wurden grundlegende Entscheidungen doch vom Kanzleramt und durch den Bundeskanzler selbst vorbereitet und gefällt. Insofern spielten die außenpolitischen Kanzlerberater eine wesentliche Rolle, und naturgemäß wurden diese von den Diplomaten und vom jeweiligen Außenminister misstrauisch beäugt. Nur die Tatsache, dass die Kanzler auf ihre Außenminister als Koalitionspartner angewiesen blieben, sicherte deren Einfluss. Doch hat man verschiedentlich diese Kanzlerberater sogar als Nebenaußenminister bezeichnet.

Auf der anderen Seite ist heute zu vermerken: Die Botschafter eines Landes spielen für die Formulierung der Außenpolitik, oft sogar für die operative Seite, eine erheblich geringere Rolle als früher. Seit es zu ständigen Konsultationen der Politiker, der Fachministerien und der Regierungschefs gekommen ist, hat sich auch ihre Rolle verändert, im Falle der deutsch-sowjetischen Verhandlungen 1970 war der deutsche Botschafter nicht einmal immer informiert worden: Botschafter Kroll hat seinem Ärger verschiedentlich, später auch in seinen Memoiren Luft gemacht.

Im Übrigen war die Ostpolitik von Beginn an auch durch Wirtschaftsinteressen mitgeprägt. Die Errichtung von Handelsmissionen in den Ostblockstaaten zu Zeiten Bundeskanzler Adenauers und des damaligen Außenministers Schröder zu Beginn der sechziger Jahre ist ein Beispiel. Ein anderes Beispiel bildet die Tatsache, dass der damalige Krupp-Chef Berthold Beitz durch Willy Brandt in die Ostpolitik einbezogen wurde und die Politik Beitz' Kontakte in der Sowjetunion nutzte.

So umstritten die Ostpolitik zu ihrer Zeit war, so selbstverständlich wurde sie von den späteren Regierungen Helmut Schmidt und Helmut Kohl als Grundlage späterer Außenpolitik betrachtet. Auch für die Wiedervereinigung gilt schließlich: Außen- und Innenpolitik lassen sich nicht voneinander trennen. Alle oben genannten Aspekte sind auch hier anzutreffen, im Übrigen auch die klassische Geheimpolitik.

Trotz des offensichtlichen Strukturwandels der Außenpolitik in parlamentarischen Demokratien hat sich gezeigt, dass auch heute noch wesentliche Entscheidungen außenpolitischer Art außerhalb der Öffentlichkeit vorbereitet werden, es danach aber einer intensiven Öffentlichkeitsarbeit bedarf, um sie innenpolitisch durchzusetzen. Fälle von Instrumentalisierung der Außenpolitik für den Wahlkampf, wie die Kritik des Bundeskanzlers Schröder an der amerikanischen Irak-Politik, die Instrumentalisierung antiamerikanischer Ressentiments der Alt-68er in der linkssozialdemokratischen und grünen Wählerklientel, bezeichnen allerdings einen bedauerlichen Tiefpunkt. Er unterscheidet sich von den hitzigen Kontroversen über die Westintegration in den fünfziger und die Ostpolitik in den siebziger Jahren dadurch, dass es im Wahlkampf 2002 nicht um Inhalte ging. Die Schäden für die Außenpolitik der Bundesrepublik und der EU sind unübersehbar. Die Fachleute auch innerhalb der SPD-Bundestagsfraktion vermochten dagegen nichts auszurichten. So hat der Vorsitzende des Außenpolitischen Ausschusses des Deutschen Bundestages, der SPD-Abgeordnete Hans-Ulrich Klose, sogar während des Wahlkampfes Kritik an dieser Wahlkampfagitation seines Bundeskanzlers geübt. Ob Außenpolitik die Wahl entschieden hat, ist damit nicht gesagt, doch zumindest wurde sie zu Wahlkampfzwecken instrumentalisiert. Dies ist ein Beispiel dafür, dass die öffentliche Diskussion außenpolitischer Probleme der Rationalität der Außenpolitik nicht – wie beispielsweise Anfang der siebziger Jahre – in jedem Fall förderlich ist.

## 2. The German Problem Reborn?

*David P. Calleo*

I.

The paperback edition of Michael Stürmer's short, brilliant survey, *The German Empire, 1871–1919*, ends with a brief epilogue.[1] It begins: "Four months after the fall of the Berlin Wall in 1989, Margaret Thatcher convoked a colloquium of learned historians from Great Britain and the United States and put to them the question, 'Have the Germans changed?'"[2]

Stürmer lets his mind muse freely in search of an answer. What are the implications, he asks himself, of having moved the German capital back to Berlin, "a landscape saturated with history and littered with monuments to human folly [...]."[3] As he broods over that landscape, it seems to him clear that "the five decades of the Bismarckian empire stand out, for better or for worse, as the formative period of modern Germany."[4] Bismarck's imperial nation state of 1871 "notwithstanding European integration and economic globalization, is still the mold of political life."[5] The Empire's domestic legacy – Germany's traditional federal and corporatist structures, together with its elaborate welfare state, remain remarkably intact. As for Bismarck's diplomacy, forming the Empire placed Berlin at the center of European politics. Reunification restores Germany to that Bismarckian role. "Much as the Germans may have changed, Germany continues to be at the center of the ongoing drama of European history."[6]

Stürmer's conclusions are not particularly reassuring. Imperial Germany's role in history is difficult to separate from the "German Problem" of the last century. That problem had a dual nature, best captured in two existential questions: Why was a united Germany so often at war with its neighbors? And how could so civilized a Western nation produce the Holocaust? There is a copious historiography to provide answers.[7] Germans themselves have been the most fertile and talented spinners of

---

1 Michael *Stürmer*, The German Empire. A Short History, New York 2002.
2 Ibid., p. 131.
3 Ibid., p. 133.
4 Ibid.
5 Ibid.
6 Ibid., p. 134.
7 For my own extended discussion of these German questions, see David *Calleo*, The German Problem Reconsidered: Germany and the World Order, 1870 to the Present, Cambridge/New

arguments condemning their own history. The most damning explanations focus on Germany's historic political culture. From Luther to Hegel, Clausewitz, Nietzsche, Wagner, Wilhelm II and Hitler – that culture is seen as exceptionally authoritarian, irrational, atavistic, and racist. In short, according to this view of the German Problem, Germany was aggressive abroad and totalitarian at home because Germans were made bad by their culture. The lesson is clear: when Germany has power, bad things result.

This cultural explanation for German evil fitted easily with the fashionable socio-economic constructions of our time, indeed helped greatly to inspire them. Germany's flawed political culture has, for example, been seen as the product of a delayed, rapid and eccentric modernization. Feudal elements of the society supposedly kept their prestige and imposed their ideals on the bourgeoisie longer than elsewhere in the West. Germany's liberalism was thereby denatured. Protracted bourgeois deference had disastrous practical consequences. The political partnership of rye and iron – Junker agriculture and Ruhr heavy industry – meant not only an illiberal conservative dominance at home, but a foreign policy that combined aggressive protectionism together with imperialism and manic fleet-building, a blend that inexorably poisoned relations with Russia and Britain together.

Germany's wars with her neighbors do, of course, have geopolitical explanations that rely less on exceptional national villainy. It can be said, for example, that Bismarck's German Empire was both too big and too small. It was too big to fit comfortably within the old continental balance of power. As a consequence, it automatically aroused the fear and hostility of its neighbors. Bismarck knew that his Imperial Germany was born encircled by enemies. His nightmares proved prophetic as, after 1870, France relentlessly pursued the revenge it felt it needed to ensure its own survival. But Imperial Germany could not escape since it was not big enough to leapfrog over the European system and establish itself as a global power. Surrounded as it was by contiguous and hostile great powers, an economically dynamic Germany lusted for *Lebensraum* – if not in *Mitteleuropa* then in the global order that had long been the preserve of the world's older and more established great powers. But Germany was too late at the imperial feast. Her global ambitions implied the creative destruction of older empires, most notably the British. In the end, Germany's global ambitions also pointed to conflict with the United States, already, by the turn of the century, waiting to inherit the earth. In this context of sated old empires and expectant global heirs, Germany's late-blooming territorial ambition was not so much uniquely wicked as uniquely inconvenient.

---

York 1978. The book concludes with a bibliographic essay that discusses various key authors in forming my own views of what I have described as "The German Problem."

Apologists for Germany in World War I did, of course, invoke these geopolitical arguments. Their case was gravely weakened, however, by what followed thereafter. Weimar's fetid debility reinforced the view that Germany's aggressiveness was the product less of geopolitical ill fortune than of a diseased political culture. The whole cultural argument was, of course, hugely reinforced by the long Nazi episode, with all its domestic horrors exported across Europe.

After World War II, therefore, those who sought to defend the traditional German culture had a hard and lonely task. Germans, it could be said, were scarcely the only people to harbor racists, the only anti-Semites, the only people guilty of systematic genocide, or the only society with a military aristocracy that imposed many of its values on the bourgeoisie. These arguments were not easy for postwar Germans themselves to make. The obscene horror of the Holocaust, which, of course, Germans were seldom allowed to forget, was always there to shame defenders of the German past. It took exceptional moral self-confidence and courage for postwar Germans to defend their cultural heritage. Those, like Stürmer, who did so with honesty, balance, fervor and grace, deserve our admiration.

All in all, however, it was easier for postwar Germans to acknowledge the guilt of "old Germany," while claiming themselves to be a "reborn" people. Old Germany had suffered from a diseased culture, but now that postwar Germans had confessed their sins, their nation could be reborn in innocence. A reborn Germany was no longer a threat to Europe or the world. On the contrary, having renounced militarism and come close to pacifism, the new Germany was, in many respects, morally superior to its less reconstructed neighbors.

## II.

Needless to say, issues of German historiography have always been powerfully charged with practical geopolitical implications. Before 1870, the autonomous European state system of the nineteenth century could be considered reasonably stable. Once it had acquired its German Problem, it grew inherently unstable, a view powerfully reinforced by two world wars, both emanating from Europe. It was difficult for the victors of World War II to ignore the German Problem, in other words to imagine an autonomous Europe that was stable. The "bipolar" Cold War system that followed was designed to overcome that German Problem. It offered three solutions simultaneously: hegemony, dismemberment, and confederacy. Hegemony was imposed by not one but two external powers, which partitioned Europe between them. Their instruments, NATO and the Warsaw Pact, served not only to balance each other but also to suppress the German Problem. Hence Lord Ismay's famous agenda for NATO: to keep "the Americans in, the Germans down, and the Russians out."[8]

From a German perspective, of course, the Russians, while "contained," were certainly not "out." On the contrary, they occupied a large part of Germany's old *Mitteleuropa*, including a key portion of Bismarck's Germany – after having given away a sizeable chunk of it to compensate Poland for Russia's own gains farther east. Containing the Soviet army in East Germany called for American, British and French troops in West Germany. Thus, as a practical matter, the postwar system's bifurcated hegemony meant not only Germany's dismemberment but its occupation. This was the solution that the French had tried vainly to impose at Versailles after World War I. No wonder the French of the Fourth Republic generally regarded the post-World War II settlement with complacency. In Mauriac's famous aphorism: "I like Germany so much that I am happy that there should be two of them."[9] NATO seemed to give the French some control over American policy, reasonable protection against the Soviets, and complete security against the Germans.

These hegemonic solutions – involving partition and occupation – represented an old-fashioned *Realpolitik* that Bismarck would have understood all too well. Confederacy, by contrast, was the new, "European" solution to the German Problem. Behind it lay the interwar vision of *Paneuropa* – a French-German partnership to provide an indigenous, collaborative hegemony, shared between Latin and Teutonic Europe. Confederacy was Europe's way to neutralize the German Problem without calling in the extra-European superpowers.

Hegemony, dismemberment and confederation, if contradictory in theory, proved mutually reinforcing in fact. Having two competing hegemonies not only stabilized Europe militarily, but also served to justify West Germany's occupation. Thanks to the Soviet menace, West Germans could see American troops as protectors rather than conquerors. The Soviet empire also greatly facilitated Western Europe's confederal project. Divided Germany made the Federal Republic a manageable partner for France. Thanks to NATO and the Warsaw Pact, European economic and political integration could proceed without undue worry about any German military revival. The Soviet empire, terrible for those trapped within it, nevertheless also benefited the nascent confederacy by restricting it to manageable dimensions and preempting the competition over *Mitteleuropa* that had been the trigger for both World Wars.[10]

---

8 Quoted in: David S. *Yost*, NATO Transformed: The Alliance's New Roles in International Security, Washington, D.C. 1998, p. 52.
9 Quoted in: François *Mitterrand*, De L'Allemagne, de la France, Paris 1996, p. 20.
10 For my own extended discussion of how hegemonic and confederal solutions coexisted in postwar Europe, see David *Calleo*, Rethinking Europe's Future. A Century Foundation Book, Princeton/Oxford 2001, Part Two, pp. 85–181.

The Soviet empire also provided an internal Pan European set of checks and balances that gave West European states ample room for maneuver within their American protectorate. Western Europe was, after all, the great prize of the Cold War. Americans were periodically anxious about losing their West European protectorate to Soviet influence – to "Eurocommunism" or "Finlandization."[11] Several big Western states had large communist parties. Thanks to Soviet competition, the U.S. could not afford to alienate West European governments or publics, any more than Europeans could afford to alienate the Americans. Hence, while West Europeans were doubtless free riders off the American military power that contained the Soviets, they were also free riders off the Soviet power that balanced the Americans. In this respect, the postwar system was actually *tripolar* rather than bipolar.

American postwar foreign policy had, of course, a broader agenda than building a protectorate over Europe. In particular, Americans pursued their grand project of a liberal global economy. Accordingly, the U.S. pressed Europeans to open their markets to American competition and investment. This proved a great incentive for Europeans to push their confederacy forward into a closer and more dynamic economic union. At the same time, the open global economy of the *Pax Americana*, with abundant and cheap raw materials, more than compensated Europeans for the loss of their empires. Germany, which had not had much of global empire, was a particular beneficiary.

To many sophisticated analysts of European power politics, the postwar situation seemed so ideal that it was difficult to imagine why it would ever change. The Cold War's bifurcated hegemony had effectively suppressed the traditional German Problem. True, there was now a new version of the German Problem – reunification. But this was a problem no one seemed in a hurry to resolve. Even the two Germanys were thought to be indifferent or hostile. The Communists who controlled the East had no urge to be drowned in the West. West Germans undoubtedly wished their eastern brethren might escape from their Soviet straightjacket. But why, it used to be asked, would West Germans want to share a state with the East? The "Catholic" and "Western" Federal Republic, was very different from Bismarck's Prussian-dominated old Reich. And if even the Germans were satisfied with the *status quo*, what would ever change it?[12]

---

11 For an account of these American fears see Dana H. *Allin*, Cold War Illusions: America, Europe and Soviet Power, 1969–1989, New York 1994.
12 One convincing argument for the durability of the bipolar *status quo* was Anton *De Porte*, Europe between the Superpowers, New Haven 1979.

III.

As we know, change finally came from an unexpected source. The Russians themselves brought down the tripolar postwar system, first by liberating the Soviet Empire in Central and Eastern Europe, and then by disintegrating the Soviet Union itself. A key moment in this collapse of the postwar system came when Gorbachev decided not to intervene militarily to save the tottering East German regime.

Gorbachev had not meant to destroy the Soviet bloc and pull down the postwar system with it. Rather he dreamt of a Socialist Reformation and a balanced open European system – a collective European House based on common interests rather than power.[13] Much of Gorbachev's vision soon proved an unrealistic fantasy. Populations everywhere rejected the path of socialist reform and plunged into various forms of political and economic shock therapy. Nowhere was this truer than in the German Democratic Republic, where not only did the old communist regime disintegrate, but the indigenous reform movement itself quickly withered from lack of popular support. The GDR's disintegration quickly outran the imaginations of political leaders. Kohl's early plans for a "German confederation," thought provocatively daring in November of 1989, were swept aside a month later as it grew clear that the East German population demanded nothing less than full unification within the Federal Republic.

The East German passion for unification, however, met a tepid popular response among the West Germans. But Chancellor Kohl's iron determination to see his country united proved worthy of Bismarck himself.[14] Kohl's eagerness, however, led him to offer the Easterners enticements that proved extremely expensive. It also made him diffident about revealing the true cost of unification to his Western electors. His consequent failure to raise the necessary taxes led eventually to a severe malaise in the united German economy, a malaise that spread throughout Europe. Ironically, the overwhelming generosity of the terms offered worked, in many ways, to the disadvantage of the East Germans themselves. Alienated from

---

13 Gorbachev stated this quite clearly in a speech in honor of visiting French President François Mitterrand, Moscow, July 7th, 1986: "Europe must set an example of coexistence by sovereign, different, and yet peaceful states – states that are aware of their interdependence and that are building their relations on trust." (Mikhail S. *Gorbachev*, Toward a Better World, New York 1987, p. 304.) This vision was based on the belief that the tripolar balance of the U.S., Western Europe, and the U.S.S.R. would continue for the foreseeable future, as he told the 27th Party Congress on 25th February, 1986: "[...] the existing complex of economic, politico-military and other common interests of the three 'centers of power' can hardly be expected to break up in the prevailing conditions of the present day world." (Mikhail S. *Gorbachev*, Socialism, Peace and Democracy: Writings, Speeches and Reports, London/Atlantic Highlands 1987, p. 12.)

14 For a well-informed and sympathetic account of Kohl's management of reunification see Werner *Weidenfeld*, Außenpolitik für die deutsche Einheit. Die Entscheidungsjahre 1998/90, Stuttgart 1998.

their own salvation, they are also deprived of the natural competitive advantages of a poor region responsible for its own fate.

## IV.

Whatever Kohl's mistakes, he did succeed in his grand historic aim: the Federal Republic swallowed the German Democratic Republic. But so radical a change in the European system could not be achieved without the acquiescence of others. Kohl needed American support in dealing with the Soviets and French support in dealing with the rest of Europe. The American and French governments, however, had quite different views of the future.

Americans tended to see the issues of reunification primarily in terms of preserving NATO, in other words, their Cold War protectorate. Their inclination was to treat unification as an issue to be settled among the victors of World War II. The result was the "Two Plus Four" talks, where the two Germanys settled the details of their uniting, while the European victors held their long-delayed peace conference. The American aim was to negotiate a peaceful Soviet surrender in Eastern Europe while preserving intact the Western Alliance. They fought successfully to keep all of united Germany in NATO.[15] Before long they were enlarging NATO deep into the old Soviet sphere.

Europeans, the French in particular, imagined more radical changes. In due course, they saw the accelerating Soviet disintegration pointing toward the end of the Cold War's tripolar Europe. In their view, at the end of the twentieth century, European history was coming full circle. Once more Europe faced a Big Germany. What new geopolitical framework, they asked, would replace the Cold War arrangements that had kept the peace for nearly half a century?

There was, of course, still the American hegemon. But the French were not sanguine about relying on a benevolent U.S. to impose stability on an otherwise unbalanced European system. Nor were they at ease with the prospect of a superpower

---

15 The American view is described in detail by Philip *Zelikow* and Condoleezza *Rice*, Germany Unified and Europe Transformed, Cambridge, Mass. 1995. The following text from p. 368 summarizes their position: "The Bush administration was riveted on institutions – principally NATO – that had sustained the Western Alliance and American power in Europe for forty-five years. History will judge whether that preoccupation turns out to have been warranted. In this sense Europe had been transformed by a general acceptance of the Western *status quo*. NATO remained; American troops and nuclear weapons stayed in Europe; and German power continued to be tightly integrated into the postwar structures. The Americans repeatedly defended the stabilizing virtues of this arrangement to the Soviets, and the arguments had a real impact on them. So one security system collapsed, but the other remained intact, ready to become a foundation for reconstruction of the whole."

grown "unipolar." Accordingly, "Europeans" demanded of a united Germany a major strengthening of the European confederacy.[16]

Two broad solutions thus began to emerge for post-Cold War Europe. The first was American hegemony, organized through NATO. The second was European confederacy, built around the EC, soon to become the EU. American hegemony reasserted its claims at the Two Plus Four Agreements of 1990. Europe's more intensive confederacy sprang forward at the Maastricht Treaty, signed in early 1992. Each agreement marked a dynamic solution in progress. Two Plus Four was followed, in due course, by the various enlargements and redefinitions of NATO. Maastricht embodied the European Union's own widening and deepening. It included EMU (European Monetary Union) and EFSP (European Federation of Sales Promotion), and led toward Common Defense. The Copenhagen Agreement of 1993 added the EU's blueprint for widening.

The two new solutions were very different. One meant a prolonged American hegemony, the other an autonomous Europe. While hegemonic and confederal solutions had coexisted peaceably over several decades of the Cold War, it remained to be seen whether they could remain complementary without the Soviet threat. In recent years, the inherent conflict has grown difficult to ignore. But even in the early 1990s, when the rival solutions were taking form, their fundamentally different worldviews were dividing Europeans and Americans, with increasing transatlantic misunderstandings and conflicts.[17]

American accounts of the Two Plus Four negotiations, for example, emphasize significant differences between the Americans, on the one hand, and the British and French, on the other. For the Americans, the reunification of Germany did not seem a great problem. As far as the American leaders were concerned, the bad Old Germany of the traditional German Problem was gone.[18] Democracies, the Americans reasoned, do not go to war with each other. NATO had confirmed Germany in its new democratic character. As new European democracies emerged from the old Soviet domain, joining NATO would similarly reinforce their healthy new

---

16 As Mitterrand recalls in his memoirs: "I emphasized that the German people, on the eve of taking control of their destiny once more, needed to take the European balance into account, and could not ignore this reality [...] that in the interests of all, German unity and European unity needed to move forward together." (*Mitterrand*, De L'Allemagne, de la France, p. 114.)

17 For my own extended analysis of the difference between European and American "geopolitical wavelengths," see the "Afterword" paperback edition of David *Calleo*, Rethinking Europe's Future. A Century Foundation Book, Princeton/Oxford 2003.

18 One example of George Bush's early support for reunification and his belief in a reborn Germany was a statement made at a press conference in Helena, Montana, on September 18th, 1989: "I think there's been a dramatic change in post-World War II Germany. And so, I don't fear it. [...] But I think there is in some quarters a feeling – well, a reunified Germany would be detrimental to the peace of Europe, of Western Europe, some way; and I don't accept that at all, simply don't." <http://bushlibrary.tamu.edu/papers/1989/89091805.html>.

democratic habits. German reunification would be a problem only if it somehow resulted in the separation of Germany from NATO. The American tactic, therefore, was to support Chancellor Kohl's push for unification without reservation. Behind this tactic was the fear that Gorbachev would try the old Soviet formula of offering the Germans unification for neutrality – something Gorbachev tried without success.[19] From this American perspective, British and French opposition to unification was potentially dangerous, as it might drive the Germans into the arms of the Soviets, or at least out of NATO. American accounts thus depict the Two Plus Four negotiations as an apotheosis of German-American friendship – where the U.S., realizing that Germany will be Europe's dominant power, wins eternal German fealty by defending German interests against not only the Russians but also the British and French. In other words, unwavering support for unification would, Americans thought, cement a close bilateral alliance, as the U.S. became "partners in leadership" with the new Germany, seen as once more the dominant nation in a Europe, now "whole and free."[20] In this respect, Two Plus Four appears to reverse the American role in the two World Wars. America and Germany line up against Britain, France and Russia. It is tempting to see this fashionable view of Two Plus Four as a long-sublimated revisionist dream of Germanic Middle America.

At the heart of this American interpretation, however, is the presumption that the British and French actually were opposed to German unification. The best evidence for this view comes from the memoirs of Margaret Thatcher.[21] Her account not only expresses vividly her own opposition, it further suggests that Mitterrand strongly shared her apprehensions and implied a renewed anti-German *Entente Cordiale*.[22]

---

19 As Gorbachev records it, the Soviet position coming into the Two Plus Four talks was for a neutral Germany or, at the very worst, a Germany that was a member of both NATO and the Warsaw Pact. Mikhail S. *Gorbachev*, Memoirs, New York 1995, S. 531. The Americans, however, seemed adamant: "[The Soviets] are saying that Germany must not stay in NATO. To hell with that. We prevailed, and they didn't. There is no serious interest in it. A united Germany will be a member of NATO." (George Bush to James Baker February 24, 1990 at a Camp David meeting with Helmut Kohl. James A. *Baker II*, The Politics of Diplomacy, New York 1995, p. 230.)
20 President George *Bush*, "A Europe Whole and Free. Remarks to the Citizens in Mainz," (Mainz, Federal Republic of Germany, May 31, 1989), <http://www.usembassy.de/usa/etexts/ga6-890531.htm>.
21 Thatcher naturally opposed what she saw as the naïve American preference for a reunified Germany as the leading U.S. ally in Europe, and thought her views confirmed soon after when the U.S. called on the British for support in the Gulf War. Margaret *Thatcher*, The Downing Street Years, New York 1993, pp. 768–769.
22 Thatcher and Mitterrand met twice to discuss German reunification during the European Council summit at Strasbourg, December 1989, apparently at Mitterrand's suggestion. She remembers Mitterrand as "still more concerned than I was," and hoped to play on his "secret fears." "[Mitterrand] observed that the Germans were a people in constant movement and flux. At this I produced from my handbag a map showing the various configurations of Germany in the past, which were not altogether reassuring about the future." (Ibid., p. 796.) Thatcher was clearly determined in her cause, having produced a map in similar fashion during a meeting

Mitterrand's account, however, paints a different picture. German unification could not be stopped, he says. Nor did any neighbor have the moral right to demand that it should be. The practical task was therefore not to oppose German unification, but to build a European structure to contain it safely. This meant, among other things, insisting that Germany acknowledge the postwar border with Poland.[23] It meant pressing forward urgently with long-standing plans for "deepening" the European Community. Most immediately it meant starting to implement European Monetary Union, but also pressing forward with plans for Common Foreign and Security Policy (CFSP) and common defense. The danger, as Mitterrand saw it, was that the Germans would grow preoccupied with the travails of unification and draw away from these "European" projects.

Fortunately for Mitterrand's hopes, Kohl counted himself the heir not only of Bismarck but of Adenauer. While he bargained strongly for Germany's particular interests at Maastricht, he understood, and indeed shared, Mitterrand's European logic.[24] As a Good European, Kohl understood that the German Problem would have to be resolved anew. A confederacy where Germany would unquestionably play a leading role perhaps seemed to him a more promising future for united Germany than playing the role of America's European deputy. In any event, Kohl joined with Mitterrand and Delors to orchestrate Maastricht, where a new European Union was proclaimed. From this Franco-German "Europeanist" perspective, the EU, not NATO, was where the real legitimizing of German reunification would take place.[25] By contrast, successive American administrations focused on their global cares, have seldom taken Maastricht seriously. When forced to do so, they have tended to grow nervous and hostile.

At the base of these transatlantic differences are two different approaches not only to reunifying Germany but to the world's geopolitical future. The American view sees a unipolar global system led by the U.S. – the old idea of the "American

---

    with George Bush at Camp David the previous month. George *Bush* and Brent *Scowcroft*, A World Transformed, New York 1998, p. 192.

23  Mitterrand explains this in *De L'Allemagne, de la France.* French openness to the idea of reunification is also recorded by Jacques Attali, Mitterrand's influential economic adviser, and the first president of the European Bank for Reconstruction and Development. He describes Mitterrand as refusing from the start to oppose popular support for reunification, and therefore "much more prudent" than Thatcher. Mitterrand's main concern was to settle the East German border question, largely for fear of undermining a very nervous Mikhail Gorbachev. Jacques *Attali*, Europe(s), Paris 1994, p. 39 and pp. 42–44.

24  For example Kohl and Mitterrand issued a joint statement to the President of the European Community on April 19th, 1990 that, "taking account of the profound transformations in Europe [...] we judge it necessary to accelerate the political construction of Europe." ("France, West Germany urge European Political Union by 1993," *United Press International* [April 19th, 1990].)

25  For an impassioned argument on the need to expand and deepen European unity so that both German and American hegemony over the continent might be prevented, see *Attali*, Europe(s).

Century" popular at the end of World War II. NATO was to tie Europe firmly to America and transform its mission in order to contain new global threats, such as terrorism and the spread of weapons of mass destruction.[26] The need to transform NATO was vigorously asserted in the Berlin speech of Secretary of State Baker in December 1989.[27] It explains Baker's preoccupation with keeping united Germany in NATO and with expanding NATO's influence to the East. Baker's strategy was eventually resumed during the Clinton administration, granting formal membership to Eastern Europe, and arguably has now come into its own.

By contrast, building the EU into a cohesive confederal force presents a different vision of the new century's geopolitical future. A successful European Confederacy, with its German Problem resolved, implicitly makes a world that is not unipolar but plural. It goes together with the vision of a rising Eurasian system of several great powers.

## V.

Which is a more realistic view of the future – that of the Triumphalist Americans at Two Plus Four or that of the Good Europeans at Maastricht? Which is a better solution for Europe – hegemony or confederacy? The practical issue for today's leaders is whether a clear choice is actually necessary or even possible. Cannot both visions and institutions continue to be combined, as during the Cold War? But current developments seem to make this former coexistence problematic. Today's unbalanced America, more inclined to throw its weight around and less solicitous of Europe's good opinion, is a less satisfactory partner for Europe than during the Cold War. Leaving aside the deterioration in American diplomatic manners, it is possible that Europe and the U.S. no longer share enough geopolitical interests to sustain NATO as a hegemonic alliance. The war on terrorism seems an uncertain substitute for the Soviet threat. American and European interests appear to be diverging more and more in the Middle East. At the moment, the possibilities for a transatlantic breakdown seem all too self-evident.

American leaders sometimes act as if they do not care. On the contrary, they seem to be trying deliberately to undermine Franco-German leadership and sow

---

26 For an illustration of this change see the following NATO declaration, "Declaration on Peace and Cooperation of the Heads of State and Government Participating in the Meeting of the North Atlantic Council in Rome," November 8th, 1991, <http://bushlibrary.tamu.edu/papers/1991/91110801.html>, and see also George Bush's speech: "Remarks at a Luncheon Hosted by Prime Minister Rudd Lubbers in the Hague," November 9th, 1991, <http://bushlibrary.tamu.edu/papers/1991/91110901.htm>.

27 See James A. *Baker III*, A New Europe, A New Atlanticism: Architecture for a New Era. Address to the Berlin Press Club, December 12, 1989, in: U.S. Department of State, Current Polity, No. 1233, December 1989.

dissension within the European Union. For those still mindful of the historic German Problem, American diplomacy seems caught up in a dangerous game. The EU is not irreversible. Indeed, at this time of its own enlargement, the EU seems particularly delicate. Europe's confederacy suffers not only from American opposition but from its own contradictory policies.

For just as a greatly expanded NATO may overextend the leadership of the United States, so may a much enlarged EU exceed the integrating capacity of the European states. The architects of Maastricht, preoccupied with tightening the bonds of integration in order to contain Germany, failed to make adequate provision for the liberated states of Soviet Europe. On the one hand these states felt an urgent and compelling need to find a home in the West. On the other, the rich Western states found, it is extremely difficult to fit the stunted economies and political systems of the old Soviet "satellites" into the highly complex structures that Western states have evolved among themselves.

Nevertheless, faced with the historic challenge of a reopened Europe, the states of the EU took the fateful decision at Copenhagen in 1993 to go forward with expansion of membership. They hoped, in time, to evolve some magical formula to reconcile expansion with cohesion. The result has been a slow grudging expansion combined with increasingly heroic attempts to find the constitutional machinery to avoid paralysis. For the candidates, it is a humiliating and alienating process of extended and painful tutelage. For the EU itself, it means prolonged institutional turmoil and weakness. Meanwhile, it has gradually grown apparent that East European states have not the same commitment to European integration as their Western partners. In matters of foreign policy, they are much more likely to rely on American protection and to follow the American lead. Their membership in NATO thus seems at least as important as their membership in the EU – much less onerous and perhaps more rewarding. Once the new members are admitted, it begins to look as if the U.S. will exercise a veto on the EU's collective foreign policy. Whether the Franco-German partnership will survive such an extended period of frustration remains to be seen.

No one can predict with any great certainty the EU's evolution or NATO's either. Each began presenting itself as a solution to Europe's German Problem. By now, each is beginning to challenge the other – not only in Europe but in the world. Europe's failure will not, however, guarantee America's success. If the EU falters, NATO is not likely to offer a durable substitute. Europe may well return to its old anarchic ways. Once fated to resolve its old problems and become a great and positive global force, Europe may again become a menace to itself and to the world. All the old demons of the past – the German Problem included – could well return. In any event, as de Gaulle observed to Roosevelt, the great civilizations of Europe are essential to the West. Without a Europe that is strong and harmonious, the future of the West seems less than brilliant. Indeed, as we begin to see, without a European ally strong enough to compel respect, the United States finds it increasingly difficult to maintain its own inner balance.

## 3. Die USA als *balancer* im Europa der zwanziger Jahre

*Werner Link*

Im Unterschied zu Frankreich und Großbritannien gilt in der Bundesrepublik Deutschland – von wenigen Ausnahmen abgesehen[1] – das politische Denken in Kategorien von Gleichgewicht *(balance of power)* und Hegemonie als obsolet. Diese Kategorien werden allenfalls für die Analyse der vor-demokratischen Staatenwelt und dann für die Beschreibung der antagonistischen Beziehungen zwischen dem demokratischen Westen und dem kommunistischen Osten in der Zeit des Ost-West-Konflikts („Gleichgewicht des Schreckens") verwendet, nicht für die Beziehungen zwischen demokratischen Staaten. Indes, auch dort sind Hegemoniestreben und Balancepolitik von fundamentaler Bedeutung; insbesondere sind die beiden Kategorien der Schlüssel zum Verständnis der europäischen und transatlantischen Beziehungen. Diese Einsicht scheint angesichts der jüngsten internationalen Entwicklung manch einem Zeitgenossen zu dämmern. So dürfte jetzt vielleicht eine größere Bereitschaft bestehen, auch die transatlantischen Beziehungen der Zwischenkriegszeit im Spannungsverhältnis von Hegemoniestreben und Gleichgewichtspolitik zu begreifen, von der Legende des amerikanischen Isolationismus Abschied zu nehmen und im Lichte der Quellen zu erkennen, dass die USA in den zwanziger Jahren als *balancer* in Europa fungierten.[2]

Was die Isolationismusthese anbelangt, so hat die geschichtswissenschaftliche Forschung schon längst dargetan, dass der Begriff *isolation* oder *isolationism* von Anfang an polemisch und zur Diskreditierung des politischen Gegners von den imperialistischen Kreisen der amerikanischen Politik angewandt wurde. Seitdem ist er ein Kampfbegriff geblieben; bestenfalls handelt es sich um „the misunderstanding of an ideology" (A. K. Weinberg). Zusätzlich zu dieser generellen wissenschaftlichen Disqualifizierung des Begriffes Isolationismus haben William A. Williams und seine Schüler – wie auch D. C. Watt – speziell nachgewiesen, dass sich auch in der außenpolitischen Konzeption und Praxis der Zwischenkriegszeit (abgesehen von einer kleinen Gruppe innerhalb einer Minderheit) keine (wie auch immer definierte)

---

[1] Zu den rühmlichen Ausnahmen gehört in herausragender Weise Michael Stürmer, dem ich mich auch in dieser Hinsicht verbunden weiß. Am Anfang unserer langen Freundschaft stand das gemeinsame Interesse an der Erforschung der Innen- und Außenpolitik der Weimarer Republik. Deshalb wurde eine Problematik der zwanziger Jahre für diesen Festschriftbeitrag ausgewählt.

[2] Im Folgenden wird auf Quellen- und Literaturnachweise verzichtet, weil sie leicht dem Buch Werner *Link*, Die amerikanische Stabilisierungspolitik in Deutschland 1921–32, Düsseldorf 1970, entnommen werden können.

isolationistische Politik, sondern das Grundmuster der amerikanischen ökonomischen Expansion gemäß dem Prinzip der Open-Door-Policy entfaltete. Die Handelsvertragspolitik wurde demgemäß von der Republikanischen Regierung auf das Prinzip der Meistbegünstigung (most-favored nations clause) umgestaltet. In der außenpolitischen Programmatik der Republikanischen Regierungen Harding bis Hoover diente das Begriffspaar *independence* und *cooperation* als Orientierung der amerikanischen Außenpolitik in den zwanziger Jahren, und zwar – wie Außenminister Hughes erklärte (Statement vom 1. Juli 1924) – mit folgender Abgrenzung von einer isolationistischen Politik: „Independence – that does not mean and never meant isolation. Cooperation – that does not mean and never meant alliances or political entanglement." Entscheidungsfreiheit, nicht das Fernbleiben von der Weltpolitik, war die Kernmaxime: „We refuse to commit ourselves in advance with respect to the employment of the power of the United States in unknown contingencies" (Rede vom 30. November 1923). Die internationale Kooperation, zu der sich die USA nachdrücklich bekannten, war am Interesse der USA ausgerichtet. Um ihre Entscheidungsfreiheit zu erhalten, hatten die USA den Beitritt zum Völkerbund verweigert, aber dann tatkräftig mit der Neuordnung der internationalen Politik begonnen (Washingtoner Konferenz von 1921/22). Erst als auch Frankreich dazu gebracht worden war, das Washingtoner Seeabrüstungsabkommen und den Viermächtevertrag zu ratifizieren (im Juli/August 1923), wurde die Vermittlungstätigkeit in Europa energisch in Angriff genommen. Die amerikanische Europa-Politik wurde Teil der von Präsident Coolidge formulierten Handlungsmaxime, „to use our enormous power to trim the balance of the world".

Die Zuspitzung in der Reparationsfrage, die schließlich 1923 in die Ruhrbesetzung durch französische und belgische Truppen und den passiven Widerstand Deutschlands mündete, schuf in Europa die Gelegenheit und Notwendigkeit, als *balancer* zu fungieren. Schon das Versailler Vertragswerk hatte den USA diese Funktion eingeräumt. Kein Geringerer als John F. Dulles (der im Organisationskomitee der Reparationskommission die USA vertreten hatte) hat in diesem Sinne argumentiert (Memorandum vom 18. Juli 1924), nämlich „that an American upon that Commission would hold the balance of power, that his impartial and detached judgement upon the problems of the Commission would permit of their solution". Zwar hatte die „Lame-duck"-Regierung Wilson Anfang 1921 ihren Vertreter in der Reparationskommission zurückgezogen, und dieses Faktum machte es der Republikanischen Regierung praktisch unmöglich, ihren Wunsch zu realisieren, ungeachtet der Nicht-Ratifikation des Versailler Vertrages offiziell in der Reparationskommission mitzuarbeiten. Sie revidierte aber die Politik des leeren Stuhls der Wilson-Regierung umgehend: Am 4. März 1921 trat Harding sein Amt an, fünf Tage später wurde der frühere Vertreter bei der Reparationskommission angewiesen, in Paris zu bleiben; Anfang Mai nahm er seinen Platz als „Unofficial Observer" wieder ein – und in Zukunft erwies sich, dass er gerade wegen seines inoffiziellen Status umso besser als Vermittler eingesetzt und tätig werden konnte. Die Republikanische Regierung und auch die Mehrheit der Republikanischen Senatoren (die den Beitritt zum Völkerbund wegen der „unbegrenzten" Verpflichtung des Artikels 10 abgelehnt hatten) bejahten die *Balancer*-Funktion der USA ausdrücklich. Am prägnantesten hat Senator und Ex-Außenminister Knox in seiner „new American doctrine" (18. Dezember 1918) das balancepolitische Grundkonzept formuliert:

> „If a situation should arise in which any power or combination of powers should, directly or indirectly, menace the freedom and peace of Europe, the United States would regard such situation with grave concern as a menace to its own freedom and peace and would consult with other powers affected with a view to concerted action for the removal of such menace."

Demgemäß verhielten sich die USA in der Folgezeit; die USA hielten – wie Churchill am 3. Dezember 1921 Rathenau gegenüber bemerkte – die „balance of power" in ihrer Hand.

Während anfangs gerade die Republikaner weit stärker als die Demokraten dazu neigten, die Allianz mit Frankreich (gegen Deutschland) fortzusetzen, führte die französische Reparations- und Sanktionspolitik dazu, dass zunehmend – statt einer deutschen Gefahr – die Gefahr einer französischen Vorherrschaft wahrgenommen und folglich eine Distanzierung von der Position Frankreichs vorgenommen wurde. Diese partielle Abgrenzung ohne eine gleichzeitige Identifizierung mit der deutschen Position (für die der Berliner Separatfriedensvertrag von 1921 ein erstes Signal war) war bereits Ausdruck dieser balancierenden Politik und schuf zugleich die Voraussetzung dafür, dass die USA die Vermittler- und *Balancer*-Funktion schließlich ausüben konnten. Dazu war auch die formale Trennung zwischen Reparationsfrage und Regelung der alliierten Schulden notwendig. Die Schwierigkeit lag allerdings darin, dass die faktische Verbindung zwischen beiden Fragen und eine Reihe anderer Faktoren die amerikanische Unparteilichkeit in Zweifel zogen. Um als potentieller Vermittler glaubhaft zu bleiben, sah sich daher die Republikanische Regierung gezwungen, wiederholt ihre Unparteilichkeit zu demonstrieren, wohlgemeinten Aktivitäten privater amerikanischer „Feuerwehrmänner" in Deutschland entgegenzutreten sowie die prodeutschen Meinungsäußerungen des US-Botschafters in Berlin zurechtzurücken.

Aus diesem Zusammenhang erklärt sich das vorsichtige Taktieren des State Department gegenüber den deutschen Vermittlungsbitten und die wiederholt bekundete Furcht Hughes', durch eine positive Reaktion auf die deutschen Hilferufe zu früh einseitig fixiert zu werden und dann im entscheidenden Zeitpunkt (nämlich dann, wenn beide Konfliktparteien „reif" für die amerikanische Vermittlung wären) nicht mehr die nötige Unabhängigkeit und Unparteilichkeit zu besitzen. Das heißt, einerseits war die amerikanische Regierung in ihrem Rollenverständnis sicher und suchte sorgsam die Basisqualitäten einer Dritten Partei zu erhalten; andererseits war sie relativ unsicher in der Beurteilung des „richtigen" Zeitpunkts und der erfolgversprechenden Taktik des Eingreifens. Klar war, dass die amerikanischen Bankiers über die Vermittlungsressourcen (sprich: Kapital) verfügten.

An anderer Stelle sind die Vermittlungsversuche der USA vor und nach der Ruhrbesetzung ausführlich geschildert worden. Ohne darauf hier näher einzugehen, sei lediglich erwähnt, dass die berühmte New-Haven-Rede (29. Dezember 1922) von Außenminister Hughes eine Art Zwischenresümee der amerikanischen Überlegungen und Aktivitäten darstellte und zugleich einen Bezugspunkt für die spätere Wiederaufnahme der amerikanischen Vermittlung schuf – für den Zeitpunkt, wenn (wie Hughes erwartete) die Ruhrbesetzung scheitern und, wie er sich im Februar 1923 auszudrücken beliebte, beide Seiten ihr „bit of chaos" erfahren haben würden. Dieser Zeitpunkt war Ende 1923/Anfang 1924 gekommen: Die USA setzten die Einberufung einer „Experten"-Kommission unter amerikanischem Vorsitz (Dawes-Komitee) durch, dessen Bericht (Dawes-Plan) unter massivem amerikanischem Druck auf der Londoner Konferenz (Juli/August 1924) angenommen wurde. Nachweisbar haben die Nachrichten über die Sonderverhandlungen zwischen den Ruhrindustriellen und der MICUM (Mission Interalliée de Contrôle des Usines et des Mines) sowie zwischen der chemischen Industrie und der Interalliierten Hohen Kommission für die Rheinlande den Willen zum Eingreifen gestärkt und eine zusätzliche katalytische Wirkung gehabt. Die Pläne zur Verflechtung der deutschen und der französischen Industrie, die Stinnes im Herbst 1922 entwickelt und über die er die USA unterrichtet hatte, sollten nun offenbar mit umgekehrter Machtverteilung realisiert werden. Damals hatten amerikanische Regierungsvertreter sich emphatisch gegen eine deutsche Dominanz mittels einer westeuropäischen Wirtschaftsverflechtung ausgesprochen; so wie die USA auch eine deutsch-russische Blockbildung zu verhindern trachteten. Jetzt drohte eine westeuropäische Machtzusammenballung mit französischer Vorherrschaft. Diese Entwicklung lief dem amerikanischen Interesse völlig entgegen: Bei einer ökonomischen Verflechtung würde – so fürchtete Hughes – eine große Industriemacht entstehen, die dann neue Absatzmärkte suchen müsste und als potenter Konkurrent der USA auf dem Weltmarkt auftreten würde. Zusätzlich zu anderen Faktoren (die hier nicht zu erörtern sind) kam nunmehr ein aktueller Gefahrenfaktor ins Spiel. Im amerikanischen Interesse musste die französische Ruhrbesetzung beendet, eine westeuropäische Machtzusammenballung als drohendes Ergebnis der Ruhrbesetzung verhindert und der europäische Markt – mittels einer Reparationsregelung – konsolidiert werden.

Deutschland wurde durch die Vermittlung der USA (im Zusammenspiel und zeitweise in Konkurrenz mit Großbritannien) als eigenständiges Gegengewicht zu Frankreich erhalten. Die *Institutionalisierung* der amerikanischen Vermittler- und *Balancer*-Funktion erfolgte schließlich auch offiziell durch den Dawes-Plan bzw. durch die Vereinbarungen, die auf der Londoner Konferenz im Sommer 1924 getroffen wurden:

1. der amerikanische Reparationsagent, der „König" des Dawes-Plans (Benjamin Strong), hielt als Vorsitzender des Transferkomitees den eigentlichen Kontrollmechanismus in der Hand und hatte die Aufgabe, zwischen Deutschland und Frankreich zu vermitteln;
2. bei der Entscheidung über das Vorliegen einer vorsätzlichen Nichterfüllung der deutschen Reparationsverpflichtungen wurde dem „American Citizen Member of the Reparation Commission" praktisch ein Vetorecht eingeräumt. Kam eine einstimmige Entscheidung nicht zustande, konnte ein Schiedsgericht angerufen werden, das aus drei unabhängigen Persönlichkeiten gebildet wurde und in dem der amerikanische Vertreter den Vorsitz hatte.

Diese Regelung war eindeutig. Interessanterweise wäre Präsident Coolidge sogar bereit gewesen, im Falle des Nicht-Zustandekommens dieser Regelung auf der Londoner Konferenz das Angebot zu unterbreiten, dass der Oberste Bundesrichter der USA im Falle des Streits über eine deutsche Nichterfüllung als letzte Entscheidungsinstanz fungiere (analog der Schiedsgerichtstätigkeit des Chief Justice in lateinamerikanischen Konfliktfällen).

Mit dem Dawes-Plan stifteten die USA einen „economic peace" für Europa, der den Versailler Frieden revidierte; der das „Ende der französischen Vorherrschaft in Europa" bedeutete (Stephen A. Schuker). Die USA wurden nun de facto *und* de jure Schiedsrichter und *balancer* in Europa – gestützt auf ihre ökonomische Macht. Gegen den Versuch Großbritanniens, Deutschland in den Sterling-Block einzubinden, setzten die amerikanischen Unterhändler die Einbeziehung Deutschlands in den Gold-Dollar-Standard durch und anschließend auch die entsprechende Regelung in Großbritannien, Frankreich und den anderen Ländern. Nunmehr war nicht mehr London, sondern New York das währungs- und finanzpolitische Zentrum. Und damit waren die Voraussetzungen für den immensen Kapital- und Warenexport nach Europa geschaffen (der hier als bekannt vorausgesetzt werden kann). Die amerikanische Stabilisierungspolitik diente zugleich dazu, Deutschland als „einzige Barriere gegen die russische Invasion" und als „Bollwerk" gegen den Bolschewismus (Stimson) zu erhalten.

Obwohl die Locarno-Verträge von der amerikanischen Regierung als „Ausbau des Dawes-Reports" (Präsident Coolidge) begrüßt wurden, mehrten sich zugleich in den USA diejenigen Stimmen, die „Locarno als den Anfang einer Entwicklung" deuteten, „die zu einem Zusammenschluss der europäischen Mächte neben den Vereinigten Staaten von Amerika, vielleicht sogar gegen diese führen könnte" (Bericht der deutschen Botschaft in Washington vom 4. November 1925). In den folgenden Jahren verhinderten die USA über den amerikanischen Transferagenten Parker Gilbert eine deutsch-französische Blockbildung, die Entstehung eines europäischen Machtzentrums. Und sie leiteten dann 1928 präventiv die Revision des Dawes-Plans ein, die nach demselben intermediären Muster wie 1923/24 in Szene gesetzt wurde, nämlich nicht in einer Einheitsfront mit den ehemaligen Alliierten, sondern unabhängig als *mediator* (Edwin E. Wilson, US-Botschaft Paris). Owen D. Young, der schon 1924 der bestimmende Akteur gewesen war, setzte seinen Plan sowohl gegen die deutschen als auch gegen die französischen und britischen Widerstände durch. Mit der Mobilisierung und Kommerzialisierung der Reparationsbonds markierte der Young-Plan einen Brennpunkt, auf den hin Reparationsgläubiger und -schuldner ihre Erwartungen orientieren konnten – ein „focal point of agreement", der freilich bald infolge der Weltwirtschaftskrise entfiel.

Anfang der dreißiger Jahre versuchte Frankreich die Umsetzung der Alternative, entweder die USA auf ihre Seite zu ziehen oder mit Deutschland zusammenzuarbeiten, um „eine Zusammenfassung Europas gegenüber dem amerikanischen Übergewicht" zu erreichen (so Briand zum deutschen Botschafter in Paris zur Begründung seines Europa-Union-Plans am 13. Januar 1928). Beides konnten die USA verhindern, und sie nutzten dabei Deutschland als ihren „Festlanddegen" (wie schon 1923 bei der Durchsetzung ihrer neuen Handelspolitik). Die deutsche Regierung hatte aus reparationspolitischen und allgemein revisionistischen Gründen ein vitales Interesse daran, sich nicht in einen „Bündnisblock gegen Amerika" (Stresemann) einspannen zu lassen; und dieses Interesse wurde von der amerikanischen Regierung gewürdigt und diplomatisch geschickt eingesetzt. Sogar die deutsche Politik, eine rüstungspolitische Gleichberechtigung zu erkämpfen, kam den USA zupass. Der amerikanische Botschafter in London, Houghton, argumentierte in einem persönlichen Schreiben an den Leiter der Westeuropa-Abteilung im State Department, William Castle (7. Dezember 1925): „I was really gratified to find how definite and apparently how sincere was the German attitude toward us. If we use a little wisdom and keep up our conciliatory attitude toward Germany, I am very sure that by utilizing the German position we can come pretty close either to making or breaking any conference regarding armament."

Dass die USA schon zwei Jahre nach Inkrafttreten des Young-Plans von sich aus eine revisionistische Reparationspolitik einleiten mussten, resultierte aus den enormen Anleihen an Deutschland in den zwanziger Jahren. Als sich die Bankenkrise 1931 in Deutschland dramatisch zuspitzte, mussten die USA erfahren, dass sie durch ihr Kreditengagement an das deutsche Schicksal gebunden waren. Außenminister Stimson machte Päsident Hoover klar: „We are tied up with Germany's situation" (11. Juni 1931). Die Administration Hoover sah sich genötigt zu intervenieren (Hoover-Moratorium vom 20. Juni 1931).

Das Reparationsmoratorium (das schließlich zum faktischen Ende der Reparationszahlungen führte) konnte nicht mehr unter dem Begriff der Vermittlung subsumiert werden. Nicht eine unabhängige dritte Vermittlerpartei, sondern ein direkt beteiligter, vital engagierter Staat intervenierte und gebrauchte das Recht des Stärkeren, ohne auch nur den größten Reparationsgläubiger (Frankreich) zuvor zu fragen oder genau zu informieren und ohne den Disput auf eine vermittelnde Ebene von „Sachverständigenberatungen" (wie 1924) zu verlagern. Die Reichsregierung und die deutsche Wirtschaft erfreuten sich jetzt des Umstandes, dass der einst formal unabhängige Vermittler im europäischen Konflikt, gezwungen durch seine eigene Interessenlage, nolens volens auf Deutschlands Seite trat. Die Administration Hoover-Stimson verwarf den französischen Versuch, durch finanzielle Hilfen den Status quo für Jahre zu zementieren, als „immoral", und sie vertrat in allen wichtigen Streitfragen (Reparation, Rüstung, polnischer Korridor, Kolonialfrage)[3] den „peaceful change of status quo" als Voraussetzung für eine wirkliche Friedensordnung in Europa. Präsident Hoover sah angesichts der starren französischen Haltung „nothing in the future than a line-up between Germany, Britain, and ourselves against France" (24. Oktober 1931). Amerikanische Balancepolitik gegen Frankreich! Die USA waren zum wichtigsten Partner deutscher Revisionspolitik geworden, solange Deutschland sich friedlicher Mittel bediente und eine schrittweise Revision verfolgte. Erst als die gemäßigte Revisionspolitik der Regierungen der demokratischen Mitte abgelöst wurde von der nationalistischen Revisionspolitik der Regierung Papen und als gleichzeitig Japan seine expansionistische Politik begann, ging die amerikanische Regierung von der „peaceful change"-Politik zur Status-quo-Politik über, was sich bereits in der Stimson-Doktrin (1932) abzeichnete. Wegen der katastrophalen Auswirkungen der Weltwirtschaftskrise hatten die USA freilich die ökonomischen Ressourcen für eine Balance-Politik verloren und die militärischen noch nicht mobilisiert.

Die Weltwirtschaftskrise hatte den Effekt, dass praktisch die internationale Kooperation und die amerikanische Schiedsrichterfunktion beendet wurden, indem alle

---

3 Weitgehend unbeachtet geblieben ist, dass die USA Deutschland sogar halfen, die rüstungspolitischen Beschränkungen des Versailler Vertrages zu unterlaufen, indem seit 1925 hohe deutsche Offiziere zu Studienzwecken in die USA entsandt wurden. Auf diese Weise konnten insbesondere das amerikanische Militär-Flugwesen und Panzerwaffensystem genauestens studiert werden.

Staaten den nationalen Rettungsweg einschlugen; auch die USA wollten zunächst einmal das eigene Haus, unilateral handelnd, in Ordnung bringen. Wenn überhaupt, dann war in der Phase des New Deal im amerikanischen Kongress ein gewisser nationaler Isolationismus am Werke; er fand in der Neutralitätspolitik seinen Niederschlag. Aber bereits in dieser Zeit wurden vorsichtig die Voraussetzungen für eine Eindämmung der nationalsozialistischen Expansionspolitik geschaffen, insbesondere durch den neuen Handelsvertrag mit Großbritannien (1938), der den Weg öffnete für die gemeinsame Politik gegen das Dritte Reich und gegen Japan. Während in den zwanziger Jahren die USA als *balancer* zwischen den großen europäischen Staaten, insbesondere zwischen Deutschland und Frankreich, fungiert hatten, wurden sie nun – nach dem deutschen Sieg über Frankreich und nach dem japanischen Überfall auf Pearl Harbor – zum Führer einer Gegenkoalition zur Befreiung des europäischen Kontinents von der Herrschaft des nationalsozialistischen Deutschlands und dann – nach der Beendigung der „antagonistischen Kooperation" des Zweiten Weltkriegs – zur Führungsmacht des Westens, um die Sowjetunion zu balancieren und einzudämmen. Auch in dieser weltpolitischen Ära fungierten die USA zugleich innerhalb Westeuropas als *balancer* und *pacifier* – wie in der Zwischenkriegszeit, aber jetzt mit der Forderung der europäischen Zusammenarbeit und Integration („Hegemonie durch Integration", Eckart Conze). Ansatzweise schon während der Détentephase und verstärkt nach dem Ende des Ost-West-Konflikts sehen sich die USA – ähnlich wie in der zweiten Hälfte der zwanziger Jahre – mit dem Versuch Frankreichs konfrontiert, durch die Zusammenarbeit mit Deutschland ein europäisches Gegengewicht zu den USA zu schaffen. Aber die machtpolitischen Bedingungen, unter denen sich das Spannungsverhältnis von Hegemonie- und Balancepolitik damals und jetzt konkretisierte beziehungsweise konkretisiert, sind evidentermaßen grundverschieden; und so ist auch ein andersartiges Ergebnis zu erwarten.

4. La France et le concept d'équilibre européen au XXe siècle: entre géopolitique, concert de l'Europe et construction européenne

*Georges-Henri Soutou*

On associe en général la politique extérieure française au XXe siècle à la défense du principe des nationalités, à la protection des petites puissances, à celle des droits de l'Homme ou encore à la construction européenne. C'est-à-dire d'une façon générale à tout ce qui peut dépasser l'égoïsme des grandes puissances, considéré comme l'une des caractéristiques du Concert européen du XIXe siècle. Même la politique du général de Gaulle, considérée certes comme différente de celle de ses prédécesseurs, est perçue en général comme encore plus fidèle aux paradigmes nationaux (car audacieuse et « indépendante », prenant la défense des petits peuples contre les « hégémonies », voulant une Europe forte et autonome par rapport aux Etats-Unis). Je voudrais montrer ici que derrière le discours, les conceptions réelles de la plupart des responsables français étaient bien plutôt en général, tout au long du dernier siècle, celles d'un équilibre européen en fait fort traditionnel, à ceci prêt qu'à partir de la première et surtout de la seconde guerre mondiale cet équilibre intégrait désormais bien sûr, outre la Russie, les Etats-Unis.

Plus exactement les dirigeants français me paraissent avoir évolué entre trois traditions diplomatiques différentes: celle du « juste équilibre » défendu par la monarchie française au XVIIIe siècle, plaidant, par la bouche de Vergennes, pour la renonciation à la politique dynastique traditionnelle d'annexions territoriales et pour une concertation permanente entre les Grandes Puissances, mais respectant les droits des petits pays, dont la France se ferait systématiquement le protecteur.[1] Celle de la Révolution française et de l'Empire, reposant à la fois sur l'expansion idéologique, sur une conception révolutionnaire des nationalités et sur les intérêts géopolitiques de la Grande Nation.[2] Celle, plus récente et remontant au Plan européen de Briand en 1930, d'une construction européenne dépassant les jeux d'équilibre classiques tout en maintenant la défense de certains intérêts français primordiaux.[3]

---

1 Jean-François Labourdette, *Vergennes, ministre principal de Louis XVI*, Paris: Desjonquères, 1990.
2 Thierry Lentz, *Le Grand Consulat (1799–1804)*, Paris: Fayard, 1999, et *Nouvelle Histoire du Premier Empire*, T. I, *Napoléon et la conquête de l'Europe 1804–1810*, Paris: Fayard, 2002.
3 Gérard Bossuat, *L'Europe des Français, 1943–1959: la IVe République aux sources de l'Europe communautaire*, Paris: Publications de la Sorbonne, 1997.

*I. La réaction par rapport au Second Empire:
retour à un Concert européen conservateur*

Napoléon III avait défendu le principe des nationalités et l'avait fait entrer dans le droit public européen, d'abord au Congrès de Paris de 1856 à propos des principautés roumaines et ensuite avec le plébiscite qui accompagna l'annexion de la Savoie à la France en 1860. Encore qu'il ait été plus prudent qu'on ne l'a dit: toutes les nationalités n'avaient pas vocation à l'indépendance, mais seulement les « grandes nationalités », formées non pas par des ethnies particulières mais par de grands blocs culturels et historiques, ratifiés par le consentement des peuples. D'autre part le « concert européen » devait être autant que possible respecté, et Napoléon III, à l'occasion d'une crise, proposait toujours d'abord la réunion d'un Congrès. Enfin il veillait aux intérêts français et à l'équilibre de l'Europe:[4] il aurait préféré une Confédération italienne (sous protection française) à l'unification pure et simple de la Péninsule,[5] et pour l'Allemagne il aurait préféré un Etat au Nord du Main, et un autre au Sud.[6] Il concevait un nouveau grand équilibre européen, où la France appuyée sur les Nations latines (Italie et Espagne) et alliée à la Grande-Bretagne aurait forcé la Russie et l'Autriche à renoncer à la défense des traités de 1815, et aurait conservé un certaine contrôle sur les affaires allemandes. Pour Napoléon III le principe des nationalités n'était pas contradictoire des intérêts géopolitiques de la France.

Mais les déceptions liées à l'unification italienne et encore plus Sedan bien sûr conduisirent beaucoup de responsables ou de commentateurs à condamner la politique des nationalités de l'Empereur, avant même la fin de l'Empire, comme le faisait Thiers au Corps législatif avec force avant 1870. Il suffit de lire les oeuvres d'un des grands diplomates de la IIIe République comme Maurice Paléologue,[7] d'un historien qui a tant contribué à façonner les conceptions de toute une génération de diplomates comme Albert Sorel,[8] ou de l'historien qui a sans doute eu le plus d'influence et le plus longtemps sur les Français à propos de leur représentation de la place de la France en Europe, comme Bainville. Je pense à ses deux grands ouvrages, *Les conséquences politiques de la paix*, paru en 1920, et *Histoire de trois générations*, paru en 1918. Bainville était hostile au principe des nationalités, mais pas, comme on le croit souvent, pour justifier des conquêtes françaises vers la

---

4 Georges Dethan, « Napoléon III et l'Europe des Nations », *Revue d'Histoire Diplomatique*, (1984) 3–4.
5 Lynn Case, *Edouard Thouvenel et la diplomatie du Second Empire*, Paris: Pédone, 1976.
6 Lettre à Drouin de Lhuys le 11 juin 1866, *Oeuvres de Napoléon III*, 5 volumes, T. V, Paris: Plon, 1869, pp. 264–268.
7 Comme Maurice Paléologue, *Les entretiens de l'Impératrice Eugénie*, Paris: Plon, 1928.
8 Dans *L'Europe et la Révolution française* (1885–1904), qui est aussi une critique de la politique des nationalités menée par Napoléon III.

Rhénanie, mais pour des raisons beaucoup plus profondes. Il pensait que l'intérêt de la France était de reprendre la tradition de Vergennes et de renouer avec les méthodes du Concert européen du XIXème siècle, un système d'équilibre établi entre un nombre restreint de puissances importantes. Il pensait, comme beaucoup de conservateurs, que les traités de 1815 finalement garantissaient mieux la sécurité de la France que le système des nationalités issus de Napoléon III et encore plus, évidemment, que les traités de 1919–1920.

Avant 1914, la défense des Nationalités (sauf pour la Pologne, pour des raisons historiques et sentimentales ou religieuses, et encore avec beaucoup de prudence) ne faisait pas en effet l'unanimité. C'était une certaine gauche radicale, non socialiste, avec des ramifications internationales, qui défendait avec enthousiasme les Nationalités, cause libératrice, progressiste et même révolutionnaire à l'époque, et qui était persuadée que la France avait tout intérêt à prendre la tête des Nationalités opprimées. Mais en face on comptait beaucoup de conservateurs, dans ce domaine majoritaires, qui avaient gardé un très mauvais souvenir des conséquences de la politique des Nationalités de Napoléon III. Ils étaient décidés à maintenir le Concert européen et ses principes, c'est-à-dire la concertation entre les grandes puissances et l'équilibre, beaucoup plus que le droit des peuples à disposer d'eux-mêmes.

*II. Avant 1914: vers une dynamisation de l'équilibre européen dans l'intérêt de la France*

Mais la prévalence de la notion d'équilibre européen ne signifie pas que sa signification n'évoluait pas, ou même qu'il ne s'agissait pas d'un équilibre dynamique. « Equilibre européen », notion essentiellement mécanique, n'est pas l'équivalent d'« ordre européen », notion plus exigeante, qui implique concertation positive, bases juridiques communes, valeurs de civilisation partagées.[9] Si cette notion d'ordre européen était très présente chez le plus grand homme politique français libéral au XIX$^e$ siècle, François Guizot,[10] si on la retrouve sous la plume de Jean Jaurès dans l'*Humanité* en 1913, s'il arrivera par la suite à de Gaulle de l'utiliser, par exemple lors de son discours devant la Diète polonaise en 1967, elle est largement absente de l'esprit des grands responsables de la politique extérieure française dans les dernières années de la guerre de 1914. Poincaré, président du Conseil en 1912 puis président de la République en 1913, ne concevait l'équilibre européen que comme un équilibre purement mécanique entre deux alliances, la Triple Entente et la

---

9 Georges-Henri Soutou, « Was There a European Order in the Twentieth Century? From the Concert of Europe to the End of the Cold War », *Contemporary European History*, (2000) 3.
10 Cf. François Guizot, *Mémoires pour servir à l'histoire de mon temps*, Paris 1858–1867.

Triplice.[11] Or cette division de l'espace européen entre deux groupes de nations rivales, ces alliances permanentes dès le temps de paix, inventées par Bismarck mais reprises par la IIIe République, ce refus d'une intimité diplomatique permanente entre toutes les capitales, qu'elles que fussent les tensions, étaient tout à fait incompatibles avec le système européen tel qu'il avait été conçu à Vienne.[12]

Mais au moins cet équilibre entre les deux grandes alliances avait-il maintenu la paix européenne lors des deux crises marocaines et des différentes crises balkaniques. Cependant la volonté de le dynamiser et de le modifier au bénéfice de la France allait se révéler être très dangereuse et constitue probablement l'une des causes sous-jacentes de la guerre de 1914. C'est pourtant ce que désirait Delcassé, ministre des Affaires étrangères de 1898 à 1905, ambassadeur à Saint-Pétersbourg en 1913, et toujours très influent tout au long de la période. Comme il l'expliqua en 1904 à Paléologue,[13] à la mort de François-Joseph l'Autriche-Hongrie s'effondrerait probablement, la partie autrichienne rejoindrait le Reich; si la France s'appuyait sur la Russie elle pourrait en compensation obtenir le retour de l'Alsace-Lorraine à l'occasion de ce bouleversement européen. Delcassé n'avait-il pas fait modifier le texte de l'Alliance franco-russe en 1899 pour que le *casus belli* couvrît désormais non seulement une attaque directe, mais aussi le maintien de l'« équilibre européen »?[14]

### III. 1914–1918: droit des Nationalités et New Diplomacy, équilibre continental ou équilibre atlantique?

Pendant la Grande Guerre, certes de nombreux milieux politiques français furent sensibles au thème du droit des peuples à disposer d'eux-mêmes, à la libération des « Nationalités opprimées », à la *New Diplomacy* de Wilson, qui voulait justement réagir contre la conception traditionnelle de l'équilibre européen. En particulier ce courant était puissamment représenté à la Chambre des Députés, autour du parti radical. Mais la majorité des responsables politiques, diplomatiques et militaires se montrèrent en fait très prudents, contrairement à l'idée reçue mais fausse d'une France infatigable avocat des nationalités en 1914–1919. Pour eux le problème des Nationalités restait subordonné aux intérêts internationaux de la France. Ils n'étaient pas fermés à toute possibilité d'évolution, surtout si elle pouvait affaiblir les Puissances centrales, mais l'idée essentielle restait la suivante: le mouvement des

---

11 John F. V. Kieger, *Raymond Poincaré*, Cambridge: UP, 1997.
12 Jean Bérenger et Georges-Henri Soutou, éds., *L'Ordre européen du XVIe au XXe siècle*, Paris: PUPS, 1998; « Ordre européen et construction européenne XIXe–XXe siècles », *Relations internationales*, n° 90, 1997; Peter Krüger, *Das europäische Staatensystem im Wandel*, Munich: Oldenbourg, 1996.
13 Maurice Paléologue, *Un tournant de l'histoire mondiale 1904–1906*, Paris: Plon, 1934, p. 196.
14 Christopher Andrew, *Théophile Delcassé and the Making of the Entente Cordiale*, Londres: Macmillan, 1968.

Nationalités devait être contrôlé et canalisé par les grandes puissances alliées, en fonction de leurs intérêts, même si on n'excluait pas une prise en compte prudente et progressive des réalités nationales. Les dirigeants français ont déterminé leur politique non pas tant en fonction du principe des Nationalités (suspect répétons-le aux yeux de toute une partie du personnel politique depuis l'usage qu'en avait fait Napoléon III) qu'en fonction des intérêts géopolitiques de la France tels qu'ils les percevaient. C'est ainsi en particulier qu'il n'était pas question avant la révolution de Février 1917, et même dans certains cas avant Brest-Litovsk, de soutenir l'indépendance de peuples soumis à l'allié russe. Et même après Brest-Litovsk et ce qui était considéré comme la trahison de Lénine, la majorité des responsables français espéraient toujours pouvoir aider à la reconstitution d'une Russie certes démocratique, mais unitaire, ou tout au plus fédérale, qui reprendrait son rôle de contrepoids face à l'Allemagne.

En particulier l'indépendance polonaise ne devint vraiment un objectif français qu'après la révolution de Février 1917. Ce ne fut qu'en juin 1918, à la suite de Wilson et sous la pression de la Chambre, que le gouvernement admit le principe d'un Etat tchécoslovaque. Paris ne crut jamais à l'indépendance de l'Ukraine et ne souhaita pas sur ce point mécontenter les milieux russes anti-bolchevistes mais nationalistes que l'on soutenait contre Lénine. D'autre part les différents Etats recréés ou agrandis grâce à la France en 1919 (Pologne, Tchécoslovaquie, Yougoslavie et Roumanie) virent leurs frontières fixées beaucoup plus en fonction de considérations géopolitiques (la « Barrière de l'Est » contre l'Allemagne) qu'en raison de strictes considérations de nationalités. Il ne s'agissait pas en effet de créer un vide en Europe orientale aux portes de l'Allemagne. C'est d'ailleurs pour cette raison d'équilibre qu'en octobre 1918 encore le gouvernement Clemenceau essaya de sauver sinon la totalité de l'Autriche-Hongrie, du moins l'union entre Vienne et Budapest.[15] Sinon la partie autrichienne ne se précipiterait-elle pas dans les bras de l'Allemagne?[16]

Beaucoup plus que par la *New Diplomacy* les dirigeants français pendant la Première guerre mondiale furent inspirés par telle ou telle vision de l'équilibre européen. Pour Poincaré, du moins jusqu'en 1917 bien sûr, l'équilibre d'après-guerre reposerait d'abord sur la collaboration franco-russe en vue d'obtenir une victoire complète et d'affaiblir de façon décisive l'Allemagne, en lui retirant des territoires, en la soumettant à toute une série d'obligations, voire même en remettant

---

15 Louis-Pierre Laroche, « L'affaire Dutasta: les dernières conversations diplomatiques pour sauver l'Empire des Habsbourg », *Revue d'Histoire Diplomatique*, (1994) 1.
16 Sur toutes ces questions cf. Georges-Henri Soutou, Ghislain de Castelbajac, Sébastien de Gasquet, *Recherches sur la France et le problème des Nationalités pendant la Première Guerre mondiale (Pologne, Lithuanie, Ukraine)*, sous la direction de Georges-Henri Soutou, Paris: PUPS, 1995.

en cause l'unité du Reich bismarckien.[17] En 1917, après la défaite puis la défection de la Russie, d'autres responsables estimèrent au contraire que l'équilibre devrait être reconstitué sans la Russie, et dans le cadre de l'Europe continentale, la Grande-Bretagne se maintenant dans une position périphérique et s'intéressant surtout au Moyen-Orient. Ce fut le cas de Briand (président du Conseil depuis l'automne 1915 mais qui perdit le pouvoir en mars 1917), qui envisagea en 1917, avant mais surtout après avoir quitté le pouvoir, la possibilité d'une paix négociée équilibrée avec l'Allemagne, et non pas une paix de victoire.[18] Ce fut également le cas de Painlevé (président du Conseil en septembre-novembre 1917) qui envisageait lui aussi une paix générale négociée, mais pour laquelle Paris s'appuierait sur une Autriche-Hongrie maintenue mais réformée, « slavisée » et donc « dégermanisée » : pour lui la Double Monarchie, à condition certes de se transformer en confédération danubienne à majorité slave, pourrait subsister et deviendrait un contrepoids face à l'Allemagne après la guerre.[19] Cette conception d'un équilibre européen reposant en fait sur un minimum d'entente franco-allemande ou en tout cas qui ferait une place à l'Allemagne et renouerait avec le Concert européen, correspondait, outre l'apparente impossibilité de battre l'Allemagne, outre l'attachement de beaucoup encore aux méthodes du Concert européen, à la conception beaucoup plus répandue qu'on le croit dans les milieux dirigeants de la IIIe République que l'on ne pouvait pas faire confiance à la Russie, fréquemment accusée d'avoir entraîné la France dans la guerre, et que la Grande-Bretagne était un rival historique bien plus qu'un allié sûr contre le Reich. Ces opinions étaient certes minoritaires, mais fréquentes et représentaient à première vue un bon tiers des milieux dirigeants français.

En revanche Clemenceau, président du Conseil à partir de novembre 1917, voulait faire reposer l'équilibre d'après-guerre d'abord sur le *leadership* de l'« Alliance atlantique » (l'expression apparaît à l'époque) entre les Etats-Unis, la Grande-Bretagne et la France. Certes dans son esprit il s'agissait bien sûr de l'alliance des trois grandes démocraties libérales, mais cette alliance serait à ses yeux beaucoup plus un cartel des vainqueurs que le vecteur de la *New Diplomacy* de Wilson, à laquelle il ne croyait guère.[20]

---

17 Georges-Henri Soutou, « La France et les Marches de l'Est 1914–1919 », *Revue Historique*, (1978) 4. Cf. aussi Georges-Henri Soutou, « La France et le problème de l'unité et du statut international du Reich, 1914–1924 », communication à paraître.
18 Georges-Henri Soutou, « Briand et l'Allemagne au tournant de la guerre (septembre 1916–janvier 1917) », in *Media in Francia. Receuil de mélanges offerts à Karl Ferdinand Werner*, Maulévrier: Hérault-Editions, 1989.
19 Georges-Henri Soutou, « Paul Painlevé und die Möglichkeit eines Verhandlungsfriedens im Kriegsjahr 1917 », in Walther L. Bernecker et Volker Dotterweich, éds., *Deutschland in den internationalen Beziehungen des 19. und 20. Jahrhunderts*, Munich: Ernst Vögel, 1996.
20 Jean-Baptiste Duroselle, *Clemenceau*, Paris: Fayard, 1988; Georges-Henri Soutou, « The French Peacemakers and Their Home Front », in Manfred B. Boemecke, Gerald D. Feldman,

## IV. La Conférence de la Paix et le Traité de Versailles: New Diplomacy *mais aussi équilibre*

Clemenceau et les négociateurs français des traités de 1919–1920 étaient en gros d'accord avec les principes de base du wilsonisme: on refuserait désormais la « politique de Cabinet » traditionnelle et la conclusion d'alliances secrètes, l'Europe serait recomposée selon le principe des nationalités, la Société des nations (SDN) constituerait un forum international permanent, l'Europe serait réconciliée autour des valeurs partagées de la démocratie libérale.[21] Néanmoins ils prirent de très importantes libertés avec le wilsonisme, au nom d'une conception beaucoup plus traditionnelle de l'équilibre européen. C'est ainsi que l'esprit nouveau, celui du wilsonisme, et le droit des peuples à disposer d'eux-mêmes étaient limités et modulés par des considérations géopolitiques plus traditionnelles: l'*Anschluss* était interdit, à la demande des Français, bien sûr pour que l'Allemagne ne sortît pas renforcée de la guerre; les frontières de la Pologne, de la Tchécoslovaquie, de la Yougoslavie et de la Roumanie, les quatre pays alliés de la France après la guerre, furent tracées très largement par les missions militaires française dans ces pays durant les premiers mois de 1919 sur la base de considérations stratégiques, afin de tenter de remplacer, face à l'Allemagne, l'allié de revers russe. Les Etats ainsi constitués n'étaient pas strictement homogènes (ou même fort peu comme la Tchécoslovaquie) mais ils étaient considérés comme viables et capables de faire barrage à l'Allemagne et à la Hongrie. Incontestablement les considérations traditionnelles d'équilibre avaient joué.

D'autre part le Pacte de la SDN, par son article 15, réservait un rôle déterminant dans la résolution des conflits aux membres du Conseil de cette organisation, c'est-à-dire essentiellement aux grandes puissances, à condition qu'elles soient d'accord entre elles. En fait on prolongeait là la place privilégiée réservée lors des négociations de paix et dans le Traité aux « principales puissances » (Etats-Unis, France, Grande-Bretagne, Italie) par opposition aux « puissances à intérêts particuliers ». On n'est pas si éloigné qu'on pourrait le croire de la pratique du Conseil européen du XIX$^e$ siècle, qui reposait essentiellement sur une entente entre les grandes puissances pour limiter les conflits entre les petites.[22] En fait la SDN était censée se substituer au Concert européen et à sa conception sous-jacente de l'équilibre; les Français

---

Elisabeth Glaser, éds., *The Treaty of Versailles. A Reassessment after 75 Years*, Cambridge: UP, 1998.

21 André Tardieu, le principal négociateur du côté français avec Clemenceau, a bien souligné ces aspects dans son livre *La Paix*, Paris: Payot, 1921.

22 Georges-Henri Soutou, « 1914: vers la guerre de Trente ans? La disparition d'un ordre européen », in *Les enjeux de la paix. Nous et les autres XVIII$^e$–XX$^e$ siècle*, sous la direction de Pierre Chaunu, Paris: PUF, 1995.

auraient d'ailleurs voulu que l'on allât encore plus loin et que la SDN, dotée de forces militaires, perpétuât l'alliance du temps de guerre entre les vainqueurs.[23]

Mais si les Français avaient réinséré dans les traités beaucoup plus d'équilibre européen que ne l'aurait voulu Wilson, c'était un équilibre très imparfait. D'une part, s'il est vrai que les auteurs des traités de 1919 pensaient pouvoir établir le nouvel équilibre de l'Europe sur le principe des nationalités, dans la conviction que la reconnaissance de celles-ci et la fin des Empires éliminerait la cause primordiale des tensions, leur œuvre était frappée par une ambiguïté fondamentale: en effet ni la Pologne, ni la Tchécoslovaquie, ni la Roumanie ni la Yougoslavie nouvelles ne respectaient, dans leurs structures mêmes, de façon stricte le principe des nationalités. Elles répétaient à plus petite échelle les multinationalismes des Empires. Certes, la conception de l'Etat-Nation, d'inspiration rousseauiste, imposée par les vainqueurs de 1919 était censée permettre de dépasser ce problème: les membres des minorités nationales des nouveaux Etats se verraient garantir, par des « traités de minorités » signés en 1919 avec les nouveaux Etats et placés sous l'égide de la SDN, la plénitude des droits civiques et civils. Ils seraient en principe à l'abri de toute discrimination et participeraient à l'élaboration de la « volonté générale » dans le cadre étatique national. Mais cette reconnaissance et cette participation ne se feraient qu'au niveau individuel: aucun groupe national ou ethnique intermédiaire ne pourrait s'interposer entre l'individu et l'Etat, l'Etat-Nation rousseauiste issu de la « volonté générale ». Cette vision était celle des Français, depuis Napoléon III et Renan, celle de grandes nationalités unies non pas par les origines ethniques mais par un ensemble, forgé par l'histoire, de valeurs de civilisation, confirmé par la volonté des citoyens de former une unité politique nationale intégrant les différents composantes. C'est ainsi par exemple que l'on justifiait à Paris la création de la Yougoslavie. Cette conception n'était pas celle de beaucoup d'habitants de l'Europe centrale, de culture germanique, pour lesquels les groupes nationaux à base ethnique continuaient à exister au sein des Etats, et devaient se voir reconnus des droits non seulement individuels mais collectifs, dans un schéma non pas d'Etat-Nation mais d'Etat fédéral, reconnaissant la personnalité de ses éléments constitutifs, comme l'avait pratiqué justement l'ancienne Autriche-Hongrie, quelles qu'aient pu être ses maladresses.[24] Cette divergence fondamentale de conception taraudera, de la Tchécoslovaquie à la Yougoslavie en passant par les minorités hongroises ici et là, l'ordre établi en 1919 et ne permettra pas de stabiliser de façon durable les Etats issus des traités de 1919.

---

23 Pierre Gerbet, Marie-Renée Mouton, Victor-Yves Ghébali, éds., *Le rêve d'un ordre mondial de la SDN à l'ONU*, Paris: Imprimerie Nationale, 1996.
24 Sur cette divergence fondamentale cf. le livre lumineux de Bastiaan Schot, *Nation oder Staat? Deutschland und der Minderheitenschutz*, Marburg: Herder-Institut, 1988.

D'autre part et bien sûr les négociateurs français de 1919 pensaient avoir fait l'essentiel en affaiblissant considérablement l'Allemagne, puisque celle-ci était rendue responsable des tensions d'avant-guerre et de la guerre elle-même. Mais, outre le fait que le retour à l'équilibre européen était inconcevable sans la pleine participation de l'Allemagne, celle-ci en fait était loin d'être affaiblie de façon décisive, surtout si on considère la disparition de l'Autriche-Hongrie et l'élimination de fait de la Russie: elle conservait son unité, contrairement aux projets largement évoqués pendant la guerre dans les milieux dirigeants français, et elle conservait les bases essentielles de la puissance au XX$^e$ siècle: son industrie et l'organisation de son économie. Les Allemands en étaient parfaitement conscients, et continuaient à se considérer comme une grande puissance, mais seulement momentanément bridée; virtuellement l'équilibre de toute l'Europe centrale et orientale ne pouvait pas manquer tôt ou tard de tourner autour de Berlin.[25]

En outre pour les négociateurs de 1919, et aussi pour les Français, il paraissait clair que les grands principes de la démocratie libérale allaient balayer les structures politiques aristocratiques, autoritaires, « militaristes » d'une partie de la vieille Europe. Il est évident que pour fonctionner dans le cadre idéologique et politique prévu le système de Versailles nécessitait une telle transformation de l'Europe. Mais justement celle-ci ne devait être que très partielle, à cause de la rémanence des anciennes structures de pouvoir (malgré la transformation républicaine, comme dans le Reich). En outre l'apparition du bolchevisme en Russie et ses répercussions ailleurs, ainsi que les réactions qu'il suscita, en bref l'apparition des totalitarismes, contribuèrent à faire échouer le modèle démocratique libéral dans toute une partie de l'Europe.[26]

## V. Les années 20 et 30: échec d'une géopolitique à la française, retour au Concert européen et expériences de sécurité collective

De 1920 à 1924, Paris essaya de modifier en profondeur l'équilibre européen en établissant les grandes lignes d'une géopolitique à la française, consistant à organiser l'Europe occidentale autour de la France et à chercher à l'Est des alliances de revers pour contrôler l'Allemagne: alliances avec la Belgique, la Pologne et la Tchécoslovaquie; établissement de relations diplomatiques avec l'URSS, considérées par leur promoteur, Edouard Herriot, beaucoup plus comme une réassurance

---

25 Georges-Henri Soutou, « La France et l'Allemagne en 1919 », in *La France et l'Allemagne entre les deux guerres mondiales*, J. M. Valentin, J. Bariéty, A. Guth, éds., Nancy: PUN, 1987. Cela correspond aux inquiétudes de Jacques Bainville, dans son livre de 1920 *Les conséquences politiques de la paix*, déjà cité.
26 Sur tout cela cf. Claude Carlier, Georges-Henri Soutou, éds., *1918–1925 Comment faire la paix?*, Paris: Economica, 2001.

très traditionnelle face à l'Allemagne que comme une démarche « progressiste »; réorganisation de l'Europe occidentale autour de la France avec l'espoir d'annexer à terme la Sarre, d'établir un protectorat sur le Luxembourg, de transformer la Rhénanie en protectorat, d'établir un contrôle sur la Ruhr, de remettre en cause l'unité du Reich en soutenant les mouvements autonomistes pas seulement en Rhénanie mais aussi au Hanovre et en Bavière.[27] Mais cette tentative, qui culmina avec l'occupation de la Ruhr en 1923, échoua, essentiellement à cause du manque de moyens financiers de la France pour soutenir une entreprise aussi ambitieuse, des divisions d'une opinion publique française fatiguée par la Grande Guerre, de l'opposition de la Grande-Bretagne.

L'échec de cette tentative française d'hégémonie sur l'Europe continentale ainsi que la compréhension par les responsables européens du fait que le système trop abstrait établi en 1919 ne fonctionnait pas, ainsi que la nécessité de réinsérer l'Allemagne dans le jeu, conduisit en octobre 1925 aux accords de Locarno. On a fort justement remarqué que ceux-ci constituaient en fait un retour, *mutatis mutandis*, au Concert européen d'avant 1914: un système d'équilibre moins abstrait que la *New Diplomacy*, une concertation permanente entre les principales puissances européennes, accompagnée d'une garantie de la zone la plus sensible (les frontières entre la France, la Belgique et l'Allemagne, adaptant en fait aux conditions nouvelles la garantie internationale de la Belgique fournie par le traité de Londres de 1839) mais sans prétendre régler tous les problèmes (ainsi les frontières orientales du Reich, laissées en fait entre parenthèses à Locarno).[28]

Ce Concert européen renouvelé fonctionna assez correctement jusqu'à l'arrivée d'Hitler au pouvoir; il permit de calmer les antagonismes, y compris entre l'Allemagne et la Pologne, avec les encouragements secrets de la France, il facilita l'acceptation par Paris de l'évacuation anticipée de la Rive gauche du Rhin, il permit la signature du traité de commerce franco-allemand de 1927, qui servit de base à la reconstruction du réseau des traités de commerce européens face à la concurrence américaine, il permit un premier dialogue franco-allemand constructif, y compris au niveau de la culture et de la société civile.[29] Mais cette formule était trop chargée

---

27 Jacques Bariéty, *Les relations franco-allemandes après la première guerre mondiale*, Paris: Pédone, 1977; Stanislas Jeannesson, *Poincaré, la France et la Ruhr (1922–1924)*, Strasbourg: PUS, 1998; Marta Petricioli, *Une occasion manquée? 1922: la reconstruction de l'Europe*, Francfort et autres: Peter Lang, 1995; Claude Carlier, Georges-Henri Soutou, éds., *1918–1925 Comment faire la paix?*; Georges-Henri Soutou, « La France et le problème de l'unité et du statut international du Reich, 1914–1924 », communication à paraître.
28 Peter Krüger, *Die Außenpolitik der Republik von Weimar*, Darmstadt 1985; Claude Carlier, Georges-Henri Soutou, éds., *1918–1925 Comment faire la paix?*
29 Georges-Henri Soutou, « L'alliance franco-polonaise (1925–1933) ou comment s'en débarrasser? », *Revue d'Histoire diplomatique*, avril–décembre 1981; Christian Baechler, *Gustave Stresemann*, Strasbourg: PUS, 1996; Franz Knipping, *Deutschland, Frankreich und das Ende der Locarno-Ära 1928–1931*, Munich: Oldenbourg, 1987; Eric Bussière, *La France, la*

malgré tout d'arrière-pensées et d'oppositions latentes pour pouvoir déboucher sur une véritable réorganisation du Continent en profondeur. Le Plan européen proposé par Aristide Briand en 1930 marquait certes un changement qualitatif de la politique française et poursuivait de grands objectifs: consolider les acquis de Locarno tout en permettant à la France d'assurer la pérennité de l'essentiel du Traité de Versailles, mais aussi permettre à l'Europe de contrebalancer les Etats-Unis et l'URSS. Seulement les réticences de la plupart des capitales européennes le firent échouer.[30]

En outre l'avènement du national-socialisme brisa le minimum d'unité morale et de valeurs communes nécessaires pour le fonctionnement d'un système informel comme le Concert européen rétabli à Locarno: l'équilibre suppose un minimum d'accord de part et d'autre sur ce qui constitue justement un équilibre acceptable. A partir de là le Concert européen, perverti par la diplomatie nazie et par l'*appeasement* anglo-français, dégénéra: ce fut le Pacte à Quatre de 1933, qui, malgré les atténuations imposées par Paris, pouvait paraître conduire à un règlement des affaires européennes et à une révision des traités imposés par les grandes puissances aux petites.[31] Ce fut surtout la conférence de Munich de 1938, caricature du Concert européen. A partir de là des groupes influents envisagèrent un équilibre européen bien différent de celui que l'on avait défendu depuis 1914: Paris laisserait l'Allemagne contrôler l'Europe centrale et orientale, tandis que la France se replierait sur son Empire. Ceci dit cette conception, rappelons-le, n'était pas nouvelle: depuis Jules Ferry il y avait toujours eu des groupes importants pour penser que la France ne devait pas lier son sort à celui de l'Angleterre et au contraire s'entendre avec l'Allemagne, en particulier afin de pouvoir développer sa vocation impériale.

Bien entendu face à ces courants se maintenaient les défenseurs du système de Versailles et de l'alliance anglaise. Mais ils s'enfermèrent dans un système qui prit de plus en plus de poids à partir de Locarno, jusqu'à devenir une véritable obsession: la « sécurité collective ». Cette notion reposait sur le refus des alliances bilatérales ou multilatérales exclusives: l'adversaire potentiel devait être inclus dans le système, comme l'Allemagne à Locarno. C'était l'aboutissement de conceptions des relations internationales développées par les théoriciens depuis le début du siècle;[32] c'était une tentative pour dépasser la notion traditionnelle d'équilibre européen; c'était le résultat du profond rejet, dans la France d'après 1919, de

---

*Belgique et l'organisation économique de l'Europe 1918–1935*, Comité pour l'histoire économique et financière de la France, 1992.
30 Antoine Fleury et Lubor Jilek, éds., *Le Plan Briand d'Union fédérale européenne*, Francfort et autres: Peter Lang, 1998; sous la direction de Mikhail Narinski, d'Elisabeth du Réau, de Georges-Henri Soutou et d'Alexandre Tchoubarian, *L'URSS et l'Europe dans les années 20*, Paris: PUPS, 2000.
31 Charles Bloch, *Hitler und die europäischen Mächte, 1933–1934*, Francfort: Europäische Verlagsanstalt, 1966.
32 Verdiana Grossi, *Le pacifisme européen 1889–1914*, Bruxelles 1994.

l'alliance franco-russe, considérée, même souvent dans les milieux dirigeants conservateurs, comme l'une des causes de la guerre de 1914–1918; c'était une conception née dans les milieux de la Gauche, une retombée du profond mouvement de pacifisme provoqué par la grande Guerre; mais c'était également, ce qui explique que tant de responsables de Droite aient adhéré eux aussi à cette notion, un retour aux pratiques inclusives et non exclusives du Concert européen d'avant le système bismarckien et les alliances permanentes dès le temps de paix.[33]

Seulement la politique extérieure française se trouva alors enfermée dans une série de contradictions qui ne furent pas résolues avant la défaite de 1940: comment soutenir la Pologne en cas d'agression allemande contre ce pays, si on ne pouvait pas être sûr que l'Angleterre n'allait pas considérer l'intervention française au bénéfice de la Pologne comme une violation des accords de Locarno? Comment empêcher la Pologne de pratiquer sa propre version de la sécurité collective en signant un pacte avec Hitler en 1934? Comment conclure en 1935 avec l'URSS une alliance militairement efficace (condition minimale pour que, peut-être, Staline la prenne au sérieux) si en même temps le jeu éventuel de cette alliance devait dépendre de la SDN et des signataires de Locarno?[34] La France n'avait pas réussi à imposer un équilibre de puissance unilatéral, elle n'avait pas réussi non plus à construire un équilibre multilatéral.[35]

*VI. Vichy ou la France Libre: à la recherche d'un nouvel équilibre européen*

Vichy et la France Libre n'étaient pas d'accord sur grand-chose, mais l'étaient néanmoins pour repousser les méthodes de « sécurité collective » des années 30, accusées, pour des raisons différentes (pour Vichy, l'inféodation supposée à la Grande-Bretagne et à l'URSS, pour la France Libre une pactomanie inefficace et l'« esprit de Munich ») mais convergentes d'avoir conduit au désastre. Les deux France cherchèrent, bien sûr chacune à sa manière, à définir les conditions d'un nouvel équilibre européen. Même Vichy: avant de se rallier au printemps 1941 à un « nouvel ordre européen » dirigé par Berlin, l'Etat français chercha, dans la perspective certes illusoire d'une paix rapide, à se ménager l'appui de l'URSS et même,

---

33 Georges-Henri Soutou, « La France et la problématique de la sécurité collective à partir de Locarno: dialectique juridique et impasse géostratégique », in Gabriele Clemens, éd., *Nation und Europa. Festschrift für Peter Krüger zum 65. Geburtstag*, Stuttgart: Franz Steiner Verlag, 2001.

34 Georges-Henri Soutou, « Les relations franco-soviétiques de 1932 à 1935 », communication à paraître.

35 Pour mon jugement fort négatif sur la politique française des années 30, malgré des tentatives récentes de l'historiographie française en vue de la réhabiliter au nom des « valeurs de la République », cf. Georges-Henri Soutou, « La stratégie: introduction », in *La Campagne de 1940*, sous la direction de Christine Levisse-Touzé, Paris: Tallandier, 2001.

discrètement et si possible, de l'Angleterre, afin que la France ne se retrouve pas seule face au Reich au moment des négociations de paix. Et même une fois admise l'inscription définitive de la France dans une Europe allemande, les arrière-pensées divergeaient: si pour des hommes comme Benoist-Méchin et Darlan (du moins jusqu'au début de l'année 1942) la France devait s'engager à fond du côté allemand pour obtenir les meilleures conditions de paix possibles dans une Europe débarrassée par Hitler du danger principal (l'URSS), pour Pétain les choses étaient plus complexes et la France devrait jouer la carte américaine, afin que, comme le dit le Maréchal au diplomate René Massigli, « l'Allemagne soit battue, mais moins que l'URSS ».[36]

Pour de Gaulle les choses étaient plus simples: l'équilibre européen après la guerre reposerait essentiellement sur une très forte alliance franco-soviétique destinée à contrôler définitivement l'Allemagne, à laquelle d'ailleurs la Rhénanie, la Sarre et la Ruhr seraient enlevées, outre les territoires de l'Oder-Neisse. Le rôle de la Grande-Bretagne serait sur ce point secondaire, celui des Américains périphérique. Mais en même temps de Gaulle était conscient des problèmes que pourrait poser l'URSS, d'où un projet constant, malgré certains méandres, qui rappelle les combinaisons et les méthodes du Concert européen d'avant 1914: contrôler l'Allemagne et lui enlever la Rhénanie et la Ruhr grâce à l'appui de l'URSS, et à partir de là construire un ensemble de l'Europe occidentale (appelé à l'époque « Bloc occidental ») réunissant sous direction française les Pays-Bas, la Belgique, le Luxembourg, la Rhénanie et la Sarre, ce qui permettrait d'équilibrer en retour la puissance soviétique. Utiliser l'URSS pour contrôler l'Allemagne occidentale, et utiliser celle-ci pour rééquilibrer l'URSS: ce projet à notre avis était toujours au coeur de la politique gaulliste, et on le retrouverait sous une autre forme après 1958: il correspondait en effet à ce que j'ai qualifié plus haut de géopolitique à la française.

Mais la France n'avait pas les moyens d'imposer une politique aussi ambitieuse. De Gaulle voulait en effet convaincre Staline par tous les moyens de le soutenir dans l'affaire allemande, mais celui-ci n'a jamais pris de Gaulle totalement au sérieux et ne voulait pas lui sacrifier à court terme ses relations avec les Etats-Unis, à long terme la possibilité pour le Parti communiste français de conquérir le pouvoir, ainsi que l'établissement d'un système diplomatique en Europe centré sur Moscou et tourné contre l'Amérique. Staline n'avait aucune intention de favoriser le jeu de

---

36 Georges-Henri Soutou, « Vichy, l'URSS et l'Allemagne de 1940 à 1941 », in Ilia Mieck et Pierre Guillen, éds., *La France et l'Allemagne face à la Russie*, Munich: Oldenbourg, 2000; Georges-Henri Soutou, « Vichy et Moscou, de 1940 à 1941 », *Relations internationales*, n° 107, automne 2001.

poids et de contrepoids de De Gaulle, symbolisé par l'affaire du Bloc occidental, et de permettre à la France de jouer un rôle important en Europe.[37]

*VII. La IV$^e$ République: entre construction européenne et double sécurité*

Les dirigeants de la IV$^e$ République étaient conscients de l'échec du Concert européen traditionnel, que l'on accusait couramment (de manière sans doute excessive) d'avoir été responsable par ses insuffisances et l'égoïsme des grandes puissances de deux grandes guerres européennes. En outre on comprenait que désormais, avec la montée des Etats-Unis et de l'URSS au niveau de puissances mondiales, l'équilibre européen traditionnel perdait beaucoup de sa signification. En outre les bases de l'équilibre français classique (en appui sur la Russie et l'Europe orientale contre l'Allemagne) étaient évidemment battues en brèche par la communisation des anciens alliés de la France à l'Est et par la politique soviétique.[38] Le danger soviétique devenait plus urgent et plus réel que la menace allemande, même si celle-ci ne disparut vraiment dans les esprits qu'à la fin des années 50. Comme ni les Etats-Unis, ni la Grande-Bretagne (pour des raisons différentes) ne voulaient non plus aider la France à réaliser ses plans concernant l'Allemagne, il devint évident en 1948, avec l'aggravation de la Guerre froide, qu'il fallait trouver autre chose. Cela allait être la construction européenne, un projet d'intégration supranationale qui avait pour ses promoteurs (Jean Monnet et Robert Schuman) justement pour but de rendre obsolètes les conceptions traditionnelles de l'équilibre européen: l'Europe dépasserait ses clivages traditionnelles, le jeu des équilibres, les distinctions entre les grandes puissances, meneurs de jeu du Concert européen, et les « petits » pays. Des « solidarités de fait » appuyées sur une communauté de civilisation et de valeurs permettraient de parvenir un jour à un véritable ensemble européen, voire une fédération, dans lequel les relations intraeuropéennes seraient d'une nature radicalement différente.[39]

Bien entendu la notion d'équilibre ne disparaissait pas complètement: le projet européen (Communauté européenne charbon-acier ou CECA puis Communauté européenne de défense ou CED) correspondait certes à une volonté de dépasser l'antagonisme franco-allemand et les conceptions traditionnelles, mais il s'agissait aussi bien sûr d'exercer un contrôle modernisé (et acceptable par les Américains)

---

37 Georges-Henri Soutou, « La politique française à l'égard de la Rhénanie 1944–1947 », in *Franzosen und Deutsche am Rhein 1789–1918–1945*, Peter Hüttenberger et Hansgeorg Molitor, éds., Essen: Klartext-Verlag, 1989; et « Le général de Gaulle et l'URSS, 1943–1945: idéologie ou équilibre européen », *Revue d'Histoire diplomatique*, (1994) 4.
38 Saki Dockrill, Robert Frank, Georges-Henri Soutou et Antonio Varsori, éds., *L'Europe de l'Est et de l'Ouest dans la Guerre froide 1948–1953*, Paris: PUPS, 2002.
39 G. Eldin, P. Fournié, A. Moinet-Le Menn, G.-H. Soutou, éds., *L'Europe de Robert Schuman*, Paris: PUPS, 2001.

mais surtout déguisé sur la RFA. D'autre part les lettres échangées au moment de la signature du traité de la CECA en avril 1951, stipulant que même en cas de réunification l'Allemagne n'aurait pas plus de députés à l'Assemblée de la CECA que la France, montre bien que la notion d'équilibre subsistait. Même si cet équilibre se distinguait de celui, plus cynique, du Concert européen, comme le montrent les dispositions savantes de la CECA, de la CED, plus tard de la CEE, pour s'assurer certes que les petits pays ne pourraient pas paralyser les grands, mais aussi que les grands ne pourraient pas dominer les petits.

Plus fondamentalement encore même les dirigeants français vraiment partisans de la construction européenne étaient en fait divisés sur sa signification pour la politique internationale du pays: Schuman était convaincu que la France ne pourrait plus désormais exercer une action dans le monde que dans le cadre de l'Europe; Georges Bidault (qui l'avait précédé et qui lui succéda comme ministre des Affaires étrangères) pensait au contraire que la France devait conserver un rôle mondial en dehors des organisations européennes, en liaison directe avec Washington et Londres. C'était une conception tout à fait différente en fait des équilibres européens et mondiaux, et de la place de la France par rapport à ceux-ci, différence encore valable aujourd'hui.[40]

D'autre part on n'était pas si éloigné malgré tout de la « géopolitique à la française » définie plus haut: la plupart des dirigeants français, en tout cas à partir de la note Staline de mars 1952, se rallièrent en effet à ce que l'on peut appeler le concept de « double sécurité »: la sécurité de la France par rapport à l'Allemagne serait assurée par la division de celle-ci, la sécurité de la France par rapport à l'URSS serait garantie par l'intégration européenne et occidentale de la RFA. En même temps une discrète réassurance implicite du côté de Moscou subsistait, pour s'assurer en particulier que le problème de la division de l'Allemagne ne serait pas réglé un jour en dehors de la France et au détriment de ses intérêts.[41]

Peu nombreux étaient ceux qui comprenaient, comme Robert Schuman, que ces équilibres hérités du XIX$^e$ siècle, qui ne tenaient pas compte des enjeux idéologiques fondamentaux de la Guerre froide et du combat pour la civilisation dont l'Europe était le théâtre, étaient dépassés. Schuman devait écrire dans ce sens à Anthony Eden, son homologue britannique, le 6 mai 1952. La seule parade à l'offensive soviétique de la note Staline de mars 1952 sur l'Allemagne était de prendre très au

---

40 Georges-Henri Soutou, « Georges Bidault et la construction européenne 1944–1954 », in Serge Berstein, Jean-Marie Mayeur, Pierre Milza, éds., *Le MRP et la construction européenne*, Bruxelles: Complexe, 1993.

41 Georges-Henri Soutou, « La France et les notes soviétiques de 1952 sur l'Allemagne », *Revue d'Allemagne*, juillet–septembre 1988; Geneviève Maelstaf, *Que faire de l'Allemagne? Les responsables français, le statut international de l'Allemagne et le problème de l'unité allemande (1945–1955)*, Paris: Ministère des Affaires étrangères, 1999.

sérieux l'aspiration allemande à la réunification et de tenter de persuader les Allemands de l'Ouest qu'ils ne devaient accepter la réunification que dans la liberté:

> « Les Allemands les plus fanatiques et les plus épris d'unité devront reconnaître que l'unité n'est pas tout, que l'unité assujettie à la servitude, [...] sous quelque forme que ce soit, serait pour l'Allemagne orientale peut-être un adoucissement momentané, mais pour l'Allemagne entière un retour en arrière et une nouvelle capitulation [...]. En résumé il faut convaincre l'Allemagne que son véritable intérêt, même dans la recherche de son unité, est d'être à nos côtés. »[42]

On notera que c'était en fait la seule solution acceptable pour l'Occident; d'autre part on sait que l'URSS a encore essayé d'utiliser le quadripartisme et des formules de pseudo-réunification de l'Allemagne en 1989–1990, mais a échoué: finalement on est sorti à la fin de la Guerre froide de la division de l'Allemagne, tout en maintenant fermement l'ancrage occidental de la RFA, comme le voulait Schuman; il fut l'un des rares responsables français, sinon le seul, à penser dès le début que c'était possible, dans une vision qui dépassait vraiment les équilibres traditionnels.

Plus nombreux en effet se trouvaient ceux qui, à partir de 1952–1953, pensaient que la France aurait intérêt à renouer le dialogue avec l'URSS, et pourrait le faire sans danger, à cause des ouvertures de Staline en 1952, puis de sa mort en 1953, puis du XX$^e$ Congrès en 1956 et de la proclamation de la doctrine de « coexistence pacifique ». On pourrait ainsi éviter le réarmement allemand, ou du moins le limiter, on échapperait à la CED, on pourrait s'écarter de l'atlantisme, de plus en plus discuté en France à partir de 1953, on pourrait même retrouver l'influence traditionnelle en Europe orientale. La mort de Staline et les gestes de détente de ses successeurs convainquirent de nombreux responsables que décidément la menace russe s'estompait, que le moment était venu d'une vaste négociation sur l'Allemagne et que la France et l'URSS avait sur cette question un intérêt commun, qui était de maintenir l'ancien Reich affaibli.[43]

D'autre part on constate un certain changement de ton de la diplomatie française à propos de l'Europe orientale à partir de 1952. De 1948 à 1951, la priorité était allée clairement à la solidarité occidentale dans le cadre de la Guerre froide. A partir de 1952, on voit revenir (en tout cas plus nettement) un souci de renouer avec les positions françaises d'avant-guerre dans cette région et de rivaliser avec Washington et Londres. On retrouvait des réflexes anciens, on croyait à la possibilité de renouer

---

42 Geneviève Maelstaf, *Que faire de l'Allemagne?*, pp. 366 ss. et le texte de la lettre pp. 636–637.
43 « La perception de la menace soviétique par les décideurs de l'Europe occidentale: le cas de la France », in Saki Dockrill, Robert Frank, Georges-Henri Soutou et Antonio Varsori, éds., *L'Europe de l'Est et de l'Ouest dans la Guerre froide 1948–1953*, Paris: PUPS, 2002.

des relations culturelles et économiques qui un jour déboucheraient sur le terrain politique, on était moins largement convaincu, dans les milieux dirigeants français, que la présence soviétique et le poids de l'idéologie rendaient ses espoirs vains.[44]

*VIII. De Gaulle et la V$^e$ République: équilibres croisés en Europe et dans le monde*

Ces dernières tendances soulignent évidemment la transition entre les IV$^e$ et V$^e$ Républiques. En effet de Gaulle, revenant au pouvoir en 1958, avait un concept d'ensemble qui n'était pas radicalement différent de celui qu'il avait poursuivi en 1943–1945, mais bien entendu adapté aux circonstances nouvelles (Guerre froide et établissement de la RFA). La France s'appuierait sur l'URSS pour contrôler le statut de l'Allemagne (que celle-ci soit réunifiée, mais avec de très importantes garanties de sécurité pour ses voisins, ou, plus probablement, qu'elle reste divisée). En même temps la situation d'infériorité de la RFA (divisée, sans armes nucléaires, sans rôle mondial, sous le poids de son passé) permettrait à la France de prendre la tête de l'Europe occidentale continentale et de faire ainsi contrepoids à la puissance soviétique. L'Alliance atlantique serait profondément réorganisée, l'intégration au sein de l'OTAN serait supprimée, les forces américaines quitteraient sans doute le continent. En échange, en quelque sorte, du départ des troupes américaines et rassurée quant à sa sécurité l'URSS pourrait accepter la libération de l'Europe orientale: celle-ci resterait proche de Moscou sur le plan diplomatique, mais l'idéologie communiste et la domination soviétique qui lui était liée disparaîtraient. Ce serait la fin des «blocs» en Europe, le dépassement de la Guerre froide, le rétablissement de l'unité historique du continent après deux guerres mondiales et la Révolution de 1917. Les Etats-Unis resteraient les garants de derniers recours, mais à la périphérie, du nouveau système européen. D'autre part la France pourrait dialoguer avec eux sur un pied d'égalité grâce à son *leadership* en Europe, et participer ainsi, dans un directoire atlantique avec Washington et Londres à la gestion des grandes affaires mondiales. C'est cette conception qui constitue le fil conducteur de la politique gaulliste et qui communique leur profonde logique à des épisodes apparemment déconnectés voire contradictoires, comme le mémorandum du 17 septembre 1958 sur la réorganisation de l'Alliance atlantique, le Plan Fouchet d'Union politique européenne, le Traité de l'Elysée, le départ du commandement intégré de l'OTAN en 1966, le voyage à Moscou en juin de la même année au cours duquel de Gaulle tenta, en vain, d'amener les Soviétiques à partager ses conceptions.[45]

---

44 A titre d'exemple, cf. Georges-Henri Soutou, «La politique française envers la Yougoslavie, 1945–1956», in *Relations internationales*, n° 104, hiver 2000, pp. 433–454.
45 Georges-Henri Soutou, «Le Général de Gaulle, le plan Fouchet et l'Europe», *Commentaire*, n° 52, hiver 1990–1991; Georges-Henri Soutou, *L'Alliance incertaine. Les rapports politico-*

C'était un retour aux équilibres croisés, au jeu de poids et de contrepoids qui avaient caractérisé le XIX$^e$ siècle européen, certes en tenant compte des réalités de la deuxième partie du XX$^e$ siècle (démocratie et armes nucléaires). Mais bien entendu ce Concert européen rénové supposait la fin de l'idéologie communiste et la désidéologisation de la politique soviétique. L'occupation de la Tchécoslovaquie en 1968 montra les illusions de Paris à ce sujet. Du coup les successeurs du Général, Georges Pompidou et Valéry Giscard d'Estaing, sans rompre avec la conception gaullienne des équilibres croisés, ni même avec la notion de « double équilibre » apparue dès la IV$^e$ République, revinrent à une conception plus prudente de l'équilibre: la puissance américaine et l'engagement des Etats-Unis en Europe restaient à leurs yeux la condition essentielle de l'équilibre en Europe; les dirigeants français ne croyaient plus en effet à la possibilité de dépasser rapidement la Guerre froide. Georges Pompidou en particulier redoutait les visées géopolitiques de Moscou vers l'Europe et le Moyen-Orient ainsi que la force expansionniste de l'idéologie communiste. Certes, Georges Pompidou et son successeur étaient persuadés que le marxisme était condamné, en particulier à cause de ses échecs économiques, mais à long terme: ils ne le jugeaient pas dores et déjà dépassé, comme de Gaulle. Ils ne croyaient pas à une « Europe de l'Atlantique à l'Oural » détachée des Etats-Unis et pensait plutôt qu'à la suite de son évolution économique, sociale et politique l'URSS finirait un jour par faire partie du monde occidental industrialisé. En attendant il fallait essayer de faciliter la situation de l'Europe orientale, en particulier en l'aidant à résister à la « Doctrine Brejnev » proclamée par Moscou en 1968. C'est pourquoi Pompidou fut le premier responsable occidental à envisager positivement la proposition soviétique en vue d'une conférence de sécurité en Europe, projet qui devait être ensuite activement soutenu par Giscard d'Estaing et aboutir à la CSCE d'Helsinki en 1975. C'était en effet pour les deux présidents un moyen de dépasser les « blocs » et d'établir un forum dans lequel les pays d'Europe orientale retrouveraient une certaine liberté de manoeuvre.

Néanmoins l'URSS conservait dans leur esprit une place importante, comme partenaire discret de la France dans la question du statut de l'Allemagne, comme réassurance contre un excès de puissance de la part de la RFA.[46] En même temps la méfiance d'un homme comme Georges Pompidou à l'égard de l'*Ostpolitik* lancée par Bonn en 1969 était révélatrice: ce n'était pas tant les traités de l'*Ostpolitik* qui l'inquiétaient (en effet ceux-ci confirmaient la division de l'Allemagne et étaient

---

*stratégiques franco-allemands, 1954–1996*, Paris: Fayard, 1996; Georges-Henri Soutou, « De Gaulle's France and the Soviet Union from Conflict to Détente », communication à paraître.

46 Georges-Henri Soutou, *L'Alliance incertaine*; Georges-Henri Soutou, « Le Président Pompidou et les relations entre les Etats-Unis et l'Europe », *Journal of European Integration History/ Revue d'Histoire de l'intégration européenne*, 6 (2000) 2; Georges-Henri Soutou, « President Pompidou, the *Ostpolitik* and the Strategy of Détente », communication à paraître.

donc bien accueillis) que l'arrière-pensée allemande qu'il soupçonnait: à partir de l'*Ostpolitik*, établir en accord avec Moscou un nouveau système de sécurité en Europe dans lequel l'Allemagne pourrait éventuellement être réunifiée mais qui marginaliserait la France.[47] Après la tentative de De Gaulle de dépasser la Guerre froide, la France en revenait au concept de la « double sécurité » (face à l'Allemagne grâce à sa division, face à l'URSS grâce à l'Alliance atlantique et à la construction européenne). Paris pouvait bien en appeler rituellement au « dépassement des blocs », en fait la France, sur le plan géopolitique, était le grand bénéficiaire de la Guerre froide, qui lui procurait un rang en Europe qu'elle n'aurait pas pu occuper sans elle.

Cette tendance s'aggrava encore avec Valéry Giscard d'Estaing (1974–1981) qui se fit en outre, à la différence de son prédécesseur, de grandes illusions sur la prétendue fin des luttes idéologiques, au point de supprimer lors de son arrivée au pouvoir les émissions en ondes courtes vers l'Europe orientale et la Russie. Par exemple il plaça incontestablement la Pologne au premier rang de la politique française en direction de l'Europe orientale, avec de nombreux voyages officiels et des manifestations importantes, en particulier dans le domaine culturel, mais il se fit là aussi des illusions quant à la qualité de ses rapports « privilégiés » avec Gierek. En fait ces rapports furent manipulés par les Soviétiques, comme à l'occasion de la rencontre Giscard–Brejnev–Gierek à Varsovie en mai 1980, qui permit surtout aux Soviétiques d'éroder la solidarité occidentale dans la crise afghane.[48]

Mais la crise de Solidarité et la chute de Gierek démentirent les analyses giscardiennes: les luttes idéologiques était encore là et n'était pas concernées par la Détente. Soucieux de maintenir la Détente malgré la crise d'Afghanistan et la crise polonaise,[49] Valéry Giscard d'Estaing déclara le 27 janvier 1981:

« La Pologne se trouve à l'intérieur du bloc soviétique et les communications du bloc soviétique passent au travers de la Pologne. Celui qui ignorerait ces données géographiques et stratégiques n'a aucune chance d'être acceptable pour l'Union soviétique. »[50]

On retrouvait exactement la situation du XIX$^e$ siècle: en 1830, en 1863 les Français avaient vibré pour la liberté polonaise, mais chaque fois, après avoir hésité, leurs dirigeants s'étaient résignés à admettre les « nécessités » de la géographie et à

---

47 Georges-Henri Soutou, « L'attitude de Georges Pompidou face à l'Allemagne », in *Georges Pompidou et l'Europe*, Bruxelles: Complexe, 1995.
48 Thomas Schreiber, *Les actions de la France à l'Est ou Les absences de Marianne*, Paris: L'Harmattan, 2000, pp. 142 ss.
49 Georges-Henri Soutou, *La guerre de Cinquante Ans. Les relations Est-Ouest, 1943–1990*, Paris: Fayard, 2001, pp. 618–619.
50 Cité par Hubert Védrine, *Les mondes de François Mitterrand*, Paris: Fayard, 1996, p. 200.

donner la priorité à leurs rapports avec la Russie: l'équilibre européen passait avant la défense des nationalités.

*IX. François Mitterrand, le jeu des équilibres et la fin de la Guerre froide*

Par rapport à ses deux prédécesseurs François Mitterrand conserva la conception générale d'une série d'équilibres (en particulier avec l'Allemagne, l'URSS et les Etats-Unis) dont la France occuperait le sommet, mais, par un incontestable retour à une vision plus proche de celle de De Gaulle, Moscou redevenait le partenaire privilégié, aux dépens de l'Amérique de Reagan, soupçonnée d'impérialisme et accusée de vouloir rétablir un capitalisme pur et dur. Comme il l'écrivit dans l'introduction qu'il donna à un recueil de ses discours de politique extérieure publié en mars 1986:[51]

> « Nos intérêts, plus souvent qu'on ne croit, nous rapprochent. La Russie a toujours représenté dans notre histoire et peut encore représenter un contrepoids utile, soit à l'échelle de l'Europe, soit à l'échelle de la planète. »

Il est clair que cette vision impliquait le rôle de la Russie comme contrepoids à la fois à l'Allemagne et aux Etats-Unis. Certes, François Mitterrand avait intégré la crise du système soviétique, même s'il imaginait au milieu des années 80 que le processus durerait encore dix ou quinze ans. Mais, impressionné par Gorbatchev, il souhaitait et croyait possible une transformation ordonnée du système soviétique, la réforme du communisme dans le sens d'un socialisme accentué à la française, certainement pas dans le sens du libéralisme. Ainsi les équilibres géostratégiques de l'Europe seraient maintenus pour le plus grand bénéfice de la politique française, et l'Europe de l'Est et de l'Ouest, réconciliées autour des valeurs du socialisme démocratique, pourraient rééquilibrer les Etats-Unis et offrir au monde un modèle alternatif au libéralisme reagano-thatchérien.[52] Dans ces conditions on comprend le choc que représentèrent pour François Mitterrand l'effondrement complet du communisme en 1990–1991 et la réunification pure et simple et quasi immédiate de l'Allemagne.

En effet, la première réaction de François Mitterrand fut de tenter de freiner la réunification allemande, qui à ses yeux compromettrait le statut de la France en Europe. Il comptait pour cela en particulier sur le processus dit « 2+4 », par lequel on désignait des négociations entre les Quatre et les deux Allemagne. Encore en

---

51 François Mitterrand, *Réflexions sur la politique extérieure de la France*, Paris: Fayard, 1986.
52 *L'Alliance incertaine* et Georges-Henri Soutou, « La France et les bouleversements en Europe, 1989–1991, ou le poids de l'idéologie », *Histoire, économie et société*, (1994) 1.

février 1990 il pensait qu'avec « 2+4 », la réunification prendrait des années.[53] D'autre part il chercha dans un premier temps à insérer la réunification dans la construction d'une grande Europe incluant l'URSS: il le dit à Gorbatchev à Kiev le 6 décembre 1989: « il doit y avoir réunification, mais dans le cadre d'une grande Europe ».[54] Son souci était évidemment de contrôler l'évolution de la question allemande en accord avec Moscou. Il se rendit d'ailleurs (premier chef d'Etat français à le faire) à Berlin-Est le 20 décembre: de toute évidence il souhaitait ralentir la réunification, ou du moins qu'elle ressemble davantage à une confédération, permettant à la RDA de conserver ce que l'on appelait volontiers à l'époque en France son « identité ».[55] D'où le 31 décembre suivant sa proposition d'une Confédération européenne comprenant l'URSS; dans le même esprit, il voulait développer des structures de sécurité en Europe entre les deux Pactes pour encadrer la réunification, ce qui rejoignait d'ailleurs le concept de Maison Commune de Gorbatchev,[56] comme il le lui dit en mai 1990 à Moscou.[57] Cette grande Europe aurait permis à la France d'encadrer la réunification allemande en accord discret avec l'URSS; Paris aurait pu ainsi maintenir son rôle international dans la nouvelle situation, selon la conception d'ensemble rappelée plus haut, l'URSS réformée aidant la France à contrebalancer le poids de l'Allemagne et des Etats-Unis. Mitterrand ne comprit que la réunification serait immédiate et complète qu'après les élections de mars 1990 en RDA. Jusque-là, son espoir de sauver la possibilité d'une convergence idéologique en Europe entre communisme réformé et socialisme démocratique, son espoir de permettre à la France de conserver les avantages politico-stratégiques que lui avaient valu la division de l'Allemagne et, disons-le, la Guerre froide, son espoir de profiter de la situation nouvelle pour que les Etats-Unis se retirent d'Europe, brouillèrent sa vision.[58]

## X. Les hésitations françaises depuis la fin de la Guerre froide

François Mitterrand avait en 1989–1990 tenté de préserver la « géopolitique à la française » en renouant avec la notion d'un Concert européen incluant l'URSS et en marge de l'Alliance atlantique. Devant l'échec patent de cette tentative il retrouva les traditions de la IVᵉ République, celle d'une politique française défendant tou-

---

53 Jacques Attali, *Verbatim III*, Paris: Fayard, 1996, p. 412.
54 Mikail Gorbatchev, *Erinnerungen*, Berlin: Siedler-Verlag, 1995, p. 742, et Werner Weidenfeld, *Außenpolitik für die deutsche Einheit*, Stuttgart: DVA, 1998, pp. 153 ss.
55 Werner Weidenfeld, *Außenpolitik für die deutsche Einheit*, pp. 161–163.
56 Georges-Henri Soutou, « La Maison commune européenne: tactique et stratégie », *Géopolitique*, n° 36, hiver 1991–1992.
57 Attali, *Verbatim III*, p. 499.
58 George Bush and Brent Scowcroft, *A World Transformed*, New York: Alfred A. Knopf, 1998, p. 266.

jours ses intérêts mais dans le cadre multilatéral de la construction européenne et de l'Alliance atlantique. Cette réorientation conduisit au Traité de Maastricht en 1992 et à la participation de la France (après bien des hésitations) à la Guerre du Golfe en 1991. On peut dire que ce sont là les derniers succès en date de la politique extérieure française, confirmant les grandes orientations du pays depuis la fin des années 50 en matière européenne (intégration économique et monétaire étroite mais refus du modèle fédéral pour l'Europe politique) et atlantique (coopération privilégiée pour les grandes affaires mondiales avec Washington et Londres).

La crise yougoslave à partir de 1990 toucha au coeur la notion traditionnelle des nationalités dominant en France (et directement liée, soulignons-le, à la diversité ethnique de la population française, touchant donc aux racines de la Nation).[59] Là aussi François Mitterrand tenta de défendre les conceptions françaises classiques, si étroitement liées à une certaine vision de l'équilibre européen, celle d'une France appuyée sur les nations dont elle avait assuré historiquement la défense, malgré les réserves et les hésitations que j'ai dites. Il ne fallait pas dissocier les ensembles nationaux existants, mais les réformer (comme Mitterrand aurait souhaité que Gorbatchev y parvînt en URSS). Démocratisation, respect des minorités et fixation des frontières sous arbitrage international, ententes régionales pour réconcilier les particularismes nationaux et les solidarités historiques et économiques, le tout dans un ensemble européen en construction, ce fut le programme proposé pour l'Europe orientale le 29 février 1992 par François Mitterrand au Palais de Chaillot lors du colloque « Les tribus et l'Europe ».[60]

Mais les bouleversements induits par la fin de la Guerre froide, l'élargissement de l'Union européenne, l'unification allemande, la fin de l'URSS, l'échec historique de la conception française des nationalités en Europe orientale, avec l'éclatement de la Yougoslavie et de la Tchécoslovaquie et le triomphe de l'ethnicisme, les nouveaux problèmes mondiaux comme le terrorisme, l'évolution de la politique américaine font que depuis quelques années les dirigeants français paraissent hésiter sur les nouveaux équilibres souhaitables. Faut-il se rapprocher des Etats-Unis et de l'OTAN, comme Jacques Chirac le suggéra en décembre 1995, avec l'arrière-pensée de retrouver ainsi un rôle mondial auquel l'Allemagne réunifiée mais strictement européenne ne saurait prétendre? Faut-il au contraire résister à l'unilatéralisme américain, conformément aux appels fréquents à un « monde multipolaire » lancés

---

59 Georges-Henri Soutou, « France, Nations and Empires from the Nineteenth Century to the Present Day: Between Jacobin Tradition, European Balance of Power and European Integration », in *Governance, Globalization and the European Union. Which Europe for Tomorrow?*, Henry Cavanna, éd., Dublin: Four Courts Press, 2002.
60 Georges-Henri Soutou, « Les grandes puissances et la question des nationalités en Europe centrale et orientale pendant et après la Première Guerre mondiale: actualité du passé? », *Politique étrangère*, (1993) 3.

ces dernières années de Paris et à l'attitude de la France dans la crise irakienne de 2002–2003? Faut-il maintenir dans l'Europe en construction certains équilibres face à l'Allemagne, comme cela parut être la politique française lors du sommet de Nice en 2000? Faut-il au contraire construire l'Europe-puissance avec la RFA, conformément aux propositions européennes franco-allemandes de décembre 2002 ou lors de la célébration du Traité de l'Elysée en janvier 2003, quitte à susciter les réserves des autres partenaires? Faut-il rééquilibrer la RFA avec la Grande-Bretagne, comme on parut en avoir la tentation lors du sommet de Saint-Malo de décembre 1998? Quelle place accorder à la Russie dans les affaires européennes? Sur toutes ces questions Paris hésite, et paraît avoir perdu « die Kunst des Gleichgewichts ».

## 5. « Souverainetés incertaines ... »

*Francis Rosenstiel*

(Ré)concilier le réalisme historique avec la cohérence politique, l'honnêteté avec la crédibilité, c'est peut-être en cela que peut se manifester un certain humanisme européen, davantage qu'à travers la contemplation narcissique des merveilles du Gothique ou du chemin de Saint Jacques de Compostelle [...] qui laisse toujours l'Inquisition ou la Shoah sur les bords de la Route [...], comme une paranthèse ou une exception; or il n'y a pas d'exception historique, pour la raison très simple que la « norme » n'existe pas. L'Angélisme est l'un des ingrédients favoris de la Fabrique d'Occident. S'agissant du présumé humanisme européen, il nous faut avec Pierre Legendre toujours garder présent à l'esprit le mélange subtil entre le profane et le sacré dont le Gouvernement des Interprètes, Canonistes du Moyen Âge ont élaboré la géniale recette – sublime tricherie – qui gouverne encore et toujours notre vision contemporaine de l'Etat.

En effet, le parcours européen n'est pas jalonné de maisons de poupées où se croisent, au son d'une musique douce, Hänsel et Gretel, Robin des Bois, Obélix et Astérix. Il y rôde de-ci, de-là Hobbes et Rousseau, mais aussi Hitler, Yvan le Terrible, Pétain, le Dr Mengele et sur l'autre versant Charles de Gaulle et Konrad Adenauer, sans lesquels la volonté de résistance et la froideur du regard ne seraient point ancrés si profondément en moi.

Etant, me semble-t-il, acquis qu'il est plus crédible de parler d'« européanité », voire d'« européitude » que d'humanisme européen, la question se pose depuis les années cinquante où battent les premières pulsions communautaires, CECA et CED, de savoir s'il peut y avoir un « humanisme technocratique ». Mais soyons honnêtes, la notion de « supranationalité » ne serait pas le premier exemple où l'humanisme se livre à la glorification d'un Projet, c'est d'ailleurs là aussi une vieille spécialité judéo-chrétienne. Par rapport au Projet Ultime, le souverain politique est toujours condamné au rôle frustrant d'éternel second, à défaut d'être l'Eternel tout court!

Les Souverainetés sont devenues bien incertaines, certes parce que le parcours européen est paradoxal mais surtout parce que les grands défis, politiques, de l'environnement et de la recherche scientifique sont globaux. Le projet européen ne doit plus être en retard d'une actualité.

D'ordinaire, l'identité est un Début, un peu comme dans la Genèse. S'agissant d'identité politique européenne, le processus est inversé, un peu comme le serait l'identification par une collectivité minoritaire de la perception d'un manque. Avec l'identité politique européenne, l'incarnation politique est au bout du chemin, un chemin où les cantonniers sont des géomètres technocrates, auxquels il faut de surcroît du muscle et de l'esprit. Ces néo-géniteurs de l'identité politique européenne ont pour vocation, sinon pour fonction, de se livrer à de l'acharnement politique « in vitro ». Le résultat est incertain. L'émergence d'une identité politique européenne se veut un enfantement sans douleur au contraire même de celui qui conduisit à l'Etat nation, souverain de plein droit, pourrait-on dire. Ici, il faut un peu « souverainiser l'usurpateur » technocratique, le remettre sur le droit chemin, qui n'est plus le seul chemin du droit, mais bien celui, incontournable, du politique. Nous voici bien à l'opposé du monde d'apparition de l'Etat nation, toujours lié aux grandes convulsions fondatrices où se mêlent les mythes des XIX$^e$ et XX$^e$ siècles, liés au sol et sang, *Blut und Boden*, la mixture infernale qui engloutit précisément l'esprit et dévoie la raison. Par ailleurs la vieille idée d'un Etat mondial demeure un non sens.

Voici très certainement l'une des évolutions les plus révolutionnaires des cinquante dernières années. La notion de souveraineté ébranlée d'une part par le bouleversement et l'enchevêtrement de ses racines, de même que du fait des aspects géopolitiques et économiques de la mondialisation et, d'autre part, du fait de la dérive incertaine des points d'ancrage du pouvoir souverain. Seul demeure dans tout cela, à l'état brut en quelque sorte, l'immuable nature du politique et la relation fondamentale *ami/ennemi* qui la sous-tend. Par contre, les pôles et les circuits d'amitiés et d'inimitiés sont devenus infiniment plus capricieux et inattendus ou diffus: leur identification et leur localisation sont plus hasardeuses que sur les cartes du passé: la chasse aux repères est ouverte et, comme en psychanalyse, la parole (politique) ne connaît plus de frontières: il y a bel et bien une nouvelle internationale du politique délocalisé!

Dès lors, dans cette grande partie de colin-maillard où la souveraineté en apesanteur est un partenaire qui se cherche, nous voici, ipso-facto, confrontés à la nécessité de reconsidérer jusqu'aux notions mêmes d'identité, singulière ou plurielle, de citoyenneté, de civisme, d'allégeance ou loyauté. On a parfois le sentiment que le politique se trouve dans un *no man's land* entre jungle et univers technocratiquement aseptisé!

Il en résulte l'irruption brutale sur l'avant-scène politique de vulnérabilités nouvelles, au coeur desquelles il y a toujours le syndrome du 11 septembre, rançon sauvage de l'hypersophistication du système international et des phénomènes de rejet qu'elle génère et qui favorisent l'impact fracassant de tous les *tiers perturbateurs* du passé et à venir: précisément de ces *unerwünschte Dritte*, si cher à Carl Schmitt; le tricheur institué au coeur de l'arène politique, prêt à tout sacrifier sauf le dernier kamikaze d'un lot qui ne comporte jamais d'inventaire.

C'est à ces nouveaux combats que doit désormais s'adapter un nouveau discours politique de la Méthode; mais peut-on parler de leçons de l'histoire sans élèves dans la classe et de discours sans auditoire? La pire violence n'est-elle pas celle du silence? Le politique est et demeure la certitude de la souveraineté de la parole.

Dès lors, la centralité de la notion européenne de souveraineté – véritable fétiche/tabou des trois siècles passés – quitte le domaine des évidences politiques pour venir grossir le stock des denrées ayant dépassé les dates de consommation politique recommandées par les juristes des XIX$^e$ et XX$^e$ siècles, ceux là même qui avaient retravaillé les montages géniaux des canonistes du Moyen-Âge, inventeurs du stratagème subtil visant à sceller dans la Cité politique l'alliance du spirituel et du temporel: « Gott mit uns », tout était dit, mais tout allait se faire, aussi! Mais au-delà de la sanctification païenne du politique par un Carl Schmitt des années 20 à 1945, et certains effets de traîne que l'on peut encore constater de-ci, de-là, il convient aujourd'hui de valoriser et de gérer les doutes salvateurs semés en leur temps par Proudhon, Victor Hugo, Jean Monnet, Robert Schuman, Adenauer et les autres.

La souveraineté reposait, jusqu'au lendemain de la Seconde Guerre mondiale, sur les certitudes architecturales d'un socle à double chapiteau: la capacité d'*identification* et de *localisation* du souverain. Or l'environnement politique que nous connaissons depuis plusieurs décennies confirme chaque jour davantage l'approche angoissante d'un Carl Schmitt pour lequel *seul* est souverain « celui qui décide de l'exceptionnel ». Or il est difficile même avant le 11 septembre, de concevoir définition qui tourne davantage le dos à l'essence même du juridique, puisque le juriste gère l'Existant, la normalité ambiante, alors que le politique, par nature, se veut l'accoucheur, voire le contrebandier des normalités émergentes, sinon inédites! La fameuse « Kompetenzkompetenz », compétence de la compétence, si chère aux juristes allemands, sert à faire coïncider pour un temps la souveraineté politique et la traduction juridique qu'elle se donne, mais prenons-y garde, l'élasticité du système n'est pas infinie. Les incertitudes de la souveraineté ne s'arrêtent pas là: des caprices géopolitiques et socio-économiques viennent désormais s'y ajouter. Tous les chemins mènent à Manhattan et à Baghdad, à Grosny et à Kaboul!

En effet, les ancrages traditionnels de la souveraineté – l'Etat, la nation, l'économie qui capellarise la planète – sont totalement remis en cause dans une perspective où l'horizontalité remplace souvent la verticalité, et où les acteurs effectifs du jeu international, notamment économique, social, technologique, figent les mécanismes conventionnels de l'expression souveraine dans un archaïsme évident, sinon pathétique, car nombre de structures politico-étatiques survivent sans toujours s'adapter à une réalité échappée de longue date en roue libre. Je pense aussi à l'évolution dans nos pays des partis politiques, des syndicats et à nombre de structures nationales qui n'ont pas su devenir des forces d'anticipation et qui donc génèrent malgré eux des zones entières d'un néo-conservatisme de fait. En outre, alors que perdurent ces structures souvent obsolètes, elles coexistent nécessairement avec certaines projections institutionnelles anticipatrices telles que jadis les premières communautés européennes, aujourd'hui la Commission, le Parlement européen et la convention, maquettes vivantes d'un futur déjà né; ces nouveaux outils politiques, parfois cosmétisés, sont à la fois des instruments de gestion d'un acquis communautaire et un mécanisme de dépassement ou de remorquage politique (pour les pays de l'Est notamment) selon les cas. L'originalité suprême de cet état de choses réside dans le fait que les instruments concernés sont d'origine technocratique, le politique révélant ainsi des gênes dont certaines molécules sont de nature non-directement démocratique, tout en devenant source d'une démocratisation « en différé ».

Au plan mondial, cette évolution des ancrages de la souveraineté se visualise et se sonorise aussi dans les syndromes anti-Davos de Seattle, du Brésil, de Gênes, et d'ailleurs, où crépitent violemment ou non des scories de souverainetés migrantes qui ne savent plus quelles terres politiques fertiliser.

Dans ce paysage bouleversé un retour à la Parole politique instituée ... En effet, tout analyste, observateur des relations internationales se doit désormais d'intégrer ce postulat de l'ère nouvelle que nous abordons: l'après 11 septembre 2001 n'a pas de fin. Il s'agit là d'une rupture absolue et par conséquent d'une réalité nouvelle fondatrice non seulement d'une insécurité inconnue jusqu'alors, mais d'un état de choses projetant une lumière entièrement nouvelle sur les articulations, les motivations et le confort politique du monde démocratique. Il s'agit aussi d'un défi sanglant lancé à tous ceux qui auraient où ont des velléités d'indépendance diplomatique ou stratégique. L'enjeu est aujourd'hui la confusion des priorités et la relecture de la notion d'alliance: un relecture qui substituerait la fatalité au libre choix. Mais qui interprète la fatalité du moment et les fatilités à venir? « Quis interpretabitur? » formule si chère à Carl Schmitt: telle est la question qui paraît tant insupporter l'Europe d'aujourd'hui, comme le conflit irakien le démontre à loisir. La métabolisation d'un hégémonisme monocellulaire n'est pas chose facile dans l'anatomie des relations internationales!

Ce dont il s'agit en vérité c'est d'un retour au politique à l'état brut, avec la réduction à l'essentiel de la notion même de priorité: un impératif de survie par rapport à l'irruption du *tiers perturbateur* (« der unerwünschte Dritte ») comme acteur central, parce qu'imprévisible, dans les relations internationales et simultanément, en politique intérieure. Ainsi donc la négation par ce *tiers perturbateur*, concept aux incarnations potentielles diverses – Al Quaïda – ou autres, de tout consensus initial qui est à la base même d'une relation politique – à savoir la reconnaissance de « l'Autre » en tant que partenaire au dialogue, nous amène à intégrer l'absurde dans un raisonnement politique ordinaire. Cette nouvelle « normalité » politique lance un défi sans précédent à toutes les sphères de réflexion, d'autorité et d'action stratégique.

Les événements du 11 septembre ont entre autres véritablement épongé la réalité atlantique antérieure et coagulé les spécificités politico-diplomatiques de surface au profit d'une néo-culture « d'autodéfense collective » où les différences et les divergences vraies progressent elles aussi en tenue camouflée. La métastase de ce mal nouveau s'identifie à une confusion diplomatique latente ou exprimée, altérant profondément la constante traditionnelle de la dialectique *ami-ennemi*. Les leçons politiques ultimes n'en sont pas tirées pour autant. Dès lors il convient certes d'élargir l'OTAN mais avant tout de repenser l'atlantisme en vue d'en faire: un pan-atlantisme adulte. Cela nécessite une singulière conjonction des volontés entre européens et américains sur la base d'un canevas décisionnel précis basé avant tout sur des seuils d'appréciation compatibles. Un vaste programme!

Ce qui complique considérablement l'ensemble de ce dossier c'est bien la simultanéité des priorités allant de pair avec une évidente hiérarchie des enjeux où interfèrent sans cesse imprévisibilité et fragilité, intérêts et rancoeurs, unilatéralité et collégialité.

Comment de ce fait générer une cohésion de rythmes complémentaires de l'intégration européenne et d'une organisation néo-atlantique également intégrée. Cela va bien au delà des compatibilités militaires et comporte des options visionnaires géopolitiques et transatlantiques à long terme qui ne sont pour le moins pas évidentes. Le produit de synthèse tant imaginaire qu'idéal serait un général de Gaulle soudain touché par la Grâce atlantique. Mais le scénario n'est pas celui là et le *casting* plus qu'incertain!

André Fontaine du « Monde » aimait à dire jadis à propos de la coexistence pacifique qu'il y avait là deux rêves pour une même lit; il y a désormais plusieurs cauchemars pour un immense « dortoir » où les dormeurs ne souffrent pas simultanément des mêmes insomnies ...

L'irruption du *tiers perturbateur*, ce nouveau trouble fête (der *Spielverderber*) au centre de la scène internationale a sans doute précipité l'ensemble des acteurs traditionnels dans une maturité inconnue jusqu'alors, tout en recyclant la perception présumée de la plupart des conflits dits traditionnels. En outre une vision manichéenne du monde et l'impératif catégorique de la lutte contre le terrorisme, concept interprété à la carte, nous impose aujourd'hui un gommage artificiel des aspérités, sans qu'elles disparaissent pour autant. Il serait sage de prévenir tout strabisme transatlantique pas trop divergent à l'avenir car cela pourrait s'avérer suicidaire; la confusion des adversaires n'est pas bénéfique aux démocraties; se tromper d'ennemi peut s'avérer fatal.

Souvenons-nous que si le politique est avant tout une « éthique de responsabilité » la démocratie qui nous lie de part et d'autre de l'Atlantique reflète la suprématie de l'« éthique de conviction ». Il revient à une Europe unie d'incarner la synthèse de ces deux dimensions au coeur de la nouvelle alliance transatlantique. C'est en cela que peut résider un nouvel humanisme européen.

## 6. Europagedanke und europäische Wirklichkeit
*Manfred Hanisch*

Über Europa herrscht immer noch und verbreitet Unkenntnis. Unkenntnis über die Geschichte der Europaidee und – noch schlimmer – Unkenntnis über die Bedeutung, die Europa heute für jedermann hat. Ja gewiss, da ist der Euro, die klingende Münze der Europäischen Union. Aber im Gegensatz dazu: Wer weiß schon, dass jeder EU-Bürger seit dem Vertrag von Maastricht eine eigene EU-Staatsbürgerschaft und eine ganze Reihe staatsbürgergleicher Rechte in allen EU-Mitgliedstaaten besitzt? Europa war von Anfang an mehr als nur etwas Wirtschaftlich-Pekuniäres. Und trotzdem ist es häufig ein Nichtthema, das Interesse nicht zu wecken vermag. Das hat seinen Grund: seit dem 19. Jahrhundert ist der Nationalstaat – und nicht der Völker vereinende, supranationale Staat – das fast alles beherrschende Bezugssystem für politische Ordnungs- und Wertvorstellungen – trotz der in der Geschichte der letzten zwei Jahrhunderte sichtbar fragwürdigen Folgen. Und so führt immer noch auch diejenige Geschichte ein Schattendasein an Universitäten, Schulen und im politischen Diskurs der Öffentlichkeit, die quer zum Nationalstaat läuft und die nicht in den Nationalstaat einmündet. Das gilt ebenso für die Regionalgeschichte wie für alle übernationale Geschichte. Und es gilt gerade auch für die Geschichte der internationalen Organisationen, selbst wenn sie für unsere Gegenwart wichtig sind, ob es nun die UNO ist, die NATO, der Europarat oder eben auch die Europäische Union. Ähnlich unbekannt wie Geschichte, Aufbau und Funktionsweise der EU sind, sind auch Geschichte, Aufbau und Funktionsweise der UNO, obwohl nahezu jeden Tag etwas von diesen beiden Institutionen in der Zeitung steht und es bei der UNO auch für Deutschland und die Deutschen um Krieg und Frieden geht. Dabei hat der Nationalstaat eine vergleichsweise kurze Geschichte, zumindest eine viel kürzere als die Idee einer Einheit Europas. Denn erst im Gefolge der Französischen Revolution hat sich der Nationalstaat herausgebildet.

Im Folgenden soll es vor allem um die Frage gehen, welchen Zwecken der Gedanke von der Einheit Europas im 19. und 20. Jahrhundert und später seine politische Umsetzung in die Wirklichkeit nach 1945 diente. Der Beitrag schließt mit einigen Überlegungen, warum der Stellenwert Europas im politischen Diskurs gemeineuropäisch so gering ist und warum Europagedanke und europäische Wirklichkeit vielfach auseinander klaffen.

Wie bei allen Fragen nach dem Stellenwert einer politischen Idee über lange Zeiträume, so ändert sich dieser Stellenwert mit den sich wandelnden Interessen, die mit einer politischen Idee verbunden sind, und mit ihren Trägerschichten in Politik, Wirtschaft und Gesellschaft. Dies gilt in besonderem Maße für die jahrhundertealte Europaidee. Dieser Wandel soll im Folgenden auch Thema sein. Dabei sollen acht Argumente für die europäische Einheit vorgestellt werden, die sich im Laufe der Jahrhunderte entwickelt haben und die trotz ihres zum Teil beträchtlichen Alters heute noch von Belang sind.

I.

Das erste, gleichzeitig älteste und vielfach vergessene Argument für Europa: Der Einheit Europas liegt eine Gemeinsamkeit von Wertvorstellungen und Lebensformen zugrunde, die zu behaupten und zu verteidigen eine politische Einheit notwendig macht. Dieses Argument geht schon auf das Mittelalter zurück. Die europäischen Staaten sollten Frieden halten, heißt es beispielsweise schon 1306 in Pierre Dubois' (Petrus de Boscos) Schrift über „Die Wiedergewinnung des Heiligen Landes" („De recuperatione terre sancte"), um gemeinsam zum Schutze der Christenheit und ihrer heiligen Stätten gegen den äußeren Feind, den Islam, vorzugehen. Pierre Dubois war Publizist und Jurist im Dienst der französischen Krone. Er gilt als einer der frühesten Vertreter einer internationalen Organisation des Abendlandes. Der Europagedanke, der bei ihm der Gedanke einer Einheit aller christlichen Staaten ist, diente der Verteidigung oder der Weiterverbreitung der kulturellen Identität Europas. Als europäische Unternehmung gab es indes nicht nur die Kreuzzüge ins Heilige Land, es gab die Jahrhunderte währende Reconquista auf der iberischen Halbinsel, die 1492 mit der Eroberung Granadas ihren Abschluss fand. Es gab die Seeschlacht von Lepanto 1571, welche die europäischen Mittelmeerländer vor dem Zugriff des Osmanischen Reiches rettete, und es gab die Hilfe für das von den Türken belagerte Wien 1683. Der König von Polen, Johannes Sobieski, führte das Entsatzheer. Freilich handelte das Abendland bei all diesen Unternehmungen nie geschlossen, und so manche Regierung in Europa verfolgte ihre eigenen Interessen sowohl mit oder auch gegen die gemeinsame christliche Sache. Die größte Plünderung des Mittelalters, die Plünderung von Konstantinopel 1204 durch das Heer des 4. Kreuzzuges im Interesse Venedigs, das den Rivalen im Mittelmeer ausschalten wollte, ist hierfür ein Beispiel.

Dennoch gilt: Es gibt eine europäische Gemeinsamkeit, und seit dem Mittelalter ist sie trotz aller regionalen Unterschiede und Sonderinteressen wesentlich konstituiert durch eine übergreifende Gemeinsamkeit von Einstellungen und Lebensformen, Sitten und Gebräuchen, die auf dem allen europäischen Staaten gemeinsamen christlich-abendländischen Erbe beruht, das auch gelegentlich in der Geschichte zu gemeinsamem Handeln geführt hat. Dies gilt mit aller nötigen Differenzierung bis heute – trotz der im Laufe der Neuzeit erfolgten Emanzipation vom Christentum. Denn zu den spezifisch christlichen und in seiner Bindungswirkung schwächer werdenden Glaubensinhalten traten als Ergänzung und Ersatz Inhalte der gemeineuropäischen Aufklärung neu hinzu. Dazu gehören die Anerkennung des individuellen Strebens nach Glück und nach materiellem Wohlergehen hier und heute auf dieser Welt, ferner die allgemeine humanitäre Verpflichtung auf die Menschenrechte, wie sie beispielsweise in der europäischen Konvention zum Schutze der Menschenrechte zum Ausdruck kommt, und ebenso daraus abgeleitet Volkssouveränität und die Demokratie als Staatsform.

Die christlich-abendländische Geschichte hat die Menschen dieses Kulturkreises geprägt, auch wenn sie sich dessen nicht bewusst sind, weil viele die nationalen Unterschiede in den Vordergrund stellen. Eine kulturelle Identität gab es schon immer: Kleidung und Mode folgten und folgen immer noch den gleichen Trends. Das Barockgewand überschritt ebenso die Grenzen des Staates wie die Jeans. Die langen Haare waren ebenso wie die kurzen überall gleichzeitig zu sehen. Und auch die Körpermoden waren die gleichen: mal Rubensfigur, mal Schnürtaille, und heute bei der Jugend des Abendlandes Tätowierungen und Piercings – überall zu finden und überall gleich in unserem, nicht jedoch im islamischen Kulturkreis beispielsweise. Da gab es bezeichnenderweise auch keine Barockgewänder. Es gab auch keine Gotik, keine Renaissance, keine Moderne. Und nicht zufällig finden wir europaweit die gleichen Baustile abgebildet als Erkennungszeichen der europäischen Identität, jetzt sogar in jedermanns Händen, wenn er einen Geldschein umwendet, auf dem Euro steht. Auch gibt es Gleichlauf in der Musik – Pop oder Klassik –, ebenso einen Gleichlauf in der Geistesgeschichte. Wir kennen Homer, Shakespeare und Dante ebenso gut (oder wenig) wie Goethe, aber – bedauerlich genug bei unserer vermeintlich so weltbürgerlichen Einstellung, die offensichtlich gar nicht so weltbürgerlich ist: Kennen wir nur einen einzigen Dichter, wenigstens dem Namen nach, aus dem islamischen oder fernöstlichen Kulturkreis? Ähnliches gilt für die Philosophie, für Platon, Descartes, Hobbes, Kant, Voltaire und Marx. Auch hier haben wir zumindest die Namen gehört. Aber wer war Avicenna (Abu-'Ali ibn-Sina, 980–1037, einer der bedeutendsten Philosophen des Islam)?

Politische Strömungen und Einstellungen zeigen in Europa denselben bemerkenswerten Gleichlauf. All die „Ismen", Liberalismus, Nationalismus, Sozialismus, Kommunismus, all diese politischen Strömungen sind im öffentlichen Diskurs und in den Parteien ziemlich gleichzeitig in allen Staaten Europas vertreten. Dieser Gleichlauf ist in jüngster Zeit beispielsweise bei der Umweltbewegung, aber auch bei neueren rechtspopulistischen Bewegungen zu beobachten.

Europa scheint in der Tiefe verbunden zu sein und eben nicht auf der Oberfläche der nationalen Staatenwelt. Dieses Staatensystem Europas mit all seinen Katastrophen war zu allen Zeiten ein System kommunizierender Röhren, die ihren gemeinsamen Grund haben in der gemeinsamen kulturellen Identität. Die fehlenden Kenntnisse über Dichter und Philosophen aus anderen Kulturkreisen zeigen es beredt ex negativo: Europa ist eine relativ geschlossene Einheit; es besitzt eine gemeinsame Identität. Das ist uns nicht immer bewusst, weil unser Denken stark etatistisch ist – als ob der (National-)Staat alles wäre.

Das kulturelle Argument für Europa war nie ohne Belang und nie ohne politische Folgen. Das zeigt sich auch in der Gegenwart, beispielsweise bei den Schwierigkeiten mit dem Antrag der Türkei zur Aufnahme in die Europäische Union. Europa ist mehr als nur eine große Freihandelszone. Und es ist mehr als nur Geographie. Die Türkei ist geographisch nah, die beiden Amerikas, das lateinische und das angelsächsische sind näher – kulturell. Gerade das macht es schwierig, die kulturelle Identität zur Grundlage der Europäischen Union zu machen. Sie ist nicht fest umgrenzt, und sie bezieht sich schon gar nicht nur auf den Kontinent Europa, nicht zuletzt deshalb, weil Europa im Laufe seiner Geschichte viele Teile der Welt überformt hat, sei es durch Auswanderung (wie in die USA), sei es durch gewaltsame (wie in Lateinamerika) oder gewaltlose kulturelle Beeinflussung (zunehmende Verwestlichung der Dritten Welt). Das alles ändert jedoch nichts daran, dass die kulturellen Gemeinsamkeiten existieren und dass sie das innere Band für einen politischen Zusammenschluss Europas sein können, der – weil ideell begründet – dann mehr ist als nur ein Zweckbündnis. Das heißt aber nicht im Umkehrschluss, dass alle Regionen der Welt, auch nicht alle Teile Europas, welche zwar diese Gemeinsamkeiten haben, sich auch zusammenschließen müssen. Sie könnten es wegen ihrer inneren kulturellen Verfasstheit, das heißt, sie haben die Möglichkeit, dieser inneren Einheit auch die äußere folgen zu lassen. Sie müssen es aber nicht. Und es ist genau diese Ambivalenz, die gleichzeitig für und gegen weitere Integrationsschritte Europas in Richtung auf einen Bundesstaat und eine Politische Union spricht. Aber für eine Einigung Europas gibt es auch noch andere Gründe als nur kulturelle.

II.

Das zweite Argument für Europa sieht Europa in der Funktion des Friedenstifters. Ein gemeinsames Vorgehen Europas, wie es zu Zeiten der Kreuzzüge und zu Zeiten der Bedrohung durch das Osmanische Reich geraten schien, setzt zuallererst Frieden zwischen den europäischen Staaten voraus. Von den Anfängen an war der politische Diskurs über Europa eng damit verbunden, eine überstaatliche Friedensordnung zu schaffen, die den Krieg zwischen den europäischen Staaten unmöglich machen sollte. Diese friedenstiftende Funktion der Europaidee tritt umso mehr in den Vordergrund, als mit der Reformation die eine Christenheit zerbricht und es immer schwieriger wird, an einer europäischen Gemeinsamkeit festzuhalten, die sich auf den gemeinsamen Glauben gründet. Der Schrecken der Kriege, seien es Glaubenskriege, Fürstenkriege oder Nationalkriege, ist Argument genug, um über Jahrhunderte immer wieder ein Zusammengehen der europäischen Staaten zu einem Friedensbündnis zu fordern. Hier lässt sich ein weiter Bogen schlagen von den Europaplänen eines Georg von Podiebrad (1420–1471), Hussit und König von Böhmen, bis hin zum Abbé St. Pierre und zu Kant, der in weltbürgerlicher Absicht Ideen zu einem europäischen Staatenbund zum Zwecke eines ewigen Friedens entworfen hat. Der Bogen lässt sich weiter spannen, mit Einschränkungen auch zur Heiligen Allianz von 1815, die – wenn auch in konservativ-restaurativer Absicht und auch nur eher proklamatorisch als konkret – immerhin erstmalig in der europäischen Geschichte einen Zusammenschluss der europäischen Staaten, der Fürsten, um genau zu sein, zum Zwecke der Friedenssicherung bedeutete, nachdem im Gefolge der großen Französischen Revolution verheerende Kriege Europa verwüstet hatten. Dies ist zumindest die Interpretation von Alfred Fried, neben Bertha von Suttner einer der Führer der Friedensbewegung des 19. Jahrhunderts in Deutschland. Diese Friedensbewegung ist im Gefolge des ersten Internationalen Friedenskongresses in Brüssel 1848 gemeineuropäisch entstanden, und sie verfolgte den Zusammenschluss Europas: „Les états unis de l'Europe", so Victor Hugo, um den Krieg zu bannen. Victor Hugo war Präsident des zweiten Internationalen Friedenskongresses 1849 in Paris. Ein dritter internationaler Friedenskongress folgte 1850 in Frankfurt am Main. Doch diese Geschichte von 1848 ist nicht im allgemeinen Bewusstsein. Den Haager Friedenskonferenzen von 1899 und 1907 waren mit der Aufstellung von Regeln im Krieg und mit der Einrichtung einer internationalen Schiedsgerichtsbarkeit in Den Haag erste, wenn auch bescheidene Erfolge vergönnt. Der Bogen lässt sich weiter spannen über die Katastrophen der beiden Weltkriege hinweg gleichermaßen zum Völkerbund und zur UNO und weiter zum Europarat, zur EU und zur KSZE/OSZE. Alle diese Organisationen stehen in der Tradition der frühneuzeitlichen Europa- und Friedenspläne, wobei die EU, wenn auch der bedeutendste, so doch nur ein Integrationsversuch ist, parallel zu den anderen, was vielfach übersehen wird. Bis in die jüngste Tagespolitik hinein spielt die Friedensfunktion eines geeinten Europas eine Rolle, wenn beispielsweise die Staaten Mitteleuropas und Ostmitteleuropas trotz enormer wirtschaftlicher Schwierigkeiten in die Europäische Union drängen. Sie tun dies auch in der Hoffnung: Europa, das ist der Frieden (so sehr dieser Frieden auch hauptsächlich von den Vereinigten Staaten garantiert wurde und wird).

III.

Aber die Europaidee diente auch ganz anderen, weniger friedlichen Zwecken, wenn sie zum ideologischen Mäntelchen für die hegemoniale Stellung eines Einzelstaates wird. Die europäische Geschichte kennt nur wenige Versuche, Europa friedlich zu einen, dagegen mehrere, die Einigung durch Krieg zustande zu bringen: so zum Beispiel das napoleonische Frankreich und das Deutschland des „Dritten Reiches". In beiden Fällen diente die bis dato mehr religiöse oder philosophische als politische Idee eines geeinten Europas den hegemonialen Interessen des Eroberstaates. Die Vision Napoleons eines unter seiner Führung geeinten Europas, wie sie vor allem in seinen Erinnerungen zum Ausdruck kommt, und noch mehr die Europarhetorik bei Himmler und Rosenberg, die Rede von einem geeinten Europa unter germanisch-deutscher Führung, um die Weltstellung Europas – in ihrem Jargon – vor dem Ansturm Asiens zu retten: Sie waren nicht viel mehr als ein windiges Mäntelchen, Vorherrschaft und Unterdrückung ideologisch zu kaschieren. Zwar spielten derartige Europa-Argumentationen bei Napoleon und Hitler auf dem Höhepunkt ihrer Macht – auch bezeichnend – nur eine untergeordnete Rolle, gleichwohl zeigt sich hier gerade in der Übersteigerung, wie mit europäischen Argumenten sehr wohl einseitige nationale Vorteile oder gar hegemoniale Ziele verfolgt werden können.

Und auch diese Funktion Europas ist heute nicht ohne Belang. Unter anderem ist es gerade dieser Argwohn, der heute unter gewandelten Bedingungen viele Engländer, aber auch Dänen auf Distanz zu Europa gehen lässt, weil sie vermuten, Deutschland, und erst recht das wiedervereinigte Deutschland, könne über die europäische Integration wieder – und diesmal viel geschickter – versuchen, in Europa eine Vorherrschaft zu erringen. In anderer Form gilt dieser Verdacht zeitweise auch für Frankreich, nicht nur in der frühen Zeit der EWG der Sechs, sondern gelegentlich auch in der Gegenwart.

Die wenn auch nicht sehr bedeutende Europarhetorik des „Dritten Reiches" wäre so nicht möglich gewesen, wenn nicht vorher, nach dem Ersten Weltkrieg, neben den bekannten Friedens- und kulturellen Argumenten ein grundsätzlich neues Argument in die politische Diskussion über ein geeintes Europa eingebracht worden wäre, und zwar von Richard Coudenhove-Kalergi, einem der Ahnherren der europäischen Bewegung, in seiner Schrift Pan-Europa (1923).

IV.

Coudenhove-Kalergis Pan-Europa-Konzept verweist auf eine vierte Funktion eines geeinten Europas: Europa müsse zur politischen Einheit finden, damit Europa als Ganzes seine Weltgeltung behaupten könne, nachdem – so Coudenhove-Kalergi –

mit Ausnahme Großbritanniens die einzelnen europäischen Staaten die Weltgeltung, auf sich allein gestützt, nach dem Ersten Weltkrieg verloren hatten. Die Einheit Europas gleichsam als letzte Chance, Subjekt und nicht bloß Objekt des politischen Geschehens einer Welt zu sein, die sich nach dem Ersten Weltkrieg dem Machtzugriff Europas immer mehr entzog.

Dies hätte zwar noch mehr für die Zeit nach dem Zweiten Weltkrieg gegolten. Allerdings muss man einräumen: Auch ein geeintes Westeuropa hätte damals machtpolitisch nicht viel vermocht angesichts der realen Machtverhältnisse, die durch Bipolarität der Welt und hegemoniale Stellung der jeweiligen Supermacht in ihrem Bereich gekennzeichnet waren. Dies war wohl auch ein Grund, warum die europäische Bewegung nach dem Zweiten Weltkrieg zunächst nur in die Schaffung eines vergleichsweise bedeutungslosen Europarates einmündete und es in Westeuropa weitgehend zur Rekonstruktion der Vorkriegsordnung auf nationalstaatlicher Ebene kam. Auf eine politische und militärische Einheit Westeuropas stand zumindest kurzfristig nicht die Prämie machtpolitischer Unabhängigkeit. Anders dagegen heute: Nach dem Zerfall der Sowjetunion und dem relativen Niedergang der Machtstellung der Vereinigten Staaten im Vergleich zu ihren europäischen Verbündeten besteht eine reale Chance, stärker und von den USA unabhängiger das Gewicht eines politisch und *last not least* auch militärisch geeinten Europas in der Welt zur Geltung zu bringen. Die Beschlüsse von Maastricht hinsichtlich des Ausbaus der WEU als Kern einer europäischen Streitmacht weisen in diese Richtung. Aber auch Vorgänge im Gefolge der Irak-Krise zeigen, dass zumindest einzelne Staaten in der Europäischen Union gegenüber den Vereinigten Staaten machtpolitisch die europäische Karte spielen wollen.

V.

Die fünfte, die wichtigste Funktion der Europäischen Union, die bezeichnenderweise als EWG, als Europäische Wirtschaftsgemeinschaft, angefangen hat, liegt nach wie vor in der Sicherung und Mehrung des materiellen Wohlstands durch den immer engeren Wirtschaftsverbund der Mitgliedstaaten. Die Geschichte der EU, beginnend mit der Montanunion 1952, ist eine, wie es scheint, schier unaufhaltsame Geschichte des wirtschaftlichen Fortschritts. Nicht zuletzt dieser wirtschaftliche Erfolg macht die Attraktivität der EU aus und führt zur geographischen Ausweitung der EU über ganz Europa. Und dieser Erfolg ist es auch, der als Motor wirkt für immer weitere Integrationsschritte. Das gilt vor allem für die 1999 entstandene Wirtschafts- und Währungsunion.

Auch wenn das Argument, die europäische Einheit diene der Mehrung der Wohlfahrt aller, seine schlagende Kraft erst heute beweist, so ist es doch recht alt. Nahezu alle europäischen Friedenspläne der Frühneuzeit thematisieren die Vorteile eines Zusammenschlusses Europas für den Handel, und geradezu über die Zeiten weisend formulierte beispielsweise Kant, der wechselseitige wirtschaftliche Eigennutz und nicht politisch-moralische Erwägungen böten die stärkste Garantie für einen ewigen Frieden auf der Grundlage eines Zusammenschlusses der Staaten Europas. Zitat: „Es ist der Handelsgeist", so Kant, „der mit dem Kriege nicht zusammen bestehen kann und der früher oder später sich jeden Volks bemächtigt. Weil nämlich unter allen der Staatsmacht untergeordneten Mächten [...] die Geldmacht wohl die zuverlässigste sein möchte, so sehen sich Staaten (freilich wohl nicht eben durch die Triebfedern der Moralität) gedrungen, den edlen Frieden zu befördern [...]."[1]

VI.

Die Idee eines politisch und wirtschaftlich geeinten Europas ist also jahrhundertealt. Doch erste wirklich konkrete Schritte, diese Idee zu verwirklichen, erfolgten erst nach 1945, nicht zuletzt deshalb, weil sich – und das ist ein sechstes Argument – nach dem Zweiten Weltkrieg mit dem Plan eines geeinten Europas neue Funktionen verbanden. Das alte Argument für ein geeintes Europa, nämlich den Frieden zu sichern, leuchtete nach der Katastrophe des Zweiten Weltkrieges zwar weiterhin, ja mehr denn je ein, und so entwickelte sich in allen europäischen Staaten eine mehr oder weniger starke europäische Bewegung. Doch führte diese Europa-Begeisterung der Nachkriegszeit mit dem Europarat nur zu vergleichsweise bescheidenen Erfolgen. Stattdessen wurde, soweit möglich, die alte nationalstaatliche Ordnung Vorkriegseuropas rekonstruiert. Zu Souveränitätsverzicht und Supranationalität waren die Staaten Europas, Großbritannien allen voran, nicht bereit. Erst mit der Montanunion 1952, der Zusammenlegung der Schwerindustrien Frankreichs, Italiens, der Beneluxstaaten und der Bundesrepublik, wurde ein erster, wichtiger und völlig neuer Integrationsschritt getan in Richtung auf Supranationalität. Gemeinsame übernationale Institutionen wurden geschaffen, Vorformen der heutigen Institutionen der EU, eine Hohe Behörde, die spätere Kommission, eine gemeinsame Versammlung, das spätere europäische Parlament, der Ministerrat und ein Gerichtshof zur Überwachung der Verträge. Warum gerade zu jenem Zeitpunkt dies alles? Die Montanunion erfüllte die nach dem Zweiten Weltkrieg wichtige Funktion, die Waffenschmiede Deutschlands, das Ruhrgebiet, zu kontrollieren, und zwar – und das war das Neue – auf der Basis der Gleichberechtigung, so dass die Deutschen sich nicht benachteiligt fühlen konnten. Aber aufgrund der Mehrheitsverhältnisse in den supranationalen Gremien waren Sonderwege gegen die Interessen der übrigen Mitgliedstaaten ausgeschlossen. So bedeuteten die Montanunion und später die Europäische

---

1 Immanuel *Kant*, Zum ewigen Frieden, Königsberg 1795, S. 64.

Gemeinschaft Sicherung vor Deutschland und Orientierung der jungen Demokratie Bundesrepublik Deutschland nach Westeuropa durch politische und wirtschaftliche Einbindung. Sicherheit vor einem unberechenbaren Deutschland durch europäische Integration: Damit kam der Idee einer europäischen Einheit eine prinzipiell neue Funktion zu, die nach über 50 Jahren keineswegs obsolet geworden ist, denn vielerorts in Europa begegnet man Deutschland und den Deutschen nach wie vor mit Vorbehalten. Als Beispiel, eines unter vielen, sei hier lediglich auf die Memoiren von Margaret Thatcher verwiesen. Für das Westdeutschland der Nachkriegszeit bedeutete Europa, bedeuteten Montanunion, die Europäische Verteidigungsgemeinschaft (EVG) und dann nach ihrem Scheitern als Ersatz die NATO und schließlich die EWG eine große Chance, zu einem gleichberechtigten Partner in Europa aufzusteigen.

Das Argument der Stabilisierung junger Demokratien durch ihre europäische Einbindung galt zum ersten Mal für die Bundesrepublik. Aber es galt auch, als die vormaligen Diktaturen Griechenland 1981, Spanien und Portugal 1984 in die Europäische Gemeinschaft aufgenommen wurden, und es gilt heute gleichermaßen, wenn es darum geht, Staaten Ostmitteleuropas in die EU aufzunehmen.

## VII.

In der Gegenwart gewinnt ein siebtes Argument immer mehr an Bedeutung – hochwirksam, allerdings hinter dem Rücken aller Beteiligten: die zunehmenden übernationalen, ganz vielfältig wirkenden Zwänge. Alles was an nationaler Souveränität vermeintlich behauptet wird, wird immer mehr bezahlt durch wachsende Ohnmacht gegenüber transnationalen und globalen Vorgängen, die sich der Steuerbarkeit selbst auf der Ebene der vergleichsweise großen Bundesrepublik entziehen. Das betrifft außenpolitische, wirtschaftliche und soziale Verhältnisse gleichermaßen. Was kann die Bundesrepublik allein auf sich gestellt außenpolitisch schon bewirken? Und Gewerkschaften haben bekanntlich das immer größer werdende Problem, gegenüber übernationalen Wirtschaftsmechanismen nur national agieren zu können. Sie müssen daher ganz konsequent überall einen Bedeutungsverlust hinnehmen. Sie teilen das Problem zunehmender Ohnmacht mit ihren Regierungen, die sich im Übrigen immer schwerer tun, angesichts der Probleme der grenzüberschreitenden Kriminalität und des ebenso grenzüberschreitenden Terrorismus selbst die klassische Aufgabe des Staates zu erfüllen, nämlich Freiheit, Leben und den Schutz des Eigentums ihrer Bürger zu garantieren. Und so kommt es auf beiden Ebenen – auf der sozialen und auf der politischen Ebene – zu einem verwandten, ressentimentbeladenen, im Kern jedoch sehr verständlichen Vorgang: Man klammert sich an das Alte, an den alten starken (National-)Staat, wie ihn rechtspopulistische Politiker versprechen, und an seine sozialen Errungenschaften, ohne zu realisieren, dass ihnen beiden auf nationaler Ebene der Boden unter den Füßen weggezogen wird. Allerdings waren die Rezepte von gestern schon gestern keine Heilmittel, und angesichts sich immer rascher übernational wandelnder Verhältnisse werden sie es immer weniger. Freilich steht es Regierungen und der öffentlichen Meinung frei, vor diesem Wandel die Augen zu verschließen, aber nicht ohne Folgen für die Wirklichkeit.

Der Rückfall ins Mittelalter ist sicherlich eine überspitzte These. Aber sie findet ihre Begründung unter anderem in dem zunehmenden Bedeutungsverlust des Staates im Innern wie nach Außen. Indes wäre eine andere Antwort die, auf globale Mechanismen übernational zu reagieren. Freilich abgestuft. Vieles kann national, einiges sicherlich sogar regional ganz gut geleistet werden, immer mehr jedoch nur auf europäischer Ebene und einiges nur noch im Verbund mit den anderen Staaten der Welt.

Die zunehmende Insuffizienz der kleinstaatlichen politischen Organisation betrifft aber auch ein ganz anderes, nicht minder wichtiges Gebiet: Wissenschaft, Forschung und technische Projekte von der Raumfahrt über Verkehrstechnik und Gentechnik zur Computertechnik. Sie können einen ganz entscheidenden Einfluss auf die wirtschaftlichen Perspektiven und den materiellen Wohlstand haben, geht man von der Annahme aus, dass es – wie in der Vergangenheit so auch in der Zukunft – weiterhin die technisch-wissenschaftlichen Errungenschaften sein werden, die den in der Geschichte nie zuvor existierenden materiellen Massenwohlstand garantieren und dass seit zweihundert Jahren immer die wissenschaftlich-technisch führenden Staaten die reichsten sind. Jedoch reichen für die Erforschung, Entwicklung und Erprobung neuer Technologien oft die Ressourcen auch großer europäischer Nationalstaaten nicht aus. Denken wir nur an das Menetekel der Magnetschwebebahn in Deutschland, die wir uns im Gegensatz zu China nicht leisten können. Wenigstens flattern jetzt die Währungskurse der Euroländer und damit ein beträchtlicher Teil ihres wechselseitigen Exportes nicht mehr im Wind der globalen Währungsturbulenzen. Die Einführung des Euro muss auch gesehen werden als eine erfolgreiche Antwort auf Zwänge und als eine Maßnahme, verloren gegangene nationale Handlungsspielräume auf der Ebene Europas wiederzugewinnen, nachdem die nationalen Wechselkurse immer mehr nicht von wirtschaftlichen Eckdaten, sondern von der globalen Spekulation beeinflusst worden sind.

## VIII.

Man kann in Europa aus höchst verschiedenen Gründen für Europa sein, am Ende sogar ganz einfach wegen des Zwangs der Verhältnisse. Die Europaproblematik Deutschlands ist ein Paradebeispiel dafür, dass sich mit der europäischen Idee viele

Interessen verknüpfen und dass diese Interessen durchaus nicht überall die gleichen sind. Europa erfüllt, das ist der achte und letzte Punkt, unterschiedliche Funktionen für die einzelnen Mitgliedstaaten. Es ist immer wieder festzustellen, dass die Partnerstaaten der EU nicht gemeinsam gemeinschaftliche Ziele verfolgen, sondern ihre jeweils eigenen, und dass sich europäische Gemeinschaft häufig nur als Resultante zum Teil sehr widerstreitender Zielvorstellungen der Mitgliedstaaten herstellt. Diese bleiben jedoch trotz aller Divergenzen bei der Gemeinschaft, solange sich unter dem Strich Vor- und Nachteile einer Mitgliedschaft in der EU zu eigenem politischem und wirtschaftlichem Nutzen saldieren.

So erhoffte sich de Gaulle für Frankreich eine politische Hegemonialstellung innerhalb der EWG, und Frankreich hatte sie auch eine Zeit lang inne. Die mehr agrarisch geprägten Staaten erhoffen sich Agrarsubventionen, die deutsche Industrie den freien Markt für ihre Güter usw. Die Liste der nationalen Sonderfunktionen der europäischen Integration ließe sich lang fortschreiben, wobei die einzelnen Mitgliedstaaten eifrig darüber wachen, dass die verschiedenen Interessen sich ausgleichen.

*Schlussüberlegungen*

Am Schluss dieses Aufsatzes sollen einige Überlegungen zur Diskrepanz zwischen Europagedanke und europäischer Wirklichkeit stehen. Europa bedeutet sehr viel für die Europäer, vor allem wirtschaftlich, und das gerade für Deutschland, geht doch der deutsche Export zu über 50 Prozent in die Mitgliedstaaten der EU. Jedoch besteht ein nicht unerhebliches Missverhältnis zwischen der faktisch schon geleisteten europäischen Integration und dem Wissen darum. Europäischer Gedanke und europäische Wirklichkeit klaffen vielfach auseinander. Europa erscheint oftmals als eine Sache ferner Brüsseler Eurotechnokraten und nicht als eine Sache der Bürger. Wie ist dies zu erklären?

Ein Grund dafür ist, dass die allgemeinen Argumente für Europa nicht mehr sonderlich überzeugen. Europäische Einheit als Ausdruck einer gemeineuropäischen kulturellen Identität: Das ist ohne die Bedrohung der eigenen Identität kein hinreichender Grund für den politischen Zusammenschluss. Zwar gibt es die Bedrohung der westlichen Lebensform durch den fundamentalistischen Islam. Aber die Bedrohung wird in Europa nicht wirklich realisiert. Erst recht ist die Wiederbelebung des gemeineuropäischen Wallfahrtsweges nach Santiago di Compostela, die in Frankreich stattgefunden hat, kein ausreichendes Mittel, das Bewusstsein einer europäischen Identität zu vertiefen, um ihr dann eine politische Einheit folgen zu lassen. In einer unabhängigen europäischen Vielheit lässt sich auch ganz gut leben. Doch das ist ein Trugschluss, denn die Geschichte der letzten 200 Jahre hat mehr als deutlich gezeigt, welche Katastrophen dieser unabhängigen Vielheit zu verdanken sind.

Europa, das ist der Frieden. An diesen freilich haben sich die Westeuropäer schon so gewöhnt, dass man sich etwas anderes gar nicht mehr vorstellen kann, am wenigsten in der Bundesrepublik. Wenn aber der Krieg so weit weg ist, warum also europäische Integration?

Bietet ein vereintes Europa die Chance, gemeinsam besser Weltpolitik, besser Machtpolitik zu betreiben? Machtpolitische Argumente sind nach den Exzessen der Machtpolitik des 20. Jahrhunderts in vielen Staaten Europas in Verruf geraten, gerade auch in Deutschland, dem vielfach gebrannten Kind. An den Mechanismen der Machtpolitik ändert das indessen nichts.

Und die Zwänge, die einfach wirken? Statt sich mit ihnen produktiv auseinander zu setzen, verdrängt man sie lieber und lebt gern weiter wie bisher, auch wenn man die Zukunft vertut. Das ist individualpsychologisch nur verständlich. Das Hemd ist bekanntlich näher als der Rock, die sozialen Errungenschaften erscheinen wichtiger als die Sicherung der Zukunft. Die alten Vorstellungen und der alte Staat sind vielen lieber als neue Vorstellungen, die die Möglichkeit des Wandels zum Schlechteren thematisieren, und als eine neue politische Organisation, die den Wandel zum Schlechteren aufhalten könnte.

So bleibt dann als wichtigstes Argument allein der gemeinsame wirtschaftliche Nutzen? Doch selbst dieser ist nur mit Einschränkungen ein wirksames Argument für Europa. Denn wirtschaftlich bedeutet die EU stärkere Konkurrenz, nationale Nischen werden immer mehr abgebaut. Dies kann einerseits für rückständigere Wirtschaftszweige, zum Teil auch für ganze Volkswirtschaften einen sehr starken Modernisierungsschub bedeuten, so in den letzten Jahrzehnten für Frankreich, Norditalien oder auch Spanien. Andererseits jedoch kann dies gleichzeitig auch einen starken Zwang zur Modernisierung und ungeliebten Veränderung bedeuten und erhebliche soziale Probleme schaffen, so zum Beispiel steigende Arbeitslosigkeit oder die Schließung von Betrieben, weil anderswo die Löhne und Sozialstandards niedriger sind. Die Angleichung der europäischen Wirtschaftsverhältnisse – und damit zwangsläufig auch der Lebensverhältnisse – weckt gerade bei den Mittel- und Unterschichten der reicheren Nationen Befürchtungen vor einer Angleichung nach unten und lässt sie Europa skeptisch gegenübertreten.

Europa wird dann zum einen nicht selten für die negativen Auswirkungen der Modernisierung verantwortlich gemacht, als ob die Zwänge des Marktes ohne Europa nicht auch existierten. Zum anderen wird Europa aber auch für hausgemachte nationale Fehlentwicklungen verantwortlich gemacht. Europa begegnet dann häufig in einer neuen Funktion, nämlich der eines Sündenbocks, der der nationalen Politik, die angeblich immer nur den hehren eigenen nationalen Vorteil verfolgen will, ungute Fesseln anlege, zum Beispiel die Fesseln des Euro, die die Staaten aus Gründen der Währungsstabilität daran hindern, übermäßig Schulden zu machen. Europa hat dann für die Innenpolitik zusätzlich den „Vorteil", von den eigenen Verantwortlichkeiten abzulenken. Auch dies trägt nicht unerheblich zum negativen Image Europas bei.

Zudem ist in der immer noch überwiegend national orientierten öffentlichen Meinung fast aller Staaten das Wissen um mögliche oder wirkliche negative Auswirkungen der europäischen Integration für die eigene Nation sehr lebendig, das Bewusstsein der Vorteile hingegen nicht so sehr. So beklagt man in Deutschland, Zahlmeister Europas zu sein, und übersieht die fundamentale Abhängigkeit des deutschen Wohlstands vom Export in die EU-Länder. Man übersieht geflissentlich auch, dass es gar nicht so selbstverständlich ist, dass die „Erbfeinde" Frankreich und Deutschland heute keine mehr sind. Viele Vorteile der europäischen Integration sind so selbstverständlich, dass man über sie gar nicht spricht. Hinzu kommt noch: Den Nutzen von der EU haben sichtbar vor allem Handel und Industrie. Die sozialen Folgekosten der durch Europa forcierten wirtschaftlichen Modernisierung tragen hingegen die unteren Schichten. Der Gewinn findet sich sichtbar hauptsächlich in den Bilanzen ein und, wenn überhaupt, dann nur sehr vermittelt in den Portemonnaies der Bürger.

Europagedanke und europäische Wirklichkeit klaffen auseinander. Es ist dies zwar auch ein Problem der Vermittlung. Die Funktionsbestimmung der europäischen Integration, warum überhaupt ein geeintes Europa, was und wem es nützt: Diese Fragen sind in der Öffentlichkeit noch längst nicht genügend ausdiskutiert. Aber dass Europagedanke und europäische Wirklichkeit auseinander klaffen, ist nicht nur ein Problem der Vermittlung. Solange Europa ein Europa der Händler und Kaufleute ist, wird es nur ein Europa der Händler und Kaufleute bleiben. Die in Maastricht beschlossene Sozialcharta war ein kleiner, erster Schritt in eine andere Richtung. Der gegenwärtig tagende europäische Verfassungskonvent hat die Chance, nicht nur die politische Organisation Europas weiterzuentwickeln, sondern auch die Bedeutung Europas im Bewusstsein seiner Bevölkerung dadurch zu steigern, dass Europa eine eigene Verfassung hat. Eine europäische Verfassung kann europäische Identität schaffen.

## 7. NATO – einst, jetzt und morgen. Eine deutsche Sicht*

*Hermann Freiherr von Richthofen*

Kaum waren die Schockwellen des Zweiten Weltkriegs verebbt, da sah sich die westliche Staatengemeinschaft der Bedrohung durch die Sowjetunion ausgesetzt. Eingedenk der verzweifelten und angstvollen zwanziger Jahre in Europa machten sich die USA in dieser Situation zum Garanten europäischer Sicherheit. Sie verpflichteten sich zusammen mit Kanada und Westeuropa am 4. April 1949 in Washington im Nordatlantikvertrag zu gegenseitigem Beistand gegen die militärischen Gefahren, die ihnen von außerhalb ihres Territoriums drohen könnten. Sie taten dies mit dem noch heute gültigen Ziel, „die Freiheit, das gemeinsame Erbe und die Zivilisation ihrer Völker, die auf den Grundsätzen der Demokratie, der Freiheit der Person und der Herrschaft des Rechts beruhen, zu gewährleisten." Das war die Geburtsstunde der NATO, die Amerika und Europa zu Vertragspartnern der Sicherheit machte und sie bis heute über den Atlantik verbindet. Während des Kalten Krieges verhinderte dieses kollektive Verteidigungsbündnis durch nukleare Abschreckung und konventionelle Streitkräftedispositive militärische Übergriffe der Sowjetunion auf Westeuropa. Unter dem militärischen Schutz der NATO konnte Europa politisch und wirtschaftlich wieder erstarken. Und es war die NATO, die durch ihre nicht nur militärische Überlegenheit den Warschauer Pakt mit friedlichen Mitteln zur Auflösung und die Sowjetunion zur Implosion brachte. Mit dem Ende des Kalten Krieges, das durch den überraschenden Fall der Berliner Mauer am 9. November 1989 eingeleitet wurde, hätten die NATO-Partner nun auseinander gehen können, so wie seinerzeit Blücher und Wellington nach der Schlacht von Waterloo ihre *Belle Alliance* beendeten. Denn der wichtigste Zweck dieses Bündnisses, der Schutz vor der Sowjetunion, war ohne Krieg, einfach durch die Existenz der Allianz erreicht worden. Daraus hätte sich eine Identitätskrise entwickeln können, wenn nicht ein neuer Sinn für das Zusammenbleiben gefunden worden wäre – die Anpassung der NATO an das neue Sicherheitsumfeld.

Entgegen manchem intelligenten Rat aus den sicherheitspolitischen Denkfabriken beiderseits des Atlantiks folgten die Regierungen der Mitgliedstaaten der praktischen Devise, man sollte eine erfolgreiche Feuerversicherungspolice nicht einfach aufgeben, auch wenn es nicht gebrannt hat. Sie entschieden sich für die Fortsetzung des Bündnisses, wohl wissend, dass Bündnisse, die keiner unmittelbaren Bedrohung von außen ausgesetzt sind, eines inneren Zusammenhalts bedürfen, um zu über-

---

* Dieser Beitrag gibt die persönliche Auffassung des Autors wieder.

leben. In dieser Erkenntnis teilten sie dem Bündnis über die Kernaufgabe kollektiver Verteidigung hinaus, die sie beibehalten wollten, neue Aufgaben, neue Rollen, schlankere Strukturen und flexiblere Verfahren zu. Wie richtig das war, zeigte sich schnell. Die NATO hatte zwar ihren Feind verloren, sah sich aber vielfachen und vieldeutigen Gefahren ausgesetzt, die es nahe legten, weiterhin gemeinsam für den Schutz gemeinsamer Werte und die Gewährleistung ihrer Sicherheit zu sorgen. Mit der Einbringung des vereinten Deutschlands in das Bündnis ergab sich für die NATO darüber hinaus die Möglichkeit, sich nach Osten zu öffnen. Um die neuen Funktionen des Bündnisses erfüllen zu können, setzten die Regierungen einen umfassenden Veränderungsprozess in Gang, der bis heute nicht abgeschlossen ist. Von ihm kann aber schon jetzt gesagt werden, dass er radikaler verläuft als in allen anderen vergleichbaren internationalen Organisationen.

In den Jahren seit 1990 haben sich die Staats- und Regierungschefs der NATO in relativ kurzen Abständen immer wieder zusammengesetzt, um das nordatlantische Bündnis an die sich rapide verändernden politischen und militärischen Bedingungen anzupassen – zuletzt auf dem Prager Gipfel im November 2002. Sie haben sich wiederholt die Frage gestellt, wofür das Bündnis künftig stehen und was es künftig leisten soll. Sie haben sich bemüht, das richtige Maß von Reichweite und Verbindlichkeit für ihr Bündnis zu finden. Im Gegensatz zu früher musste die europäisch-amerikanische Allianz ihre Substanz und ihre Prioritäten jedoch ausschließlich aus sich selbst heraus legitimieren. Dies ist ihr gelungen, indem sie ihren Zweck zunehmend von der kollektiven Selbstverteidigung, die als Zweck jedoch nicht aufgegeben wird, auf den Bereich der internationalen Sicherheit verlagerte. Das erforderte neben der Änderung der integrierten Kommandostrukturen eine erhebliche Verbesserung und Beschleunigung der militärischen Planungen und politischen Entscheidungsabläufe.

Seit die tragischen Geschehnisse des 11. September 2001 die Außen-, Sicherheits- und Verteidigungspolitik der Staaten und damit auch die NATO vor eine neue, tödliche Bedrohung gestellt und so das Sicherheitsumfeld erneut in dramatischer Weise verändert haben, ist für die NATO nichts mehr, wie es einmal war. Die Kriege in Afghanistan und im Irak haben den Kontext, in dem die Beistandsverpflichtung des Nordatlantikvertrages 1949 eingegangen wurde, weiter grundlegend verändert. Die NATO, die sofort nach den Terroranschlägen auf das World Trade Center und das Pentagon den Eintritt des Bündnisfalls nach Artikel V des NATO-Vertrages erklärt hatte, wurde wider Erwarten nicht mit der strategischen und politischen Führung des Krieges gegen die Al Quaida in Afghanistan beauftragt. Ihr Potenzial blieb, abgesehen vom Einsatz der AWACS-Aufklärungsflugzeuge über Nordamerika, ungenutzt. Der Dissens unter den NATO-Partnern über die Anwendung militärischer Gewalt gegen das Saddam-Hussein-Regime im Irak und die Verzögerung der NATO-Planungen zum Schutz der Türkei durch Luftabwehrraketen und AWACS-Aufklärungsflugzeuge hat das Bündnis in eine tiefe Krise gestürzt. Aus dieser Krise muss das Bündnis rasch herausgeführt werden, um seinen Bestand für die Zukunft zu sichern.

Das Dilemma, mit dem die NATO heute konfrontiert ist, besteht zum Teil darin, dass die Ansichten über Risiken und Bedrohungen zwischen Europa und den USA divergieren. Die Amerikaner sehen ihre Sicherheit heute nicht mehr in Europa, sondern außerhalb Europas und weltweit bedroht, während für die Europäer Frieden und Stabilität in ganz Europa noch keineswegs als gewährleistet gelten und sie ihre Prioritäten in einer Politik in und für Europa sehen. Sie halten die NATO für die Sicherheit und Stabilität des jetzt zusammenwachsenden einigen und freien Europas nach wie vor für unverzichtbar, zögern aber, weltweite Verpflichtungen einzugehen. Geteiltes Risiko und geteilte Verantwortung sollten die Bündnispartner auch in Zukunft zusammenbinden. Um zu überleben, muss die NATO die Risiko- und Verantwortungsteilung künftig global verstehen. Nur so kann sie den gemeinsamen Interessen an der Bewältigung der neuen globalen Herausforderungen des internationalen Terrorismus, der Massenvernichtungswaffen und von in Auflösung befindlichen Staaten Rechnung tragen. Dazu brauchen Europa und Amerika eine gemeinsame Agenda. Eine Unterscheidung zwischen militärischen Missionen *in area* oder *out of area* kann es in Zukunft nicht mehr geben, so sehr gerade wir Deutschen wegen unserer komplizierten Verfassungslage auf dieser Unterscheidung in der Vergangenheit bestanden haben. Denn die Führungsmacht USA wird das Bündnis mit den Europäern nur dann fortsetzen wollen, wenn sie es nicht als ein Hindernis für ihre globalen Sicherheitserfordernisse in der Abwehr der neuen internationalen Herausforderungen ansehen muss. Für die Europäer bedeutet dies, als starkes und einiges Europa zur Bewältigung dieser Herausforderungen beizutragen, für die Amerikaner – als einzige verbleibende Führungsmacht – von der NATO als transatlantischem Konsultationsforum ernsthaften Gebrauch zu machen, die NATO nicht nur als militärischen Werkzeugkasten für „Koalitionen der Willigen" zu benutzen und ihre unbestrittene Führungsrolle im Bündnis wohlwollend auszuüben.

Die Überwindung der Krise wird insoweit maßgeblich davon abhängen, ob es den Europäern gelingen wird, den politischen Willen aufzubringen, sich auf eine Gemeinsame Außen-, Sicherheits- und Verteidigungspolitik zu einigen, die notwendigen militärischen Fähigkeiten für ihre Implementierung bereitzustellen und die europäische Verteidigung nicht als Konkurrenz zur NATO, sondern als starken europäischen Pfeiler innerhalb der NATO aufzubauen. Niemand kann ernsthaft bezweifeln, dass – würden sich die Amerikaner aus der NATO zurückziehen – die Europäer ohne den militärischen Muskel der Amerikaner eine glaubhafte militärische Alternative zur NATO würden aufbauen können. Ein solches Sicherheitsvakuum kann weder im amerikanischen noch im europäischen Interesse liegen. Daher muss alles darangesetzt werden, die Nordatlantische Allianz in erneuerter Form zu erhalten. Das liegt nicht zuletzt im vitalen deutschen Interesse.

Für uns Deutsche war die NATO stets eine Schicksalsfrage. Was hat sie uns bedeutet, was bedeutet sie uns noch, und was wird sie morgen für uns bedeuten? Die Gründung der NATO war eine Veranstaltung ohne die Deutschen, die damals erst im Begriff standen, erste staatliche Souveränität von den Siegermächten des Zweiten Weltkriegs zurückzuerlangen. Die feierliche Unterzeichnung des Nordatlantik-Vertrages am 4. April 1949 in Washington war ein Triumph britischer Diplomatie, aber viel mehr noch Ausdruck amerikanischer Weitsicht. Die maßgeblichen Geburtshelfer waren der britische Außenminister Ernest Bevin und der amerikanische Präsident Harry S. Truman mit seinem Außenminister Dean Acheson. Um den amerikanischen Kongress von der Fähigkeit und dem Willen der Europäer zur gemeinsamen Verteidigung zu überzeugen, schlossen sich zunächst Großbritannien, Frankreich und die drei Beneluxstaaten 1948 im Brüsseler Vertrag zu einem System kollektiver Verteidigung mit Beistandsautomatik gegen eine Aggression von außen zusammen. Bevin aber wollte mehr, nämlich die kollektive Verteidigung Europas gemeinsam mit den USA in einem atlantischen Bündnis. Dagegen gab es Widerstände im State Department, unter anderen auch von George F. Kennan. Die erfolgreiche Luftbrücke 1948/49 zur Überwindung der sowjetischen Blockade Berlins half, die Zweifler zu überzeugen. Kernstück der Allianz wurde der Artikel V des NATO-Vertrages. Er sieht im Falle eines bewaffneten Angriffs gegen eine oder mehrere der Vertragsparteien in Europa oder Nordamerika die Verpflichtung zur Beistandsleistung in kollektiver Selbstverteidigung im Sinne des Artikels 51 der UN-Charta zur Wiederherstellung und Erhaltung der Sicherheit im Nordatlantischen Gebiet vor. Im Gegensatz zum Brüsseler Vertrag enthält der Artikel V des NATO-Vertrages jedoch keine Beistandsautomatik. So weit wollten die USA als Führungsmacht nicht gehen. Das wurde jedoch durch die Bereitschaft Präsident Trumans mehr als aufgewogen, die USA langfristig an Europa zu binden und diese Bindung durch die Entsendung und langfristige Stationierung amerikanischer Truppen in Europa sichtbar zu machen. Truman wollte reale Voraussetzungen für die Schaffung einer Nachkriegsordnung für Europa auf der Basis gemeinsamer demokratischer Werte und wirtschaftlicher Prosperität schaffen, die allen Staaten, die daran teilhaben wollten und die Kriterien erfüllten, offen stehen sollte. Auch dem besiegten und besetzten Deutschland war in seinem Konzept eine Rolle als integrierter Teil Europas zugedacht. Als die Franzosen die Neutralisierung Deutschlands forderten und die Briten den Bündniszweck mit der Formel des späteren ersten Generalsekretärs der NATO, Lord Ismay, „to keep the Americans in, the Russians out and the Germans down" umschrieben, bat der Staatsmann Truman die Außenminister am

Vorabend der Vertragsunterzeichnung zu einem vertraulichen Gespräch ins Weiße Haus. Dort erklärte ihnen Außenminister Acheson klipp und klar, dass es die Absicht der amerikanischen Administration sei, Deutschland als vollwertigen Partner in ein sich zunehmend vereinigendes Westeuropa zu integrieren. Diesem amerikanischen *grand design* haben wir Deutschen es letztlich zu verdanken, dass unser Land nach Beendigung des Kalten Krieges als integraler Teil der Europäischen Gemeinschaften und der Atlantischen Allianz seine Einheit wiedererlangen konnte. Das sollten wir niemals vergessen, wenn wir über unser Verhältnis zu den Vereinigten Staaten von Amerika sinnieren.

Die Vereinigten Staaten von Amerika wurden mit dem Bündnis, das die Sicherheit und Freiheit Westeuropas garantierte, selbst zur europäischen Macht. Sie hatten im Bündnis aufgrund ihrer politischen und militärischen Stärke die unangefochtene Führungsrolle, die sie in einer für Europa fürsorglichen Weise ausübten. Die Europäer hatten keinen Grund, das Übergewicht der USA im Bündnis zu fürchten. Die Sowjetunion antwortete auf die Gründung der NATO mit der Gründung des von ihr geführten Warschauer Pakts. Damit spaltete sie Europa in zwei Blöcke. Fortan prägte die Blockpolitik das Ost-West-Verhältnis für die Dauer von 40 Jahren bis zum Fall der Berliner Mauer am 9. November 1989. Der von Churchill so bezeichnete Eiserne Vorhang trennte die Deutschen, die besonders in Berlin mit seiner exponierten Insellage inmitten der DDR im Brennpunkt der Ost-West-Spannungen standen. Mit der Gründung der NATO erhielt Deutschland einen festen Anker seiner Sicherheit im Westen gegen die sowjetische Bedrohung aus dem Osten, auch wenn es zunächst nicht dem Bündnis angehörte. Nach dem Willen der Amerikaner erhielt das demokratische Deutschland im Westen die Chance, in den Kreis der demokratischen Nationen zurückzukehren und mit ihnen eine Wertegemeinschaft einzugehen, wovon die Deutschen im Osten bis zur Wiedervereinigung im Jahre 1990 ausgeschlossen waren. Die kurz nach der Geburt der NATO ins Leben getretene Bundesrepublik Deutschland nutzte diese Chance zielstrebig. Sie konnte der NATO aber erst nach dem Scheitern französischer Versuche beitreten, Deutschland aus der NATO herauszuhalten. Frankreich wollte nach der Gründung der Europäischen Gemeinschaft für Kohle und Stahl Deutschland nicht in den transatlantischen Verbund unter amerikanischer Führung stellen, sondern es politisch und militärisch in einer rein europäischen Verteidigungsgemeinschaft, der EVG, an sich binden. Die EVG sollte zwar in den NATO-Rahmen gestellt werden, was eine amerikanische Einflussnahme aber nur sehr indirekt erlaubt hätte. Aus diesem Grunde wollten die USA Deutschland als Teil der westlichen Verteidigung in die NATO selbst aufnehmen. Schon damals wurde versucht, Deutschland vor die Wahl zwischen deutsch-französischer Zusammenarbeit und europäisch-transatlantischer Partnerschaft zu stellen. Bundeskanzler Adenauer favorisierte die französische Lösung, weil die deutsch-französische Zusammenarbeit für die Aussöhnung zwischen Deutschen und Franzosen unerlässlich war. Großbritannien bevorzugte – schon aus Gründen des besseren Gleichgewichts in der von den USA geführten Allianz – die Aufnahme Deutschlands in die NATO. Es versagte sich einer Teilnahme an der EVG und machte sie damit unattraktiv. Als das französische Projekt von der französischen Nationalversammlung abgelehnt wurde, kam eine bereits vorsorglich von der britischen Diplomatie erarbeitete europäisch-atlantische Lösung zum Tragen, welche die gleichzeitige Aufnahme der Bundesrepublik in die West-Union des Brüsseler Vertrages und in die NATO vorsah. Die West-Union wurde mit dem Beitritt der Bundesrepublik und Italiens zum Brüsseler Vertrag in die Westeuropäische Union umgewandelt. Mit der Aufhebung des Besatzungsstatuts wurde der Bundesrepublik in den Pariser Verträgen von 1952/54, die 1955 ratifiziert wurden, die notwendige staatliche Souveränität und außenpolitische Handlungsfreiheit übertragen, allerdings beschränkt durch die Rechte und Verantwortlichkeiten der Vier Mächte in Bezug auf Deutschland als Ganzes und auf Berlin, die erst mit dem Inkrafttreten des Vertrages über die abschließende Regelung in Bezug auf Deutschland vom 12. September 1990, des so genannten Zwei-Plus-Vier-Vertrages, anlässlich der Wiederherstellung der Einheit Deutschlands aufgehoben wurden.

Die europäische Einigung und die atlantische Partnerschaft – die Europäische Union und das Atlantische Bündnis – bilden bis heute die Grundlage für die Außen- und Sicherheitspolitik der Deutschen. Bundeskanzler Kohl hat zu Beginn seiner Amtszeit dieses Grundaxiom einmal als die Staatsräson der Bundesrepublik bezeichnet. An dieser Grundlage haben alle Bundesregierungen vor und auch nach der Wiedervereinigung Deutschlands festgehalten. Nicht zuletzt dieser außen- und sicherheitspolitischen Kontinuität hat es Deutschland zu verdanken, dass es am Ende eines langen Weges seine Einheit wiedererlangen konnte. Denn nur die Integration Deutschlands in die EU und NATO machte die Wiedervereinigung für die Partner und Nachbarn erträglich. Sicherheit durch Integration gehört zu den innovativen sicherheitspolitischen Gedanken des 20. Jahrhunderts. Dieser Gedanke wurde und wird vor allem in den Streitkräften des Bündnisses praktiziert und hat die Bundeswehr entscheidend geprägt.

Bis zur Wiedervereinigung Deutschlands blieb die deutsche Frage das zentrale Problem in den Ost-West-Beziehungen und bestimmte demgemäß auch die Rolle Deutschlands in der NATO. Konrad Adenauer war es gelungen, die deutsche Frage in Artikel 7 des Deutschlandvertrages offen zu halten und die Wiedervereinigung Deutschlands mit einer freiheitlich-demokratischen Verfassung als Vertragsziel zu postulieren. Willy Brandt gelang es im Zuge der Entspannungspolitik in der zweiten Hälfte der sechziger Jahre, im Bericht des belgischen Außenministers Harmel an den NATO-Rat von 1967 alle NATO-Partner auf das politische Ziel zu verpflichten,

„auf einen Zustand des Friedens in Europa hin zu wirken, in dem das Deutsche Volk in freier Selbstbestimmung seine Einheit wiedererlangt". Nach dem zeitgleichen Beitritt der Bundesrepublik Deutschland und der DDR zu den Vereinten Nationen im Jahre 1975 bekräftigte Bundesaußenminister Hans-Dietrich Genscher Jahr für Jahr vor der Vollversammlung der Vereinten Nationen dieses politische Ziel der Deutschen. Die Geschichte belohnte seine Zähigkeit, als Deutschland am 3. Oktober 1990 seine Einheit wiedererhielt.

Bis zum Inkrafttreten des Viermächte-Abkommens über Berlin vom 3. September 1971 bildete Berlin die Achillesferse im Ost-West-Verhältnis. In Berlin wurde Amerikas Traum der Neuen Welt verteidigt. Berlin war aber auch die Stelle, an der die Sowjets am empfindlichsten Druck auf das Bündnis ausüben konnten. Im NATO-Hauptquartier zu Mons gab es eine Abteilung, in der die militärische Durchsetzung der alliierten Zugangsrechte über die Korridore von und nach Berlin für den Fall einer Blockade geplant und geprobt wurde. Der Plan trug den Namen „Live Oak". Als 1994 im Live-Oak-Gebäude die Büros für die Verbindungsoffiziere der ehemaligen Warschauer-Pakt-Staaten, die sich jetzt an der Partnerschaft für den Frieden beteiligten, eingerichtet und mit einer feierlichen Flaggenzeremonie übergeben wurden, erschien dies allen Teilnehmern als ein Symbol der neuen Zeit.

Berlin und Deutschland als Ganzes waren während des Kalten Krieges ständiger Konsultationsgegenstand im Nordatlantikrat. Die Kommuniqués der NATO-Außenministertagungen enthielten regelmäßig einen besonderen Passus, der über die Lage und die Entwicklungen in und um Berlin Auskunft gab. Diese Kommuniqué-Passage wurde in der Vierergruppe der drei Westmächte und der Bundesrepublik erarbeitet und von den Außenministern der Drei Mächte und dem Bundesaußenminister beim traditionellen Vierertreffen am Vorabend der NATO-Ministerratstagungen verabschiedet. Diese zunächst strikt auf Berlin- und Deutschlandthemen beschränkten Vierertreffen wurden 1975 – angesichts der kommunistischen Machtübernahme in den ehemals portugiesischen Kolonien und beinahe in Portugal selbst – in Gymnich bei Bonn von Henry Kissinger und Hans-Dietrich Genscher auf die Erörterung aktueller weltweiter Themen ausgeweitet. Für die Bundesrepublik bedeutete dies damals ein Stück mehr Gleichberechtigung, aber auch größere internationale Verantwortung. Die ständige Beschäftigung des Bündnisses mit den aktuellen Folgen der Teilung Deutschlands hat sicherlich mit dazu beigetragen, das Bewusstsein für diesen unnatürlichen Zustand in Europa wach zu halten und ihn durch eine Politik der Entspannung, des Dialogs und der Zusammenarbeit zu überwinden. Als es nach der friedlichen Revolution in der DDR 1990 darum ging, das wiedervereinte Deutschland nicht nur in die Europäischen Gemeinschaften, sondern auch in die WEU und vor allem in die NATO zu integrieren, hat sich selbst Präsident Gorbatschow von Bundeskanzler Kohl bei dem legendären Treffen im Kaukasus überzeugen lassen, dass bei einer solchen Einhegung Deutschlands kein Staat in Europa eine Bedrohung seiner Sicherheit durch das vereinte Deutschlands würde befürchten müssen. Der Zwei-plus-Vier-Vertrag, der die äußeren Fragen der deutschen Vereinigung abschließend regelte, sanktionierte auch die Vollmitgliedschaft des vereinten Deutschlands in der NATO. Ein Protokoll zu diesem Vertrag verbietet lediglich eine dauerhafte Stationierung ausländischer NATO-Streitkräfte auf dem Boden der ehemaligen DDR, weshalb das trilaterale deutsch-dänisch-polnische Korps, das seinen Sitz in Stettin hat, nicht auf deutscher Seite der Oder hatte errichtet werden können.

Für die junge Bundesrepublik bedeutete der Beitritt zum Nordatlantikvertrag zugleich die Aufnahme in den Kreis freiheitlicher und demokratischer westlicher Nationen. Die NATO war von Anfang an weit mehr als ein kollektives Verteidigungsbündnis. Die Verhinderung einer Aggression oder Abwehr einer möglichen Aggression setzte die ständige Zusammenarbeit und Konsultation der Mitgliedstaaten in politischen, wirtschaftlichen und militärischen Themenbereichen voraus. Entscheidungen können in einem klassischen Bündnis souveräner Staaten wie der NATO nur im Konsens aller Mitglieder getroffen werden. Es obliegt dem Generalsekretär, der dabei von einem politischen Stab unterstützt wird, den Konsens vorzubereiten. Es wird von ihm erwartet, auch in schwierigen Situationen im Ständigen Rat, falls erforderlich in Kontakten mit den Außen- und Verteidigungsministern, notfalls auch mit den Staats- und Regierungschefs, einen gemeinsamen Nenner zu finden, auf den sich die Bündnispartner verständigen können. Die Entscheidungen werden normalerweise im Ständigen NATO-Rat getroffen, bestehend aus Ständigen Vertretern im Botschafterrang unter Vorsitz des Generalsekretärs. Der NATO-Rat dient auch als ständiges transatlantisches Konsultationsforum zur Abstimmung zwischen Amerikanern und Europäern in allen sie gemeinsam berührenden Fragen der Sicherheit und Verteidigung. Zwei Mal im Jahr tagt der NATO-Rat auf der Ebene der Außenminister, im Frühjahr auf Rotationsbasis in einem der Mitgliedstaaten und im Herbst im NATO-Hauptquartier. 1996 fand das reguläre Frühjahrstreffen der NATO-Außenminister erstmals in Berlin statt, das, solange die Stadt unter Viermächtestatus stand, nie Tagungsort sein konnte. Bei besonderen Wegmarken tritt der NATO-Rat auf der Ebene der Staats- und Regierungschefs zusammen. Die Kräfteteilung im Bündnis will es, dass der politische Generalsekretär der NATO stets ein Europäer ist, die militärischen Oberbefehlshaber dagegen stets Amerikaner sind.

Bis 1990 glich die NATO eher einer Kirche mit ihren Doktrinen, Dogmen, Hohen Priestern und schwerfälligen Entscheidungen. Seither ist sie durch die Übernahme neuer Aufgaben im Bereich der Krisenreaktion und des Krisenmanagements viel politischer geworden. Politischer und militärischer Sachverstand fließen heute viel schneller und unkomplizierter zusammen. Die Militärs müssen sehr viel mehr und sehr viel schneller planen als zu Zeiten des Kalten Krieges, damit das Bündnis auf neue Situationen rasch reagieren kann. Deutschland hat im NATO-Rat auf allen Ebenen von Anfang an eine sehr geachtete und einflussreiche Rolle gespielt, während des Kalten Krieges als Frontstaat, auf dem die Last der Vorneverteidigung ruhte, und seit 1994, nachdem das Bundesverfassungsgericht die Beteiligung der Bundeswehr mit Parlamentsvorbehalt an militärischen Einsätzen der NATO außerhalb des Bündnisgebiets zuließ, auch als Teilnehmer an friedenswahrenden und friedensschaffenden militärischen Missionen des Bündnisses. Gleichwohl dauerte es bis zum Jahr 1988, also fast bis zum Ende des Kalten Krieges, bis Deutschland – auf nachdrücklichen Vorschlag des ausscheidenden Generalsekretärs Lord Carrington – mit Bundesverteidigungsminister Manfred Wörner den ersten Generalsekretär stellen konnte. Manfred Wörner hat die Allianz mit großem Mut und mit Führungsstärke, Kreativität und Einfühlungsvermögen aus dem Kalten Krieg in die neue Ära freundschaftlicher Zusammenarbeit mit den sich auf dem Wege der Transformation befindlichen ehemaligen Mitgliedstaaten des Warschauer Pakts überführt. Überall in den NATO-Mitgliedstaaten, aber auch bei den Beitrittskandidaten war die Trauer groß, als Wörner 1994, bis zuletzt dagegen ankämpfend, viel zu früh einem heimtückischen Krebsleiden erlag.

Ebenso wichtig wie die Einbettung in den Politischen Rahmen des Bündnisses war für die junge Bundesrepublik die volle Einordnung ihrer nach der schwierigen Entscheidung für die Wiederbewaffnung Mitte der fünfziger Jahre aufgestellten neuen Streitkräfte, der Bundeswehr, in die integrierten militärischen Strukturen des Bündnisses. Der politischen Organisation der NATO, die den Primat genießt, steht die Militärorganisation des Bündnisses gegenüber. Kern der kollektiven Verteidigung ist die gemeinsame Verteidigungsplanung und einheitliche Führung der ihr unterstellten Streitkräfte. Ihre tragenden Grundsätze sind: politische Solidarität unter den Mitgliedstaaten, Zusammenarbeit und enge Verbindungen zwischen den Mitgliedstaaten auf allen Gebieten, Aufteilung von Aufgaben und Verantwortlichkeiten sowie gegenseitige Verpflichtung und gemeinsames Eintreten für den Erhalt angemessener militärischer Streitkräfte zur Unterstützung der Bündnisstrategie. Die integrierte Kommandostruktur der NATO, die das Wesen und die Stärke der Militärorganisation ausmacht, wurde erst im Zuge des Korea-Krieges voll ausgebildet. Ihre Spitze bildeten bis Ende letzten Jahres die beiden Obersten Alliierten Befehlshaber Europa und Atlantik, SACEUR und SACLANT, die stets amerikanische Militärs waren. Ihnen oblag die Verteidigungsplanung, und sie befehligten die untergeordneten Territorialkommandos des Bündnisses, unter denen wiederum die nationalen und multilateralen Streitkräftestrukturen der Bündnispartner angesiedelt waren. Der SACEUR hat besondere Bedeutung für Deutschland, da er zugleich Oberkommandierender der amerikanischen Streitkräfte in Deutschland ist. Deutschland hatte unter den Amtsinhabern stets gute Freunde. Die verteidigungspolitischen Entscheidungen wurden im NATO-Hauptquartier auf der Ebene der Ständigen Vertreter und zweimal jährlich auf der Ebene der Verteidigungsminister in dem für militärische Fragen zuständigen Verteidigungsplanungsausschuss und in dem für Nuklearfragen zuständigen Kernwaffenausschuss getroffen. Seit 1993 kommen die Verteidigungsminister einmal jährlich zu einem von Bundesverteidigungsminister Rühe in Travemünde ins Leben gerufenen informellen Verteidigungsministertreffen in einem der Mitgliedstaaten zusammen. Höchster Militär und erster militärischer Ansprechpartner des Generalsekretärs ist der Vorsitzende des Militärausschusses der NATO, dem die ständigen militärischen Vertreter der Verteidigungsminister angehören. Dem Ausschuss assistiert ein internationaler Militärstab. Deutschland hat mehrfach in der Geschichte der NATO herausragende Vorsitzende des Militärausschusses gestellt. Das unterstreicht die große Achtung der Bundeswehr im Bündnis. Während der Zeit des Kalten Krieges, als Deutschland in der vordersten Front zur Abwehr der sowjetischen Bedrohung stand, waren die militärischen Fähigkeiten Deutschlands beispielhaft. Die finanzielle und materielle Ausstattung der Bundeswehr hat sich in den letzten zehn Jahren jedoch kontinuierlich verschlechtert.

Im Verhältnis zwischen Europäern und Amerikanern innerhalb der Allianz gab es in den letzten 50 Jahren immer wieder Auseinandersetzungen und Krisen. Es fing damit an, dass die Vertragspartner des Brüsseler Vertrages nach der Unterzeichnung des Nordatlantikvertrages übereinkamen, den militärischen Arm des Brüsseler Vertrages, die so genannte West-Union, mit den entstehenden militärischen Strukturen der NATO zu verschmelzen. Diese Entscheidung war einerseits vernünftig, weil Europa ohne die USA den Sowjets wenig entgegenzusetzen hatte. Andererseits hat sie ein deutlicheres Profil der Europäer im Bündnis verhindert. Nach dem Beitritt der Bundesrepublik und Italiens zum Brüsseler Vertrag wurde aus der West-Union die Westeuropäische Union (WEU), die in erster Linie Aufgaben der militärischen Kontrolle Deutschlands erfüllte. Sie führte neben der NATO, welche die Bündnisverteidigung organisierte, ein trauriges Schattendasein. Immer wieder hat es dann Überlegungen und Versuche gegeben, entweder die WEU aus ihrem Dornröschenschlaf zu wecken und zur Entwicklung europäischer militärischer Fähigkeiten zu nutzen oder einen europäischen Pfeiler innerhalb der NATO zu errichten. Einerseits wollten die Amerikaner einen politisch und militärisch stärkeren europäischen Partner an ihrer Seite im Bündnis haben, vor allem einen, der mit einer Stimme sprechen konnte. Andererseits beschlich sie jedes Mal, wenn die Europäer dazu ansetzten, großes Misstrauen, die Europäer könnten gegen sie Front machen *(ganging up)* oder sie durch die Hintertür der NATO in unerwünschte Verpflichtungen hineinziehen. Nach dem Scheitern des EVG-Vertrages gab es von französischer Seite mehrfach

Ansätze zu einer europäischen Verteidigungszusammenarbeit, so im Fouchetplan von 1962 und im Elysée-Vertrag von 1963. Ihnen war neben der europäisch-atlantischen Partnerschaft keine Chance beschieden. Eine andere Variante war die Idee einer europäischen nuklearen Komponente innerhalb der NATO, basierend auf den nuklearen Fähigkeiten der Briten und Franzosen. Daraus ist jedoch nie etwas geworden. 1968 gab es erstmals eine deutsch-britische Initiative in der NATO. Der britische Verteidigungsminister, Denis Healey, und der Bundesminister der Verteidigung, Gerhard Schröder, schlugen vor, dass sich die europäischen Verteidigungsminister des Bündnisses – ohne Frankreich, das die integrierten militärischen Strukturen 1966 verlassen hatte – am Vorabend der Verteidigungsminister-Tagungen der NATO als EUROGROUP trafen, um sich über die Themen auf der Agenda des nächsten Tages auszutauschen. Aus diesem Ansatz entwickelten sich immerhin eine begrenzte Rüstungszusammenarbeit und die Bildung europäischer Streitkräftestrukturen des Heeres und der Marine.

Nachdem Frankreich unter Staatspräsident de Gaulle die integrierten militärischen Strukturen der NATO verlassen hatte, versuchte das französische Außenministerium Ende der sechziger Jahre, das abgestellte Vehikel der WEU wieder flottzumachen. Diese Versuche führten jedoch nicht weiter. Erst mit der so genannten Genscher-Colombo-Initiative 1984 gelang es, einen Prozess der Revitalisierung und Erweiterung der WEU einzuleiten, der auch zu einem weitgehenden Abbau der Beschränkungen und Kontrollen der Bundesrepublik Deutschland aus dem Brüsseler Vertrag führte. In der WEU-Charta von 1987, an deren Zustandekommen die Bundesrepublik maßgeblichen Anteil hatte, gelang es erstmals, den Begriff der Europäischen Sicherheits- und Verteidigungsidentität (ESVI) zu verankern, der auf der NATO-Außenministertagung 1996 in Berlin von der NATO unter Zurückstellung amerikanischer Bedenken übernommen wurde. Der Sitzungsort Berlin unterstrich das starke deutsche Interesse, die europäische Integration – über den Gemeinsamen Markt und die einheitliche europäische Währung hinaus – auf die Gemeinsame Außen-, Sicherheits- und Verteidigungspolitik auszudehnen.

Das Bild von der NATO vor dem Ende des Kalten Krieges wäre unvollständig ohne einen Exkurs über die Rüstungskontroll- und Abrüstungspolitik als Teil der im Harmel-Bericht von 1967 verankerten Politik des Dialogs und der Zusammenarbeit zwischen West und Ost. Dieser Exkurs ist zugleich ein Übergang zur Zeit nach der Wende 1989, weil die Ergebnisse dieser Politik zum Teil erst in den neunziger Jahren sichtbar wurden. Zur Sicherheitspolitik der NATO hatten seit langer Zeit auch Bemühungen um stabile internationale Beziehungen auf einem niedrigeren Streitkräfte- und Rüstungsniveau durch wirksame und verifizierbare Rüstungskontrollverträge und vertrauen- sowie sicherheitbildende Maßnahmen (VSBM) gehört. Die NATO begleitete die amerikanisch-sowjetischen Rüstungskontroll- und

Abrüstungsverhandlungen über die strategischen Nuklearwaffen in ihren Konsultationen. Auf deutschen Wunsch wurde 1986 eine High Level Task Force aus hochrangigen Hauptstadtvertretern eingerichtet, um Rüstungskontrollen und Abrüstung als Teil des breit angelegten Ansatzes zur Wahrung der Sicherheit einen höheren Stellenwert im Bündnis einzuräumen. Im Mai 1989 entwickelte die NATO – wiederum auf deutschen Wunsch – ein Gesamtkonzept zur Rüstungskontrolle und Abrüstung. Es umfasste vor allem den Abschluss und die Umsetzung des INF-Vertrages zwischen den Vereinigten Staaten und der Sowjetunion vom Dezember 1987, mit dem alle landgestützten Flugkörper mittlerer und größerer Reichweite der Vereinigten Staaten und der Sowjetunion weltweit abgeschafft wurden. Andere Ziele des Gesamtkonzepts waren eine 50-prozentige Verringerung der offensiven strategischen Nuklearwaffen der USA und der Sowjetunion, die weltweite Beseitigung aller chemischen Waffen, sichere und stabile Höchstgrenzen für konventionelle Streitkräfte in ganz Europa sowie konkrete und verifizierbare Reduzierungen der landgestützten nuklearen Flugkörpersysteme kürzerer Reichweite auf gleiche Obergrenzen, Hand in Hand mit der Herstellung eines konventionellen Gleichgewichts. Der Verabschiedung des Gesamtkonzepts waren langjährige Auseinandersetzungen im Bündnis über eine Modernisierung der LANCE-Rakete vorausgegangen, die zu großen Besorgnissen in der Bundesrepublik geführt hatten, Deutschland könnte zum Schlachtfeld eines Nuklearkrieges werden. Die Verhandlungen über Konventionelle Streitkräfte in Europa (KSE) zwischen den Mitgliedstaaten der NATO und des Warschauer Pakts, die kurz vor der Wende im März 1989 in Wien begannen, führten am 19. November 1990 zum Abschluss des KSE-Vertrages, der im Rahmen des KSZE-Gipfels in Paris unterzeichnet wurde. Dieser Vertrag wurde vor allem von uns Deutschen als ein Eckpfeiler der Sicherheit in Europa betrachtet. Alle KSZE-Teilnehmerstaaten unterzeichneten auf dem KSZE-Gipfel in Paris das so genannte Wiener Dokument, das eine große Zahl vertrauen- und sicherheitbildender Maßnahmen enthielt, die auf ganz Europa anwendbar sind. Im März 1992 ging diese Vereinbarung in das Wiener Dokument 1992 ein, in das zusätzliche Maßnahmen für Offenheit und Transparenz aufgenommen wurden. Es wurde 1994 noch einmal verstärkt. 1999 wurde der KSE-Vertrag nach langen, schwierigen Verhandlungen an das seit Ende des Kalten Krieges gewandelte Sicherheitsumfeld angepasst. Der KSE-Vertrag war der krönende Abschluss der Bemühungen des Bündnisses um eine Reduzierung der Streitkräftestärken in Europa vom Atlantik bis zum Ural.

Vier Jahrzehnte lang war die NATO durch den Ost-West-Gegensatz und die ständige Drohung eines Konflikts im Herzen Europas geprägt. Dementsprechend lag das Schwergewicht des Bündnisses im militärischen Bereich. Diesem hohen militärischen Profil von Abschreckungs- und Verteidigungsfähigkeit haben wir es zu verdanken, dass unsere Sicherheit in dieser Zeit gewahrt blieb. Von dieser Warte aus konnte die NATO ab Mitte der sechziger Jahre auch eine Politik besserer Verständigung zwischen Ost und West durch Dialog und Zusammenarbeit führen. Nach außen gewährleistete die NATO kollektive Verteidigung, nach innen kollektive Sicherheit. Sie war ein militärisches Bündnis und eine politisch begriffene Sicherheitsgemeinschaft, welche die Geschicke Amerikas und Europas miteinander verknüpfte.

Die mit dem Fall der Berliner Mauer am 9. November 1989 eingeleiteten dramatischen Ereignisse der Jahre 1989/90 haben die sicherheitspolitischen Rahmenbedingungen in Europa und das politische und militärische Bündnisprofil der NATO grundlegend verändert. Während des Kalten Krieges lag die Verantwortung für Frieden und Sicherheit bei den beiden Supermächten und den von ihnen geführten Blöcken. Die Auflösung der Blöcke beendete die bipolare Welt, in der Amerika und Europa die gleiche Agenda verfolgten: das NATO-Vertragsgebiet gegen die Bedrohung aus dem Osten zu verteidigen. Nach der Implosion der Sowjetunion und Russlands Verlust seines Status als Supermacht verblieben die USA als einzige Supermacht in einer multipolaren Welt und verfolgten nunmehr vornehmlich ihre globalen Interessen. Die Europäer konzentrierten sich darauf, eine neue europäische Friedensordnung zu errichten, gegründet auf Freiheit, Recht und Demokratie, und sie nutzten die Chance, ein einheitliches und freies Europa zu schaffen, in das sich die Nationalstaaten unter Bündelung ihrer Souveränität integrieren sollten. Das Bündnis hielt gleichwohl zur Rückversicherung gegen Restrisiken im Osten an seiner Kernaufgabe fest, der kollektiven Verteidigung nach Artikel V des NATO-Vertrages, obwohl die Notwendigkeit für die NATO, eine nuklear gestützte Abschreckung und Verteidigung gegen einen unmittelbare sowjetische Bedrohung zu gewährleisten, entfallen war. An ihre Stelle traten neue Gefahren und Risiken aus dem auseinander brechenden Jugoslawien und dem Krisenbogen von Afghanistan bis zum nördlichen Afrika sowie die zunehmende Bedrohung des internationalen Terrorismus, welche die NATO zwangen, Fähigkeiten zum Krisenmanagement und zur Machtprojektion über den eigenen Bereich hinaus zu erwerben. Im politischen Bündnisprofil trat daher das Element der kollektiven Sicherheit stärker hervor, während das alte militärische Bündnisprofil mehr und mehr zurücktrat und durch neue Strukturen und neue militärische Fähigkeiten ersetzt wurde.

Die Anpassung der NATO an das veränderte sicherheitspolitische Umfeld zeigt, dass weltpolitische Umbrüche auch Gestaltungschancen eröffnen. Die NATO erwies sich gerade in diesen Zeiten des dramatischen Umbruchs als fähig, rasch auf die veränderten sicherheitspolitischen Verhältnisse in Europa einzugehen. Sie hat die historische Chance konsequent genutzt, indem sie den ehemaligen Gegnern mit der Botschaft von Turnberry am 6./7. Juni 1990 die Hand der Freundschaft reichte und ihnen mit Dialog und Zusammenarbeit half, den Übergang zu demokratischen und marktwirtschaftlichen Ordnungen zu bewältigen. Am 6. Juli 1990 bekräftigten die

Staats- und Regierungschefs der NATO auf ihrem Gipfel in London ihre Bereitschaft zu Freundschaft und Zusammenarbeit und schlugen den Mitgliedern des Warschauer Pakts eine gemeinsame Erklärung zum Ende der Ost-West-Konfrontation vor. Gleichzeitig erging eine Einladung an sie, am Sitz der NATO in Brüssel ständige diplomatische Verbindungen für den sicherheitspolitischen Dialog einzurichten. Zugleich erklärten sie ihre Absicht, eine umfassende Neugestaltung des Bündnisses einzuleiten. Während des KSZE-Gipfels vom 19. bis 21. November 1990 in Paris, auf dem die Charta von Paris verabschiedet wurde, unterzeichneten die 22 Staats- und Regierungschefs der NATO und des Warschauer Pakts die Pariser Erklärung, mit der sie feierlich das Ende des Kalten Krieges besiegelten und sich zu freiheitlichen und demokratischen Prinzipien als Grundlage für die Gestaltung einer Friedensordnung in Europa bekannten. Auf der Tagung des Nordatlantikrates am 6./7. Juni 1991 bekannten sich die Außenminister zu einem weiten Sicherheitsbegriff, der politische, wirtschaftliche, soziale und ökonomische Elemente der Sicherheit ebenso wie die unverzichtbare Verteidigungsdimension in Rechnung stellte. Eine zukünftige europäische Sicherheitsordnung sahen sie in einer „Weiterentwicklung eines Geflechts, in ineinander greifenden Institutionen und Beziehungen, die eine umfassende Sicherheitsarchitektur bilden". Kein Land soll in der neuen europäischen Sicherheitsordnung isoliert werden, und es sollte keine Teilung des Kontinents entstehen.

Seit der Wende 1990 bürgerte sich in der NATO mehr und mehr die Abhaltung von Gipfeltreffen für die großen Weichenstellungen im Erneuerungsprozess des Bündnisses ein. Am 7./8. November 1991 versammelten sich die Staats- und Regierungschefs der NATO in Rom, um ein neues strategisches Konzept zu verabschieden. Zugleich unterstrichen sie in einer Erklärung über Frieden und Zusammenarbeit die Bedeutung sicherheitspolitischer Konsultationen nach Artikel 4 des NATO-Vertrags, um rasch und angemessen auf Krisen reagieren zu können. Die Sicherheitspolitik des Bündnisses sollte sich von nun an auf die drei sich gegenseitig stützenden Elemente Dialog, Kooperation und Aufrechterhaltung kollektiver Verteidigungsfähigkeit stützen. Die Staaten des ehemaligen Warschauer Pakts wurden zur Gründung des NATO-Kooperationsrates im Dezember 1991 nach Brüssel eingeladen. Während dieser Tagung brach die UdSSR auseinander. Der sowjetische Vertreter, Botschafter Afanasiewski, der während der Sitzung ans Telefon gerufen wurde, erklärte zur Verblüffung aller, dass er nunmehr die Russische Föderation vertrete.

Die Zuspitzung der Lage im ehemaligen Jugoslawien und das Interesse, dort den Frieden wiederherzustellen und dem menschlichen Leid ein Ende zu setzen, führte schon auf dem Gipfeltreffen von Rom im November 1991 zur Ankündigung der Staats- und Regierungschefs der NATO, dass das Bündnis seine militärischen Erfahrungen und Fähigkeiten anderen Organisation und Institutionen zur Durchführung friedenswahrender und friedensschaffender Maßnahmen zur Verfügung stellen werde. Im Dezember 1992 erklärte das Bündnis seine Bereitschaft, friedenserhaltende Operationen unter der Autorität des UN-Sicherheitsrats zu unterstützen. Das führte 1992/93 zu Einsätzen von NATO-Seestreitkräften in Verbindung mit der WEU, um das UN-Embargo in der Adria zunächst zu überwachen und dann durchzusetzen, ebenso wie zur Durchsetzung der Flugverbotszone über Bosnien-Herzegowina. Ferner leistete das Bündnis der UN-Schutztruppe (UNPROFOR) in Bosnien-Herzegowina auf Anforderung Luftnahunterstützung und genehmigte nach Zustimmung des UN-Generalsekretärs Schläge aus der Luft, um die Abschnürung Sarajewos und anderer zu Schutzzonen erklärter bedrohter Gebiete zu mildern. Auf dem Gipfeltreffen im Januar 1994 in Brüssel wurde der Nordatlantikrat angewiesen zu prüfen, wie die politischen und militärischen Strukturen verbessert werden könnten, damit die Allianzaufträge zur Friedenswahrung künftig effizienter durchgeführt werden könnten. Teil dieses Prozesses war das Konzept Alliierter Streitkräftekommandos (CJTF) als neues Mittel, um in Krisenlagen Operationen zu erleichtern. Dieses Konzept ermöglichte es, trennbare, jedoch nicht getrennte militärische Fähigkeiten zu schaffen, die durch die NATO oder die WEU genutzt werden konnten. In diese Streitkräftekommandos können auch Offiziere aus beteiligten Ländern aufgenommen werden, die nicht der Allianz angehören. Nach der Unterzeichnung des Dayton-Abkommens übernahm die NATO am 16. Dezember 1995 die Führung der von den Vereinten Nationen autorisierten Streitmacht zur Durchsetzung der militärischen Bestimmungen des Abkommens (IFOR), an der sich auch Streitkräfte aus nicht der NATO angehörenden europäischen und außereuropäischen Staaten beteiligten. Russland schloss zu diesem Zweck eine Sondervereinbarung mit der NATO. Nach den Wahlen in Bosnien-Herzegowina im September 1996 wurde die IFOR durch die Stabilisation Force (SFOR) ersetzt.

In der zweiten Jahreshälfte 1992 verstärkte sich das Drängen mehrerer Staaten Ostmitteleuropas auf eine Mitgliedschaft im Bündnis. Um den Erweiterungsdruck besser kanalisieren zu können, schlug der damalige US-Verteidigungsminister Les Aspin auf dem ersten informellen Treffen der Verteidigungsminister der NATO in Travemünde das mit NATO-Generalsekretär Manfred Wörner abgestimmte Programm der Partnerschaft für den Frieden vor. Damit stellte er eine wichtige Weiche für das Engagement des neuen amerikanischen Präsidenten Bill Clinton zur Erhaltung einer an die neuen Gegebenheiten angepassten NATO. Keine Initiative hat den veränderten Charakter der NATO deutlicher zum Ausdruck gebracht als die Bündnis-Initiative der Partnerschaft für den Frieden. Sie beinhaltete eine offene Einladung an die Mitglieder des Nordatlantischen Kooperationsrats sowie an andere KSZE-(später OSZE-)Länder, an einem weitreichenden Programm praktischer militärischer und politischer Zusammenarbeit zur Friedenswahrung, zur Krisenbewältigung und zur Durchführung humanitärer Aufgaben teilzunehmen. Heute beteiligen sich daran 24 Partnerländer und 19 NATO-Mitgliedstaaten. Die individuellen Interessen und Fähigkeiten der Partner finden in diesem Programm, das mit den einzelnen Partnern bilateral ausgehandelt wird, besondere Berücksichtigung.

Der NATO-Gipfel am 10./11. Januar 1994 traf entsprechend zukunftsweisende Entscheidungen: Die Bereitschaft zur Aufnahme neuer Mitglieder in einem evolutionären Prozess, die Einladung der Staaten Mittel- und Osteuropas zur Partnerschaft für den Frieden und den Ausbau der Zusammenarbeit zwischen der Allianz und der WEU. Präsident Clinton sagte den Europäern zu, 120 000 amerikanische Soldaten auf dem alten Kontinent zu belassen. Es war der Europa gegenüber aufgeschlossenen Haltung Präsident Clintons zu verdanken, dass sich das Bündnis in Brüssel erstmals zur Ausprägung der zunächst im WEU-Rahmen (WEU-Charta) und dann im EU-Rahmen (Vertrag von Maastricht) konzipierten Europäischen Sicherheits- und Verteidigungsidentität (ESVI) innerhalb der NATO und dementsprechend zum Ausbau der Zusammenarbeit zwischen NATO und der WEU bekannte. Sollte die WEU unter ihrer politischen und strategischen Kontrolle selbständig militärische Operationen aus dem Petersberger Aufgabenkatalog durchführen, so würde die NATO mit ihren Mitteln und militärischen Fähigkeiten der WEU beispringen.

Eine zentrale Rolle für die Politik der Öffnung der NATO nach Osten spielte ihr künftiges Verhältnis zu Russland und zur Ukraine. Denn das Bündnis konnte sich nur dann ohne Auseinandersetzungen mit der früheren Supermacht nach Osten öffnen, wenn es zu enger und partnerschaftlicher Kooperation mit Russland und mit der Ukraine bereit war. Nach langen und schwierigen Verhandlungen mit Russland, die erstmals in der Geschichte des Bündnisses vom NATO-Rat dem Generalsekretär übertragen worden waren, unterzeichneten die Staats- und Regierungschefs der NATO mit Präsident Jelzin am 27. Mai 1997 im Elysée in Paris feierlich eine Grundakte, welche die Basis für die Errichtung eines Ständigen NATO–Russland-Rats als Konsultationsorgan und die Vereinbarung eines Arbeitsprogramms zur Kooperation in spezifischen Feldern bildete. Gemeinsames Ziel war eine solide, effiziente und dauerhafte Partnerschaft zwischen der NATO und der Russischen Föderation. Die Erreichung dieses Ziels erwies sich über die nächsten Jahre jedoch stets als schwierig. Deutschland hatte an dem Zustandekommen der Grundakte maßgeblichen Anteil. Es sah sich nach der Zustimmung Präsident Gorbatschows zur Wiederherstellung der Einheit Deutschlands und zur Mitgliedschaft des vereinten Deutschlands in der NATO gehalten, die Verbindung der NATO zu Russland im Interesse der Stabilität in Europa zu stärken. Analog zur Unterzeichnung der Grundakte wurde mit Präsident Kutschma am Rande des Gipfeltreffens in Madrid im Juli 1997 eine Vereinbarung über eine besondere Partnerschaft der NATO mit der Ukraine unterzeichnet.

In der Vorbereitung des Gipfeltreffens in Madrid wurde auf der NATO-Ministerratstagung am 30. Mai 1997 in Sintra der NATO-Kooperationsrat in den Europäisch-Atlantischen-Partnerschaftsrat umgewandelt. Auch das PFP-Programm *(Partnership for Peace)* erhielt einen weiter gesteckten Rahmen und eine neue Qualität. Es sollte fortan als überwölbender Rahmen der weitreichenden Zusammenarbeit der NATO mit ihren Partnern und der Partner untereinander dienen. Der Gipfel von Madrid, auf dem diese Entscheidungen formuliert wurden, war ein weiterer Meilenstein im Prozess der inneren und äußeren Anpassung des Bündnisses. Drei Staats- und Regierungschefs spielten in den Verhandlungen eine Schlüsselrolle: Präsident Clinton, Präsident Chirac und Bundeskanzler Kohl. Die Einladung Tschechiens, Ungarns und Polens zur Aufnahme von Beitrittsverhandlungen lag besonders im deutschen Interesse, da Deutschland mit Aufnahme dieser drei Staaten ins Bündnis nicht länger dessen Ostgrenze bildete, sondern in seine alte Mittellage in Europa zurückkehren konnte. Um seine Glaubwürdigkeit zu erhalten, erklärte das Bündnis zugleich seine Bereitschaft, weitere europäische Demokratien, die dies wünschten, aufzunehmen und diese durch ein Programm der offenen Tür dabei zu unterstützen, bald aufschließen zu können.

Nach dem Gipfel von Madrid im Juli 1997 konzentrierte sich das Bündnis auf die Beitrittsverhandlungen mit Tschechien, Polen und Ungarn, die 1998 abgeschlossen werden konnten. Die drei Länder traten nach Ratifikation der Beitrittsprotokolle dem Bündnis im März 1999 bei. In Deutschland wurde der Beitritt mit großer Befriedigung aufgenommen. Die Zahl der NATO-Mitglieder erhöhte sich damit auf 19. Die Aufnahme dieser drei Staaten, die gut auf den Beitritt vorbereitet waren und sich geräuschlos in das Gefüge der NATO einordneten, machte für sich noch keine Änderung der Organisation der NATO, ihrer Verfahren und Abläufe erforderlich. Die nächste Beitrittsrunde muss allerdings zur Erhaltung der Funktionsfähigkeit des Bündnisses von entsprechenden Anpassungen begleitet werden. Auch wird der Bau des neuen Hauptquartiers der NATO in Brüssel immer dringlicher.

Das Jahr 1998 zeichnete sich ferner durch einen überraschenden Quantensprung von der Europäischen Sicherheits- und Verteidigungsidentität (ESVI) zur Europäischen Sicherheits- und Verteidigungspolitik (ESVP) aus. Darauf hatten die Deutschen, aber auch informelle Kreise in Brüssel wie das *Transatlantic Policy Network*, schon lange gedrängt. Die Durchsetzung dieser Überlegungen war stets am starren Souveränitätsdenken der Franzosen und Briten gescheitert, die sich ihre Handlungsoptionen im Verteidigungsbereich nicht beschneiden lassen wollten. Nachdem Premierminister Blair auf dem informellen EU-Gipfel in Pörtschach/ Österreich laut darüber nachgedacht hatte, wie das militärische Gewicht der Europäer und ihre militärischen Fähigkeiten verbessert werden könnten, wurde auf dem bilateralen britisch-französischen Gipfeltreffen von Premierminister Blair und

Staatspräsident Chirac und Premierminister Jospin am 4. Dezember 1998 in St. Malo eine britisch-französische Erklärung über die Europäische Verteidigung veröffentlicht. Darin sprachen sich Großbritannien und Frankreich dafür aus, der EU die Fähigkeit für autonome militärische Aktionen einzuräumen und dafür glaubwürdige militärische Kräfte, über deren Einsatz die EU entscheiden sollte, bereitzustellen, um auf internationale Krisen reagieren zu können. Beide sprachen sich zwar nicht klar dafür aus, die WEU abzulösen, brachten aber die EU in eine Führungsrolle. Obwohl die Gemeinsame Erklärung angemessene Bezugnahmen auf die Atlantische Allianz enthielt, löste sie beträchtliche Besorgnisse in Washington aus, weil diese Pläne vorher mit der amerikanischen Administration nicht diskutiert worden waren. Für London war das zentrale Ziel die Verbesserung der militärischen Fähigkeiten der Europäer, für Paris eher eine gewisse Emanzipation von Washington. Warum Großbritannien und Frankreich nicht die WEU, mit der die NATO bereits zusammenarbeitete, sondern die EU, mit der es früher in Brüssel nicht einmal informelle Kontakte gab, als Träger der ESVP auserwählten, lässt sich wohl nur damit begründen, dass die EU die größere politische Triebkraft versprach. Der britisch-französische Vorschlag wurde von der damaligen deutschen EU-Präsidentschaft sofort begrüßt und innerhalb der EU unterstützt. Er wurde vom Europäischen Rat im Juni 1999 in Köln förmlich angenommen. Der Europäische Rat in Helsinki beschloss in seinen Zielvorgaben für die ESVP die Bereitstellung von 50 000 bis 60 000 Personen für militärische Einsätze im gesamten Spektrum des Petersberger Aufgabenkatalogs der WEU von 1992. Weitere damals offene Probleme wie die Regelung für die Verteidigungsplanung und die Beziehungen der nicht der EU angehörenden Mitglieder der NATO (Türkei) zur ESVP sind inzwischen geklärt.

Auf dem Jubiläumsgipfeltreffen am 23. und 24. April 1999 in Washington anlässlich des 50. Jahrestages der NATO bekräftigten die Staats- und Regierungschef „unsere gegenseitige Verpflichtung zur Verteidigung unserer Völker, unserer Hoheitsgebiete und unserer Freiheit auf der Grundlage von Demokratie, Menschenrechten und Rechtsstaatlichkeit". Sie umrissen den Kurs der NATO für das 21. Jahrhundert „für ein Bündnis, das der kollektiven Verteidigung verpflichtet und fähig zur Bewältigung gegenwärtiger und künftiger Risiken für unsere Sicherheit ist, das gestärkt wird durch neue Mitglieder und für weitere offen bleibt und in sich gegenseitig verstärkender Weise mit anderen Institutionen, Partnern und Ländern des Mittelmeerdialogs zusammenarbeitet, um die Euro-Atlantische Sicherheit und Stabilität zu stärken". Die Betonung der Fortgeltung der Verpflichtung zur kollektiven Verteidigung entsprach einem deutschen Anliegen. Vor dem Hintergrund der heutigen Risse und Spannungen im transatlantischen Verhältnis ist das klare Bekenntnis der Gipfelteilnehmer zur NATO als lebenswichtiger Partnerschaft zwischen Europa und Nordamerika wegweisend für die Zukunft der NATO. Die Staats- und

Regierungschefs der NATO kamen auf den Vorschlag von St. Malo zurück und machten den Weg frei für die Zusammenarbeit zwischen NATO und EU. Von großer Bedeutung erweist sich die Verabschiedung des neuen Strategischen Konzepts der NATO, das den fortdauernden Zweck des Bündnisses und seine grundlegenden Sicherheitsaufgaben darlegt. Es soll die Sicherheits- und Verteidigungspolitik des Bündnisses, seine Einsatzkonzepte, seine konventionellen und nuklearen Streitkräftedispositive und seine kollektiven Verteidigungsvorkehrungen längerfristig leiten und wird zu diesem Zweck ständig überprüft. Eine Erklärung der Staats- und Regierungschefs zur Krise im Kosovo, in welche die Luftstreitkräfte des Bündnisses zum Zeitpunkt des Jubiläumsgipfels in dramatischer Weise aktiv verstrickt waren, um der gezielten Politik der Unterdrückung, der ethnischen Säuberung und der Gewalt durch das Regime in Belgrad unter der Herrschaft von Präsident Milošević Einhalt zu gebieten, machte deutlich, dass sich die NATO zum ersten Mal in ihrer Geschichte in einer kriegerischen Auseinandersetzung befand. Kern der Botschaft war, dass es die NATO nicht zulassen werde, dass die Terrorkampagne Miloševićs Erfolg habe, und dass sie entschlossen sei, sich gegen ihn durchzusetzen.

Der Kosovo-Krieg war ein tiefer Einschnitt in der Geschichte des Bündnisses. Zum ersten Mal drohte die NATO im Oktober 1998 militärische Gewalt an, um den Genozid im Kosovo durch die Sondereinheiten von Milošević zu beenden und eine menschliche Katastrophe von riesigen Ausmaßen zu verhindern. Nach dem Scheitern der Verhandlungen von Rambouillet bombardierte die NATO vom 23. März 1999 an 77 Tage lang das ehemalige Jugoslawien, ohne dass ein Mandat des Sicherheitsrates der Vereinten Nationen vorgelegen hätte, weil dieser durch die Vetomächte Russland und China blockiert war. Der militärische Einsatz der NATO war ein begrenzter Krieg, begrenzt in den Mitteln und begrenzt in den Zielen. Er führte schließlich zu einem Waffenstillstand, zum Abzug der jugoslawischen Streitkräfte aus dem Kosovo und zur Entsendung der von der NATO unter einem UN-Mandat geführten KFOR-Truppe. Nicht lange danach wurde auch Milošević gestürzt. Deutschland zeigte volle Solidarität und Bündnisfähigkeit trotz heftiger innerer Widerstände, was von der Allianz mit großem Respekt quittiert wurde. Die Bundesrepublik bleibt aber grundsätzlich sehr zurückhaltend gegenüber dem Einsatz militärischer Gewalt zur Durchsetzung politischer Ziele, wie sich in der Irak-Frage 2002/2003 zeigte. Außer in den Kosovo entsandte das Bündnis mit deutscher Beteiligung ein den inneren Frieden stabilisierendes Truppenkontingent nach Mazedonien, als es dort zu bewaffneten Auseinandersetzungen zwischen der albanischen und der mazedonischen Bevölkerungsgruppe kam. Die Führung dieses Kontingents wird jetzt von der EU übernommen.

Nach dem Kosovo-Krieg war dem Bündnis keine lange Atempause vergönnt. Die Geschehnisse des 11. September 2001 veränderten die internationale Politik grundlegend. Sie hatten fundamentale Auswirkungen auf die Fortentwicklung der NATO. Zum ersten Mal waren die Amerikaner auf ihrem eigenen Territorium Opfer eines verheerenden Anschlags des internationalen Terrorismus gegen ein Symbol ihrer politischen und wirtschaftlichen Ordnung geworden. Die amerikanische Agenda wird seit dem 11. September 2001 von der Abwehr der Bedrohung ihrer Sicherheit durch den internationalen Terrorismus und durch die beschleunigte Proliferation von Massenvernichtungswaffen beherrscht. Während die Europäer Frieden und Sicherheit auf regionaler Basis im Wege geteilter Souveränität suchen, streben die Amerikaner Sicherheit auf der Basis der Ausübung von Souveränität im weltweiten Maßstab an. Hierfür muss ein gemeinsamer Nenner in der NATO gefunden werden.

Die NATO hatte bereits im Neuen Strategischen Konzept von Washington 1999 vor der neuen asymmetrischen Bedrohung durch den internationalen Terrorismus gewarnt. Für sie war der 11. September 2001 daher nicht Auslöser, sondern Katalysator der Transformation. Seit dem 11. September 2001 ist auch für die NATO nichts mehr, wie es einmal war. In der militärischen Bedrohungsanalyse spielt die geographische Distanz eine immer geringere Rolle. Daher muss das Bündnis künftig über die Fähigkeit verfügen, überall und zu jeder Zeit Streitkräfte einsetzen und, wenn es die Sicherheit ihrer Mitglieder erfordert, weltweit agieren zu können.

Der Prager Gipfel am 21. November 2002, an dem erstmals der neue amerikanische Präsident George W. Bush teilnahm, wurde zwangsläufig vom ursprünglich geplanten Erweiterungs- zum Veränderungsgipfel. Sein Verlauf und seine Ergebnisse bieten eine gute Gelegenheit, die Allianz den neuen sicherheitspolitischen Rahmenbedingungen anzupassen. Auf die tragischen Geschehnisse des 11. September 2001 antwortete das Bündnis mit Festigkeit und Entschiedenheit. Die Staats- und Regierungschefs billigten ein Bündel von Maßnahmen zur kollektiven Antwort auf die weltweiten Herausforderungen der Sicherheit der Hoheitsgebiete ihrer Mitglieder, deren Bevölkerungen und Streitkräfte. Sie waren sich einig, dass wirksame militärische Kräfte ein wesentlicher Teil der politischen Strategie des Bündnisses sein müssten. Zu diesem Zweck vereinbarten sie, eine Krisenreaktions-Streitkraft der NATO (*NATO-Response-Force*, NRF) mit weltweiter Reichweite zu bilden, die aus technologisch verbesserten, flexiblen, verlegbaren, interoperablen und substantiellen Kräften bestehen und sich aus Elementen der Land-, See- und Luftstreitkräfte zusammensetzen soll. Die NRF soll einen hohen Grad an Einsatzbereitschaft haben und dazu beitragen, die Streitkräfte der NATO insgesamt durch intensive Übungen und gemeinsame militärische Missionen in einen noch höheren Stand der Interoperabilität zu versetzen. Bis zum Oktober 2003 soll die NRF aufgestellt sein; sie bedeutet eine radikale Veränderung des Bündnisses auf der Suche nach einer neuen Rolle für das 21. Jahrhundert. Die Staats- und Regierungschefs ordneten ferner an, die militärische Kommandostruktur der NATO noch schlanker, schlagkräftiger und wirksamer zu machen und die Verlegbarkeit der Hauptquartiere zu beschleunigen. Die NATO wird künftig über zwei Strategische Kommandos verfügen, ein Einsatzkommando für militärische Operationen in Europa in Mons/Belgien und ein funktionales Kommando in den Vereinigten Staaten in Norfolk/Virginia, das an die Stelle des Strategischen Kommandos Atlantik (SACLANT) tritt. Der Gipfel verabschiedete ferner das Prager Capabilities Commitment (PCC) als Teil der andauernden Bemühungen der Allianz um Verbesserung ihrer Fähigkeiten zur Verteidigung gegen chemische, biologische, radiologische und nukleare Waffen und ihre Trägermittel. Wenn die NATO die militärischen Fähigkeiten zur Bekämpfung des internationalen Terrorismus bereitstellen kann, wird sie eine gemeinsame Perspektive für alle NATO-Partner bieten, die wesentlich zur Stabilisierung der transatlantischen Beziehungen beiträgt.

Auf dem Prager Gipfel wurden Bulgarien, Estland, Lettland, Litauen, Rumänien, die Slowakei und Slowenien zu Beitrittsverhandlungen eingeladen. Gleichzeitig bekräftigten die Staats- und Regierungschefs, dass die Tür der NATO für weitere europäische Demokratien offen bleibe, die willens und fähig seien, die mit der Mitgliedschaft im Bündnis verbundenen Verantwortlichkeiten und Verpflichtungen zu übernehmen. Der zweiten Erweiterungsrunde des Bündnisses war die Einigung mit Russland auf eine verbesserte Konsultation und Zusammenarbeit auf dem NATO–Russland-Gipfel am 18. Mai 2002 in Rom vorausgegangen. Auch das war eine direkte Folge des 11. September 2001, der Amerika und Russland zu Partnern in der Bekämpfung des internationalen Terrorismus in Afghanistan gemacht hatte. Aus dem Ständigen NATO–Russland-Rat der 19 plus 1 von 1997 ist ein Rat der 20 mit Entscheidungskompetenz in einem erweiterten Aufgabenkatalog geworden, der sich jetzt bewähren muss.

Zur Überwindung der aus der Irak-Situation resultierenden gegenwärtigen Spannungen in der Allianz wäre es empfehlenswert, das Bündnis auf die konsequente Umsetzung der Prager Gipfelagenda zu fokussieren. Das PCC und der European Capabilities Action Plan der EU (ECAP) sollten förmlich harmonisiert werden. Die Absicht der Europäer, eine neue globale Sicherheitsstrategie zu beschließen, in der Europa seine Interessen definiert und eine Antwort auf die neuen Bedrohungen formulieren soll, ist ein Schritt in die richtige Richtung. Ein gemeinsamer europäischer militärischer Planungs- und Führungsstab, wie er auf dem informellen Vierergipfel von Deutschland, Frankreich, Belgien und Luxemburg im April 2003 in Brüssel vorgeschlagen wurde, kann die ESVP weiterbringen, wenn dies in enger Tuchfühlung mit der NATO geschieht. In London stieß dieser Vorschlag zunächst allerdings auf Bedenken, und ohne Großbritannien geht in diesem Bereich nichts. Es wäre ferner zu wünschen, dass die NATO Response Force 2004 einsatzfähig ist. Als positive Entwicklung kann angesehen werden, dass die NATO ab Sommer 2003 die führende Rolle bei der von den Vereinten Nationen eingesetzten Internationalen Friedenstruppe zur Stabilisierung der Sicherheitslage in Kabul und Umgebung (ISAF) durch die Errichtung eines mittelgroßen Hauptquartiers in Kabul unter UN-Mandat übernehmen wird. Das unterstreicht die Schlüsselrolle der NATO in der Verteidigungsplanung und der Führung integrierter Streitkräfte. Die NATO als Dienstleister für die UN sollte auch ein Modell für die Befriedung des Irak abgeben.

Die NATO steht auf dem Prüfstand. Sie muss beweisen, dass sie zur effizienten Übernahme neuer Aufgaben taugt. An sie richten sich eine Reihe von Fragen:
- Wird der militärische Abstand zwischen den USA und ihren Verbündeten, der im Kosovo, in Afghanistan und im Irak so deutlich geworden ist, in einem Maße verringert werden können, dass die Partner künftig in gemeinsamen militärischen Operationen harmonisch zusammenarbeiten werden?
- Werden die Europäer ihre Verteidigungsausgaben erhöhen, ihre technologischen Fähigkeiten verbessern und ihre Streitkräfte künftig besser ausstatten und produktiver nutzen? Wird die Bundeswehr sich an den Bedürfnissen der NATO und der Europäischen Verteidigungspolitik ausrichten?
- Werden die Europäer den politischen Willen aufbringen, eine Gemeinsame Europäische Außen-, Sicherheits- und Verteidigungspolitik zu entwickeln und dies im eigenen Interesse als atlantischer Partner tun, der zur Bewältigung der gemeinsamen Herausforderungen im Bündnis wirksam beitragen kann?
- Wird es in der NATO wieder einen systematischen transatlantischen Dialog zwischen Amerika und Europa geben?
- Wie werden die Europäer die Fragen beantworten, die der neuen US-Sicherheitsdoktrin mit ihren Optionen für Präventivschläge zugrunde liegen, und welche Berücksichtigung werden sie in der Verteidigungsplanung der NATO erhalten?
- Welche Rolle soll die NATO künftig spielen? Soll sie mehr sein als ein militärischer Werkzeugkasten zur Unterstützung von „Koalitionen der Willigen"?

Die NATO ist für die Europäer unverzichtbar. Auch die Amerikaner wollen an einer engen europäisch-atlantischen Partnerschaft festhalten. Es besteht daher ein übergeordnetes gemeinsames Interesse, dass die NATO die vor ihr stehende Bewährungsprobe besteht. Eine gewisse Zuversicht kann daraus abgeleitet werden, dass sich die NATO während des Kalten Krieges zum erfolgreichsten Bündnis in der Geschichte entwickelt und sich nach dessen Beendigung der neuen Lage sofort flexibel angepasst hat. Daher ist die Erwartung nicht unberechtigt, dass sie sich auch den neuen Anforderungen der internationalen Politik erfolgreich stellen wird und als kollektives und kooperatives Verteidigungsbündnis erhalten bleibt, das seinem selbst gewählten lateinischen Leitspruch an der Stirnseite des Ratssaales treu bleibt: *„Animus in consulendo liber."*

V.
Neue Welt-Unordnung und
Kunst des Gleichgewichts

# 1. Die Rolle Europas im 21. Jahrhundert

*Wolfgang Schäuble*

## I.

Ein Blick in den historischen Weltatlas schärft das Verständnis für das Bestehende und schützt vor Illusionen über die Zukunft. Die politische Landkarte Europas hat sich durch die letzten Jahrhunderte weit intensiver und dramatischer geändert als die anderer Regionen und Kontinente. Die zahlreichen Versuche, Nachbarn, Regionen unter Kontrolle zu bringen, gar den ganzen Kontinent zu dominieren, scheiterten letztlich alle daran, dass sie den Frieden unter den Europäern nicht zu wahren vermochten. Von einem Willen zu einem echten europäischen Miteinander lässt sich da wenig finden. Heute, da wir gerade inmitten neuer, historischer Veränderungen stehen, da die Europäische Union entschlossen ist, sich grundlegend zu erweitern und zu modernisieren, sollten wir uns den eigentlichen, epochalen und qualitativen Unterschied zu früheren Zeiten vor Augen führen: Fast immer gingen die Umformungen einher mit Krieg und Gewalt, Leid und Elend. Jetzt hingegen ist der Schritt zur Vereinigung Europas getragen vom frei artikulierten Willen der beteiligten Menschen. In historischer Perspektive wird deutlich, dass die Periode von innerem Frieden und Stabilität, wie sie das integrierte Europa der EG und dann EU der letzten 50 Jahre geschaffen hat, ihresgleichen sucht. Und diese einzigartige Entwicklung hat gute Chancen, sich so fortzusetzen, jetzt auf unserem ganzen Kontinent – wir haben es in der Hand.

Natürlich wird sich das politische Bild Europas auch in Zukunft neuerlich umgestalten, denn nur mit dem Willen und der Fähigkeit zur Weiterentwicklung lässt sich das Gute bewahren und das Verbesserungswürdige optimieren. Beides ist Voraussetzung, damit Europa auch im 21. Jahrhundert eine bedeutende Rolle zu spielen vermag, damit es seinen Einfluss bewahren kann auf die wesentlichen Entwicklungen der Weltpolitik und dadurch Subjekt, nicht Objekt der Gestaltung seiner Zukunft bleibt. Dass wir uns dieser Perspektive bewusst sind, wird entscheidend sein. Unser politisches Handeln muss an der Verantwortung für die historische Aufgabe, Freiheit und Sicherheit für ganz Europa und darüber hinaus langfristig zu bewahren, ausgerichtet sein. Dazu gehört auch, Europa als Projekt und Identität im Denken und im politischen Selbstverständnis der Europäer zu verankern. Bei aller Zufriedenheit über das bereits Erreichte und aller Sorge um das Naheliegende dürfen wir nicht müde werden, uns den Blick auf das Wesentliche und Grundlegende zu erhalten.

Überlegungen, wie die Grundrichtung der Rolle Europas in der Welt zukunftsweisend zu gestalten ist, verlangen zunächst Klarheit über die Identität des Europäischen heute. Die europäischen Einigungsprojekte, man sollte das nicht vergessen, sind im 20. Jahrhundert aus Kriegserfahrungen geboren – nach dem Ersten Weltkrieg von Coudenhove-Kalergi bis zu Stresemann und Briand. Sie sind in den Auseinandersetzungen mit den totalitären Ideologien von Kommunismus und Faschismus gescheitert, dann nach dem Zweiten Weltkrieg neu belebt worden und im Schatten von Kaltem Krieg und Eisernem Vorhang seit Churchills Zürcher Rede so erfolgreich gewesen, dass 40 Jahre später sogar die Spaltung des Kontinents überwunden wurde. Seit dem Fall der Mauer aber steht unweigerlich die Frage im Raum, ob sich damit das europäische Projekt nicht schon erfüllt habe, sich im gegenwärtigen Streit zwischen „altem" und „neuem" Europa schon wieder auflöst, oder ob wir eher mit der Mühsal der Ebene zu tun haben, da die dramatischen Herausforderungen nicht mehr so unmittelbar empfunden werden. Doch angesichts der Leichtigkeit, mit der die europäische Integration in der gegenwärtigen Diskussion teilweise zur Disposition gestellt wird, ist Vorsicht geboten: Europa als Wertegemeinschaft und als Schicksalsgemeinschaft scheint für manche zumindest nicht mehr alternativlos, ja vielleicht sogar ersetzbar durch ein Europa als vornehmlich wirtschafts-, vielleicht auch sicherheitspolitische Interessengemeinschaft. Hoffentlich ist sich jeder, der derartige Spekulationen anstellt, der Dimension dessen bewusst, was er aufs Spiel setzt.

## II.

Bei der Frage nach der Zukunft Europas geht es um die Bewahrung des Wesentlichen unserer europäischen Identität. Auch im Zuge der Diskussionen über die Beratungen des Europäischen Konvents ist diese Dimension einer echten Verfassungsdebatte zumindest bislang viel zu kurz gekommen. Erst mit der Debatte über eine Mitgliedschaft der Türkei in der EU und damit über die Grenzen Europas ist zwischenzeitlich doch wieder etwas aufgetaucht, was über die Zweckrationalität einer Wirtschaftsgemeinschaft hinauszuweisen scheint.

Wo liegt Europa? Es stammt aus der griechischen Antike, wurde verortet in Abgrenzung zu Asien und Libyen, heute Afrika, und das Kriterium war geographisch. In unserer heutigen Debatte über die Grenzen europäischer Einigung wird der bloße Hinweis auf die Geographie meist als wenig relevant abgetan. Dabei wird aber übersehen, dass sich geschichtliche Prozesse und kulturelle und soziale Entwicklungen immer in konkreten Räumen vollziehen. Die Einheit von Raum und Zeit gibt der Geschichte Europas den Rahmen, ebenso wie seiner Zukunft. Wenn es etwas spezifisch Europäisches gibt, dann kann es nur, darüber besteht Einigkeit, das Ergebnis einer geschichtlichen Herausbildung sein. So und nicht anders entsteht Identität,

Zugehörigkeit. So wie in der berühmten Definition von Ernest Renan „Nation" sich aus einem immer währenden Plebiszit bildet, so kann auch die Einigung Europas zu einer handlungsfähigen politischen Einheit nur gelingen, wenn sie sich auf die Zustimmung der Menschen gründet, wenn also ein Verständnis sich entwickelt, einer europäischen Schicksals- oder Verantwortungsgemeinschaft anzugehören, und das kann eben nur das Ergebnis eines geschichtlichen Prozesses sein.

Was ist das Europäische? Ist es das Christliche? Da wird man zweifeln, nicht nur weil Religion bei uns eher Privatsache ist oder auch weil etwa in Brüssel, dem Sitz der wichtigsten europäischen Institutionen, im Jahre 2002 Mohammed der am häufigsten an Neugeborene vergebene männliche Vorname war. Andererseits kann nicht bestritten werden, dass christlicher Glaube und Theologie europäisches Denken maßgeblich bestimmt haben. Dieses Denken formte sich im historischen Prozess, im Ringen zwischen weltlicher und geistlicher Macht im frühen Mittelalter, dann in der konfessionellen Spaltung und in der Aufklärung, in der Spannung zwischen naturwissenschaftlicher Erkenntnis und glaubensmäßiger Heilsgewissheit; und all dies angesichts von Kleinräumigkeit, auch geographisch bedingt, und der Vielzahl der politischen Einheiten seit der griechischen Polis, immer wieder neuer Akteure, Rivalitäten, Gleichgewichte, Machtbegrenzungen und Kriegen ohne Ende. Und aus diesem Druck des ständigen geistigen und politischen Wettstreits entstand immer wieder eine neue, ungeheure Dynamik, bildeten sich immer neue Kräfte und Alternativen, die alte Ordnungen durchbrachen und zur Disposition gestellt haben. Christian Meier hat kürzlich beschrieben, wie all dies und vieles andere Europa früh auf einen welthistorischen Sonderweg gebracht und dazu geführt hat, schließlich die ganze Welt in seinen Bann zu ziehen, allen zumindest viele seiner Gesetze und Ordnungsvorstellungen zu geben, auch aufzuzwingen, und unendlich viel zu zerstören.[1] Europas Eigenart, von der Ermöglichung eines von Max Weber beschriebenen „Gemeinschaftshandelns", von Rechtsstaat, Demokratie, Wissenschaft bis zu den Impulsen durch seine Kunst und Philosophie sowie breiter allgemeiner Bildung hat sich gegen die anderen, ihrerseits bedeutenden, fruchtbaren, aber eben in Krieg und Wettbewerb unterliegenden Hochkulturen durchzusetzen vermocht. Europa ist also ein historisch einmaliger dynamischer Prozess, und dies beschreibt auch Europas Zukunft: europäisch nur, wenn es nicht gezwungen wird, seinen von Geschichte und Geographie geformten Charakter aufzugeben.

## III.

In den politischen und wirtschaftlichen Betrachtungen in der globalisierten Welt unserer Tage steht Europa nun gerade nicht mehr für besondere Dynamik. Im

---

1 Vgl. Neue Zürcher Zeitung, 8.2.2003.

Gegenteil scheint sich der europäische Prozess gewissermaßen erschöpft zu haben. Tocqueville hat ja schon in seiner „Demokratie in Amerika" in der ersten Hälfte des 19. Jahrhunderts vorausgesehen, dass Russland und Amerika die weltpolitisch dominierenden Akteure werden. Man könnte meinen, der technische Fortschritt, der Entfernungen schwinden lässt und Grenzen in ihrer Bedeutung marginalisiert, führe dazu, dass die großen Räume dominant werden, obwohl die Geschichte vom Aufstieg und Fall der großen Mächte doch eher dafür spricht, dass weder die Zahl von Quadratkilometern noch das Vorhandensein von Bodenschätzen, sondern Qualifikation und Motivation der Menschen letztlich entscheidende Faktoren sind. Vielleicht haben wir Europäer unsere dynamische Phase in der Geschichte bereits hinter uns gelassen – oder doch nicht?

Letztlich werden erst spätere Historikergenerationen dies bewerten können. Aber wenn die Möglichkeit besteht, dass es sich heute tatsächlich so verhält und Europa an einer Weggabelung zwischen Zukunftsfähigkeit und Bedeutungslosigkeit steht, dann ist es nicht unabänderlich, dann liegt die Entscheidung über den einzuschlagenden Weg immer noch bei uns selbst.

Gerade jetzt haben wir mit der anstehenden Erweiterung der Europäischen Union die Chance, in eine neue „europäische" Epoche einzutreten. Deshalb wäre es falsch, die Osterweiterung etwa großherzig und herablassend als Belohnung für die Kandidatenländer zu betrachten. Im Gegenteil liegt das Zusammenwachsen Europas, die Vereinigung mit unseren Nachbarn, die nach dem Zweiten Weltkrieg unverschuldet auf der anderen Seite des Eisernen Vorhangs jahrzehntelang auf Freiheit und Demokratie warten mussten, in unserem ureigenen Interesse. Ihr Gelingen ist ein historischer Imperativ, wie es wohl nur wenige gibt, die aber in ihrer Dimension erkannt werden müssen.

Für die zukünftige Rolle Europas wird es entscheidend darauf ankommen, dass wir die Kräfte zu nutzen verstehen, die im Zusammenschluss des ganzen Europa sich entfalten und allen zugute kommen. Die Union wird mit den neuen Mitgliedern nicht nur größer und stärker an Wirtschaftskraft, sondern reicher an Geist, Wissen, Bildung und Kultur. Literatur, Musik und Kunst der Polen oder Tschechen sind untrennbar europäisch, die Universitäten der Balten oder der Südosteuropäer sind ebenso voller Tradition wie Innovationskraft, kein Land der Welt hat im Verhältnis zu seiner Bevölkerungszahl so viele Nobelpreisträger hervorgebracht wie Ungarn. Kann es eine größere Chance, ein vielversprechenderes Potenzial an Dynamik und so auch Wettbewerbsfähigkeit für Europa im 21. Jahrhundert geben?

Das Gelingen der Erweiterung, das Zusammenfinden von letztlich mehr als 30 Staaten als Gemeinschaft von Gleichen, wird die Identität Europas prägen und damit auch entscheidend sein für die Rolle, die es in der Welt künftig zu übernehmen vermag.

## IV.

Das bringt uns zum Zustand der Welt, in der sich Europa seiner Rolle bewusst werden muss. Die Globalisierung prägt unsere Realität. Sie ist für uns voller Chancen, aber auch Risiken. Das Tempo der Evolution in wissenschaftlichem Fortschritt wie im ökonomischen, sozialen und kulturellen Austausch ist gewaltig und enorm produktiv. Ebenso intensivieren und beschleunigen sich aber auch Spaltungen, Spannungen und Konflikte, die bei weltumspannender Kommunikation aus der Gleichzeitigkeit ganz unterschiedlicher Kulturen und Entwicklungszustände entstehen. In dieser Welt einen uns Europäer Erfahrungen und Erfolge, die uns ein nie gekanntes Maß an materiellen Lebensmöglichkeiten und zugleich an Risiken bescheren. Und für den Zustand dieser Welt – das ist das Ergebnis der geschichtlichen Dynamik Europas – tragen die Europäer im Guten wie im Schlechten mehr Verantwortung als jeder andere Kontinent.

Die Intensität des Wandels und die Dimension der Herausforderungen lassen an die Zeit unmittelbar vor dem Ersten Weltkrieg denken: statt gewohnter Weltordnung ungewohnte Unordnung, das Politische gibt sich fast undurchschaubar komplex, die Orientierung ist schwierig und die scheinbar grenzenlose Machbarkeit faszinierend und beängstigend zugleich.

Wenn wir uns in dieser Welt behaupten wollen, werden wir unsere europäischen Erfahrungen und Fähigkeiten einbringen müssen. Europa wird globale (Mit-)Verantwortung übernehmen müssen. Sollten wir aus Erschöpfung oder Altersweisheit darauf verzichten und die Selbstgenügsamkeit als Tugend propagieren wollen, müssen wir bedenken, dass der Verzicht auf Dynamik die Stabilität menschlicher Ordnungen nicht erhöht, sondern untergräbt. Der Fall der Berliner Mauer 1989 und die Terrorattacken von New York und Washington 2001 markieren den neuerlichen epochalen Einschnitt. Beide Ereignisse deuten bereits die wesentlichen Herausforderungen für die kommenden Jahrzehnte an: die Verantwortung, die ein vereintes Europa in der Welt übernehmen kann und will und die Ausgestaltung des transatlantischen Verhältnisses.

## V.

Heute scheinen sich in atemberaubend kurzer Zeit infolge der Auseinandersetzungen um den Irak die weltpolitischen Parameter geändert zu haben. Vereinte Nationen, NATO, Europäische Union und das transatlantische Band sind in ihrer Handlungs- und Ordnungsfähigkeit beschädigt. Man könnte meinen, es kristallisiere sich tatsächlich eine Ordnung heraus, in der die USA alles kontrollieren, ohne sich selbst universellen Normen unterwerfen zu müssen oder zu wollen.

Bei näherem Hinsehen schält sich aber als Kern der Problematik ein durchaus wechselseitiges Unverständnis zwischen Europa und Amerika heraus. Während wir von den Amerikanern zu Recht fordern, auf europäische Argumentationen und Sichtweisen einzugehen, bringen wir nur wenig Anstrengung auf, die USA aus sich heraus zu verstehen. Amerika ist sich durch den 11. September seiner Verwundbarkeit schlagartig bewusst geworden. Aus dieser Erfahrung heraus definiert es seine Sicherheit und damit letztlich auch seine weltpolitische Rolle neu. Europa wird nicht umhinkommen, sich darüber klar zu werden, in welchem Maße es bei im Grunde gleicher Bedrohungssituation auch die Verantwortung für die gemeinsame Sicherheit mit Amerika zu teilen bereit ist.

Die Stärke Amerikas ist wegen ihrer derzeitigen Unangefochtenheit auch zu einer Schwäche geworden. Denn dass die Welt mit einer unilateralen Führung sich auf längere Zeit nicht abfinden wird, dafür spricht jede geschichtliche Erfahrung. Am meisten gefährdet ist übrigens der Hegemon selbst. Wollen wir Europäer glaubwürdig bleiben, sollten wir, bevor wir die amerikanische Stärke kritisieren, uns mehr mit unserer eigenen Schwäche beschäftigen. Die USA brauchen Partner, dies ist langfristig evident. Ein geeinigtes und starkes Europa könnte dieser Partner werden. Da Europa um Gleichgewicht und Machtbegrenzung weiß, da es individuelle Menschenrechte und Gemeinschaftsfähigkeit entwickelt hat, weil es sich der Begrenzung weltlicher Macht und der Bedeutung religiöser wie kultureller Toleranz als Voraussetzung für Frieden, Freiheit und Gerechtigkeit bewusst ist, da die Europäer so viele Kriege erlebt und erlitten haben, haben wir im letzten halben Jahrhundert durch frei gewählte Einbettung in einen wechselseitigen Rechtszustand bei allen fortbestehenden Unterschieden und Rivalitäten Beziehungen des Vertrauens untereinander entwickelt, sodass die europäischen Staaten Kooperation und Interessenausgleich bewaffneten Auseinandersetzungen dauerhaft vorziehen.

Von diesen Erfahrungen kann die Welt im 21. Jahrhundert profitieren. Im Übrigen verbindet das alles, und vieles andere, Amerika mit Europa mehr als mit allen anderen Mächten und Regionen. Wir teilen gemeinsame Werte und ein gemeinsames Verständnis vom Menschen und menschlicher Ordnung. Zusammen bilden wir das Abendland. Einen besseren Partner in weltpolitischer Verantwortung als Europa kann Amerika nicht finden, im eigenen Interesse nicht und in unserem europäischen Interesse schon gar nicht.

## VI.

Weil es um der Sicherheit und Stabilität unseres Kontinents willen zu einem Amerika, das bereit bleibt, sich für und in Europa zu engagieren, keine realistische Alternative gibt, ist es an uns, den Willen aufzubringen, wirklich partnerschaftsfähig zu werden. Dazu muss Europa zuvorderst eine einheitliche, gemeinsame Außenpolitik zu formulieren und diese auch durchzusetzen verstehen, und es muss sich der Aufgabe verschreiben, die eklatanten Lücken in den militärischen und militär-technologischen Fähigkeiten mit den USA, aber auch untereinander, allmählich zu schließen.

Dabei ist Deutschland in besonderem Maße gefordert, zu einer Verbesserung europäischer Fähigkeiten signifikant bedeutendere Beiträge zu leisten, wie dies Großbritannien, Frankreich und auch andere europäische Staaten bereits eingeleitet haben. Das setzt eine am tatsächlichen Aufgabenspektrum und insbesondere an den absehbaren Bedürfnissen von NATO und Europäischer Verteidigungsidentität ausgerichtete Reform der Bundeswehr voraus, die weit über das kurzfristig Unumgängliche hinaus angelegt ist, und ein Grundverständnis, dass angesichts der offensichtlichen Herausforderungen für unser Land eine nachhaltige Erhöhung der für auswärtige Zwecke, also für Außen-, Verteidigungs- und Entwicklungspolitik, bestimmten Mittel erfolgen muss – notfalls auch zu Lasten gewohnter Bequemlichkeiten in anderen Bereichen. Nur ausgehend von einem solchen Konsens kann es langfristig auch gelingen, integrierte europäische Streitkräfte als europäischen Pfeiler atlantischer Zusammenarbeit zu etablieren.

Grundlage aller konkreten Schritte aber bleibt der politische Wille und damit die dauernde Sorge um Vertrauen und Verlässlichkeit, insbesondere wenn es um die zentrale Aufgabe von Allianzen geht: den kollektiven Schutz gegen Gefahren für einen oder mehrere Partner. Sicherheit und Bedrohung sind heute weniger denn je teilbar oder eingrenzbar. Europa muss gemeinsam mit seinen Partnern zur Übernahme weltweiter Verantwortung bereit und fähig sein. Ebenso müssen freilich auch die Amerikaner ihrerseits bereit sein, Entscheidungen, deren Konsequenzen gemeinsam geschultert werden sollen, auch gemeinsam vorzubereiten und zu treffen. Und es sollte uns auch gelingen, Amerika von den Vorteilen zu überzeugen, die letztlich für seine eigene Sicherheit aus einer aktiven Mitgestaltung der Verrechtlichung der internationalen Beziehungen erwachsen ebenso wie aus einem gemeinsamen Engagement zugunsten einer nachhaltigen Umweltpolitik und der Entwicklung ärmerer Länder und Regionen in einer Weise, die Fortschritt und Prosperität mit der Bewahrung kultureller Identität verbindet.

## VII.

Deshalb müssen wir ein großes und starkes, politisch handlungsfähiges Europa zustande bringen, in unserem eigenen Zukunftsinteresse, für eine funktionierende atlantische Partnerschaft und in globaler Verantwortung. Nach dem Ersten Weltkrieg ist die europäische Einigung nicht zuletzt deshalb gescheitert, weil Amerika sich zu schnell zurückgezogen hatte, und nach dem Zweiten Weltkrieg ist sie geglückt, weil europäische Einigung und atlantische Partnerschaft untrennbar miteinander verbunden blieben als zwei Seiten ein und derselben Medaille. Diese Komplementarität europäischer und atlantischer Integration entspricht in jedem Fall auch den Interessen der neuen Mitglieder in unserem erweiterten Europa. Und dieses Interesse teilen wir letztendlich auch mit Frankreich, auch wenn unser Nachbar in seiner transatlantischen Sicht der Dinge bisweilen andere Akzente setzt. Die deutsch-französische Freundschaft bleibt aber für die europäische Einigung wie auch für die transatlantischen Bande wesentlich. Die beiden Partner sollten es schaffen, auch in Zukunft als Motor für die Einigung Europas zu wirken, indem sie gerade den vermeintlich kleineren Partnern die Gewissheit geben, angemessen ernst und wahrgenommen zu werden, und indem sie ebenso gemeinsam verlässliche atlantische Politik gestalten.

Grundaxiom deutscher Außen- und Europapolitik muss bleiben, nicht zwischen Paris, London, Warschau oder Washington wählen zu müssen, auf Achsen, Sonderwege und dergleichen mehr zu verzichten und stattdessen auf Integration und verlässliche Partnerschaft zu setzen. Wir Deutschen sind damit gut gefahren und Europa bislang auch. Die aktuellen Erfahrungen zeigen, dass Europa spaltet, wer versucht, gerade auch angesichts des europäischen Erweiterungsprozesses, Europa gegen das atlantische Band auszuspielen. Wer die Europäer vor die Alternative europäische Einigung oder atlantische Partnerschaft stellen will, wird schnell erfahren, dass ein größerer Teil der Europäer auf die Partnerschaft mit der stärksten und langfristig verlässlichsten Macht unter keinen Umständen zu verzichten bereit ist. Europa ist noch weit davon entfernt, für seine eigene Sicherheit garantieren, geschweige denn Konflikte auf unserem Kontinent und in unserer Nachbarschaft wirksam entschärfen oder kontrollieren zu können. Auch nach dem Ende des Ost-West-Konflikts war Europa nicht fähig, im europäischen Haus auf dem Balkan ohne amerikanische Hilfe Frieden zu halten. Und Stabilität im Mittelmeerraum, also im Nahen Osten und vor allem im Palästina-Konflikt, ohne amerikanische Führung zu schaffen, bleibt auf absehbare Zeit illusionär.

Das erweiterte Europa wird umso stärker und glaubwürdiger werden, je klarer es auch sein Verhältnis zu seinen Nachbarn zu definieren und mit Instrumenten langfristig tragfähiger Partnerschaften auszugestalten vermag. Dies gilt für unser Verhältnis zur Türkei, der wir in ganz besonderer Weise verbunden sind und bleiben, aber auch zur Ukraine, zu Weißrussland, zu Moldawien und natürlich auch zu Russland, dessen unumkehrbare Annäherung an die europäischen und atlantischen Strukturen zentrale Aufgabe europäischer Politik bleiben muss. Gleichzeitig rückt auch der Kaukasus näher an Europa heran, ebenso die Staaten an der südlichen Küste des Mittelmeers und des Nahen und Mittleren Ostens, womit das europäische Interesse an Stabilität dieser Länder und Regionen Priorität erlangt und in aktives Engagement um Zusammenarbeit, Konfliktprävention und Konfliktlösung münden muss.

## VIII.

Ein großes und starkes Europa kann nur gelingen, wenn es sich auf die Zustimmung der Menschen, auf das Gefühl der Zugehörigkeit und Überzeugung gemeinsamer Identität gründet. Als künstliches Konstrukt oder wirtschaftlicher Interessenverbund hat es keine Chance. Alle Erfahrung lehrt, dass die Bedeutung unterschiedlicher kultureller und regionaler Identität nicht unterschätzt werden darf, noch weniger aber die emotionale Bindung der meisten Menschen an ihre Nationalstaaten. Für absehbare Zeit wird der national verfasste Staat als Ergebnis europäischer Geschichte die wichtigste Ebene politischer Zugehörigkeit bleiben, in der Gewaltmonopol und Mehrheitsprinzip, Herrschaft des Rechts auch in der Unterwerfung individueller Ansprüche unter die Forderungen der Gemeinschaft akzeptiert werden.

Darauf kann auch in unserer heutigen, grenzenloser werdenden und sich schneller verändernden Welt nicht verzichtet werden. Europäische Einigung bleibt auf nationale Identität angewiesen, und sie muss zugleich zunehmend Legitimität für europäische Entscheidungen zu erwerben suchen. Dazu sind Transparenz, Effizienz und demokratische Legitimation europäischer Entscheidungen notwendig, und die müssen in einem für die Menschen akzeptablen Verhältnis zum bleibenden Raum für Vielfalt, Wettbewerb, eigener Regelungszuständigkeit und Selbstbestimmung stehen. Dies ist das eigentliche Thema der aktuellen europäischen Verfassungsdebatte, die uns auch mit dem von Giscard d'Estaing präsidierten Konvent zur Zukunft Europas schon weiter vorangebracht hat, als die meisten geglaubt haben.

## IX.

Entwickelt sich Europa in einer Weise, die nationales und regionales Selbstbewusstsein, europäischen Integrationswillen und atlantische Partnerschaft mit Augenmaß verbindet, stehen seine Perspektiven durchaus gut. Die immer konkreteren, alltäglichen Erfahrungen des Europäischen werden zudem das Bewusstsein der Europäer stärken, dass wir in Europa eine Schicksalsgemeinschaft sind und bleiben. Die gemeinsame europäische Währung ist schon nach einem Jahr in ganz Europa weitgehend akzeptiert. Der Gedanke einer europäischen Armee gewinnt in allen Meinungsumfragen an Zustimmung, und die Notwendigkeit einer einheitlichen europäischen Außenpolitik ist in der Öffentlichkeit so gut wie unumstritten. Die Debatte um den Verfassungsentwurf des Konvents sollte schließlich die Frage nach unserer

Identität europaweit neu ins Bewusstsein rufen und das Verständnis der Menschen für die Bedeutung europäischer Einigung schärfen. Entscheidend wird sein, die historisch ererbte Dynamik des europäischen Miteinanders nicht in Uniformität und Regulierungsperfektionismus zu ersticken. Vielfalt und Einheit, das ist das eigentlich Europäische in unserer langen Geschichte und damit kann es, gerade auch nach der Erweiterung, eine bedeutende europäische Zukunft geben. Auch wenn wir eine verstärkte europäische Kommunikation und Öffentlichkeit brauchen, werden wir nationale und regionale Verschiedenheiten nicht aufgeben müssen. Die Vielfalt der Kulturen und Sprachen wird nicht verloren gehen, auch wenn sich Englisch zur *lingua franca* entwickelt. Das ist im Zeitalter von Globalisierung und Internet ohnedies unvermeidlich, und in Europa hatten wir das schon, zu Zeiten mit Latein und später sogar mit Französisch.

Vielfalt und Einheit richtig austarieren, das ist die Chance, globale Prozesse friedlich und fruchtbar zu gestalten und die Dynamik des vereinigten Europas zur Entfaltung zu bringen. Vom Zusammenprall der Kulturen ist viel die Rede und auch von der Verantwortung der Weltreligionen für den Frieden. Menschenwürde, die Einzigartigkeit und Unverwechselbarkeit jedes Menschen, das ist die Grundlage von Freiheit und Verschiedenheit – und das ist der Kern der Grundwerte Europas. Freiheit und Toleranz bedingen sich gegenseitig. Wenn der Westen das in seiner weltpolitischen Verantwortung beherzigt, muss die Welt auch im 21. Jahrhundert nicht aus den Fugen geraten, werden sich die Entwicklungen auf Europas politischer Landkarte nicht mehr allzu turbulent und weiterhin auf friedlichem Wege vollziehen. Daran mitzuwirken und darauf hinzuwirken, nicht weniger ist der Auftrag Europas im 21. Jahrhundert.

## 2. Globale Chancen, globale Probleme: Konfliktfelder des 21. Jahrhunderts

*Edmund Stoiber*

Die Globalisierung der Chancen, aber auch der Probleme und Konflikte ist das Kennzeichen des beginnenden 21. Jahrhunderts. Dabei ist die Globalisierung zunächst als ein wirtschaftliches Phänomen interpretiert worden. Messbar ist der ökonomische Wandel, der tief greifende gesellschaftliche Folgen nach sich zieht, unter anderem an der sprunghaft zunehmenden Mobilität von Kapital und Know-how. Diesen Trend belegen die Zahlen des jährlichen World Investment Report der Vereinten Nationen. Die Auslandsinvestitionen der Unternehmen rund um den Globus sind in den letzten zehn Jahren rapide angestiegen, zum Teil über 25 Prozent pro Jahr. Die Zahlen zeigen im Übrigen, dass die globale Investitionstätigkeit zwar zum Großteil den Industrieländern zugute kommt – allein in die USA flossen rund ein Drittel der Investitionen –, zugleich aber hat sich der Anteil zugunsten der Entwicklungsländer deutlich erhöht. Die Globalisierung führt so zwar zu einer verstärkten Spreizung zwischen Arm und Reich, aber in der Summe profitieren auch die ärmeren Regionen. Trotz aller Probleme sind zum Beispiel Indien und Bangladesch, Brasilien und viele Schwellenländer positive Beispiele dafür, dass die Globalisierung den Wohlstands- und auch Bildungspegel insgesamt steigen lässt. Diese optimistische Sichtweise entlastet die Industriestaaten selbstverständlich in keiner Weise von ihrer Verantwortung für die ärmeren Teile der Welt.

Die Globalisierung von Wirtschaft, Wissenschaft und Informationsaustausch bringt große Kooperationschancen mit sich. Zugleich macht uns das Zusammenwachsen der Welt die globale Dimension der Probleme bewusster als noch vor 30 Jahren. Überbevölkerung, Migration, Hunger, internationaler Terrorismus, politische Unterdrückung und Verletzung der Menschenrechte, von Kontinent zu Kontinent übertragene Krankheiten, Abholzung des Regenwalds, Ausstoß von Treibhausgasen – das alles sind keine regionalen Probleme, keine Probleme verschiedener Welten, sondern Probleme der einen, globalen Welt. In der wachsenden Wahrnehmung, dass viele dieser scheinbar weit entfernten Probleme jeden Einzelnen auch in den Industriestaaten unmittelbar betreffen, liegt die große Chance ihrer Bewältigung.

Es ist zu hoffen, dass dem globalen Denken mehr und mehr ein gemeinsames globales Handeln entspringt. Wer aber zu Beginn des neuen Jahrhunderts Chancen und Probleme abzustecken versucht, der wird zunächst feststellen müssen: Das *global village* ist kein idyllisches Dorf. Die Zeitenwende von 1989 mit dem Sieg der

Demokratie, das Ende des Kalten Krieges, die friedliche Auflösung der bipolaren Welt öffneten zwar die Tür für ein weiter zusammenwachsendes Europa, und manche sahen zu Beginn der neunziger Jahre des letzten Jahrhunderts gar eine neue Weltordnung in Frieden und Freiheit nahen. Doch mit dem Golfkrieg und den Balkankriegen, mit der brutalen Gewalt in den Bürgerkriegen Afrikas und Asiens, mit dem weiterhin blutigen Nahost-Konflikt und vor allem seit dem 11. September 2001 und dem neuerlichen Irak-Krieg ist die Zuversicht der Jahre 1989/90 einem neuen Realismus gewichen. Das Auge der Weltöffentlichkeit ist wieder geschärft für die Krisen, Probleme und Konflikte rund um den Erdball. Das ist kein Nachteil. Denn in der Politik gilt wie in der Medizin: Die objektive Diagnose ist Voraussetzung für sinnvolles Handeln.

Dabei haben wir Europäer seit der glücklichen Wende von 1989 gehofft, friedlicher Wandel sei möglich. Die Welt hat damals auf Europa geschaut. Aber Europa hat seitdem vor allem auf sich selbst geschaut. Der Siegeszug von Freiheit und Demokratie schien unaufhaltsam. Die Formel des europäischen Optimismus lautete, wo ein Wille ist, ist auch ein friedlicher Weg. Wir Europäer waren überzeugt, wenigstens in Europa sei Krieg undenkbar geworden. Auch diese Überzeugung hielt der Wirklichkeit nicht lange stand. Sarajewo, wo noch 1984 das Friedensfest der Olympischen Winterspiele stattgefunden hatte, wurde nicht einmal zehn Jahre später zu einer belagerten Stadt des Todes mitten in Europa. Obwohl die UNO Srebrenica zur Sicherheitszone erklärt hatte, kam es dort im Juli 1995 zu einem brutalen Massaker. Vor den Augen der Blauhelme wurden Tausende bosnischer Zivilisten getötet. Erst im Dezember 1995 beendete nach intensiver Vermittlung der USA der Friedensvertrag von Dayton den Kriegszustand. Auch im Kosovo spitzte sich die Lage zu. Die Serben vertrieben zunehmend die Muslime gewaltsam aus ihren Dörfern. Daher griff die NATO ohne UN-Mandat am 24. März 1999 erstmals Ziele im Kosovo und in der Nähe von Belgrad an. Den Europäern war klar geworden, dass auch zum Ende des 20. Jahrhunderts die europäischen Völker nicht in Frieden leben können, wenn ein Diktator es nicht zulässt.

Optimismus hatte Skepsis Platz gemacht. Die Einsicht in militärische Notwendigkeiten war für große Teile der rot-grünen Regierung sehr schmerzlich. Gerade die Generation, die im politischen Kampf gegen die NATO und den NATO-Doppelbeschluss groß geworden war, gerade die Generation, die gerufen hatte „Alle Soldaten sind Mörder!", musste sich nun entscheiden. Nicht irgendwo fernab in der Welt, sondern in Europa lauteten die Alternativen erneut: „Nie wieder Krieg" um den Preis von Vertreibung und Völkermord oder „Nie wieder Vertreibung und Völkermord" um den Preis eines Krieges. Jürgen Habermas rechtfertigte damals die Wahl des Krieges auch ohne UN-Mandat so: „Die terroristische Zweckentfremdung staatlicher Gewalt verwandelt den klassischen Bürgerkrieg in ein Massenverbrechen.

Wenn es gar nicht anders geht, müssen demokratische Nachbarn zur völkerrechtlich legitimierten Nothilfe eilen dürfen."

Die neue Maxime rot-grüner Außenpolitik war Anfang 1999 beim NATO-Einsatz im Kosovo, dass die Unterdrückung und Vertreibung der albanischen Minderheit im Kosovo diesen Krieg als „legitimierte Nothilfe" rechtfertigt – auch ohne Mandat der Vereinten Nationen. Am 11. September 2001 wurden durch islamistische Terroranschläge in den USA über 3000 Menschen getötet. Kurz danach versprach Bundeskanzler Gerhard Schröder den USA die „uneingeschränkte Solidarität" Deutschlands. Die Bundeswehr beteiligte sich an der Vertreibung des Taliban-Regimes und an der Jagd auf Osama Bin Laden mit Sicherungsaufgaben in Kabul. Die Bundesregierung war sich mit der US-Regierung einig, dass der Kampf gegen den Terrorismus ein Kampf gegen eine asymmetrische Bedrohung ist. Nicht mehr Staaten führen Krieg gegen andere Staaten. Daher reichen die gängigen Mechanismen der UNO und das klassische Völkerrecht nicht aus, um diesen Kampf zu gewinnen. So sehen es die Amerikaner bis heute. Die Bundesregierung hat sich inzwischen davon distanziert. Trotz „uneingeschränkter Solidarität" verglich kurz vor der Bundestagswahl 2002 die damalige Justizministerin Herta Däubler-Gmelin US-Präsident George W. Bush mit Hitler. Im November 2002 wurde vom Sicherheitsrat der Vereinten Nationen einstimmig die Resolution 1441 angenommen, die dem Irak „ernste Konsequenzen" androhte, falls er nicht umfassend mit den Waffeninspekteuren der UNO kooperiere. Hintergrund dieser harten Resolution waren bittere Erfahrungen. 1988 vergaste Saddam Hussein Tausende Kurden im Nord-Irak. Das war Völkermord. 1991 überfiel er Kuwait. Das war ein Angriffskrieg. Anschließend metzelte er Tausende Schiiten im Süd-Irak nieder. Das war wieder Völkermord. 16 UN-Resolutionen hatte der irakische Diktator seit 1991 ignoriert. In Kenntnis dieser Fakten verkündete Gerhard Schröder Anfang Februar 2003 in seiner Rede in Goslar, Deutschland unterstütze auf keinen Fall eine den Krieg legitimierende Resolution. Der Kanzler legte sich fest. Was auch immer die Inspektoren im Irak entdeckten, was auch immer der Sicherheitsrat der Vereinten Nationen entschied, es würde die deutsche Politik nicht mehr verändern. Der deutsche Bundeskanzler hat damit vorab und ohne Not den UN-Sicherheitsrat und seine Entscheidungen als irrelevant für die deutsche Regierungspolitik abgestempelt. Das war eine bis dahin undenkbare Brüskierung der UN.

Was ist die Verantwortung Deutschlands und Europas in einer Welt neuer Gefahren und Konflikte? Diktatoren knechten nach wie vor ihre Völker, bedrohen ihre Nachbarn und zum Teil unterstützen sie den internationalen Terrorismus. Dabei ist es schon seit den Nürnberger Prozessen völkerrechtliches Allgemeingut, dass Diktatoren sich nicht hinter dem Recht auf Nichteinmischung in vermeintlich innere Angelegenheiten verstecken können. Massenhafter Bruch der Menschenrechte, Verbrechen gegen die Menschlichkeit und aggressive Bedrohung des Weltfriedens gewinnen auf der völkerrechtlichen Waage der Justitia zunehmend mehr Gewicht in Konkurrenz zu staatlichen Souveränitätsrechten. Auf diese Legitimität beriefen sich die USA bei ihrem Vorgehen gegen Milošević und dann gegen Saddam Hussein als einem der schlimmsten unter den Diktatoren der Gegenwart. Dagegen warfen Kritiker der US-Regierung den Bruch des Völkerrechts vor, weil der Irak-Krieg ohne weitere Resolution des UN-Sicherheitsrats begonnen wurde. Zugleich aber gewährte der Bundeskanzler der amerikanischen Luftwaffe Überflugrechte. Damit hat die Bundesregierung indirekt zugegeben, dass die Resolution 1441 für einen amerikanischen Angriff völkerrechtlich sehr wohl ausreicht. Warum dann aber die verhängnisvolle Frühfestlegung des Kanzlers?

Ohne Zweifel war es eine Niederlage von Politik und Diplomatie, dass der UN-Sicherheitsrat sich nicht auf eine gemeinsame Position und am Ende auf kein Ultimatum gegen den Diktator einigen konnte. Keine Frage, dass alle Seiten Fehler gemacht haben, auch die Amerikaner etwa mit den wechselnden Begründungen ihrer Irak-Politik. Kritik war hier durchaus angebracht. Aber unter Freunden gilt: Der Ton macht die Musik! Für die Zukunft bleibt festzuhalten: Wenn die Weltgemeinschaft einen Diktator ohne Krieg entwaffnen will, setzt dies eine glaubwürdige Drohkulisse der UNO voraus. Voraussetzung einer glaubwürdigen Drohkulisse ist die Bereitschaft, notfalls auch mit Gewalt vorzugehen. Wer aber von vornherein erklärt „Mit uns nicht!", der macht den Diktatoren dieser Welt das Taktieren leichter. Im Ergebnis heißt das, wer die Drohkulisse der UN unglaubwürdig macht, der macht Krieg wahrscheinlicher.

Die verbalen Entgleisungen in der zum Teil demagogischen Debatte um den Irak-Krieg haben gezeigt, wie rasch bisher tragende Maßstäbe unseres Gemeinwesens und deutscher Außenpolitik aus den Augen verloren werden. Gerade wir Deutschen sollten aus Erfahrung wissen, dass Frieden mehr ist als die bloße Abwesenheit von Krieg. Man darf sich von Diktatoren nicht erpressen lassen, das ist und bleibt Grundlage für Frieden und Freiheit. Dabei ist der Respekt vor der christlich begründeten Meinung, jeder Krieg mache immer auch schuldig, Konsens in CDU und CSU. Doch die Alternative „Krieg oder Frieden" darf nicht zur Absolutheit erhoben werden. Es kann Krieg notwendig sein, um Frieden und Freiheit zu schaffen oder dauerhaft zu erhalten. Mit moralisch überhöhter Ideologie macht man sich ebenso schuldig wie mit willkürlicher Machtpolitik.

Das 21. Jahrhundert beginnt mit Frieden und Freiheit in Europa – auch auf dem Balkan in Bosnien und im Kosovo. Und das verdanken wir in erster Linie den amerikanischen Soldaten. Nicht oder zu spät zu handeln kann genauso schuldig machen wie falsches Handeln. Das zeigt die Geschichte von Auschwitz bis Ruanda und zuletzt in Bosnien und in Afghanistan. Keine Kritik an den USA darf deshalb zum

Eindruck ausarten, Frieden und Sicherheit auf der Welt würden von den USA gefährdet und nicht von Despoten wie Saddam Hussein. Diese offen oder latent antiamerikanische Haltung in Deutschland ist unverantwortlich. Nach dem Ende der Kriegshandlungen im Irak müssen die Maßstäbe der Diskussion in Deutschland wieder zurechtgerückt werden – und das kann nicht in erster Linie die Opposition, das muss die Regierung leisten. Für uns Deutsche stehen die Amerikaner ganz entscheidend für die Menschenrechtserklärung, für die Gründung des Völkerbundes und der UN, für das blutige Opfer Amerikas in den Weltkriegen, für den Marshall-Plan und für den Erhalt von Frieden und Freiheit. Amerika steht auch für den Friedensnobelpreisträger Carter, der viel für den Frieden im Nahen Osten getan hat. Wir Deutsche verbinden mit Amerika nicht zuletzt das politische Erbe von George Bush senior als Wegbereiter der Wiedervereinigung. Es war die erste Bush-Administration, die Deutschland endgültig vom außenpolitischen Objekt zum außenpolitischen Subjekt werden ließ. George Bush senior hat uns Deutschen die Hand gereicht in Freundschaft und mit dem Angebot von *partnership in leadership*. Wir müssen uns fragen, ob wir dieser großen Chance in Wort und Tat gerecht geworden sind. Was haben wir aus dem Angebot von *partnership in leadership* gemacht?

Es gibt die christliche Friedensbewegung aus Überzeugung. Aber es muss auch offen ausgesprochen werden, dass es professionell organisierten Kampagnen immer wieder gelingt, die sprichwörtliche „German Angst" für politische Interessen zu missbrauchen. In dieser „German Angst" liegt ein innerer Zusammenhang zwischen der „Absicherungsrepublik", der „blockierten Republik" und der „hysterischen Republik". Einem bewusst geschürten Links-Nationalismus deutscher Sonderwege gelingt es seit den fünfziger Jahren, Erregungszustände zu erzeugen und eine antiamerikanische Alarmstimmung zu entfachen. Wo aber waren die Demonstrationen für die Opfer der Sowjetunion, für die Opfer in Kambodscha, in Ruanda, in Bosnien, in Nordkorea, im Norden und Süden des Irak? Offensichtlich gab es hier keinen Erregungsbedarf.

Was sind die Lehren aus der tiefen Spaltung Europas und des UN-Sicherheitsrats im Konflikt um die richtige Strategie gegen den Diktator in Bagdad? Wie wird die Welt nach den historischen Einschnitten des Jahres 2003 aussehen? Was ist die Rolle Deutschlands heute und in Zukunft? Zunächst ist an die Grundpfeiler einer einflussreichen deutschen Außenpolitik zu erinnern. Erstens: Die Sicherheitspartnerschaft zwischen Europa und den USA ist und bleibt von existentieller Bedeutung. Zweitens: Nur ein einiges Europa hat Einfluss in der Welt und nicht zuletzt auf die USA. Wir müssen die Spaltung Europas, wie wir sie zur Zeit erleben, so schnell wie möglich überwinden. Drittens: Die Partnerschaft mit den USA ist ebenso Bestandteil deutscher Staatsräson wie die Partnerschaft mit Frankreich. Frankreich hat im Konflikt um den Irak-Krieg die Chance gesehen, seinen alten Traum von einer multipolaren Welt mit einem besonderen Status Frankreichs zu verwirklichen. Doch Deutschland ist nicht Frankreich. Der Ausgleich mit Frankreich und der Erhalt des transatlantischen Bündnisses – beides zu verbinden ist die entscheidende Grundlage einer einflussreichen deutschen Außenpolitik.

Weil die Grundpfeiler deutscher Außenpolitik geschwächt sind, droht der wirtschaftlich lahmende, aber immer noch schwergewichtige Riese Deutschland zum außen- und sicherheitspolitischen Zwerg zu schrumpfen. Dabei wird von der Weltgemeinschaft mehr und mehr eine starke Rolle Deutschlands eingefordert. Im letzten Jahrhundert war Deutschland Synonym für millionenfachen Tod und Leid für Europa. Die Welt hatte Angst vor einem starken, herrschsüchtigen Deutschland. Heute hat die Welt, heute hat gerade Osteuropa Angst vor einem zu schwachen Deutschland, vor einem stagnierenden Deutschland, das Europa wirtschaftlich nach unten zieht, vor einem unberechenbaren Deutschland, das sich auf „deutsche Wege" zurückzieht. Das ist der Hauptvorwurf auch vieler Europäer. Deutschland kann nicht je nach Situation auf neue Achsen und Ad-hoc-Koalitionen setzen, deren Stabilität nicht trägt und die bewährte, über Jahrzehnte vertiefte Vertragsbündnisse nicht ersetzen können.

Erste Priorität der deutschen und europäischen Außenpolitik muss jetzt die transatlantische Versöhnung sein. Die Scherben müssen zusammengekehrt, der tiefe Riss muss gekittet werden. Es ist im europäischen Interesse, dass die USA sich auch weiterhin als europäische Macht verstehen. Vergessen wir auch nicht die enge Bindung der EU-Beitrittskandidaten Polen, Tschechien und Ungarn an die USA und deren Argwohn gegen eine Achse Paris–Berlin–Moskau. Aus polnischer Sicht etwa weckt das deutsch-russische Einvernehmen gegen die USA bitterste Erinnerungen an die eigene leidvolle Geschichte. Die jungen Demokratien sehen die USA als ihre Schutzmacht an, nicht als hegemonialen Weltpolizisten. Die mittel- und osteuropäischen Länder haben weiß Gott lange genug schlechte Erfahrungen mit dem „großen Bruder" Sowjetunion gemacht. Sie treten der EU nicht bei, um von neuen „großen Brüdern" mit dem moralischen Zeigefinger zurechtgewiesen zu werden. Daher ist jede Teilung in ein „altes" und ein „neues" Europa fatal.

Nur ein einiges Europa hat globales Gewicht, Einfluss auf internationaler Bühne und die notwendige Gestaltungskraft, die Chancen der Globalisierung zu mehren und zur Lösung der globalen Probleme beizutragen. Die EU-Osterweiterung wird viele politische Kräfte Europas binden. Trotzdem dürfen wir nicht eurozentrisch blind nur auf diese Aufgabe blicken. Europa muss sich den wesentlichen globalen Konflikten des 21. Jahrhunderts stellen.

Erstens: Die Teilhabe an Fortschritt und Wohlstand wird über Krieg und Frieden mitentscheiden. Die wachsende, sehr junge Bevölkerung Nordafrikas, des Nahen Ostens und der Golfanrainer braucht Entwicklungs- und Wohlstandschancen, sonst wird die Bereitschaft zu Terror und Selbstmordattentaten noch zunehmen. Ungefähr 750 Millionen männliche Jugendliche gibt es in der Dritten Welt, die bald ins Erwachsenenalter kommen werden. Unter den heutigen Verhältnissen werden nur 250 Millionen von ihnen die Chance haben, befriedigende gesellschaftliche Positionen zu erreichen. Schon heute führen 60 der 70 Länder mit massenhaft perspektivlosen jungen Männern Bürgerkriege. Ohne Hilfe zur Selbsthilfe werden sich Millionen Hungernder und Unterprivilegierter in Richtung Europa auf den Weg machen, die meisten friedlich, einzelne als verblendete Extremisten und Gewalttäter. Auch deshalb muss die EU konsequent auf offene Märkte und fairen Wettbewerb setzen. Freier Handel und dynamische Wirtschaftsbeziehungen sind nie ein Nullsummenspiel. Wenn Europa Absatzmärkte sucht, muss es die potenziellen Handelspartner wohlhabender machen. Mit Armen kann man keinen Handel treiben.

Zweitens: Wir brauchen eine Balance von Einheit und Vielfalt. Viele Menschen befürchten, dass mit der Globalisierung Uniformität oder sogar Gleichschaltung drohen. Dem stehen die reale Vielfalt der Völker, Nationen, Landschaften, Kulturen und Religionen gegenüber. Das Wissen um den Unterschied zu anderen macht die eigene Identität aus und erlaubt ein gesundes Selbstbewusstsein. Kulturen dürfen nicht nach dem Schema „wertvoll versus minderwertig" eingeteilt werden. Andererseits muss die Weltgemeinschaft entschieden gegen Menschenrechtsverletzungen, die Unterdrückung von Minderheiten wie auch die Misshandlung von Frauen vorgehen. Doch jede Politik, die gewachsene Identitäten ignoriert oder gar gewaltsam unterdrückt, muss auf Dauer scheitern. Toleranz erträgt Andersartigkeit und vermeidet einen „Kampf der Kulturen". Es muss aber auch Konsens sein, dass eine Gesellschaft eine kulturelle Identität braucht. Besteht eine Gesellschaft nur noch aus Minderheitenkulturen und sozialen Fragmenten, kann es weder Solidarität noch ein Mindestmaß an innerer Einheit und demokratischer Kompromissfähigkeit, geschweige denn kraftvolles gemeinsames Handeln in Krisenzeiten geben.

Drittens: Ein weiteres globales Konfliktfeld ist mit den Schlagworten „multilateral" versus „unilateral" umschrieben worden. Zur Debatte steht die notwendige weitere Stärkung multilateraler Organisationen wie UN und WTO bei gleichzeitigem Erhalt nationalstaatlicher und regionaler Souveränitätsrechte. Was wir in Europa unter jahrzehntelanger Diskussion Schritt für Schritt mit den Stichworten „Kompetenzabgrenzung" und „Subsidiarität" bis zum heutigen Prozess des Verfassungskonvents vorangebracht haben, liegt in Bezug auf die Weltordnung des 21. Jahrhunderts in weiter Ferne. Dabei steht die Völkergemeinschaft vor neuen, konfliktreichen Herausforderungen. Der vernetzte islamistische Terrorismus ist eine völlig neue Art der Bedrohung. In der Zukunft drohen Kriege um Bodenschätze, vor allem Kriege um die Ressource Wasser. Die drängenden Fragen brauchen Antworten. Wie kann nach den Erfahrungen des 11. September und des Irak-Konflikts ein neuer Ausgleich gefunden werden zwischen der Gleichgewichtspolitik in der Weltgemeinschaft und der Supermacht USA? Wie sind die Entscheidungsprozesse in der UNO zu reformieren? Welche Antworten hat die UNO für die Konflikte im Nahen Osten, in der Kaschmir-Region bis hin zu Nordkorea? Welchen neuen Konsens findet das Völkerrecht gegenüber einer präventiven Interventionspolitik zur Bekämpfung neuer asymmetrischer Bedrohungen? Europa ist in dieser Frage tief gespalten. Und zugleich wird die Rolle Europas zunehmend geschwächt durch die aufstrebenden neuen Mächte der multipolaren Welt, wie die asiatischen Milliardenvölker Indien und China. Entsprechend entfalten sich schon heute die politischen Energien der USA mehr und mehr über den Pazifik, während die transatlantische Freundschaft mit Europa zum Problem geworden ist.

Das vierte Konfliktfeld politischer Verantwortung lässt sich mit dem Begriffspaar Freiheit und Gleichheit beschreiben. Die Frage nach der Priorität von Freiheit oder Gleichheit bleibt bestimmend für die politische Debatte über eine gerechte und damit auch friedliche Welt. Ausgangspunkt in der Diskussion um Freiheit und Gleichheit muss die Feststellung sein: Gleichheit ist ein hoher Wert. Gleichheit vor dem Gesetz etwa oder Chancengleichheit im Wettbewerb um Erfolg und sozialen Status – das sind Grundlagen unserer westlichen Zivilisation. Doch heute stellt sich die Frage nach der Balance von Freiheit und Gleichheit in verschärfter Form. Wie viel Gleichheit wollen wir? Wie viel sozialen Ausgleich von Unterschieden können wir uns leisten? Diese Frage stellt sich im Verhältnis der Staaten und Kontinente zueinander, aber auch innerhalb der westlichen Wohlstandsgesellschaften selbst. Dabei darf Gleichheit nicht interpretiert werden als Geborgenheit und Besitzstandswahrung. Freiheit darf nicht interpretiert werden als soziale Kälte. Schutzangebote zugunsten des Status quo dürfen nicht attraktiver sein als mutige Reformen zum langfristigen Erhalt des sozialen Wohlstands. Gleichheit auf niedrigem Niveau darf nicht Priorität haben gegenüber der Förderung von Leistung und mehr Wettbewerb, der notwendigerweise Ungleichheit mit sich bringt.

Wir brauchen von der kleinsten bis zur größten Einheit, vom Bürger bis zu den multinationalen Organisationen Aktivierung, nicht Nivellierung. Denn nur durch den Wettbewerb der Ideen und durch die Leistungskraft freier Märkte können wir den Wohlstand erwirtschaften, um den Bedürftigen zu helfen, die auf Solidarität tatsächlich angewiesen sind. Die politischen Eliten müssen deshalb immer wieder klarstellen: Absolute Gleichheit und Freiheit schließen sich aus. Freiheit gibt es nicht umsonst. Freiheit heißt Anstrengung. Auch das ist eine bleibende Erfahrung des 20. Jahrhunderts. Wer alle gleich machen will, der macht alle gleich arm und unfrei. Die Erfahrungen mit dem Kommunismus und Sozialismus sollten uns hierfür Warnung sein für alle Zukunft. Teilhabe versus Nichtteilhabe am Fortschritt, Vielfalt versus Einheit, multilateraler Interessenausgleich versus unilaterale Handlungsfähigkeit, Freiheit versus Gleichheit – diese Konfliktfelder politischer Verantwortung zeigen, dass mit dem Umbruch der Jahre 1989/90 keineswegs das Ende der Geschichte gekommen ist. Wir stehen nicht am Ende aller Konflikte, sondern am Anfang einer neuen Epoche des globalen Bewusstseins unserer Probleme. Die Völker haben gemeinsame Probleme, aber andererseits wächst die gegenseitige Konkurrenz im Wettbewerb. Die Herausforderungen sind vielfach formuliert worden: Der globale Modernisierungsdruck mit der weltweiten Mobilität von Kapital und Know-how, der globale Wettbewerbsdruck im Übergang zur Informations- und Dienstleistungsgesellschaft, die demografische Entwicklung und deren Folgen für das soziale Gleichgewicht zwischen den Kontinenten und innerhalb der Staaten. Gegenüber diesen Herausforderungen bestehen keine Defizite der Erkenntnis, wohl aber des Handelns. Auch wir in Deutschland wissen, was zu tun ist. Wir brauchen Reformen in der Verwaltung und im Recht, mehr Flexibilität in der Wirtschaftsverfassung, mehr Effizienz und Eigenverantwortung in den sozialen Sicherungssystemen und im Bildungswesen.

Dabei meinen manche Vordenker, Politik sei von der wirtschaftlichen Dominanz der *global players* bereits entmachtet und in der „Globalisierungsfalle" (H.-M. Peter und H. Schumann) gefangen. Die Politik habe also im globalen Wettlauf des mobilen Kapitals um die Standorte mit den niedrigsten Steuern, mit den geringsten Sozialkosten und mit den laschesten Umweltauflagen längst die Segel gestrichen. Aus dieser Sicht werden Politik und Staat oft nur noch verstanden als halbwegs funktionstüchtiger Reparaturbetrieb. Politik soll die Wunden heilen, die der angeblich unmenschliche Markt und der kalte Wettbewerb geschlagen haben. Indes besteht zur Selbstaufgabe der Politik im Wettlauf um die Fortschrittsdividenden der Globalisierung kein Anlass. Insbesondere das bewährte Konsensmodell der Sozialen Marktwirtschaft ist ein Vorteil auch im globalen Wettbewerb. Die Stärken dieses Modells beruhen maßgeblich auf dem Grundkonsens – jenseits aller legitimen Einzelinteressen – zwischen Unternehmern, Arbeitnehmern und staatlichem Handeln. Dieser Konsens basiert auf der Einsicht, dass ohne sozialen Frieden kein wirtschaftlicher Erfolg möglich ist – und umgekehrt. Sozialer Friede ist auch im Interesse von Aktienanlegern und eben kein Gegensatz zum *shareholder value*. Deshalb ist es so fatal, wenn Sozialpolitik und Marktpolitik aus falschem politischem Kalkül gegeneinander ausgespielt werden.

Zur Beantwortung der Frage, wie die traditionellen Industriestaaten ihre Teilhabe am Fortschritt auch in Zukunft sichern können, müssen wir also heute zwar erklären, was der Staat künftig nicht mehr gewährleisten kann. Doch gleichzeitig müssen wir daran festhalten, dass der Staat nach wie vor eine Lenkungs-, Steuerungs- und nicht zuletzt eine Schutzfunktion in der Lebens- und Arbeitswelt der Menschen hat. Innere und äußere Sicherheit mit staatlichem Gewaltmonopol, Rechtsstaat, Sozialstaat und funktionierende Marktwirtschaft bedingen sich gegenseitig. Das zeigt die Geschichte. Der Verfassungs- und Rechtsstaat ist auch deshalb so erfolgreich, weil er Arbeitnehmern und Unternehmern, Handwerkern, Händlern und dem Bankwesen verlässliche Institutionen bietet. Günstige Rahmenbedingungen für Investoren, für Wachstum und im Ergebnis für neue Arbeitsplätze sind eben nicht nur niedrige Steuern oder konkurrenzfähige Arbeitskosten. Für Investoren sind mindestens ebenso wichtig: Innerer sozialer Friede, ein funktionierender Rechtsstaat mit einklagbaren Normen oder etwa Vertragssicherheit, gute Schulen und Hochschulen, ein modernes Gesundheitswesen, sichere und leistungsfähige Verkehrswege, eine gesunde Umwelt, ein vielfältiges Kulturleben. Zur Gewährleistung dieser Standortfaktoren braucht die Wirtschaft einen starken, handlungsfähigen und effektiven Staat. Die globale Wirtschaft will zwar keine bürokratischen Hemmnisse, aber sie will auch nicht die Entmachtung des Staates.

Der Wettbewerb um die besten Lösungen in der Wirtschaft, in der Politik und zwischen den Staaten ist die Triebfeder unserer westlichen Zivilisation. Aufgabe des Staates ist nicht, den Markt zu gängeln oder den Wettbewerb zu unterdrücken. Politisches Ziel muss es sein, dass der Wettbewerb fair ist und gerecht bleibt. Staat und Politik müssen für Vielfalt und Wettbewerb sorgen. Das ist zunehmend weniger eine nationale und zunehmend mehr eine europäische, ja weltweite Aufgabe. Internationale Organisationen wie die WTO oder die G-8-Gruppe müssen ihre Regulierungsaufgaben auch gegenüber möglicherweise marktbeherrschenden *global players* erfüllen können. Die Marktwirtschaft darf nicht zur Machtwirtschaft verkommen.

Es gibt einen Trend zu großen Strukturen, aber gleichzeitig sind kleine, flexible und schnelle Einheiten besonders erfolgreich. Alles in allem wird das 21. Jahrhundert ein Jahrhundert des Wettbewerbs, des Föderalismus und der Subsidiarität werden. Die Globalisierung von Politik und Wirtschaft ist nur eine Seite der Medaille. Die zweite Seite ist gerade nicht die Abnahme, sondern eine Zunahme von Regionalisierung und Lokalisierung. Für diesen Dualismus haben Wissenschaftler den Begriff „Glokalisierung" geprägt. Auch diese Erkenntnis ist nicht neu. Alexis de Tocqueville hat schon vor 150 Jahren geschrieben: „Die Kraft der freien Völker ruht in der Gemeinde". Tocqueville hat uns gewarnt: „Man beseitige die Stärke und die Freiheit der Gemeinde – und man wird nur noch Verwaltungsobjekte und keine Staatsbürger mehr finden." Diese Warnung gilt gerade heute im Zeitalter der Europäisierung und Globalisierung von Politik und Wirtschaft. Nicht zuletzt die deutsche Geschichte zeigt, was geschieht, wenn die das Sozialwesen bildende Kraft der kleinen Einheiten als Grundlage einer Gesellschaft der Staatsbürger schleichend ausgehöhlt wird. Die haltlose Vereinzelung des Individuums ist die Schwester der Staatsgläubigkeit. Auflösung sozialer Bindungen und Delegieren sozialer Verantwortung an den Staat sind zwei Seiten einer Medaille.

Die Konfliktfelder politischer Verantwortung werden auch in Zukunft nicht weniger. Nach dem Ende des Kalten Krieges sind die Probleme komplexer und unübersichtlicher geworden – und zum Teil wurde auch unsere Wahrnehmung der globalen Vielfalt differenzierter. In dieser multipolaren Welt brauchen wir bei allem notwendigen skeptischen Realismus klare und überzeugende Wegweiser in die Zukunft. Kalter, wetterwendischer Pragmatismus allein aber schafft keine Orientierung und schon gar nicht gültige Werte. Politischer Tiefflug auf Sicht muss scheitern, wenn größere Hürden anstehen. So birgt ein wertfreier Pragmatismus in Politik und Staat auch immer die Gefahr, eine neue Re-Ideologisierung zu provozieren oder gar einer Renaissance von politischen Heilsversprechungen den Boden zu bereiten. Deshalb sollten wir Deutschen aus der Erfahrung unserer Geschichte die große Idee der europäischen Aufklärung nicht aus dem Auge verlieren: Das Ziel einer Friedensgemeinschaft der Völker in ihrer kulturellen Vielfalt. Dafür muss die Weltgemeinschaft Wehrhaftigkeit und Tatkraft beweisen gegenüber den Feinden von Frieden und Freiheit. Von Deutschland wird hierzu ein größerer und aktiver Beitrag erwartet als bisher. Deutscher Einfluss auf globale Entscheidungen braucht nicht deutsche Sonderwege, sondern die Fähigkeit und den Willen zum Mithandeln in der erweiterten EU, in der NATO und in den Vereinten Nationen. Deutschland darf und kann nicht abseits stehen. Alles andere war und ist eine gefährliche deutsche Selbstüberschätzung und das Gegenteil einer verantwortlichen Realpolitik. „Deutsche Wege" vergeben die Chancen der Globalisierung und vergrößern ihre Probleme.

## 3. Traum und Alptraum – Überlegungen zu Politik und Wirtschaft in Deutschland

*Kurt F. Viermetz*

Hier ist eine Episode, die anfängt, Geschichte zu machen: Deutschlands wachsende politische Isolation inmitten einer Wirtschaftskrise im Jahre 2003.* Angesichts dieses düsteren, ja alptraumartigen Szenarios mögen Überlegungen über Wege aus der Krise wie ein schöner Traum erscheinen. Zuerst dachten Beobachter, dass die Politik der Regierung Schröder in der Irak-Krise dem Opportunismus einer wahlkämpferischen Spielernatur zuzuschreiben sei. Eben eine Episode, so sagte man, die vorbeigehen und die nach geglückter Wiederwahl im September 2002 ganz „cool" wieder bereinigt werden würde. Doch weit gefehlt! Je länger sich die Auseinandersetzungen in der Irak-Frage zwischen Deutschland im Schlepptau von Frankreich (das aber anderen Motiven folgt) und Amerika hinzogen, desto deutlicher traten Prinzipien und Lebenseinstellungen dieser von ehemaligen „Achtundsechzigern" geführten deutschen Bundesregierung hervor. In ihrem Antikapitalismus, Antiamerikanismus und Pazifismus reflektieren die Leitlinien deutscher Politik auf einmal die Geschichte und Philosophie der Studentenbewegung von 1968, decken darüber hinaus aber auch die Weigerung des ganzen linken Spektrums der deutschen Politik auf, die Lehren aus der Beschwichtigungspolitik der westeuropäischen Mächte gegenüber Hitler – genannt seien die Stichworte Rheinland-Besetzung 1936 und München 1938 – zu ziehen. Doch Appeasement kann keine Grundlage bilden für den Dialog mit einem Amerika, das sich nach dem 11. September 2001 mit dem internationalen Terrorismus „at war" betrachtet.

Dabei hätte es Deutschland ziemlich leicht gehabt, sich in dieser weltweiten Auseinandersetzung um die Aufrechterhaltung der internationalen Ordnung und des Respekts vor dem Völkerrecht eine unanfechtbare Position zu erarbeiten. Und überdies hätte eine solche Position zugleich auch die Möglichkeit einer politischen Kehrtwende in Richtung einer anderen Wirtschaftspolitik im Rahmen von Erhards Konzept einer sozialen Marktwirtschaft geboten.

Doch das ist heute nur ein Traum. Nichtsdestoweniger ist ein Gedankenexperiment über Alternativen der deutschen Irak-Politik mit all ihren nationalen und internationalen Weiterungen erhellend. Vergegenwärtigen wir uns zunächst kurz die Ausgangslage:
1. Die Vereinigten Staaten von Amerika sind nach wie vor Deutschlands wichtigster Partner in der Welt: politisch, wirtschaftlich, wissenschaftlich und auch kulturell.

---

* Der vorliegende Beitrag ist zur Jahreswende 2002/2003 entstanden.

2. Deutschland darf nicht aufhören, sich daran zu erinnern, dass es die Vereinigten Staaten waren, die Europa durch ihren vollen Einsatz den Weg aus zwei der größten Katastrophen der Geschichte, dem Ersten und dem Zweiten Weltkrieg, gebahnt haben. Gerade Deutschland und die Deutschen sollten noch auf lange Zeit anerkennen, dass die Vereinigten Staaten unser Land ohne jegliches Zögern nach der Katastrophe des Zweiten Weltkrieges wieder in den Kreis der Demokratien zurückholten und voll in ihn integrierten.
3. Diese vollständige Integration in den Kreis der demokratischen Nationen und Länder der westlichen Welt steigerte langsam wieder das Gewicht Deutschlands im europäischen politischen Konzert. Von Adenauer bis Kohl waren sich alle Bundeskanzler der Bundesrepublik Deutschland dessen bewusst und haben mit diesem wachsenden politischen Gewicht behutsam das Ziel einer verantwortungsvollen, taktvollen, diplomatischen Führung und Zusammenführung Europas verfolgt. Die Einführung des Euro nach vielen Jahren politischer Auseinandersetzung ist nur ein Beispiel dafür, wenn auch ein besonders leuchtendes.
4. Auch in der Irak-Frage wäre eine solche Politik des konzertierten europäischen Vorgehens durchaus möglich gewesen, ja sogar notwendiger denn je. Es kann nicht oft genug wiederholt werden, dass der Irak unter seinem brutalen Diktator Saddam Hussein die Völkergemeinschaft und ihre Regeln seit fast 30 Jahren immer wieder ignorierte und missachtete, so gegen internationales Recht verstieß und Nachbarn und Partnern in der Welt den nötigen Respekt versagte.
5. Der Irak hat darüber hinaus in den vergangenen Dekaden alle Bestätigungen einer menschenverachtenden Politik geliefert: angefangen vom brutalen Mord an Tausenden und Abertausenden Schiiten und Kurden bis zur Invasion des kleinen Nachbarlands Kuwait im Jahr 1990. Das irakische Regime lieferte Beweis um Beweis für die Verletzung aller Menschenrechte und für die Nichtrespektierung der Völkergemeinschaft. Das gilt insbesondere auch für die Vereinten Nationen und ihren Sicherheitsrat: Dieser verabschiedete 17 Resolutionen, und Bagdad hielt sich an keine von ihnen. Saddam Hussein und sein verbrecherisches Regime waren außerdem für jegliche Lösung im wohl kompliziertesten Konflikt des Nahen Ostens, in der Auseinandersetzung zwischen Israel und Palästina, ein vollkommen unberechenbarer, ja irrationaler Machtfaktor, der als unüberwindbares Hindernis einer friedlichen Beendigung dieses Problems im Wege stand.
6. Die Irak-Politik der Regierung George W. Bush reflektierte demgegenüber die Forderung nach Respekt gegenüber dem internationalen Recht, nach einem friedlichen Umgang mit den Nachbarn und der Beachtung der Menschenrechte.
7. Hinzu kamen der 11. September 2001 und seine Folgen. Stärker als jemals zuvor fühlten Amerika und die Amerikaner sich bedroht, und der Irak des Saddam Hussein war Teil dieser Bedrohung.

Hätte man sich diese Lageeinschätzung zu Eigen gemacht, hätte die deutsche Außenpolitik durchaus eine respektable und unangreifbare Position aufbauen können. Sie hätte folgendermaßen aussehen können:
1. Deutschland erklärt seine große Sympathie für die allgemeinen Ziele und Begründungen der amerikanischen Politik gegenüber Irak. Die Bundesrepublik unterstützt insbesondere alle Versuche, die Glaubwürdigkeit der Vereinten Nationen wiederherzustellen. Sie stimmt der zugrunde liegenden Idee zu, durch militärischen Druck (vor allem von Seiten der einzigen militärischen Weltmacht USA) den Diktator Saddam Hussein aus Amt und Würden zu entfernen und die im Irak gelagerten (oder bereits in befreundete Nachbarstaaten verlagerten) Massenvernichtungswaffen zu beseitigen.
2. Auf diplomatischem Wege, so wie es unter befreundeten Nationen üblich ist, begleitet diese Version der deutschen Politik die Unterstützung Amerikas aber auch selbstverständlich mit konkreten Hinweisen. Zum Beispiel macht sie deutlich, dass die US-Position für einen erfolgreichen Beginn der Friedensverhandlungen zwischen Israel und den Palästinensern nach der Beseitigung Saddam Husseins nach europäischer Ansicht zu unausgeglichen zugunsten Israels sei. Ebenso unterstreicht sie, dass die Kampagne im UN-Sicherheitsrat zur Irak-Frage immer die Verteidigung des internationalen Rechts und des Respekts vor der Völkergemeinschaft als erstes Argument anzuführen habe und dabei die Entdeckung oder Vernichtung der Massenvernichtungswaffen des Diktators zwar eine große und wichtige Rolle spiele, jedoch nur als zweite Begründung genannt werden dürfe. Außerdem müsste man sich im Kreise der Freunde und Alliierten im Detail über eine irakische und nahöstliche Ordnung nach Saddam Hussein unterhalten.
3. Unter solchen Voraussetzungen wäre es der deutschen Bundesregierung dann gut möglich gewesen, eine mehr oder weniger alle Parteien verbindende Haltung Europas zu diesem Thema herbeizuführen, die sowohl die Position Großbritanniens als großem Alliierten der Vereinigten Staaten reflektiert als auch die entgegengesetzte Position Frankreichs – über die französischen industriellen und Ölinteressen im Irak wurde bemerkenswerterweise kaum je gesprochen – berücksichtigt hätte. Deutschland hätte sich damit in der Mitte der politischen Bandbreite Europas befunden.
4. Gleichzeitig hätte die Bundesregierung ohne jegliches Zögern auf das Engagement der Bundeswehr hinweisen können, die mit ihren Kräften zu einer erfolgreichen Befriedung Afghanistans – auch eine Folge des Anschlages vom 11. September auf New York und Washington – beitrage. Man hätte argumentieren können, dass dies eine Beteiligung Deutschlands an einer militärischen Intervention im Irak aus praktischen Gründen ausschließe, dass aber Deutschland selbstver-

ständlich zu allen seinen Verpflichtungen in der NATO (genannt seien Überflugrechte oder Maßnahmen zur Verteidigung eines NATO-Partners) stehen würde. Denn die Bundesrepublik teilt durch ihre Mitgliedschaft in der NATO und anderen internationalen Organisationen eben nicht nur gemeinsame Werte, sondern auch gemeinsame Risiken.

So hätte eine Position aussehen können, die Deutschland im Spiegel seiner historischen Lektion aus dem 20. Jahrhundert als verantwortlich mitdenkenden und maßvoll agierenden Partner in der Allianz der großen und der kleinen Demokratien gezeigt hätte. Eine solche Position hätte auch die Lehre der letzten Jahre reflektiert: Globalisierung bedeutet, dass wir alle in einem Boot sitzen, dass es keinen nationalen und damit eben auch keinen deutschen Sonderweg mehr geben kann.

Die Wirklichkeit indessen sieht ganz anders aus: Wir stehen vor einem Trümmerhaufen der deutschen Außenpolitik, und das sowohl gegenüber Amerika als auch in der europäischen Zusammenarbeit. Und das spielt sich zur Verblüffung der Partner Deutschlands in der Welt auch noch ausgerechnet zu einem Zeitpunkt der vollkommenen Stagnation der deutschen Volkswirtschaft ab, was über die letzten Jahre ohnehin schon zu größerer Skepsis der internationalen Märkte gegenüber Deutschland geführt hat. Genau hier liegt die Verbindung zwischen deutscher Außenpolitik und der wirtschaftlichen Entwicklung.

Seit vielen Monaten bietet die deutsche Wirtschaftspolitik ein immer traurigeres Bild. Kaum wieder gewählt, präsentierte die Regierung Schröder nicht etwa ein visionäres Programm oder zumindest eine klare Strategie. Auf den Tisch kam zuerst ein Sparpaket, dessen Titel („Steuervergünstigungsabbaugesetz") das eigentliche Ziel kaum verschleiern konnte, nämlich die immer größeren Löcher in den öffentlichen Kassen zu stopfen. Die wenig durchdachte Mischung aus vielen Steuererhöhungen und wenigen Ausgabenkürzungen ist jedoch in keiner Weise geeignet, die lahmende Konjunktur in Deutschland zu beleben, geschweige denn die strukturellen Defizite des Wirtschaftsstandorts Deutschland zu beseitigen. Zwar hat die Bundesregierung später versucht, Wirtschaft und Öffentlichkeit wieder mit neuen Plänen für sich zu gewinnen, und die Änderung des Ladenschlussgesetzes, eine Mittelstandsoffensive, die Liberalisierung des Niedriglohnsektors, eine Abgeltungssteuer – all das weist, so umgesetzt, in die richtige Richtung. Doch das größte Problem bleibt: Hinter den vielen Einzelmaßnahmen ist kein überzeugendes Gesamtkonzept erkennbar. Wie aber könnte ein solches Konzept mit dem Potenzial zur Trendwende aussehen? Was macht eine in ihrer Gesamtheit gute und damit erfolgreiche Wirtschaftspolitik aus? Wie definiert sich eine Wirtschaftspolitik, die Wachstum fördert, den Wohlstand der Menschen mehrt, Arbeitsplätze schafft, das Vertrauen in die Finanzmärkte stabilisiert und die Zufriedenheit der Bürger mit ihrer Regierung zur Folge hat? In zehn Punkten seien thesenhaft einige Antworten auf die

Frage formuliert, wie die deutsche Wirtschaft wieder Tritt fassen und wie eine konjunkturelle Wende herbeigeführt werden könnte.
1. Deutschland braucht eine Arbeitsmarktpolitik, die wirklich Beschäftigung schafft. 4,5 Millionen Arbeitslose sind nicht nur moralisch unvertretbar, sondern stellen auch eine hohe gesamtwirtschaftliche Belastung dar. Die Ursachen der Malaise am Arbeitsmarkt sind bekannt: Flächentarifverträge, die eine betriebs- und produktionsnahe Lohndifferenzierung unterbinden; hohe Lohnnebenkosten, die den Faktor Arbeit verteuern; rigide Leiharbeitsregelungen, die einen flexiblen Umgang mit schwankender Auftragslage der Unternehmen erschweren; hohe Lohnersatzleistungen, die den Anreiz für Arbeitslose vermindern, eine neue Beschäftigung aufzunehmen; und schließlich: ein strenger Kündigungsschutz, der zwar Jobinhabern Sicherheit bietet, aber Unternehmen von Neueinstellungen abhält. Das Hartz-Gesetz ist zwar ein richtiger, aber nur erster kleiner Beitrag, die Blockade am Arbeitsmarkt zu beseitigen. Weitere Schritte müssen folgen.
2. Deutschland muss die Rahmenbedingungen für Unternehmensgründungen verbessern. Die Gründung neuer Unternehmen ist die wichtigste Quelle für die Schaffung neuer Arbeitsplätze – ob klein oder groß, ob aus dem Inland oder aus dem Ausland, ob als Expansion der kleinen und mittleren Betriebe. Den wichtigsten Pool neuer Unternehmensformationen stellt die breite Kategorie der Dienstleistungen dar: Informationstechnologie, Gesundheitsdienstleistungen, Business-Services im Allgemeinen und natürlich der Einzelhandel. Zentral für die Förderung von Unternehmensgründungen ist darum ein regulatorisches Umfeld, das die Bildung neuer Geschäftsformen durch ein Minimum an Bürokratie erleichtert.
3. Erfolgreiche Unternehmensgründungen basieren entweder auf innovativen Ideen, auf neuen Produkten und Dienstleistungen oder auf konsequenter Kostensenkung. Auch hier ist die Wirtschaftspolitik in der Pflicht: Denn Innovationen sind sehr oft die Folge technologischer Durchbrüche in großen Firmen oder Universitäten. Die Regierung muss zu Innovationen ermuntern, steuerliche Hemmnisse reduzieren und auch Geschäfts- und Universitätspartnerschaften unterstützen.
4. Essentiell nicht nur für Unternehmensgründungen, sondern für unternehmerische Tätigkeit überhaupt ist ein Steuersystem, das den Unternehmer nicht benachteiligt, insbesondere nicht den erfolgreichen Unternehmer. Das beste Steuersystem der Welt ist ein ganz einfaches Steuersystem. Zu viele verwirrende oder konditionell aufgebaute Subventionsprogramme führen zu bürokratischen Strukturen und Verkrustungen und bedeuten letztlich eine Verschleuderung von Steuergeldern.
5. Der Regierung kommt in Deutschland auch eine wichtige Rolle in der ständigen Verbesserung des Bildungs- und Ausbildungssystems zu. In unserer modernen, dynamischen Volkswirtschaft brauchen wir immer besser ausgebildete Leute auf

allen Ebenen jeder Organisation. Lebenslanges Lernen ist heute die Voraussetzung für eine florierende Wirtschaft.
6. Deutschland kann es sich in dieser so schwierigen Wirtschaftslage überhaupt nicht leisten, auch noch durch eine gefährlich kurzsichtige Außenpolitik und lautstark ausgetragene Konflikte insbesondere mit den USA den Standort Deutschland weiter zu schwächen, ausländische Investoren abzuschrecken und langjährige Geschäftsbeziehungen zu zerstören.
7. Zwar kann die öffentliche Hand auch selbst attraktive Arbeitsplätze bereitstellen, besonders auf dem Gebiet der Verbesserung der Infrastruktur, der Bildung und Ausbildung und in den Bereichen Gesundheit und Sicherheit. Aber wo wenig Effizienz zu sehen ist und man den Kunden schlecht bedient, wird zu Recht wieder der Ruf nach Privatisierung laut.
8. Mit ihrer Sprunghaftigkeit hat die Wirtschaftspolitik in der letzten Zeit viel Schaden angerichtet. Konsumenten, Unternehmer und Anleger sind durch die Vielzahl immer neuer Vorschläge verunsichert und warten deshalb erst einmal ab. Dieser Attentismus der wirtschaftlichen Akteure aber ist das Schlimmste, was in Zeiten schwachen Wachstums passieren kann. Es gilt, rasch zu stabilen Rahmenbedingungen und zu Planungssicherheit zurückzukehren.
9. Es gibt keinen eingebauten Konflikt zwischen volkswirtschaftlichem Wachstum und einer vernünftigen, soliden Umweltpolitik. Im Gegenteil, je stärker eine Volkswirtschaft wächst, desto mehr Ressourcen können für die Verbesserung der Umweltbedingungen bereitgestellt werden.
10. Die hohe Abgabenbelastung durch die sozialen Sicherungssysteme ist nicht länger tragbar – die Lohnnebenkosten müssen sinken. Voraussetzung dafür sind jedoch tief greifende Reformen der sozialen Sicherungssysteme. Wir kommen nicht umhin, die Altersvorsorge stärker über Kapitaldeckung zu finanzieren. Die Riester-Rente muss ausgeweitet und entbürokratisiert werden. Auch das staatliche Gesundheitswesen kann nur noch eine Grundversorgung gewährleisten. Eine private kapitalgedeckte Zusatzversorgung sollte hier besser früher als später eingeführt werden.

Fazit: Die gravierenden wirtschaftspolitischen Probleme sind durchaus bekannt, ebenso viele erfolgversprechende Lösungen. Ein weiteres Aufschieben der nötigen Reformen wird nur dazu führen, dass die Einschnitte am Ende noch massiver ausfallen müssen und noch schmerzhafter werden. Gewiss, es lässt sich nicht alles auf einmal verwirklichen; Prioritäten müssen gesetzt werden. Auch wenn die Bürger des Landes in den letzten Monaten schwer verunsichert wurden – in der Bevölkerung sind das Problembewusstsein und die Bereitschaft zu Veränderungen nicht nur vorhanden, sie sind eher noch gestiegen. Insofern ist es nicht nur ein Traum, sondern es lohnt sich, konkret darüber nachzudenken, wie dem Land wieder zu einer geachteten internationalen Position und Führungsrolle in Europa und in der Welt zu verhelfen wäre und wie eine gesunde und erfolgreiche Wirtschaftspolitik zu einer durchgreifenden wirtschaftlichen und sozialen Erneuerung Deutschlands führen könnte.

## 4. Globalisierung und Wohlstand

*Roland Berger*

Globalisierung, so wird oftmals argumentiert, verschärft die Ungleichheit auf der Welt und macht immer mehr Menschen arm. Stimmt das? Oder ist nicht vielmehr das Gegenteil richtig: Der Prozess der Globalisierung eröffnet jedem Land die Möglichkeit, bisher ungekanntes Wachstum zu erreichen und auf diese Weise den Wohlstand für seine Bürger zu erhöhen.

Der vorliegende Beitrag versucht, eine Antwort auf diese Frage zu geben. Im ersten Abschnitt beschreibt er das rasante Tempo wirtschaftlicher Verflechtung in den vergangenen 25 Jahren und analysiert die Treiber dieser Entwicklung. Im Hauptteil wird der Zusammenhang zwischen Globalisierung und Wohlstand analysiert, und die abschließenden Ausführungen beschäftigen sich mit der Frage, ob sich mit Beginn des neuen Jahrtausends veränderte Entwicklungslinien abzeichnen.

### I. Globalisierung – die Kraft der globalen Marktwirtschaft

Wenn wir von Globalisierung sprechen, dann geht es nicht um ein Ja oder Nein: Der Prozess der Globalisierung findet de facto statt, er ist unumkehrbar und er ist gleichzeitig einer der entscheidenden Treiber der Entwicklung auf unserem Planeten.

Umstritten jedoch ist, seit wann wir von der Globalisierung als dem Prozess zunehmender ökonomischer Verflechtung sprechen können. Manche datieren eine erste globale Phase auf die Zeit vor dem Ersten Weltkrieg. Schon damals gab es im Sinne von Ricardos Theorie der komparativen Kostenvorteile intensive Bestrebungen vieler Volkswirtschaften, durch internationale Arbeitsteilung und grenzüberschreitenden Handel ihren Produktions- und Wertschöpfungsoutput zu optimieren.

In Quantität und Qualität unvergleichbar umfassender und systematischer jedoch entwickelte sich der Globalisierungsprozess im letzten Viertel des 20. Jahrhunderts – nicht mehr nur (relativ einseitige) Exportströme kennzeichneten die Verflechtung nationaler Ökonomien, vielmehr begannen sich auch Waren-, Dienstleistungs-, Kapital-, Arbeits- und Wissensmärkte zunehmend zu integrieren.

Das machen die folgenden Zahlen deutlich: Seit 1975 sind die nationalen Wirtschaften weltweit zusammengerechnet um 236 Prozent gewachsen. Im selben Zeitraum wuchsen die Exporte jedoch fast doppelt so stark (421 Prozent), die ausländischen Direktinvestitionen nahmen um 1995 Prozent und die Weltfinanzmärkte sogar um 3151 Prozent zu. Wachstum – sei es von Volkswirtschaften oder einzelnen Unternehmen – findet also heute in erster Linie grenzüberschreitend statt.

Aber nicht nur das Volumen des grenzüberschreitenden Austauschs von Kapital, Wissen und anderen Produktionsfaktoren hat dramatisch zugenommen: Nach dem Zusammenbruch des Ostblocks seit Ende 1989 sind knapp zwanzig ehemals sozialistisch-planwirtschaftlich organisierte Volkswirtschaften hinzugekommen, die – kaum hatten sie sich gen Westen orientiert und dem globalen Kapital geöffnet – sogleich überdurchschnittlich hohe Wachstumsraten verzeichnen konnten. Die bevölkerungsmäßig größte Nation der Erde, die Volksrepublik China, baut ihre Handelsschranken zunehmend ab, und auch für Indien und die lateinamerikanischen Staaten gilt, dass sie nach Ende der Abschottungs- und Importsubstitutions-Strategien im globalen Markt erfolgreich mitspielen. Mindestens vier der insgesamt sechs Milliarden Menschen beteiligen sich heute am weltweiten Wettbewerb.

Der Prozess der wirtschaftlichen Verflechtung hat im Wesentlichen die folgenden Ursachen – die fünf Treiber der Globalisierung:

1. *Suche nach neuen Märkten und Zunahme von globalem Wettbewerb*

Harter Wettbewerb zwischen Unternehmen ist nichts Neues, aber der Bezugsrahmen hat sich im Laufe der Zeit geändert: Für eine ständig zunehmende Zahl von Produkten und Leistungen ist nicht mehr der überregionale oder nationale Markt relevant, sondern der globale. Auch befinden sich heute nicht nur Unternehmen im Wettbewerb, sondern ebenso Volkswirtschaften. Im Wettbewerb um globales Investitionskapital konkurrieren Volkswirtschaften über Faktorkosten, die Qualität und Quantität von Arbeitskräften und Infrastruktur, über kreatives Potential, sie werben mit Standort-Subventionen usw.

2. *Handelsliberalisierung und Öffnung der Märkte*

Der Prozess des globalen Zusammenwachsens und das Entstehen von globalem Wettbewerb wäre nicht möglich ohne den Abbau von Handelsschranken zwischen den Ländern und der Öffnung der Märkte für ausländische Unternehmen und ausländisches Kapital. Auf multilateraler Ebene einigte sich eine ständig zunehmende Zahl von Staaten im GATT-Prozess (bis 1994) bzw. in der WTO (ab 1995) auf den Abbau von Zollschranken, Importhemmnissen und sonstigen Handelsbeschränkungen. Außerdem wurden weltweit auf bilateraler Ebene Hunderte weiterer Verträge über die wirtschaftliche Zusammenarbeit von Staaten sowie Freihandelsabkommen zwischen Volkswirtschaften und/oder Wirtschaftsregionen unterzeichnet – NAFTA, ASEAN oder der europäische Einigungsprozess sind hier nur die prominentesten und erfolgreichsten Beispiele. Seit November 2001 nimmt nun auch China unter dem Dach der Welthandelsorganisation am globalen Austausch von Waren und Dienstleistungen teil, eine neue WTO-Runde ist eingeläutet.

3. *Deregulierung, Privatisierung und das Primat der Marktwirtschaft*
Weltweit setzt sich mehr und mehr die Erkenntnis durch, dass die Marktwirtschaft die erfolgreichste aller Wirtschaftsformen ist und dass der Einfluss des Staates als Akteur in der Wirtschaft zurückgedrängt werden sollte. Die Konsequenz ist, dass in vielen Ländern umfangreich dereguliert und privatisiert wird. Das kanadische Fraser-Institut, das zusammen mit anderen Forschungseinrichtungen den jährlichen „Index der ökonomischen Freiheit" berechnet, hat herausgefunden, dass der Grad der ökonomischen Freiheit – wie stark ist der Einzelne beim wirtschaftlichen Handeln vom Staat eingeschränkt – im Weltdurchschnitt seit 1980 deutlich zugenommen hat. Lag er vor zwanzig Jahren noch bei 5,32 Punkten auf der Skala von 0 bis 10, so liegt er heute bereits bei 6,39 Punkten. Das frei entscheidende Individuum, der eigenverantwortlich handelnde Unternehmer sind die Basis wirtschaftlichen Fortschritts in der globalisierten Welt.

4. *Mobilität von Kapital und Know-how*
Die Mobilität des Kapitals hat dank der Liberalisierung des grenzüberschreitenden Kapitalverkehrs massiv zugenommen. Heute zirkulieren an einem Tag mehr Devisen um den Globus, als der gesamte Welthandel von vier Monaten ausmacht. Permanent sucht sich das Kapital die besten Anlagemöglichkeiten – auf jedem Fleck der Erde.

Hochgradig mobil ist auch das Wissen. Zum einen zieht es die Wissensträger auf der Suche nach mehr Einkommen oder mehr Freiheit an fremde Orte, zum anderen gelangt Know-how ständig durch den Export von Produkten und Dienstleistungen über nationale Grenzen hinaus. Wissen kann heute praktisch zu jedem Zeitpunkt und an jedem Ort angezapft und abgerufen werden. Diese globale Verfügbarkeit von Wissen hängt nicht unwesentlich mit dem folgenden fünften Treiber der Globalisierung zusammen.

5. *Technologischer Fortschritt*
Technologische Weiterentwicklungen der Informations- und Kommunikationsbranche sowie immer schnellere, günstigere und komfortablere Transportmöglichkeiten haben unser Kommunikationsverhalten revolutioniert und dazu geführt, dass die Transaktionskosten beim globalen Austausch von Gütern und Dienstleistungen massiv gesunken sind. Sie sind quasi das „Schmiermittel" des Globalisierungsprozesses. Heute steigen auch bei hohen Stückzahlen die Skalenerträge weiter – den *Economies of Scale and Scope* sind kaum mehr Grenzen gesetzt: Während beispielsweise die Verarbeitungsleistung von Prozessoren exponentiell steigt *(Moore's Law)*, gehen die Kosten der Produktion signifikant zurück; während die Datenübertragungsnetze immer mehr Gigabyte um den Globus zu transportieren in der Lage sind, nehmen die Kosten der Datenübermittlung ständig weiter ab etc.

Der Prozess der Globalisierung hat unsere Welt – das ist unbestritten und gilt für das private wie für das öffentliche Leben – grundlegend verändert, er hat die Welt kleiner und vernetzter gemacht, er verteilt Privilegien und Besitzstände, Chancen und Risiken neu, und er hat dem marktwirtschaftlichen Modell zu einem beispiellosen Siegeszug verholfen. Doch wer genau profitiert von der Globalisierung – und wer nicht?

*II. Globalisierung schafft Wohlstand*

Die Frage, ob die Globalisierung die Menschheit insgesamt voranbringt oder ob nicht vielleicht, wie oftmals argumentiert wird, wenige Reiche auf Kosten vieler Armer profitieren, haben viele internationale Organisationen und Forschungsinstitute zu beantworten versucht. Die mittlerweile reichhaltige Datenlage erlaubt eine differenzierte Antwort.

Zunächst einmal: Die bloßen Fakten deuten darauf hin, dass sich die Armut auf der Welt reduziert. Obwohl die Weltbevölkerung seit 1980 um etwa anderthalb Milliarden angestiegen ist, leben im Verhältnis heute gut 200 Millionen weniger Menschen in Armut als noch vor zwanzig Jahren. Der Lebensstandard – operationalisiert mit Hilfe von Indikatoren wie etwa Lebenserwartung, Zugang zu sauberem Wasser, Qualität der Behausung usw. – ist stetig gestiegen. Hier eine Auswahl von Zahlen der Vereinten Nationen: Seit 1990 haben 800 Millionen Menschen Zugang zu sauberem Trinkwasser bekommen. Die Sterblichkeit bei Kindern unter fünf Jahren ist seit 1970 von 96 Kindern je 1000 Lebendgeburten auf 56 Kinder gesunken. Über 85 Prozent aller Kinder weltweit haben heute eine Grundschulausbildung (80 Prozent 1990). Während im Jahr 1970 noch 36,3 Prozent der Weltbevölkerung weder lesen noch schreiben konnten, hat sich die Zahl der Analphabeten bis heute auf 18,3 Prozent der Bevölkerung halbiert.

Die Frage ist nun, inwiefern diese Entwicklungserfolge dem Prozess des weltweiten Zusammenwachsens, also der Globalisierung zuzurechnen sind. Die Antwort lautet eindeutig: Zu einem ganz überwiegenden Teil lassen sich die Wohlstandsgewinne auf die Globalisierung zurückführen. Am Beispiel der Entwicklung Asiens lässt sich dieser Zusammenhang veranschaulichen: Von den 1,3 Milliarden Menschen, die im Jahr 1970 mit weniger als drei US-Dollar am Tag auskommen mussten, lebten 85 Prozent auf dem asiatischen Kontinent – dem damaligen Armenhaus der Welt. Die Öffnung der asiatischen Tigerstaaten und Chinas in den achtziger bzw. neunziger Jahren verhalf Asien jedoch zu beispiellosem Wirtschafts- und Wohlstandswachstum. So hatten die ostasiatischen Tigerstaaten jährliche Wachstumsraten, die mindestens doppelt so hoch waren wie der Weltdurchschnitt. In den Ländern, die sich der Welt geöffnet haben, stieg das Bruttoinlandsprodukt pro Kopf

– der gebräuchlichste Wohlstandsindikator – in weniger als zwanzig Jahren mindestens um das Zweifache, oftmals sogar noch deutlich mehr.

Die Folge dieser Entwicklung ist ein starker Rückgang der Armut in Asien: 1980 lebten noch 48 Prozent der Armen – definiert hier als verfügbare Mittel im Wert von unter drei US-Dollar am Tag – auf dem asiatischen Kontinent, heute ist es nur noch jeder siebte. Heute generieren die ehemals unproduktiv agrarisch strukturierten Ökonomien einen Großteil ihrer Wertschöpfung mit Industriegütern und setzen diese am Weltmarkt ab – in Südkorea beispielsweise machen die Industrieexporte heute mehr als 85 Prozent der Gesamtexporte aus. Über 30 Prozent aller Exporte auf dem Weltmarkt kommen heute von den Transformations- und Schwellenökonomien, im Jahr 1975 waren es erst 18 Prozent.

Insgesamt, so eine umfangreiche Studie der Weltbank, hat die Globalisierung arme Länder mit insgesamt drei Milliarden Einwohnern in die Weltwirtschaft integriert. 24 Schwellen- und Transformationsländer, darunter China, Mexiko, Indien und Ungarn, haben sich dem globalen Markt geöffnet und konnten aus diesem Grund in den neunziger Jahren ein hohes Wirtschaftswachstum erzielen: fünf Prozent p.a. verglichen mit einem Prozent p.a. in den sechziger Jahren. Auch das verfügbare Pro-Kopf-Einkommen der Menschen in diesen Volkswirtschaften wuchs deutlich, und zwar ebenfalls um etwa fünf Prozent pro Jahr in der vergangenen Dekade.

Mit ihrem schnellen Wachstum holen die Schwellen- und Transformationsländer ihren Rückstand gegenüber den Industrienationen auf: Das verfügbare Einkommen pro Kopf in den Industrienationen stieg in den neunziger Jahren gerade einmal um zwei Prozent pro Jahr, also weniger als halb so stark wie in den ehemals armen Ländern.

Fazit: Die Unterschiede zwischen reichen und armen Ländern verringern sich durch die Globalisierung – die Schere wird also nicht größer, sondern kleiner (Konvergenzeffekt).

Hinter dieser Entwicklung steht ein ökonomischer Mechanismus des Ausgleichs: Durch den globalen Austausch von Gütern und Dienstleistungen, Menschen und Kapital nivellieren sich tendenziell die unterschiedlichen Lohnniveaus verschiedener Regionen. Wenn Menschen in der Hoffnung auf Arbeit in Gegenden mit höheren Lohnniveaus wandern – also etwa vom Land in die Städte oder von Entwicklungs-/Schwellenländern in den reichen Westen –, führt das dort steigende Angebot an Arbeitskräften tendenziell zu einem Absinken des Lohnniveaus. Zur gleichen Zeit wird die Arbeit in den Gegenden knapp, aus denen Menschen abwandern. Das wiederum erhöht dort den Preis der Arbeit.

Auch Investitionen haben einen ähnlichen, nämlich ungleichheits-nivellierenden Effekt: Investitionsgelder fließen häufig in Gegenden mit niedrigen Löhnen. Die dadurch wachsende Nachfrage nach Arbeit lässt dort das Lohnniveau steigen, während in der Gegend, in der Kapital abgezogen bzw. nicht investiert wurde, die Löhne tendenziell sinken. So verringert sich die Lücke zwischen Arm und Reich ständig – dank der weitgehenden Beweglichkeit der Produktionsfaktoren im Zeitalter der Globalisierung.

Hier schließt sich die nächste Frage an: Wenn ärmere Länder aufholen und es ihnen relativ wie absolut gesehen immer besser geht, wie sieht es mit der Verteilung des Wohlstands innerhalb der Länder aus? Denkbar ist ja, dass alleine die reichen Bevölkerungsschichten vom gewachsenen Kuchen profitieren.

Auch diese Befürchtung lässt sich widerlegen: Die Daten des Fraser-Instituts zeigen eine sehr konstante Einkommensverteilung innerhalb der verschiedenen Volkswirtschaften: Egal ob bei den Ländern mit hohem ökonomischem Freiheitsgrad und wirtschaftlicher Vernetzung oder mit dirigistischem Staat und abgeschotteten Volkswirtschaften, die Einkommen der ärmsten zehn Prozent der Bevölkerung machen immer zwischen zwei und drei Prozent des gesamtwirtschaftlichen Einkommens aus. Die Ungleichheit innerhalb der Länder nimmt also mit zunehmender Öffnung und Teilhabe am globalen Wettbewerb weder signifikant zu noch ab. Nur: In global integrierten Ländern mit offenen Wirtschaften liegen die absoluten Werte des verfügbaren Einkommens bis zu zehn Mal höher, denn der gesamtwirtschaftliche Wohlstand ist dort deutlich höher.

Ökonomische Freiheit korreliert, so die Studie, positiv mit Wirtschaftswachstum, Pro-Kopf-Einkommen (also Wohlstand) und auch mit der Lebenserwartung der Bevölkerung. Je höher also der Grad der ökonomischen Freiheit – oder in anderen Worten: die Integration in die globale Wirtschaft –, desto größer sind auch die Wachstums- und Wohlstandspotentiale.

Es gibt jedoch auch Verlierer des Globalisierungsprozesses: Dazu gehören auf der Mikroebene all jene, die von den tief greifenden Veränderungen erfasst werden, deren bisheriges Tätigkeitsfeld aufgrund von Strukturwandel irrelevant wird und die sich nicht schnell genug an die sich rasch ändernde Umwelt anpassen können und/ oder wollen.

Auf der Makroebene gilt im Prinzip das Gleiche: Die Länder, die sich nicht den Herausforderungen der Globalisierung stellen, die sich nicht öffnen, die sich nicht dem harten globalen Wettbewerb stellen, geht es schlechter, und zwar sowohl relativ betrachtet als auch oftmals in absoluten Werten.

Heute leben die meisten Armen in Afrika. Lediglich ein paar wenige afrikanische Staaten – beispielsweise Südafrika, Kenia, Tunesien – haben sich der Welt (und ihren Touristen- und Devisenströmen) geöffnet und profitieren vom Globalisierungsprozess. Ein Großteil des Schwarzen Kontinents aber kämpft mit Korruption, autoritären Regimen, Zivilisationskrankheiten und staatlicher Kontrolle wirtschaftlichen Handelns und kommt deshalb auf keinen grünen Entwicklungszweig: Diese Volkswirtschaften profitieren nicht von den Vorteilen der Globalisierung, weil sie sich den Herausforderungen und Chancen, die der globale Markt bietet, nicht stellen. Als Extrembeispiele seien hier Algerien, Kongo und Angola genannt – Länder, die auch im „Index der ökonomischen Freiheit" auf den hintersten Plätzen rangieren.

Zusammenfassend lässt sich sagen: Jede Volkswirtschaft (und letztlich auch jeder Einzelne) kann durch den internationalen Güteraustausch an Wohlstand gewinnen – sie muss sich dafür allerdings dem globalen Markt öffnen. Abschottung bzw. Autarkie ist keine Alternative. Die meisten Länder haben das verstanden, entsprechend gehandelt und können deshalb von den Wachstums- und Wohlstandschancen des Globalisierungsprozesses profitieren.

*III. Neue Unsicherheiten – aber der Globalisierungsprozess geht weiter*

Das neue Jahrtausend hat mit einer Phase von Unsicherheit und abgekühlter Euphorie über die Chancen des Globalisierungsprozesses begonnen: Seit dem Platzen der New-Economy-Blase im Sommer 2000 und den terroristischen Anschlägen vom 11. September 2001 in New York und Washington sowie dem Irak-Krieg scheint es, als wäre der Prozess zunehmender Interaktion und Vernetzung der globalen Akteure zwar nicht gestoppt, aber zumindest deutlich abgebremst worden. Die globalen Kapitalströme erreichen ihren Höchststand vom Jahr 2000 nicht mehr, die Wachstumsraten des Welthandels nehmen ab, und die Transaktionskosten steigen aufgrund erhöhter Sicherheitsanforderungen nach den Terroranschlägen und verteuern so den globalen Güteraustausch. Anhand dieses Befundes fragen sich manche Beobachter, ob der Globalisierungsprozess schon seinen Intensitätszenit überschritten hat.

Vieles spricht jedoch dagegen: Der globale Markt bietet nach wie vor riesige Wachstumspotentiale, technologische Innovationen werden die Welt künftig noch enger zusammenrücken lassen, und auch der Öffnungsprozess wird weitergehen. Die USA forcieren derzeit die Gründung einer panamerikanischen Freihandelszone, China öffnet sich nach dem jüngsten WTO-Beitritt weiter, und die gerade eingeläutete WTO-Doha-Runde soll speziell den Entwicklungsländern mehr Freiheiten auf den Märkten der Industrienationen geben. 29 Länder befinden sich derzeit in Beitrittsverhandlungen mit der Welthandelsorganisation. Deshalb ist es auch in Zukunft überaus wahrscheinlich, dass der Prozess der Globalisierung weitergeht – mit seinen positiven Folgen für Wachstum und Wohlstand in einer immer stärker vernetzten und zusammenarbeitenden Welt.

## 5. Die Erosion des Staates und die Zukunft des Krieges

*Hans-Peter Schwarz*

Auf die Zukunft des Krieges wirken viele Faktoren ein. *Ein* Faktor, der dabei Beachtung verdient, einer der wichtigsten, ist die Erosion des Staates der Neuzeit. Staat der Neuzeit – was ist darunter zu verstehen? Schon die ältere deutsche Verfassungsgeschichtsschreibung hat erkannt, dass sich seit dem frühen 17. Jahrhundert im westlichen Europa, in Mitteleuropa, in Nordeuropa, aber seit der Amerikanischen Revolution auch in Nordamerika ein weltgeschichtlich einzigartiger Typ von politischen Systemen entwickelt hat. Mit dem Begriff „Staat der Neuzeit" sollte darauf hingewiesen werden, dass sich diese politischen Großorganisationen qualitativ von den Regierungsformen des Spätmittelalters unterschieden.

Beim Vergleich mit den Herrschaftsordnungen des Mittelalters, von denen die Gesamtentwicklung ihren Ausgang nahm, gerieten vor allem drei Elemente der modernen Staatlichkeit ins Blickfeld. Der Staat der Neuzeit war erstens ein Territorialstaat mit festen Grenzen. So wurden beispielsweise seit Mitte des 17. Jahrhunderts, also nach dem Dreißigjährigen Krieg, zwischen der Mark Brandenburg und den damals schwedischen Besitzungen in Vorpommern erstmalig Grenzsteine errichtet. Der Liebhaber prächtiger Landkarten weiß auch, dass zunehmend seit Mitte des 18. Jahrhunderts die Territorialstaaten farblich deutlich voneinander abgehoben werden. Zugleich entstanden spezielle Bürokratien (Zoll, Grenzpolizei), die der Überwachung der Grenze dienten. Niemand sollte unregistriert und ohne sorgfältig geprüfte Papiere einreisen oder ausreisen dürfen. Und ein erheblicher Teil der Kriegskunst richtete sich darauf, durch Festungsbau, Straßenbau und grenznahe Stationierung von Garnisonen die bald für heilig erklärten Landesgrenzen gegen potentielle Angreifer zu schützen.

Damit verband sich ein zweites Element des Staates der Neuzeit: die exklusive Staatsangehörigkeit. Die jeweiligen Obrigkeiten legten fest, wer ihrem Zugriff unterlag – als steuerpflichtiger Untertan, als Bauer, Bürger oder Grundherr, der erforderlichenfalls zum Kriegsdienst herangezogen werden durfte, doch auch wer Inhaber von Rechten war, die den Bürger des jeweiligen Staates zumeist besser stellten als zufällig innerhalb der Landesgrenzen wohnende Ausländer.

Seit der Französischen Revolution, seit der deutschen Romantik und seit den Anfängen eines virulenten Nationalismus verbanden sich die Ideen des Citoyen, des Aktivbürgers und Inhabers politischer Mitwirkungsrechte, der Sprachnation, der Kulturnation, schließlich der Staatsnation mit dem Element der Staatsangehörigkeit.

Zunehmend wurde der Staat der Neuzeit nun nicht allein durch das Territorialprinzip konstituiert, sondern auch durch den Grundsatz, dass ein moderner Staat ein Staatsvolk und Staatsbürger mit präzise benennbaren Bürgerrechten hat. Das Staatsvolk sollte, so forderten die seinerzeitigen Nationalisten, sprachlich und kulturell möglichst homogen sei. Es war zur Loyalität gegenüber dem jeweiligen Staat verpflichtet und wurde als exklusiv gegenüber anderen Nationalitäten begriffen. Kurz: Der Territorialstaat mit seinen Untertanen wurde im Verlauf komplizierter Entwicklungen vielerorts zum Nationalstaat.

Das dritte Element des Staates der Neuzeit nach diesem Verständnis ist die Souveränität. Wesentlich war dabei, dass die als Völkerrechtssubjekt verstandene Staatsperson rechtlich und begrifflich von der Person des Monarchen abgelöst wurde. Souveränität meint ein Doppeltes. Innerhalb der eigenen Grenzen und gegenüber dem eigenen Staatsvolk beansprucht dieser Staat der Neuzeit Souveränität zur exklusiven Gesetzgebung, bei der Gestaltung von Politik, Wirtschaft, Erziehungswesen, auch zur Gestaltung des Verhältnisses zu den Kirchen, und nicht zuletzt zur Rekrutierung der eigenen Staatsbürger für die Armeen. Nach außen hin beanspruchen die auf ihre Souveränität pochenden Staaten Autonomie. Souveräne Gleichheit in der Staatengesellschaft wird postuliert – jedenfalls prinzipiell – und souveräne Freiheit gegenüber allen Einwirkungsversuchen von Drittstaaten. Nicht zuletzt beanspruchten die Staaten der Neuzeit lange Zeit auch das souveräne Recht zur Kriegführung.

So weit in grobem Aufriss die ältere Lehre zum Staat der Neuzeit. Tatsächlich wäre aber die Eigenart des Staates der Neuzeit nur teilweise verstanden, wollte man es bei der berühmten Trias von Staatsgebiet, Staatsvolk und Souveränität belassen.

Der Staat der Neuzeit ist viel mehr. Er tritt in die Geschichte ein und entwickelt sich über drei Jahrhunderte hinweg bis in die Mitte des 20. Jahrhunderts als ein bewaffnetes, kriegsbereites, kriegführendes, friedenschließendes, dann erneut zum Kriege gezwungenes oder aus eigenem Antrieb kriegführendes Völkerrechtssubjekt. Die Bedeutung der Bedrohung durch Kriege und Fremdherrschaft, somit auch der Kriegsvorbereitung, des Wehrdienstes und der Kriegführung für die Verfestigung der Staatsorganisation, doch auch für das Identitätsbewusstsein der Staatsbürger kann schwerlich überschätzt werden. Die europäischen Staaten sind größtenteils als kriegsbereite, wenngleich durchaus nicht unbedingt und nicht allesamt stets kriegsfreudige Staaten ins Licht der Geschichte getreten. Das galt nicht nur für die Großmächte, sondern sogar für die klassischen Neutralen.

Und als sich die Staaten Europas in gegenseitigen Kriegen, zuletzt in zwei Weltkriegen, hinlänglich geschädigt und ausgetobt hatten, wuchsen die Vereinigten Staaten von Amerika zu einem Staat heran, der sich nunmehr – wie zuvor lange Zeit die Staaten Europas – ebenso als potentiell stets gefährdeter, kriegsbereiter und notfalls kriegführender Staat begriff.

Kriegsbereitschaft und ständige Wachsamkeit vor potentiellen Angreifern war jedoch längst nicht alles. Nur im Staat der Neuzeit hat der moderne Rechtsstaat Wurzeln geschlagen und das gesamte private und öffentliche Leben unter den zuverlässigen Schutz unabhängiger Gerichte gestellt. Nur hier haben sich jene politischen und wirtschaftlichen Institutionen, Verbände und Verhaltensweisen entwickelt, aus denen die heutigen liberalen, pluralistischen, aber auch sozialstaatlich strukturierten Demokratien entstehen konnten. Diese Demokratien haben eben nicht in den alten Hochkulturen Chinas oder Indiens oder in den muslimischen Gesellschaften ihren Ursprung, sondern im Staat der Neuzeit. Wollte man etwas weiter ausholen, müsste man auch die religiösen und andere geistesgeschichtliche Wurzeln noch herausarbeiten.

Die Wege, die zum heutigen Staat der Neuzeit geführt haben, der ein demokratischer Verfassungsstaat ist, waren jedenfalls verschlungen, sie führten häufig an Abgründen vorbei oder in Abgründe hinein. In Europa hat sich der demokratische Staat der Neuzeit vielfach aus absolutistischen, früher oder später konstitutionellen Monarchien emanzipiert. Es gibt jedoch auch, wie das amerikanische Beispiel zeigt, den direkten, ununterbrochenen Weg von einer oligarchischen zu einer modernen Demokratie. Und es gibt den Weg in die Abgründe autoritärer oder totalitärer Systeme, aber auch aus den Abgründen heraus, wie ihn Spanien, Italien, Deutschland und neuerdings auch Russland gegangen sind.

Von solchen Vorüberlegungen ausgehend ist nun zu erörtern, inwiefern sich der Staat der Neuzeit heute vielerorts, wenngleich längst nicht überall, in einem Prozess mehr oder weniger fortgeschrittener Erosion befindet. Die Frage soll mit Blick auf drei unterschiedliche Gruppen von Staaten erörtert werden.

Der Staat der Neuzeit, so wie er eben skizziert wurde, ist zwar im westlichen Europa, in Mitteleuropa und in den USA entstanden. Das 20. Jahrhundert war aber durch ein Großexperiment gekennzeichnet. Die europäischen Demokratien haben versucht, den Staat der Neuzeit in den demokratischen Formen, die im 20. Jahrhundert mehr oder weniger voll ausgebildet waren, auf die jungen Staaten zu übertragen, die seit dem Ende des Ersten Weltkrieges gegründet wurden. Dieses Großexperiment ist zwar in einigen der jungen Staaten geglückt, in vielen aber nicht. Nicht nur die dortigen Demokratien sind erodiert. Vielfach hat dort auch eine generelle Erosion des von Europa übernommenen Staates der Neuzeit eingesetzt oder ist schon weit fortgeschritten. Die damit verbundene Regression zur primitiven autoritären Herrschaft oder zur Anarchie führt bereits vielfach noch hinter die zu Beginn angesprochenen Formen des modernen Staates zurück. Somit gehören heute, zu Beginn des 21. Jahrhunderts, eine ganze Reihe erodierender oder bereits zerfallener Dritte-Welt-Staaten (einige Republiken des zerfallenen Jugoslawien mit inbegriffen) in puncto Zukunft der Kriegführung zu den vordringlichsten Problemfällen.

Erosion und Instabilität des Staates der Neuzeit sind somit zuallererst mit Blick auf viele Dritte-Welt-Staaten zu erörtern (I.). Diese haben zwar fast durchweg als moderne Staaten begonnen. Sie wurden als souveräne Staaten in die Vereinten Nationen aufgenommen. Sie pochen mit Nachdruck auf diese ihre Souveränität, und sie haben sich bemüht, im beschleunigten Verfahren jene Konsolidierung zu erreichen, für welche man in den gewissermaßen klassischen Staaten im neuzeitlichen Europa oder in Nordamerika Jahrhunderte gebraucht hat. Doch dabei sind sie gleichfalls in jenes Labyrinth von Irrwegen oder in dieselben Abgründe geraten wie zuvor die europäischen Staaten.

Zweitens sind die Staaten der Europäischen Union zu analysieren (II.). Sie haben zwar untereinander die langen Entwicklungsphasen der kämpfenden Staaten hinter sich gelassen und neuerdings entdeckt, dass Integration und Kooperation der Wohlfahrt viel bekömmlicher sind als periodische Hegemonialkriege und Eroberungsfeldzüge. Dabei ist aber gleichzeitig ihre kriegerische Wachsamkeit erodiert. Heute sehen sie sich einer aufgewühlten Welt gegenüber, in der auch militärisches Eingreifen unterschiedlichster Art gelegentlich geboten wäre. Doch sie sind – vielleicht klugerweise, vielleicht irrtümlich, das ist zu prüfen – zu schwach und zu uneinig, als dass sie die Rolle globaler oder wenigstens regionaler Ordnungsmächte wahrnehmen könnten. Ihre Versuche, durch Souveränitätsabgabe eine größere, gestaltendere, auch militärisch überzeugendere globale Rolle zu spielen, machen kaum Fortschritte.

Drittens aber gibt es unterschiedlichste Mächte, die den auf den Staat der Neuzeit einwirkenden Erosionskräften bisher widerstanden haben (III.). Darunter finden sich demokratische Großmächte wie die USA, Japan, die regionale Großmacht Indien (noch halbwegs stabil, wenngleich unter starken inneren Spannungen stehend), aber auch eine autoritär regierte Großmacht wie China oder das halb-autoritäre Russland, dazu eine große Zahl mittlerer und kleinerer Staaten über die Türkei, den Iran, Südkorea, Australien und Ägypten bis Israel oder Taiwan. Die meisten von ihnen verhalten sich in den Fragen von Krieg und Frieden ähnlich wie die Staaten Europas im 19. und in der ersten Hälfte des 20. Jahrhunderts, wenngleich alles in allem vorsichtiger und mit einem viel größeren Maß an heuchlerischer Verneigung vor den Vereinten Nationen, vor den Prinzipien der Universalität der Menschenrechte und gleichzeitig vor dem Prinzip souveräner Gleichheit aller Staaten.

Was bedeuten nun diese hier bloß in raschem Durchgang skizzierten, sehr ambivalenten und sehr widersprüchlichen Entwicklungen für die Zukunft des Krieges?

I.

Bekanntlich hat sich der in Europa entwickelte Staat der Neuzeit in drei großen Explosionswellen ausgedehnt: zunächst 1918/19 nach der Zerstörung der Habsburgermonarchie und des Zarenreiches; dann 1947 bis 1975 als Folge des Rückzugs Großbritanniens, der Niederlande, Frankreichs, Belgiens und Portugals aus ihren Überseeimperien; und schließlich, zu Beginn der noch nicht weit zurückliegenden neunziger Jahre des 20. Jahrhunderts, durch Errichtung neuer Staaten nach dem Zusammenbruch des Ostblocks, der Sowjetunion und Jugoslawiens.

Schon die während der ersten Welle neu oder wieder entstandenen Staaten – Polen, die Tschechoslowakei, Jugoslawien und die baltischen Staaten – ließen die Problematik eines Transfers des Staates der Neuzeit erkennen. Im Fall Jugoslawiens beschäftigt das die Staatengesellschaft bis heute. Die Schwierigkeiten bei der Errichtung neuer Staaten wurden dadurch noch verstärkt, dass eine weitere Gruppe bereits existierender, doch noch ungefestigter Neugründungen aus dem frühen und späten 19. Jahrhundert – Griechenland, Rumänien, Serbien – durch die Friedensschlüsse von 1919 tief greifend verändert wurde, sei es durch Annexionen, sei es durch große Verluste von Bevölkerung und Territorien.

Bereits damals zeigte sich, dass die klassischen Elemente des Staates der Neuzeit – ein homogenisierbares Staatsvolk, klare Grenzen und unumstrittene Souveränität – nicht in vollem Umfang gegeben waren. Erst recht erwies es sich als schwierig, wichtige erweiterte Komponenten der modernen Staatlichkeit zu übertragen, also die politische Form des demokratischen Verfassungsstaates, den Rechtsstaat, kompromissfähige Parteien, die den Pluralismus prinzipiell akzeptieren, faire Behandlung von Minderheiten und eine funktionsfähige Volkswirtschaft. Die jeweiligen neuen Staaten übernahmen hingegen fast durchgehend die beiden ambivalentesten Elemente des entwickelten Staates der Neuzeit: den Nationalismus und die Entschlossenheit, bei erstbester Gelegenheit um Territorien und zur Eingliederung einer ethnischen Irredenta Krieg zu führen.

Zwar erhoben die jeweiligen Titularnationen durchweg den Anspruch, das Staatsvolk mehr oder weniger gewaltsam sprachlich und kulturell homogenisieren zu dürfen. Doch noch weniger als in den inzwischen etablierten Staaten der Neuzeit konnte hier von Loyalität der Nicht-Titularnationen dem neuen Staat gegenüber die Rede sein, genauso wenig wie von fairem Verhalten der Titularnationen. Das Prinzip des *einen* Staatsvolkes erwies sich weitgehend als juristische Fiktion. Repression der Minderheiten war eine Tatsache. So lässt sich aber kein auch nur halbwegs stabiler Staat der Neuzeit errichten.

Die Grenzen waren vielfach bloß völkerrechtlich fixiert, doch weder im Innern noch von den Nachbarn voll akzeptiert. Die Minderheitenproblematik in Jugoslawien, in Rumänien, in der Tschechoslowakei oder in Polen hatte zur Folge, dass in dem Moment, als die im Ersten Weltkrieg geschlagenen Nationalstaaten oder Imperien wieder erstarkt waren, die neuen Grenzen in Frage gestellt wurden – in Frage gestellt von außen her (also durch Deutschland, Ungarn und die Sowjetunion), in Frage gestellt aber genauso durch ethnische Minderheiten im Innern, die sich mit bestimmten Nachbarstaaten kulturell, politisch und historisch enger verbunden fühlten als mit dem Staat der Titularnation. Zwischen 1918/19 und 1945 hätten die genannten neuen Staaten ohne weiteres mit dem Begriff „erodierende Staaten" erfasst werden können, wäre er damals schon im Umlauf gewesen.

Zwar folgte danach eine rund 35 Jahre dauernde Periode harter kommunistischer Repression im Zwangssystem des Ostblocks sowie im titoistischen Jugoslawien, was die Illusion von Stabilisierung erweckte. Doch kaum waren die bleiernen Jahrzehnte zu Ende, da teilte sich die Tschecho-Slowakei auf (lobenswert friedlich), während Jugoslawien (bemerkenswert unfriedlich) in Kriegen und Bürgerkriegen auseinander brach. Die Zerfallsmasse in den kritischen Regionen (Bosnien-Herzegowina, Kosovo, Mazedonien) kann bis heute nur recht mühsam in Gestalt sehr künstlicher Protektorate oder durch eiligst herbeigerufene Truppen von Drittstaaten (wie in Mazedonien) vor neuen Explosionen des Völkerhasses bewahrt werden.

Da es sich bei dieser gesamten Gruppe junger Staaten meistenteils um schwache Mittelmächte oder Kleinstaaten handelte, waren die wirtschaftlichen Abhängigkeiten von den Großmächten geradezu zwangsläufig. Teilnahme an Allianzen gegeneinander, die im Kriegsfall zu verheerenden Kriegen nach den wenig zarten Spielregeln des Balkans führen mussten, Einbeziehung in Hegemonialsysteme und Zusammenspiel der jeweiligen Minderheiten mit stärkeren, aggressiven und revanchelüsternen Nachbarn waren die unvermeidliche Folge.

Es steht zu hoffen, dass sich diese Gruppierung relativ neuer europäischer Staaten der ersten Welle nunmehr beruhigen, konsolidieren, zivilisieren und nach dem Modell demokratischer Verfassungsstaaten organisieren lässt. Ob der Balkan allerdings tatsächlich auf Dauer zur Ruhe kommt, wird erst noch abzuwarten sein. Wenn heute eine günstigere Prognose gewagt werden kann als früher, so vor allem deshalb, weil diese neuen Staaten Mittel- und Ostmitteleuropas sowie Südosteuropas in den Einzugsbereich des in Europa vergleichsweise starken, einflussreichen und relativ wohlmeinenden Staatensystems der Europäischen Union sowie der NATO-Allianz mit den USA als Führungsmacht geraten sind und sich von diesen bisher einigermaßen fair behandelt fühlen.

Vergleichbare Vorgänge haben sich auch bei der eben erwähnten zweiten und dritten Welle von Staatsgründungen im 20. Jahrhundert abgespielt, diesmal aber in globalem Rahmen und vielfach mit Kulturen und ethnischen Komponenten, für die der europäische Staat der Neuzeit, insbesondere der demokratische Verfassungsstaat, oft noch sehr viel fremder ist, als er es lange Zeit für die politischen Eliten und Völker des Balkans gewesen war. Die „Balkanisierung" der Staatenwelt, wie man dies seinerzeit in Europa genannt hat, ist damit gleichsam globalisiert worden.

Nun muss man gerecht sein. Im Kreis der neuen Staaten, die in Asien und Afrika entstanden sind, gibt es eine ganze Reihe relativ gefestigter regionaler Mächte wie Indien, Ägypten, Iran, Vietnam, Thailand, die doch manches mit den europäischen Staaten der Neuzeit gemeinsam haben. Dem Ingenium der Führungsschicht Indiens ist es sogar gelungen, den bunten Fleckenteppich inhomogener religiöser und ethnischer Minderheiten einer Kasten- und Klassengesellschaft bis heute in den Formen eines relativ demokratischen Verfassungsstaates zu regieren – *pourvu que ça dure*.

Dennoch ist die Feststellung nicht zu bestreiten, dass man es bei vielen Staaten der Dritten Welt mit vorerst noch recht artifiziellen Staatsgebilden zu tun hat. Die jeweiligen Machthaber pochen in den Vereinten Nationen zwar lauthals auf ihre unantastbare Souveränität. In Wirklichkeit sind diese Staaten aber inhomogen, innerlich zerrissen und wesensmäßig labil. Von demokratischen Verfassungsstaaten mit funktionierender Volkswirtschaft und fairer Behandlung ethnischer oder religiöser Minderheiten, in Einzelfällen sogar entsprechender Mehrheiten, kann vielfach keine Rede sein. Was die innere Ordnung angeht, befinden sich manche dieser jungen Staaten sogar in einer Entwicklungsphase, die beim historischen Vergleich noch vor der Frühzeit des europäischen Staats der Neuzeit liegt. Genauso wie es damals lange Jahrzehnte, wenn nicht Jahrhunderte gedauert hat, bis mächtige Städte, Grundherren, Kirchenfürsten oder ganze Religionsgemeinschaften dem Zentralstaat unterworfen waren, arbeiten sich auch heute die Machthaber der jungen Staaten daran ab, sezessionistische Stämme und große Volksgruppen, regionale Warlords und deren Banden, religiöse Führer mitsamt ihren fanatisierten Anhängern oder die von global operierenden Großunternehmen finanzierten territorialen Machthaber zu unterwerfen.

Die meisten dieser jungen Staaten sind zwar von den Kolonialmächten mit politischen Institutionen in die Souveränität entlassen worden, wie sie dem sozio-politischen Entwicklungsstand Europas Mitte des 20. Jahrhunderts entsprachen. Seither aber haben sich Dutzende von Regressionen vollzogen. Der hoch entwickelte Staat der Neuzeit, der in den befreiten Kolonialboden verpflanzt wurde und dort weiterblühen sollte, ist vielerorts längst erodiert und gewissermaßen von einheimischen Urwäldern bedeckt worden, wo Schlingpflanzen wuchern, wo sich sumpfige Brutstätten giftiger Krankheitserreger finden und wo frei laufende Rudel von Raubtieren die Zivilisations- oder Lebensmüden erfreuen, aber eben auch nur diese.

Alle Merkmale, die eben in Bezug auf die Neugründungen der ersten Welle skizziert worden sind, haben sich in Afrika und im Nahen Osten potenziert. Die Erosionsprozesse der Staatlichkeit sind evident, genauer gesagt: den jeweiligen Machthabern ist es häufig noch gar nicht gelungen, einen halbwegs funktionierenden Staat mit gefestigter Rechtsordnung, zuverlässiger innerer Sicherheit, funktionierender Wirtschaft, prinzipiell unkorrupter Bürokratie und einer Armee aufzubauen, die allein dem Staat verpflichtet ist und nicht bloß irgendwelchen ethnischen Gruppen oder lokalen Cliquen.

Zusammenfassend, wenngleich natürlich stark vereinfacht und in jedem Einzelfall der Differenzierung bedürftig, lässt sich der Befund wie folgt präzisieren: Bei vielen der im 20. Jahrhundert neu errichteten Staaten kann man ähnliche Gegebenheiten registrieren, die insgesamt zur Erosion des von Europa und Nordamerika übernommenen Staates der Neuzeit führen oder die, auch das ist zu beobachten, verhindert haben, dass der Staat der Neuzeit in manchen der jungen Länder überhaupt Wurzeln schlagen konnte. Genannt seien: Inhomogenität der ethnischen und religiösen Populationen, die eigentlich das Staatsvolk bilden sollten; dementsprechend ungefestigte, vielfach auch gar nicht zuverlässig kontrollierbare Grenzen (wie etwa im Horn von Afrika, in Zaire oder im Großraum Pakistan–Afghanistan). Zwar tragen die Machthaber die Forderung nach Souveränität genauso wie einstmals die in Europa etablierten Staaten der Neuzeit wie eine Monstranz vor sich her. Doch tatsächlich sind die jeweiligen Regierungen oft nicht in der Lage, jene entscheidenden Leistungen zu vollbringen, durch die sich die Staaten der Neuzeit in Europa und Nordamerika einstmals legitimiert haben, also: Erzwingung von Frieden und einer gewissen Ordnung im Innern; Zähmung der verheerendsten religiösen Fanatismen, die einstmals auch Europa im 16. und im 17. Jahrhundert verwüstet hatten; sprachliche und kulturelle Homogenisierung durch das Erziehungswesen; Aufbau einer effektiven Bürokratie, eines intelligenten Besteuerungssystems und von Streitkräften, die mehr sind als ein Repressionsinstrument partikulärer Machthaber oder ethnischer Gemeinschaften; Gestaltung einer Wirtschaftsordnung, die Wohlstand hervorbringt; faire Behandlung von Minderheiten; faire Behandlung der Frauen; Aufbau eines Sozialstaates und Gewöhnung der Eliten und Massen an die Erfordernisse eines demokratischen Verfassungsstaates, wie immer dieser auch im Einzelnen beschaffen sein mag.

Die alt-etablierten Staaten haben sich schon mehr oder weniger daran gewöhnt, dass in der so genannten Dritten Welt die Zahl der zerfallenen Staaten im Wachsen begriffen ist. Afghanistan, das auch heute alles andere als stabilisiert ist, der Sudan, Somalia, Sierra Leone, Liberia, Guinea, Zaire, Ruanda und Burundi, Angola – die Liste wird länger und länger. Ist die Anarchie schließlich so weit gediehen, dass ihre Schreckensbilder Abend für Abend vielen Fernsehzuschauern in den reichen und starken Industrieländern den Appetit verderben, so machen sich bisweilen UN-mandatierte Interventionstruppen auf, um das Schlimmste zu verhüten. Doch wie soll in verarmten, von Warlords geplagten, von Minenfeldern unsicher gemachten, von

Korruption zerfressenen und von allseitigem Misstrauen durchzogenen Ländern ein Staat aufgebaut werden, der auch nur halbwegs an das Vorbild des Staates der Neuzeit erinnert?

Was bedeutet das nun alles für die Zukunft des Krieges? Welche Kriege sind in diesen Staaten zu erwarten? Kann und soll man überhaupt versuchen, diese von außen her einzudämmen?

Die erodierenden Strukturen mitsamt der politischen Unkultur, die damit Hand in Hand geht, bedeuten für die Zukunft des Krieges in der Tat sehr viel. Dabei sei nur auf vier Hauptpunkte aufmerksam gemacht:

1. Ein Teil dieser Staaten weist ein ungeschiedenes, leider auch fast ununterbrochenes Ineinander von Bürgerkriegen und zwischenstaatlichen Kriegen auf, Terminus technicus: internationalisierte Bürgerkriege. Die Beispielfälle sind allbekannt: die Kampfhandlungen im Horn von Afrika unter Beteiligung von Äthiopien, Eritrea und Somalia mit Ausstrahlung auf den Sudan, Kenia und Uganda; die Bürgerkriegswirren in Verbindung mit Kampfhandlungen, deren Akteure jeweils die Staatsgrenzen negieren, im Großraum Zentralafrika von Zaire bis Ruanda und Burundi, gleichfalls mit Ausstrahlung auf den Sudan; die zunehmend internationalisierten Metzeleien im Innern der Kleinstaaten Westafrikas; die ungelösten Minderheiten- und Grenzprobleme in den Spannungszonen des Nahen und des Mittleren Ostens, ganz besonders auch im Irak mit der nicht integrierbaren Minderheit der Kurden, sowie das Pulverfass Afghanistan inmitten der gleichfalls wenig gefestigten, von Tribalismus und religiösen Fanatismen erschütterten Nachbarstaaten.

2. Vielfältige Aktivitäten der Industriestaaten von den USA über Großbritannien und Frankreich bis Russland und China tragen mit dazu bei, dass in diesen Ländern die Bürgerkriege, die Grenzkriege, die nationalen Befreiungskriege und der damit verbundene Terrorismus nicht zur Ruhe kommen. Die Motive für diese Rückkehr der großen Mächte in die vor kurzem erst dekolonisierte Dritte Welt waren und sind vielschichtig. Man beobachtet, um nur einige wenige zu nennen: vermeintliche geostrategische Interessen der europäischen Staaten oder der USA; den Wunsch nach Kontrolle oder wenigstens nach Einflussnahme auf Produktion und Verkauf von Erdöl sowie nach Sicherung von Pipeline-Systemen; die Attraktivität der Fundstellen seltener Mineralien; Waffenexportinteressen der Industriestaaten und außerdem: noch nicht abgerissene, traditionelle Verbindungen, die auf die Kolonialzeit zurückgehen. Dies und anderes mehr hat zur Folge, dass die entwickelten, leistungsfähigen Industriestaaten die Erosion vieler der labilen Dritte-Welt-Staaten auf unterschiedlichste Weise zu nutzen oder gar zu beschleunigen versuchen. Geheimdienstaktivitäten, gelegentliche offene oder verdeckte Interventionen, das Verlangen nach Militärbasen und vielfältige Lieferungen von Kriegsmaterial, weitere Korrumpierung von ohnehin endemisch korrupten Regierungen, wirtschaftliche Durchdrin-

gung und Knebelung, Inszenierung oder Verhinderung von Regierungswechseln, Errichtung von Quasi-Protektoraten sowie manches andere mehr wäre hier zu nennen und detailliert zu diskutieren.

Ein besonders ernstes Problem stellt dabei die Aufrüstung latent oder manifest krimineller Dritte-Welt-Regime dar. Im Fall des Irak hat das bekanntlich vor 1990 sogar zur Hilfe bei der Errichtung von Produktionsanlagen für ABC-Waffen geführt. Solange der Kalte Krieg andauerte, schienen entsprechende Waffenlieferungen, die Entsendung von Militärberatern und die Errichtung von Stützpunktsystemen aus Sicht des Ostens wie des Westens gleicherweise legitim. Dass und warum der Ost-West-Konflikt generell zur Einbeziehung der Dritten Welt in die jeweiligen Einflusszonen geführt hat, braucht nicht weiter ausgeführt zu werden. Seit dem Ende des Kalten Krieges werden zwar weniger Militärberater als bisher entsandt, und nach den Erfahrungen mit dem Irak ist man westlicherseits auch in Sachen direkter und indirekter Rüstungshilfe etwas vorsichtiger geworden. Doch gerade der Golfkrieg von 1991 hatte eine Ausweitung und Verstärkung des dort bereits bestehenden Systems von Militärbasen zur Folge. Und nach dem Zerfall des sowjetischen Großreichs ist in der Kaukasusregion und in Zentralasien eine neue Gruppe instabiler, zur Erosion prädestinierter Staaten ins fahle Licht der Geschichte getreten. Sie können und wollen sich weder den Einflüssen von Großmächten wie Russland, den USA oder China oder starker Mittelmächte wie der Türkei oder dem Iran entziehen.

Alles in allem erinnert das in manchem an die Zeiten des Hochimperialismus zwischen den achtziger Jahren des 19. Jahrhunderts und dem Zweiten Weltkrieg. Auch damals existierten in Nordafrika und im Nahen Osten durchaus schon Regierungssysteme mit dem Anspruch, als Staaten ernst genommen zu werden oder staatliche Souveränität zu erringen – beispielsweise Marokko, Tunis, Ägypten, Transjordanien, Irak, Iran. Sie befanden sich allerdings als Protektorate oder Quasi-Protektorate in vielfältigen Abhängigkeiten. Dabei bestand ähnlich wie heute ein undurchdringliches, nur teilweise öffentlich sichtbares Zusammenspiel zwischen einheimischen Kräften der seinerzeitigen ungefestigten Dritte-Welt-Staaten und den europäischen Metropolen.

Nach dem Zweiten Weltkrieg und auch nach formeller Dekolonisierung hat sich das in veränderten Formen teilweise fortgesetzt, wobei in den Jahrzehnten des Kalten Krieges Amerika, die Sowjetunion und deren Hilfsvölker zusätzlich auf den Plan traten. Auch Frankreich hat sich aus dem frankophonen Bereich faktisch nie vollständig zurückgezogen. So geht das bis heute. Immer noch rufen untereinander verfeindete Regierungen der Dritten Welt oder innerstaatliche, häufig auch emigrierte Oppositionsführungen ferne Großmächte zu Hilfe. Desgleichen verfolgten und verfolgen reiche, hochgerüstete, mächtige Industriestaaten, die zu globaler Machtprojektion in der Lage sind, ihre jeweiligen Interessen im Zusammenspiel mit einheimischen Machtcliquen. Dabei sind es vor allem die USA und Frankreich, die darin exzellieren.

3. Die internationale Politik ist auch wieder in eine Epoche der Interventionen von – mit Carl Schmitt zu sprechen – „raumfremden Mächten" eingetreten. Wie den Interventionen der hochimperialistischen Jahrzehnte liegen auch denen unserer Jahrzehnte sehr gemischte Motive zugrunde. Zu beobachten sind primär humanitäre Interventionen zur Beendigung von Bürgerkriegen, wenn nicht gar von Genoziden (Somalia 1982, Ruanda und Burundi, Sierra Leone, Liberia; auch die Interventionen in Bosnien-Herzegowina und im Kosovo fallen unter diese Kategorie). Daneben stehen Interventionen oder die Stationierung von Eingreiftruppen, gelegentlich auch von Söldnern, zur Sicherung von Bodenschätzen. Ein Interventionsraum eigener Art ist der Persische Golf, da dort die Erdölversorgung der westlichen Industriestaaten und Japans auf dem Spiel steht. Ein neues Motiv ist jetzt die militärische Bekämpfung des Terrorismus, wobei die Unterscheidungen zwischen religiösen oder politischen internationalen Terrororganisationen und dem Staatsterrorismus bestimmter Hochrisikostaaten (in Washington spricht man diesbezüglich oft von „Schurkenstaaten") zunehmend verschwimmen.

Der tiefer liegende Auslöser solcher und anderer militärischer Eingriffe, seien diese nun UN-mandatiert oder nicht, ist jedenfalls zumeist die Tatsache, dass man es in der Dritten Welt mit instabilen, erodierenden oder völlig zerfallenen Staaten zu tun hat, die auf dem Weg zur Modernität nicht vorankommen und ihre Kräfte in inneren und äußeren Wirren verzehren.

4. Der vierte Punkt sei nur als Frage formuliert. Sollen und können sich die industriellen Demokratien Europas an Militäreinsätzen in der Dritten Welt beteiligen, die irgendwo auf einem breiten Spektrum zwischen der Mitwirkung an friedenserhaltenden Einsätzen einerseits und Kampfeinsätzen im Rahmen von Koalitionskriegen unter Führung der USA andererseits liegen? An guten Gründen dafür dürfte in den kommenden Jahrzehnten weiterhin kein Mangel sein. Aber ist mit solchen Einsätzen langfristig viel zu gewinnen? Und stehen Aufwand und Ertrag wirklich in einem angemessenen Verhältnis? Doch selbst dann, wenn die Frage nach Sinn und Zweck solchen Eingreifens prinzipiell bejaht wird, ist weiter zu fragen: Wo wäre ein Eingreifen zwingend? Und welche Kriterien gibt es, die eine rationale Überprüfung von Sinn und Zweck solcher Einsätze auf dem Territorium zerfallener oder erodierender Dritte-Welt-Staaten erlauben?

Im Hinblick auf diese sehr praktischen Probleme geraten die besonders im westlichen Europa, aber auch in den USA, so redundant diskutierten so genannten moralischen Fragen der Interventionen eher in den Hintergrund. Im Diskurs von Intellektuellen und Organisationen, die sich eine wohl geordnete Welt stabiler, autonomer und möglichst demokratischer Dritte-Welt-Länder erträumen, spielen zwar Postulate und Ordnungsideen, die als allein moralisch herausgestellt werden, nach wie vor eine beträchtliche Rolle. Für die Entwicklungen in den erodierenden Staaten vor Ort und für Einmischung oder Interventionen benachbarter oder weit entfernter größerer und mittlerer Mächte sind aber solche Diskurse der feuilletonistischen Intelligentsia weitgehend irrelevant.

## II.

Damit tritt eine weitere Gruppierung moderner Staaten ins Blickfeld: die Mitgliedsländer der Europäischen Union. Auch sie sind Fortentwicklungen des Staates der Neuzeit, und auch bei ihnen sind in vielerlei Hinsicht Erosionstendenzen der Staatlichkeit festzustellen, obgleich ganz andersartige, die aber ihrerseits gleichfalls direkt oder indirekt auf die Zukunft des Krieges einwirken.

Vier grundlegende Entwicklungen sind hier zu registrieren. Stichwortartig lassen sie sich mit den Worten erfassen: Bereitschaft zum partiellen Souveränitätsverzicht, Entlegitimierung des Krieges, Entlegitimierung des Kolonialismus und Soupçon gegen die amerikanische Hegemonie.

Dass in der Europäischen Union ein bislang historisch einmaliges System entstanden ist und sich immer noch weiterentwickelt, das auf der Bereitschaft zur freiwilligen Übertragung staatlicher Zuständigkeiten an die Union beruht, sei nur erwähnt, ohne es weiter zu erörtern. Ob und wann allerdings große europäische Staaten wie das Vereinigte Königreich und Frankreich bereit sein werden, auch ihre Streitkräfte völlig in die EU einzubringen, ist eine offene Frage. Faktisch ist die Schwelle zur integrierten Sicherheitspolitik noch nicht überschritten, und dabei dürfte es noch längere Zeit bleiben.

Von besonderem Interesse ist im hier diskutierten Zusammenhang der zweite Punkt: die moralische und zweckrationale Entlegitimierung des Krieges. Wie schon angedeutet, haben die europäischen Kriege bei Entstehung und Ausbau des Staates der Neuzeit eine Art Hebammenrolle gespielt. Entsprechend hoch war der Rang der Armee im öffentlichen Ansehen, und entsprechend viel Geld ist in den Angriffs- und Verteidigungskriegen verzehrt worden, von den Blutopfern und den Ausgaben für die Bewältigung der Kriegsfolgen ganz abgesehen.

So hat England beispielsweise in den Kriegsjahren des 18. Jahrhunderts zwischen 17 und 20 Prozent seines Volkseinkommens für militärische Zwecke ausgeben müssen. In den beiden Weltkriegen des 20. Jahrhunderts fraßen die entsprechenden Ausgaben sogar über 70 Prozent des Staatseinkommens auf. Hohe Staatsverschuldung, Inflation und Staatsbankrotte waren somit im Europa der kämpfenden Staaten unvermeidliche Begleiterscheinungen des Staates der Neuzeit.

In Friedenszeiten hielt sich allerdings die Belastung in überschaubaren Grenzen. 1913 beispielsweise, als angeblich ein ungebremster Rüstungswettlauf ein Hauptgrund für den Weg in den Weltkrieg war, nahmen die Verteidigungsausgaben 3,2 Prozent des Nettosozialprodukts in Deutschland, 3,1 Prozent in Großbritannien und 4 Prozent in Frankreich in Anspruch. Ähnliche Anteile zeigen sich für die zwanziger Jahre, etwas höhere für die Jahrzehnte des Kalten Krieges. Der heutige Verteidigungsanteil, den viele zu Recht als zu gering kritisieren, kann somit beim historischen Vergleich auch als eine Rückkehr zum Normalzustand verstanden werden.

Heute ist die Öffentlichkeit der europäischen Staaten zwar noch bereit, für die militärische Sicherheit einen kleinen Teil des Volkseinkommens aufzuwenden, doch so, und nur so, wie man in eine Versicherung einzahlt.

Die tief greifenden Veränderungen liegen aber auf einem anderen Feld. Streitkräfte, so glaubt man, mögen irgendwie ihren Sinn haben, illegitim erscheint es aber, sie auch in größerem Maß einzusetzen oder gar große Kriege zu riskieren. Der evidente Grund für die Abneigung gegen den Einsatz von Militärmacht ist natürlich die Erinnerung an die beiden Weltkriege sowie das Wissen um die Vernichtungskraft der Massenvernichtungswaffen, die seither entwickelt worden sind. Der Krieg als Instrument zum Erwerb von Territorien oder zur Austragung von Differenzen zwischen europäischen Staaten ist entlegitimiert – moralisch, aber auch unter zweckrationalen Gesichtspunkten. Friedliche wirtschaftliche Zusammenarbeit bringt sichtlich mehr Wohlstand als territoriale Eroberungen. (Das einzige westeuropäische Land, das nach dem Zweiten Weltkrieg das eigene Wirtschaftspotential nochmals durch Errichtung eines Quasi-Protektorats merklich zu verstärken suchte, war Frankreich mit seiner Saarpolitik. Diese Politik scheiterte jedoch 1955/56, weil es sich um ein in jeder Hinsicht völlig atavistisches Konzept handelte.)

Die europäischen Staaten sind keine expansiven, auf den Schutz geheiligter eigener Grenzen bedachte Machtstaaten mehr, sondern zivilisierte Wirtschafts- und Sozialstaaten. Dass hedonistische und rasch alternde Gesellschaften mit Familien, die im Regelfall nur ein Kind oder überhaupt keinen Nachwuchs mehr haben, auch nicht mehr zur Führung verlustreicher Kriege disponiert sind, versteht sich ohnehin von selbst. Insofern ist die Feststellung, der integrative Zusammenschluss Europas sei eine Frage von Krieg und Frieden, ziemlicher Unsinn. In den Ländern West- und Mitteleuropas, auf die es ankommt, fasst kein vernünftiger Mensch mehr solche Atavismen ins Auge.

Dementsprechend pazifistisch ist die Stimmung in den allermeisten Demokratien Europas. Nur Großbritannien stellt aus Gründen, die hier beiseite gelassen werden müssen, eine gewisse Ausnahme dar. Der europäische Staat in seiner derzeitigen psychologischen Verfassung will sich nicht mehr als Staat in Waffen begreifen. Er meint, in jenen seligen Gefilden angekommen zu sein, wo man es sich leisten zu können glaubt, recht sorglos zu sein.

Werden sich solche wenig Weitblick bekundenden Einstellungen noch längere Zeit halten? Wohl kaum. Nichts in der geschichtlichen Welt ist auf Dauer festgelegt. Wenn neue, die Existenz bedrohende Gefahren auftauchen, mag sich das ändern. Der Schock des 11. September, auch in Europa, zeigt durchaus, wie rasch die gemütliche Stimmung umkippen kann. Doch in den von vielen Stimulanzien bewegten Öffentlichkeiten der Mediendemokratien geraten selbst sehr anschauliche Bedrohungsszenarien vergleichsweise rasch in Vergessenheit.

Vorerst jedenfalls hat der europäische Staat der Neuzeit eine über lange Jahrhunderte hinweg tragende Säule seiner Legitimität verloren. Das Festhalten an der Souveränität zum Schutz gegen ständige Existenzbedrohung von außen scheint nicht mehr nötig, ist jedenfalls nicht mehr vorrangig.

Nun wurde allerdings schon im 19. Jahrhundert, und ebenso im 20. Jahrhundert, eine Unterscheidung getroffen zwischen großen Kriegen mit den europäischen Nachbarstaaten einerseits und naturgemäß begrenzten Kolonialkriegen oder begrenzten Interventionen andererseits. Selbst während der großen Katerstimmung nach dem Ersten und dem Zweiten Weltkrieg haben die Regierungen Frankreichs, Großbritanniens, kurze Zeit sogar die der Niederlande, Kolonialkriege für führbar gehalten und dabei einen siegreichen Ausgang erwartet, auch wenn das in der Öffentlichkeit dieser Demokratien auf zunehmende Kritik stieß.

Nachdem sich aber überall die Dekolonisierung durchgesetzt hat, stoßen militärische Aktivitäten in Übersee – ob UN-mandatiert oder nicht – auf prinzipielle Bedenken. Diese sind zwar in Ländern wie Frankreich und Großbritannien mit der dort relativ ungebrochenen Praxis gelegentlicher Interventionen in der Dritten Welt auf Bitten der jeweiligen Regierungen durchweg schwächer ausgeprägt als in Deutschland, in Italien, in den Niederlanden oder in den nordischen Staaten. Im Großen und Ganzen gilt aber überall, dass in Europa Militärinterventionen in Übersee generell abgelehnt werden, sofern die Befürchtung geltend gemacht wird, sie könnten zu Neo-Kolonialismus führen. Eine Ausnahme von diesem Verdikt bilden nur strikt definierte humanitäre Interventionen zum Schutz eigener Staatsangehöriger, zur bewaffneten Mediation bei Bürgerkriegen oder zur Unterbindung von Massenschlächterei. Hingegen erwecken Interventionen, bei denen wirtschaftliche, geostrategische und machtpolitische Absichten zu vermuten sind oder wenigstens unterstellt werden, durchweg Verdacht und werden abgelehnt.

Wie die Agitation gegen den Golfkrieg 1991 gezeigt hat, ist in Teilen der europäischen Öffentlichkeit das Protestpotential besonders machtvoll, wenn der Verdacht besteht, ein Koalitionskrieg werde primär aufgrund von Öl-Interessen geführt. Eigentlich hätte der gesunde Menschenverstand damals erkennen lassen müssen, dass Wirtschaftsgesellschaften, deren Überleben von der Einfuhr noch bezahlbaren Erdöls abhängt, sich um keinen Preis den Erpressungen eines Diktators vom Format Saddam Husseins aussetzen durften, der damals drohte, einen großen Teil der Ölförderung am Golf unter seine Kontrolle zu bringen. Mit den verbliebenen Drohpotentialen des Irak verhält es sich ähnlich. Was hätten die schwächeren Nachbarstaaten am Golf den Erpressungsversuchen eines notorisch bedenkenlosen Diktators entgegensetzen wollen, dem B- und C-Waffen, vielleicht sogar mittelfristig A-Waffen zur Verfügung stehen?

Der Interventionsneigung in Übersee stehen aber noch zwei weitere Hemmnisse im Wege. Zum einen liegt der Streitkräftefinanzierung, wie schon ausgeführt, ein typisches Versicherungsdenken zugrunde. Eine breite Öffentlichkeit will die Armeen, Luftwaffen und Seestreitkräfte – sieht man einmal von Illusionisten bei den Grünen ab – durchaus nicht ganz abschaffen oder zu bewaffneten Entwicklungs- und Sozialhelfern umformen. Zu stark sitzt immer noch die Furcht in den Knochen, dass der russische Bär irgendwann wieder einmal aus der Höhle hervorkommen könnte. Aber Versicherungen sollen auch möglichst billig sein. Deshalb ist die Bereitschaft gering, die Versicherungsprämie zu erhöhen, um eine größere Zahl von Truppen und von Gerät für Interventionen welcher Art auch immer in Dritte-Welt-Ländern (oder in Dritte-Welt-Winkeln des Balkans) bereitzuhalten.

Das zweite Hemmnis ist das Ressentiment gegen die amerikanische Hegemonialmacht. Gewiss, vor allem in den neunziger Jahren wollte man im EU-Bereich die Divisionen, Geschwader, Flotten, Basen und den inzwischen irgendwo abgestellten, aber doch noch vorhandenen Atomschirm der Supermacht USA nicht missen, weil das alles immer noch als Teil der Versicherungsprämie gegen die Rückkehr eines unkalkulierbaren Russland betrachtet wurde. In Ostmitteleuropa und auf dem Balkan sind entsprechende Befürchtungen noch stärker, mit entsprechend größerer Sympathie für Amerika. Vor allem bei den einstigen Großmächten Europas erweckt es aber doch bittere Ressentiments, dass die amerikanische Militärmacht selbst gegen viertklassige Gegner wie die Banden der Republika Srpska bei der Belagerung von Sarajewo oder gegen eine drittklassige Macht wie Milošević s Serbien im Kosovo-Krieg ganz unverzichtbar ist. Das kränkt den eigenen Stolz und beweist, dass Europa nicht so recht zählt, wenn die Luft eisenhaltig wird und nach Pulver zu riechen beginnt.

Obwohl man wusste, dass Saddam Hussein vielleicht schon bald über mit ABC-Gefechtsköpfen bestückte Mittelstreckenraketen verfügen oder Terroristen heimlich ausrüsten könnte mit dem Ziel terroristischer Erpressung oder Schädigung der Länder Europas, war daher das Unbehagen groß, als sich die Mitgliedstaaten der Europäischen Union dazu aufgefordert sahen, amerikanisches Vorgehen gegen den irakischen Diktator zu unterstützen.

Offenkundig werden nämlich in solchen Konstellationen die militärische Schwäche, insbesondere aber die militärtechnologische Rückständigkeit der EU-Länder und zugleich die Tatsache, dass Europa in Situationen, wo es wirklich ernst wird, von einer gemeinsamen Außen- und Sicherheitspolitik noch weit entfernt ist.

Die Lage ist also paradox. Al-Quaida oder der Irak werden in den kommenden Jahren und Jahrzehnten nicht die einzigen Feinde sein, von denen schwere Gefährdungen ausgehen werden. Es ist ganz offenkundig, dass es zahlreiche Krisenzonen oder auch Hochrisikostaaten in der Dritten Welt gibt, deren Existenz eigentlich zwingend gebietet, dass die EU-Länder starke Eingreifverbände für unterschiedlichste Krisenszenarien bereithalten. Andererseits liegen indessen die Gefahrenherde so weit entfernt oder sie sind – wie die Al-Quaida-Netzwerke – gut versteckt oder sie könnten erst irgendwann in einer ferneren Zukunft auftreten, dass sich das Ruhebedürfnis und die tiefsten Instinkte der Gesellschaften Europas gegen die Erkenntnis wehren, dass der Ernstfall schon vor der Tür steht oder vielleicht bereits gegeben ist. Die meisten Europäer wünschten, sie hätten die Epochen der Kriege hinter sich gelassen. Am liebsten würden sie wie die Spießbürger beim Osterspaziergang in Goethes „Faust" unbeteiligt zusehen und sich moralisch entrüsten, „wenn hinten, weit in der Türkei, die Völker aufeinander schlagen".

Ist dies verständlich? Durchaus. Ist es klug? Durchaus nicht. Aber es ist eine Tatsache, die sich wohl erst ändern wird, wenn auch in Europa Massenmorde größten Ausmaßes unter Einsatz von ABC-Waffen oder Erpressungen großen Stils durch Androhung von Massenmord erfolgen. Dass es eher früher als später im 21. Jahrhundert dazu kommen wird, ist mit an Sicherheit grenzender Wahrscheinlichkeit anzunehmen.

## III.

Dies führt zum letzten Punkt dieser unvermeidlicherweise panoramischen Betrachtungen. Anders als im EU-Bereich, wo besonders Großbritannien eine Ausnahme darstellt, finden sich weltweit immer noch zahlreiche Länder, deren Regierungen alle Anstrengungen unternehmen, der Erosion ihrer Staatlichkeit entgegenzuwirken. Die Supermacht USA, regionale Großmächte wie China, Japan, Indien und Russland, regionale Mittelmächte wie die Türkei, Ägypten oder Iran, mächtige Kleinstaaten wie Israel oder Saudi-Arabien und reiche Kleinstaaten wie die Schweiz oder Singapur sind weiterhin entschlossen, ihre Souveränität nach außen und nach innen voll auszuüben.

Gewiss ist auch ihr Handlungsspielraum begrenzt. Vollkommen unabhängige Staaten finden sich schließlich nur auf der Insel Utopia. Bekanntlich sind auch manche der auf ihre Autonomie pochenden Mächte mit ihrer Machtpolitik oft auf die Nase gefallen, was noch nicht ganz vergessen ist – also: Deutschland, Japan und Italien in zwei Weltkriegen, die Sowjetunion im Kalten Krieg, die Kolonialmächte bei ihrem Bemühen, anti-kolonialistische Aufstandsbewegungen niederzuschlagen, Ägypten und Syrien in verschiedenen Kriegen gegen Israel oder der Irak beim Versuch, Kuwait zu kassieren. Im Moment macht Israel ähnlich desillusionierende Erfahrungen.

Zwar haben sich fast alle der noch nicht erodierenden Staaten auf die UN-Charta verpflichtet. Doch wer zur Gewaltanwendung entschlossen ist, kann zumindest testen, wie weit sein Spielraum reicht. Juristische Argumente finden sich immer. Manchmal kommt man durch mit Verstößen gegen das Verbot, Angriffskriege zu führen, manchmal auch nicht, und mit der Berufung auf das Recht zur Selbstverteidigung lässt sich vieles legitimieren.

Dass in allererster Linie, und man muss hinzufügen: verständlicherweise, die einzige noch verbliebene Supermacht wenig Lust hat, sich durch die Zwirnsfäden des Völkerrechts und von militärisch schwachen, im Moralisieren aber bärenstarken Verbündeten bremsen zu lassen, kann wenig überraschen. Auch dies gehört zu den Grundtatsachen, auf die alle Überlegungen zur Zukunft des Krieges in einer Phase erodierender Staatlichkeit zu achten haben.

Mit Vorliebe verwendet man heute den Begriff politische Kultur, um die Eigenart gewisser Grundeinstellungen zu bezeichnen, die bei den Führungsgruppen und in der breiten Öffentlichkeit bestimmter Länder dominieren. Hierin unterscheiden sich die Vereinigten Staaten heute doch deutlich von den kontinentaleuropäischen Staaten, die der EU angehören. Amerika ist entschlossen, seine Souveränität nicht aufzugeben, und behält sich letztlich das Recht vor, darüber zu entscheiden, wann, gegen wen, mit welcher Intensität und mit welcher Legitimierung es Krieg führen möchte. Lässt sich eine Sanktionierung durch die Vereinten Nationen erreichen, so ist das erwünscht, bleibt sie aus, dann gilt die Sanktionierung einer Intervention durch den Kongress und die Unterstützung durch die Öffentlichkeit des eigenen Landes als ausreichend.

Zwar finden sich in den USA durchaus auch gewichtige linksliberale Grundeinstellungen, deren publizistische oder politische Repräsentanten mit den in Kontinentaleuropa vorherrschenden Auffassungen vieles gemeinsam haben, die darauf hinweisen, dass in der globalisierten Welt nicht einmal die Supermacht Amerika mehr voll souverän sein kann, und die darauf insistieren, auch Amerika müsse alle völkerrechtlichen Schranken, die dem einseitigen Entschluss zur Kriegführung entgegenstehen, sorgsam beachten. Die Mehrheiten in den USA sehen das aber gegenwärtig anders, zumal nach der tiefen Zäsur des 11. September 2001. Seither befindet sich die große Republik auf dem Kriegspfad.

Doch sind die USA nur einer von vergleichsweise vielen, vergleichsweise stabilen und entwickelten Staaten, die sich in dieser Hinsicht genauso verhalten wie die Staaten Europas vor dem dritten Quartal des 20. Jahrhunderts. China rüstet und sucht das abtrünnige Taiwan einzuschüchtern. Hindu-Nationalisten legen eine an wilhelminische Zeiten gemahnende Rüpelhaftigkeit an den Tag, die offenbar zu den fast unvermeidlichen Attitüden junger, ihrer selbst noch unsicherer Großmächte gehört. Japan und Südkorea, die über keine EU verfügen, an die sie ihre Autonomie partiell übertragen könnten, bleibt gar keine andere Wahl, als das Spiel nach den altbekannten Regeln zwischenstaatlicher Konkurrenz zu spielen. Das ließe sich fortdeklinieren über die Staaten im Südpazifik und in Südostasien bis hin zu dem hoch gerüsteten totalitären Kleinstaat Nordkorea, der gegenwärtig Japan und Südkorea das Fürchten lehrt und sich nicht einmal von den USA voll ausbremsen lässt.

Jeder kühle Blick über die Zäune der EU hinaus lässt somit Staaten erkennen, die nicht willens sind, einen Teil ihrer Zuständigkeiten an Integrations- und Kooperationsgemeinschaften zu übertragen. Manche – so etwa Japan und neuerdings Südkorea – perhorreszieren den Einsatz von Militärmacht und den Krieg zwar genauso, wie dies im EU-Bereich zum guten Ton gehört. Andere aber erweisen sich als weniger zartfühlend. Je rauer aus vielen Gründen das weltpolitische Klima wird, umso geringer die Zurückhaltung.

Die Mentalitäten in Übersee und in großen Teilen Asiens unterscheiden sich somit signifikant von denen in Europa. Die kontinentalen EU-Länder haben – *grosso modo* zwischen 1945 und 1975 – aus dem Scheitern ihrer Macht- und Kolonialpolitik den Schluss gezogen, die partielle Abgabe von Zuständigkeiten an supranationale europäische Institutionen sei auch deshalb geboten, um Kriege gegeneinander unmöglich zu machen. Gleichzeitig zögern sie die Entscheidung zu kriegerischem Eingreifen in Übersee so lange wie irgend möglich heraus und möchten am liebsten alle internationalen Konflikte nach genau denselben Verfahrensregeln führen wie die innenpolitischen Konflikte oder neuerdings auch Konflikte im Innern der EG bzw. der EU: grundsätzlich gewaltlos, grundsätzlich unter Einhaltung strenger juristischer Verfahrensregeln, vorzugsweise im Dauerdialog zwischen den Konfliktparteien und am allerliebsten ohne Ende moralisierend. Hier zeigen sich grundlegende Unterschiede, die viele von den derzeitigen transatlantischen Problemen, doch auch viel von der Unruhe in der Dritten Welt erklären.

Die Lage ist heute viel komplizierter als im Schwellenjahr 1914. Damals gab es weltweit nur an die 36 staatliche Akteure, die das Spiel weitgehend nach denselben Spielregeln spielten – dies bekanntlich mit desaströsen Ergebnissen. Heute indessen ist die Zahl der Akteure auf rund 200 angewachsen. Diese Staaten weisen eine sehr unterschiedliche Stabilität, somit unterschiedliche Entwicklungs- und Erosionsgrade der Staatlichkeit auf, und damit zusammenhängend unterschiedliche Bereitschaft, ihre autonome Souveränität in ein System völkerrechtlicher Regeln mit mehr oder weniger freiwilliger Machtbeschränkung einzubringen.

Nicht nur in der deutschen Politik besteht eine natürliche, wenngleich nicht besonders kluge Neigung, frisch-fröhlich zu fordern, alle Staaten sollten sich so verhalten, wie dies der jeweils vorherrschenden eigenen politischen Kultur für richtig und moralisch erscheint. Die Wissenschaft ist aber erst einmal aufgerufen, die Unterschiedlichkeit der Strukturen und der Wertvorstellungen herauszuarbeiten.

Auch auf dem Feld der Außen- und Militärpolitik lassen sich dauerhaft situationsadäquate Strategien nur dann entwickeln, wenn man zur Kenntnis nimmt, dass jenseits des Berges oder jenseits der Meere andere Leute wohnen, die mit ganz anderen Wertpräferenzen Politik machen und deren moralische Antennen auf andere Sender ausgerichtet sind als die unseren. Der jeweilige Entwicklungsstand des Staates der Neuzeit ist in dieser Hinsicht eine wichtige Komponente, von der auch die Zukunft des Krieges stark beeinflusst wird.

*Literaturhinweise*

Den derzeitigen Forschungsstand zu Entstehung, Entwicklung, globalen Verbreitung und Erosion des Staates der Neuzeit markieren (mit ausgiebigen Literaturangaben) die bekannten Monographien von Wolfgang *Reinhard*, Geschichte der Staatsgewalt. Eine vergleichende Verfassungsgeschichte Europas von den Anfängen bis zur Gegenwart, München 1999, sowie *ders.*, (Hg.), Verstaatlichung der Welt? Europäische Staatsmodelle und außereuropäische Machtprozesse, München 1999, S. 223–251, Martin *van Creveld*, Aufstieg und Untergang des Staates, München 1999, und neuerdings Philipp *Bobbitt*, The Shield of Achilles. War, Peace and the Course of History, London 2002.

Während die Staatsbildung in der Dritten Welt in den ersten Jahrzehnten primär unter optimistischen Aspekten wie *nation building*, Entwicklung oder Ausbreitung der Demokratie begriffen wurde, konzentriert sich die Aufmerksamkeit zusehends auf das Scheitern verschiedenster junger Staaten, vor allem in Afrika, doch zusehends auch in Zentralasien, im Mittleren Osten, im Kaukasus und natürlich im zerfallenen Jugoslawien sowie in Kambodscha. Neben der Berichterstattung in den E- und Print-Medien wirken auf den entsprechenden Perspektivwechsel in einer breiteren Öffentlichkeit vor allem die analytisch vertieften Reportagen landeskundiger Journalisten ein, beispielsweise Robert *Kaplan*, Balkan Ghosts, New York 1993, und *ders.*, Reisen an die Grenzen der Menschheit. Wie die Zukunft aussehen wird, München 1996, oder Peter *Scholl-Latour* in seinen Monographien und Aufsatzsammlungen: Das Schlachtfeld der Zukunft. Zwischen Kaukasus und Pamir, Berlin 1996; Afrikanische Totenklage. Der Ausverkauf der Schwarzen Kontinents,

München 2001; und: Der Fluch des neuen Jahrhunderts. Eine Bilanz, München 2002. Parallel dazu sind aber auch seit längerem Sozialwissenschaftler und Historiker auf die Zusammenhänge zwischen dem Scheitern junger Staaten in der Dritten Welt und den „neuen Kriegen" (Mary Kaldor) aufmerksam geworden. Genannt seien nur: Martin *van Creveld*, Die Zukunft des Krieges, München 1998, Mary *Kaldor*, Neue und alte Kriege. Organisierte Gewalt im Zeitalter der Globalisierung, Frankfurt a.M. 2000, sowie zusammenfassend und weiterführend Herfried *Münkler*, Die neuen Kriege, Hamburg 2002. Das Ineinander von Bürgerkriegen und zwischenstaatlichen Kampfhandlungen in Gestalt von mehr oder weniger stark internationalisierten Bürgerkriegen wird als einer der wesentlichen Faktoren analysiert (zum Beispiel von Peter *Waldmann*, Bürgerkrieg – Annäherung an einen schwer fassbaren Begriff, in: Leviathan, 25 [1997] 4, S. 480–500, oder Christopher *Daase*, Kleine Kriege – Große Wirkung. Wie unkonventionelle Kriegführung die internationale Politik verändert, Baden-Baden 1999). Altbekannte, doch derzeit besonders aktuelle Phänomene wie Staatszerfall und Kriege aufgrund der evidenten ethnischen und religiösen Unvereinbarkeiten finden dabei ebenso starke Beachtung wie die gleichfalls nicht völlig neue, verheerende Rolle von Warlords und die gezielten Einwirkungen der Großmächte und privater oder halb-privater externer Interessenten. Exemplarisch lässt sich das an der Geschichte des Balkans studieren (siehe z.B. Misha *Glenny*, The Balkans 1804–1999. Nationalism, War and the Great Powers, London 1999, oder – am Einzelfall – Noel *Malcolm*, Bosnia. A Short History, London 1994). Zu den entsprechenden Zerfallsprozessen im Afrika südlich der Sahara ist besonders interessant Trutz *von Trotha*, Die Zukunft liegt in Afrika. Vom Zerfall des Staates, von der Vorherrschaft der konzentrischen Ordnung und vom Aufstieg der Parastaatlichkeit, in: Leviathan, 28 (2000) 2, S. 253–279, und zur Warlord-Problematik William *Reno*, Warlord Politics and African States, Boulder, Col. 1998.

Auch zur Erosion der modernen Staaten im EG- bzw. EU-System existieren schon ganze Bibliotheken von Einzelstudien und Gesamtdarstellungen. Genannt sei als beispielhafte Langzeituntersuchung von eingegrenzter, daher ergiebiger Fragestellung mit reichhaltiger Literaturübersicht Wolfgang *Wessels*, Die Öffnung des Staates. Modelle und Wirklichkeit grenzüberschreitender Verwaltungspraxis 1960–1995, Opladen 2000, sowie die den klassischen Nationalstaat grundsätzlich transzendierenden Konzepte bei Markus *Jachtenfuchs*/Beate *Kohler-Koch* (Hg.), Europäische Integration, Opladen 1996, Stefan *Hobe*, Der offene Verfassungsstaat zwischen Souveränität und Interdependenz, Berlin 1998, Michael *Zürn*, Regieren jenseits des Nationalstaats. Globalisierung und Denationalisierung als Chance, Frankfurt a.M. 1998, Winfried *Loth* (Hg.), Theorien europäischer Integration, Opladen 2001. Auf die ungelösten Widersprüche zwischen dem EU-System und den überkommenen Staaten verweist besonders Ingeborg *Tömmel*, Das politische

System der EU, München 2002 (dort auch die neueste Literatur). Eine provozierend nationalstaatliche Position englischer Grundorientierung verficht Alan S. *Milward*, The European Rescue of the Nation-State, 2. Auflage, London 2000. Die Einkehr der Vernunft in Europa nach den nationalistischen Exzessen registriert M. *Dogan*, The Decline of Nationalisms within Western Europe, in: Comparative Politics, 26 (1994) 3, S. 281–305; eine illusionslose, nicht besonders begeisterte Analyse des Gesamtvorgangs aus gleichfalls britischer Sicht ist William *Wallace*, Rescue or Retreat. The Nation State in Western Europe, 1945–1993, in: Political Studies, 42 (1994), S. 52–76. Die im vorliegenden Aufsatz erwähnten Zahlen zu den Kosten der Kriegführung in Europa sind der Monographie von Niall *Ferguson*, Politik ohne Macht. Das fatale Vertrauen in die Wirtschaft, Stuttgart 2001, entnommen. Die psychologisch und waffentechnisch völlig neuen Gegebenheiten, die ganz besonders in den Demokratien Europas wirksam sind, hat Edward *Luttwak* auf den Begriff gebracht: Toward Post-Heroic Warfare, in: Foreign Affairs, 74 (May/June 1995) 3, S. 109–122, die ordnungspolitischen Jürgen *von Alten*, Die ganz normale Anarchie. Jetzt erst beginnt die Nachkriegszeit, Berlin 1994.

Auf die Schwierigkeiten beim Aufbau einer genuin europäischen Verteidigung verweist Reimund *Seidelmann*, Das ESVP-Projekt und die EU-Krisenreaktionskräfte: Konstruktionsdefizite und politische Perspektiven, in: Integration, 25 (April 2002), S. 111–124. Die Evolution der bescheiden gewordenen deutschen Sicherheitspolitik zwischen 1990 und 1998 schildert John S. *Duffield*, World Power Forsaken. Political Culture, International Institutions, and German Security Policy after Unification, Stanford, Cal. 1998. Dass und wie die USA die Phänomene erodierender Staatlichkeit nach Art einer selbstbewussten Großmacht zu beherrschen versuchen, ist an den neueren Studien von Henry *Kissinger*, Die Herausforderung Amerikas. Weltpolitik im 21. Jahrhundert, München 2002, ebenso ablesbar wie bei Joseph S. *Nye Jr.*, The Paradox of American Power. Why the World's Only Superpower Can't Go It Alone, Oxford 2002.

Wie weit sich die öffentliche Meinung und manche Theoretiker in Amerika derzeit von den defätistischen Ängstlichkeiten der abgestiegenen Großmächte Europas entfernt haben, dokumentiert die Theorie des „offensiven Realismus" in: John J. *Mearsheimer*, The Tragedy of Great Power Politics, New York 2001.

*Anmerkung des Autors:* Der vorliegende Beitrag wurde am 1. Januar 2003 abgeschlossen, als die beispiellos polarisierte internationale Diskussion um den Irak-Krieg sich zunehmend verschärfte. Aus heutiger Sicht – 15. Juli 2003 – braucht aber kein einziger Satz geändert zu werden. Um den Aufsatz nicht zu denaturieren, wurden aber auch die Literaturhinweise nicht um neue Titel ergänzt.

## 6. Der Westen lebt – und muss weiterleben

*Christoph Bertram*

*Trotz transatlantischer Brüche: Ohne das gemeinsame Engagement Amerikas und Europas bleibt eine stabile Weltordnung Illusion*

Als „Partners in Uncertainty" hat Michael Stürmer Mitte der neunziger Jahre in einem fast prophetischen Artikel das Verhältnis zwischen den Vereinigten Staaten von Amerika und Deutschland überschrieben.[1] Wie so oft kommt dabei hinter dem Beobachter des Zeitgeschehens der Historiker zum Vorschein, der aus der Kenntnis der Geschichte um die Kräfte weiß, die Staaten und ihr Verhalten jenseits des politisch Korrekten bewegen. Und da gibt es für Stürmer unter all den ihn düster stimmenden Ungewissheiten nur einen wesentlichen Hoffnungsfaktor, nämlich Amerika: „Ohne amerikanische Vision, Führung und einen Entwurf von Weltordnung wird die Desintegration des Westens sich vollenden."

Heute möchte es scheinen, als hätten die Neo-Wilsonianer, die derzeit in Washington regieren, sich dies mit ihrer Vorstellung einer auf Amerikas Macht beruhenden internationalen Ordnung zu Eigen gemacht. Nur in einem unterscheiden sie sich, nämlich in der Rolle, die „dem Westen" hierbei zukommen soll – ein Begriff, der für viele gleichsam mit dem Kalten Krieg verblichen ist, ein Kampfwort aus fernen Schlachten. So wie einst westliche Werte heute zu universellen geworden sind, auch wenn sie keineswegs universell beachtet werden, so scheint aus der Perspektive der Washingtoner Vordenker jeder Fleck auf der Landkarte zum „Westen" geworden, wo Amerika Verbündete hat. Der Westen ist in diesem Konzept ebenso wenig ein unerlässlicher Baustein künftiger internationaler Ordnung wie – in einer Zeit, da Mission über Koalition entscheidet – die Atlantische Allianz, auch sie heute nur noch, wie es in einem schönen Choral Paul Gerhardts heißt, „ein' welke Blum".

Im Folgenden wird versucht nachzuweisen, wie kurzsichtig und kostspielig diese Abkehr ist. Denn hier liegt der entscheidende Webfehler im Visionsschleier der Washingtoner Neo-Wilsonianer: Ohne das Fundament des „Westens" und ohne institutionelle Verbindung zwischen Europa und den Vereinigten Staaten wird es keine funktionierende Weltordnung geben. Die Desintegration des Westens, vor der Stürmer warnt, und die Ablösung fester Koordinationsstrukturen durch promiskuide

---

1 Michael *Stürmer*, Partners in Uncertainty: Die Vereinigten Staaten und Deutschland, in: Beate Lindemann (Hg.), Amerika in uns. Deutsch-amerikanische Erfahrungen und Visionen, Mainz 1995, S. 141–148.

Koalitionen hieße zugleich, die Hoffnung auf eine faire künftige internationale Ordnung fahren zu lassen.

*Wo Westen liegt*

Was der Westen bedeutet, das hat den Deutschen ihre eigene Geschichte immer wieder so schmerzlich wie unbeugsam klar gemacht: ihre Neigung, zu meinen, sie gehörten in eine andere, bessere Spezies, einen ost-westlichen Zwitter, hat sie immer nur zurückgeworfen – in Isolation, Niederlage und schließlich Teilung. Deutschland, wesentlicher Bestandteil des Westens, konnte nur mit dem Westen seine Zukunft wiedergewinnen.

Denn Westen ist beides: Demokratie und die Erfahrung der Aufklärung. Beides durchdringt einander und löst damit die sonst unvermeidlichen Widersprüche einzigartig auf. Der Eigenwert des Individuums vor der Gemeinschaft verlangt eine dazu bereite Gemeinschaft. Die Erträglichkeit des öffentlichen Streits um die richtigen politischen Entscheidungen wie auch die Freiheit der Presse als Wesenselement, nicht als „garstiges politisches Lied", setzt einen Bürgersinn voraus, der demokratischen Anstand ausstrahlt und Extrempositionen marginalisiert. Der Respekt vor dem Anderssein anderer Bürger ist nicht bloße Toleranz, sondern schließt ihre aktive gleichberechtigte Einbeziehung in den politischen und gesellschaftlichen Prozess ebenso ein, wie er sie gemeinsamen Bürgerpflichten unterwirft. Die Trennung von Staat und Religion bedeutet nicht nur, dass die Kirchen *pressure groups* wie andere auch sind und sich in diesem Rahmen frei entfalten können, sondern dass die Berufung auf den Willen Gottes ein unzulässiges Argument im politischen Streit ist.

Deshalb wird aus Demokratie und Rechtsstaat allein noch nicht Westen. Hinzu kommen muss das Bewusstsein der Zugehörigkeit zur westlichen Gedankenwelt. Um diese zu beschreiben, sind Bibliotheken gefüllt worden, ohne dass sich die Kriterien eindeutiger herausgeschält haben, eben weil erst die Summe in Jahrhunderten gewachsener kultureller, gesellschaftlicher und geschichtlicher Übung und Erfahrung das Wesen des Westens ausmacht. Es ist mit der Definition dessen, was Westen ist, wie mit jener der Pornographie durch einen weisen Richter: Wenn man sie sieht, weiß man, was es ist.

Das Bewusstsein, Westen zu sein, wird selbst in Zeiten so erheblicher Belastungen der politischen Beziehungen erkennbar, wie sie die atlantischen Staaten gerade erfahren. Zum einen werden diese Spannungen vor allem deshalb als so problematisch empfunden, ist die Irritation so oft mit Unbehagen gepaart, weil das Gefühl der Gemeinsamkeit trotz mancher Aufgerautheiten im Unterbewusstsein auf beiden Seiten des Atlantiks fortbesteht. Zum anderen scheinen diese Spannungen die normale Freude am gegenseitigen intellektuellen Austausch, die den Westen charakterisiert, geradezu gesteigert zu haben: Noch nie gab es so viele transatlantische Begegnungen, Tagungen, Dialoge wie in diesen Tagen. Für keine Zivilgesellschaft des westlichen Europa gibt es offenbar einen engeren, vertrauteren Gesprächspartner als die Zivilgesellschaft der Vereinigten Staaten und umgekehrt: ein Netz, das auch in Krisen nicht reißt. Der Westen existiert auch deswegen, weil seine Intellektuellen immerfort das Gespräch miteinander suchen, mögen die Regierungen auch zueinander auf Abstand gehen und die Gazetten von Stürmen über dem Atlantik berichten.

Die Zugehörigkeit zum Westen ist dabei nichts Ausschließendes – gerade die Deutschen können es bezeugen, die nach Irr- und Sonderwegen wieder darin aufgenommen wurden. Zahllose Menschen anderer Herkunft, die in Ländern und Werten des Westens Heimat suchten, sind in ihn hineingewachsen. Umgekehrt ist Westen aber auch nicht exportierbar, gerade weil er nicht Staatsform, sondern vordemokratisches Bewusstsein ist. Deshalb ist die Zahl der Länder, die den Westen ausmachen können, im Wesentlichen auf das von der Aufklärung geprägte Europa und seine Nachgründungen – die Vereinigten Staaten von Amerika, Kanada, Australien, Neuseeland und Israel – begrenzt.

Das den Menschen in diesen Ländern gemeinsame Bewusstsein schafft zwischen ihnen eine Affinität und Vertrautheit, die es mit anderen Ländern und deren Menschen nicht gibt, selbst wenn sie sich nach Staatsform, Hautfarbe, Religion kaum oder gar nicht unterscheiden. Alles andere wäre ja auch verwunderlich: Die Menschen des Westens sind vornehmlich und bevorzugt mit Menschen des Westens umgegangen, im Konflikt wie im Frieden. Sie kennen einander oder meinen wenigstens, es zu tun. Es ist wie ein Familienverband: Ein Autobus-Unglück in Australien berührt sie mehr als eines in China, das Fehlverhalten eines von ihnen erscheint ihnen ungleich unerklärlicher als das von Barbaren, und die schwarzen Schafe der Familie werden nicht abgeschrieben, sondern, sobald es schicklich ist, wieder einbezogen. Wie anders wäre es denkbar, dass trotz einer Geschichte der Kriege und des Gräuels, trotz Besetzung und gewaltsamer Landnahme, trotz Nationalismus und Ressentiments das Bewusstsein der Verbundenheit bis heute überlebt hat!

*Westen und Weltordnung*

Für die Frage des Außenverhältnisses wäre dies alles allerdings unbedeutend, wäre dem Westen nicht noch ein anderes ungewöhnliches Wesenselement eigen: die Vorstellung von einer auf Gleichberechtigung und Fairness beruhenden internationalen Ordnung. Er unterscheidet sich auch in dieser Hinsicht von allen anderen Nationen und Nationen-Bünden. Hier liegt der entscheidende Grund, warum es ohne Westen und ohne westliches Zusammenwirken eine solche internationale Ordnung nicht geben wird.

Der skeptische Beobachter der transatlantischen Verstimmungen der jüngsten Zeit wird einwenden, allzu viel Gemeinsamkeit zeichne die heute gängigen europäischen und amerikanischen Vorstellungen von den Grundzügen internationaler Stabilität und Gerechtigkeit nun wirklich nicht aus, ja es sei gerade der Dissens über die richtige künftige Ordnung der Welt, der heute ihre entscheidende Spaltung ausmache. In einem Sinne ist diese Skepsis in der Tat angebracht. Während europäische Regierungen sich unter der Fahne eines amorphen Multilateralismus sammeln, setzen die Vereinigten Staaten unverblümt seit der Administration von Präsident George W. Bush auf die ordnende, notfalls einseitig ausgeübte Kraft des mächtigsten Staates der Welt.

Aber beides – Multilateralismus wie Unilateralismus – sind Instrumente, nicht selbsttragende Ziele. In den Zielen sind sich beide Konzepte eng verwandt: Stabilität in der Staatenwelt wird es nur geben, wenn die Staaten ihre Legitimität aus der Zustimmung ihrer Bürger beziehen und gemeinsame Regeln einhalten. Was für die einen *good governance*, ist für die anderen die Ausbreitung der Demokratie. Schon jetzt ist abzusehen, dass auch dieser Unterschied kaum noch aussagefähig ist. Denn einen ernsthaften Einwand gegen die Ausbreitung demokratischer Regierungen in möglichst vielen Ländern, bereits von den liberalen Internationalisten Clintons formuliert und von den Neo-Wilsonianern der Bush-Administration noch zusätzlich ideologisch aufgerüstet, wird Europa nicht formulieren können.

Der Einwand der alten Welt richtet sich denn auch weniger gegen das Ziel als gegen die Methode. Die USA neigen dazu, Störenfriede internationaler Stabilität auszugrenzen und notfalls mit militärischer Macht gefügig zu machen. Die klare Präferenz der Europäer liegt in Zähmung durch Einbeziehung – nicht in erster Linie, wie Robert Kagan in seinen weit überschätzten Thesen behauptet, weil dies die Strategie der Schwachen wäre, sondern weil dies die Grunderfahrung der europäischen Erfolgsgeschichte der zweiten Hälfte des 20. Jahrhunderts ist, von der Integration Westeuropas bis zum Zerfall der Sowjetunion und der wiedergewonnenen Freiheit Osteuropas.

Die atlantische Differenz ist eine über Mittel, nicht über Ziele. Am Ende streben alle Staaten des Westens eine internationale Ordnung nicht lediglich des Gleichgewichts, sondern des harmonischen Zusammenlebens großer und kleiner Staaten unter gemeinsamen, von allen mitgetragenen und respektierten Regeln an. Etwas anderes lässt sich auch nicht aus der oft herrischen Weise ableiten, mit der die USA die Regeln des Völkerrechts für ihren Geschmack und Bedarf zurechtzubiegen versuchen. Denn zugleich bemüht sich die gleiche Regierung, ihr Handeln völkerrechtlich zu legitimieren – und sei es durch eine sehr unilaterale Auslegung, die sich des ja nicht ganz abwegigen Arguments bedient, angesichts veränderter internationaler Umstände sei auch das Völkerrecht anpassungsbedürftig. Der Wunsch, das eigene internationale Auftreten in einen Rechtsrahmen zu stellen, ist dennoch offensichtlich. Und auch wenn die Neo-Wilsonianer in Mr. Bush's Washington vorerst noch mit der Ausbreitung der Demokratie beschäftigt sind, können sie für das künftige Zusammenleben der „guten" Staaten die Notwendigkeit gemeinsamer rechtlicher Regeln und Institutionen nicht leugnen, wenn denn die USA erst einmal auf ihre Art Ordnung geschaffen haben. Die Europäer wären besser beraten, sie auf dieses künftige Erfordernis festzunageln, als sich durch die ständige Beschwörung des Multilateralismus dem Verdacht auszusetzen, es gehe ihnen um den Erhalt fragwürdiger Regime.

Eine internationale Ordnung, die immer mehr demokratische Staaten unter gemeinsamen Regeln zusammenführt, ist gemeinsame westliche Vision. Was immer man von der Realisierbarkeit dieser Vorstellungen halten mag, an ihrer Wünschbarkeit kann es keinen Zweifel geben. Und bezeichnenderweise haben sie auf der Welt außer den Staaten des Westens keine anderen Fürsprecher. Nicht Russland, das internationale Ordnung als Beschränkung anderer, nicht seiner selbst versteht. Nicht China, das so regional bezogen ist, dass selbst ferne Ereignisse nur in ihrer möglichen Präzedenzwirkung für die eigene Machtperipherie gewertet werden. Nicht Indien, das längst den Ehrgeiz abgelegt hat, in der Bewegung der „nicht-gebundenen Staaten" ein universelles Modell zu entwickeln. Nicht Brasilien, dessen internationale Bemühungen allenfalls dem Ziel der eigenen Anerkennung dienen. Eine Vorstellung globaler Ordnung, welche die eigene Macht zugunsten der Mitwirkung anderer einschränkt, hat keine dieser vier potentiellen Weltmächte vorzuweisen. Sie ist das Monopol des Westens. Deshalb kann eine „multipolare Welt" keine stabile Welt sein – eine Banalität, der all jene in Europa gewärtig sein sollten, die mit dem Schlagwort der „Multipolarität" in Wahrheit nur die Eindämmung amerikanischer Macht meinen.

*Notwendiger Partner der unersetzlichen Macht*

Nun folgt aus dieser Grundübereinstimmung des aus Europa und Nordamerika bestehenden Westens über das Fernziel nicht unbedingt die Notwendigkeit ihres Zusammenwirkens bei der Herstellung und Erhaltung der von beiden angestrebten internationalen Ordnung. Sie folgt vielmehr aus der Unfähigkeit eines jeden von ihnen, sie auf sich allein gestellt zu verwirklichen.

Für Europa und seine permanent unfertige EU steht dies außer Zweifel. Zwar verfügt die Union über eine Bandbreite außenpolitischer Einflussmittel wie keine andere Macht der Welt, von den USA abgesehen. Aber die Tatsache, dass hier historisch gewachsene, stolze Nationalstaaten den Zusammenschluss vollziehen müssen, zeigt die Grenzen gemeinsamen strategischen Handelns auf. Selbst wenn die vom

EU-Konvent vorgeschlagenen neuen Institutionen und Verfahren zu Sicherung außenpolitischer Handlungseffizienz am Ende geschaffen und genutzt werden – und wünschenswert ist dies mit Sicherheit –, eine strategische Weltmacht, die notfalls mit militärischen Zwangsmitteln entschlossen ihre Vorstellungen internationaler Ordnung durchsetzt, wird am Ende nicht entstehen. Und um gegen Amerika eine internationale Ordnung zuwege zu bringen, fehlte es Europa allemal sowohl an Zusammenhalt wie an Durchsetzungskraft, vom Interesse ganz abgesehen.

Aber auch die Vereinigten Staaten sind für sich alleine nicht fähig, internationale Ordnung zu stiften – sie brauchen dazu ein handlungsfähiges Europa. Der Grund liegt nicht nur in dem Umstand, dass auch die Verknüpfung des größten militärischen mit dem größten ökonomischen Potential in einer Nation nicht ausreicht, mit den tieferen Krisen globalisierter Unsicherheit fertig zu werden, geschweige denn eine globale internationale Ordnung zu schaffen und zu erhalten.

So naiv die Vorstellung einer multipolaren Welt, in der die Giganten sich irgendwie ausbalancieren und miteinander arrangieren, so gedankenlos ist auch eine um einen einzigen Pol herumgruppierte Ordnung, wie sie den Neokonservativen in Washington und manchen ihrer europäischen Anhänger vorzuschweben scheint. Denn Amerika braucht Europas Mitwirkung, nicht nur Verbrämung, damit seine Macht als Beitrag zu internationaler Gerechtigkeit angenommen und nicht als imperiale Anmaßung übel genommen werden soll. Eine unipolare Ordnung kann in einer globalisierten Welt auf Dauer keine Stabilität schaffen, weil sie immer wieder zum Widerstand gegen die Vormacht herausfordert. Sie setzte zudem noch voraus, was aller Erfahrung zuwiderläuft: die Bereitschaft der Bürger der Vereinigten Staaten, die Lasten des Imperiums auch dann noch zu tragen, wenn das eigene Land nicht ernsthaft bedroht ist.

Es ist deshalb gerade der Europa von den Washingtoner Mars-Menschen vorgeworfene Mangel an traditioneller strategischer Durchschlagskraft, der die in der EU zusammengefügten Staaten zum „indispensable ally" der „indispensable power" macht. Erst die Verbindung mit dem durch Mitwirkungsinstitutionen und nicht-militärische Macht international einflussreichen Europa kann amerikanischer Weltordnungspolitik den sonst unvermeidbaren und Gegengruppierungen anstachelnden *Haut Gout* imperialer Ausbreitungsgelüste nehmen. Denn Europa ist nicht bedrohlich. In dieser Eigenschaft liegt ja auch die Erklärung für das der Geschichte sonst unbekannte Faktum, dass die stete Erweitung der Außengrenzen der Union – von dem EG-Klein-Europa der sechs Gründernationen zu der vom Nordmeer bis in den Nahen Osten (wo sonst liegt Zypern?) reichenden 25er-Union von heute – nie zur Formierung von Gegenallianzen geführt hat: Die EU wurde nie als Gefahr, sondern stets als Anziehungspol verstanden.

Es ist eine wertvolle Mitgift, die die EU in die atlantische Ehe einbringt. Nur wenn Amerika und Europa gemeinsam die Prinzipien internationaler Ordnung formulieren und verfechten, werden diese nicht automatisch als egoistische Machtmanöver verworfen werden. Nur dann haben sie Aussicht darauf, von den anderen Mitgliedern der Völkergemeinschaft als faire Ordnung akzeptiert zu werden.

*Vom Vorteil fester Verhältnisse*

Hier bestätigt sich ein alter, inzwischen allerdings in leichtfertige Vergessenheit geratener Grundsatz atlantischer Zusammenarbeit: Europa und Amerika müssen im Tandem fahren, wenn sie ihren Weltordnungsvorstellungen Überzeugungs- und Durchschlagskraft geben wollen. Das setzt Beständigkeit und Berechenbarkeit ihres Zusammenschlusses voraus – eine feste Partnerschaft, nicht aber zufällige und opportunistisch zusammengefügte „Koalitionen der Willigen".

Leider ist jedoch die Geringschätzung fester, berechenbarer Partnerschaft auf beiden Seiten des Atlantiks Mode geworden. Die Vereinigten Staaten der Bush-Administration haben es am deutlichsten ausgesprochen, als sie die Mitwirkungsbereitschaft ihrer europäischen NATO-Verbündeten beim Kampf gegen den internationalen Terrorismus kühl beschieden: Nicht die Mitgliedschaft im gemeinsamen Bündnis, sondern der jeweilige militärische Einzelfall bestimme den Kreis der Teilnehmer. Die Aufteilung der Verbündeten in ein gutes „neues" und ein schlechtes „altes" Europa, je nach der Einstellung der betreffenden Regierungen zu den Irak-Plänen Washingtons, schien amerikanischen Politikern unverblümte Freude zu bereiten. Im Bewusstsein der eigenen strategischen Übermacht erfreuen sich die USA der Möglichkeit, die Partner nach deren Nützlichkeit und Willfährigkeit herauszupicken und so dem Bindungszwang von Bündnissen zu entgehen. Amerika, scheinen sie überzeugt, braucht zwar gelegentlich einzelne Verbündete, nicht aber ein Bündnis.

Auch in der Europäischen Union ist – trotz der vertraglichen Verpflichtung, nichts zu tun, was den Zusammenhalt der Mitgliedstaaten schwächen könnte – die Neigung gewachsen, lockere Absprachen festen Koalitionen zwischen Mitgliedstaaten den Vorzug zu geben. Die Bereitschaft zur stetigen Ausweitung von Mehrheitsentscheidungen in einer Union von immer mehr Mitgliedern ist nicht etwa von Anstrengungen zur Schaffung verlässlicher Koalitionen innerhalb der Union begleitet, sondern von einer fast fröhlichen Überzeugung, dass sich künftig jeder irgendwie mit jedem, abhängig vom jeweiligen Einzelfall, schon irgendwie bei Bedarf zusammentun könne. Am deutlichsten zeigt sich diese Neigung beim deutsch-französischen „Paar", wie es so schön auf Französisch heißt, das so lange in der Entwicklung der Union eine berechenbare, anerkannte Größe war. Auch wenn Paris und

Berlin sich seit kurzem wieder in den Armen liegen, so hat doch auf beiden Ufern des Rheins die nonchalante Überzeugung Raum gewonnen, die Entscheidungsfindung innerhalb der Union werde in Zukunft am besten durch wechselnde Koalitionen zu bewerkstelligen sein.

Es ist eine für die atlantische wie die europäische Zusammenarbeit höchst kurzsichtige Einstellung, die nichts mit außenpolitischer Einsicht, sondern mit nationaler Bequemlichkeit zu tun hat. Nichts entlarvt dies mehr als die Begründungen, die für das Wechsle-den-Partner-Spiel von den Beteiligten angeführt werden. Starre Koalitionen, heißt es da, seien schon deshalb überholt, weil die heutigen und künftigen Herausforderungen – in der weiten Welt, im atlantischen Verhältnis, in der EU – neuartiger Natur seien, die alten Ansätze und Beziehungsnetze daher nicht mehr zu ihrer Bewältigung taugten. Wieso eigentlich? Im Zweifel berühren die neuen Probleme die anderen Partnerländer doch ebenfalls. Da sollte der Vorteil, diesen gemeinsam und auf der Grundlage gewachsener Vertrautheit begegnen zu können, gar nicht hoch genug einzuschätzen sein.

Dagegen wird eingewandt, man könne von keiner festen Koalition erwarten, dass die Interessen ihrer Mitglieder über die ganze Bandbreite von Problemen übereinstimmten; es sei doch viel besser, das Zusammengehen mit anderen Regierungen davon abhängig zu machen, mit welchen im Einzelfall die größte Aussicht auf Interessenverwandtschaft bestehe. Aber auch hier entpuppt sich vorgebliche Strategie als taktische Schlaumeierei. Denn in aller Regel sind die Mitglieder der jeweiligen Koalition nicht allein betroffen, sie müssen vielmehr nach ihrer Einigung auch die Unterstützung anderer Akteure gewinnen, die ihre Vorstellungen nicht a priori teilen. Für diese Gemeinschaftsarbeit gegenüber Dritten sind Ad-hoc-Koalitionen sehr viel weniger geeignet als permanente Gruppierungen, die dank langer vertrauter Zusammenarbeit im Innenverhältnis bereits divergierende Interessen appalniert haben und im Außenverhältnis als Einheit anerkannt sind.

Das ist offenkundig in der Europäischen Union. Der Vorteil etwa einer Dauerbereitschaft der französischen und deutschen Regierungen, sich trotz zunächst unterschiedlicher Ausgangsinteressen frühzeitig auf eine gemeinsame Position zu einigen und diese dann in den Entscheidungsprozess einzubringen, schwindet nicht mit der Erweiterung der EU, sondern wächst mit ihr. Gerade weil beide miteinander einen Kompromiss finden müssen, werden ihre Vorschläge mehrheitsfähig. Es gibt keinen besseren Weg, wenn sie von ihren nationalen Interessen möglichst viel in Entscheidungen der Union einbringen wollen.

Für die atlantische Zusammenarbeit mag der Vorteil, für die Weltmacht Amerika zumal, weniger eindeutig sein. Dass feste Verbindungen die Durchsetzung eigener Vorstellungen erhöhen, ist in einer durch Mehrheitsabstimmungen entscheidenden EU leichter zu vermitteln; die merkwürdige Tatsache, dass kaum ein wichtiges Mitgliedsland dies bisher hinreichend verinnerlicht hat, unterstreicht nur die Höhe der Hürden, die nationale Bürokratien noch überwinden müssen, um in der EU effektiv zu sein. Einer Weltmacht, die für den Erfolg ihrer militärischen Interventionen keines alliierten Beistandes bedarf, fällt dieselbe Einsicht noch viel schwerer; wenn die Bush-Regierung im Irak-Krieg so viel Wert darauf legte, das eigene Vorgehen vom Anschein einer Koalition verbrämen zu lassen, dann aus dem politischen Bestreben heraus, sich vor der eigenen und der Weltöffentlichkeit gegen den Vorwurf des Unilateralismus zu wappnen.

In der Tat: Weshalb eigentlich sollte ein Amerika, das militärisch autark ist, sich darauf einlassen, seine Interventionen vorher mit einem Bündnis abzustimmen, dessen Mitglieder für den militärischen Erfolg nicht erforderlich, manche wegen mangelnder militärischer Fähigkeiten sogar hinderlich sind – und die am Ende in ihrer Mehrheit ohnehin Amerika folgen werden?

Die Frage beantwortet sich selbst – allerdings nur auf den ersten Blick. Denn die Antwort „Amerika kann alles allein" trifft nur für den schmalen Handlungsausschnitt zu zwischen dem Zeitpunkt, wenn eine Krisenlage so weit gediehen ist, dass der Einsatz militärischer Mittel dringend angebracht wäre oder zumindest Erfolg verspricht, und jenem, wenn nach dem militärischen Erfolg kaputte Staaten wieder aufgebaut werden müssen.

Derartige Krisen aber fallen nicht plötzlich vom Himmel. Sie haben immer lange Gestationszeiten, oft solche, die in Jahrzehnten zu messen sind. Erst nach fünf Jahren (mancher würde sagen: sehr viel früher) jugoslawischen Bürgerkrieges wurde eine militärische Intervention unabwendbar. Erst nach dreizehn Jahren (mancher würde sagen: noch immer nicht) gab das Verhalten des irakischen Regimes Anlass zum Regime-Sturz durch Einmarsch. Es fehlt ja auch in den Zeiten globalisierter Unsicherheit nicht an Vorwarnzeichen, nur an der Bereitschaft der Regierungen, sie wahr- und ernst zu nehmen.

Wer den Vorteil fester Koalitionen erst dann prüfen will, wenn das militärische Mittel alle anderen verdrängt, der wird unweigerlich zu dem Schluss kommen, den die Bush-Regierung seit Afghanistan propagiert: Die Mission bestimmt die Koalition. Nur wer für den militärischen Einsatz erforderlich ist, kommt als Verbündeter in Betracht. Im vormilitärischen Einsatz indes zählt nicht die militärische Kapazität, sondern die generelle politische Einwirkungsmöglichkeit im jeweiligen Konflikt. Dann muss das ganze Instrumentarium an Einflussmitteln mobilisiert werden: wirtschaftliche Abhängigkeiten, historische Beziehungen, regionale Vertrautheit, diplomatische Verbindungen, entwicklungspolitisches Engagement, zivilgesellschaftliche Vernetzung. Es gibt kaum eine Region der Welt, in der die europäischen Verbündeten der Vereinigten Staaten nicht zusammen sämtliche Elemente dieser Palette zur Verfügung halten.

Und es gibt keine Region der Welt, in der europäisch-amerikanisches Zusammengehen nicht den frühen Einfluss auch der USA auf die Krisenlage erhöhte. Selbst in dem dornigen Gestrüpp des Nahen Ostens trifft dies zu. Zwar haben die USA bei Israelis wie Arabern die größere Durchsetzungskraft; aber erst die gemeinsame Bemühung um eine friedliche Lösung nimmt die USA gegen den Verdacht der Bevorzugung Israels und die EU gegen den Vorwurf der Palästinenserpräferenz in Schutz.

Es ist eine Binsenweisheit der Konfliktprävention, dass ihre Chancen durch frühzeitiges Engagement steigen – und damit auch die Chance, den riskanten Schritt zur militärischen Intervention vermeiden zu können. Hier zeigt sich der große Vorteil, im Kreis von Verbündeten schon dann, wenn die Krise sich erst in Umrissen abzeichnet, die Einschätzung des jeweiligen Problems und Wege zu seiner Lösung zu beraten, das Vorgehen zu koordinieren. Später, wenn militärische Schritte notwendig werden könnten und die militärische Mission definiert werden muss, wird es von der militärischen Mitwirkungsfähigkeit von Verbündeten abhängen, ob ihre Einbeziehung erforderlich oder sinnvoll ist – auf alle wird das nicht zutreffen. Aber solange politische Einwirkung Chancen hat – und in den meisten Fällen wird es ohnehin keine Alternative geben –, sollte auch für die einzige Weltmacht der Vorteil auf der Hand liegen, über ein Bündnis von grundsätzlich gleich gesinnten, miteinander vertrauten und durch die lange Praxis erfolgreicher Zusammenarbeit miteinander verknüpften Staaten zu verfügen.

Mehr noch: die Fähigkeit der NATO, einer „Koalition der Willigen" als militärischer Werkzeugkasten zu dienen, hängt entscheidend davon ab, dass die Institution frühzeitig zu transatlantischer Beratung und Abstimmung gemeinsamen Vorgehens genutzt wird. Heute ist im Bündnis weder die Notwendigkeit strittig, Streitkräfte zu globalem Einsatz bereitzuhalten, noch grundsätzlich die Zulässigkeit von Ad-hoc-Koalitionen für einen spezifischen militärischen Auftrag. Jedoch ohne einen alle Mitglieder der Allianz einbeziehenden Konsens darüber, dass ein solcher Einsatz im NATO-Rahmen angebracht ist, wird dieser Rahmen keinen Bestand haben. Gerade wer das Potential der Allianz nutzen will, um Koalitionen nur eines Teils ihrer Mitglieder im Einzelfall zusammenzubringen, muss um den vorherigen politischen Konsens aller bemüht sein. Je fester die Überzeugung aller von der schließlichen Notwendigkeit militärischer Maßnahmen, desto unproblematischer sind die militärischen Ad-hoc-Koalitionen weniger Partner. Nur wenn die Bemühung um eine gemeinsame Kriseneinschätzung am Anfang steht, werden militärische Aktionen einer kleineren Gruppe am Ende nicht den Zusammenhalt im Bündnis gefährden.

Im Zeitalter globaler Unsicherheit liegt der Vorteil einer festen atlantischen Verknüpfung für Europa, aber ebenso für die USA auf der Hand. Sie ermöglicht die frühzeitige Krisenerfassung und -beratung und damit erfolgreiche Krisenbeherrschung. Dies ist zugleich die Voraussetzung dafür, dass – auf der Grundlage gemeinsamer Kriseneinschätzung – Unter-Koalitionen für den militärischen Einsatz den Zusammenhalt fortbestehen lassen und nicht auseinander sprengen.

*Zum Tango gehören zwei*

Wenn die Vorteile so auf der Hand liegen, warum werden sie dann nicht ergriffen? Der Irak-Konflikt war, um nur das jüngste Beispiel zu nennen, nie Gegenstand eingehender Beratungen im eigentlich dazu geschaffenen NATO-Rat. Zwar fehlte es nicht an Briefings durch hohe amerikanische Regierungsbeamte, wohl aber an dem, was jeder gemeinsamen Aktion vorangehen muss, nämlich einer Erörterung des Problems, der Strategie und der Mittel. Nicht nur die Vereinigten Staaten sind dieser Erörterung ausgewichen, auch die europäischen Regierungen.

Damit werden die beiden Voraussetzungen deutlich, die erfüllt sein müssen, um die an sich so augenfälligen Vorteile fester transatlantischer Bindungen nutzen zu können: die Bereitschaft der Vereinigten Staaten zu frühzeitiger Konsultation und die Fähigkeit der europäischen Staaten zu strategischer Partnerschaft. Wenn Amerika in jüngster Zeit das Bündnis mehr als Einschränkung und nicht als Erhöhung seiner internationalen Wirksamkeit verstanden hat, dann liegt das nicht nur daran, dass Washington im Vollgefühl seiner außerordentlichen Macht die Allianz mehr als Werkzeug denn als Konsens-Verpflichtung betrachtet, sondern eben auch an dem Fehlen der entsprechenden europäischen Disposition.

In der transatlantischen Auseinandersetzung ist es zur Übung geworden, den Mangel an europäischer Partnerschaftsfähigkeit an den unzulänglichen militärischen Aufwendungen europäischer Staaten festzumachen. Dies ist in den meisten Fällen, zumal gegenüber Deutschland, durchaus berechtigt; wer nicht über geeignete Einsatzkräfte verfügt, kann im Ernstfall des Einsatzes kein Mitspracherecht erwarten, ein Mitwirkungsrecht noch weniger. Aber auch hier wird wieder, wie leider so oft in der heutigen Strategie-Debatte, die Herausforderung globalisierter Unsicherheit auf jenen schmalen Ausschnitt des Spektrums beschränkt, in dem militärische Entscheidungen anstehen. Und gleichsam selbstverständlich wird angenommen, dass mit der militärischen Fähigkeit auch die Einsicht in die Notwendigkeit strategischen Engagements einhergehen werde.

Aber wenn die meisten europäischen Staaten es trotz wechselnder Regierungen in beachtlicher Kontinuität an Investitionen in das militärische Instrument haben fehlen lassen, dann lag dies daran, dass ihnen nach dem Ende des Kalten Krieges deren Nutzen nicht mehr offensichtlich war. Seither entspringt die Vernachlässigung militärischer Modernisierung fehlender Einsicht in die neuen strategischen Herausforderungen oder fehlendem Ehrgeiz, sich ihnen zu stellen. Ohne diese Einsicht und diesen Ehrgeiz wird auch die heute von manchen europäischen Staaten angekündigte

Erhöhung des Verteidigungsbudgets zur bloßen Pflichtübung gegenüber amerikanischem Drängen, ein Beitrag zu transatlantischer Harmonie, nicht zu besserer internationaler Ordnung.

Die Bereitschaft zu strategischem Denken muss der zur Investition in strategische Mittel vorausgehen. So war es im Kalten Krieg, als Europa das Zentrum strategischer Herausforderung war. So muss es auch heute wieder werden, da die strategischen Herausforderungen jenseits Europas liegen. Das Problem liegt gerade darin, dass Europas politische Klasse, von wenigen Ausnahmen abgesehen, erst sehr langsam zu dieser Erkenntnis gelangt.

Diese Erkenntnis aber ist Bedingung nicht nur für die Verbesserung des militärischen Instruments und der Koalitionsfähigkeit mit Amerika im militärischen Einsatzfall. Vielmehr ist ohne sie auch die europäische Forderung nach frühzeitiger transatlantischer Krisenkonsultation und -koordination wohlfeil. Wer nicht von der Notwendigkeit eigenen strategischen Engagements in einer sich anbahnenden Krise überzeugt ist, fällt als Partner aus, lange bevor militärische Schritte überhaupt erwogen werden. Seine Forderung, über die Pläne des mächtigen Partners rechtzeitig informiert zu werden, wirkt dann lediglich wie der bürokratische Wunsch nach Akteneinsicht, sein späteres Angebot zu militärischer Unterstützung lediglich als Ausdruck des Bestrebens, einer drängenden Regierung in Washington nicht zu missfallen. Ein solches Europa ist in der Tat nicht geeignet, Amerika vom Vorteil fester Bindungen zu überzeugen.

Die Hoffnung ist verfrüht, womöglich gar vergeblich, die Europäische Union könnte als einheitlicher Verbund im Rahmen ihrer Gemeinsamen Außen- und Sicherheitspolitik die Fähigkeiten und den Ehrgeiz zu strategischer Mitgestaltung entwickeln. So nützlich die vom Europäischen Konvent im Sommer 2003 vorgesehene Aufwertung der außenpolitischen Handlungsfähigkeit der Union ist, sie wird im Ernstfall einer strategischen Krise die Neigung – zumal der größeren Mitgliedstaaten – zu eigenständigem Handeln nicht aushebeln. Entscheidend für die Partnerfähigkeit Europas ist jedoch weniger, ob die EU als Institution gemeinsam handelt, sondern ob die wichtigsten Mitgliedstaaten – Großbritannien, Frankreich und Deutschland – an einem Strang ziehen. Dann werden sich nicht nur viele der anderen anschließen, auch für die Vereinigten Staaten könnte dies als Basis ausreichen, die atlantischen Institutionen als Ort der Krisenerfassung und -bewältigung ernst zu nehmen, zumal wenn die großen Mitgliedstaaten darauf bestehen, Konsultation und Koordination dort und nicht nur in bilateraler Bevorzugung zu betreiben.

Selbst dann ist ein Preis zu entrichten: Werden für die USA die Vorteile engerer Absprachen die Nachteile geringerer Flexibilität aufwiegen? In der gegenwärtigen geistigen Verfassung der politischen Führungsschicht Amerikas erscheint dies zumindest nicht offensichtlich; selbst hinsichtlich der britischen Teilnahme an dem militärischen Vorgehen gegen den Irak gab es vor dem Einsatz in der Regierung Bush kritisch-ablehnende Stimmen. Dennoch bot gerade der Irak-Konflikt ein Beispiel für das Bestreben selbst dieser auf uneingeschränkte Handlungsfreiheit versessenen Administration, das eigene Vorgehen durch die Einbettung in internationale Strukturen nach innen und außen zu legitimieren: Der Sicherheitsrat der UN wurde formell angerufen und seine Resolution 1441 zur Rechtfertigung benutzt, der Einmarsch im Irak, obwohl allein von amerikanischen und britischen Truppen geleistet, als Werk einer fast vierzigköpfigen Koalition präsentiert. Selbst eine Administration, für die die uneingeschränkte Handlungsfreiheit Amerikas im Zentrum strategischer Vorstellungen steht, suchte den Anschein des Multilateralismus.

Nach den Verwerfungen der transatlantischen Irak-Krise ist die Frage leider hypothetisch, ob multilaterales Vorgehen nicht nur in der Form, sondern auch in der Substanz für Amerika wünschbar, gar unausweichlich gewesen wäre, wenn die Europäer, zumindest die genannten drei, frühzeitig zu einer gemeinsamen Position gefunden hätten. Nur dies ist schwer vorstellbar: dass die Regierung Bush im Falle des Irak dieselbe Selbstherrlichkeit an den Tag gelegt hätte, wären Frankreich, Großbritannien und Deutschland sich in den eigenen Vorstellungen einig gewesen. Und dies ist offensichtlich: Selbst diese Regierung hätte es als immensen Vorteil empfunden, wenn nicht eine ad hoc zusammengeschusterte so genannte Koalition, sondern das westliche Bündnis ihr Vorgehen mitgetragen hätte. Angesichts der Aussicht, dass im Irak nach dem militärischen Sieg viele Jahre schwieriger Aufbauarbeit bevorstehen, wird der Vorteil, dabei auf eine feste Gruppe von Verbündeten zurückgreifen zu können, noch greifbarer.

Das alles bedeutet nicht, den Vereinigten Staaten wäre dieser Vorteil schon gewichtig genug, um Bindungen an gemeinsame Institutionen der Chance vorzuziehen, willige Bundesgenossen je nach Bedarf bilateral zur Zusammenarbeit einzuteilen. Regierungen gehen nun einmal lieber den Weg des geringsten Aufwandes, selbst wenn er langfristig weniger effektiv ist, und Europas mangelnder Zusammenhalt lädt geradezu dazu ein, ihn auszunutzen. Aber es untermauert doch die Vermutung, die noch immer allen Überlegungen transatlantischer Partnerschaft zugrunde gelegen hat: wenn Europa mit seinem Zusammenhalt ernst macht, dann wird auch die Supermacht Amerika es ernst nehmen.

Es wäre schön, wenn die Vereinigten Staaten ohne europäische Nachhilfe wie so oft in der Vergangenheit auch jetzt wieder den Vorteil erkennen, den ein fester gemeinsamer Rahmen des Zusammenwirkens auch ihnen bietet. Dass dies angesichts europäischer Vielfalt und mangelnder Weltsicht oft mühsame Überzeugungsarbeit mit sich bringt, hat frühere Regierungen in Washington nicht abgehalten, sie als selbstverständliche Pflicht der Führungsmacht zu akzeptieren. In jedem Fall aber wird die Geschwindigkeit, mit der die USA zu dieser Einsicht zurückkehren, davon abhängen, dass die führenden Staaten der Europäischen Union eigenen strategischen Gestaltungswillen in den kommenden Krisen jenseits Europas entwickeln und mit den entsprechenden Mitteln untermauern.

Den entscheidenden Anstoß jedoch werden die Krisen selbst vermitteln. Man kann ihnen – wie im früheren Jugoslawien, in Süd- und Nordost-Asien, im Nahen und Mittleren Osten, morgen vielleicht in Afrika – auf die bisherige Art begegnen: jede als Einzelfall behandeln und erst dann eingreifen, wenn es für zivile Intervention zu spät ist und die militärische unweigerlich gigantische, langwierige und nicht selten vergebliche Aufbauhilfe nach sich zieht. Dazu mögen Ad-hoc-Koalitionen unter amerikanischem Befehl reichen. Oder man kann versuchen, ein Gerüst internationaler Ordnung zu errichten, das neben dem Verhalten der Staaten zueinander auch das Verhalten der Staaten zu ihren Bürgern Regeln unterwirft, die vom Großteil der Staatenwelt als fair akzeptiert und praktiziert werden. Dazu braucht es den Westen, die untrennbare Verbindung von Amerika und Europa.

Ohne dieses Fundament wird es im 21. Jahrhundert eine stabile internationale Ordnung nicht geben.

## 7. Neues Gleichgewicht oder reziproke Selbstbeschränkungen: Zur Struktur der Weltpolitik im 21. Jahrhundert

*Uwe Nerlich*

In seinem zum Nachdenken anregenden Buch über die Kunst des Gleichgewichts konstatiert Michael Stürmer, dass 1990 eine neue Epoche begonnen hat, die noch keinen Namen habe.[1] Dies ist fraglos richtig. Die Weltlage bietet sich gewissermaßen als ein herausgehobener Sonderfall der Habermas'schen neuen Unübersichtlichkeit dar.

Die erstmals von Mitterrand geprägte Formel der „Weltunordnung" war eine Antwort auf die von Präsident Bush sen. anvisierte neue Weltordnung: Sie war ein Reflex auf das Ende einer Epoche in einer Phase, in der die historischen Dimensionen jener Epoche und ihres Endes rasch in Vergessenheit gerieten. Die Tiefe des Jahrzehnte währenden Konflikts, der 1989/90 endete – die Gleichzeitigkeit einer gewaltigen, durch den Zweiten Weltkrieg ausgelösten tektonischen Bewegung,[2] eines in seinen Dimensionen einzigartigen sozialen und politischen Experiments, einer in der Geschichte beispiellosen Revolutionierung des Krieges und einer Einbindung zweier gigantischer Militärmächte in einen engen territorialen Konfliktrahmen, eben Mitteleuropa –, fand in keiner der seitherigen Formeln einen Nachhall: Die neue Weltlage nach 1989/90 wurde als Normalisierung wahrgenommen, und *ein* Aspekt der Entspannungspolitik als Strategie der Nivellierung der Teilung Europas war damit ja auch richtig aufgenommen. Aber eben nur ein Aspekt.

Man ist an – den von Michael Stürmer zu Recht geschätzten – Jacob Burckhardt erinnert: „Die um *einer* Sache willen beginnende Krisis hat den übermächtigen Fahrtwind vieler andern Sachen mit sich, wobei in betreff derjenigen Kraft, welche definitiv das Feld behaupten wird, bei allen einzelnen Teilnehmern völlige Blindheit herrscht."[3] Burckhardt nennt diese Art der Krisen die der *beschleunigten* Prozesse: „Der Weltprozess gerät plötzlich in furchtbare Schnelligkeit; Entwicklungen, die sonst Jahrhunderte brauchen, scheinen in Monaten und Wochen wie flüchtige Phänomene vorüberzugehen und damit erledigt zu sein."[4] Das Ende des Zweiten Weltkriegs und der Umbruch 1989/90 sind solche Krisen der beschleunigten Prozesse.

---

1 Michael *Stürmer*, Die Kunst des Gleichgewichts. Europa in einer Welt ohne Mitte, Berlin/München 2001, S. 9.
2 Vgl. dazu die brillante strategische Analyse von Sebastian *Haffner*, Winston Churchill, Hamburg 1967, S. 131–161.
3 Jacob *Burckhardt*, Weltgeschichtliche Betrachtungen, Hamburg o. J., S. 128.
4 Ebd., S. 126.

Die USA waren vor dem absehbaren Ende des Zweiten Weltkrieges vielfältig auf die Nachkriegsordnung ausgerichtet, und Elemente dieser Ordnung, die auf multilaterale Kooperation abzielten, haben sich dann auf lange Zeit bewährt. Der Universalismus jener amerikanischen Politik indessen musste einer grundlegenden Revision unterzogen werden, auf die die USA nicht vorbereitet waren. So hatten die USA trotz des durch Hiroshima demonstrierten nuklearen Monopols zu Beginn der Berlin-Krise keine einsatzfähige Atomwaffe verfügbar. Erst gegen Ende der Krise konnten amerikanische Atomwaffen die Sowjetunion erreichen. Es dauerte bis nach dem Ende des Korea-Krieges, bis die USA planerisch nachvollzogen hatten, was der Begriff Atomzeitalter implizierte. Kein maßgebender amerikanischer Planer – weder Nitze noch Eisenhower – hatte damals indessen antizipiert, dass mit den spät unternommenen Entscheidungen zum Aufbau nuklearer Fähigkeiten die Rahmenbedingungen weltpolitischer Entwicklung auf Jahrzehnte etabliert wurden und schließlich den Rahmen für die Auflösung der globalen Konfliktstruktur ergaben.

Der Umbruch von 1989/90 war von völlig anderer Natur. Es gab keine Handlungsträger, die diesen „beschleunigten Prozess" so und zudem ohne Einsatz militärischer Gewalt vorausgesehen hatten. Normalisierung im Zeichen der Entspannungspolitik ebenso wie die Europapolitik der Nachbarn Deutschlands hatten sogar die Option eines solchen Resultats des Ost-West-Konflikts weitgehend desavouiert. Kohls Zehnpunkteplan hatte in dieser Lage das Ziel, ohne Erwartung eines vollen Umbruchs einen bescheidenen Schritt zu tun, ohne ihn durch die Bedenkenträger im Inland wie in Europa zu gefährden. Trotz dieser Kombination von Unvorbereitetsein und Tempo der Entwicklung gelangen in der unmittelbar folgenden Zeit Lösungen, die ohne Beispiel sind: Die Devolution der Sowjetunion, die beiden innerdeutschen Staatsverträge, die Rückführung großer, ehemals sowjetischer Nuklearwaffenbestände auf russisches Gebiet und deren Sicherung unter extensiver Mitwirkung der USA, um existentielle Gefahren für die UdSSR und dann Russland zu vermeiden. Der Umbruch von 1989/90 war bei allen überraschenden Entwicklungen durchgängig auf Kooperation angelegt. Am wenigsten schlug diese Dynamik innerhalb westlicher Strukturen durch: So wurde im Strategischen Konzept der NATO auf dem Gipfel von Rom im Dezember 1991 das Ende von Warschauer Pakt und Sowjetunion im Wesentlichen noch ausgeblendet. Gelungen ist innerhalb der NATO seinerzeit nicht zufällig die Öffnung nach Osten.

Bei allen Konfliktherden, die verblieben oder mit dem Wegfall des Ost-West-Konflikts überhaupt erst wieder virulent wurden, gab es auf allen Seiten einen klaren politischen Primat der Kooperation: Russland war auf westliche Unterstützung angewiesen. Der Westen hatte ein grundlegendes Interesse am Erhalt funktionierender staatlicher Strukturen innerhalb des ehemaligen sowjetischen Imperiums. Der gleichzeitige Ausbau der westlichen Strukturen ohne konfrontatives Integrationsmotiv und deren schrittweise Ausweitung auf Staaten, die ohne historisches Modell tief greifende Transformationen durchlaufen mussten, um kooperationsfähig zu werden, waren in den Jahren nach dem Umbruch die bestimmenden Prozesse. Solchen Prozessen fehlen beschleunigende Treiber. Sie sind allen Mühsalen der Konsenserfordernisse unterworfen. Aber sie sind stetig. In einem tieferen Sinn ist mit dem Umbruch von 1989/90 eine Normalisierung eingetreten, die sich schrittweise vollendet.

Geschichtstheoretiker wie Reinhart Koselleck oder Hans Blumenberg haben solchen Situationen tieferen Ausdruck gegeben: „Zeitalter erschöpfen sich eher in der Umwandlung ihrer Gewißheiten und Fraglosigkeiten in Rätsel und Inkonsistenzen als in deren Auflösung."[5] Es resultiert eine „Absatzlosigkeit des Geschichtsbildes [...] mit einer Prozeßdefinition [...], die – um in der Sprache der ‚Epoche' zu bleiben – keine Halte- und Wendepunkte von lebensweltlicher Wahrnehmbarkeit und Erreichbarkeit zulässt".[6]

Das Paradoxe dieser Normalisierung von 1989/90 ist, dass kaum je ein Umbruch so flächendeckend und tief greifend Lebensverhältnisse verändert hat wie eben dieser. In den Jahren, die dem Umbruch folgten, brachte Verlegenheit nur Kunstwörter wie „Nachnachkriegszeit" hervor. Die Feststellung Stürmers trifft also auf ein Defizit, über das Nachdenken geboten ist: „Zehn Jahre nach dem Ende des Kalten Krieges haben die Fragmente einer Weltordnung weder Begriff noch Rahmen gefunden"[7] – und noch nicht einmal einen prägnanten Namen.

Henry Kissinger hat – in einem anderen historischen Zusammenhang – auf die besondere Tiefe dieses paradoxen Normalisierungsverständnisses hingewiesen: Staatliche Einheit entstehe „durch das Bewusstsein einer gemeinsamen Geschichte [...]. Das ist die einzige ‚Erfahrung', die Nationen haben. Es ist die einzige Möglichkeit, von sich selbst zu lernen. Geschichte ist die Erinnerung der Staaten".[8] Der bloße Hinweis darauf, dass selbst ein so großer und komplexer Regierungsapparat wie der der Vereinigten Staaten selten mehr als zwei oder drei große Handlungsthemen auf der ohnehin kurzlebigen politischen Agenda hat, mag hier genügen, um die Bedeutung von Vergangenheitsverweigerung aufzuzeigen. Die meisten kleineren Staaten sind ohne Gestaltungsmacht: Sie agieren in „absatzlosen" Abläufen in der Reaktion auf innenpolitische Konsenserfordernisse und gelegentliche internationale Anstöße, die dann auch wiederum in eingespielten multilateralen Strukturen aufge-

---

5 Hans *Blumenberg*, Aspekte der Epochenschwelle: Cusaner und Nolaner, Frankfurt a.M. 1976, S. 14.
6 Ebd., S. 12.
7 *Stürmer*, Die Kunst des Gleichgewichts, S. 8.
8 Henry A. *Kissinger*, Großmachtdiplomatie. Von der Staatskunst Castlereaghs und Metternichs, Frankfurt a.M./Berlin/Wien 1972, S. 389.

nommen werden, was wiederum auch den Staaten ohne Gestaltungsmacht zumindest symbolische Handlungsmöglichkeiten eröffnet.

Ein tieferes Verständnis der abgelaufenen Epoche ist indessen Vorstufe für ein Erfassen der zukünftigen Strukturen, die ein Zusammen- und Überleben der Nationen ermöglichen. Aber ohne ordnende Zielvorstellungen, die die vielfältigen Entwicklungsprozesse zu bündeln und zu richten erlauben, wird kein tieferes Verständnis der Entwicklung entstehen, die zur gegebenen Weltlage mit ihren vielfältigen Ungewissheiten geführt hat und führt. In einer Zeit, die durch Ideologiearmut charakterisiert ist – auch ein Resultat der Normalisierung von 1989/90 – ist es besonders tantalisierend, diese Dialektik von Vergangenheit und Zukunft zu bewältigen. Platte Gleichsetzungen von terroristischen Bedrohungen und dem vergangenen Ost-West-Konflikt sind hier so wenig weiterführend wie der Rekurs auf die Vereinten Nationen: Letztere wurden nach dem Ende des Kalten Krieges und im Blick auf fast ausschließlich innere Konfliktlagen wieder erfunden, obwohl sie „die machtpolitische Situation und den Stand des politischen Denkens von 1945 eingefroren"[9] haben. Die „fast absolute Schranke nationaler Souveränität und der Grundsatz der Gleichheit" gerade in den zahlreichen Konflikten, für die heute eine Rolle der UNO reklamiert wird, lässt ein direktes Eingreifen nur im Widerspruch zum Artikel 2 der UN-Charta zu. Angesichts des politischen Gebrauchs des Vetorechts durch die kleineren Siegermächte von 1945 ist operative Wirkung ohnehin auf wenige, eher marginale Anwendungsfälle beschränkt.

Auch ohne Ansehen der Qualität gegenwärtiger Politik wird man sagen müssen, dass es für eine belastbare Konzeption einer künftigen Weltordnung auf absehbare Zeit zu früh ist, zumal in einer Ära, in der sogar der Geist der Wissenschaften auf Spezialisierung und nicht auf systematische Synthesen zielt. Ohnehin ist, wie Henry Kissinger resümiert hat, „jeder Generation nur ein Versuch der Abstraktion erlaubt; sie hat nur ein Experiment frei, denn sie ist selbst das Subjekt. [...] Die Lösung, ja oft schon das Erkennen, ist die vielleicht schwierigste Aufgabe staatsmännischer Führungskunst."[10]

Diese Experimente der Geschichte sind beispiellos komplex. Sie gelingen nur da, wo sie in Individuen einen wirksamen Katalysator der vielfältigen Strömungen finden – Churchill 1940/41 oder Truman und Acheson 1949. Die skeptische Frage ist verbreitet, ob die gegenwärtige politische Kultur überhaupt noch in der Lage sei, in Einzelnen solche Gestaltungsmacht wachsen zu lassen. Während des Kalten Krieges hat es politische Führer wie Charles de Gaulle gegeben, die zumindest zu

---

9 Ulrich *Speck*, Amerikas Rolle in der unipolaren Weltordnung, in: Merkur, (Mai 2003), S. 403.
10 *Kissinger*, Großmachtdiplomatie, S. 390. Die Logik solcher „Experimente" lässt sich besonders mit den Mitteln der virtuellen Geschichte verdeutlichen. Vgl. u.a. Niall *Ferguson* (Hg.), Virtual History. Alternatives and Counterfactuals, Cambridge 1997.

Gegenentwürfen zur etablierten Ordnung fähig waren, die ihre Wirksamkeit allerdings erst – und dann begrenzt – entfaltet haben, als diese Ordnung, dies ganz im Sinne der zugrunde liegenden Annahmen, bereits verändert war. Im Übrigen war de Gaulle natürlich auch durch die Kriegsjahre geprägt.

Reinhart Koselleck hat darauf hingewiesen, dass es sich bei Epochenbestimmungen meist „um ursprünglich sachbezogene Ausdrücke [handelt], die dann gleichsam flächendeckend auf ganze Perioden ausgeweitet" werden, ohne dann allerdings noch die Vielfalt des Geschehens zu erfassen.[11] „Atomzeitalter" und „Kalter Krieg" haben diese Qualität. Der Umbruch von 1989/90, der eher die Reparatur einer weltgeschichtlichen Abweichung darstellte, hat keine solchen sachbezogenen Ausdrücke mit Zukunftsdimension hervorgebracht. Der Umbruch und sein gelungenes Management sind ein Faktum. Aber angesichts der nachfolgenden Entwicklung „den Augenblick der originären Anfänglichkeit zu lokalisieren, das Larvenstadium des Kommenden vorzuzeigen",[12] hat er bisher nicht mehr hervorgebracht als das Bild einer Abfolge von Übergängen oder das Bild einer Wiederholung des Gleichen, wie es etwa in Fukuyamas „Ende der Geschichte"[13] enthalten ist.

Die Frage nach der Epochenbestimmung für die Entwicklung seit dem Umbruch von 1989/90 lässt so auf absehbare Zeit keine Antwort zu. Gleichwohl muss sie immer neu gestellt werden, um vor wenig hilfreichen Analogien, Paradigmenbildungen, zweckgebundenen Formeln usw. zu bewahren. Diese Suche wird kaum auf „sachbezogene Ausdrücke" gerichtet sein. Sie kann auch kaum im Rekurs auf klassische Formeln enden, die tatsächlich – siehe den Rekurs der Kleineren auf die UN – engen nationalen Interessen dienen. Das gilt sicher auch für die durch die europäische Geschichte geprägten Systembegriffe wie Gleichgewicht, die in der Regel – bei richtiger Annahme einer Ungleichheit der Staaten – statische Vorstellungen vermitteln: Das Gleichgewicht der Mächte wurde nicht zufällig – und für die Zeit sinnvoll – in der Hochzeit der klassischen Mechanik konzipiert und eingeprägt. Der Zeitpunkt wird irgendwann kommen, wo komplexitätsreduzierende Vereinfachungen gefunden werden, die es gestatten, die Strukturen und die Dynamik einer Entwicklung in einem „epochalen" Sinn zu erfassen, und sie werden dann wiederum aus der wissenschaftlichen Systematik entlehnt sein. Es ist indessen anzunehmen, dass eine solche Formel, wenn sie sich denn prägen lässt, Gedanken wie Fließgleichgewicht, Netzwerk, nichtlineare Dynamik oder Selbstorganisation enthalten wird. Es ist allerdings zu fragen, ob eine solche Vereinfachung oder Abstraktion dann im traditionellen Sinne als Epochenbestimmung erfolgt oder einem anderen Paradigma Raum gibt. Eigentlich erfolgen Epochenbestimmungen im Rückblick. Insbesondere

---

11 Reinhart *Koselleck*, Zeitschichten. Studien zur Historik, Frankfurt a.M. 2000, S. 293.
12 *Blumenberg*, Epochenschwelle, S. 23.
13 Francis *Fukuyama*, Das Ende der Geschichte. Wo stehen wir?, München 1992.

seit dem Ende des Kalten Krieges geht es eher um die Suche nach „epochalen" Indikatoren, die Weichenstellungen für die weitere strukturelle Entwicklung erkennen lassen: sozusagen vorweggenommene Epochenbestimmungen. In dieser Vorstellung drückt sich ein erwarteter Determinismus aus, für den es kaum eine Basis gibt, insbesondere wenn sich die Epochenbestimmung auf zwischenstaatliche Dynamik richtet: Eine Epoche ist so akzeptierter Ausdruck einer für eine Zeit dominanten Realität.

In der weiteren Entwicklung werden Staaten zwar als Handlungseinheiten wirksam bleiben, aber diese Wirksamkeit ist schon durch transnationale Zusammenhänge begrenzt, die sich nur wenig durch staatliches Handeln steuern lassen, zum Beispiel die Finanzmärkte oder die Ausbreitung von Informations- und Kommunikationstechnologien. Das staatliche Handeln wird sich außerdem zunehmend in etablierten multilateralen Strukturen mit eigenen Konsenserfordernissen abspielen. Die Ära der Dominanz zwischenstaatlicher Verhältnisse weicht einer komplexeren Realität, obwohl es immer wieder – wie gegenwärtig in der EU – zu restaurativen intergouvernementalen Tendenzen kommen wird:
– Es sind vor allem Großformationen wie die EU, die die Dynamik der Staaten und Gesellschaften bestimmen werden.
– Das internationale Geschehen wird zunehmend über transnationale Transfers erfolgen, die nicht primär durch staatliches Handeln determiniert sind.
– Markante internationale Störungen erfolgen höchstens als Ausnahme durch Staaten. Sie werden von innen, von unten, also substaatlich und transnational geschehen.

Ein Schlüssel zur Zukunft besteht darin, dass die Erkenntnismöglichkeiten zu wichtigen langfristigen Entwicklungen, zum Beispiel der demographischen, erheblich verbessert worden sind, dass die langfristigen Auswirkungen aktueller Entscheidungen weit mehr als in der Vergangenheit ins Blickfeld rücken und dass Weichenstellungen für langfristige Entwicklungen zunehmend Gegenstand aktueller Entscheidungen werden. Dieser Schlüssel verstärkt aber die Einsicht, dass es nicht mehr um dominante Erwartungshaltungen und Prognosen geht, sondern um das Ausarbeiten alternativer Zukunftsentwürfe, die eine Bewertung aktueller Entscheidungen und ihrer langfristigen Auswirkungen erlauben. Demokratien stehen hier vor der grundsätzlichen Schwierigkeit, Nachfolger nicht ausreichend verpflichten zu können, aber hier, das heißt in der Zukunftsgestaltung, wird – Kissingers ganz anders gewonnene Einsicht erhält hier ihr volles Gewicht – die „schwierigste Aufgabe staatsmännischer Führungskunst" liegen.

In dieser Perspektive sind die aus der neuzeitlichen Staatenwelt überkommenen grundlegenden Ordnungsbegriffe zu hinterfragen, und dies hat ja auch bereits begonnen: Zu nennen sind Stichworte wie Unabhängigkeit und Gleichheit der Staaten oder

Nichteinmischung in innere Angelegenheiten. Es gibt Abstufungen in Bezug auf die Unabhängigkeit von Staaten, aber selbst die in jüngster Zeit auf Erhaltung faktischer und rechtlicher Unabhängigkeit insistierenden USA werden den inneren Spannungshaushalt nur mit einer starken Außenorientierung regulieren können, und mit dem Wegfall eines innen integrierenden Antagonisten – das hat Daniel Boorstin schon vor fast einem halben Jahrhundert vorausgesehen[14] – wird dies noch schwieriger.

Die Gleichheit der Staaten, wie sie als Idee der UN-Satzung zugrunde liegt, ist schon innerhalb der Satzung desavouiert: Sie ist beschränkt auf die Gesamtheit der Entscheidungen, die durch die Vollversammlung getroffen werden können. Der Sicherheitsrat ist entweder durch privilegierendes Vetorecht blockiert oder durch Interessen der Mitglieder des Rates bestimmt. Diese strukturellen Ungleichheiten sind in der Folge in internationalen Vereinbarungen wie dem Nichtverbreitungsvertrag wiederholt worden. Dieser Zustand rechtlicher Ungleichheit ist letztlich auch unvermeidlich. Nur sollten, vor allem im Zuge einer Reform der Vereinten Nationen, die Folgerungen aus der faktischen Ungleichheit der Staaten gezogen werden.

Ähnliches gilt für den Grundsatz der Nichteinmischung in innere Angelegenheiten (Artikel 2 der Satzung) als einem der Fundamente der UN. Entweder man hält daran fest, womit das Gros der Sicherheitsratsbeschlüsse zu friedenserhaltenden und -stiftenden Einsätzen von Streitkräften ungedeckt bliebe. In diesem Fall ist zugleich anzuerkennen, dass zwischenstaatlicher Krieg, wie Herfried Münkler für viele formuliert, „ein historisches Auslaufmodell"[15] ist, was die Relevanz der UN zunehmend eliminieren würde. Oder man gibt den UN die Aufgaben, die sie zunehmend faktisch auch wahrnehmen. Dann wird aber eine grundlegende Reform der UN notwendig, die sich nicht nur in den notwendigen Anpassungen der UN erschöpfen kann. Eine solche Reform könnte, etwa in einer erweiterten Interpretation oder Neufassung des Artikels 51, auch die Weiterentwicklung der Handlungsmöglichkeiten der UN bedeuten, sodass künftigen Gefährdungen, etwa im Falle strategischer terroristischer Anschläge oder Informationsanschläge, ausreichend Rechnung getragen werden kann.

Der Grundsatz der Gleichheit der Staaten wird dabei ebenso revidiert werden müssen wie der der Nichteinmischung in innere Angelegenheiten. Die Dimensionen der Aufgabe sind indessen darin zu sehen, dass es für den Umgang mit der Ungleichheit und der Abhängigkeit von Staaten wie für die Einmischung in innere Angelegenheiten gleichwohl Regeln geben muss, um die Willkür in Grenzen zu halten. Tatsächlich wird die Weiterentwicklung der UN-Satzung und allgemeiner des internationalen Rechts in der nachträglichen Kodifizierung von Handlungen

---

14 Daniel J. *Boorstin*, America and the Image of Europe. Reflections on American Thought, Cleveland 1960, S. 36ff.
15 Herfried *Münkler*, Die neuen Kriege, Hamburg 2002, S. 240.

erfolgen, die ohne Deckung durch die Satzung bzw. das internationale Recht notwendig geworden sind, um Unrecht zu verhindern, das mit dem Sinn der Satzung und des internationalen Rechts unvereinbar ist. Hier wird vor allem die Erweiterung in Bezug auf friedensgefährdende Akte einsetzen müssen.

Die Grundsätze der „Völkergemeinschaft" reichen also nicht aus, um künftige Ordnung zu etablieren oder zu halten. Das gilt aber ebenso für jene Grundsätze, die aus der Realität zwischenstaatlicher Verhältnisse abgeleitet sind, zum Beispiel für den Gedanken des europäischen Gleichgewichts oder dessen Derivate wie dem Paritätsprinzip der klassischen Rüstungskontrolle (die mit dem Umbruch von 1989/90 das Ende ihrer Wirksamkeit gefunden hat). Da, wo dieses Prinzip des Gleichgewichts operativ wurde, hing es von der Perspektive des Betrachters ab, ob es einen offensiven oder defensiven Zweck hat.[16] Es setzt einen Zustand der Ungleichheit der Staaten voraus, aber die traditionellen Vergleichsmaßstäbe (Bevölkerung, Stahlproduktion, Rüstung usw.) haben in der heutigen Welt an Bedeutung eingebüßt.

Zu Recht betont Michael Stürmer, dass das strategische Gleichgewicht, das zumindest seit Anfang der sechziger Jahre im Kalten Krieg angestrebt wurde, kein Gleichgewichtssystem alteuropäischer Prägung war. Es „war von anderer Art: global, nuklear, bipolar".[17] Diese strategische Balance hat mit dem Umbruch von 1989/90 in allen Dimensionen ihr Ende gefunden. Man muss hinzufügen, dass das europäische Gleichgewichtssystem nicht erst mit dem Beginn des Kalten Krieges zu Ende gegangen ist, sondern, wie Hölzle und andere herausgearbeitet haben, schon mit dem Ersten Weltkrieg, vollends dann mit dem Zweiten. Es gab 1941 noch einen letzten Versuch mit Churchills Plan einer Einbindung der USA in Europa bei gleichzeitigem Heraushalten der Sowjetunion aus Europa.[18] Die Geschichte ging darüber hinweg. So erstaunt es, wenn Stürmer empfiehlt, aus dem Gleichgewicht als einer europäischen Kunst der Vergangenheit eine atlantische Kunst der Gegenwart und Zukunft zu machen.[19] Dabei soll wohl dem kontinentalen Gleichgewicht mit England als Stabilisator ein europäisches Gleichgewicht mit den USA als Stabilisator entsprechen. Aber eben dies war – eingebettet in den Ost-West-Konflikt – die Struktur der letzten Jahrzehnte: Die Aussparung der militärischen Dimension aus der europäischen Integration als Bedingung eben fortschreitender Integration hatte keinen anderen Sinn. Doch war diese Struktur nur im Zeichen sowjetischer Bedro-

---

16 Thomas Mann hat dies 1914 am Beispiel Friedrichs des Großen und der begleitenden Koalitionsbildungen besonders plastisch dargestellt in: Thomas *Mann*, Friedrich und die große Koalition, Stuttgart 1990, bes. S. 34ff. Eine systematische Untersuchung des Gebrauchs des Begriffs der *Balance of Power* bietet Edward Vose *Gulick*, Europe's Classical Balance of Power, New York 1955.
17 *Stürmer*, Die Kunst des Gleichgewichts, S. 216.
18 Vgl. *Haffner*, Churchill, S. 140f.
19 *Stürmer*, Die Kunst des Gleichgewichts, S. 216.

hung möglich. Mit deren Wegfall änderten sich die militärische Dimension Europas, die politische Dimension der amerikanischen Präsenz und das europäische Projekt, das nunmehr, wie langsam auch immer, eine Vervollständigung der europäischen Integration verlangte, wie sie in Köln und Helsinki dann anvisiert wurde.

Das Fehlen eines globalen Rivalen der USA, das schleppende Tempo der europäischen Integration im Bereich der Sicherheit und Verteidigung und die somit schwindende militärische Kooperationsfähigkeit Europas gegenüber den USA stärken gegenwärtig Tendenzen zu einem Unilateralismus der USA, der jedoch aus Gründen der inneren Kultur wie der internationalen Leistungsfähigkeit auf Koalitionen angewiesen bleibt. Sie stärken auch eine zunehmende europäische Eigenständigkeit, die nicht wehrhaft ist und so doch in Abhängigkeit von den USA verbleibt, ohne damit schon Kooperationsfähigkeit zu erhalten. Die Bilder Robert Kagans von Mars und Venus, die sich auf verschiedenen Umlaufbahnen bewegen, treffen zumindest auf den gegebenen Zustand der atlantischen Beziehungen zu.[20]

Die Übermacht der USA ist eine Tatsache von weltpolitischer Bedeutung. Sie lässt sich auch nicht einbinden, wie es noch Churchill 1941 versuchte oder wie es im amerikanisch gesteuerten Bündnissystem im Kalten Krieg den Anschein hatte, außer wenn die USA dies als in ihrem eigenen Interesse betrachten. Für eine solche Selbstbeschränkung der USA wird ein Prozess notwendig sein, der mindestens so neuartige Einsichten in die Weltmachtrolle der USA erfordert wie die Einsichten zwischen dem Ende des Zweiten Weltkriegs und dem Ende des Korea-Krieges. Der Irak-Krieg in seinen atlantischen Implikationen hat diese Entwicklung eher noch verlangsamt. Aber solche Selbstbeschränkung – wohlwollende Hegemonie, wie Stürmer sie nennt – braucht auch Voraussetzungen auf Seiten der Partner namentlich in Europa. Sie wird wenig an der Übermacht der USA ändern. Auch die Vorstellung etwa Chinas, dass die großen Partner der USA, die alle auf Kooperation mit den USA angewiesen sind, zusammen auch ein Gleichgewicht gegenüber den USA bilden, bleibt Chimäre, weil diese „großen Mächte" untereinander mehr trennt als jede einzelne von den USA. Gerade der Irak-Krieg hat gezeigt, dass dies sogar innerhalb Europas gilt, und die USA haben einfache Möglichkeiten, solche Friktionen sogar zwischen EU-Partnern zu intensivieren, weil es innerhalb der derzeitigen europäischen Balancen eben doch sehr unterschiedliche äußere Orientierungen gibt. Der Zustand der ESDP (Europäische Sicherheits- und Verteidigungspolitik) oder allgemeiner der GASP (Gemeinsame Außen- und Sicherheitspolitik) ist beredtes Beispiel.

Gleichgewicht ist – jenseits mechanischer Vorstellungen – eine Kategorie, die dem Bedürfnis nach ordnendem Handeln entgegenkommt. Es entsteht nicht von

---

20 Robert *Kagan*, Macht und Ohnmacht. Amerika und Europa in der neuen Weltordnung, Berlin 2003.

selbst, wie Stürmer zutreffend feststellt. Aber was sind gegenwärtig die Gewichte, die durch politische Kunst im Gleichgewicht zu halten sind, wenn es denn „nicht zu einer Hierarchie (der Machtfaktoren) kommen" kann.[21] Im atlantischen Verhältnis ist jedenfalls die Übermacht der USA nicht auszugleichen, solange die militärische Dimension relevant bleibt, und die Interessen der USA wie die Gefahren im internationalen Umfeld werden diese Relevanz erhalten.

Eine strategisch zweckmäßige und politisch realisierbare Stärkung der militärischen Fähigkeiten Europas würde nicht auf die Bildung eines militärischen Gegengewichts zu den USA abzielen. Das liegt nicht einmal in der französischen Forderung nach militärischen Fähigkeiten zur Ermöglichung unabhängiger Entscheidungen. Es würde auf eine militärische Kooperationsfähigkeit mit Streitkräften der USA zielen, mit der sich auch Möglichkeiten politischer und strategischer Einflussnahme auf die USA vor und im Krisen- und Konfliktmanagement eröffnen, was dann allerdings gemeinsame Zielsetzungen der europäischen Staaten hinsichtlich der Einflussnahme auf die USA erfordert, die während des Irak-Krieges nun gerade so eklatant gefehlt haben. Zudem wird da letztlich auch das militärische Ungleichgewicht zwischen europäischen Staaten gerade in diesem Kontext zum Tragen kommen: Es ist genau *der* politisch-strategische Kontext, in dem militärische Macht europäischer Staaten einen Sinn hat.

In diesem Kontext haben die USA in den Jahrzehnten bis zum Umbruch von 1989/90 durch die Herausnahme der militärischen Dimension aus der europäischen Integration und durch den Schutz durch die NATO auch als Stabilisator in Europa gewirkt. Für einige mittelosteuropäische Staaten ist die Mitgliedschaft in der NATO, also die Bindung an die USA, sogar heute Voraussetzung für ein freieres Umgehen vor allem mit Deutschland. Aber im Verhältnis zwischen den USA und der EU ist eine gestärkte, sprich modernisierte europäische Militärmacht so wenig ein Gegengewicht zu den USA, wie die USA angesichts der fortschreitenden europäischen Integration noch Stabilisator sind. Die militärische Zusammenarbeit mit den USA und insoweit die Kooperationsfähigkeit mit den Streitkräften der USA ist eine strategische Notwendigkeit für Europa, um ausreichenden Schutz zu haben und um einen gewissen strategischen Einfluss auf die USA ausüben zu können. Der wichtigste Antrieb künftiger Entwicklungen wird in der Politik der USA liegen. Es ist nützlich, daran zu erinnern, dass die USA nach der Preisgabe des Universalismus von 1945 und nach dem Übergang zur Politik der Eindämmung als überragende Zielsetzung das Schaffen eines internationalen Umfelds erklärt haben, in dem die USA gedeihen können, und dass dies möglichst ähnliche Bedingungen auch für die Partner erfordert. Diese Politik entstand im Zeichen der sowjetischen Herausforde-

---

21 *Stürmer*, Die Kunst des Gleichgewichts, S. 224.

rung, aber sie blieb Bestandteil der amerikanischen Politik: „Die USA würden sie wahrscheinlich auch ohne die sowjetische Bedrohung verfolgen."[22]

Soweit in der Politik der USA gegenüber Europa die „Kunst des Gleichgewichts" noch eine Rolle spielt, geschieht dies im Sinne wechselnder Koalitionsbedingungen, nicht, wie in der klassischen „Balance of Power", um einen stabilen Zustand zu erreichen, sondern um den politischen Widerstand einzelner Staaten innerhalb Europas aufzuwiegen. Die Diplomatie, die den Irak-Krieg begleitet hat, bietet dafür ein anschauliches Beispiel. Aber diese Diplomatie hängt weder an militärischen Kräfteverhältnissen, noch hat sie strukturverändernde Folgen für Europa. Sogar die Diplomatie der USA nach diesem Krieg macht deutlich, dass die USA solche „Balancen" nicht dauerhaft will. Es gibt innerhalb Europas natürlich weiterhin Konkurrenzen und Größenunterschiede. Es gibt auch historisch gewachsene Affinitäten und Animositäten. Aber die Staaten Europas – das gilt indirekt sogar für die Schweiz – sind sämtlich in ein multilaterales Regelwerk eingebunden, durch das die Größenunterschiede austariert werden und Konflikte regulierbar sind, und sei es durch Ausklammern und Aufschub. Die unterschiedlichen Interessen drücken sich im relativen Gewicht der europäischen Institutionen aus, vor allem innerhalb der EU. Es geht um das Verhältnis von Resultanten, nicht um direkt ausgetragene Konflikte, und Resultanten sind stets in multilaterale Strukturen eingebunden.

In unterschiedlicher Weise haben alle Staaten Europas ein Interesse daran, „das jeweils nationale und europäische Bewusstsein aller Länder des Kontinents im Gleichklang zu halten".[23] Wenn sich in Europa noch von einer Gleichgewichtspolitik sprechen lässt, dann ist es eine Politik mehrerer Mobiles, und kein Gewicht eines austarierten Mobiles kann bekanntlich das System gefährden. Die Kategorie des Gleichgewichts erfasst in Europa also keines der fortbestehenden strukturellen Probleme, für die Lösungen notwendig sind.

Diese internationale Orientierung gewann durch eine vor allem von den USA vorangetriebene Globalisierung der Märkte und der Kommunikation weiter an Realität. Aber sie wurde auch gestützt auf eine zunehmende militärische Präsenz der USA in einzelnen Regionen und mit Interventionsfähigkeiten, die der Politik der USA imperiale Züge verliehen, wenn sie dauerhafte Elemente der internationalen Situation würden. Dies wiederum – das haben die Reaktionen auf die Irak-Intervention, wenn auch von westlichen Partnern intensiviert, gezeigt – würde wiederum zu breiteren Konfrontationen mit den USA mit zunehmender Rolle nichtstaatlicher Akteure führen und ein amerikanisches Verlangen nach Koalitionen

---

22 NSC 68, Objectives and Programs for National Security (April 14, 1950), in: Ernest R. *May* (Hg.), American Cold War Strategy. Interpreting NSC 68, Boston/New York 1993, S. 41.
23 Timothy Garton *Ash*, Im Namen Europas. Deutschland und der geteilte Kontinent, München 1993, S. 601.

stärken, bei denen die Interessenausrichtung wie im Kalten Krieg nicht mehr gegeben wäre.

Was resultiert daraus für das weltpolitisch zunehmend wichtiger werdende Verhältnis zwischen den USA und der EU?

– Die Politik beider wird vor allem durch Binnenprozesse getrieben.
– Die Übermacht USA befindet sich in einer Phase der Expansion, die imperiale Züge annehmen kann. Sie kann aber nur dann dem grundlegenden Ziel der USA dienen, ein „healthy environment" für die Entwicklung der USA zu schaffen und zu erhalten, wenn die USA neue Formen der Selbstbeschränkung einüben.
– Die fortschreitende Integration innerhalb der EU wird die Macht der EU so stärken, als ziele das auf ein Gegengewicht zu den USA, aber die Lebensfähigkeit Europas wird die Fähigkeit zur Kooperation mit den USA erfordern.
– Die USA wie Europa sind extrem verwundbar gegenüber zunehmenden neuen Bedrohungen und Risiken, die nur begrenzt Schutzmöglichkeiten zulassen. Die Risiken und Bedrohungen sind von einer Art, die gemeinsame Gegenstrategien und gemeinsame Stabilisierungspolitik verlangt.
– Das amerikanisch-europäische Verhältnis ist so nicht durch die tatsächlichen Abhängigkeiten bestimmt. Es kann auch nicht auf institutionellem Wege gefestigt werden. Es geht um zwei Aufgaben, die für die künftige Weltpolitik weitreichende Bedeutung haben: die Harmonisierbarkeit der kulturellen Entwicklung auf beiden Seiten des Atlantiks und einen neuen Mutualismus in der Wahrnehmung politisch-strategischer Interessen.

Ein solcher Mutualismus kommt nicht von selbst. Er erfordert eine politisch-kulturelle Leistung der USA wie Europas. Die USA sollten nicht nur, wie Kagan empfiehlt, in der Gewissheit eigener Unbeschränktheit mehr Verständnis für Partner aufbringen, sondern in der Selbstbeschränkung im Interesse Dritter die Möglichkeit einer vorteilhaften Umgebung erkennen – einer Umgebung, in der Europa auch künftig partnerschaftliche Qualitäten besitzt wie keine andere Region der Welt. Europa muss andererseits einen globalen Gestaltungswillen entwickeln, ohne sich in Konkurrenz und Gegensatz zu den USA zu setzen: Die faktische Abhängigkeit von den USA als konstitutiv zu erkennen und im Sinne eines globalen Gestaltungswillens Europas zu sublimieren, wäre die kluge Form europäischer Selbstbeschränkung. Beide Formen der Selbstbeschränkung könnten in einen historisch neuartigen Mutualismus münden, der übergeordneten Zielen dienlich wäre: „Ihre Ziele [...] sind [schließlich] weitgehend identisch."[24]

---

24 *Kagan*, Macht und Ohnmacht, S. 121.

# 8. Der 11. September 2001:
## Wendepunkt in der nationalen wie internationalen Sicherheitspolitik

*Rupert Scholz*

## I. Der internationale Terrorismus – Dimensionen und Bedrohungspotentiale

Die entsetzlichen Terroranschläge vom 11. September 2001 in New York und Washington haben in dramatischer Weise die eminenten Gefahren des internationalen Terrorismus und dessen Potentiale in das allgemeine Bewusstsein gerückt. Obwohl nationaler wie internationaler Terrorismus keineswegs neue Tatbestände darstellen, hat der 11. September 2001 doch eine grundlegend neue Qualität des internationalen Terrorismus offen gelegt, die grundlegende Veränderungen wie Revisionen auf allen Ebenen internationaler wie nationaler Sicherheitspolitik notwendig machen. Auf nationaler Ebene deshalb, weil der Terrorismus in dramatischer Weise die innere Sicherheit freiheitlicher Gesellschaften bedroht bzw. gerade auf deren so evidente innere Verletzlichkeit spekuliert; in internationaler Hinsicht deshalb, weil der Terrorismus sich längst als weltweites Phänomen offenbart hat, das buchstäblich grenzüberschreitend operiert, das vielfältig mit staatlicher Unterstützung oder Duldung eingesetzt wird und das mit ausschließlich nationalen Sicherheitsstrategien nicht mehr wirksam bekämpft werden kann.

Eine wirksame Bekämpfung des Terrorismus fordert neue sicherheitspolitische Strategien und damit auch eine Fülle neuer rechtlicher Instrumentarien – wiederum auf nationaler und internationaler Ebene. Voraussetzung für die Entwicklung solcher Strategien und Instrumentarien ist jedoch zunächst eine politisch wie rechtlich gültige und entsprechend operationalisierbare Bestimmung dessen, was unter „Terrorismus" ebenso definitiv wie weltweit verbindlich zu gelten hat. Schon an einer solchen Definition fehlt es indessen nach wie vor, obwohl das Phänomen des Terrorismus schon seit langem auch rechtlich diskutiert worden ist. So versuchte schon die „Genfer Konvention zur Verhütung und Bekämpfung des Terrorismus" vom 16. November 1937 den Terrorismus zu charakterisieren, indem sie diesen als „kriminelle Taten" definierte, „die gegen einen Staat gerichtet sind und das Ziel verfolgen, bestimmte Personen, eine Gruppe von Menschen oder die Allgemeinheit in einen Zustand der Angst zu versetzen". Im Kern trifft dieser Definitionsansatz durchaus auch noch heute zu. Denn der Terrorismus verfolgt stets politische Ziele, gleichgültig ob mit extremistischen, religiösen, sozialen oder ethnischen Motiven. Er bedeutet stets Anwendung schwerster Gewalt, nicht nur physisch, sondern auch psychisch (namentlich durch massive Einschüchterung der Bevölkerung). Der Terrorismus stellt auf der anderen Seite aber keine eigene Ideologie, sondern nichts anderes als eine bestimmte Gewaltstrategie bzw. eine bestimmte Methode politisch-instrumental eingesetzter Gewalt dar, die sich gerade deshalb nur schwer auf einen geschlossenen und damit justiziablen Tatbestand konzentrieren lässt. Soweit terroristische Gewaltakte von Staaten eingesetzt, unterstützt oder doch zumindest geduldet werden, sind solche Terrorakte diesen Staaten zuzurechnen, lassen sich also unter das allgemeine Kriegsvölkerrecht subsumieren. Soweit es dagegen um nicht-staatlich organisierte oder initiierte Terrorakte geht, soweit Terrorismus „innergesellschaftlich" oder „staatsintern" ausgeübt wird, soweit terroristisches Verhalten also nicht bestimmten Völkerrechtssubjekten zugerechnet werden kann, verbleibt es heute bzw. nach wie vor bei der Feststellung, dass es sich insoweit um zwar schwerwiegendes, aber dennoch bzw. zunächst nur innerstaatlich zu messendes und zu bekämpfendes kriminelles Unrecht handelt. Tatbestandlich unterfallen Terrorismus und Terrorismusbekämpfung damit der klassischen Kategorie der inneren Sicherheit, während Akte des Staatsterrorismus unbestreitbar dem Aktionsfeld der äußeren Sicherheit des jeweils betroffenen Staates unterfallen. Allein die neuere Entwicklung des Terrorismus, beispielhaft dokumentiert wiederum in den Anschlägen vom 11. September 2001, hat indessen deutlich gemacht, dass die klassische Unterscheidung von innerer Sicherheit und äußerer Sicherheit für die wirksame Bekämpfung des Terrorismus nicht mehr oder doch nicht mehr hinlänglich tragfähig ist. Gerade weil sich staatlich initiierte oder staatlich unterstützte und scheinbar „nur innergesellschaftliche" Terrorismen nahezu unauflöslich miteinander mischen, weil der Terrorismus längst zu einem staatenübergreifenden weltweiten Gefahrentatbestand erstarkt ist, kann zwischen innerer und äußerer Sicherheit im Sinne des klassischen Sicherheits- und Staatsorganisationsrechts nicht mehr unterschieden werden. Der internationale Terrorismus hat längst quasi-militärische Bedeutung erlangt, kann aber dennoch nicht unter die klassischen Kategorien des Kriegsvölkerrechts subsumiert werden. Das Kriegsvölkerrecht richtet sich an Völkerrechtssubjekte, also an Staaten. Terroristische Bewegungen sind in aller Regel aber keine Staaten. So sehr sich Terroristen dies gelegentlich auch wünschen mögen, sie sind keine kriegführende Nation, sie sind weder Kombattanten und im Falle ihrer Festnahme auch keine Kriegsgefangenen. Sie sind und bleiben Kriminelle.

Begriffsbestimmend für den Terrorismus ist seine ausschließlich-kriminelle Energie, die bezeichnenderweise auch dazu geführt hat, dass viele terroristische Organisationen eng mit der internationalen organisierten Kriminalität verbunden oder verflochten sind. Terroristen anerkennen keine rechtlichen oder moralischen Grenzen für ihr Verhalten. Ihr Ziel heißt ausschließlich Vernichtung als gegnerisch ausgemachter politischer Ordnungen oder Systeme. Terroristen zielen auf die innere Zerstörung solcher Ordnungen oder Systeme mit grenzen- sowie skrupellos eingesetzten Mitteln der Gewalt wie der bewusst verfolgten psychologischen Einschüchterung und Verängstigung von Menschen wie kompletten Gesellschaften. Vor allem Herfried Münkler hat in seinem grundlegenden Buch über „Die neuen Kriege"[1] die maßgebenden faktischen wie rechtlichen Unterschiede zwischen Terrorismus einerseits und (klassischem) Kriegswesen bzw. Kriegsvölkerrecht andererseits herausgearbeitet: Es geht um „Entstaatlichung" oder gleichsam „Privatisierung" militärischer Gewalt, auf die sich die Regeln des Kriegsvölkerrechts zur Beschränkung von Gewaltanwendung, zu Frieden, Kombattantenstatus und Verzicht auf bestimmte Vernichtungswaffen nicht oder doch nicht unmittelbar anwenden lassen. Terroristische Gewaltanwendung ist „asymmetrische" Gewaltanwendung, weil nicht mehr gleichartige – sprich staatlich organisierte und als Mitglieder der Staatengemeinschaft auch in gleicher Weise rechtlich verpflichtete – Gegner miteinander kämpfen, weil es von vornherein um (gesellschaftsinterne) Angriffe auf die Zivilbevölkerung geht und weil vor allem nicht in „symmetrischer" Weise auf bestimmte Formen der Gewaltanwendung verzichtet wird.

Das Gewalt- und Bedrohungspotential terroristischer Bewegungen anerkennt prinzipiell keine Grenzen. Auch dies lehrt der 11. September 2001 in besonderer Weise. Die Bedrohungspotentiale des internationalen Terrorismus reichen jedoch, wie längst erkannt, inzwischen noch ungleich weiter. Wurden am 11. September 2001 entführte Flugzeuge gleichsam als Bomben eingesetzt, so weiß heute jeder, dass terroristische Bewegungen auch mit dem Einsatz von Massenvernichtungsmitteln, also mit nuklearen, bakteriologischen und chemischen Kampfstoffen zu operieren bereit sind. Die hieraus resultierenden Gefahren gerade für offene und freiheitliche Industriegesellschaften sind von wahrhaft unvorstellbarer Qualität.

*II. Terrorismusbekämpfung im Lichte des Völkerrechts*

Das Völkerrecht ächtet den Terrorismus schon seit langem bzw. in durchaus prinzipaler Weise. Denn das allgemeine Gewaltverbot im Sinne des Artikels 2 Ziffer 4 der UN-Charta erfasst auch den Terrorismus, wie sich namentlich aus der Resolution 2625 (XXV) der UN-Generalversammlung vom 24. Oktober 1970 ergibt. Dort heißt es, dass „jeder Staat die Pflicht hat zur Unterlassung der Organisation, Anstiftung, Unterstützung der Teilnahme an Bürgerkriegshandlungen oder terroristischen Handlungen in einem anderen Staat oder zur Unterlassung der stillschweigenden Duldung organisierter Aktivitäten auf seinem Hoheitsgebiet, die auf die Begehung solcher Handlungen gerichtet sind". Kein Staat darf „subversive, terroristische Aktivitäten, die auf einen gewaltsamen Umsturz des Regimes eines anderen Staates abzielen, organisieren, unterstützen, finanzieren, anstacheln oder dulden". Diese Resolution

---

[1] Herfried *Münkler*, Die neuen Kriege, Hamburg 2002.

wurde durch die Anti-Terrorismusdeklaration A749/60 von 1995 und in der Folge, namentlich nach dem 11. September 2001, mehrfach bekräftigt. Im Einzelnen ist vor allem auf die Resolutionen des Sicherheitsrates 1373 (2001) vom 28. September 2001, 1368 (2001) vom 12. September 2001, 1333 (2000) vom 19. Dezember 2000, 1269 (1999) vom 19. Oktober 1999, 1267 (1999) vom 15. Oktober 1999, 1189 (1998) vom 13. August 1998 und 579 (1985) vom 18. Dezember 1985 sowie auf die Resolutionen der UN-Generalversammlung 56/1 vom 12. September 2001, 54/109 vom 9. Dezember 1999, 52/164 vom 15. Dezember 1997, 51/210 vom 17. Dezember 1996, 50/53 vom 11. Dezember 1995, 49/60 vom 9. Dezember 1994 und 40/61 vom 9. Dezember 1985 zu verweisen. Ergänzend treten eine ganze Reihe einzelner internationaler Abkommen hinzu, die sich gegen bestimmte Einzelformen des internationalen Terrorismus richten, wie das Tokioer Abkommen über strafbare und bestimmte andere an Bord von Luftfahrzeugen begangene Handlungen vom 14. September 1963, das Haager Übereinkommen zur Bekämpfung der widerrechtlichen Inbesitznahme von Luftfahrzeugen vom 16. Dezember 1970, das Montrealer Übereinkommen zur Bekämpfung widerrechtlicher Handlungen gegen die Sicherheit der Zivilluftfahrt vom 23. September 1971, das Übereinkommen über die Verhütung, Verfolgung und Bestrafung von Straftaten gegen völkerrechtlich geschützte Personen einschließlich Diplomaten vom 14. Dezember 1973, das Internationale Übereinkommen gegen Geiselnahme vom 18. Dezember 1979, das Europäische Übereinkommen vom 27. Januar 1977 zur Bekämpfung des Terrorismus, der Gemeinsame Standpunkt des (Europäischen) Rates über die Anwendung besonderer Maßnahmen zur Bekämpfung des Terrorismus vom 20. Dezember 2001 und das Internationale Übereinkommen vom 15. Dezember 1997 zur Bekämpfung terroristischer Bombenanschläge.

Dies alles sind wichtige Fortschritte, unter denen vor allem die Resolutionen 1368 (2001) und 1373 (2001) des UN-Sicherheitsrats herausragen, die die Anschläge vom 11. September 2001 mit Recht als militärische Aggressionsakte qualifizieren und damit den Tatbestand des Artikels 51 UN-Charta, also den Tatbestand des Rechts auf individuelle oder kollektive Selbstverteidigung, als erfüllt anerkennen. Ebenso wichtig und folgerichtig ist, dass die terroristischen Anschläge vom 11. September 2001 von der NATO als Bündnisfall gemäß Artikel 5 des NATO-Vertrages erkannt und qualifiziert wurden.

Dies alles ändert indessen nichts daran, dass es nach wie vor an einer wirklich allgemein gültigen Definition des Terrorismus fehlt. Die vorgenannten Resolutionen und Übereinkommen richten sich im Grunde sämtlich bzw. doch vorwiegend gegen Akte des Staatsterrorismus, das heißt gegen solche Terrorakte, die von Staaten, also Völkerrechtssubjekten, initiiert, gefördert oder doch zumindest geduldet wurden; im Falle der Anschläge vom 11. September 2001 also durch das Taliban-Regime in

Afghanistan. Gerade das letztere Beispiel belegt jedoch schon, wie fließend die Grenzen zwischen „staatlich" initiiertem und „nicht-staatlich" initiiertem Terror sind. Oder anders ausgedrückt: Handelte es sich bei dem Taliban-Regime in Afghanistan und seiner Unterstützung der Al-Quaida-Terroristen wirklich noch um eine Form von „staatlich-initiiertem" oder doch „staatlich-unterstütztem" Terrorismus oder bewegte sich das Ganze doch letztlich bereits in einem Feld, das nicht mehr den Kategorien von Staatlichkeit, staatlicher Organisation und staatlicher Verantwortung im Sinne des klassischen Völkerrechts unterstellt werden kann?

Größte Probleme wirft des Weiteren die Frage der Abgrenzung von Terrorismus und nationalen Befreiungsbewegungen oder -kriegen auf. Terroristen pflegen sich bekanntlich besonders gern als „Freiheitskämpfer" oder Ähnliches zu deklarieren und sich damit auf die völkerrechtlichen Grundsätze von Selbstbestimmung oder auch Notwehr bzw. Widerstandsrecht zu berufen. Gerade die hiesigen Abgrenzungsprobleme haben entscheidend dazu beigetragen, dass es bis auf den heutigen Tag nicht gelungen ist, eine wirklich allgemein verbindliche bzw. international von allen Seiten akzeptierte Definition des Terrorismus durchzusetzen. Auch dieses Problem ist indessen nicht neu. Schon im Zusammenhang mit den Dekolonialisierungsprozessen der sechziger und siebziger Jahre ist zugunsten des Selbstbestimmungsrechts kolonialistisch unterdrückter Völker über das Zusatzprotokoll I von 1977 zum Genfer Abkommen sowie über die Resolution der UN-Generalversammlung zur Definition der Aggression (3314/XXIX) vom 14. Dezember 1974 festgehalten worden, dass der bewaffnete Kampf oder Widerstand von Völkern gegen Kolonialherrschaften etc. dem allgemeinen Gewaltverbot gemäß Artikel 2 Ziffer 4 UN-Charta nicht unterfallen soll. Darf hieraus aber wirklich auch eine Rechtfertigung terroristischer Gewaltakte abgeleitet werden? Meines Erachtens nicht. Erkennt man nämlich, dass der Terrorismus eben gerade keine eigene Ideologie oder kein eigenes materiales Ideengut repräsentiert, sich vielmehr nur und ausschließlich als eine Strategie bzw. ein Instrumentarium krimineller Gewalt darstellt, so darf es Terroristen auch nicht erlaubt sein, sich auf diese Grundsätze des Selbstbestimmungs-, Notwehr- oder Widerstandsrechts zu berufen. Ganz abgesehen davon, dass das Selbstbestimmungsrecht ohnehin nicht einzelnen Gruppen oder einzelnen Tätern, vielmehr nur kompletten Völkern zur Seite steht, muss hier ein definitiver und klarer Trennungsstrich gezogen werden. Auch das Prinzip der Selbstbestimmung erlaubt oder rechtfertigt nicht den Einsatz terroristischer Gewalt. Das Gleiche gilt für das Widerstandsrecht. Das Widerstandsrecht kann zwar bestimmte Formen auch von Gewalt gegenüber staatlicher Unterdrückung rechtfertigen; auch dies aber nur nach Maßgabe der Grundsätze von Verhältnismäßigkeit und legitimer Notwehr oder Nothilfe. Dies alles gilt es möglichst rasch in Form einer international und allseits verbindlichen Konvention zur Bekämpfung des Terrorismus festzulegen. Eine solche

Konvention hätte den Terrorismus als generell menschenrechtswidrige Form der Kriminalität zu ächten, hätte alle Staaten zu verpflichten, den Terrorismus auf nationaler wie internationaler Ebene wirksam zu bekämpfen, und hätte alle Formen des von Staaten initiierten oder unterstützten Terrorismus als militärische oder doch quasi-militärische Aggression gegenüber anderen Staaten zu qualifizieren – mit der Folge der solidarischen Verpflichtung aller Staaten zur individuellen und kollektiven Verteidigung.

Zumindest rechtlich ebenso kompliziert ist die Frage, wie dem internationalen Terrorismus mit den nötigen präventiven Abwehrmitteln begegnet werden kann. Dass eine wirksame Terrorismusbekämpfung ohne ein wirksames Präventivinstrumentarium unmöglich ist, liegt nach den gegebenen Erfahrungen auf der Hand. Dürfen aber solche Präventivmaßnahmen auch militärische Gewaltakte gegenüber anderen Staaten bzw. auf dem Territorium fremder Staaten einschließen? Stoßen solche Maßnahmen nicht auf das völkerrechtliche Verbot von Angriffskriegen (vgl. Artikel 51 UN-Charta; siehe auch Artikel 26 GG)? Eben diese Frage ist im Zusammenhang mit der neuen Sicherheitsdoktrin der USA von der *preemptive self-defense* akut geworden. Für die USA war gerade im Verhältnis zum Irak klar, dass dieser bzw. dessen Machthaber Saddam Hussein den internationalen Terrorismus unterstützt hat und gegebenenfalls auch bereit war, völkerrechtlich unzulässige Massenvernichtungswaffen einzusetzen. Naturgemäß stellte sich damit das Problem präventiver Abwehrmaßnahmen in besonderer Weise. Denn wenn solche Massenvernichtungsmittel – namentlich über terroristische Gewaltakte – erst zum Einsatz gelangt sind, so helfen die repressiven Abwehrinstrumentarien der völkerrechtlich-klassischen Selbstverteidigung in aller Regel nicht mehr oder doch nur noch sehr bedingt. Sicherheitspolitisch ist die Notwendigkeit und damit auch Legitimierung präventiver Abwehr- und damit auch Gewaltmaßnahmen mit anderen Worten evident. Nur, wo liegt die Grenze zum rechtswidrigen Angriffskrieg? Dies muss völkerrechtlich ebenso rasch wie verbindlich geklärt werden. Auch hier sind die Vereinten Nationen aufgerufen, für die nötige völkerrechtliche Klarstellung bzw. für die Definition derjenigen Kriterien zu sorgen, die über die Ächtung entsprechender Massenvernichtungsmittel hinaus auch das Maß bestimmen, mit dem gegebenenfalls auch präventiv gegen den Besitz, gegen die Entwicklung bzw. gegen den (potentiellen) Einsatz solcher Massenvernichtungsmittel namentlich durch terroristische Gewalttäter und deren „staatliche Hintermänner" vorgegangen werden kann. Nach hiesiger Auffassung lässt sich das bisherige völkerrechtliche absolute Verbot des Angriffskrieges und das hinter diesem Grundsatz stehende Prinzip der Unverletzlichkeit staatlich-nationaler Souveränitätsrechte nicht mehr uneingeschränkt aufrechterhalten. Wenn ein Staat oder bestimmte staatliche Machthaber durch die Entwicklung solcher Massenvernichtungsmittel und gegebenenfalls auch durch die Unterstützung terroristischer Gewalttäter, die gegebenenfalls auch mit solchen Massenvernichtungsmitteln zu operieren bereit sind, die Prinzipien der internationalen Friedensordnung und deren Verpflichtung auf Gewaltfreiheit zu verletzen bereit sind, so müssen diesen gegenüber auch bestimmte Präventivmaßnahmen statthaft sein – dies allerdings nur nach Maßgabe des Grundsatzes der Verhältnismäßigkeit.

*III. Terrorismusbekämpfung und nationale Sicherheit*

Terroristische Gewaltakte verletzen und bedrohen, wie gezeigt, in den jeweils betroffenen Staaten oder Gesellschaften deren innere Sicherheit. In diesem Sinne wird die Terrorismusbekämpfung auch in Deutschland nach wie vor bzw. vorrangig dem Aufgabenbereich der staatlich zu gewährleistenden inneren Sicherheit zugeordnet. Bekämpfung des Terrorismus heißt Bekämpfung von Verbrechen und wird damit vorrangig in die staatsinterne Zuständigkeit von Polizei, Justiz und Katastrophenschutz verwiesen. Jedermann weiß indessen, dass eine derart einseitige Definition des Terrorismus und seiner Gewalt- wie Bedrohungspotentiale längst nicht mehr ausreichend ist. Innere und äußere Sicherheit lassen sich gerade im Lichte des internationalen Terrorismus nicht mehr voneinander trennen. Dies bedeutet in der Konsequenz wiederum, dass auch die staatlichen Organe, die für die innere Sicherheit einerseits und die äußere Sicherheit andererseits verantwortlich sind, zusammenzuführen bzw. einem gemeinschaftlich-kooperativen Konzept von möglichst wirksamer Gefahrenbekämpfung und Gefahrenvorsorge zuzuführen sind.

Das gegebene System der Gefahrenbekämpfung und Gefahrenvorsorge in Deutschland geht von der ebenso prinzipiellen wie grundlegenden Unterscheidung zwischen innerer und äußerer Sicherheit auch in kompetenzrechtlicher Hinsicht aus. Die Gewährleistung der inneren Sicherheit ist grundsätzlich Aufgabe der Polizei und steht damit in der ebenso grundsätzlichen Zuständigkeit der Bundesländer. Die äußere Sicherheit ist dagegen Aufgabe des Bundes. Dieser besitzt die originäre Zuständigkeit für den Schutz der Zivilbevölkerung im Verteidigungs- und Spannungsfall (Artikel 115 a, Artikel 80 a GG). Verteidigungs- und Spannungsfall bedingen aber militärische Angriffe auf das Territorium der Bundesrepublik Deutschland (Verteidigungsfall) bzw. die unmittelbare Wahrscheinlichkeit eines solchen Angriffs (Spannungsfall). Nur in diesen Fällen greifen die Zuständigkeiten des Bundes für den Einsatz von Bundeswehr und Zivilschutz. Die Bekämpfung terroristischer Gefahren und der Katastrophenschutz obliegen dagegen grundsätzlich den Ländern, weil man insoweit von Gefahrentatbeständen ausschließlich im Bereich der inneren Sicherheit ausgeht. Nur in außergewöhnlichen Fällen kann der Bund den Ländern gemäß Artikel 35 II, III GG auf Anforderung konkrete Amtshilfe durch die Bundeswehr und den Bundesgrenzschutz leisten. Der Schutz ziviler Objekte durch die Bundeswehr wird gemäß Artikel 87 a III GG nur im Verteidigungs- sowie Spannungsfall geleistet; das Gleiche gilt gemäß Artikel 87 a IV GG im Notstandsfall. Artikel 87 a IV GG erlaubt der Bundeswehr die Unterstützung von Polizei und Bundesgrenzschutz beim Schutz ziviler Objekte namentlich in dem Fall, in dem es um die Bekämpfung organisierter und militärischer bewaffneter Aufstände geht; insgesamt muss es aber doch stets um die „Abwehr einer drohenden Gefahr für den Bestand oder die freiheitliche demokratische Grundordnung des Bundes oder eines Landes" gehen. Darüber hinaus ist die Bundeswehr nur berechtigt, militärische Einrichtungen der verbündeten Streitkräfte objektschutzmäßig zu schützen (vgl. § 2 I UzwGBw sowie Artikel 53 IV Zusatzabkommen zum NATO-Truppenstatut). Eine Rechtsgrundlage zum Schutz ziviler Objekte folgt aus alledem jedoch nicht.

Dies alles sind Tatbestände, die für die Bekämpfung terroristischer Gewaltakte nicht oder doch nur sehr bedingt einschlägig werden können. Wenn es etwa um einen terroristischen „Luftangriff" nach Art der Anschläge vom 11. September 2001 in den USA geht, so wären die Voraussetzungen des Artikels 87 a IV GG tatbestandlich nicht erfüllt, obwohl die Polizei zur Abwehr eines solchen „Luftangriffs" außerstande wäre. Nur die Bundeswehr könnte mit den Mitteln der Luftwaffe hier wirksam tätig werden. Das Gleiche gilt für das Horrorszenario terroristischer Gewaltakte mit nuklearen, chemischen oder biologischen Kampfstoffen. Polizei und Katastrophenschutz wären von vornherein außerstande, hier wirksam zu reagieren. Die Bekämpfung des Terrorismus fordert darüber hinaus auch präventiv wirksame Abwehrinstrumentarien. In „Friedenszeiten" wäre es rechtlich aber nicht möglich, beispielsweise besonders gefährdete zivile Objekte, wie etwa Kernkraftwerke, vorbeugend mit Luftabwehrraketen oder Ähnlichem durch die Bundeswehr schützen zu lassen. Dass in besonders evidenten Gefahrensituationen die Bundeswehr über den allgemeinen Grundsatz der Amtshilfe gemäß Artikel 35 GG zu Hilfe gerufen werden könnte, ist sicherlich richtig. Aber der Tatbestand der Amtshilfe bezieht sich von vornherein nur auf ganz konkrete Einzelfälle und auf ganz konkrete bzw. akute Gefahrentatbestände. Präventiv wirksame Maßnahmen, wie etwa der Schutz von Kernkraftwerken im vorgenannten Sinne, ließen sich unter den Tatbestand des Artikels 35 GG nicht subsumieren. Das Gleiche gilt für den Schutz des Luftraums und die Luftüberwachung ganz allgemein sowie zum Beispiel auch für die See.

Darüber hinaus fehlt es in Deutschland an einem ebenso effektiv geschlossenen wie gesamtstaatlich wirksamen System von Prävention und Sicherheitsvorsorge. Das gegebene System der bundesstaatlichen Kompetenzverteilung ist im Bereich der Sicherheitspolitik heute nicht mehr imstande, dem Bürger wirklich effektive und umfassende Sicherheit zu gewährleisten, obwohl jeder Bürger hierauf ein verfassungskräftiges Recht besitzt. Das grundgesetzliche Rechtsstaatsprinzip verpflichtet den Staat aber zu einem Höchstmaß an effektiver Sicherheitsvorsorge, gleichgültig ob es um die Bekämpfung von Gefahrentatbeständen im Bereich der inneren oder aus dem Bereich der äußeren Sicherheit geht. Aus diesem Grunde müssen die Grenzen zwischen innerer und äußerer Sicherheit auch in Deutschland nicht nur überdacht, sondern neu bestimmt werden. Innere und äußere Sicherheitsgewähr gehören heute in hohem Maße zusammen. Folgerichtig müssen die Zuständigkeiten von Polizei, Bundeswehr, Zivilschutz und Katastrophenschutz neu bestimmt werden.

Bund und Länder sind der Verfassung nach verpflichtet, dem Bürger ein Höchstmaß an innerer wie äußerer Sicherheit zu gewährleisten. Da die Grenzen zwischen innerer und äußerer Sicherheit nach Maßgabe des gegebenen verfassungsrechtlichen Zuständigkeitssystems aber nicht mehr so wie bisher aufrechterhalten bleiben können, müssen die Verantwortlichkeiten für die innere und äußere Sicherheit funktionell wie organisatorisch miteinander verbunden werden. Es bedarf eines grundlegend neuen sicherheitspolitischen Konzepts, das sich unter dem Stichwort der „Nationalen Gesamtsicherheit" zum verfassungspolitischen Reformgebot verdichtet. Im Lichte dieses Gebots müssen Polizei und Katastrophenschutz, Bundeswehr und Zivilschutz in einem System verantwortlicher und effektiver Sicherheitspolitik zusammengeführt werden. Nur eine solche Zusammenführung der genannten Verantwortungsträger entspricht dem verfassungsrechtlich zwingenden Gebot rechtsstaatlicher Sicherheitsgewähr sowie einem auch im Lichte der neuen sicherheitspolitischen Herausforderungen funktionstüchtigen kooperativen Föderalismus. Bundeswehr und Zivilschutz müssen zur Unterstützung der landesrechtlichen Verantwortlichkeiten für die innere Sicherheit und den Katastrophenschutz in wirksamer Weise zur Verfügung stehen. Eine bloß am konkreten Einzelfall orientierte Amtshilfe nach dem Vorbild des Artikels 35 II, III GG genügt hierfür nicht mehr. Denn Formen einer solchen Amtshilfe bedingen den bereits aktuell eingetretenen Not- oder Katastrophenfall, erlauben also weder Maßnahmen der Prävention noch Maßnahmen des Objektschutzes oder der Luftüberwachung. Für solche Gefahrenbereiche muss die Bundeswehr auch originäre, dauerhafte und damit auch präventiv wirksame Verantwortlichkeiten übernehmen – im kooperativen Zusammenwirken mit den zuständigen Länderinstanzen. Das Gleiche gilt für den Zivilschutz.

*IV. Folgerungen*

1. Jede wirksame Bekämpfung terroristischer Gefahren fordert unter dem Leitmotiv der „nationalen Gesamtsicherheit" einen wirksamen Heimat- oder Territorialschutz. Die Bundeswehr ist hierzu heute jedoch nicht mehr imstande – spätestens nicht mehr seit der Auflösung des Territorialheeres zwischen 1993 und 1995 im Zuge der Heeresstruktur 5. Demgemäß bedarf es zunächst der Wiedereinführung einer territorialen Schutzkomponente bei der Bundeswehr – gegebenenfalls in Gestalt einer

neuen (vierten) Teilstreitkraft „Heimat"- oder „Territorialschutz", die im kooperativen Zusammenwirken mit den für die innere Sicherheit verantwortlichen Institutionen namentlich von Polizei und Katastrophenschutz auch Aufgaben der inneren Sicherheit übernehmen kann. Institutionell bedeutet dies aber, dass die Zuständigkeiten der Bundeswehr zugunsten einer solchen neuen Teilstreitkraft „Heimat"- oder „Territorialschutz" geöffnet werden. Oder mit anderen Worten: Die nach der derzeitigen Verfassungs- und auch sonstigen Rechtslage in Deutschland absolut verbindliche Unterscheidung zwischen innerer und äußerer Sicherheit bzw. zwischen Polizei etc. einerseits und Bundeswehr andererseits muss rechtlich wie funktionell verändert werden. International gibt es hierfür viele Vorbilder:

Die amerikanische Nationalgarde ressortiert bei der Armee, hat jedoch einen doppelten Auftrag: Sie untersteht zum einen den Gouverneuren der Einzelstaaten *(State Mission)* bei der Bekämpfung von Natur- und Umweltkatastrophen, gewaltsamen Ausschreitungen größeren Stils sowie bei Unfällen, die von der Polizei allein nicht bewältigt werden können. Zum anderen hat die Nationalgarde den allgemeinen militärischen Verteidigungsauftrag *(Federal Mission)* – unter dem Kommando des Verteidigungsministers.

Die französische *Gendarmerie Nationale* ist eine Teilstreitkraft der französischen Streitkräfte unter dem Kommando des Verteidigungsministers. Daneben hat sie unter der Leitung des Innenministers den Auftrag, kriminalpolizeiliche, verkehrspolizeiliche und schutzpolizeiliche Aufgaben zu übernehmen.

Die italienischen *Carabinieri* erfüllen als vierte Teilstreitkraft ebenso Aufgaben im militärischen wie im polizeilichen Bereich. Im militärischen Bereich unterstehen sie dem Verteidigungsminister. Im Bereich der inneren Sicherheit nehmen sie unter der Leitung des Innenministers beispielsweise Aufgaben bei der Bekämpfung der organisierten Kriminalität, des Terrorismus und der illegalen Einwanderung wahr.

Die schwedische *Heimwehr* ist ein Teil des Heeres und ist mit dieser Maßgabe auch in die Territorialverteidigung eingebunden. Sie übernimmt wesentliche Aufgaben auch des zivilen Katastrophenschutzes sowie des Schutzes sicherheitsempfindlicher Objekte.

Die niederländische *Marechausee* stellt ebenfalls eine Teilstreitkraft dar, die neben ihren militärischen Aufgaben auch polizeiliche Verantwortlichkeiten vor allem im Grenz- und Objektschutz wahrnimmt.

Die spanische *Guardia Civil* stellt eine militärisch gegliederte Formation polizeilichen Charakters dar, die im Friedensfall dem Innenminister untersteht und vor allem Aufgaben polizeilicher Grenzüberwachung und der Terrorismusbekämpfung erfüllt. Im Kriegsfall verfügt die *Guardia Civil* über den Kombattantenstatus und untersteht dem Verteidigungsminister.

Alles dies sind erfolgversprechende Vorbilder für eine neue Streitkräftestruktur der Bundeswehr bzw. einer neuen (vierten) Teilstreitkraft „Heimat"- oder „Territorialschutz". In entsprechend territorialer Aufgliederung auf die einzelnen Bundesländer kann eine solche neue Formation der Bundeswehr vor allem im Bereich der Bekämpfung des Terrorismus und beim Objektschutz Aufgaben im Verbund mit den jeweiligen landesrechtlichen Polizeiinstanzen wahrnehmen. Sie kann dies (auch) unter der Leitung und Verantwortlichkeit der jeweiligen Landesinnenminister leisten. Die Bundeswehr würde damit ein Teil des kooperativen Föderalismus und unterstützte diesen bei der Bewältigung seiner neuen Aufgaben in der Gewährleistung innerer wie äußerer Sicherheit.

Die Bundeswehr verfügt auch über die nötigen personellen Ressourcen für eine solche neue Struktur, vor allem im Bereich ihrer Reservisten. Nach wie vor fehlt jedoch eine neue Reservistenkonzeption. Diese ist nicht nur längst überfällig, sondern muss gerade in die neuen Verantwortlichkeiten eines „Heimat"- oder „Territorialschutzes" mit einfließen. Des Weiteren erfährt die Idee der Wehrpflicht über das Konzept des „Heimat"- oder „Territorialschutzes" neue Kraft und neue Legitimation. Die Idee der Wehrpflicht ist unlöslich mit dem Konzept der Landesverteidigung verbunden. Die Wehrpflicht besitzt aber nur begrenzte Bedeutung im Bereich internationaler Friedenssicherung und Krisenbekämpfung, wie sie heute in den Vordergrund der internationalen Sicherheitspolitik getreten ist. Die Legitimation der Wehrpflicht ist vor allem nationaler Art. Dieser nationalen Legitimation entspricht jedoch in besonderer Weise das Konzept einer Bundeswehr, die auch die Aufgaben des „Heimat"- oder „Territorialschutzes" übernimmt. Eine im Bereich des „Heimat"- oder „Territorialschutzes" abgeleistete Wehrpflicht könnte im Übrigen zeitlich (Dauer der Wehrpflicht) durchaus abgesenkt werden, womit – gleichsam als Nebeneffekt – auch weitere Notwendigkeiten bei der Gewährleistung der inzwischen längst nicht mehr bestehenden Wehrgerechtigkeit erfüllt werden können. Die politische Debatte in Deutschland droht indessen eine völlig konträre Richtung zu nehmen. Wenn die jetzige Bundesregierung von SPD und Bündnis 90/Die Grünen in ihrer Koalitionsvereinbarung die Wehrpflicht insgesamt „auf den Prüfstand" stellen will, mit anderen Worten das Ziel einer generellen Abschaffung der Wehrpflicht deutlich ins Auge gefasst hat, so ist dies auch unter den hiesigen Aspekten fatal. Denn ohne eine (entsprechend reformierte) Wehrpflicht lässt sich das Konzept eines wirksamen „Heimat"- bzw. „Territorialschutzes" kaum realisieren.

2. Militärischer „Heimat"- bzw. „Territorialschutz" ist auf das engste mit dem Zivilschutz zu verbinden. Auch der Zivilschutz leidet an der gegebenen verfassungsrechtlichen Unterscheidung zwischen innerer und äußerer Sicherheit bzw. den entsprechend geschiedenen Verantwortungsbereichen von Bund und Ländern. Die Zuständigkeiten des Bundes im Zivilschutz und Katastrophenschutz beschränken

sich hier ebenfalls prinzipiell auf den Spannungs- und Verteidigungsfall. Mit dem Zivilschutzgesetz in der Fassung vom 25. März 1997 sind zwar einige Voraussetzungen für integrierte Hilfeleistungen von Bund und Ländern geschaffen worden, die aber im Lichte der neuen Gefahrenpotentiale keineswegs ausreichend sind. Das Gleiche gilt im Lichte der allgemeinen Amtshilferegelung des Artikels 35 GG. An dessen Stelle bedarf es heute auch für den Bereich des Zivil- und Katastrophenschutzes eines nationalen Abwehrsystems, das die gegebenen Verantwortungsträger von Bund und Ländern effektiv zusammenfasst, das die gegebenen Bund-Länder-Grenzen im Ernstfall überwindet und ein insgesamt effektives System der Kooperation von Bund und Ländern gewährleistet. So ergäben sich beispielsweise überregional wirksame Einsatz-, Informations- und Präventionseinheiten, ein entsprechend wirksamer Objektschutz sowie eine gesamtstaatlich wirksame Vorsorge in medizinischer und biologischer Hinsicht.

Auch das seinerzeit aufgelöste Bundesamt für Zivilschutz sollte wieder eingeführt werden, um als wirksame Koordinierungsinstanz die maßgebenden Verantwortlichkeiten von Bund und Ländern zusammenführen zu können.

3. Im gegebenen bundesstaatlichen Kompetenzverteilungssystem bedarf es zur Realisierung all dieser Veränderungen bzw. zur Gewährleistung eines solchen umfassenden „Gesamtverteidigungskonzeptes" einiger durchgreifender Verfassungsänderungen. Diese haben bei den gegebenen Regelungen aus Artikel 35 sowie aus Artikel 87 a GG anzusetzen und könnten gegebenenfalls auch durch die Konstituierung einer neuen Gemeinschaftsaufgabe von Bund und Ländern im Rahmen des Artikels 91 a GG ergänzt werden. Von herausragender Dringlichkeit sind jedoch entsprechende Verfassungsänderungen im Bereich der Amtshilferegelungen des Artikels 35 GG sowie im Rahmen des Artikels 87 a GG. Zu Artikel 35 GG haben bereits die Bundesländer Bayern und Sachsen eine entsprechende Initiative im Bundesrat unter dem 23. November 2001 (BR-Drucks. 993/01) eingebracht, derzufolge „zur Aufrechterhaltung oder Wiederherstellung der öffentlichen Sicherheit oder Ordnung ein Land in Fällen von besonderer Bedeutung (1.) Kräfte und Einrichtungen des Bundesgrenzschutzes zur Unterstützung seiner Polizei anfordern kann, wenn die Polizei ohne diese Unterstützung eine Aufgabe nicht oder nur unter erheblichen Schwierigkeiten erfüllen könnte; (2.) Streitkräfte zur Unterstützung seiner Polizei beim Schutze von zivilen Objekten anfordern kann, wenn die Unterstützung durch Kräfte und Einrichtungen des Bundesgrenzschutzes [...] nicht ausreicht; Maßnahmen der Streitkräfte im Rahmen ihres Verteidigungsauftrags (Artikel 87 a Absatz 1), insbesondere zur Abwehr von Angriffen aus der Luft, bleiben unberührt". Dieser Vorschlag ist bereits außerordentlich hilfreich. Nach hiesiger Auffassung sollte er aber gerade in Blickrichtung auf die Abwehr terroristischer Anschläge noch deutlicher gefasst werden; etwa in dem Sinne eines neuen Artikels 35 III 2 GG, der

wie folgt lauten könnte: „Zur Abwehr schwerwiegender terroristischer Gefahren kann die Bundesregierung Einheiten der Streitkräfte und des Bundesgrenzschutzes zur Unterstützung der polizeilichen Gefahrenabwehr zur Verfügung stellen, wenn ein Land dies beantragt."

Darüber hinaus bedarf es einer Ergänzung des Artikels 87 a; etwa im folgenden Sinne: „Außerdem kann den Streitkräften im Verteidigungsfalle und im Spannungsfalle der Schutz ziviler Objekte auch zur Unterstützung polizeilicher Maßnahmen übertragen werden; die Streitkräfte wirken dabei mit den zuständigen Behörden zusammen" (bisherige Fassung). „Das Gleiche gilt im Falle schwerwiegender terroristischer Gefahren auf Anforderung eines Landes."

Diese Regelungen zugunsten eines Einsatzes der Bundeswehr und des Bundesgrenzschutzes müssen des Weiteren durch entsprechende Regelungen im Bereich des Zivil- und Katastrophenschutzes ergänzt werden. Nur über solche Verfassungsänderungen kann den neuen Herausforderungen begegnet werden, denen sich auch die Bundesrepublik Deutschland im Lichte des internationalen Terrorismus stellen muss.

4. Den akuten Gefahren des internationalen Terrorismus lässt sich allerdings nicht nur auf nationaler Ebene wirksam begegnen. So bedarf es gerade innerhalb der Europäischen Union einer ebenfalls tragfähigen Sicherheitsgewähr. Deshalb sollte rasch eine schnelle Eingreiftruppe der Europäischen Union gebildet werden, die alle national tauglichen Militärkontingente zusammenführt und die eine Mindeststärke von 60 000 Soldaten zuzüglich Luft- und Seestreitkräfte erreicht. Nur über eine solche gemeinsame Schnelle Eingreiftruppe kann die Europäische Union auch ihren neuen Verantwortungen im Rahmen der Bekämpfung des internationalen Terrorismus gerecht werden. Nur so kann auch für alle Mitgliedstaaten der Europäischen Union ein wirksamer militärischer Schutz bei der Bekämpfung des internationalen Terrorismus gewährleistet werden.

## 9. Coping with New Security Challenges: From Defence Reform to Security Sector Reform

*Theodor H. Winkler*

The end of the Cold War has profoundly altered the security challenges that Europe and the Euro-Atlantic region are facing. The threat of World War III has gone. The Iron Curtain and the Berlin Wall are history, Europe is growing together again. The enlargement of both NATO and the European Union, decided upon in Prague and Copenhagen, will create a Euro-Atlantic region of some 860 million people and a GDP of more than 19 trillion US dollar.[1] The region is, in reality, even larger. There are the institutional links established with Russia and Ukraine and the aspiration of South Eastern Europe to join the European Union, if not NATO, as soon as possible. There is Turkey. And there is the economic and political attraction European integration exercises from West Africa to Central Asia. Europe's strategic borders are today in Abidjan and Algiers, in Tel Aviv and Tibilisi, in Kaliningrad and Kabul. Europe has no choice, but to project stability into these unruly neighbourhoods; otherwise they will project their instability and turmoil into the Euro-Atlantic region.

The old military threat has indeed been replaced by new and complex security challenges. The enemy from without has been replaced by the conflicts from within. Organised international crime has evolved into a strategic threat that is closely interlinked with global terrorist networks. The threat of the use of biological, chemical and radiological weapons by terrorists is real. Religious fundamentalism is on the rise again – and so are nationalism and anti-Western feelings in the developing world. Ethnic cleansing has made its return from the history books: The number of small arms floating unaccounted for in crisis regions and fragile societies is growing continuously. Never before have there been so many refugees. Poverty, illiteracy, and hunger are spreading. The illicit trade in drugs, arms, cigarettes, blood diamonds, tropical woods, and human beings is blooming. Migration from the South to the North is gaining in strength. Outside Europe, human security has diminished since the end of the Cold War, not increased. That is particularly true for women and children – sold like cattle, raped, deprived of their rights, abused as child soldiers, victims of infanticide and land mines. In Africa, whole societies and countries collapse. The number of failed or faltering states is on the rise – from Liberia to Somalia.

This new strategic threat requires new answers. Military means are no longer sufficient to cope with this new form of threat. Deterrence does not work against

---

1 Figures based on The Military Balance 2001–2002, The International Institute for Strategic Studies, London 2002.

organised international crime and terrorist networks. A much broader response is needed encompassing all elements of the security sector: armed forces, police, border guards, intelligence agencies. Soft security programmes, designed to project peace, stability, and economic prosperity are as important, if not more urgently needed, than hard security projects. International co-operation and multilateral approaches are gaining importance.

In particular, the decision of both NATO and the European Union to substantially enlarge their membership renders close co-operation between these two driving forces of European and Euro-Atlantic integration indispensable.[2]

NATO has, in the past, put the accent on politics and defence matters. Internally, the Alliance has given a growing importance to defence issues, notably through the Defence Capabilities Initiative (DCI). Unwisely, NATO has – under strong US pressure – in the last few years tended to judge the utility of the Alliance by the ability, or rather inability, of the European allies to reduce the widening capabilities gap with the US. Aspirant member countries were encouraged to strengthen their democracy and to modernise their armed forces in order to reach NATO standards. Partnership for Peace (PfP) and Euro-Atlantic Partnership Council (EAPC) offered, on the one hand, a platform for a broader political dialogue and, on the other hand, put much emphasis on improving interoperability in order to facilitate peace support operations. The yardstick applied to membership action plan (MAP) countries was, to a considerable degree, the progress made in the area of defence reform. Each applicant country was looked at individually. Regional concerns or a longer term vision of the role of NATO in the post-Cold War World remained secondary.

This will no longer suffice and is indeed in many respects counter-productive. In real life, in a world marked by the US evolving as the result of the Revolution in Military Affairs (RMA) into a hyper-power and by the emergence of an American empire based on coalitions of the able and the willing, NATO's future will lie not so much with its role as a military alliance than with its growing role as a security organisation.

The tools created with PfP, EAPC and MAP will have to be used much more flexibly and fully. PfP, in particular, offers already today a broad menu of areas of co-operation going much beyond defence and interoperability matters and addressing pressing issues in the broader security sector realm: democratic control of armed forces, small arms, the strengthening of international humanitarian law, civil-military co-operation. In Prague, the "PfP Action Plan against Terrorism" has, for the first time, mentioned security sector reform in the same breath as defence

---

2 Cf. on this issue also Theodor H. *Winkler*, Managing Change: The Reform and Democratic Control of the Security Sector and International Order, Geneva: Geneva Centre for the Democratic Control of Armed Forces, October 2002 (Occasional Paper No. 1).

reform. NATO's willingness to keep its door wide open creates in the applicant countries incentives for change and provides NATO with significant lever. Thus, Croatia, Macedonia, and Albania are all determined to do the utmost to join the Alliance by 2006. Similarly, the Federal Republic of Yugoslavia is acutely aware of the fact that PfP will have a price – and that this price is above all of a political nature (full co-operation with The Hague). The peace support operations in South Eastern Europe, notably in the Kosovo and in Macedonia, have convinced many NATO members of the need to provide assistance not only in the defence sector, but at least also in the area of border guards, if not in the security sector in general. Switzerland has, in April 2002, proposed to create a new co-operation chapter in the PfP Partnership Work Programme (PWP) specifically dedicated to security sector reform and has created with the "Geneva Centre for the Democratic Control of Armed Forces" (DCAF) an instrument tailor-made to encourage the democratic control and the reform of the security sector. Finally, the US has, after considerable hesitation, recognised in Prague the value of PfP to project stability into the crisis regions of the Caucasus and Central Asia.

The European Union has, in principle, already today a much broader mandate in the area of security sector reform than NATO – encompassing police forces, border guards and – with the vision of a common defence identity – also armed forces. Yet it has not truly developed much activity in this area, let alone a comprehensive and integrated vision and approach. Most EU assistance programmes are, similarly to those of NATO, bilateral, not regional. Even where tools have been created that permit an integrated and regional approach – e.g. in the form of the Stability Pact – they are hardly used for that purpose. Thus, there is so far no co-ordinated EU programme to address one of South Eastern Europe's most pressing problems, i.e. the creation of modern and well trained border guard organisations in the countries of the region that operate along the same standards and procedures and co-operate closely with each other. The Union has enormous potential influence in the crisis hot spots that border the enlarged Euro-Atlantic region, for it is seen as the best, perhaps even the only, promise for economic prosperity and for rendering over time borders – that have been desperately fought over – irrelevant. The EU has, however, so far not yet developed a political strategy to use this strong lever in order to press for security sector reform.

Such pressure, though, is urgently needed, for in many countries in transition towards democracy the security sector is today a significant part of the problem and not part of the solution to the problem. In most former communist and totalitarian countries the new democracies have inherited a security sector which is overblown, inefficient, marked by overlapping and rivalling missions and areas of responsibility between the various "power ministries," often controlling substantial industrial and other assets, and escaping to a large extent civilian, parliamentary and democratic control. Dictatorships purposefully create a security sector with blurred and competing missions in order to play one power ministry against the other according to the age old dictum of *divide et impera*. Once that dictatorship collapses, the security sector remains not only a "state within the state," but indeed a whole series of states within the state, exercising undue political influence at best, triggering internal conflict and war at worst. Both the new governments and parliaments have usually little knowledge in security matters and no experience in the democratic control of the security apparatus. Civilian defence experts, parliamentary staffs and functioning parliamentary defence committees are severely lacking. The continued existence of rivalling "power ministries" creates the permanent temptation for ambitious politicians to continue the old game of playing one against the other – often in the form of presidential versus governmental power and influence. The case of the Federal Republic of Yugoslavia after Milosevic is clearly illustrating the problem, and so do many other countries.

The problem goes, though, deeper. There is, in many parts of the world, a trend towards erosion, if not collapse, of the state monopoly of legitimate force and of the democratic and political control of the security sector. The "Milosevic" type problem is only one manifestation of this phenomenon. The most tragic case is, no doubt, the growing number of failed or faltering states in Africa, and other parts of the world. In Somalia the state has collapsed and been replaced by warlords. In Afghanistan we witnessed, as one American observer put it, under the Taliban not state sponsored terrorism, but a terrorist sponsored state. Close links between armed gangs and organised international crime, notably drug dealers, mark also the situation in Columbia, South Eastern Europe, and parts of Asia. In large parts of West Africa warlords have become entrepreneurs living – in a way reminiscent of the "Thirty Years War" – from the spoils of conflict and from the trade with all kinds of illicit goods. The explosion in Ivory Coast has illustrated in a dramatic way the regional dimension of the problem of increasingly privatised force. With the existence of a growing number of mercenaries, child soldiers, and warlords every spark may trigger conflict that is no longer confined to one country, but essentially regional in nature – and therefore extremely difficult to extinguish again. We are facing as a result in many regions of the world the problem of eternalised war and a growing inability to conclude peace. It can be argued that this is increasingly even one of the fundamental issues in the Arab-Israeli conflict – with President Arafat's inability to control Hamas and other extremist organisations and the doubtful ability of the Israeli government to conclude a peace agreement that is not backed by the armed Israeli settlers in the occupied territories.[3]

The UNDP "Human Development Report 2002"[4] has, for the first time, clearly stated that security sector reform has become a precondition for development. Human security has since the end of the Cold War indeed decreased, and not increased, in large parts of the developing world. The lesson is simple: without security sector reform, there can neither be development nor peace. Security has become a fundamental component of sustained development.

NATO and the European Union will not only have to respond to this new reality by developing security sector reform assistance programmes, but by developing a joint vision and a co-ordinated approach in this area. After the "big bangs" of Prague and Copenhagen membership in the two institutions is, in Europe, even more overlapping. It is not conceivable that NATO and the European Union pursue different or divergent strategies in this area. Nor is it conceivable that they do not co-ordinate their activities with other key players, notably the OSCE and the Council of Europe, eventually however also the OECD, the World Bank and the International Monetary Fund. The new reality created by the hideous terrorist attacks of 11 September has simply underlined that truth.

If the Euro-Atlantic area should grow into a region of peace, prosperity and stability, able to project in a globalised world its values beyond its borders, a joint vision and joint standards will be needed with respect to the democratic control and reform of the security sector. The trend towards the disintegration of the state monopoly of legitimate force must be reversed. This implies that not only technical assistance, but political action is needed. The problem is not only the inefficiency of the security sector in many countries, but the lack of political, civilian, and democratic control over it.

The task is straightforward. Every country has, in the security realm, some basic, clearly defined interests, most notably: the ability to protect and, if necessary, defend its territory, air space, sea frontiers, critical infrastructure, and national interests; to guard its borders against illegal and clandestine entry or exit of persons and goods; to safeguard the security, physical safety and the property of its citizens and inhabitants; to protect the country against organised crime, terrorist attack or acts of any sort of group that aims to overthrow through violent means the constitutional order or the existing state structures or to gain control over at least parts of the state territory.

---

3 Cf. on these issues also Erhard *Eppler*, Vom Gewaltmonopol zum Gewaltmarkt, Frankfurt a.M. 2002.
4 Human Development Report 2002, New York: UNDP, 2002, Chapter 4.

Each of these tasks must be assigned as a clearly defined mission to a specific component of a country's security sector – from the armed forces to traffic police. Those various specific missions should, ideally, be based on a comprehensive national security policy – a public document defined and adopted by the political leadership, i.e. the government and the parliament, after a broad public debate involving all political parties and civil society. The mission thus assigned to each component of the national security structure must be clear, specific and unique. Their sum total must address all aspects of national security, both internal and external. Each component of the security sector must, however, not only be responsible for the efficient fulfilment of the mission assigned to it, but also accountable for any failure to do so. Accountability requires as its corollary transparency in the execution of the task assigned, enabling civilian, parliamentary and democratic control over the security sector. The dual requirement of transparency and accountability firmly link the concept of security sector reform with that of good governance and with the protection of human rights and human security.

To realise these objectives, new tools are needed that link political vision with technical assistance. Strong incentives for change should be created, including the appropriate, the conditionality of membership in, and institutionalised links with, the Euro-Atlantic institutions with the democratic control and reform of the security sector.

In the long term, the strengthening, broadening, and deepening of the community of values shared by the Euro-Atlantic region will be the single most important prerequisite for success. Democracy, the rule of law, and human rights are the cornerstone on which the Euro-Atlantic community has been built. The crises hot spots bordering the Euro-Atlantic region will not be able to find peace without these fundamental pillars of society in which human beings can freely develop and thrive.

This community of values must be continuously reconfirmed. One option would be a new Euro-Atlantic Charter for peace and democracy. Such a document should highlight and reconfirm the basic values that bind the Euro-Atlantic region together – as the Paris Charter was, at the threshold of the 1990s, a useful tool to reconfirm, develop and broaden the Helsinki Charter. It should be open for signature not only to the nations of the Euro-Atlantic region itself, but indeed to all countries sharing these basic values. It would thus become an important tool to project stability beyond the region.

This political vision should be accompanied by new tools to better co-ordinate and focus technical assistance in the area of security sector reform.

An interesting model could, in this respect, be the PfP "Planning and Review Process" (PARP). PARP offer the PfP nations the option to accelerate their ability to co-operate with each other in the area of peace support operations. The basic idea is that each country, in a PARP presentation document and later the "PARP Survey," describes itself, its problems, and its objectives in the area of peace support operations. NATO then identifies the interoperability requirements necessary to achieve these objectives. Each of these standardised interoperability targets is in turn accompanied by a list of options and tools (contained in the Partnership Work Programme) that are at the disposal of the partners to reach their objectives. This system fully respects the principle of self-differentiation. It combines full flexibility with standardised norms. Last but not least it permits to better co-ordinate international assistance by providing a clear framework for co-operation and to measure progress, respectively the lack thereof, in reaching the objectives a country has set itself.

There is a clear need for a similar approach in the area of security sector reform. It would permit each country to define its current situation in this respect and to describe its problems and objectives in this area. The political significance of such a step for a country in transition towards democracy would in itself be substantial. A security sector reform PARP would oblige, furthermore, the various of the Euro-Atlantic and European security architecture to jointly define commonly accepted standards for all aspects of the security sector – and thus contribute to a closer co-operation between NATO and the European Union not only on the ground and in crisis management (an ability demonstrated by them in South Eastern Europe), but also in the shaping of an integrated vision for the Euro-Atlantic region and international security. Again, such a security sector reform PARP process would greatly facilitate the co-ordination of international assistance, avoid duplication, enable the integration of existing programmes and projects into a coherent strategy, and create a crucial tool for measuring progress made.

The time is indeed more than ripe to move for good from a defence dominated to a much broader security sector oriented international security policy understanding.

## 10. Migration und Integration – Probleme und Perspektiven

*Klaus J. Bade*

Der Beitrag diskutiert einige zentrale Fragen aus der durch den Streit um das 2002 erstmals eingebrachte Zuwanderungsgesetz neu entfachten Diskussion um Migration und Integration sowie um Migrations- und Integrationspolitik in Deutschland vor dem europäischen Hintergrund.[1]

### 1 Migration und Migrationspolitik

Die Bevölkerungsentwicklung in Deutschland ist, wie in allen Staaten im Einwanderungskontinent Europa, geprägt durch sinkende Geburtenraten, steigende Lebenserwartung und demographische Alterung. Daraus resultieren viele Zukunftsprobleme, nicht nur für die Wirtschaft, den Arbeitsmarkt und die Systeme der sozialen Sicherung im Generationenvertrag, sondern auch für die gesellschaftliche Entwicklung insgesamt und die verschiedensten Lebensbereiche.

#### 1.1 Zuwanderungsregelung und Reformbedarf

Deutschland braucht eine geregelte, das heißt bei Zuwanderungsdruck immer auch begrenzte und im Rahmen des Möglichen beruflich-sozial profilierte Zuwanderung auf Zeit und Einwanderung auf Dauer. Das ist heute weithin akzeptiert. Früher wurde in Deutschland lange vergeblich um die Akzeptanz solcher Einsichten gekämpft. In den letzten Jahren wiederum musste vor Überzeichnungen gewarnt werden; denn Zuwanderung bzw. Einwanderung umschreiben in Sachen Zukunftsgestaltung nur ein Teilkonzept unter anderen, das in seiner Wirksamkeit nicht über-

---

[1] Die Anmerkungen mussten knapp gehalten werden und beschränken sich weitgehend auf Belegfunktionen. Zur weiteren Thematik vgl. vom Verfasser u.a.: Klaus J. *Bade*, Ausländer – Aussiedler – Asyl. Eine Bestandsaufnahme, München 1994; *ders.*, Europa in Bewegung. Migration vom späten 18. Jahrhundert bis zur Gegenwart, München 2001 (ital. Übers. Rom 2001; frz. Übers. Paris 2002; span. Übers. Barcelona 2003; engl. Übers. Oxford 2003); *ders.* (Hg.), Einwanderungskontinent Europa: Migration und Integration am Beginn des 21. Jahrhunderts, Osnabrück 2001; *ders.* (Hg.), Integration und Illegalität in Deutschland, Osnabrück 2001; *ders.*/Rainer *Münz* (Hg.), Migrationsreport 2000: Fakten – Analysen – Perspektiven, Frankfurt a.M./New York 2000; *dies.* (Hg.), Migrationsreport 2002: Fakten – Analysen – Perspektiven, Frankfurt a.M./New York 2002; Klaus J. *Bade*/Jochen *Oltmer*, Normalfall Migration. Deutschland im 19. und frühen 20. Jahrhundert, Bonn 2003.

schätzt werden darf. Hier soll im Weiteren nur von Fragen der Zuwanderung mit dauerhafter Bleibeabsicht, das heißt von Einwanderung die Rede sein.[2]

Einwanderung ist, auch mit entsprechendem Qualifikationsprofil, kein Allheilmittel für die Strukturprobleme einer demographisch alternden Gesellschaft. Abstürzende Geburtenraten können nicht durch Einwandererimport ausgeglichen, soziale Sicherheit für morgen kann nicht vorwiegend über Einwanderung finanziert werden. Die einschlägigen, von Wissenschaftlern seit Jahrzehnten vorgetragenen, in der Politik, aber auch in der weiteren Öffentlichkeit lange nicht als Herausforderung an die Gegenwart verstandenen und aufgegriffenen Warnungen vor den wirtschaftlichen, gesellschaftlichen und sozialpolitischen Folgen der tief greifenden demographischen Veränderungen[3] sind heute selber schon Geschichte. Die Folgen der verspäteten Erkenntnis bestimmen die enger gewordenen Handlungsspielräume der Gegenwart und der absehbaren Zukunft, für die der Generationenvertrag ein historisches Auslaufmodell ist.

Zwischen den Extrempositionen von ‚Heilung' durch Zuwanderung und ‚Gesundschrumpfung' in geschlossenen Grenzen liegt als ausgleichende Mitte für Deutschland eine vernünftige Vermittlung zwischen geregelter Zuwanderung von außen und tief greifenden, mitunter auch schmerzhaften Reformen im Innern. Die unerbittlich absehbare Aktualität dieser Reformen kann für hellsichtige Zeitgenossen auch durch die derzeit noch alles beherrschende Thematik der Massenarbeitslosigkeit nicht verdeckt werden.

Die unausweichlichen Reformen konzentrieren sich auf eine – im Kern schon im ‚Manifest der 60' zum Thema ‚Deutschland und die Einwanderung' von 1994[4] geforderte – Mischung von mitunter durchaus unbequemen bzw. einschneidenden Positionen, von der Wirtschafts- und Arbeitsmarktpolitik über die Sozialpolitik im weiteren und die Familienpolitik im engeren Sinne bis hin zu Lohnnebenkosten, Steuerreform und Mittelstandsförderung. So wird die demographisch alternde Gesellschaft künftig unter anderem auf eine Verlängerung der Lebensarbeitszeit angewiesen sein, die durch eine Straffung der Ausbildung und eine Erhöhung des Renteneintrittsalters erreicht wird. Der gesetzliche Rentenbeitrag wird weiter steigen, das gesetzliche Rentenniveau trotzdem weiter sinken. Verstärkt müssen

---

2 Die Definition von ‚Zuwanderung' (alle eintreffenden Migrationen) und ‚Einwanderung' (dauerhafte Niederlassung) folgt hier dem Bericht der Unabhängigen Kommission ‚Zuwanderung', Zuwanderung gestalten – Integration fördern, Berlin 2001, S. 13.
3 Hierzu zuletzt, mit jenseits der souveränen demographischen Linienführung eher kulturpessimistischen Interpretationen: Herwig *Birg*, Die demographische Zeitenwende. Der Bevölkerungsrückgang in Deutschland und Europa, München 2001.
4 Meinhard *Miegel*, Die Zukunft von Bevölkerung und Wirtschaft in Deutschland, in: Klaus J. *Bade* (Hg.), Das Manifest der 60: Deutschland und die Einwanderung, München 1994, S. 118–132; zuletzt: *ders.*, Die deformierte Gesellschaft. Wie die Deutschen ihre Wirklichkeit verdrängen, Berlin 2002.

künftig Arbeitsmarktreserven im Bereich der Arbeitslosigkeit ausgeschöpft werden in Gestalt von nachdrücklich formulierten und umgesetzten Angeboten zur lebenslang anhaltenden Fort- bzw. Weiterbildung im ausgeübten oder neuen Beruf. Die im internationalen Vergleich niedrige Frauenerwerbsquote in Deutschland muss durch gezielte Frauenförderung angehoben werden. In den gleichen Zusammenhang gehören gravierende Änderungen in der Familienpolitik und im Schul- und Vorschulwesen, von Ganztagsschulen bis hin zu einem flächendeckenden System der Kinderbetreuung, das die familiäre Erziehung nicht ersetzt, aber entlastet.

Nur im Kontext eines solchen, hier nur in einigen Beispielen skizzierten Reformprogramms kann geregelte Einwanderung begleitende Hilfestellung bieten und dazu beitragen, im Blick auf Wirtschaft, Arbeitsmarkt und Sozialsysteme die Folgen der nicht mehr aufzuhaltenden demographischen Prozesse abzufedern. Sie kann damit ein wichtiges Zeitpolster bieten für eine etwas behutsamere Einführung der überfälligen Reformen im Innern. Ein Surrogat für die notwendigen Reformen im Innern ist Zuwanderung nicht. Sollte es zu einer weiteren Vertagung der seit langem überfälligen Reformen auf Kosten der Zukunft kommen, dann werden nicht erst Enkel ihre Großeltern, sondern schon bald Kinder ihre Eltern im Generationskonflikt wegen dieser folgenschweren Versäumnisse verfluchen.

1.2 Steuerungsbedarf und Handlungsspielräume

Für eine geregelte Zuwanderung ist eine europäische Migrationspolitik nötig, die diesen Namen verdient. Das Gleiche gilt für die nationale Ebene. Es darf aber keine Illusionen über die Grenzen der Gestaltbarkeit geben; ganz abgesehen davon, dass hinter dem durch Umfragen belegten, allgemein wachsenden Interesse an Zuwanderungsgesetzgebung in Deutschland vielfach weniger der Gedanke an Zuwanderungsförderung als an Zuwanderungsbegrenzung steht. Dabei wird oft übersehen, dass die Handlungsspielräume für Migrationssteuerung aufgrund gesetzlich festgeschriebener Schutzräume im Zuwanderungsgeschehen relativ begrenzt sind: Die Ausländerbeauftragte der Bundesregierung spricht in ihren nachvollziehbar begründeten – auf langfristige Beobachtungen und insbesondere auf Migrationsdaten von 2000 und 2001 gestützten – Schätzungen von einer jährlich um ca. 250 000 schwankenden Zahl von ‚Einwanderern mit längerfristiger Perspektive'. Die für 2000/01 jährlich auf insgesamt ca. 250 000 geschätzten Migranten mit statistisch begründet vermutbaren Bleibeperspektiven aber stammten – unter Ausschluss von reinen Zeitwanderungen, bei gültigem Anwerbestopp und vor dem Zuwanderungsgesetz – vorwiegend aus gesetzlich geschützten Präferenzbereichen: Spätaussiedler mit ihren mitreisenden Familienangehörigen (98 000), Nachzug ausländischer Familienangehöriger vor allem von Deutschen und in etwas geringerem Umfang von in Deutschland lebenden Ausländern (82 000), Unionsbürger (35 000), anerkannte Flüchtlinge (mit 23 000 zu ca. einem Viertel der jährlichen Antragstellungen verrechnet) und jüdische Kontingentzuwanderer aus der GUS (17 000).[5]

Viele Schätzungen über eine dauerhaft nötige, schlicht erwartbare oder gesellschaftlich ‚verkraftbare' bzw. ‚sozialverträgliche' Zuwanderung aber gehen von jährlich ca. 250 000–300 000 Zuwanderern mit dauerhaften Bleibeperspektiven (Einwanderern) aus. Bei 250 000 Zuwanderern mit Bleibeperspektiven und einem in gleicher Höhe veranschlagten jährlichen Einwanderungssoll läge der Steuerungsbereich mithin schlicht bei Null. Auch bei einem Einwanderungssoll von 300 000 läge er lediglich bei 50 000 Personen im Jahr. Der gordische Knoten kann mithin nur durch eine Ausdehnung des Steuerungsbereiches durchschlagen werden. Das kann nicht auf Kosten der Freizügigkeit von EU-Bürgern oder generell des Familiennachzugs geschehen. Es sollte auch nicht auf Kosten des ohnehin stark eingeengten Asylbereichs betrieben werden, solange eine europäische Lastenteilung *(burden sharing)* nur auf dem Papier steht. Handlungsspielräume könnten sich indes bei der Aussiedlerzuwanderung ergeben: Ein individueller Nachweis des Verfolgungsschicksals könnte auch bei Spätaussiedlern aus den Nachfolgestaaten der UdSSR eingefordert werden – wie es bei allen anderen einschlägigen Gruppen von Antragstellern seit 1993 (Kriegsfolgenbereinigungsgesetz) üblich ist. Dieses Schicksal wird ‚nur' bei dieser, in Wirklichkeit inzwischen mit riesigem Abstand größten Gruppe (2001: 99 Prozent) von Spätaussiedlern bislang ‚widerleglich angenommen', das heißt als gegeben vorausgesetzt, sofern kein Anlass zu begründetem Zweifel vorliegt. Neben dem als Zugangskriterium 1996/97 eingeführten Nachweis zureichender Sprachfertigkeit könnte zusätzlich, freilich nur als Kriterium für Zugangserleichterung bzw. -beschleunigung, eine im Rahmen des im Ausgangsraum Möglichen erworbene berufliche Basisqualifikation treten.

Das sollte generell auch für die mitreisenden Familienangehörigen nichtdeutscher Herkunft gelten. Sie stellen heute, mit steigender Tendenz, bereits ca. 80 Prozent der Spätaussiedlerzuwanderung, die mithin de facto zu drei Vierteln reguläre osteuropäische bzw. eurasische Einwanderung und als solche bereits erheblich stärker ist als etwa der Familiennachzug der in der Bundesrepublik lebenden Ausländerbevölkerung. Antragsteller wie auf Mitreise hoffende Familienangehörige nicht-deutscher Herkunft müssen in der Regel jahrelang auf den Aufnahmebescheid warten. Sie hätten also genug Zeit, sich zureichend – mit deutscher Hilfe vor Ort –

---

5 Jenseits von Überschwemmungsszenarien und Schönfärberei: Aktuelle Zuwanderung nach Deutschland (Mitteilungen der Beauftragten der Bundesregierung für Ausländerfragen), 28.6.2002; vgl. Bericht der Beauftragten der Bundesregierung für Ausländerfragen über die Lage der Ausländer in der Bundesrepublik Deutschland (September 2002), Berlin 2002.

auf die erstrebte Einwanderung vorzubereiten, wenn es ihnen denn tatsächlich ernst ist mit der Integration in Deutschland.

Dabei geht es nicht etwa um eine Art ethno-nationalen Umkehrschluss dergestalt, dass nicht-deutschen Familienangehörigen wegen ihrer Herkunft bzw. Nicht-Herkunft der Zuzug erschwert werden sollte. Es geht vielmehr im Gegenteil darum, das aus ethno-nationalen Rücksichten tabuisierte Phänomen dieser De-facto-Einwanderungssituation nicht länger euphemistisch als ‚Aussiedlung' zu verschleiern, sondern als echte Einwanderung in die geplante Migrationssteuerung einzubeziehen. Das 2002 eingebrachte und am Einspruch des Bundesverfassungsgerichts gegen das Abstimmungsverfahren im Bundesrat gescheiterte Zuwanderungsgesetz, an dessen Vorbereitung ich in anderen Gestaltungsbereichen als Gutachter beteiligt war, enthielt erstmals Schritte auch in diese Richtung.

Wirklichkeitsfremd ist freilich auch die verbreitete Vorstellung, man könne gewissermaßen ‚reine' Migrationspolitik betreiben; denn gerade in diesem Bereich hängt buchstäblich alles mit allem zusammen: Die Motive und Ziele, die Menschen zu Migranten machen, und die Folgen ihrer Abwanderung in großer Zahl für die Ausgangsräume können ebenso vielfältig sein wie die Folgen ihrer Zuwanderung in den Aufnahmeräumen. Vieles im Wanderungsgeschehen ist wenig kalkulierbar, geschweige denn ‚berechenbar'.

Es gibt fließende Grenzen und Übergangsformen zwischen Arbeitsaufenthalten auf Zeit, solchen auf unbestimmte Zeit, Daueraufenthalten mit dem Fernziel der letztendlichen Rückwanderung und definitiver Einwanderung mit dem Ziel auch der Einbürgerung. Was als Zuwanderung auf Zeit gedacht war, kann Einwanderung auf Dauer werden, und was als definitive Einwanderung gedacht war, kann in Zuwanderung auf Zeit stecken bleiben bzw. auch zum Abbruch in Gestalt von Rückwanderung führen oder gar, wie unzählige Beispiele zeigen, nach dem Abbruch erneut als Zuwanderung auf ungewisse Zeit beginnen, um dann schließlich doch in dauerhafter Einwanderung zu enden. Einerseits sind mithin Wanderungsabsichten und Wanderungsergebnisse oft zweierlei. Andererseits sind Migration und Integration hochgradig eigendynamische Prozesse, die man nicht regeln kann wie den Straßenverkehr.

1.3 Migration und Illegalität

Mit der fortschreitenden Entgrenzung Europas nach innen wuchs die Abgrenzung gegen unerwünschte Zuwanderungen von außen. Neben und zwischen die regulären Zuwanderergruppen rückte umso mehr, mit mancherlei Überschneidungen, die Dunkelzone der irregulären Inlandsaufenthalte und illegalen Zuwanderungen.

Nach dem in den achtziger Jahren aufgebauten gesellschaftlichen Feindbild des ‚Asylanten', dessen politisch-polemische Semantik auch Eingang in den allgemeinen Sprachgebrauch fand, wurde in den neunziger Jahren mit dem Thema der ‚illegalen Einwanderung' ein neues Feindbild erschaffen. Der ‚illegale Einwanderer' war mithin als xenophobes Schreckbild in Deutschland schon vorhanden, bevor es überhaupt den legalen Einwanderer gab – denn ein Einwanderungsgesetz (‚Zuwanderungsgesetz') wurde erst nach der Jahrhundertwende auf den Weg gebracht.

Polizeien, Grenzschutzbehörden und Nachrichtendienste kooperieren immer enger, wenn es um die Beobachtung, Kontrolle und Abwehr von organisierter illegaler Migration geht. Die ‚nassen' Grenzen Europas werden zu Wasser und aus der Luft überwacht. An den ‚trockenen' Grenzen im Osten der EU ist ein neuer, elektronisch hochgerüsteter Limes errichtet worden, der mit der EU-Erweiterung nach Osten vorrückt, wie ein Blick auf das polnische Beispiel zeigt: Mit dem für den 1. Januar 2004 erwarteten Beitritt Polens zur EU wird die ca. 1200 km lange Grenze Polens zu seinen östlichen Nachbarstaaten Weißrussland, Ukraine und zu der russischen Enklave Kaliningrad Teil der europäischen Ostgrenze sein. Zur Sicherung dieser Grenze gegen illegale Einwanderung, Menschenschleusung, Menschenhandel und Schmuggelaktivitäten sollen – nach den am 30. Juli 2002 abgeschlossenen Brüsseler Beitrittsverhandlungen zum Kapitel ‚Zusammenarbeit in den Bereichen Justiz und Inneres' – unter anderem die internationale Kooperation der Grenzschutzbehörden weiter intensiviert und die Grenzkontrollen entscheidend verschärft werden: Diesen Abschnitt der neuen EU-Ostgrenze sollen dann 156 Wachtürme säumen. An jedem von ihnen werden alltäglich zehn Grenzpatrouillen eingesetzt. Im Abstand von ca. 20 km werden Grenzposten eingerichtet. Die Zahl der polnischen Grenzpolizisten wird bis 2006 um weitere 5300 auf insgesamt 18 000 erhöht.

Zweifelsohne ist ein unausgesetzter direkter Kampf gegen Menschenschleusung und Menschenhandel nötig, deren international vernetzte Organisationen ständig wachsen: Menschenschleusung und Menschenhandel sind heute lukrativer als Drogenhandel und werden nicht selten von den gleichen Organisationen und auf den gleichen Wegen betrieben. Aber auch transparente Migrationsgesetzgebung und -politik sind, als Rahmen für geregelte Zuwanderung, ein Beitrag zum Kampf gegen internationale Schleuserkriminalität; denn reguläre Einwanderer und Arbeitswanderer auf Zeit brauchen keine Schleuser, um in ein europäisches Einwanderungsland zu kommen.

Etatismus und Legalismus würden auch hier in die Irre führen: Durch Migrationsgesetzgebung und die Bekämpfung von Schleuserorganisationen wird die illegale Migration nicht einfach abgeschafft. Es wird sie, das ist eine historische Erfahrung aller Einwanderungsländer, immer geben. Und die Versuchung dazu wächst mit der Höhe des Zauns um das gelobte Land. Aber Einwanderungsgesetze verhindern immerhin, dass an legaler Arbeits- und Einwanderung Interessierte, die nicht zu den bevorzugten Gruppen zählen, in die Illegalität gedrängt werden.

Es geht weiter um eine Entkriminalisierung des Blicks auf illegale Migration – soweit es sich dabei um aufenthalts- bzw. arbeitsrechtliche und nicht um kriminelle Delikte handelt. Hierzu wäre es nötig, die irregulären Beschäftigungsverhältnisse zu legalisieren. Das sollte angesichts des nach wie vor ambivalenten bis pejorativen Blicks auf Einwanderungsfragen hierzulande nur auf Zeit geschehen, also unterhalb der Schwelle dessen bleiben, was beispielsweise in Frankreich ‚Regularisation' heißt und in den USA früher bei Amnestieprogrammen für illegale Einwanderer galt; denn eine im Rahmen bestimmter Antragskontingente generelle Akzeptanz illegaler Wege zur Legalität, das heißt zu unbefristeten Aufenthalts- und Arbeitsgenehmigungen, dürfte Einwanderungspolitik in Deutschland vollends unvermittelbar machen. Hinzu kommt, dass nach begründeten wissenschaftlichen und behördlichen Einschätzungen ein Großteil der hierzulande irregulär anwesenden Erwerbspersonen ohnehin nicht Daueraufenthalte, sondern mittelfristige Arbeitsaufenthalte anstrebt, um mit Hilfe der so gemachten Ersparnisse Zwecke im Herkunftsland zu erfüllen.

Schließlich geht es darum, das Gesamtproblem der Illegalität pragmatisch zu differenzieren und auf dieser kleinteiligeren und weniger monströs wirkenden Grundlage nach geeigneten Lösungs- bzw. Begrenzungsansätzen zu suchen. Hier könnten zum Beispiel, trotz aller fließenden Grenzen, mit Norbert Cyrus als Beobachtungs- und Gestaltungsbereiche im Rahmen des Möglichen unterschieden werden:

1. die illegale Fluchtmigration (Antwort: Bekämpfung der Ursachen unfreiwilliger Wanderungen in den Ausgangsräumen, Überprüfung/Reform der Aufnahmebedingungen);
2. die sozial motivierte illegale Migration wie zum Beispiel die illegale Familienzusammenführung, die es bei fast allen Zuwanderungen aus Drittstaaten gibt (Antwort: Einbeziehung der Frage sozialer Kontakte in die Zuwanderungsregelungen);
3. die illegale Arbeitsmigration (Antwort: Einbeziehung der Grundproblematik des informellen Arbeitsmarktes in Lösungskonzepte einschließlich begrenzter Legalisierung);
4. die schlepperinduzierte illegale Migration und der Menschenhandel (Antwort: Grenzsicherung, Täterverfolgung, Opferschutz).[6]

---

6 Norbert *Cyrus*, Im menschenrechtlichen Niemandsland. Illegalisierte Zuwanderung in der Bundesrepublik Deutschland, in: Katja *Dominik* u.a. (Hg.), Angeworben, eingewandert, abgeschoben. Ein anderer Blick auf die Einwanderungsgesellschaft Bundesrepublik Deutschland, Münster 1999, S. 205–231; vgl. ders./Jörg *Alt*, Illegale Migration in Deutschland: Ansätze für eine menschenrechtlich orientierte Migrationspolitik, in: *Bade/Münz* (Hg.), Migrationsreport 2002, S. 141–162.

Nur im letztgenannten Interventionsbereich ist die inter- und supranationale Kooperation weit fortgeschritten, von den Grenzbehörden bis zu den Nachrichtendiensten, obgleich es auch hier noch viele Praxisprobleme gibt.

Solange es statt eines umfassenden und mit den nationalen Ebenen abgestimmten europäischen Migrationskonzepts nur eine negative Koalition der Abwehr gegen unerwünschte Zuwanderungen gibt, so lange wirkt Europa auch selbst mit an der Illegalisierung der Zuwanderung und am Feindbild der ‚illegalen Einwanderung'.

*2 Integration und Integrationspolitik*

Migrations- und Integrationspolitik gehören zusammen wie zwei Seiten der gleichen Medaille. Heute wird – endlich – viel und ernsthaft von ‚Integration' gesprochen. Das Zuwanderungsgesetz von 2002 formulierte Integration nicht mehr nur als politisches Ziel, sondern erstmals als gesetzliche Aufgabe.

Es ist aber nicht zu übersehen, dass es neben vorausschauender Integration auch das geben muss, was ich frühzeitig unter dem semantisch etwas unglücklichen Stichwort „nachholende Integrationspolitik" angemahnt habe. Es gilt, Folgerungen aus eigenen Versäumnissen zu ziehen: Es leben schon Millionen von Einwanderern der ersten, zweiten oder bereits dritten Generation in der Bundesrepublik, und gegenüber vielen von ihnen gibt es hier eine historische Bringschuld, weil sie die begleitenden Integrationsangebote, die heute gegenüber künftigen Zuwanderungen für geradezu selbstverständlich gehalten werden, selber nie erhalten haben.

Die Zinsen dieser Bringschuld wachsen ständig weiter. Das gilt insbesondere für unzureichende Qualifikationen am Arbeitsmarkt. Es gilt aber auch für die nicht nur damit verbundenen sozialen, psychischen und mentalen Belastungen derer, die mit den Folgen unzureichender Integration in ihrem Alltag leben müssen, bis zu den aus mangelnder Sprachfertigkeit herrührenden Kommunikationsproblemen gegenüber der deutschsprachigen Umwelt. In vielen Fällen ist ein sprachliches und berufliches Qualifikationsinteresse nach wie vor vorhanden. Dieses Interesse ist im Rahmen des finanziell Möglichen und durchaus auch mit begrenzter Eigenbeteiligung nachträglich zu bedienen. Bewährte Kurssysteme, insbesondere zur Sprachförderung der schon lange im Land lebenden erwachsenen Zuwandererbevölkerung (z.B. ‚Mama lernt deutsch') sollten nicht beschnitten oder gar eingestellt, sondern ausgeweitet werden. Es geht bei alledem nicht um Almosen, sondern um die Minderung von schwerwiegenden individuellen und sozialen Problemen mit materiell und immateriell wachsenden Folgelasten.

## 2.1 Der eigene und der fremde Blick

Deutschland hat beachtliche Erfahrungen in Zuwanderungs- und Eingliederungsfragen, nicht nur im Blick auf seine in dieser Hinsicht ohnehin vielgestaltige Geschichte, sondern auch im Blick auf die Entwicklung seit der Mitte des 20. Jahrhunderts. In Recht, Verwaltung und Alltag ist der Umgang mit Migration und Integration seit den neunziger Jahren deutlich pragmatischer und ‚normaler' geworden. Dennoch sind Migration und Integration im politischen Diskurs vielfach bis heute unterschwellig suspekte Problemthemen geblieben.

Dahinter steht eine eigentümliche Dichotomie von pragmatischer Integration und appellativer Verweigerung, von praktischer Erfahrung und mentaler Nicht-Akzeptanz.[7] Auf der einen Seite hat das konzeptarme pragmatische ‚Durchwursteln' *(muddling through)* der deutschen Migrations- und Integrationspolitik wider mancherlei Erwartungen und Befürchtungen zu beachtlichen Integrationserfolgen beigetragen, die als solche in Europa, auch im Vergleich zu dem vielfach überschätzten niederländischen Modell, keinen Vergleich zu scheuen brauchen.[8] Auf der anderen Seite steht die Tatsache, dass der Weg zu solchen Ergebnissen auch geprägt war durch eine zweifellos noch bis in die absehbare Zukunft hinein folgenreiche Belastung der Themen Migration und Integration für Einwandererbevölkerung wie Mehrheitsgesellschaft.

Man muss den intergenerativen Kultur- und Sozialprozess der Integration und den dabei heute erreichten Stand deshalb aus zwei verschiedenen Perspektiven betrachten – aus der Sicht der Mehrheitsgesellschaft wie aus derjenigen der Einwandererbevölkerung: Irritierend für die Mehrheitsgesellschaft wirkte lange der anhaltende, aus demonstrativer Erkenntnisverweigerung (‚Die Bundesrepublik ist kein Einwanderungsland') geborene Mangel an konzeptioneller Transparenz und – nicht nur symbolischer – politischer Handlungsbereitschaft in Sachen Migration und Integration. Das war auch ein Hintergrund für die wachsenden öffentlichen Abwehrhaltungen gegenüber diesen wirtschafts-, gesellschafts- und kulturpolitisch wichtigen Aufgabenfeldern. Die Eskalation von Fremdenangst, gewaltbereiter Fremdenfeindlichkeit und fremdenfeindlicher Gewaltakzeptanz in den frühen neunziger Jahren war deshalb weniger eine unvermeidbare Begleiterscheinung starker Zuwanderungen als eine vermeidbare Folge ihrer mangelnden Gestaltung.

Die vielfach in sich gebrochene Einwandererbevölkerung hingegen hat an die deutsche Geschichte der letzten Jahrzehnte durchaus anders geprägte und gruppen-

---

7 Hierzu: Klaus J. *Bade*/Michael *Bommes*, Migration und politische Kultur im ‚Nicht-Einwanderungsland', in: *Bade/Münz* (Hg.), Migrationsreport 2000, S. 163–204.
8 Dietrich *Thränhardt*, Einwanderungs- und Integrationspolitik in Deutschland und den Niederlanden, in: Leviathan, 30 (2002) 2, S. 220–249; zuletzt: *ders.*/Anita *Böcker*, Is het Duitse integratiebeleid succesvoller, en zo ja, waarom?, in: Migrantenstudies, 19 (2003) 1.

spezifisch wiederum verschiedene kollektive Erinnerungen. Sie sind für viele heute noch mitbestimmend für die Perzeption der aktuellen politischen Diskussion um Migration und Integration. Das wiederum ist für die Mehrheitsgesellschaft oft schwer nachvollziehbar; denn sie hat in der Regel kein Gedächtnis für eigene Versäumnisse in der Einwanderungssituation. Dazu zählen zum Beispiel die lange anhaltende soziale Ausgrenzung von ‚Gastarbeitern', die heute die Großeltern der dritten Einwanderergeneration sind, die Entscheidung für ‚Ausländerpolitik' anstelle von Integrationspolitik, dann für ‚soziale Integration auf Zeit' statt für Eingliederung auf Dauer, das nachdrückliche Bemühen um die ‚Aufrechterhaltung der Rückkehrbereitschaft', der diskrete Vertreibungsdruck der ‚Rückkehrprämien' Anfang der achtziger Jahre und schließlich vor allem die – anfangs sogar demonstrativ verharmlosten – fremdenfeindlichen Exzesse der frühen neunziger Jahre. Die Einwandererbevölkerung wurde oder fühlte sich von solchen Versäumnissen nicht selten existentiell betroffen.

Zuweilen registrierte die Einwandererbevölkerung Versäumnisse in der Integrationspolitik auch erst später, mitunter erst in der intergenerativen Kommunikation, im Dialog der Pioniermigranten mit der schon im Land selbst aufgewachsenen zweiten Generation; denn einerseits zielten viele Lebenskonzepte der Pioniermigranten nicht von Beginn an auf dauerhafte Einwanderung; andererseits wurden solche Lebenskonzepte zum Teil auch durch Abwehrhaltungen des Aufnahmelandes lange daran gehindert, sich in Richtung auf dauerhafte Einwanderung zu entfalten.

Zu den Folgen gehören mitunter der Rückzug in ethnisch markierte Herkunftsgemeinschaften und Migrantenkulturen, die Stabilisierung von Doppelloyalitäten, transnationalen und transkulturellen Identitäten. Solche Verhaltensweisen werden von der einheimischen Mehrheitsgesellschaft wiederum häufig als Zeichen mangelnder Integrationsbereitschaft denunziert oder gar als Gletscherspitzen von ‚Parallelgesellschaften' skandalisiert – was latente soziale, kulturelle und ethnische Spannungen nur weiter erhöht. Doppelloyalitäten, transnationale und transkulturelle Identitäten haben zwar auch andere, im Migrations- und Integrationsprozess selbst liegende Ursachen. Sie sind aber, als Ausdruck defensiver Koloniebildung im Einwanderungsprozess, immer auch ein Stück weit Antwort auf eine Mischung von Abwehrhaltungen und Assimilationsdruck der umschließenden Aufnahmegesellschaft.

## 2.2 Integrationspolitik als Gesellschaftspolitik

An Definitionen von Integration als intra- oder intergenerativem Prozess ist kein Mangel. Integration im weitesten Sinne ist ein langfristiger, nicht selten Generationen übergreifender Sozial- und Kulturprozess, der auf das Hinzutreten neuer

Gruppen und vielerlei andere Wechselbezüge nicht nur regulativ, sondern auch eigendynamisch antwortet.

Als pragmatisches Leitziel von Integrationspolitik kann die Eröffnung bzw. Sicherung von Möglichkeiten gleichberechtigter Partizipation an Chancen- und Leistungsangeboten im demokratischen Rechts- und Wohlfahrtsstaat gelten. Integrationspolitik hat, so betrachtet, die Aufgabe, für den sich mehr oder minder eigendynamisch entfaltenden Eingliederungsprozess Rahmenbedingungen zu sichern, die diese Entfaltung und die Entwicklung von darin eingeschlossenen Lebenskonzepten ermöglichen. Es geht mithin darum, für Integration als Sozial- und Kulturprozess Rechts- und Planungssicherheit zu schaffen bzw. zu erhalten und dazu Rechtsvertrauen auf beiden Seiten zu stiften. Und es geht darum, durch Ausgleichs- und Vermittlungsfunktionen, wie beispielsweise Antidiskriminierungsmaßnahmen, dazu beizutragen, dass allochthone, aber auch autochthone ethnische und kulturelle Minderheiten in ihren Partizipationschancen nicht behindert, einzelne Gruppen im ethnokulturellen Spannungsfeld der Einwanderungssituation nicht gegeneinander ausgespielt werden.

Integrationspolitik ist aktive Gesellschaftspolitik und darf auch Mentalitätsprobleme nicht ausblenden; denn Einwanderungsprozesse können für Mehrheit wie Minderheiten mit erheblichen Identifikationsproblemen verbunden sein. Die Integration von Migranten ist keine Einbahnstraße, bei der sich im Sinne einseitig-linearer Assimilationsmodelle kulturell heterogene Einwanderergruppen einer als vergleichsweise homogen vorgestellten Aufnahmegesellschaft vollends anpassen, mithin als Gruppe im Assimilationsprozess mehr oder minder spurlos verschwinden. Integration ist also kein Sammelbegriff für nur einseitige Anpassungsleistungen der Einwanderer an die Gesellschaft im Aufnahmeland, sondern beschreibt immer auch ein eigendynamisches gesellschaftliches Geschäft auf Gegenseitigkeit, das beide Seiten verändert.

Wiewohl also einseitig an linearen und insbesondere ethno-nationalen bzw. ethno-kulturellen Vorstellungen orientierte Assimilationsmodelle als abwegig gelten müssen, bleiben die im Einwanderungsprozess einzufordernden Anpassungsleistungen doch klar ungleich verteilt; denn die zu erbringende und ausdrücklich zu fordernde, im weitesten Sinne zivilgesellschaftliche Anpassungsleistung ist bei den Einwanderern unvergleichbar größer.

Für diesen gesellschaftlichen Lernprozess aber fehlt es in Deutschland noch an gemeinverständlichen Orientierungshilfen. Nötig sind dazu – trotz des nicht überspringbaren langen Schattens der jüngeren deutschen Geschichte und trotz aller dadurch bedingten prekären Probleme der Selbstbeschreibung – klar formulierte, für beide Seiten gültige und von den Einwanderern meist auch selbst gesuchte Normen und Leitperspektiven für die Einwanderungssituation. Und diese Spielregeln müssen zweifelsohne mehr umfassen als Sprach- bzw. Orientierungskurse auf der einen und verschämten Verfassungspatriotismus auf der anderen Seite. Integration als gesellschaftlicher Prozess darf aber nicht mit Integrationspolitik im Sinne rechtlicher Rahmung und politischer Prozessbegleitung gleichgesetzt werden: Die Einwandererbevölkerung wurde und wird, auch in Deutschland, nicht etwa passiv von der Mehrheitsgesellschaft bzw. auf dem Verordnungswege ‚integriert'. Sie bestand und besteht vielmehr aus handelnden Subjekten, die sich – Ausnahmen bestätigen die Regel – bei unterschiedlichen Prioritätensetzungen auf verschiedene Weise, das heißt in verschiedenen Segmenten und mit Unterschieden in Grad und Reichweite schrittweise in einem intergenerativ fortlaufenden Prozess selber integrieren.

Andernfalls wäre das Menetekel des ersten Ausländerbeauftragten und vormaligen Ministerpräsidenten von Nordrhein-Westfalen, Heinz Kühn (SPD), Ende der siebziger Jahre ausgesprochen, zu einer furchtbaren, sich selbst erfüllenden Prophezeiung geworden: Was jetzt nicht rechtzeitig in die Integration der ausländischen Arbeitnehmer und ihrer Familien investiert werde, sei später für Resozialisierung und Polizei zu bezahlen. Dass es nicht dazu kam, hatte weniger mit deutschen Integrationshilfen als mit der Integrationsbereitschaft der Migranten zu tun. Dafür muss man einer Einwandererbevölkerung nicht dankbar sein, weil sie aus eigenem Entschluss hier zugewandert bzw. auf Dauer geblieben ist. Die Anerkennung der gesellschaftsgeschichtlichen Fakten würde genügen, aber auch zeigen, dass die deutsche Seite sich von einem Mythos verabschiedet hat.

Migrations- und Integrationspolitik kann man zweifelsohne nur mit der deutschen Mehrheit und nicht gegen sie machen, wenn es nicht zu Spannungen zu Lasten zugewanderter Minderheiten kommen soll. Bei fortgeschrittenen Einwanderungsprozessen – und darum handelt es sich in Deutschland seit langem – ist solche Politik aber auch nicht mehr ohne zureichende Berücksichtigung der Einwandererbevölkerung umzusetzen.

2.3 Integration und Sicherheitspolitik

Integrationspolitik kann durch Sicherheitspolitik konterkariert werden. Dass Sicherheitspolitik als präventive Gefahrenabwehr nötig ist, kann nach dem 11. September 2001 niemand mehr ernsthaft in Frage stellen. Es geht aber nicht um eine falsche Konkurrenz von Sicherheits- und Integrationspolitik, sondern um die Verhältnismäßigkeit der Mittel und darum, unerwünschte Folgen von Maßnahmen im Bereich der Sicherheitspolitik für Integration und Zuwanderung im Auge zu behalten.

Einwanderer brauchen, wie erwähnt, Planungssicherheit für die Entwicklung mittel- bzw. langfristiger Lebensperspektiven. Sicherheitspolitik für Einheimische aber kann als Verunsicherung für Zugewanderte wirken, auch für solche, die sich längst als Einheimische fühlen: Sie kann die Vorstellung wecken, nicht oder nicht mehr erwünscht zu sein bzw. aufgrund von Herkunft, Glaubensbekenntnis oder ethnischer Zugehörigkeit generell unter Verdacht zu stehen. Kollektive Verdächtigungen von Zuwanderergruppen – beispielsweise von Muslimen als potentiellen Fundamentalisten oder gar Terroristen – können als negative Integration, als Zusammenrücken der Mehrheit auf Kosten ausgekreister Minderheiten wirken und kommunikative Kettenreaktionen auslösen oder doch beschleunigen: Kollektive, zum Beispiel ethno-kulturelle oder religiös-konfessionelle Identitäten und Solidaritäten, können sich bei aggressivem Druck von außen zu inneren Abwehrfronten verdichten. Das wiederum können Einheimische ohne Migrationshintergrund als bewusste ‚Abkapselung' oder gar als die Herausbildung von ‚Parallelgesellschaften' missverstehen – umso mehr dreht sich gegebenenfalls der segregative Diskurs mit wechselseitigen Verdächtigungen auf der Stelle wie ein Hamster im Rad.

Notwendig sind deshalb bei Sicherheitspolitik in einer auf ihre Weise immer besonders ‚sicherheitsempfindlichen' Einwanderungssituation umso mehr vertrauensbildende Maßnahmen unter dem Leitgedanken: ‚Ihr bleibt willkommen und seid nicht gemeint!' Es kann in einem Einwanderungsland eben nicht nur darum gehen, was die Mehrheitsgesellschaft meint und intendiert. Es muss immer auch darum gehen, was die Einwandererbevölkerung darunter versteht. Orientierungshilfe dazu bietet das erwähnte Bemühen, das eigene Land auch mit fremden Augen zu sehen.

## 3 Migration, Integration und Transnationalismus

In einer im Globalisierungsprozess beschleunigt wachsenden Informationsgesellschaft, in der Migranten auch über weite Distanz ihre Heimatkontakte pflegen können, stiften und stabilisieren transnationale Migrantennetzwerke transnationale soziale Räume. In diesen Räumen bilden sich seit dem späten 20. Jahrhundert zum Teil verstärkt, wenn auch möglicherweise nur auf Zeit, transnationale Migrantenidentitäten heraus.[9]

Die Abnahme nationalstaatlicher und die Zunahme transnationaler Orientierungen hat indes nicht nur mit Wanderungsgeschehen und Wanderungsverhalten zu tun, sondern auch mit Veränderungen in den Handlungsspielräumen des Nationalstaates,

---

9 Hierzu unter vielen anderen: Ludger *Pries* (Hg.), Migration and Transnational Social Spaces, Aldershot 1999; *ders.* (Hg.), New Transnational Social Spaces. International Migration and Transnational Companies in the Early Twenty-First Century, London/New York 2001; Steven *Vertovec* (Hg.), Migration and Social Cohesion, Cheltenham 1999; *ders.*/Robin *Cohen* (Hg.), Migration and Transnationalism, Aldershot 1999; *dies.* (Hg.), Conceiving Cosmopolitanism: Theory, Context and Practice, Oxford 2001; Stephen *Castles*, Ethnicity and Globalization. From Migrant Worker to Transnational Citizen, London 2000.

die in Europa in mehrfacher Hinsicht unter Druck geraten sind: von außen durch den Prozess der Globalisierung, von unten durch Prozesse der Regionalisierung und sogar des ‚Lokalismus', von oben durch die Delegation nationaler Funktionen an die supranationale europäische Ebene und von innen gleich auf doppelte Weise: zum einen durch die abnehmende administrative Trennschärfe zwischen Staatsbürgern und Ausländern im nationalen Wohlfahrtsstaat bei der sozialen Partizipation; zum anderen durch die Herausbildung eben jener transnationalen Identitäten selbst; denn sie werden hierzulande auch dadurch gefördert, dass ein Wechsel der Staatsangehörigkeit von geringerem Interesse ist, wenn die meisten wirtschaftlichen und sozialen Grundrechte auch ohne deutschen Pass buchstäblich ‚ersessen' werden können, nämlich in Gestalt von Rechtsansprüchen, die durch Daueraufenthalte zu erwerben sind.

In Sachen Migration und Integration ist freilich vieles nicht so strukturell neu oder gar einzigartig, wie es dem mit abgeschlossenen – und das heißt immer historischen – Migrationsprozessen unzureichend vertrauten Beobachter erscheinen mag: Die Schwächung nationalstaatlicher Strukturen und Funktionen durch supranationale Funktionszusammenhänge und deren Bedeutungszuwachs im Globalisierungsprozess haben heute zweifelsohne eine besondere historische Qualität gewonnen. Es wird aber oft übersehen, dass es auch bei historischen Migrationsprozessen ‚transnationale' soziale Räume, Netzwerke und Migrantenidentitäten gab.[10]

Dabei ist der Begriff der ‚Transnationalität' vor der Epoche der Nationalstaaten freilich irreführend; ganz abgesehen davon, dass in früheren Epochen, aber auch noch weit ins 19. und selbst ins 20. Jahrhundert hinein bei den nach kollektiven Identitäten strukturierten Migrationsnetzwerken oft weniger ‚nationale' als andere distinktive Merkmale im Vordergrund standen, vor allem Sprache bzw. Dialekt, regionale Herkunft und Konfession. Das galt etwa für die – auch aus diesem Grunde von Nativisten in den USA viel denunzierte – ‚New Immigration' aus Süd-, Ost-, Ostmittel- und Südosteuropa in die USA im späten 19. und frühen 20. Jahrhundert, innerhalb derer es zum Beispiel bei den Italienern ca. 40 Prozent Rückwanderungen und, zum Teil darin eingeschlossen, eine unübersehbare Zahl von transatlantischen Pendelwanderungen gab.[11]

---

10 Nancy *Foner*, What's New about Transnationalism? New York Immigrants Today and at the Turn of the Century, in: Diaspora, 6 (1997) 3, S. 355–375; Ewa *Morawska*, The New-Old Transmigrants, Their Transnational Lives, and Ethnicization: A Comparison of 19th/20th and 20th/21st Century Situations, Florenz 1999; David A. *Gerber*, Theories and Lives: Transnationalism and the Conceptualization of International Migrations to the United States, in: Michael *Bommes* (Hg.), Transnationalismus und Kulturvergleich, Osnabrück 2000, S. 31–53.
11 Donna *Gabaccia*, From Sicily to Elizabeth Street. Housing and Social Change among Italian Immigrants, 1880–1930, Albany 1984; *dies.*, Militants and Migrants. Rural Sicilians Become American Workers, New Brunswick 1988; *dies.*, Italy's Many Diasporas, Seattle 2000.

Transnationale Migrantenidentitäten aber waren damals keine dauerhaften Schwebezustände. Sie markierten vielmehr Übergangsphasen in einem generationenübergreifenden integrativen Sozial- und Kulturprozess. Dabei wurden zum Beispiel aus ‚Deutschen in Amerika' zuerst ‚Bindestrich-Deutsche' (‚Deutsch-Amerikaner'), dann Amerikaner deutscher Herkunft – und schließlich Amerikaner, nicht selten mit Desinteresse an der konkreten Herkunft ihrer Vorfahren ‚from somewhere in Germany'. Das alles dauerte auch bei den angeblich so assimilationsfreudigen deutschen Einwanderern in den Vereinigten Staaten des 19. und frühen 20. Jahrhunderts mitunter drei Generationen, wobei der Enkelgeneration der transatlantische Heimatbezug der Großeltern, ihr gebrochenes Englisch und ihr regionaler oder sogar lokaler Heimatdialekt eher kuriose Familienerinnerungen blieben.

Die Unübersichtlichkeit im Beziehungsverhältnis zwischen hochregulativen Systemen der Migrationspolitik und der Realität des Wanderungsgeschehens wird noch gesteigert durch die Tatsache, dass es in aller Regel „multiple Migrantenidentitäten"[12] gibt. Auch deren Entdeckung ist keineswegs neu. Neu ist eher die wachsende Distanz zwischen ihnen und den gesetzlich zugeschriebenen Migrantenidentitäten; anders gesagt: Die Grenzen zwischen rechtlichen Gruppenbildungen wie ‚Arbeit', ‚Asyl', ‚Flucht' oder ‚Minderheiten' erscheinen – als Folge immer differenzierter werdender und exklusiver wirkender legislativer Definitionen und Konstruktionen – in der Wirklichkeit noch fließender, als sie es ohnehin schon waren. Das hat nicht nur mit dem hochkomplexen Migrationsgeschehen, sondern auch mit dem Diktat der migrationspolitischen Regulationssysteme als staatlicher Schicksalsverwaltung zu tun: Die Migranten müssen den Zuschreibungen der Behörden des Zuwanderungslandes zu entsprechen suchen, wenn sie Zugang finden wollen. Das führt nicht selten auf beiden Seiten zu einem Spiel mit falschen Karten.

Im Bezugsverhältnis von Migration und Migrationspolitik hat sich damit am Ende des 20. Jahrhunderts die Spannung zwischen Selbst- und Fremdzuschreibungen, zwischen dem Selbstverständnis von Migranten und den ihnen durch Migrationspolitik zugeschriebenen Identitäten verschärft. Die Beobachtungsmethoden sind schärfer, die Beobachtungsfelder dennoch unübersichtlicher geworden. In der Konfrontation mit solchen Problemen im Umgang mit Migranteneigenschaften erscheinen Migrationspolitik und Migrationsforschung mitunter nicht sehr weit voneinander entfernt – trotz aller grundlegenden Unterschiede zwischen den Zuschreibungsinteressen auf beiden Seiten.

---

12 Stephen *Castles*/Mark J. *Miller*, The Age of Migration. International Population Movements in the Modern World, 2. Auflage, London 1998, S. 297.

## 4 Migration, Integration und EU-Osterweiterung: alte und neue Ängste

Im Zuge der Osterweiterung ab 2004 um 10 neue Mitgliedstaaten wird es in der Europäischen Union bald 21 Amtssprachen geben. Sie werden sich in den Brüsseler Dolmetscherkabinen ungleich öfter begegnen als in der Kommunikation zwischen alten und neuen EU-Bürgern. In jedem Fall aber wird im größer gewordenen ‚europäischen Haus' mit einer – unterschiedlich spürbaren – Zunahme von Ost-West-Wanderungen zu rechnen sein. Das macht vielen Angst. Die anfangs verhalten positive Haltung zur EU-Erweiterung bröckelt ab. Umfragen zufolge lag sie in Deutschland im Oktober 2002 nur noch bei 43 Prozent.[13]

Die Angst vor ‚neuen Völkerwanderungen' aus dem Osten ist so alt wie die Geschichte der Ost-West-Wanderungen selber: Der deutschsprachige Raum war dabei weniger Aufnahmeraum als Drehscheibe und Transitraum. Im Zeitalter des Kalten Krieges geriet das in Vergessenheit. Erst nach seinem Ende erkannten viele, dass der Eiserne Vorhang auch ein Limes gegen die Ost-West-Wanderung gewesen war, und sehnten sich vielleicht sogar im Stillen in dessen düsteren ‚Schutz' zurück. Anstelle der als ‚Mauer' auch durch Deutschland selbst führenden und schließlich sogar mit Minenfeldern und Selbstschussanlagen bestückten Grenze ist an den Ostgrenzen der Europäischen Union der erwähnte EDV-armierte neue migratorische Limes entstanden, der mit der Osterweiterung weiter nach Osten vorrücken wird.

Trotz solcher neuen Migrationsgrenzen und der Vereinbarung von Übergangsfristen bis zur Gewährung voller Freizügigkeit am Arbeitsmarkt für die neuen Mitgliedstaaten der EU wächst die Angst vor den immer absehbarer werdenden neuen Herausforderungen. Die Verbreitung von Horrorvisionen in Verbindung mit der EU-Osterweiterung freilich ist sachlich nicht begründbar und deshalb publizistisch verantwortungslos. Es gibt erkennbare demographische und wirtschaftliche Angleichungstendenzen, die Migrationsprozesse schon mittelfristig in Grenzen halten dürften. Die immerhin maximal siebenjährigen Übergangsfristen werden, als flexible Schutzschilder vor nationalen Arbeitsmärkten, ein Übriges tun.

Das nach der Osterweiterung zu erwartende Wanderungsaufkommen mag im Blick auf den derzeitigen EU-Gesamtraum auf einer Zeitachse von etwa 10 Jahren nach Schätzungen durchaus überschaubar erscheinen: Was bedeuten schon einige Millionen zusätzliche Ost-West-Zuwanderer, zum Teil nur auf Zeit, für ganz Europa in 10 Jahren – abzüglich derer, die ohnehin schon als irreguläre bzw. illegale Arbeitskräfte anwesend sind und, trotz gelegentlicher demonstrativer Razzien auf Großbaustellen mit hohem Symbolwert und geringer Effizienz, im Grunde stillschweigend geduldet werden?

---

13 Wachsende Sorge über Risiko der Osterweiterung, in: Frankfurter Allgemeine Zeitung, 22.10.2002, S. 13.

Aber das ist nur die halbe Wahrheit; denn potentielle Zuwanderungen erscheinen schon deswegen durchaus belangvoll, weil die einzelnen Staaten West- und insbesondere Mitteleuropas nach zielorientierten Umfragen zur Wanderungsbereitschaft ganz unterschiedlich betroffen sein könnten: Deutschland zu mehr als einem Drittel (ca. 37 Prozent), Österreich zu rund einem Viertel (24,4 Prozent), die Schweiz nur noch zu 9,1 Prozent, gefolgt von Großbritannien (6,4 Prozent), Frankreich (4,1 Prozent) und anderen europäischen Staaten mit noch niedriger liegenden Umfrageergebnissen.[14] Kein Wunder also, dass sich zum Beispiel viele Franzosen, trotz allen Lärms des ‚Front National', im Blick auf die Osterweiterung mehr Sorgen um die Agrarsubventionen machen als um Fragen der Zuwanderung.

In Deutschland ist das anders wegen der teils nur befürchteten, teils nach Umfragen absehbaren Unterschiede in der Betroffenheit durch Zuwanderung. Die gelten aber auch innerhalb Deutschlands selbst – von Betrieben und Arbeitsmärkten in grenznahen Räumen über ganze Branchen mit aktuellen Beschäftigungsproblemen wie der Bauindustrie, bis hin zu spezifischen Problemen von unzureichend qualifizierten An- bzw. Ungelernten: Sie können in der Tat am ehesten Opfer von Verdrängungskonkurrenz am Arbeitsmarkt werden; denn ausländische Arbeitswanderer und Einwanderer sind oft bereit, auch harte Arbeitsbedingungen zu sogar mäßigem, aber zum Beispiel im Schichtakkord steigerbarem Lohn zu akzeptieren. Arbeitswanderer wollen so möglichst rasch die erstrebten Ersparnisse für den Lohngeldtransfer ins Herkunftsgebiet zusammenbringen. Einwanderer hoffen auf diesem Weg im Einwanderungsland selber voranzukommen bzw. aufzusteigen – auch wenn sie mit diesem sozialen ‚Aufstieg' unterhalb der eigenen Qualifikationsebene, also durch notgedrungen akzeptierte berufliche Fehlallokation, beginnen müssen. Und einheimische Arbeitgeber werden Einwanderer als hochmotivierte Arbeitskräfte mit gegebenenfalls niedrigen Ansprüchen an Arbeitslohn und Arbeitsbedingungen zweifelsohne nicht ausgerechnet wegen Überqualifikation zurückweisen.

Viele Ängste vor der EU-Erweiterung haben hierzulande freilich auch mit dem lange notorischen Mangel an Transparenz in Migrations- und Integrationsfragen zu tun. Er hat seine Ursache in dem bis in die neunziger Jahre betriebenen politischen Versteckspiel mit der Wirklichkeit in dem Einwanderungsland wider Willen in der Mitte Europas. Umso wichtiger ist es, durch klare politische Führung mit langfristigen Perspektiven für dreierlei zu werben:
1. für die weitere Normalisierung des Umgangs mit Migration und Integration,
2. für die Einsicht in die Gestaltbarkeit dieser Zentralbereiche des gesellschaftlichen Lebens in einem Einwanderungsland, aber auch

---

14 Heinz *Faßmann*/Rainer *Münz*, Die Osterweiterung der EU und ihre Konsequenzen für die Ost-West-Wanderung, in: *Bade/Münz* (Hg.), Migrationsreport 2002, S. 61–97.

3. für eine pragmatische Einsicht in die Grenzen dieser Gestaltbarkeit angesichts der ebenso oft unterschätzten wie unnötig skandalisierten Eigendynamik von Migration und Integration.

Andernfalls bestünde die Gefahr, dass übersteigerte Erwartungen an die Steuerbarkeit dieser sozial- und kulturgeschichtlichen Prozesse aufs Neue in Frustration und Aggression umschlagen. Die potentiellen Folgen sind bekannt.

## 11. Wie weit reicht die Macht des Wissens?

*Gertrud Höhler*

Ist es das Wissen, das Macht verleiht? Und ist erst heute das Wissen zum Innovationsgenerator geworden? Labels beruhigen. In unübersichtlichen Zeiten greift man schneller zu einfachen Etiketten: nach der Informations- die Wissensgesellschaft. Wissen, das ist die Ankunft der Information am richtigen Platz. Dass die technologisch verkürzte Debatte um Wissensumschlag und Wissensorganisation nur die Ränder des neuen Chaos erfassen kann, wurde schnell deutlich. Wissensmanagement, so war die optimistische Folgerung, wird auch dieses Chaos lesbar machen.

Innovation der Kultur läuft immer schon über die soziale Vererbung von Gruppenwissen. Immer geht es um die Rangordnung dessen, was man weiß. Überleben im faktischen und übertragenen Sinne können Kulturen immer nur dann, wenn es ihnen gelingt, die Spuren zu lesen, die Feinde oder potentielle Verbündete zeichnen. Für unsere Vorfahren hieß das, die Zeichen der alten Ordnung, in der sie lebten, zu lesen und richtig zu deuten. Die richtige Deutung war nur mit dem Erfahrungswissen der Lebenswelt möglich, das die Besten am sichersten verfügbar hielten.

Die Wissensgesellschaft, wenn sie sich zu Recht so nennt, entdeckt neue Knappheiten:
- Immer mehr mittelbare Erfahrung verlangt immer mehr Vertrauen.
- Immer mehr virtuelle „Wissensprodukte" sind im Markt nur mit immer mehr Glaubwürdigkeit der Anbieter verkäuflich.
- Aus der Industriekultur bringen viele Spezialisten den Stolz auf ihr *Know-how* mit – und werden konfrontiert mit der Frage nach dem *Know-why* –, die so viel meint wie: Was soll das Ganze? Wo ist das Ziel? Lohnt es sich wirklich?

Die anspruchsvollsten Produkte der virtuellen Ära lassen eine „Anschaulichkeitslücke", ein Sinnlichkeitsdefizit offenbar werden. Umso wichtiger werden die *added values*, die emotionalen Mehrwerte. Das Beziehungsmanagement gewinnt an Bedeutung; wir müssten es beherrschen, ehe wir von „Wissensmanagement" reden können.

Was ich gesehen habe, das weiß ich, so sagt es noch das Althochdeutsche (ab 6. Jahrhundert) und Mittelhochdeutsche (um 1050 bis 14. Jahrhundert) *wizzan*: das hieß „gesehen haben". Dabei gewesen sein. Rationale Erkenntnis und Gewissheit waren ganz dicht beieinander. Die Philosophen legen Wert auf die Unterscheidung: Wissen heißt begründbare Erkenntnis – eben nicht Vermutung, Meinung, Glauben. Damit sind die Welten der intuitiven und der rationalen Erkenntnis zwar getrennt;

aber Wissen schillert, wo immer wir es antreffen. Die Revision wissenschaftlich „gesicherter" Erkenntnisse zeigt es. Wissen braucht also Wachsamkeit und Kontrolle. Welche Ziele hat das Wissen? Was nützt es?
– Leistungswissen hilft bei der Daseinsgestaltung,
– Bildungswissen hilft verstehen und einordnen, weiterentwickeln und Traditionen sichern,
– Heilswissen sichert den Zugang zur Transzendenz, es bindet die physische an die metaphysische Existenz.

Schon diese drei Beispiele zeigen: Sachwissen, der größte Wachstumssektor in der Wissensgesellschaft, mischt sich überall mit emotionalen Elementen.

Mit dem rasanten Wachstum der Wissens-Angebote wächst die Unruhe, wie wir das gewinnen können, was Menschen zur Mitwirkung in der virtuellen Kultur motivieren könnte: Orientierungswissen. Nur wenige Menschen widmen ihr Leben dem simplen Ziel, möglichst viel zu wissen, denn ihre Konkurrenten sind die Wissensspeicher in den Büros. Nur wer kreative Wissensordnungen schafft, erregt Aufmerksamkeit. Die Wissensüberflutung, mit der wir leben, stellt uns unaufhörlich vor die Alternative: einfügen oder wegwerfen; speichern oder vergessen; verarbeiten oder vernichten. Sie ist deshalb so schwierig, weil es keine verbindlichen Kriterien für den Wert der Wissenssplitter gibt, die uns täglich um die Ohren fliegen.

Wissen managen – das hieße also zunächst Wissen beherrschen, und davon sind wir ziemlich weit entfernt. Nur wer eingegrenzte Ausschnitte ins Auge fasst, schöpft Hoffnung. Wo Experten experimentieren, scheinen die Grenzen des Wissenswerten plötzlich klar. Fragt man einen nachdenklichen Fachmann, so beschreibt er genau diese Haltung als die große Versuchung: Interaktion mit anderen Spezialsektoren ist unerlässlich. Der Komplexitäts-Stress verschont niemanden, der wirklich etwas durchschauen will. Durchschauen wollen: das heißt neugierig sein. Die Neugierde wird aber von Natur- und Geisteswissenschaft als die zuverlässigste Energie angesehen, mit der der *homo sapiens* sich vorarbeitet. Konkurrenzlust hält ihn an zu kooperieren, und der Wettbewerb optimiert die Ergebnisse.

Also müssten wir aufräumen können im Dschungel des Wissens? Das größte Handicap liefert uns der Wissensstrom selbst: Er spült die Orientierungsbojen weg, die wir zur Kursbestimmung im vorigen Jahrhundert noch geeignet fanden. Die Wissensfülle selbst ist es, die alles Wissen relativiert. Und hier beginnen wir zu begreifen: Immer mehr Wissensangebote machen die Orientierung nicht allein deshalb überflüssig, weil sie nicht mehr gelingen kann. Umgekehrt: Immer mehr Wissensrohstoffe verschärfen den Hunger nach Gewissheiten.

Selbst wenn wir im Wissens-Überangebot eine Beschleunigung unserer Erfahrungen für möglich halten – was schwer beweisbar ist: Anstelle der Flexibilität im Umgang mit dem Überfluss wächst der Hunger nach Sinn. Die Quantität erstickt das

Qualitätsbedürfnis nicht, sondern sie stimuliert es. Immer mehr vom Gleichen, so meinen die Menschen im Wissensorkan, macht übermäßig Appetit auf das ganz andere. „Wissen verdrängt Sinn" ist also eine absolut verfehlte These. „Wissen entlarvt Sinnverluste" wäre die richtige.

Der Optimismus der Wissensverwalter in den Konzernen richtet sich auf Methoden zum Einfangen und Lagern von Wissen, das man anschließend ordnen und verwalten will – wie andere Ressourcen auch. Solange es an Kriterien mangelt, die bei der Rangordnung der Lagerbestände helfen könnten, hofft man auf ehrgeizige Software-Innovatoren, die an *multi-view*-Programmen arbeiten und *classify*-Programme anbieten, die künftig jeder Abteilung in Sekundenschnelle das passende *package* an Wissen auf den Schirm spielen sollen. Dennoch hat man damit nur die Fußspitze in der Tür von der Information zum Wissen.

Wissensmanagement ist eine gemischte Aufgabe. Es verlangt eine gute Balance von Intelligenz und Emotion. Wer von intelligenten Systemen träumt, die den Wissensstrom lenken und kanalisieren, muss enttäuscht werden. Da es sich um *Brainware* handelt, ein viel komplexeres und weniger berechenbares Material als die rohe Information, sollten wir uns eher als Kanufahrer im Wildwasser begreifen. Und da gilt: Nicht den Fluss schieben, sondern das Kanu steuern.

Der Aufgaben-Mix für das Wissensmanagement lässt sich zwar beschreiben – bewältigen lässt er sich aber noch nicht. Da geht es nicht nur um alles, was die Unternehmen wissen, ohne es verwerten zu können: „Wenn Siemens wüsste, was Siemens weiß ...", sondern um Kulturmanagement in einem neuen Sinne. Die sicher unvollständige Liste kann man so schreiben:
– schlummerndes Wissen aufwecken,
– vagabundierendes Wissen einfangen,
– Freiräume für Kreativität schaffen durch unkonventionelle Umwälzung von Gruppenwissen,
– Neugierde systematisieren,
– Wissenschaft und Forschung Spielräume zurückgeben,
– Gewissheit schaffen und Gewissheiten aufbrechen,
– Balance halten zwischen *Know-how* und *Know-why*,
– Orientierungswissen entwickeln und nutzen,
– Leistungswissen aufbauen,
– Bildungswissen generieren,
– Heilswissen respektieren und schützen.

Sachwissen und Suchwissen verknüpfen sich in diesem Aufgabenkatalog eindrucksvoll. Alle Kräfte müssten mobilisiert werden, die bisher getrennt und eigennützig operieren: Wettbewerbslust und Erfolgswille müssten im Bündnis mit Intelligenz und ethisch kontrollierter Verantwortung dieses neue Feld des Kulturmanagements bearbeiten.

Die Wissensgesellschaft zeigt bei diesem komplexen Zugriff aber plötzlich ein anderes Gesicht, als es die Technokraten vermitteln: Sie repräsentiert die Ära der großen Verunsicherung. „Menschen im Netz" sind ja nicht automatisch weltbürgerliche Surfer auf allen Meeren. Sie reduzieren ihre Original-Kommunikation, weil sie wählen müssen: Netz oder Mensch. Der Mensch, den sie nicht real aufsuchen, sitzt ebenfalls vor seinem Bildschirm; im Bedarfsfalle können beide miteinander via Netz kommunizieren. Mit Wissensmanagement hat das nichts zu tun. Die „vernetzten" *User*, wie sie im Jargon heißen, sind zugleich Verstrickte: zappelnd in den Netzen, mit denen sie zum großen Fischzug aufbrachen. Plötzlich ist man Fisch statt Fischer in diesen Netzen und zappelt mit Millionen anderen und ringt nach Atem. Die Begriffswahl für das *world wide web* spiegelt sicher nur zufällig den Doppelcharakter der Netze. Je mehr Stunden im Netz, desto mehr Wissen sammelt sich an, glauben viele Netzjünger. Das pure Dabeisein hebt ihr Selbstwertgefühl und fördert Selbstüberschätzung; „Das Netz ist eine Metapher für (mühe-)lose, jederzeit reversible Vergesellschaftung; ‚Vernetzung' steht für Vergesellschaftung light."[1]

Wer Wissensgewinne nur über die Informationstechnologien zu machen versucht, gerät bald in einen völlig ungewohnten Mangelzustand: Die Augen sind überlastet, und die anderen Sinne hungern: Die Sehnsucht nach Tasten, Schmecken und Riechen erfasst die netzversessenen Wissensarbeiter so heftig, dass sie Nähe um jeden Preis suchen – auch wahllos, exzentrisch, ekstatisch. Endlich wirkliche Menschen, ihre Stimmen, ihr Atem, das Gewirr von Düften – aggressive Reflexe auf die virtuell entseelte Alltagswelt in den tickenden Büros und heimischen Chat-Laboratorien. Mitten im vorgeblichen Wissensmanagement spüren viele junge Leute, dass ihnen Wissen verloren geht, das sie nicht entbehren wollen. Sie beginnen an der Rangordnung ihres Wissens zu arbeiten – soweit ihre beruflichen Vorgaben dies zulassen. Wissensmanagement wird also in die private Lebensführung abgedrängt. Wenn der Leidensdruck durch die virtuelle Überlastung wächst, entscheiden viele Menschen pro Lebensqualität und contra „Netztauglichkeit", wie die böse Vokabel heißt.

Dass „Wissen" nicht satt macht, könnten am besten die Menschen bestätigen, die mit viel Wissen beladen ihren beruflichen und persönlichen Weg gehen. Zugleich würden sie den allzu einfachen Antworten widersprechen, die von Informationsverarbeitern auf die Frage „Was ist Wissen?" gegeben werden: Einfach die angekommene Information, die angedockte Nachricht, sagen viele, und die Definition hat etwas Verführerisches. Wer Menschen mit viel Wissen befragt, der bekommt zu-

---

1 G. *Fröhlich*, Netz-Euphorien. Zur Kritik digitaler und sozialer Netz(werk)metaphern, in: Alfred *Schramm* (Hg.), Philosophie in Österreich, Wien 1996, S. 303.

nächst eine klare Antwort auf die Frage, ob sie sich beim Wissensammeln immer sicherer oder immer unsicherer gefühlt haben: „Eher unsicherer. Deshalb habe ich immer weitergemacht. Ich dachte, es wird besser", sagt ein Naturwissenschaftler. „Ich dachte nicht, dass es Beruhigung gibt durch mehr Wissen. Aber ich hatte immer mehr offene Fragen, je mehr Antworten ich kannte, also musste ich weitersuchen." Macht Wissen süchtig? Beide lächeln. „Nicht direkt süchtig, aber rastlos. Wer viel weiß, sieht viel mehr Gestaltungsmöglichkeiten als einer, der wenig verstanden hat." – „Seelenruhe", meint einer von den beiden Forschern, „können eher die Leute erreichen, die ihren Wissensbesitz einzäunen und nicht mehr aus dem Fenster schauen. Aber die Mentalität dazu muss man haben ..."

Wer Niklas Luhmann liest, findet bei ihm eine Definition, die das Mixtum „Wissen" schon erschreckend komplex beschreibt: Wissen, so Luhmann, bestehe aus „veränderungsbereiten", als wahr geltenden kognitiven Schemata, die den Umweltbezug sozialer und psychischer Systeme regelten.[2] Luhmann meint: Die Kultur, in der wir leben, liefert Muster zur Verarbeitung von Eindrücken und Erfahrungen, die zwar als „wahr" gelten und für tauglich gehalten werden. Dennoch bleiben sie „veränderungsbereit", also erfahrungsoffen. Mit Hilfe dieser Bearbeitungsmuster gelingt es Menschen und Menschengruppen, mit anderen Menschen und mit den Lebensbedingungen in ihrer Kultur erfolgreich umzugehen.

Merkmal der erfahrungsoffenen Tempokultur ist die grundsätzliche Bereitschaft, ihre Schemata zu korrigieren, wenn neue Erfahrungen es erzwingen. Die moderne Wissensgesellschaft ist also nicht nur lernbereit und flexibel, sondern sie ist eine enttäuschungsbereite Gesellschaft, gewissermaßen immer auf dem Sprung, das eben noch geltende Bewährte abzuwerfen zugunsten einer neuen Reaktion auf nie Gesehenes. Enttäuschungsbereitschaft wird alsbald umgeformt in eine leichtere Variante: Wo Verluste zum Alltag gehören, bindet man sich nicht mehr wirklich. Was nicht lange gilt, verdient kein Engagement. So wird die „veränderungsbereite" schnell zu einer Flüchtigkeitsgesellschaft, die das Loslassen schon beim Ergreifen des Neuen im Blick hat. Da auch „psychische Systeme", wie Luhmann sie nennt, als menschliche Beziehungen und einzelne Menschen in diesem Klima leben, ist die erfahrungsoffene auch eine verunsicherte Gesellschaft. Menschen ertragen den raschen Wandel nur dann, wenn sie auf dauerhafte geistig-emotionale Besitzstände zurückgreifen können.

Enttäuschungsoffene Kulturen nehmen nicht automatisch an Gelassenheit und Weisheit zu, sondern sie verlieren das Ferment des Vertrauens. Gedämpfte Erwartungen und Abschiedsbereitschaft kosten Innovationslust. Wenn die Innovation aller Annahmen und Erfahrungen sich als tägliche Bedrohung aller Gewohnheiten und als

---

2 Niklas *Luhmann*, Die Soziologie des Wissens. Probleme ihrer theoretischen Konstruktion, in: *ders.*, Gesellschaftsstruktur und Semantik, Bd. 4, Frankfurt a.M. 1995, S. 189–201.

Feindin der Geborgenheit zeigt, dann werden die Menschen sich nicht als Tempomacher an ihre Spitze setzen. „Wissen managen" erscheint nach diesen Beobachtungen als eine so brisante Aufgabe, dass wir begreifen, wie sehr sie bis heute unterschätzt wird. Wissensmanagement kann sich aber immer auf das Bedürfnis der Menschen verlassen, sich über eine Wirklichkeit – und im Idealfalle über Wahrheiten – zu verständigen, die unabhängig von unserem Denken und Wissen existieren. Auch der Einspruch der Philosophen ändert nichts an dieser Annahme. Die gemeinsame „Realitätsgewissheit" der Menschen liefert die starke Basis für die strapaziösen Verfallsprozesse von Wissen, denen wir in diesen Jahrzehnten ausgesetzt sind. Weil wir uns darauf verlassen, in einer gemeinsamen Wirklichkeit zu leben, gelingt es uns, Wissen, altes und neues, in Handeln umzusetzen. Ob die Zahl der Verlierer in diesen turbulenten Prozessen tatsächlich dramatisch ansteigt, ist noch nicht ausgemacht. Der Mensch als die langsamste Kraft auf den Wissensmärkten mit ihren neuen Vergänglichkeitsregeln wird das Tempo drosseln, wenn es ihn überanstrengt.

Wenn wir lernen, unsere Erwartungen in Frage zu stellen, Enttäuschung als Normalfall zu betrachten und die Revision unserer Erfahrungen quasi vorwegzunehmen, dann werden zwangsläufig Werte wie Verlässlichkeit, Versprechen halten und Vertrauen bewahren erschüttert. Welche Zusage kann ein enttäuschungsbereiter Mensch noch machen? Welches Versprechen wird er, erfahrungsoffen, wie er sein will, noch guten Gewissens abgeben? Kann er dann aber noch Vertrauen erwarten? Und wird er noch Vertrauen bei anderen wecken?

Die Wissensgesellschaft, so meinen viele Forscher, kann sich Ansprüche auf Allgemeingültigkeit oder Stabilität „nur wider besseres Wissen" leisten. Die auf Wissen gestützte Kultur ist stärker als in früheren Jahrhunderten auf Wissensgewinne konzentriert; sie erreicht diese Zugewinne in schnellerer Folge – gleichzeitig sind ihre Wissensverluste größer. Abschieds- und Verlust-Kompetenz gehören zu den neuen „Tugenden", mit denen man in der Wissensgesellschaft Erfolgsversprechen einhandelt. Die Zahl der Gewissheiten wächst nicht in der wissensbasierten Gesellschaft. Aber wir erkennen einen wachsenden Hunger nach Gewissheiten.

Als in den sechziger Jahren der Begriff der Wissensgesellschaft – *„knowledgeable society"* – geprägt wurde, war der Ausblick ihrer Entdecker und Architekten hoffnungsvoll: Weg mit dem Ballast der Industriekultur und ihren bleischweren Produkten und ihrer Materialabhängigkeit und hinein in die Welt der federleichten virtuellen Energieströme, heraus aus den fossilen Schlachten zwischen Arbeit und Kapital, hinein in eine transparente, intelligente Ära, in der nur eines gilt: Wissen. Der Namensgeber der *knowledgeable society*, Robert Lane, schlug 1966, im visionären Schwung des ersten Ausblicks, eine vielversprechende Definition für diese neue Etappe vor: Er sah eine Gesellschaft sich entfalten, „deren Mitglieder in stärkerem Ausmaß als die anderer Gesellschaften: a) die Grundlagen ihrer Absichten über Mensch, Natur und Gesellschaft erforschen; b) sich (vielleicht unbewusst) von den objektiven Maßstäben der Richtigkeit und Wahrheit leiten lassen und sich auf den höheren Bildungsebenen bei Untersuchungen an wissenschaftliche Beweis- und Schlussfolgerungsregeln halten; c) beträchtliche Mittel für diese Untersuchungen aufwenden und sich so auch ein umfangreiches Wissen aneignen; d) ihr Wissen zusammentragen, ordnen und interpretieren in dem Bestreben, es sinnvoll auf die von Fall zu Fall auftauchenden Probleme anzuwenden, und e) dieses Wissen darüber hinaus dazu einsetzen, um sich über ihre Wertvorstellungen und Ziele klar zu werden, um sie voranzutreiben (oder gegebenenfalls auch zu modifizieren)."[3]

Lanes Kollege Daniel Bell bleibt noch in seiner berühmten Studie zur postindustriellen Gesellschaft (1973) bei dieser optimistischen Einschätzung, dass die Wissensgesellschaft eine wissenschaftsgesteuerte Gesellschaft sein werde. „Die nachindustrielle Gesellschaft ist in zweifacher Hinsicht eine Wissensgesellschaft: einmal, weil Neuerungen mehr und mehr von Forschung und Entwicklung getragen werden (oder unmittelbarer gesagt, weil sich aufgrund der zentralen Stellung des theoretischen Wissens eine neue Beziehung zwischen Wissenschaft und Technologie herausgebildet hat); und zum anderen, weil die Gesellschaft – wie aus dem aufgewandten höheren Prozentsatz des Bruttosozialprodukts und dem steigenden Anteil der auf diesem Sektor Beschäftigten ersichtlich – immer mehr Gewicht auf das Gebiet des Wissens legt."[4]

Beide Prognosen gelten für die Expertensysteme, also für Inseln in der Gesellschaft, auf denen speziell qualifiziertes Personal wie in Kolonien lebt. Sie gelten nicht für das Bildungssystem. Die Spätfolgen unserer ideologisch gesteuerten Sorglosigkeit beginnen wir im Jahre 2002 zu buchstabieren, also, wie unter Menschen üblich, eine Generation alter Ordnung *nach* den anspruchsvollen Erkenntnissen der Analytiker. Was Luhmann die „psychischen Systeme" unserer Kultur nennt, das ist nicht durchdrungen von Wissenschaft, und das soziale Handeln der „enttäuschungsbereiten" Bewohner der Wissensgesellschaft ist ebenso wenig wissenschaftsgesättigt. Was die Menschen als deutlichen Verlust spüren: Ihre Erfahrung gilt weniger und weniger, Professionalität und akademische Qualifikation werden ihnen als Ideale für ein erfolgreiches Leben empfohlen. Die Zahl der aktiven Mitspieler ist damit begrenzt. Was der Normalverbraucher erfährt ist: Wissensgesellschaft frisst Sicherheit. Wer täglich seine Erwartungen revidieren soll, in kurzen Abständen seine Erwartungen an das Leben korrigieren und seine Fitness im Verlustmanagement unter Beweis stellen, der kommt zu dem Fazit: Sicherheitsverluste. Sinnverluste.

---

[3] Robert *Lane*, 1966, zitiert nach: Daniel *Bell*, Die nachindustrielle Gesellschaft, Frankfurt a.M. 1985, S. 181.
[4] Ebd., S. 219.

In den neunziger Jahren des letzten Jahrhunderts wurden diese Verluste vereinzelt auch von professionellen Beobachtern bemerkt. Der deutsch-kanadische Soziologe Nico Stehr sieht die „größere Unsicherheit, Zerbrechlichkeit und Kontingenz" der Wissensgesellschaft.[5] Die Ohnmacht der Politik, ökonomische und soziale Probleme zu erfassen und zu lösen, hatte Peter Drucker schon 1994 konstatiert.[6] „Es geht gerade [...] um die internen Nebenfolgen der Nebenfolgen industriegesellschaftlicher Modernisierung", sagt Nico Stehr. „Diese erzeugen [...] innerhalb gesellschaftlicher Institutionen Turbulenzen, stellen Gewissheiten in Frage und politisieren die Gesellschaften von innen her."

Die nächste Stufe dieser Entwicklung haben wir eben hinter uns gebracht: die Entpolitisierung – der unter dem Donnerschlag des Terrors eine neue Politisierungswelle innerhalb der Staaten gefolgt ist. Zugleich war *„Nine Eleven"*, der 11. September 2001, eine elementare Kränkung der Wissensgesellschaft, die als Thema tabu ist, aber im verzweifelten Zorn der schwer verwundeten amerikanischen Nation lesbar bleibt. Bei den meisten Europäern reicht es nicht einmal dazu.

Die Wissensgesellschaften zahlen einen hohen Preis für ihre Zugewinne an Wissen. Der Bielefelder Soziologe Wolfgang Krohn fasst die hohen Verluste, die den stolzen Gewinnbilanzen gegenüberstehen, in klare Worte: „‚Die Entdeckung neuer Unbestimmtheiten ist im Mittel immer größer als die Konstruktion von abgesicherten, bestätigten Wissensbeständen.' Nach diesem Gesetz bezeichnet der Begriff Wissensgesellschaft eine Gesellschaft, die in ständig wachsendem Maß über den Umfang und die Ebenen ihres Nichtwissens lernt [...]. Nichtwissen steht nicht am Anfang einer technologischen Erprobung, sondern wird im Verlauf der Implementation erarbeitet. Die Auflösung des Nichtwissens in bearbeitbare Probleme und machbare Lösungen ist verbunden mit der Erzeugung neuen Nichtwissens. [...] Daher ist die Wissensgesellschaft durchzogen mit – häufig anders deklarierten – Forschungsstrategien, die nach dem Muster der experimentellen Praxis verfahren. Wissensgesellschaft würde dann eine Gesellschaft bezeichnen, die ihre Existenz auf solche experimentellen Praktiken gründet, die unvorhersagbar in ihrem Ausgang und unbekannt in ihren Nebenfolgen sind und daher ständiger Beobachtung, Auswertung und Justierung bedürfen. Die Wissensgesellschaft ist eine Gesellschaft der Selbst-Experimentation."[7]

---

5 Vgl. Nico *Stehr*, Arbeit, Eigentum und Wissen. Zur Theorie von Wissensgesellschaften, Frankfurt a.M. 1994, und *ders.*, Wissensgesellschaften oder die Zerbrechlichkeit moderner Gesellschaften, Vortrag Forschungszentrum Karlsruhe, 12. September 1996.
6 Peter F. *Drucker*, The Age of Social Transformation, in: The Atlantic Monthly, 273 (1994) 11.
7 Wolfgang *Krohn*, Rekursive Lernprozesse: Experimentelle Praktiken in der Gesellschaft, in: Technik und Gesellschaft, Jahrbuch 9: Innovation – Prozesse, Produkte, Politik, Frankfurt a.M. 1997, S. 69f und 84.

Wenn der experimentelle Zug zur Wissensgesellschaft gehört, dann ist der Stress noch leichter erklärlich, der sich bei Menschen einstellt, die nicht mehr wollen als ein Leben, in dem die Konstanten stärker sind als die Ungewissheiten. Und das ist die Mehrheit der Menschen. Ist die Wissensgesellschaft eine Minderheitenkultur, die sich um die durchschnittlichen Bedürfnisse zu wenig kümmert? Wo bleibt der Sinn aller Leistungen, so fragen sich viele leistungsbereite Mitarbeiter, die die vordere Front der „Wissensarbeiter" nur vom Hörensagen kennen, wenn Unsicherheit das Lebensprinzip sein soll? Wenn morgen nicht mehr gilt, was mir heute wichtig ist? Wenn der dauernde Abschied von unseren Erfahrungen das Programm dieser neuen Phase ist, was gibt man uns stattdessen? Worauf sollen wir uns verlassen? Verlierertexte, sagen die hybriden Wissenseleven auf den – noch – privilegierten Plätzen. Sie vergessen, die eigene Position in den Enttäuschungsbetrieb mit einzubeziehen, dem sie ihre Position verdanken.

Nicht nur die Menschen, auch die Organisationen verstricken sich in den Widersprüchen des Konstrukts „Wissensgesellschaft". Organisationen sind auf Regelwerke angewiesen. Sie brauchen eine klare Verteilung der Verantwortungen. Zugleich wollen sie nun flexibel, veränderungsbereit und improvisationsstark sein, um Innovationen als Erste zu erkennen und aus dem Strudel der vagabundierenden Ideen herauszugreifen. Im Versuch, sich ständig diesen widersprüchlichen Anforderungen zu stellen, leben Organisationen riskant. Das fröhliche Ideal von der „lernenden Organisation" beschreibt eine Gratwanderung zwischen bewährten und neu entdeckten Strategien. Der Konflikt, wann was zu dominieren habe, spaltet oft die Topmanager in zwei Lager. Damit wächst der Stress in der Firma zwischen Bewahren und Erneuern. Während der Entscheidungsdruck nicht abnimmt, verschärft sich der Appell, eine lernende, „unsichere" Organisation zu schaffen, die zur Preisgabe ihrer Einsichten nahezu täglich bereit ist. Die Sicherheitsreserven müssen neu sortiert werden, wenn Mitarbeiter und Führung in der erfahrungsoffenen Organisation Erfolg haben wollen.

Die Vertrauensanker müssen Grund gefunden haben, wenn Unternehmen sich der Gratwanderung stellen. Wer jetzt erst Anker auswirft, wird das Misstrauen der Mitarbeiter nicht besiegen können. *High trust* als Firmen-Anker bewährt sich, wenn alle noch um die richtige Lesart für die neue Etappe der gemeinsamen Reise kämpfen.

Die „lernbereite" Gesellschaft lebt mit großen Sicherheitsverlusten. Sie sind der Boden für die immer lauter werdenden Rufe nach einem Sinn, dem auch das Flüchtige zugeordnet werden kann. Die politische Führung liefert, ohne das Dilemma der Wissensgesellschaft zu verstehen, Auftritte, die oft den Tag nicht überdauern. Die Menschen wollen aber gerade der Flüchtigkeit entkommen. Sie möchten Botschaften, die das Fließende aller Verhältnisse überleben. Sie wollen, dass Führungsgruppen Sicherheit und Vertrauen, Glaubwürdigkeit und Verantwortung genauso hoch einschätzen wie das Wissen, das angeblich zum Fortschrittsgenerator wird. Die Wissensgesellschaft macht Hunger auf das, was dem verfallsgefährdeten Wissen überlegen ist: Sie macht Hunger auf Sinn.

# Anhang

# Ausgewählte Veröffentlichungen von Michael Stürmer
*bearbeitet von Christian Waedt*


## I. Bibliographisch selbständige Schriften

Koalition und Opposition in der Weimarer Republik 1924–1928,
 Düsseldorf 1967
Bismarck und die preußisch-deutsche Politik 1871–1890,
 München 1970
Das kaiserliche Deutschland. Politik und Gesellschaft 1870–1918,
 Düsseldorf 1970 (als Herausgeber)
Regierung und Reichstag im Bismarckstaat 1871–1880.
 Cäsarismus oder Parlamentarismus, Düsseldorf 1974
Das deutsche Kaiserreich und die europäischen Großmächte im Zeitalter des
 Imperialismus. Arbeitsmaterialien für den Geschichtsunterricht in der
 Kollegstufe, München 1977 (zusammen mit Siegfried Ziegler)
Industrialisierung und soziale Frage in Deutschland im 19. Jahrhundert,
 München 1979 (zusammen mit Jürgen Sandweg)
Herbst des alten Handwerks. Quellen zur Sozialgeschichte des 18. Jahrhunderts,
 München 1979 (als Herausgeber)
Die Weimarer Republik. Belagerte Civitas,
 Königstein 1980 (als Herausgeber)
Wie konnte es dazu kommen?
 Hintergründe der nationalsozialistischen Machtergreifung, München 1981
 (zusammen mit Otto B. Roegele und Hans-Ulrich Thamer)
Handwerk und höfische Kultur. Europäische Möbelkunst im 18. Jahrhundert,
 München 1982
Das Ruhelose Reich. Deutschland 1866–1918,
 Berlin 1983
Die Reichsgründung. Deutscher Nationalstaat und
 europäisches Gleichgewicht im Zeitalter Bismarcks, München 1984
Mitten in Europa: deutsche Geschichte, Berlin 1984
 (zusammen mit Hartmut Boockmann, Heinz Schilling und Hagen Schulze)
Welche deutschland-politischen Zielsetzungen sind aus dem Brief zur
 deutschen Einheit abzuleiten? Eine Studie zu Zielen und Methoden der
 Deutschlandpolitik, Hannover 1985

Dissonanzen des Fortschritts. Essays über Geschichte und Politik in Deutschland,
    München 1986
Scherben des Glücks. Klassizismus und Revolution,
    Berlin 1987, ital. 1989
Bismarck. Die Grenzen der Politik,
    München 1987
Deutsche Fragen oder Die Suche nach der Staatsräson. Historisch-politische
    Kolumnen, München 1988
Wägen und Wagen. Sal. Oppenheim Jr. & Cie., Geschichte einer Bank und einer
    Familie, München 1989, engl. 1994 (zusammen mit Gabriele Teichmann und
    Wilhelm Treue)
„Mein Gott, was soll aus Deutschland werden?" Deutschland im europäischen
    System der neunziger Jahre, Frankfurt a.M. 1990
Das Alte Reich – und was den Deutschen davon blieb,
    Köln 1991
Die Grenzen der Macht. Begegnung der Deutschen mit der Geschichte,
    Berlin 1992, ital. 1996
Luxus, Leistung und die Liebe zu Gott. David Roentgen:
    Kgl. Kabinettmacher 1743–1807, München 1993
Allies Divided. Transatlantic Policies for the Greater Middle East,
    Cambridge, Mass. 1997 (als Herausgeber zusammen mit
    Robert D. Blackwill)
Krise, Revolution und Konjunktur 1848–1849. Deutsch-französische
    Variationen über ein europäisches Thema/Crise, révolution et conjoncture.
    Variations germano-françaises sur un thème européen, Bonn 1999
Das Jahrhundert der Deutschen, München 1999,
    engl. 1999, dän. 1999, frz. 2000
The German Empire: 1870–1918,
    London 2000
Die Kunst des Gleichgewichts: Europa in einer Welt ohne Mitte,
    Berlin 2001

*II. Beiträge in Sammelbänden und Zeitschriften*

Probleme der parlamentarischen Mehrheitsbildung in der Stabilisierungsphase
    der Weimarer Republik, in: PVS, 8 (1967), S. 71–87
Staatsstreichgedanken im Bismarckreich, in: HZ, 209 (1969), S. 566–615

Parliamentary Government in Weimar Germany, 1924–1928, in:
Erich *Matthias*/Anthony *Nicholls* (Hg.), German Democracy and the
Triumph of Hitler, London 1971, S. 59–77

Der unvollendete Parteienstaat. Zur Vorgeschichte des Präsidialregimes am Ende
der Weimarer Republik, in: VfZ, 21 (1973), S. 119–126

Die Suche nach dem Glück. Staatsvernunft und Utopie, in:
Deutsche Verwaltungsgeschichte, Bd. II, Stuttgart 1974, S. 1–19

1848 in der deutschen Geschichte, in: Hans-Ulrich *Wehler* (Hg.), Sozialgeschichte
Heute. Festschrift für Hans Rosenberg zum 70. Geburtstag, Göttingen 1974,
S. 228–242

Militärkonflikt und Bismarckstaat. Zur Bedeutung der Reichsmilitär-
gesetze 1874–1890, in: Gerhard A. *Ritter* (Hg.), Gesellschaft, Parlament
und Regierung. Zur Geschichte des Parlamentarismus in Deutschland,
Düsseldorf 1974, S. 225–248

Höfische Kultur und frühmoderne Unternehmer. Zur Ökonomie des Luxus im
18. Jahrhundert, in: HZ, 229 (1979), S. 265–297

Der lange Schatten des Tyrannen: Westbindung und Geschichtsbild in Deutschland,
in: Karl Dietrich *Bracher* (Hg.), Von Geschichte umgeben. Joachim Fest zum
Sechzigsten, Berlin 1986, S. 255–273

The Dos and Don'ts of Deutschlandpolitik, in: Peter R. *Weilemann* (Hg.),
Aspects of the German Question, St. Augustin 1986, S. 9–22

Nukleare Abschreckung und politische Kultur. Die europäische Erfahrung, in:
Uwe *Nerlich*/Trutz *Rendtorff* (Hg.), Nukleare Abschreckung. Politische und
ethische Interpretationen einer neuen Realität, Baden-Baden 1989, S. 173–194

Die Deutschen in Europa. Auf dem Weg zu einer zwischenstaatlichen Innenpolitik,
in: Europa-Archiv, 24 (1989), S. 721–732

Is NATO Still in Europe's Interest?, in: Stanley R. *Sloan* (Hg.), NATO in the 1990s,
Washington 1990, S. 105–126

Ein augustäisches Zeitalter? Europäische Sicherheitsfragen der neunziger Jahre,
in: Schweizer Monatshefte, 1991, S. 23–34

Weltpolitische Aspekte: Ende oder Wandlung einer Weltmacht? Auswirkungen und
Perspektiven für ein neues Kraftfeld der Weltpolitik, in: Werner *Gumpel* (Hg.),
Sowjetunion – was nun?, Essen 1991, S. 113–124

„Wir fürchten uns vor einer Hauptstadt." Das Hauptstadtproblem in der deutschen
Geschichte, in: Kurt *Anderman* (Hg.), Residenzen: Aspekte hauptstädtischer
Zentralität von der frühen Neuzeit bis zum Ende der Monarchie, Sigmaringen
1992, S. 11–24

Dissonanzen des Glücks – Mozart in seiner Zeit, in: JfL, 53 (1992),
S. 335–343

Bürgerliche Fürsten, in: Wolfgang *Hardtwig*/Harm-Hinrich *Brandt* (Hg.), Deutschlands Weg in die Moderne. Politik, Gesellschaft und Kultur im 19. Jahrhundert, München 1993, S. 215–222

Staatskunst und Öffentliche Meinung: Bismarck und der politische Massenmarkt, in: Jürgen *Wilke* (Hg.), Öffentliche Meinung – Theorie, Methoden, Befunde: Beiträge zu Ehren von Elisabeth Noelle-Neumann, Freiburg/München 1992, S. 21–30

Globale Aufgaben und Herausforderungen: Die schwierige Suche nach Weltordnung, in: APuZ, (1993) B15–16, S. 3–8

Die weltpolitische Triade: Interdependenz und Asymmetrie, in: Lennart *Souchon* (Hg.), Weltwirtschaft und Sicherheit, Berlin u.a. 1994, S. 97–106

Nukleare Waffen. Übermacht und Ohnmacht, in: Michael *Salewski* (Hg.), Das Zeitalter der Bombe. Die Geschichte der nuklearen Bedrohung von Hiroshima bis heute, München 1995, S. 299–315

Europa als politische Lebensform. Lektionen und Visionen für Deutschland, in: Walther L. *Bernecker*/Volker *Dotterweich* (Hg.), Deutschland in den internationalen Beziehungen des 19. und 20. Jahrhunderts. Festschrift für Josef Becker zum 65. Geburtstag, München 1996, S. 363–372

Pflugscharen oder Schwerter. Amerikas Denkfabriken und die neue Weltunordnung, in: Frank-Lothar *Kroll* (Hg.), Neue Wege der Ideengeschichte. Festschrift für Kurt Kluxen zum 85. Geburtstag, Paderborn 1996, S. 435–437

Robert Bosch 1861–1942, in: Joachim *Fest* (Hg.), Die großen Stifter, Berlin 1997, S. 249–268

L'avenir de la sécurité européenne, in: Commentaire, 78 (1997), S. 398–404

Les Allemands et leur argent, in: Documents – Revue Des Questions Allemands, 1997, S. 41–51

Wo werden wir zu Hause sein? Globalisierung und Nationalkulturen am Anfang des dritten Jahrtausends, in: Universitas, 2000, S. 613–625

Der Tag, der die Welt veränderte: 11. September 2001, in: Eckart *Conze*/Thomas *Nicklas* (Hg.), Tage deutscher Geschichte, München (i.E.)

# Von Michael Stürmer betreute Dissertationen und Habilitationsschriften

*Dissertationen*

Dieter ROSSMEISEL: Arbeitswelt und Sozialdemokratie in Nürnberg 1890–1914 (1977)

Hans-Peter VON PESCHKE: Staatsverwaltung und Elektroindustrie am Beispiel Siemens 1847–1918 (1980)

Eva Maria KLEINÖDER: Katholische Kirche und Nationalsozialismus im Kampf um die Schulen (1980)

Ulrich-Christian PALLACH: Gesellschaft, Wirtschaft, materielle Kultur. Luxusmärkte in Frankreich und im Alten Reich am Ende des ancien régime (1982)

Rainer TRÜBSBACH: Wirtschafts- und Sozialgeschichte Bayreuths im 18. Jahrhundert. Zur materiellen Kultur des Handwerks in der Zeit der Vor- und Frühindustrie (1983)

Michael BEER: Gesellenwandern und Meisterwerden. Probleme des Arbeitsmarktes im 18. Jahrhundert (1986)

Rudolf SCHLÖGL: Bauern, Krieg und Staat. Oberbayerische Bauernwirtschaft und Territorialstaat im 17. Jahrhundert (1986)

Peter OESTREICH: Unter dem Dach der Pax Americana. Frankreich und Deutschland 1945–1966 (1992)

Anton RIEDL: Liberale Publizistik für soziale Marktwirtschaft. Die Unterstützung der Wirtschaftspolitik Ludwig Erhards in der FAZ und der NZZ 1948/49–1957 (1992)

Eckart CONZE: Hegemonie durch Integration. Deutsch-französische Beziehungen in der amerikanischen Europapolitik (1993)

Heinrich MAETZKE: Der Union Jack in Berlin. Das britische Foreign Office, die SBZ und die Formulierung britischer Deutschlandpolitik (1993)

Irene BURKHARDT: Das Verhältnis von Wirtschaft und Verwaltung in Bayern während der Anfänge der Industrialisierung (1995)

Michael KLEIN: Das Institut für internationale Politik und Wirtschaft der DDR in seiner Gründungsphase 1971–1974 (1997)

*Habilitationsschriften*

Klaus J. BADE: Transnationale Migration und Arbeitsmarkt in Deutschland 1879–1929. Studien zur deutschen Sozialgeschichte zwischen Deflation und Weltwirtschaftskrise (1979)

Hans-Ulrich THAMER: Zunftideal und Zukunftsstaat. Zur Ideen- und Sozialgeschichte des Frühsozialismus in Frankreich und Deutschland (1980)

Anselm DOERING-MANTEUFFEL: England, die deutsche Frage und das europäische Mächtesystem 1848–1856. Studien zu den Interessen der britischen Mitteleuropapolitik und zum Anteil Großbritanniens an der Auflösung der Wiener Ordnung (1986)

Manfred HANISCH: „Für Fürst und Vaterland". Legitimitätsstiftung in Bayern zwischen 1848er Revolution und deutscher Einheit (1988)

Verzeichnis der Autoren

Prof. Dr. Klaus J. BADE, geb. 1944, ist o. Professor für Neueste Geschichte an der Universität Osnabrück und Direktor des interdisziplinären „Instituts für Migrationsforschung und Interkulturelle Studien" (IMIS) der Universität Osnabrück

Prof. Dr. h.c. mult. Roland BERGER, geb. 1937, ist Vorsitzender des Aufsichtsrats der Roland Berger Strategy Consultants, Internationale Beratung von Politik und Wirtschaft

Dr. Christoph BERTRAM, geb. 1937, ist Direktor des Forschungsinstituts der Stiftung Wissenschaft und Politik (SWP), Berlin

Dr. Thomas BRACHERT, geb. 1928, war Leitender Restaurator des Germanischen Nationalmuseums Nürnberg

Prof. Dr. David P. CALLEO, geb. 1934, ist Dean Acheson Professor und Direktor des Instituts für European Studies an der Johns Hopkins Nitze School of Advanced International Studies

Prof. Dr. Eckart CONZE, geb. 1963, ist o. Professor für Neuere und Neueste Geschichte an der Philipps-Universität Marburg

Prof. Dr. Anselm DOERING-MANTEUFFEL, geb. 1949, ist o. Professor für Neuere und Neueste Geschichte sowie Direktor des Seminars für Zeitgeschichte an der Eberhard-Karls-Universität Tübingen

Prof. Dr. Joachim FEST, geb. 1926, ist Historiker und Publizist; zwischen 1973 und 1993 war er Herausgeber der *Frankfurter Allgemeinen Zeitung*

Prof. Dr. Alfred GROSSER, geb. 1925, ist em. Professor am Institut d'Etudes Politiques, Paris, und Präsident des CIRAC (Centre d'information et de recherche sur l'Allemagne contemporaine)

Prof. Dr. Manfred HANISCH, geb. 1950, ist Professor für Geschichte und Didaktik am Institut für Kulturwissenschaften der Christian-Albrechts-Universität Kiel

Prof. Dr. Gertrud HÖHLER ist Professorin für Literaturwissenschaft und Beraterin von Wirtschaft und Politik

Prof. Dr. Klaus HORNUNG, geb. 1927, ist em. o. Professor für Politikwissenschaft an der Universität Stuttgart-Hohenheim; seit 2001 ist er Präsident des Studienzentrums Weikersheim e.V.

Prof. Dr. Gotthard JASPER, geb. 1934, em. o. Professor für Politikwissenschaft, war bis 2002 Rektor der Friedrich-Alexander Universität Erlangen-Nürnberg und ist heute Präsident der Virtuellen Hochschule Bayerns

Dr. Björn J. KOMMER, geb. 1942, ist Leitender Direktor der städtischen Kunstsammlungen Augsburg

Prof. Dr. Werner LINK, geb. 1934, ist em. o. Professor am Forschungsinstitut für Politische Wissenschaft und Europäische Fragen der Universität Köln

Prof. Dr. Dr. h.c. Hermann LÜBBE, geb. 1926, ist em. o. Professor für Philosophie an der Universität Zürich sowie Mitglied zahlreicher nationaler und internationaler Akademien

Prof. Dr. Dr. h.c. Horst MÖLLER, geb. 1943, ist Direktor des Instituts für Zeitgeschichte in München und o. Professor für Neuere und Neueste Geschichte an der Ludwig-Maximilians-Universität München

Dr. Uwe NERLICH, geb. 1930, war bis 1995 Mitglied der Institutsleitung der Stiftung Wissenschaft und Politik (SWP) und ist seither am Zentrum für europäische Strategieforschung (ZES) der IABG, Ottobrunn

Prof. Dr. Elisabeth NOELLE ist Gründerin und langjährige Leiterin des Instituts für Demoskopie Allensbach

Prof. Hubertus VON PILGRIM, geb. 1931, ist Bildhauer, Kupferstecher und Medailleur; von 1977 bis 1995 war er Professor an der Akademie der Bildenden Künste München

Dr. Hermann FREIHERR VON RICHTHOFEN, geb. 1933, Botschafter a.D., ist Vorsitzender der Deutsch-Britischen Gesellschaft e.V. und Beauftragter des Ministerpräsidenten von Brandenburg für die Zusammenarbeit mit Polen und besondere internationale Aufgaben

Prof. Dr. Manfred RIEDEL, geb. 1936, ist Ordinarius für Philosophie an der Martin-Luther-Universität Halle-Wittenberg

Prof. Dr. Francis ROSENSTIEL, geb. 1936, ist Professor am Institut des Hautes Etudes, Straßburg, sowie Präsident des Forums für ein demokratisches Europa und Goodwill Ambassador des Europarats

Dr. Wolfgang SCHÄUBLE, geb. 1942, Bundesminister a.D., ist stellvertretender Vorsitzender der CDU/CSU-Fraktion im Deutschen Bundestag und war bis 2000 Bundesvorsitzender der CDU

Dr. Ulrich SCHLIE, geb. 1965, ist Historiker

Prof. Dr. Rupert SCHOLZ, geb. 1937, Bundesminister a.D., langjähriges Mitglied des Deutschen Bundestages, ist Ordinarius für Staats- und Verwaltungsrecht, Verwaltungslehre und Finanzrecht an der Ludwig-Maximilians-Universität München

Prof. Dr. Hans-Peter SCHWARZ, geb. 1934, ist em. o. Professor für Politische Wissenschaft an der Rheinischen Friedrich-Wilhelms-Universität Bonn

Dr. Brigitte SEEBACHER-BRANDT, Historikerin und Publizistin, war langjährige Geschäftsführerin der Alfred Herrhausen-Gesellschaft für Internationalen Dialog und ist Lehrbeauftragte am Seminar für Politische Wissenschaft der Rheinischen Friedrich-Wilhelms-Universität Bonn

Priv.-Doz. Dr. Harald SEUBERT, geb. 1967, ist Universitätsdozent für Philosophie an der Martin-Luther-Universität Halle-Wittenberg

Prof. Dr. Georges-Henri SOUTOU, geb. 1943, ist Professor an der Universität Paris IV (Sorbonne)

Dr. Edmund STOIBER, geb. 1941, ist bayerischer Ministerpräsident und Vorsitzender der CSU

Dr. Gabriele TEICHMANN, Historikerin, ist Archivarin des Bankhauses Sal. Oppenheim jr. & Cie KG in Köln

Prof. Dr. Hans-Ulrich THAMER, geb. 1943, ist o. Professor für Neuere und Neueste Geschichte an der Westfälischen Wilhelms-Universität Münster

Kurt F. VIERMETZ, geb. 1939, war u.a. Vice Chairman der J. P. Morgan (New York) und Aufsichtsratsvorsitzender der HypoVereinsbank AG. Er ist heute Aufsichtsratsvorsitzender der Hypo Real Estate Holding AG sowie stellvertretender Aufsichtsratsvorsitzender der HypoVereinsbank AG, München

Dr. Thomas WEISS, geb. 1951, ist Direktor der Kulturstiftung Dessau-Wörlitz

Dr. Theodor H. WINKLER, geb. 1951, Botschafter und Sicherheitsexperte, ist Direktor des Genfer Zentrums für die demokratische Kontrolle der Streitkräfte (DCAF)

Herausgegeben von der Stiftung Wissenschaft und Politik, Berlin

# Internationale Politik und Sicherheit

Olga Alexandrova/Roland Götz/
Uwe Halbach (Hrsg.)      Band 54
**Rußland und der postsowjetische Raum**
*2003, 521 S., geb., 39,– €,
ISBN 3-7890-8392-5*

Rüdiger Hartmann/
Wolfgang Heydrich      Band 53
**Die Anpassung des Vertrages über konventionelle Streitkräfte in Europa**
Ursachen, Verhandlungsgeschichte, Kommentar, Dokumentation
*2002, 782 S., geb., 49,– €,
ISBN 3-7890-8158-2*

Peter Rudolf/
Jürgen Wilzewski (Hrsg.)      Band 52
**Weltmacht ohne Gegner**
Amerikanische Außenpolitik zu Beginn des 21. Jahrhunderts
*2000, 425 S., brosch., 30,– €,
ISBN 3-7890-6918-3*

Rüdiger Hartmann/
Wolfgang Heydrich      Band 51
**Der Vertrag über den Offenen Himmel**
Entwicklung und Inhalt des Vertragswerks, Kommentar, Dokumentation
*2000, 694 S., geb., 56,– €,
ISBN 3-7890-6513-7*

Jens van Scherpenberg/
Peter Schmidt (Hrsg.)      Band 50
**Stabilität und Kooperation: Aufgaben internationaler Ordnungspolitik**
*2000, XII, 479 S., geb., 30,– €,
ISBN 3-7890-6960-4*

Volker Perthes      Band 49
**Vom Krieg zur Konkurrenz: Regionale Politik und die Suche nach einer neuen arabisch-nahöstlichen Ordnung**
*2000, 423 S., geb., 28,– €,
ISBN 3-7890-6712-1*

Hannes Adomeit      Band 48
**Imperial Overstretch: Germany in Soviet Policy from Stalin to Gorbachev**
An Analysis Based on New Archival Evidence, Memoirs, and Interviews
*1998, 609 S., geb. mit Schutzumschlag, 40,– €, ISBN 3-7890-5133-0*

Heinz-Jürgen Axt (Hrsg.)      Band 47
**Greece and the European Union: Stranger among Partners?**
*1997, 243 S., geb., 26,– €,
ISBN 3-7890-4670-1*

Erhard Forndran/
Hans-Dieter Lemke (Hrsg.)      Band 44
**Sicherheitspolitik für Europa zwischen Konsens und Konflikt**
Analysen und Optionen
*1995, 375 S., geb., 40,– €,
ISBN 3-7890-3860-1*

Rüdiger Hartmann/Wolfgang Heydrich/
Nikolaus Meyer-Landrut      Band 43
**Der Vertrag über konventionelle Streitkräfte in Europa**
Vertragswerk, Verhandlungsgeschichte, Kommentar, Dokumentation
*1994, 628 S., geb., 45,– €,
ISBN 3-7890-3462-2*

**NOMOS Verlagsgesellschaft
76520 Baden-Baden**

Herausgegeben von der Stiftung Wissenschaft und Politik, Berlin

# Internationale Politik und Sicherheit

Matthias Dembinski/Peter Rudolf/
Jürgen Wilzewski (Hrsg.)     Band 42
**Amerikanische Weltpolitik nach dem Ost-West-Konflikt**
*1994, XIV, 465 S., brosch., 28,– €,*
*ISBN 3-7890-3312-X*

Wolfgang Heydrich/Joachim Rohde/
Frank Tschudowsky (Hrsg.)     Band 41
**Luftwaffe im Wandel**
Aufgaben der deutschen Luftwaffe unter neuen politischen Rahmenbedingungen
*1995, 610 S., geb., 28,– €,*
*ISBN 3-7890-3824-5*

Wolfgang Heydrich/Hans-Dieter Lemke/
Joachim Rohde (Hrsg.)     Band 40
**Die Bundeswehr am Beginn einer neuen Epoche**
Anforderungen an die Streitkräfte und ihre rüstungsindustrielle Basis
*1996, 307 S., geb., 28,– €,*
*ISBN 3-7890-4199-8*

Jürgen Nötzold (Hrsg.)     Band 39
**Wohin steuert Europa?**
Erwartungen zu Beginn der 90er Jahre
*1995, 266 S., geb., 28,– €,*
*ISBN 3-7890-4004-5*

Bernard von Plate (Hrsg.)     Band 38
**Europa auf dem Wege zur kollektiven Sicherheit?**
Konzeptionelle und organisatorische Entwicklungen der sicherheitspolitischen Institutionen Europas
*1994, 318 S., geb., 22,50 €,*
*ISBN 3-7890-3239-5*

Winrich Kühne     Band 37
**Blauhelme in einer turbulenten Welt**
Beiträge internationaler Experten zur Fortentwicklung des Völkerrechts und der Vereinten Nationen
*1993, 571 S., geb. mit SU, 28,– €,*
*ISBN 3-7890-3136-4*

Joachim Krause (Hrsg.)     Band 36
**Kernwaffenverbreitung und internationaler Systemwandel**
Neue Risiken und Gestaltungsmöglichkeiten
*1994, 540 S., geb., 28,– €,*
*ISBN 3-7890-3094-5*

Helmut Handzik     Band 34
**Politische Bedingungen sowjetischer Truppenabzüge 1925–1958**
*1993, 320 S., geb., 28,– €,*
*ISBN 3-7890-3033-3*

Erhard Forndran/
Hartmut Pohlman (Hrsg.)     Band 33
**Europäische Sicherheit nach dem Ende des Warschauer Paktes**
*1993, 395 S., geb., 26,– €,*
*ISBN 3-7890-2898-3*

W. Heydrich/J. Krause/U. Nerlich/
J. Nötzold/R. Rummel (Hrsg.)     Band 32
**Sicherheitspolitik Deutschlands: Neue Konstellationen, Risiken, Instrumente**
*1992, 826 S., geb., 22,50 €,*
*ISBN 3-7890-2785-5*

◆ **NOMOS Verlagsgesellschaft**
**76520 Baden-Baden**